Intermediate Financial Accounting

中级财务会计

(第2版)

马建威 主编

机械工业出版社
CHINA MACHINE PRESS

本书运用中级财务会计的基本理论和基本方法，通过会计确认、计量、记录和报告，真实、公允地揭示企业财务状况、经营成果、现金流量等信息，全面反映企业管理层受托责任履行情况，向会计信息使用者提供相关信息用以决策。

本书共分为14章，内容涉及财务会计概念框架、货币资金、应收款项、存货、金融资产、长期股权投资、固定资产、无形资产、其他资产、负债、所有者权益、收入、费用和利润、会计调整以及财务报告。此外将思政教育与财务会计学知识有机结合；同时重点突出会计工作组织、会计商业伦理、职业道德等具有思想品德教育特征的知识点，并设置"国际视野"栏目简要介绍了我国会计准则的趋同情况及中外准则比较。

本书可作为高等学校会计学、财务管理、审计学等专业的教学用书，也可作为广大会计、财税、审计人员系统学习会计专业知识的参考用书。

图书在版编目（CIP）数据

中级财务会计 / 马建威主编 . -- 2版 . -- 北京：机械工业出版社，2024.12. --（会计学专业新企业会计准则系列教材）. -- ISBN 978-7-111-77014-5

I. F234.4

中国国家版本馆CIP数据核字第2024M7X627号

机械工业出版社（北京市百万庄大街22号　邮政编码100037）
策划编辑：吴亚军　　　　　　　责任编辑：吴亚军　章承林
责任校对：张勤思　李可意　景　飞　　责任印制：常天培
北京机工印刷厂有限公司印刷
2025年3月第2版第1次印刷
185mm×260mm・26.25印张・664千字
标准书号：ISBN 978-7-111-77014-5
定价：69.00元

电话服务　　　　　　　　　　网络服务
客服电话：010-88361066　　　机　工　官　网：www.cmpbook.com
　　　　　010-88379833　　　机　工　官　博：weibo.com/cmp1952
　　　　　010-68326294　　　金　书　网：www.golden-book.com
封底无防伪标均为盗版　　　　机工教育服务网：www.cmpedu.com

前 言

21世纪20年代,"经济越发展,会计越重要"这一论断,更显其重要性。财务会计运用会计学原理的基本理论和基本方法,通过会计确认、计量、记录和报告,真实、公允地揭示企业财务状况、经营成果、现金流量等信息,全面反映企业管理层受托责任履行情况,向会计信息使用者提供相关信息用以决策。《中华人民共和国公司法》将公司定义为"依照本法在中华人民共和国境内设立的有限责任公司和股份有限公司"。《企业会计准则——基本准则》是"根据《中华人民共和国会计法》和其他有关法律、行政法规制定",旨在"规范企业会计确认、计量和报告行为,保证会计信息质量""适用于在中华人民共和国境内设立的企业(包括公司,下同)"。因此,合法合规是企业财务会计的底线。

2006年,财政部发布了《企业会计准则》,包括1项基本准则和38项具体准则。随着新的经济类型、复杂业务的频繁出现以及"大智移云物区"的迅猛发展,2014年至今历时10年,企业会计准则也随之进行了较大修改。其中,停止执行准则1项:《企业会计准则第15号——建造合同》,由新修订的《企业会计准则第14号——收入》取代;新增准则4项:《企业会计准则第39号——公允价值计量》《企业会计准则第40号——合营安排》《企业会计准则第41号——在其他主体中权益的披露》《企业会计准则第42号——持有待售的非流动资产、处置组和终止经营》;修订准则13项:《企业会计准则——基本准则》(2014),《企业会计准则第2号——长期股权投资》《企业会计准则第7号——非货币性资产交换》《企业会计准则第9号——职工薪酬》《企业会计准则第12号——债务重组》《企业会计准则第14号——收入》《企业会计准则第16号——政府补助》《企业会计准则第21号——租赁》《企业会计准则第22号——金融工具确认和计量》《企业会计准则第23号——金融资产转移》《企业会计准则第30号——财务报表列报》《企业会计准则第33号——合并财务报表》《企业会计准则第37号——金融工具列报》;修改名称并修订准则2项:将《企业会计准则第24号——套期保值》改为《企业会计准则第24号——套期会计》;将《企业会计准则第25号——原保险合同》改为《企业会计准则第25号——保险合同》。此外,截至目前,财政部《企业会计准则解释》已发布至第16号;与行业领域、业务类型、新发展理念等相关的企业会计准则的"其他规定""应用指南"及以"问题-解答"形式发布的"实施问答"等,财政部也适时发布以指导企业更好地执行准则。

《中级财务会计》(第2版)正是结合最新政策发布、实务发展及理论研究而编写完成。

本书具有如下鲜明的特点。

1. 思政教育，融入教学

古人云："为学须先立志。志既立，则学问可次第着力。立志不定，终不济事。"习近平总书记要求从教师、教材等多方面加强学校思想政治教育，弘扬社会主义核心价值观。本书从专业视角重新审视思政，在每章增设"思政园地"，用现行规范、鲜活的示例或优秀例证等，将思政教育与财务会计学知识有机结合；同时重点突出会计工作组织、会计商业伦理、职业道德等具有思想品德教育特征的知识点。

2. 源于实践，成果丰硕

本书内容源自作者近30年的教学和研究积累，体现了较深厚的会计理论功底和丰富的会计专业实践经验。本书是首批国家级一流专业建设点"会计学"专业的核心基础教材，是马建威教授主持的国家级双语教学示范课程"中级财务会计（全英语教学）"、主讲的国家级及北京市精品课程"中级财务会计"的配套教材。

3. 内容全面，体系完整

本书以会计信息系统为基础，以财务会计概念框架为起点，根据"会计要素—会计信息"的逻辑确定顺序，按照"资产—负债—所有者权益—收入—费用—利润—会计调整—财务报告"的主线安排内容，展示了完整的会计信息生成思路。

4. 章节严谨，设计合理

针对全书，以"综合案例一"开始，启发读者思考，"预知"本书整体内容和脉络；以"综合案例二"结束，引导读者联想，在概括本书内容的同时让学生"渴望"学习后续知识。针对各章，以"本章案例"作为切入话题，唤起学生的思考与联想，以问题为导向，让学生带着问题学习，有的放矢。各章附以大量例题及"针对性案例"，掌握知识的同时加强实操，做到理论与业务的无缝对接。"学习目标"与"本章小结"前后呼应，明确重点难点内容。"回顾与思考"，不仅有助于回忆和重温，更引发深度思考，做到预习、复习与拓展相结合。"本章习题"的形式包括单选题、多选题、判断题及业务题等，直接检验学习效果，让学生查漏补缺，有针对性地掌握和运用所学知识。

5. 拓展视野，全面研习

本书以二维码的形式引入"点阅读"，可以即时扫码阅读，方便快捷。点阅读提供针对性阅读材料，延展知识点视角，开拓会计视野，加深专业认知。章尾"拓展阅读"提供每章推荐的较为经典、拓展性阅读材料，供深度学习者自行研读。

6. 立足国内，放眼世界

会计准则国际趋同是世界未来发展的必然趋势，中国企业会计准则（CAS）已经与国际财务报告准则（IFRS）实现了实质性趋同。本书在每章后设置了"国际视野"栏目，将相关内容进行国际拓展，扩大学习和观察会计相关问题的视角，体现财务会计学的国际化。每章的"关键术语英语听与读"，列出中文术语及英语释义，扫二维码可以听到地道的英语朗读，通过各种方式的锻炼，综合提升会计专业英语水平及听、说、读、写、译多方面的应用能力。

7. 适用广泛，读者多元

本书可以作为高等院校会计学、财务管理、审计学、资产评估、金融学等专业和经济学类、管理学类的本、专科生教材，以及经济、管理学科方向研究生、MBA、职业教育和继续教育学员等的学习材料，也可以作为从事会计、审计、财务管理及证券等相关执业人员进行培训和自学的参考资料，同时也可供非专业人士了解财务会计学基础知识时使用。

8. 教辅齐备，易于教学

本书遵循教与学的规律，充分体现教材的"易教易学"特点。根据教学大纲的安排，教学内容可以有所侧重，选择合适的章节开展课堂教学活动，其余章节及"点阅读""拓展阅读"等材料，建议以小组讨论、课外作业、研究式学习、翻转课堂、混合式教学等方式进行。教师还可以联系出版社获取即时更新的PPT、习题答案、试题等资料。

本书由马建威担任主编，负责拟定提纲和全书统稿、总纂，由田春晓、张宸、马延柏担任副主编，具体分工如下：第1、3、7、8、9、12章由马建威编写，第2、4章由田春晓编写，第5、6、13、14章由马延柏编写，第10、11章由张宸编写，"关键术语英语听与读"由Ms. Sekinah B. M.进行英语录音，全书由全国会计领军人才李宪琛审校，英文部分由杨亚雄审校。以下人员参与了各章初稿及案例、思政、例题、习题等的撰写工作，具体如下：贾海霞第1、12章，李蕊玲第2章，高敏第3章，石星星第4章，马冰妍第5、6、10、11章，张殊琪第7、8、9章，李佳盈第13、14章。在本书编写过程中，谢志华、杨肃昌、惠全红、秦宝、丁玉芳、景丽、杜永奎、赵雪梅、杨洵、张静楠、李菊香、王韬、梁村、张巧良、蒙立元、高微、杨文黎、孙蕊、李艳、章媛涓、宋其新、米万东、冯丽娟、郭珂、杨斯阳、韦伟、王娜、王绒绒、冷雪雯、宋丽丽、杜文君等给予了指导和帮助，在此一并致谢。一本好书的出版，离不开作者、出版者和读者三方的共同努力，感谢编辑部同人，感谢读者。

本书的出版是一个新起点、新开始，期盼读者的意见和建议。

马建威
2024年4月

目 录

前言

第一章 财务会计概念框架 ... 1

本章案例 ... 1
学习目标 ... 2
第一节 财务会计概述 ... 2
第二节 财务会计要素 ... 6
第三节 会计信息质量特征 ... 12
第四节 会计确认与计量 ... 16
本章小结 ... 19
思政园地 ... 20
国际视野 / 拓展阅读 / 章后练习 / 关键术语音频 ... 20
关键术语听与读 ... 20
综合案例一 ... 24

第二章 货币资金 ... 27

本章案例 ... 27
学习目标 ... 28
第一节 货币资金概述 ... 28
第二节 库存现金 ... 30
第三节 银行存款 ... 34
第四节 其他货币资金 ... 41
本章小结 ... 43
思政园地 ... 43
国际视野 / 拓展阅读 / 章后练习 / 关键术语音频 ... 44
关键术语听与读 ... 44

第三章 应收款项 ... 46

本章案例 ... 46

	学习目标	47
	第一节　应收账款	47
	第二节　应收票据	57
	第三节　预付账款与其他应收款	59
	本章小结	61
	思政园地	61
	国际视野 / 拓展阅读 / 章后练习 / 关键术语音频	62
	关键术语听与读	62

第四章　存货 ············ 64

	本章案例	64
	学习目标	65
	第一节　存货概述	65
	第二节　存货的计量	67
	第三节　原材料	80
	第四节　库存商品	85
	第五节　其他存货	91
	本章小结	96
	思政园地	96
	国际视野 / 拓展阅读 / 章后练习 / 关键术语音频	97
	关键术语听与读	97

第五章　金融资产 ············ 99

	本章案例	99
	学习目标	99
	第一节　金融资产概述	100
	第二节　交易性金融资产	101
	第三节　债权投资	104
	第四节　其他债权投资	106
	第五节　其他权益工具投资	109
	第六节　金融资产的减值和重分类	111
	本章小结	118
	思政园地	118
	国际视野 / 拓展阅读 / 章后练习 / 关键术语音频	119
	关键术语听与读	119

第六章　长期股权投资 ············ 121

	本章案例	121
	学习目标	122
	第一节　长期股权投资概述	122

第二节　长期股权投资的初始计量⋯⋯124
　　第三节　长期股权投资的后续计量⋯⋯129
　　第四节　长期股权投资的减值与处置⋯⋯141
　　本章小结⋯⋯142
　　思政园地⋯⋯142
　　国际视野/拓展阅读/章后练习/关键术语音频⋯⋯143
　　关键术语听与读⋯⋯143

第七章　固定资产⋯⋯145

　　本章案例⋯⋯145
　　学习目标⋯⋯146
　　第一节　固定资产的确认和初始计量⋯⋯146
　　第二节　固定资产的后续计量⋯⋯156
　　第三节　固定资产的处置⋯⋯165
　　本章小结⋯⋯169
　　思政园地⋯⋯169
　　国际视野/拓展阅读/章后练习/关键术语音频⋯⋯170
　　关键术语听与读⋯⋯171

第八章　无形资产⋯⋯173

　　本章案例⋯⋯173
　　学习目标⋯⋯174
　　第一节　无形资产的确认⋯⋯174
　　第二节　无形资产的初始计量⋯⋯178
　　第三节　无形资产的后续计量⋯⋯184
　　第四节　无形资产的处置⋯⋯187
　　本章小结⋯⋯189
　　思政园地⋯⋯189
　　国际视野/拓展阅读/章后练习/关键术语音频⋯⋯190
　　关键术语听与读⋯⋯190

第九章　其他资产⋯⋯191

　　本章案例⋯⋯191
　　学习目标⋯⋯192
　　第一节　投资性房地产⋯⋯192
　　第二节　非货币性资产交换⋯⋯205
　　第三节　生物资产⋯⋯210
　　第四节　油气资产⋯⋯212
　　第五节　长期待摊费用和其他长期资产⋯⋯213

	本章小结	214
	思政园地	214
	国际视野 / 拓展阅读 / 章后练习 / 关键术语音频	215
	关键术语听与读	216

第十章　负债 　217

- 本章案例　217
- 学习目标　218
- 第一节　负债概述　218
- 第二节　流动负债　219
- 第三节　非流动负债　235
- 第四节　债务重组　246
- 第五节　或有事项　254
- 本章小结　257
- 思政园地　258
- 国际视野 / 拓展阅读 / 章后练习 / 关键术语音频　258
- 关键术语听与读　259

第十一章　所有者权益　261

- 本章案例　261
- 学习目标　261
- 第一节　所有者权益概述　262
- 第二节　公司制企业所有者权益　263
- 第三节　独资企业和合伙企业所有者权益　272
- 本章小结　277
- 思政园地　277
- 国际视野 / 拓展阅读 / 章后练习 / 关键术语音频　278
- 关键术语听与读　278

第十二章　收入、费用和利润　280

- 本章案例　280
- 学习目标　281
- 第一节　收入　281
- 第二节　费用　317
- 第三节　利润　321
- 第四节　所得税　325
- 本章小结　343
- 思政园地　344
- 国际视野 / 拓展阅读 / 章后练习 / 关键术语音频　344

关键术语听与读 ·· 344

第十三章　会计调整 ·· 347

本章案例 ·· 347
学习目标 ·· 348
第一节　会计政策及其变更 ·· 348
第二节　会计估计及其变更 ·· 353
第三节　前期差错及其更正 ·· 356
第四节　资产负债表日后事项 ··· 360
本章小结 ·· 363
思政园地 ·· 364
国际视野 / 拓展阅读 / 章后练习 / 关键术语音频 ······························ 365
关键术语听与读 ·· 366

第十四章　财务报告 ·· 367

本章案例 ·· 367
学习目标 ·· 368
第一节　财务报告概述 ··· 368
第二节　资产负债表 ·· 369
第三节　利润表 ·· 378
第四节　现金流量表 ·· 383
第五节　所有者权益变动表 ·· 391
第六节　财务报表附注 ··· 394
第七节　其他财务报告 ··· 395
本章小结 ·· 400
思政园地 ·· 400
国际视野 / 拓展阅读 / 章后练习 / 关键术语音频 ······························ 401
关键术语听与读 ·· 401
综合案例二 ··· 403

主要参考文献 ·· 406

第一章

财务会计概念框架

> **本章案例**
>
> ### 辅仁药业信息披露违法违规
>
> 辅仁药业集团制药股份有限公司（以下简称"辅仁药业"）因信息披露违法违规，于 2019 年 7 月 26 日收到中国证券监督管理委员会（以下简称"证监会"）的《调查通知书》，2020 年 9 月 16 日，该公司及相关当事人收到中国证监会《行政处罚及市场禁入事先告知书》，2020 年 10 月 14 日收到证监会的《行政处罚决定书》。依据《中华人民共和国证券法》相关规定，证监会给予辅仁药业及其控股股东辅仁药业集团有限公司（以下简称"辅仁集团"）警告处分，并分别处以 120 万元、60 万元罚款。辅仁药业原董事长被罚款 150 万元，禁入市场 10 年，其余 13 名高管均被处以 6 万元～35 万元不等的罚款。经查明，辅仁药业存在以下违法事实。
>
> 1）辅仁药业 2015 年、2016 年会计年报存在虚假记载、重大遗漏。2015 年以来，辅仁药业（含控股子公司，下同）将货币资金提供给控股股东辅仁集团（含控股子公司，下同）、辅仁集团母公司河南辅仁控股有限公司（以下简称"辅仁控股"，含控股子公司，下同）使用。辅仁药业未将提供给辅仁集团、辅仁控股的资金记入财务账簿，也未对辅仁集团、辅仁控股非经营性占用上市公司资金情况予以披露，导致其披露的 2015 年、2016 年年度报告存在虚假记载、重大遗漏。
>
> 2）辅仁药业重大资产重组文件中存在虚假记载。截至 2015 年 12 月 31 日、2016 年 12 月 31 日，开封制药（集团）有限公司（以下简称"开药集团"）及其子公司向辅仁集团（含控股子公司，下同）、辅仁控股提供资金的余额分别为 34 950 万元、50 370 万元。开药集团未将上述交易记入财务账簿，导致《重组报告书》中披露的开药集团财务报表中货币资金余额虚假。前述违法事实和本项违法事实导致《重组报告书》中披露的辅仁药业备考财务报表中货币资金余额亦存在虚假记载，2015 年、2016 年分别虚增货币资金 41 330 万元、57 570 万元，分别占各年末净资产的 12.95%、14.79%。
>
> 3）辅仁集团在重大资产重组中提供信息虚假。辅仁集团为辅仁药业、开药集团的控股股东。辅仁集团为实现医药资产的整体上市，筹划、组织、实施将开药集团注入

辅仁药业，属于同一控制下的重大资产重组。辅仁集团2015年、2016年大规模占用开药集团子公司资金，在重组时未向辅仁药业如实提供相关信息。

4) 辅仁药业2017年、2018年年度报告存在虚假记载、重大遗漏，2018年未及时披露关联担保。2017年，辅仁药业将开药集团纳入合并报表。辅仁药业、开药集团以前年度向辅仁集团、辅仁控股提供的资金，在2017年、2018年绝大部分仍未归还，且发生新的占用，辅仁药业未将相关资金占用情况入账，也未对辅仁集团、辅仁控股非经营性占用上市公司资金情况予以披露，导致其披露的2017年、2018年年度报告存在虚假记载、重大遗漏。

资料来源：证监会，中国证监会行政处罚决定书〔2020〕79号

▶ **学习目标** ◀

本章从财务会计的目标出发，主要介绍了财务会计的四大基本假设、六大会计要素、八大信息质量特征以及五大会计要素计量属性。通过本章的学习，希望读者：
- 了解财务会计的内涵、财务会计的目标；
- 理解财务会计的基本假设和会计信息的质量特征；
- 熟悉财务会计要素的内容及相互之间的关系；
- 熟悉会计信息使用者、对会计信息的要求以及财务会计目标三者之间的关系；
- 掌握会计确认和会计计量的属性。

点阅读1　企业会计准则——基本准则

第一节　财务会计概述

一、会计的起源与定义

会计是随着人类社会生产的发展和经济管理的需要而产生、发展并不断完善起来的。在生产活动中，为了获得一定的劳动成果，必然要耗费一定的人力、物力和财力。其中，人们一方面关心劳动成果的多少，另一方面也注重劳动耗费的高低。通常人们将结绳记事、刻石计数作为会计的萌芽。随着生产活动的发展，产生了对生产活动进行专门计量与记录的会计。在我国，很早就出现了"日记、月要、岁会"等会计术语，我国"会计"一职，最早设于西周，称为"司会"，主管财政经济。在《周礼》一书中，曾经多处提到会计，如"司会"之职——"逆群吏之治而听其会计"，意即司会接受朝廷和地方百官的会计文书而进行考核。清朝学者焦循在《孟子正义·万章篇》中对"会计"一词注释为"零星算之为计，总合算之为会"。会计的产生，源于人们关心经济效益和管理经济的需要。会计在早期作为人们开展生产、交换、分配和消费活动的附带职能，随着生产和经营规模的日益扩大，逐步成为一

个独立的职能。之后，人类文明不断进步，社会经济活动不断革新，生产力不断提高，会计的核算内容、核算方法等也得到了较大发展，逐步由简单的计量与记录行为，发展成为以货币为计量单位综合地反映和监督经济活动过程的一种经济管理工作，并在参与单位经营管理决策、提高资源配置效率、促进经济健康持续发展方面发挥着积极作用。

根据《中华人民共和国会计法》及相关文件，会计是以货币为主要计量单位，采用专门的方法和程序，对某一单位的经济活动进行完整的、连续的、系统的核算和监督，以提供经济信息和反映受托责任履行情况为主要目的的经济管理活动。在企业内部，会计主要反映企业的财务状况、经营成果和现金流量，并对企业经营活动和财务收支进行监督。

二、财务会计的作用

会计是现代企业一项重要的基础性工作，通过一系列会计程序，提供决策有用的信息，并积极参与经营管理决策，提高企业经济效益，服务于市场经济的健康有序发展。具体来说，会计在社会主义市场经济中的作用，主要包括以下几个方面。

第一，会计有助于提供决策有用的信息，提高企业信息透明度，规范企业行为。企业会计通过其反映职能，提供有关企业财务状况、经营成果和现金流量方面的信息，是包括投资者和债权人在内的各方面进行决策的依据，尤其是高质量的会计信息。比如，对于作为企业所有者的投资者来说，他们为了选择投资对象、衡量投资风险、做出投资决策，不仅需要了解企业包括毛利率、总资产收益率、净资产收益率等指标在内的盈利能力和发展趋势方面的信息，也需要了解有关企业经营情况方面的信息及其所处行业的信息；对于作为债权人的银行来说，他们为了选择贷款对象、衡量贷款风险、做出贷款决策，不仅需要了解企业包括流动比率、速动比率、资产负债率等指标在内的短期偿债能力和长期偿债能力，也需要了解企业所处行业的基本情况及其在同行业中所处的地位；对于作为社会经济管理者的政府部门来说，他们为了制定经济政策、进行宏观调控、配置社会资源，需要从总体上掌握企业的资产负债结构、损益状况和现金流转情况，从宏观上把握经济运行的状况和发展变化趋势。所有这一切，都需要会计提供有助于他们进行决策的信息，通过提高会计信息透明度来规范企业会计行为。

第二，会计有助于考核企业管理者经济责任的履行情况。企业接受了包括国家在内的所有投资者和债权人的投资，就有责任按照其预定的发展目标和要求，合理利用资源，加强经营管理，提高经济效益，接受考核和评价。会计信息有助于评价企业的业绩，有助于考核企业管理者经济责任的履行情况。比如，对于作为企业所有者的投资者来说，他们为了了解企业当年的经营活动成果和资产保值、增值情况，需要将利润表中的净利润与上年进行对比，以反映企业的经营发展趋势；需要将其与同行业进行对比以反映企业在与同行业竞争时所处的位置，从而考核企业管理者经济责任的履行情况。对于作为社会经济管理者的政府部门来说，他们需要了解企业执行计划的能力，需要将资产负债表、利润表和现金流量表中所反映的实际情况与预算进行对比，反映企业完成预算的情况，表明企业执行预算的能力和水平。所有这一切，都需要作为经济管理工作的会计提供信息。

第三，会计有助于企业加强经营管理，提高经济效益，促进企业可持续发展。企业经营管理水平的高低直接影响着企业的经济效益、经营成果、竞争能力和发展前景，在一定程度上决定着企业的前途和命运。为了满足企业内部经营管理对会计信息的需要，现代会计已经渗透到了企业内部经营管理的各个方面。比如，企业会计通过分析和利用有关企业财务状况、经营成果和现金流量方面的信息，可以全面、系统、总括地了解企业生产经营活动情况、财务状况和经营成果，并在此基础上预测和分析未来发展前景；可以通过发现过去经营活动中存在的问题，找出存在的差距及原因，并提出改进措施；可以通过预算的分解和落实，建立起内部经济责任制，从而做到目标明确、责任清晰、赏罚分明。总之，会计通过真实反映企业的财务信息，参与经营决策，为处理企业与各方面的关系、考核企业管理人员的经营业绩、落实企业内部管理责任奠定基础，有助于发挥会计工作在加强企业经营管理、提高经济效益方面的积极作用。

三、财务会计的基本假设

会计基本假设是企业会计确认、计量和报告的前提，是对会计核算所处时间、空间环境等所做的合理设定。会计基本假设包括会计主体、持续经营、会计分期和货币计量。

（一）会计主体

会计主体，是指企业会计确认、计量和报告的空间范围。为了向财务报告使用者反映企业财务状况、经营成果和现金流量，提供与其决策有用的信息，会计核算和财务报告的编制应当集中于反映特定对象的活动，并将其与其他经济实体区别开来，才能实现财务报告的目标。

在会计主体假设下，企业应当对其本身发生的交易或者事项进行会计确认、计量和报告，反映企业本身所从事的各项生产经营活动。明确界定会计主体是开展会计确认、计量和报告工作的重要前提。

首先，明确会计主体，才能划定会计所要处理的各项交易或事项的范围。在会计工作中，只有那些影响企业本身经济利益的各项交易或事项才能加以确认、计量和报告，那些不影响企业本身经济利益的各项交易或事项则不能加以确认、计量和报告。会计工作中通常所讲的资产、负债的确认，收入的实现，费用的发生等，都是针对特定会计主体而言的。

其次，明确会计主体，才能将会计主体的交易或者事项与会计主体所有者的交易或者事项以及其他会计主体的交易或者事项区分开来。例如，企业所有者的经济交易或者事项是属于企业所有者主体所发生的，不应纳入企业会计核算的范围，但是企业所有者投入到企业的资本或者企业向所有者分配的利润，则属于企业主体发生的交易或事项，应当纳入企业会计核算的范围。

会计主体不同于法律主体。一般来说，法律主体必然是一个会计主体。例如，一个企业作为一个法律主体，应当建立财务会计系统，独立反映其财务状况、经营成果和现金流量。但是，会计主体不一定是法律主体。例如，在企业集团的情况下，一个母公司拥有若干子公司，母子公司虽然是不同的法律主体但是母公司对于子公司拥有控制权，为了全面反映企业集团的财务状况、经营成果和现金流量，就有必要将企业集团作为一个会计主体，编制合并财务报表。再比如，由企业管理的证券投资基金、企业年金基金等，尽管不属于法律主体，但属于会计主体，应当对每项基金进行会计确认、计量和报告。

【例 1-1】 母公司天河公司[注]拥有 10 家子公司，母子公司均属于不同的法律主体，但母公司对子公司拥有控制权，为了全面反映由母子公司组成的企业集团整体的财务状况、经营成果和现金流量，就需要将企业集团作为一个会计主体，编制合并财务报表。

[注] 天河公司是本书的案例公司，全称"天河股份有限公司"，属于制造业企业。

【例 1-2】A 基金管理公司管理了 10 只证券投资基金。对于该公司来讲，一方面公司本身既是法律主体，又是会计主体，需要以公司为主体核算公司的各项经济活动，以反映整个公司的财务状况、经营成果和现金流量；另一方面每只基金尽管不属于法律主体，但需要单独核算，并向基金持有人定期披露基金财务状况和经营成果等，因此，每只基金也属于会计主体。

（二）持续经营

持续经营是指会计主体在可以预见的将来，将会按当前的规模和状态持续经营下去，不会停业，也不会大规模削减业务。即在可预见的未来，该会计主体不会破产清算，所持有的资产将正常营运，所负有的债务将正常偿还。在持续经营前提下，会计确认、计量和报告应当以企业持续、正常的生产经营活动为前提。

企业是否持续经营，在会计原则、会计方法的选择上有很大差别。一般情况下，应当假定企业将会按照当前的规模和状态继续经营下去。明确这个基本假设，就意味着会计主体将按照既定用途使用资产，按照既定的合约条件清偿债务，会计人员就可以在此基础上选择会计原则和会计方法。如果判断企业会持续经营，就可以假定企业的固定资产会在持续的生产经营过程中长期发挥作用，并服务于生产经营过程，固定资产就可以根据历史成本进行记录，并采用折旧的方法，将历史成本分摊到各个会计期间或相关产品的成本中。如果判断企业不会持续经营，固定资产就不应采用历史成本进行记录并按期计提折旧。

【例 1-3】天河公司购入一条生产线，预计使用寿命为 10 年，考虑到企业将会持续经营下去，因此可以假定企业的固定资产会在持续的生产经营过程中长期发挥作用，并服务于生产经营过程，即不断地为企业生产产品，直至生产线使用寿命结束。为此固定资产就应当根据历史成本进行记录，并采用折旧的方法，将历史成本分摊到预计使用寿命期间所生产的相关产品成本中。

如果一家企业在不能持续经营时还假定企业能够持续经营，并仍按持续经营基本假设选择会计确认、计量和报告原则与方法，就不能客观地反映企业的财务状况、经营成果和现金流量，会误导会计信息使用者的经济决策。

（三）会计分期

会计分期，又称会计期间，是指将一个企业持续经营的生产经营活动划分为一个个连续的、长短相同的期间。会计分期的目的在于通过会计期间的划分，将持续经营的生产经营活动划分成连续、相等的期间，据以结算盈亏，按期编报财务报告，从而及时向财务报告使用者提供有关企业财务状况、经营成果和现金流量等方面的信息。

在会计分期假设下，企业应当划分会计期间，分期结算账目和编制财务报告。会计期间通常分为年度、半年度、季度和月度。上述会计期间均按公历起讫日期确定。

根据持续经营假设，一个企业将按当前的规模和状态持续经营下去。但是，无论是企业的生产经营决策还是投资者、债权人等的决策都需要及时的信息，都需要将企业持续的生产经营活动划分为一个个连续的、长短相同的期间，分期确认、计量和报告企业的财务状况、经营成果和现金流量。明确会计分期假设意义重大，由于会计分期，才产生了当期与以前期间、以后期间的差别，才使不同类型的会计主体有了记账的基准，进而出现了折旧、摊销等会计处理方法。

(四) 货币计量

货币计量，是指会计主体在财务会计确认、计量和报告时以货币计量反映会计主体的生产经营活动。

在会计的确认、计量和报告过程中之所以选择货币为基础进行计量，是由货币的本身属性决定的。货币是商品的一般等价物，是衡量一般商品价值的共同尺度，具有价值尺度、流通手段、贮藏手段和支付手段等特点。其他计量单位，如重量、长度、容积、台、件等，只能从一个侧面反映企业的生产经营情况，无法在量上进行汇总和比较，不便于会计核算和经营管理，只有选择货币尺度进行计量才能充分反映企业的生产经营情况，所以，《企业会计准则——基本准则》规定，会计确认、计量和报告选择货币作为计量单位。

在有些情况下，统一采用货币计量也有缺陷，某些影响企业财务状况和经营成果的因素，如企业经营战略、研发能力、市场竞争力等，往往难以用货币来计量，但这些信息对于使用者决策来讲也很重要，企业可以在财务报告中补充披露有关非财务信息来弥补上述缺陷。

四、财务会计确认、计量和报告的基础

企业财务会计的确认、计量和报告应当以权责发生制为基础。权责发生制基础要求，凡是当期已经实现的收入和已经发生或应当负担的费用，无论款项是否收付，都应当作为当期的收入和费用，计入利润表；凡是不属于当期的收入和费用，即使款项已在当期收付，也不应当作为当期的收入和费用。

在实务中，企业交易或者事项的发生时间与相关货币收支时间有时并不完全一致。例如，款项已经收到，但销售并未实现；或者款项已经支付，但并不是为本期生产经营活动而发生的。为了更加真实、公允地反映特定会计期间的财务状况和经营成果，《企业会计准则——基本准则》明确规定，企业在会计确认、计量和报告中应当以权责发生制为基础。

收付实现制是与权责发生制相对应的一种会计基础。收付实现制也称实收实付制，是指在会计核算中，以实际收到或支付款项为确认本期收入和本期费用的标准。根据收付实现制原则处理会计业务时应做到以下两点：一是凡本期内实际收到的收入和支付的费用，无论其是否应归属本期，均应作为本期的收入和费用处理；二是凡本期未曾收到的收入和未曾支付的费用，即使应归属本期，也不应作为本期的收入和费用来处理。

第二节 财务会计要素

财务会计要素是根据交易或者事项的经济特征所确定的财务会计对象的基本分类。企业财务会计要素按照其性质分为资产、负债、所有者权益、收入、费用和利润，其中，资产、负债和所有者权益要素侧重于反映企业的财务状况，收入、费用和利润要素侧重于反映企业的经营成果。财务会计要素的界定和分类可以使财务会计系统更加科学严密，为投资者等财务报告使用者提供更加有用的信息。

一、资产的定义及其确认条件

(一) 资产的定义

资产是指企业过去的交易或者事项形成的、由企业拥有或者控制的、预期会给企业带来

经济利益的资源。根据资产的定义，资产具有以下几个方面的特征。

1. 资产是由企业过去的交易或者事项形成的

资产应当由企业过去的交易或者事项形成的，过去的交易或者事项包括购买、生产、建造行为或者其他交易或事项。换句话说，只有过去的交易或者事项才能产生资产，企业预期在未来发生的交易或者事项不形成资产。例如，企业有购买某存货的意愿或者计划，但是购买行为尚未发生，就不符合资产的定义，不能因此确认为存货资产。

【例1-4】A企业和B施工单位签订了一项厂房建造合同，建造合同尚未履行，即建造行为尚未发生，因此不符合资产的定义，A企业不能因此确认在建工程或者固定资产。

2. 资产预期会给企业带来经济利益

资产预期会给企业带来经济利益，是指资产直接或者间接导致现金和现金等价物流入企业的潜力。这种潜力可以来自企业日常的生产经营活动，也可以是非日常活动；带来的经济利益可以是现金或者现金等价物，或者是可以转化为现金或者现金等价物的形式，或者是可以减少现金或者现金等价物流出的形式。

资产预期能否会为企业带来经济利益是资产的重要特征。例如，企业采购的原材料、购置的固定资产等可以用于生产经营过程，制造商品或者提供劳务，对外出售后收回货款，货款即为企业所获得的经济利益。如果某一项目预期不能给企业带来经济利益，那么就不能将其确认为企业的资产。前期已经确认为资产的项目，如果不能再为企业带来经济利益，也不能再确认为企业的资产。

【例1-5】天河公司在20×4年年末盘点存货时，发现存货毁损，价值100万元，公司以该存货管理责任不清为由，将毁损的存货计入"待处理财产损溢"，并在资产负债表中作为流动资产予以反映。然而，"待处理财产损溢"预期不能为企业带来经济利益，不符合资产的定义，不应再在资产负债表中确认为一项资产。

3. 资产应为企业拥有或者控制的资源

资产作为一项资源，应当由企业拥有或者控制。具体是指企业享有某项资产的所有权，或者虽然不享有某项资产的所有权，但该资源能被企业控制。

企业享有资产的所有权，通常表明企业能够排他性地从资产中获取经济利益。通常在判断资产是否存在时，所有权是考虑的首要因素。在有些情况下，资产虽然不为企业所拥有，即企业并不享有其所有权，但企业控制了这些资产，同样表明企业能够从资产中获取经济利益，符合会计上对资产的定义。如果企业既不拥有也不控制资产所能带来的经济利益，就不能将其作为企业的资产予以确认。

【例1-6】天河公司以融资租赁方式租入一项固定资产，尽管企业并不拥有其所有权，但是如果租赁合同规定的租赁期相当长，接近于该资产的使用寿命，企业控制了该资产的使用及其所能带来的经济利益，就应当将其作为企业资产予以确认、计量和报告。

(二) 资产的确认条件

将一项资源确认为资产，需要符合资产的定义，还应同时满足以下两个条件。

1. 与该资源有关的经济利益很可能流入企业

从资产的定义可以看到，能否带来经济利益是资产的一个本质特征，但在现实生活中，由于经济环境瞬息万变，与资源有关的经济利益能否流入企业或者能够流入多少实际上带有不确定性。因此，资产的确认还应与经济利益流入的不确定性程度的判断结合起来，如果根据编制财务报表时所取得的证据，与资源有关的经济利益很可能流入企业，那么就应当将其作为资产予以确认；反之，不能确认为资产。例如，某企业赊销一批商品给某一客户，从而形成了对该客户的应收账款，由于企业最终收到款项与销售实现之间有时间差，而且收款又在未来期间，因此带有一定的不确定性，如果企业在销售时判断未来很可能收到款项或者能够确定收到款项，那么企业就应当将该应收账款确认为一项资产；如果企业判断在通常情况下很可能部分或者全部无法收回，表明该部分或者全部应收账款已经不符合资产的确认条件，就应当计提坏账准备，减少资产的价值。

2. 该资源的成本或者价值能够可靠地计量

财务会计系统是一个确认、计量和报告的系统，其中计量起着枢纽作用，可计量性是所有会计要素确认的重要前提，资产的确认也是如此。只有当有关资源的成本或者价值能够可靠地计量时，资产才能予以确认。在实务中，企业取得的许多资产都是发生了实际成本的。例如，企业购买或者生产的存货，企业购置的厂房或者设备等，对于这些资产，只要实际发生的购买成本或者生产成本能够可靠计量，就视为符合了资产确认的可计量条件。在某些情况下，企业取得的资产没有发生实际成本或者发生的实际成本很小，例如，企业持有的某些衍生金融工具形成的资产，对于这些资产，尽管它们没有实际成本或者发生的实际成本很小，但是如果其公允价值能够可靠计量的话，也被认为符合了资产可计量性的确认条件。

二、负债的定义及其确认条件

（一）负债的定义

负债是指企业过去的交易或者事项形成的，预期会导致经济利益流出企业的现时义务。根据负债的定义，负债具有以下几个方面的特征。

1. 负债是企业承担的现时义务

负债必须是企业承担的现时义务，这是负债的一个基本特征。其中，现时义务是指企业在现行条件下已承担的义务。未来发生的交易或者事项形成的义务，不属于现时义务，不应当确认为负债。

这里所指的义务可以是法定义务，也可以是推定义务。其中法定义务是指具有约束力的合同或者法律法规规定的义务，通常在法律意义上需要强制执行。例如，企业购买原材料形成应付账款，企业向银行贷入款项形成借款，企业按照税法规定应当缴纳的税款等，均属于企业承担的法定义务，需要依法予以偿还。推定义务是指根据企业多年来的习惯做法、公开的承诺或者公开宣布的政策而导致企业将承担的责任，这些责任也使有关各方形成了企业将履行义务解脱责任的合理预期。例如，某企业多年来制定有一项销售政策，对于售出商品提供一定期限内的售后保修服务，预期将为售出商品提供的保修服务就属于推定义务，应当将其确认为一项负债。

2. 负债预期会导致经济利益流出企业

预期会导致经济利益流出企业也是负债的一个本质特征，只有企业在履行义务时会导致经济利益流出企业的，才符合负债的定义，如果不会导致企业经济利益流出的，就不符合负债的定义。在履行现时义务清偿负债时，导致经济利益流出企业的形式多种多样，例如用现金偿还或以实物资产形式偿还；以提供劳务形式偿还；部分转移资产、部分提供劳务形式偿还；将负债转为资本等。

3. 负债是由企业过去的交易或者事项形成的

负债应当由企业过去的交易或者事项所形成。换句话说，只有过去的交易或者事项才形成负债，企业将在未来发生的承诺、签订的合同等交易或者事项，不形成负债。

【例 1-7】 天河公司向银行借款 1 500 万元，该笔借款即属于过去的交易或者事项形成的负债。该公司同时还与银行达成了 2 个月后借入 2 000 万元的借款意向书，但这一交易就不属于过去的交易或者事项，不应形成企业的负债。

（二）负债的确认条件

将一项现时义务确认为负债，需要符合负债的定义，还需要同时满足以下两个条件。

1. 与该义务有关的经济利益很可能流出企业

从负债的定义可以看到，预期会导致经济利益流出企业是负债的一个本质特征。在实务中，履行义务所需流出的经济利益带有不确定性，尤其是与推定义务相关的经济利益通常需要依赖于大量的估计。因此，负债的确认应当与经济利益流出的不确定性程度的判断结合起来，如果有确凿证据表明，与现时义务有关的经济利益很可能流出企业，就应当将其作为负债予以确认；反之，如果企业承担了现时义务，但是会导致企业经济利益流出的可能性很小，就不符合负债的确认条件，不应将其作为负债予以确认。

2. 未来流出的经济利益的金额能够可靠地计量

负债的确认在考虑经济利益流出企业的同时，对于未来流出的经济利益的金额应当能够可靠计量。对于与法定义务有关的经济利益流出金额，通常可以根据合同或者法律规定的金额予以确定，考虑到经济利益流出的金额通常在未来期间，有时未来期间较长，有关金额的计量需要考虑货币时间价值等因素的影响。对于与推定义务有关的经济利益流出金额，企业应当根据履行相关义务所需支出的最佳估计数进行估计，并综合考虑有关货币时间价值、风险等因素的影响。

三、所有者权益的定义及其确认条件

（一）所有者权益的定义

所有者权益是指企业资产扣除负债后，由所有者享有的剩余权益。公司的所有者权益又称为股东权益。所有者权益是所有者对企业资产的剩余索取权，它是企业资产中扣除债权人权益后应由所有者享有的部分，既可反映所有者投入资本的保值增值情况，又体现了保护债权人权益的理念。

（二）所有者权益的来源构成

所有者权益的来源包括所有者投入的资本、直接计入所有者权益的利得和损失、留存收益等，通常由股本（或实收资本）、资本公积（含股本溢价或资本溢价、其他资本公积）、盈余公积和未分配利润构成。商业银行等金融企业在税后利润中提取的一般风险准备，也构成所有者权益。

所有者投入的资本是指所有者所有投入企业的资本部分，它既包括构成企业注册资本或者股本部分的金额，也包括投入资本超过注册资本或者股本部分的金额，即资本溢价或者股本溢价，这部分投入资本在我国企业会计准则体系中被计入了资本公积，并在资产负债表中所有者权益类的资本公积项目下反映。

直接计入所有者权益的利得和损失，是指不应计入当期损益、会导致所有者权益发生增减变动的、与所有者投入资本或者向所有者分配利润无关的利得或者损失。其中，利得是指由企业非日常活动形成的、会导致所有者权益增加的、与所有者投入资本无关的经济利益的流入。损失是指由企业非日常活动发生的、会导致所有者权益减少的、与向所有者分配利润无关的经济利益的流出。直接计入所有者权益的利得和损失主要包括可供出售金融资产的公允价值变动额、现金流量套期中套期工具公允价值变动额（有效套期部分）等。

留存收益是企业历年实现的净利润留存于企业的部分，主要包括累计计提的盈余公积和未分配利润。

（三）所有者权益的确认条件

所有者权益体现的是所有者在企业中的剩余权益，因此，所有者权益的确认主要依赖于其他会计要素，尤其是资产和负债的确认；所有者权益金额的确定也主要取决于资产和负债的计量。例如，企业接受投资者投入的资产，在该资产符合企业资产确认条件时，就相应地符合了所有者权益的确认条件；当该资产的价值能够可靠计量时，所有者权益的金额也就可以确定了。

四、收入的定义及其确认条件

（一）收入的定义

收入是指企业在日常活动中形成的、会导致所有者权益增加的、与所有者投入资本无关的经济利益的总流入。根据收入的定义，收入具有以下几方面的特征。

1. 收入是企业在日常活动中形成的

日常活动是指企业为完成其经营目标所从事的经常性活动以及与之相关的活动。例如，工业企业制造并销售产品、商业企业销售商品、保险公司签发保单、咨询公司提供咨询服务、软件企业为客户开发软件、安装公司提供安装服务、商业银行对外贷款、租赁公司出租资产等，均属于企业的日常活动。明确界定日常活动是为了将收入与利得相区分，因为企业非日常活动所形成的经济利益的流入不能确认为收入，而应当计入利得。

2. 收入是与所有者投入资本无关的经济利益的总流入

收入应当会导致经济利益的流入，从而导致资产的增加。例如，企业销售商品，应当收到现金或者在未来有权收到现金，才表明该交易符合收入的定义。但是在实务中，经济利益的流入有时是所有者投入资本的增加所导致的，所有者投入资本的增加不应当确认为收入，应当将其直接确认为所有者权益。

3. 收入会导致所有者权益的增加

与收入相关的经济利益的流入应当会导致所有者权益的增加，不会导致所有者权益增加的经济利益的流入不符合收入的定义，不应确认为收入。例如，企业向银行借入款项，尽管也导致了企业经济利益的流入，但该流入并不导致所有者权益的增加，反而使企业承担了一项现时义务。企业对于因借入款项所导致的经济利益的增加，不应将其确认为收入，应当确认为一项负债。

（二）收入的确认条件

企业应当在履行了合同中的履约义务，即在客户取得相关商品控制权时确认收入。一般而言，收入只有在经济利益很可能流入从而导致企业资产增加或者负债减少，且经济利益的流入额能够可靠计量时才能予以确认。也就是说，收入的确认至少应当符合以下几个条件：一是与收入相关的经济利益很可能流入企业；二是经济利益流入企业的结果会导致企业资产的增加或者负债的减少；三是经济利益的流入额能够可靠地计量。

五、费用的定义及其确认条件

（一）费用的定义

费用是指企业在日常活动中发生的、会导致所有者权益减少的、与向所有者分配利润无关的经济利益的总流出。根据费用的定义，费用具有以下几方面的特征。

1. 费用是企业在日常活动中形成的

费用必须是企业在日常活动中形成的，这些日常活动的界定与收入定义中涉及的日常活动的界定相一致。因日常活动所产生的费用通常包括销售成本（营业成本）、职工薪酬、折旧费、无形资产摊销费等。将费用界定为在日常活动中形成的，目的是将其与损失相区分，企业非日常活动所形成的经济利益的流出不能确认为费用，而应当计入损失。

2. 费用是与向所有者分配利润无关的经济利益的总流出

费用的发生应当会导致经济利益的流出，从而导致资产的减少或者负债的增加（最终也会导致资产的减少）。其表现形式包括现金或者现金等价物的流出，存货、固定资产和无形资产等的流出或者消耗等。鉴于企业向所有者分配利润也会导致经济利益的流出，而该经济利益的流出显然属于所有者权益的抵减项目，不应确认为费用，而应当将其排除在费用的定义之外。

3. 费用会导致所有者权益的减少

与费用相关的经济利益的流出应当会导致所有者权益的减少，不会导致所有者权益减少的经济利益的流出不符合费用的定义，不应确认为费用。

【例1-8】天河公司用银行存款400万元购买生产所用的原材料，该购买行为尽管导致企业经济利益流出了400万元，但是该流出并不会导致企业所有者权益的减少，同时它使企业增加了另外一项资产（存货），在这种情况下，就不应当将该经济利益的流出确认为费用。

【例1-9】天河公司用银行存款偿还了一笔应付账款1 000万元，该偿付行为尽管导致企业经济利益流出了1 000万元，但是该流出并不会导致企业所有者权益的减少，而是使企业负债（应付账款）减少了，在这种情况下，就不应当将该经济利益的流出确认为费用。

（二）费用的确认条件

费用的确认除了应当符合定义外，也应当满足严格的条件，即费用只有在经济利益很可能流出从而导致企业资产减少或者负债增加,且经济利益的流出额能够可靠计量时才能予以确认。因此,费用的确认至少应当符合以下几个条件:一是与费用相关的经济利益应当很可能流出企业;二是经济利益流出企业的结果会导致资产的减少或者负债的增加;三是经济利益的流出额能够可靠计量。

六、利润的定义及其确认条件

(一)利润的定义

利润是指企业在一定会计期间的经营成果。通常情况下,如果企业实现了利润,表明企业的所有者权益将增加,业绩得到了提升;反之,如果企业发生了亏损(即利润为负数),表明企业的所有者权益将减少,企业业绩下滑。因此,利润往往是评价企业管理层业绩的一项重要指标,也是投资者等财务报告使用者进行决策时的重要参考。

(二)利润的来源构成

利润包括收入减去费用后的净额、直接计入当期利润的利得和损失等,其中收入减去费用后的净额反映的是企业日常活动的业绩,直接计入当期利润的利得和损失反映的是企业非日常活动的业绩。直接计入当期利润的利得和损失,是指应当计入当期损益、最终会引起所有者权益发生增减变动的、与所有者投入资本或者向所有者分配利润无关的利得或者损失。企业应当严格区分收入和利得、费用和损失之间的区别,以更加全面地反映企业的经营业绩。

(三)利润的确认条件

利润反映的是收入减去费用、利得减去损失后的净额的概念,因此,利润的确认主要依赖于收入和费用以及利得和损失的确认,其金额的确定也主要取决于收入、费用、利得和损失金额的计量。

第三节 会计信息质量特征

会计信息质量要求是对企业财务报告中所提供会计信息质量的基本要求,是使财务报告中所提供会计信息对投资者等使用者决策有用应具备的基本特征,它主要包括可靠性、相关性、可理解性、可比性、实质重于形式、重要性、谨慎性和及时性等。

一、可靠性

企业编制财务报告,必须保证其可靠性。可靠性是指会计信息必须是客观的和可验证的。可靠性要求企业应当以实际发生的交易或者事项为依据进行确认、计量和报告,如实反映符合确认和计量要求的各项会计要素及其他相关信息,保证会计信息真实可靠、内容完整。当信息没有重要错误或偏向,并且能够如实反映其拟反映或当反映的情况以供使用者作依据时,信息就具备了可靠性。

会计信息要有用,必须以可靠为基础,如果财务报告所提供的会计信息是不可靠的,就会给投资者等使用者的决策产生误导甚至损失。因此,可靠性是会计信息的重要质量特征。为了贯彻可靠性要求,企业应当做到以下三点。

1）真实性。以实际发生的交易或者事项为依据进行确认、计量，将符合会计要素定义及其确认条件的资产、负债、所有者权益、收入、费用和利润等如实反映在财务报表中，不得根据虚构的、没有发生的或者尚未发生的交易或者事项进行确认、计量和报告。

2）完整性。在符合重要性和成本效益原则的前提下，保证会计信息的完整性，其中包括应当编报的报表及其附注内容等应当保持完整，不能随意遗漏或者减少应予披露的信息，与使用者决策相关的有用信息都应当充分披露。

3）中立性。财务报告中的会计信息应当是中立、无偏的，不能在客观的信息上附加某种主观色彩以满足特定信息使用集体的需要。如果企业在财务报告中为了达到事先设定的结果或效果，通过选择或列示有关会计信息以影响决策和判断的，这样的财务报告信息就不是中立的。

【例1-10】天河公司于20×4年年末发现，本公司因销售萎缩而无法实现年初确定的销售收入目标，但在20×5年春节前后，销售可能会出现较大幅度的增长。该公司为此提前预计库存商品销售，在20×4年年末制作了若干存货出库凭证，并据此确认销售收入。该公司这种处理不是以其实际发生的交易事项为依据的，而是虚构的交易事项，不仅违背了会计信息质量要求中的可靠性原则，更是违背了相关法律法规的规定。

二、相关性

相关性要求企业提供的会计信息应当与投资者等财务报告使用者的经济决策需要相关，有助于投资者等财务报告使用者对企业过去、现在或者未来的情况做出评价或者预测。

会计信息是否有用，是否具有价值，关键是看其与使用者的决策需要是否相关，是否有助于决策或者提高决策水平。相关的会计信息应当能够有助于使用者评价企业过去的决策，证实或者修正过去的有关预测，因而具有反馈价值。相关的会计信息还应当具有预测价值，有助于使用者根据财务报告所提供的会计信息预测企业未来的财务状况、经营成果和现金流量。例如区分收入和利得、费用和损失，区分流动资产和非流动资产、流动负债和非流动负债以及适度引入公允价值等，都可以提高会计信息的预测价值，进而提升会计信息的相关性。

会计信息质量的相关性要求，需要企业在确认、计量和报告会计信息的过程中，充分考虑使用者的决策模式和信息需要。但是，相关性是以可靠性为基础的，两者之间并不矛盾，不应将两者对立起来。也就是说，会计信息在可靠性前提下，应尽可能符合相关性要求，以满足投资者等财务报告使用者的决策需要。

三、可理解性

可理解性要求企业提供的会计信息应当清晰明了，便于投资者等财务报告使用者理解和使用。

企业编制财务报告、提供会计信息的目的在于使用，而要使使用者有效使用会计信息，应当能让其了解会计信息的内涵，弄懂会计信息的内容，这就要求财务报告所提供的会计信息应当清晰明了，易于理解。只有这样，才能提高会计信息的有用性，实现财务报告的目标，满足向投资者等财务报告使用者提供决策有用信息的要求。

会计信息毕竟是一种专业性较强的信息产品，在强调会计信息的可理解性要求的同时，还应假定使用者具有一定的企业经营活动和会计方面的知识，并且愿意付出努力去研究会计信息。对于某些复杂的信息，如交易本身较为复杂或者会计处理较为复杂，但其对使用者的经济决策相关的，企业就应当在财务报告中予以充分披露。

四、可比性

可比性要求企业提供的会计信息应当在横向和纵向上可比。这主要包括以下两层含义。

（一）同一企业不同时期可比

为了便于投资者等财务报告使用者了解企业财务状况、经营成果和现金流量的变化趋势，比较企业在不同时期的财务报告信息，全面、客观地评价过去、预测未来，从而做出决策。会计信息质量的可比性要求同一企业不同时期发生的相同或者相似的交易或者事项，应当采用一致的会计政策，不得随意变更。但是，满足会计信息可比性要求，并非表明企业不得变更会计政策，如果按照规定或者在会计政策变更后可以提供更可靠、更相关的会计信息，可以变更会计政策。有关会计政策变更的情况，应当在附注中予以说明。

（二）不同企业相同会计期间可比

为了便于投资者等财务报告使用者评价不同企业的财务状况、经营成果和现金流量及其变动情况，会计信息质量的可比性要求不同企业同一会计期间发生的相同或者相似的交易或者事项，应当采用规定的会计政策，确保会计信息口径一致、相互可比，以使不同企业按照一致的确认、计量和报告要求提供有关会计信息。

五、实质重于形式

实质重于形式要求企业应当按照交易或者事项的经济实质进行会计确认、计量和报告，而不应当仅仅以交易或者事项的法律形式为依据。

企业发生的交易或事项在多数情况下，其经济实质和法律形式是一致的。但在有些情况下，会出现不一致。例如，以融资租赁方式租入的资产，虽然从法律形式来讲企业并不拥有其所有权，但是由于租赁合同中规定的租赁期相当长，接近于该资产的使用寿命；租赁期结束时承租企业有优先购买该资产的选择权；在租赁期内承租企业有权支配资产并从中受益等，因此，从其经济实质来看，企业能够控制融资租入的资产所创造的未来经济利益，在会计确认、计量和报告上就应当将以融资租赁方式租入的资产视为企业的资产，列入企业的资产负债表。

又如，企业按照销售合同销售商品但又签订了售后回购协议，虽然从法律形式上实现了收入，但如果企业没有将商品所有权上的主要风险和报酬转移给购货方，没有满足收入确认的各项条件，即使签订了商品销售合同或者已将商品交付给购货方，也不应当确认销售收入。

六、重要性

重要性要求企业提供的会计信息应当反映与企业财务状况、经营成果和现金流量有关的所有重要交易或者事项。

在实务中，如果会计信息的省略或者错报会影响投资者等财务报告使用者据此做出决策的，该信息就具有重要性。重要性的应用需要依赖职业判断，企业应当根据自身所处环境和实际情况,从项目的性质和金额大小两方面对其重要性加以判断。重要性取决于在发生遗漏或错报的特定环境下所判断的项目或错误的金额大小。因此,重要性与其说是信息要有用所必须具备的基本质量特征,倒不如说是提供了一个门槛或取舍点。

例如,我国上市公司要求对外提供季度财务报告,考虑到季度财务报告披露的时间较短,从成本效益原则的考虑,季度财务报告没有必要像年度财务报告那样披露详细的附注信息。因此,《企业会计准则第 32 号——中期财务报告》规定,公司季度财务报告附注应当以年初至本中期期末为基础编制,披露自上年度资产负债表日之后发生的、有助于理解企业财务状况、经营成果和现金流量变化情况的重要交易或者事项。这种附注披露,就体现了会计信息质量的重要性要求。

七、谨慎性

谨慎性又称稳健性,要求企业在对交易或者事项进行会计确认、计量、记录和报告时,应当保持应有的谨慎,不应高估资产或者收益、低估负债或者费用。

在市场经济环境下,企业的生产经营活动面临着许多风险和不确定性,如应收款项的可收回性、固定资产的使用寿命、无形资产的使用寿命、售出存货可能发生的退货或者返修等。会计信息质量的谨慎性要求,需要企业在面临不确定性因素的情况下做出职业判断时,应当保持应有的谨慎,充分估计到各种风险和损失,既不高估资产或者收益,也不低估负债或者费用。例如,要求企业对可能发生的资产减值损失计提资产减值准备、对售出商品可能发生的保修义务等确认预计负债等,就体现了会计信息质量的谨慎性要求。

谨慎性的应用也不允许企业设置秘密准备,如果企业故意低估资产或者收益,或者故意高估负债或者费用,将不符合会计信息的可靠性和相关性要求,损害会计信息质量,扭曲企业实际的财务状况和经营成果,从而对使用者的决策产生误导,这是法律法规所不允许的。

八、及时性

及时性要求企业对于已经发生的交易或者事项,应当及时进行确认、计量和报告,不得提前或者延后。

会计信息的价值在于帮助所有者或者其他利益相关者做出经济决策,具有时效性。即使是可靠、相关的会计信息,如果不及时提供,就失去了时效性,对于使用者的效用就大大降低甚至不再具有实际意义。在会计确认、计量和报告过程中贯彻及时性,一是要求及时收集会计信息,即在经济交易或者事项发生后,及时收集整理各种原始单据或者凭证;二是要求及时处理会计信息,即按照相关会计准则的规定,及时对经济交易或者事项进行确认或者计量,并编制财务报告;三是要求及时传递会计信息,即按照国家规定的有关时限,及时地将所编制的财务报告传递给使用者,便于其及时使用和决策。

在实务中,为了及时提供会计信息,可能需要在有关交易或者事项的信息全部获得之前就进行会计处理,这样就能满足会计信息的及时性要求,但可能会影响会计信息的可靠性;反之,如果企业等到与交易或者事项有关的全部信息获得之后再进行会计处理,这样的信息披露可能会由于时效性问题,而对投资者等财务报告使用者决策的有用性将大大降低。这就需要在及时性和可靠性之间进行权衡,以最好地满足投资者等财务报告使用者的经济决策需要为判断标准。

会计信息质量特征关系如图 1-1 所示。

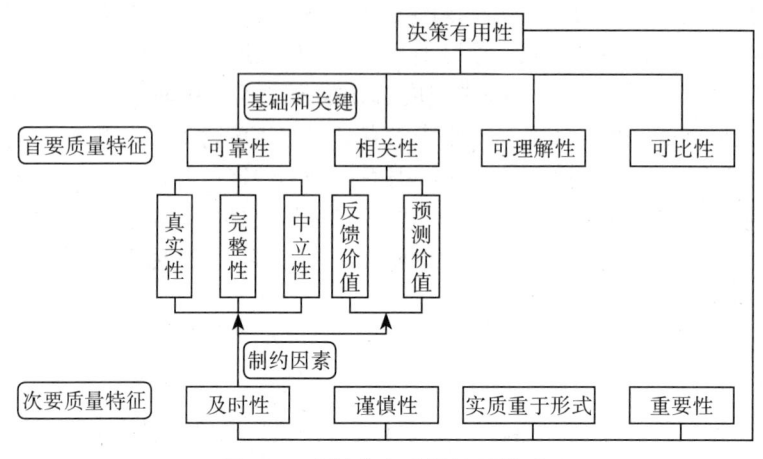

图 1-1　会计信息质量特征关系

第四节　会计确认与计量

一、会计确认

会计确认是指把一个事项作为资产、负债、收入和费用等正式加以记录和列入财务报表的过程。会计确认实际上是分两次进行的，第一次解决会计的记录问题，第二次解决财务报表的披露问题。前者称为初始确认，后者称为再确认。

（一）初始确认与再确认

初始确认是将某项目或业务登记为某会计要素或项目。会计的初始确认要解决的首要问题是确定企业各项经济业务产生的经济数据中哪些应在会计信息系统中记录。

初始确认要解决的第二个问题是，要记入会计信息系统的经济数据，在何时、应记录为何种会计科目？从会计账簿的会计信息到财务报告信息，是财务会计加工信息的第二阶段，也就是会计的再确认。再确认的主要任务是编制和分析财务报表。在财务报表中，资产负债表和利润表是以权责发生制为基础，现金流量表是以收付实现制为基础。

（二）会计确认标准

为了做好会计的初始确认和再确认，应当遵循确认标准。会计确认标准是对会计确认行为的基本约束，指明了解决各种会计确认问题的方向。会计确认标准是从会计信息质量的特征推导而得出的，同时又有助于形成财务报告要素的定义，有助于解决编制财务报告的各种问题。美国财务会计准则委员会（FASB）于 1984 年在第 5 号财务会计概念公告《企业财务报表项目的确认和计量》中提出了会计确认的四个标准，即可定义性、可计量性、相关性和可靠性。

1. 可定义性

可定义性是指被确认的项目应符合财务报表某个要素的定义。如确认的资产、负债、收入、费用等要符合各自的定义。

2. 可计量性

可计量性是指被确认的项目应具有一个相关的计量属性，足以充分可靠地予以计量。具体来说就是被确认的会计要素必须能够用货币进行计量，凡是不能可靠地用货币计量的要素就不能加以确认。

3. 相关性

这里所说的相关性与前面会计信息质量要求中提到的相关性是一个概念。即被确认的会计要素应当对信息的使用者有用，确认会计信息必须与使用者的信息需求密切联系起来，不同使用者的决策可能需要不同的会计信息，所以，应根据相关性进行会计确认，在确认时应尽量排除不相关的会计信息，确认相关的会计信息。

4. 可靠性

这里所说的可靠性与前面会计信息质量要求中提到的可靠性是一个概念。即被确认的会计信息是真实的，可验证的和不偏不倚的。不可靠的会计信息在会计上是不能予以确认的。

（三）会计确认的时间基础

会计确认的时间基础是指对会计要素确认的时间。对资产、负债来说，企业需要判断是否即期确认；对收入、费用来说，企业需要判断是否在发生的当期确认。资产和负债通常都是单向交易，属于时点概念，所以只要交易成立，符合资产要素和负债要素的确认标准，就可以进行确认。收入和费用则不同，它们是反映企业经营业绩的期间概念。在一个会计期间内，会发生许多笔收入和费用，过程的起点和终点参差不齐，发生的收入和费用同其实现的期间经常出现跨期。因此，有两种确认的基础可供选择，一是收付实现制，二是权责发生制。现在财务会计确认的基础选择了权责发生制，即收取收入的权利发生时才能确认收入，支付费用的业务发生时才能确认费用。收入以实现为原则，费用以配比为原则。

权责发生制并不仅仅是收入费用的确认基础，同时也是资产和负债的确认基础，每当确认一项收入时，必然会同时以相同的金额确认一项资产的增加或一项负债的减少；而确认费用时，又必然会同时以相同的金额确认一项资产的减少或一项负债的增加。

二、会计计量

会计计量是为了将符合确认条件的会计要素登记入账并列报于财务报表而确定其金额的过程。企业应当按照规定的会计计量属性进行计量，确定相关金额。计量属性是指所计量的某一要素的特性方面，如桌子的长度、铁矿的重量、楼房的高度等。从会计角度，计量属性反映的是会计要素金额的确定基础，主要包括历史成本、重置成本、可变现净值、现值和公允价值等。

（一）计量单位

对会计计量来说，必须以货币为计量单位。在不存在恶性通货膨胀的情况下，一般都以名义货币作为会计的计量单位。按名义货币计量的特点是，无论各个时期货币的实际购买力如何发生变动，会计计量都采用固定的货币单位，即不调整不同时期货币的购买力。

（二）计量属性

1. 历史成本

历史成本，又称为实际成本，是指取得或制造某项财产物资时所实际支付的现金或者其他等价物。在历史成本计量下,资产按照其购置时支付的现金或者现金等价物的金额,或者按照购置资产时所付出的对价的公允价值计量。负债按照其因承担现时义务而实际收到的款项或者资产的金额,或者承担现时义务的合同金额,或者按照日常活动中为偿还负债预期需要支付的现金或者现金等价物的金额计量。

2. 重置成本

重置成本又称现行成本,是指按照当前市场条件,重新取得同样一项资产所需支付的现金或现金等价物金额。在重置成本计量下,资产按照现在购买相同或者相似资产所需支付的现金或者现金等价物的金额计量。负债按照现在偿付该项债务所需支付的现金或者现金等价物的金额计量。

3. 可变现净值

可变现净值,是指在正常生产经营过程中以预计售价减去进一步加工成本和销售所必须支出的预计税金、费用后的净值。在可变现净值计量下,资产按照其正常对外销售所能收到现金或者现金等价物的金额扣减该资产至完工时估计将要发生的成本、估计的销售费用以及相关税金后的金额计量。

4. 现值

现值是指对未来现金流量以恰当的折现率进行折现后的价值,是考虑货币时间价值因素等的一种计量属性。在现值计量下,资产按照预计从其持续使用和最终处置中所产生的未来净现金流入量的折现金额计量。负债按照预计期限内需要偿还的未来净现金流出量的折现金额计量。

5. 公允价值

公允价值是指市场参与者在计量日发生的有序交易中,出售一项资产所能收到的金额或者转移一项负债所需支付的价格。企业以公允价值计量相关资产或负债,应当假定市场参与者在计量日出售资产或者转移负债的交易,是在当前市场条件下的有序交易。

市场参与者,是指在相关资产或负债的主要市场(或最有利市场)中,同时具备下列特征的买方和卖方:①市场参与者应当相互独立,不存在《企业会计准则第36号——关联方披露》所述的关联方关系;②市场参与者应当熟悉情况,能够根据可取得的信息对相关资产或负债以及交易具备合理认知;③市场参与者应当有能力并自愿进行相关资产或负债的交易。

有序交易,是指在计量日前一段时期内相关资产或负债具有惯常市场活动的交易。清算等被迫交易不属于有序交易。

企业以公允价值计量相关资产或负债,应当假定出售资产或者转移负债的有序交易在相关资产或负债的主要市场进行。不存在主要市场的,企业应当假定该交易在相关资产或负债的最有利市场进行。

主要市场,是指相关资产或负债交易量最大和交易活跃程度最高的市场。

最有利市场,是指在考虑交易费用和运输费用后,能够以最高金额出售相关资产或者以最低金额转移相关负债的市场。

(三)计量属性之间的关系

在各种会计要素计量属性中,历史成本通常反映的是资产或者负债过去的价值,而重置成本、可变现净值、现值以及公允价值通常反映的是资产或者负债的现时成本或者现时价值，是与历史成本相对应的计量属性。当然这种关系也并不是绝对的。比如，资产或者负债的历史成本有时就是根据交易时有关资产或者负债的公允价值确定的，在非货币性资产交换中，如果交换具有商业实质，且换入、换出资产的公允价值能够可靠计量的，换入资产入账成本的确定应当以换出资产的公允价值为基础，除非有确凿证据表明换入资产的公允价值更加可靠；在非同一控制下的企业合并交易中，合并成本也是以购买方在购买日为取得对被购买方的控制权而付出的资产、发生或承担的负债等的公允价值确定的。再比如，在应用公允价值时，当相关资产或者负债不存在活跃市场的报价或者不存在同类或者类似资产的活跃市场报价时，需要采用估值技术来确定相关资产或者负债的公允价值，而在采用估值技术估计相关资产或者负债的公允价值时，现值往往是比较普遍采用的一种估值方法，在这种情况下，公允价值就是以现值为基础确定的。另外，公允价值相对于历史成本而言，具有很强的时间概念，也就是说，当前环境下某项资产或负债的历史成本可能是过去环境下该项资产或负债的公允价值，而当前环境下某项资产或负债的公允价值也许就是未来环境下该项资产或负债的历史成本。

（四）计量属性的应用原则

企业在对会计要素进行计量时，一般应当采用历史成本。采用重置成本、可变现净值、现值、公允价值计量的，应当保证所确定的会计要素金额能够取得并可靠计量。

在企业会计准则体系建设中适度、谨慎地引入公允价值这一计量属性，是因为随着我国资本市场的发展，越来越多的股票、债券、基金等金融产品在交易所挂牌上市，使得这类金融资产的交易已经形成了较为活跃的市场，因此，我国已经具备了引入公允价值的条件。在这种情况下，引入公允价值，更能反映企业的现实情况，对投资者等财务报告使用者的决策更加有用，而且也只有如此，才能实现我国企业会计准则与国际财务报告准则的趋同。

在引入公允价值过程中，我国充分考虑了国际财务报告准则中公允价值应用的三个级次：第一，企业在计量日能获得相同资产或负债在活跃市场上报价的，以该报价为依据确定公允价值；第二，企业在计量日能获得类似资产或负债在活跃市场上的报价，或相同或类似资产或负债在非活跃市场上的报价的，以该报价为依据做必要调整来确定公允价值；第三，企业无法获得相同或类似资产可比市场交易价格的，以其他反映市场参与者对资产或负债定价时所使用的参数为依据确定公允价值。

值得一提的是，我国引入公允价值是适度、谨慎和有条件的。原因是考虑到我国尚属新兴的市场经济国家，如果不加限制地引入公允价值，有可能出现公允价值计量不可靠，甚至借此人为操纵利润的现象。因此，在《企业会计准则第3号——投资性房地产》《企业会计准则第5号——生物资产》等具体准则中规定，只有存在活跃市场、公允价值能够持续取得并可靠计量的情况下，才能采用公允价值计量。

▶本章小结

本章主要介绍了财务会计的目标、会计信息的质量特征、会计要素及其确认的条件、会计确认和会计计量的属性。财务会计的目标是向投资者、债权人和其他外部信息使用者提供决策有用信息。为了使财务会计报告提供的信息能够满足信息使用者的需要，会计信息必须具备可靠性、相关性、可理解性、可比性、实质重于形式、重要性、谨慎性和及时性等质量特征。科学的确认和计量是高质量会计信息的技术保证。作为会计要素确认的交易或事项必须同时满足四个条件：可定义性、可计量性、相关性、可靠性。会计计量属性包括历史成本、重置成本、可变现净值、现值和公允价值。对会计要素进行计量时，一般应当采用历史成本，采用重置成本、可变现净值、现值、公允价值计量的，应当保证所确定的会计要素金额能够取得并可靠计量。

▶思政园地

二十大精神赋予新时代会计的使命与任务

党的二十大报告提出以中国式现代化全面推进中华民族伟大复兴。中国式现代化既切合中国实际，体现了社会主义建设规律，也体现了人类社会发展规律。面对中国式现代化这一重大命题，会计更好地发挥自身作用，就需要会计工作者充分发挥作用，结合中国实践需求、中华优秀传统文化和国际先进经验，创新和发展会计职能，不断提高会计效能。从而助推中国经济实现高质量发展，为中国式现代化建设提供支持。

会计伴随人类社会发展而发展，现代会计作为社会化大生产和现代市场经济的基石，是资源配置、价值创造、财富分配的基本方法和核心工具。党的二十大精神明确了新时代中国特色社会主义的总目标、总任务，对于各行各业都提出了新的要求。对于会计行业来说，党的二十大精神更是赋予了会计新的使命与任务。首先，党的二十大报告强调了全面建设社会主义现代化国家的目标。会计作为财经管理的核心工作之一，必须积极参与和支持国家各项建设工作，为实现全面建设社会主义现代化国家的目标提供优质的会计服务。其次，党的二十大报告提出了推动经济高质量发展的要求。会计作为经济运行监测和风险防控的重要手段，需要及时准确地提供各项经济数据和财务信息，支持国家经济高质量发展，帮助企业科学决策，推动产业升级和创新发展。再次，党的二十大报告强调了全面深化改革的重要性。会计作为财务信息披露和监管的重要环节，需要积极适应新时代改革开放的需要，不断推动会计制度改革和行业规范，提高会计信息的透明度和质量，为经济发展提供可靠的会计基础。最后，党的二十大报告强调了全面依法治国的原则。会计作为法定的财务管理工具，在新时代需要更加严格地遵守法律法规，保证会计信息的合法性和准确性，为全面依法治国提供坚实的信息支撑。

总而言之，党的二十大精神赋予了新时代会计更加重要和广泛的使命与任务，要求会计人员紧密结合国家发展大局，积极履行职责，提供更好的会计服务，为全面建设社会主义现代化国家做出积极贡献。

资料来源：罗勇.二十大精神赋予新时代会计的使命与任务[J].会计之友，2023（13）：2-8.

国际视野

拓展阅读

章后练习

关键术语音频

▶关键术语听与读

◇ Accounting assumptions（会计假设）: The accounting assumptions are the prerequisites for the organization of accounting. They are the bases for establishing accounting principles and the necessary conditions for conducting accounting practices.

◇ Accounting cycle（会计循环）: The accounting cycle refers to the circus which consists of the steps in the processing of business transactions and events during the accounting period.

- Accounting elements（会计要素）：The accounting elements are the primary classifications of the contents of financial information of an organization, which are the basics to form the financial statements.
- Accounting entity（会计主体）：The accounting entity assumption, also called the economic entity assumption, is an accounting guideline that allows the accountants to keep the business transactions separate from the owner's personal transactions.
- Accounting equation（会计等式）：The accounting equation is the basic formula that underpins double entry bookkeeping. It can be expressed as "assets = liabilities + owners' equity", or extended as "assets = liabilities + owners' equity + revenues − expenses".
- Accounting identification（会计确认）：Accounting identification refers to the procedures of analyzing and identifying the economic transactions and events in order to locate them into the accounting elements.
- Accounting measurement（会计计量）：Accounting measurement refers to marking the value when the economic transactions and events are identified.
- Accounting objectives（会计目标）：The accounting objectives are the goals of accounting reporting which is to help financial information users make their decisions, and evaluate the performance of stewardship.
- Accounting period（会计分期）：The accounting period assumption, also known as the periodicity or time period assumption, is an accounting guideline that allows the accountants to divide up the complex, ongoing activities of a business into periods of a year, quarter, month, week, etc. The precise time period covered is included in the heading of the income statement, statement of cash flows, and the statement of stockholders' equity.
- Accounting policies（会计政策）：The accounting policies refer to the accounting bases used by a business when preparing its financial statements.
- Accounting principles（会计原则）：The accounting principles stand for the body of doctrine associated with accounting, serving as an explanation of current practices and as a guide in the selection of conventions and procedures.
- Accounting recording（会计记录）：The accounting recording refers to the process of making entries in the formal journals and ledgers, backed by the vouchers, invoices, correspondence, contracts, and other sources or support for such records.
- Accounting reports（会计报告）：The accounting reports refer to a set of documents that give state the financial position, operating result, cash flows and other financial information of an organization.
- Accounting standards（会计准则）：The accounting standards stand for the rules of accounting practices recommended by the Accounting Standards Board.
- Accounting system（会计制度/会计系统）：The accounting system refers to the principles, methods and procedures relating to the incurrence, classification, recording, and reporting of the transactions and events of an organization.
- Accrual basis（权责发生制）：The accrual basis of accounting is the accounting method wherein revenues are recognized when they

- are earned and expenses are matched to revenues or the accounting period when they are incurred.
- Assets（资产）: Assets are resources owned or controlled by a company and which have future economic value that can be measured and can be expressed in dollars. Examples include cash, investments, accounts receivable, inventory, supplies, land, buildings, equipment, and vehicles, etc.
- Books of accounts（账簿）: The books accounts, sometimes called accounts, refer to the books in which a business records its transactions using ledgers, journals, and other accounting records.
- Comparability（可比性）: The comparability principle is a quality of accounting information that facilitates the comparison of financial reporting of one company to that of another company.
- Conservatism（谨慎性）: The conservatism principle states that when alternative accounting valuations are equally possible, the accountant should select the one that is least likely to overstate assets and income in the current period.
- Expenses（费用）: Expenses are costs for selling goods or providing services, which are matched with revenues on the income statement.
- Fair value（公允价值）: The fair value is a price paid by a buyer who knows the value of what he or she is buying, to a seller who also knows the value of what is being sold. The fair value method refers to a method of valuing the assets and liabilities of a business based on the amount for which they could be sold to independent parties at the time of valuation in an arm's length trade.
- Financial accounting（财务会计）: Financial accounting refers to the field of accounting that treats money as a means of classifying, measuring and recording economic performance of a business, which is to prepare the financial reports including the income statement, balance sheet, statement of cash flows, statement of stockholders' equity.
- Going concern（持续经营）: The going concern assumption, also called the continuity assumption, is an accounting guideline which allows the readers of financial statements to assume that the company will continue long enough to carry out its objectives and commitments. In other words, the accountants believe that the company will not liquidate in the near future. This assumption also provides some justification for accountants to follow the cost principle.
- Historical cost（历史成本）: The historical cost is the basis for treatment of assets in financial statements where they are recorded at their historical cost, without adjustment for inflation or other price variations.
- Liability（负债）: Liabilities refer to obligations of a company or organization, resulting from past transactions and events, including amounts received in advance for a future sale or service to be performed, and to repay them will cause benefits flow out of the company.
- Materiality（重要性）: The materiality principle refers to the magnitude of an omission or misstatement of accounting information that, considering the circumstances, makes it likely that the judgment of a reasonable person relying on the information would have been influenced by the omission or misstatement.

- Monetary unit (货币计量): The monetary unit assumption refers to the accounting guideline where the currency is assumed to be constant (no change in purchasing power) over time.
- Net realizable value (可变现净值): The net realizable value is the price at which goods in stock could be sold in a fair market, less any costs incurred in making the sale.
- Net income (净利润): The net income refers to the income of an individual or organization, which is left after taking away costs, expenses, taxes and other deductions.
- Owners' Equity (所有者权益): The owners' equity, also known as the owners' capital account, which is the residual claim of the owners after deducting the liabilities from the assets.
- Present value (现值): The present value is the result arrived at in a discounted cash flow calculation by multiplying a projected annual cash flow figure by a discount factor derived from a hurdle rate of interest and a time period.
- Qualitative characteristics (会计信息质量特征): The qualitative characteristics of accounting information refer to the characteristics that make information in financial reports as useful as possible. The accounting standards board identifies the qualities that are both useful to decision makers and make the documents understandable. Information must be both reliable and relevant; it must have predictive value, feedback value, timeliness, comparability, consistency, verifiability, neutrality, and representational faithfulness.
- Relevance (相关性): The relevance principle is a qualitative characteristic in accounting, which is associated with information that is timely, useful, of predictive value, and is going to make a difference to a decision maker.
- Reliability (可靠性): The reliability principle is a qualitative characteristic in accounting. It is achieved when information is verifiable, objective (not subjective) and you can depend on it.
- Replacement cost (重置成本): The replacement cost is the cost of replacing an asset, either in its present physical form or as the cost of obtaining equivalent services, which may be used to value tangible fixed assets and in some circumstances such circulating assets as stock.
- Revenues (收入): Revenues, also called income, are fees earned from providing services or the amounts of merchandise sold.
- Substance over form (实质重于形式): The substance over form principle requires the accountants, during the accounting process of identification, recording, measuring and reporting, consider the economic substance of a transaction or event rather than its legal form.
- Timeliness (及时性): The accounting information is timely when it is available to decision makers before it loses its ability to influence decisions.
- Understandability (可理解性): The accounting information should be understandable to users who have a reasonable knowledge of business and economic activities and who are willing to study the information with reasonable diligence.

综合案例一

千亿白马股的陨落——康美药业财务造假始末

一、一代药王的衰落

（一）康美之美

康美药业股份有限公司（以下简称"康美药业"）是供销一体的大型中医药上市企业，市值超过千亿元，业务范围广，产业链完善，上至药材种植下到销售，是国家知识产权优势企业。公司实际控制人为马兴田、许冬瑾夫妇。马兴田在1997年创办了公司，前期主要进行化学药物的生产销售。康美药业于2001年在上海证券交易所上市，它以中药饮片、中成药、化学原料药及制剂生产为主导，集药品生产、医疗器械营销于一体，是国家级重点高新技术企业。其生产的产品供应广东省以及其他省份不少中医院使用，扎根广东省揭阳市普宁市的康美药业，一度是普宁的一张"金名片"。然而就是这张"金名片"日后出现了极具轰动的造假事件，从红极一时的白马股跌落至退市边缘的"ST康美"。

（二）东窗事发

2018年10月15日，业内研究者自媒体"初善投资"一文《康美药业究竟有没有谎言？》质疑康美药业实施了财务造假，有媒体称康美药业存在"存贷双高"，存货占总资产比例过高，毛利率异常，远低于同行的研发支出等问题。本次的公开质疑财务造假在微信公众号、雪球和今日头条等平台引发了投资者的热议，随后康美药业的股价连续多日跌停，蒸发了近90%的市值。康美药业财务造假事件的风波愈演愈烈，此次事件引发了投资者和业内人士要求证监会调查康美的呼声，鉴于此次证券市场的风波，2018年12月28日，证监会对康美药业进行立案调查。2019年4月29日康美药业通过自查发布了《关于前期会计差错更正的公告》并修改了14处财务数据，减少货币资金299.44亿元。2019年5月17日证监会通报调查结果，称康美药业披露的2016—2018年财务报告中存在重大虚报。调查结果显示：康美药业在2016—2018年披露的年度财务报告中分别虚增营业收入89.99亿元、100.32亿元、16.13亿元，其中在2018年半年度财务报告中虚增营业收入84.84亿元；在2016年和2017年年度财务报告中分别虚增货币资金225.48亿元和299.44亿元，在2018年半年度财务报告中虚增货币资金高达361.88亿元。

（三）"罪与罚"

2019年8月16日中国证监会正式下发了对康美药业的行政处罚和相关市场禁入的通告，证实了康美药业"会计差错"为"财务造假"，引得满城风雨的康美药业财务造假事件终于被证监会坐实。2020年5月13日，证监会发布对康美药业的处罚决定书，对康美药业罚款60万元并禁止进入市场，对主要负责人处以90万元罚款，对其他相关人员分别处以10万元～30万元罚款。由于审计失败，2021年2月18日证监会公布对康美药业第三方审计机构广州正中珠江会计师事务所（以下简称"正中珠江"）的处罚决定：没收业务收入1 425万元，并处以4 275万元罚款，合计处罚金额达5 700万元，这也创下了审计机构被罚之最。2021年11月12日，广州市中级人民法院对康美药业证券虚假陈述责任纠纷集体诉讼案件做出一审判决，判令康美药业向5.2万名投资者承担24.59亿元的赔偿责任，正中珠江及直接责任人员承担全部连带赔偿责任。在一审判决中包括了5名曾任或在职的独立董事，这5名独立董事因未勤勉尽责，需要承担连带责任，合计赔偿金额约3.69亿元。

二、造假手段——"四宗罪"

根据证监会对于康美药业将近5个月的调查，发现康美药业2016—2018年发布的财务报告中存在严重的虚假披露行为，库存商品、应收账款相较同行业居高不下、虚增货币资金近299亿元、几乎没有计提存货跌价准备。康美药业的财务造假手段主要有以下几种。

（一）伪造银行单据虚增货币资金

康美药业通过对银行单据进行舞弊来虚增货币资金，以弥补无中生有的利润和掩饰不翼而飞的关联资金，也就是说账面上显示的充足的货币资金，其实是无中生有的。通过虚增货币资金，该公司的资产和负债并没有真正地变化，但是却凭空赚了一大笔利润。为了粉饰报表，该公司使用货币资金来达到资产虚假增加的目的，从而实现报表的平衡。其舞弊的具体操作方法是伪造大额定期存单、银行对账单，从而虚增银行存款，2016—2018 年，康美药业通过一系列违法手段虚增了近 900 亿元的货币资金。

（二）虚假记载固定资产等项目

此次证监会调查的康美药业财务造假手段中主要还有虚假记载在建工程、投资性房地产、固定资产。康美药业的非流动资产从 2012—2016 年的年报中整体上看处于稳步增长的趋势，从 2017 年开始投资性房地产和在建工程项目开始激增，到 2018 年固定资产同比增长 46.58%、在建工程同比增长 74.07%、投资性房地产同比增长 237.39%，公司在年报中对于激增的解释是工程项目的投入和项目完工的结转，大幅度的增长引起投资者和资本市场的质疑。康美药业在 2018 年年报中新纳入的许多工程项目均不符合收入确认条件，而其冒着被曝光的风险也坚持通过这些项目确认收入，从而达到虚增资产的目的。由此可以看出，账户中存在大量虚假的收入，这些收入没有办法实现借贷平衡，因此，企业不得不将那些还没有达标的 36 亿元资产虚增在账面上。最后经查实，在 2018 年财务报告中，康美药业将多个未完工的项目填写到了报表中，使得公司的固定资产增加了 11.88 亿元，在建工程增加了 4.01 亿元，投资性房地产增加了 20.14 亿元。

（三）伪造交易凭证虚增收入和利润

通过查阅康美药业的财务报告可以发现，2018 年上半年，报表中显示的净利润为 206.07 亿元，然而分析现金流量表之后发现，经营活动只产生了 106.46 亿元的现金净流量，这表明康美药业只有 0.52 的净现比，即康美药业财务报表显示的 200 多亿元净利润中，有 50% 左右都不是通过经营活动产生的现金流量实现，这种现象使人们不得不质疑康美药业的收入和利润的真实性。舞弊案被爆出来之后，康美药业就承认自己曾经用伪造业务凭证的方式来对收入进行舞弊，另外为了实现利润的虚假增加，也没有对提供给关联方的 88 亿元资金计提坏账准备。康美药业为虚增资金采用的多种手段包括伪造银行存单、伪造增值税发票、将入账时间递延等。

（四）利用关联公司买卖自家的股票

内幕交易、恶意操控股价也是康美药业财务舞弊的手法之一。利用关联公司买卖本公司的股票，哄抬股价后卖出，严重损害了投资者的利益，不利于证券市场的良好发展，对公司未来长久发展也产生了不利影响。通过一系列的操作使净资产增多，从而可以获得更多贷款的资格，扩大了融资资本。资本的增加和一定范围内负债率的增加，一方面可以扩大公司规模，另一方面可以继续在财务报表中虚增利润，这种恶性循环严重扰乱了市场秩序，违反了证券市场的相关规定。

三、"内忧外患"铤而走险

康美药业的财务舞弊有多重动因，首先，康美药业盲目扩张到多个领域，大量资金对外投资造成资金紧张，分散管理者精力，使其陷入困境，拖累主业；业绩下滑，在竞争激烈的市场环境下竞争力下降，业绩萎缩。其次，资金短缺造成的融资压力，使得公司选择通过财务造假向投资者传递经营良好、业绩稳定的虚假信号，以实现自身持续融资。再次，康美药业的股权结构一直以来都属于股权结构集中的企业，这种结构虽然大大提升了企业在日常经营管理中的效率，但同时也容易滋生严重的控股股东掏空上市公司的行为。最后，控股股东的家族势力的盘踞、内部控制集体失效、造假成本低廉、审计机构失职都为这颗"明星"的陨落提供了发生的机会。

四、结束语

昔日的"千亿白马股"跌落神坛。总结起来，康美药业近 25 亿元巨额判罚的背后，是一个以法律为准绳、以道德为基石的资本有序生态的开启。在诡谲多变的资本市场，中小股东何去何从，如何能避免历史的重演？我们要反思事务所层面如何提升审计业务质量，以质量取胜，同时拓展非鉴证业务，避免长期依赖特定客户，进而因密切关系、自身利益影响独立性。注册会计师应在整个审计过程中秉持质疑的态度，对可能引起舞弊、造假的情形时刻保持警觉，加强专业胜任能力。上市公司应完善和严格执行内部控制制度，优化企业股权结构，消除财务造假的机会。相关组织机构也应提高违法成本和加强监管力度。

资料来源：1.中国证监会，王曙光，董洁.康美药业财务舞弊案例分析：基于审计失败的视角[J].财会通讯，2020（23）：116-120；2.叶凡，叶钦华，黄世忠.存货舞弊的识别与应对：基于康美药业的案例分析[J].财务与会计，2021（13）：48-52.

拓展性思考

1. 会计信息质量要求是对企业财务会计报告中所提供会计信息质量的基本要求，是财务报告所提供的会计信息对投资者等使用者决策有用应具备的基本特征。会计信息质量要求体现在哪几个方面，它们的含义分别是什么，康美药业提供的财务会计报告等相关会计信息符合会计信息质量要求吗？

2. 前期差错是指由于没有运用或错误运用下列两种信息，而对前期财务报表造成省略或错报：①编制前期财务报告预期能够取得并加以考虑的可靠信息；②前期报告批准报出时能够取得的可靠信息。前期差错通常包括计算错误、应用会计政策错误、疏忽或曲解事实以及舞弊产生的影响等。财务造假则是指企业领导和财务会计人员在会计核算过程中，违反国家法律法规和《企业会计准则》的规定，做假账和编制虚假会计报表的行为。康美药业发布的"会计差错"为何被证监会判定为"财务造假"，这两者有什么区别？

3. 中国证监会拨开康美药业财务差错神秘的面纱，撕掉财务报表中华丽的数据，将此次事件定性为康美药业有预谋、有组织、长期、系统地实施财务造假行为，康美药业出现了哪些财务的异常现象？如何识别出财务造假？

4. 一家企业的荣辱兴败关系着方方面面的相关者，康美药业财务造假的利益相关者有哪些？造假事件给他们带来了哪些影响？

5. 为了资本市场规范化发展，上市公司、第三方机构、证监会等各方主体应该如何杜绝此类情形的发生？

第二章

货币资金

> **本章案例**
>
> ### 康得新复合材料集团股份有限公司财务造假案
>
> 2019年2月28日,康得新复合材料集团股份有限公司(以下简称"康得新")披露追溯调整后的财务报表,更正后的报表显示2015—2018年连续四年亏损。舆论高度关注康得新财务造假、触及强制退市等问题。2019年1月,康得新无力偿还15亿元短期融资券,各界纷纷质疑该公司2018年第三季度季报披露财务信息的真实性。
>
> 证监会立即启动现场检查并及时进行立案调查。在调查中,证监会把发现的犯罪线索同步移送公安部门。证监会于2019年7月、2020年6月两次进行告知、听证,并于2020年9月22日对该案做出行政处罚。2020年9月9日,公安部门对康得新财务造假等行为侦查终结,以违规披露、不披露重要信息罪等移送检察院审查起诉。根据行政处罚决定,康得新对2015—2018年的财务报表进行了追溯调整,更正后的报表显示连续四年净利润为负,触及重大违法强制退市情形(即扣除处罚认定的造假金额后,相关财务指标触及终止上市标准)。
>
> 经查明,康得新存在以下信息披露违法事实。一是2015—2018年年度报告存在虚假记载,合计虚增利润115.3亿元。康得新通过虚构销售业务等方式虚增营业收入,并通过虚构采购、生产、研发费用、产品运输费用等方式虚增营业成本、研发费用和销售费用,导致2015—2018年年度报告虚增利润总额分别为22.43亿元、29.43亿元、39.08亿元、24.36亿元,分别占各年度报告披露利润总额的136.22%、127.85%、134.19%、711.29%。大股东康得投资集团有限公司与相关银行签订现金管理协议,经查证,协议涉及的康得新银行账户各年末实际余额为0,康得新2015年至2018年年报披露的银行存款余额虚假。二是2016—2018年未及时披露及未在年度报告中披露康得新子公司为控股股东提供关联担保。三是未在年度报告中如实披露2015年和2016年非公开发行募集资金的使用情况。康得新违法违规问题事实清楚、证据确凿。证监会依法对其及相关责任人采取了罚款、市场禁入等措施;对涉嫌犯罪的,严格按照有关

> 规定移送司法追究刑事责任。
>   根据当事人违法行为的事实、性质、情节与社会危害程度，依据2005年修订的《中华人民共和国证券法》[①]第一百九十三条第一款、第三款的规定对康得新责令改正，给予警告，并处以60万元罚款；对钟某、王某、张某某等13人分别处以3万元～90万元的罚款。
>   深圳证券交易所对于康得新及相关当事人上述违规行为及本所给予的处分，将记入上市公司诚信档案，并向社会公开。
>   资料来源：中国证券监督管理委员会，中国证监会行政处罚决定书〔2020〕71号

▶ **学习目标** ◀

> 货币资金是指企业生产经营过程中处于货币形态的资产，属于企业的一种金融资产。按形态和用途分为库存现金、银行存款和其他货币资金。本章主要介绍货币资金的内容和特点、货币资金的内部控制及会计核算、银行存款账户的开立和使用、备用金制度及其会计处理等。通过本章的学习，希望读者：
> - 了解货币资金的定义及内容；
> - 理解库存现金清查的会计处理；
> - 了解备用金制度及其核算；
> - 掌握未达账项的调节方法；
> - 掌握其他货币资金的核算方法。

第一节　货币资金概述

一、货币资金的定义

货币资金是指企业可以立即投入流通，用以购买商品或劳务，或用以偿还债务的交换媒介，是以货币形态表现的资金。在流动资产中，货币资金的流动性最强，并且是唯一能够直接转化为其他任何资产形态的流动性资产，也是最能够代表企业现时购买力水平的资产。为了确保生产经营活动的正常进行，企业必须拥有一定数量的货币资金，以便购买材料、缴纳税金、发放工资、支付利息及股利或进行投资等。企业所拥有的货币资金量是分析和判断企业偿债能力与支付能力的重要指标。

二、货币资金的内容

货币资金一般包括企业存于银行或其他金融机构的存款，以及本票和汇票存款等可以立即支付使用的资金。凡是不能立即支付使用的资金（如银行冻结存款等），一般不能视为货币资金。就其具体内容看，货币资金一般包括库存现金、银行存款和其他货币资金。

[①] 《中华人民共和国证券法》的最近一次修订时间为2019年12月28日，于2020年3月1日起施行。

三、货币资金内部控制制度

(一)货币资金内部控制制度的基本要求

内部控制制度是企业重要的内部管理制度,指的是处理各种业务活动时,依照分工负责的原则在有关人员之间建立的相互联系、相互制约的管理体系。货币资金的内部控制制度是企业最重要的内部控制制度之一,其主要特征是:要求货币资金收支与记录的岗位分离,收支凭证经过有效复核或核准,收支及时入账且收支分开处理,建立严密的清查和核对制度,做到账实相符,制定严格的现金管理及检查制度等。

(二)货币资金内部控制制度的主要内容

企业建立货币资金内部控制制度的具体内容因企业的规模大小和货币资金的收支量多少而有所不同,但一般应包括以下五项主要内容:

1)货币资金收支业务的全过程分工完成、各司其职。
2)货币资金收支业务的会计处理程序制度化。
3)货币资金收支业务与会计记账分开处理。
4)货币资金收入与货币资金支出分开处理。
5)内部稽核人员对货币资金实施制度化的检查。

货币资金内部控制流程如图 2-1 所示。

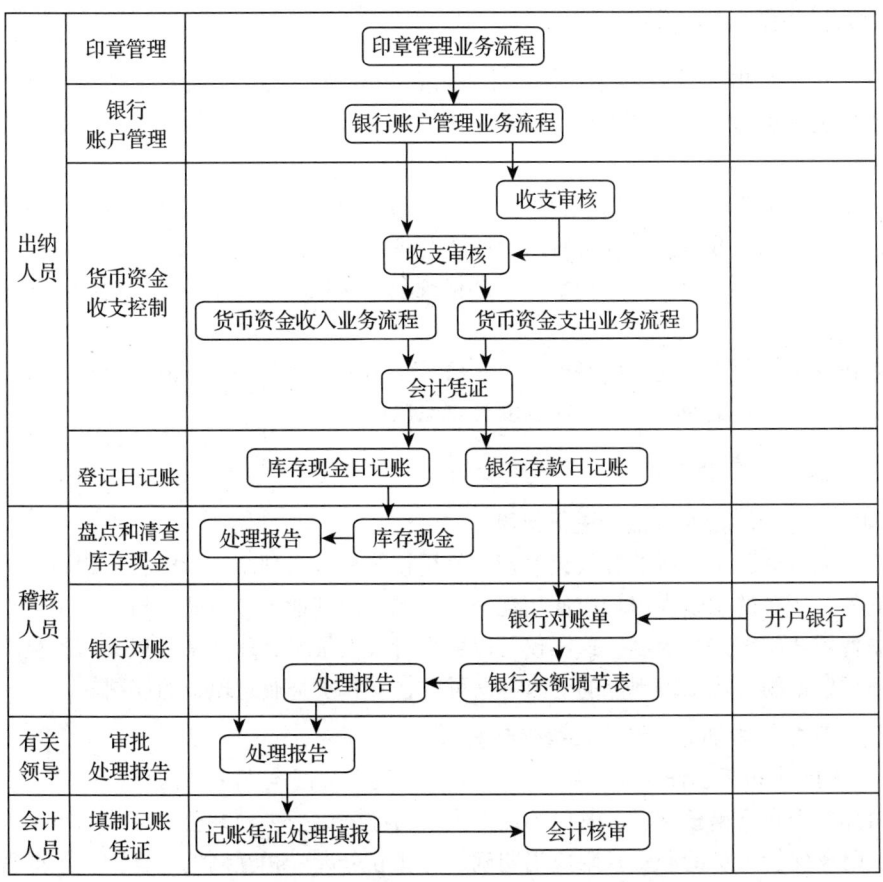

图 2-1 货币资金内部控制流程

四、货币资金相关会计科目

不同形式的货币资金有不同的管理方式和管理内容。为了适应货币资金管理的需要，一般设置"库存现金""银行存款""其他货币资金"等科目。

"库存现金"科目用来核算企业的库存现金，但不包括企业内部周转使用的备用金（计入"其他应收款"）。"银行存款"科目用来核算企业存入银行或其他金融机构的各种存款，但不包括企业的外埠存款、银行汇票存款和银行本票存款等。"其他货币资金"科目用来核算企业的外埠存款、银行汇票存款、银行本票存款等。有外币现金或存款的企业，一般还应设置相应的明细账进行明细核算。

第二节 库存现金

一、库存现金的定义

现金的定义有狭义和广义之分。狭义的现金是指企业的库存现金；广义的现金是指除了库存现金外，还包括银行存款和其他符合现金定义的票证等。现金是流动性最强的一种货币性资产，可以随时用其购买所需的物资，支付有关费用，偿还债务，也可以随时存入银行。本章所指现金的定义是指狭义的现金，即库存现金，包括人民币现金和外币现金。

二、库存现金的日常管理

库存现金管理的主要目的是在保证企业经济活动所需现金的同时，避免现金不足或闲置；防止现金被贪污、侵吞和挪用等。对于闲置的现金，企业应该采取有效的投资方法，使其不断增值。

我国企业现金管理的主要内容包括：①规定使用范围；②核定库存现金限额；③不得"坐支"现金，即不得以收抵支，而应将现金收入与现金支出业务分开入账；④钱账分离，即现金出纳与记账会计不得由同一人担任；⑤严格现金收支程序，经常核对现金与账簿记录，做到账实相符。

企业在现金管理中，应有明确的分工：会计、出纳职务分离，相互牵制；此外，应设置有效的管理制度，并定期检查，确保制度有效地执行。

（一）库存现金管理原则

1. 现金收付应尽量通过银行进行结算

企业因销售商品，提供劳务或让渡资产使用权等获取的现金应及时存入银行。除零星的小额开支外，所有的现金支出均应使用现金支票或采用其他结算方式。对于零星的小额开支可以建立备用金制度进行控制，这不仅可以减少持有大量现金而产生的成本与风险，而且通过签发银行票据的方式使得现金的支出有据可查，有利于企业对现金的控制。

2. 建立现金的内部监督制度和稽核制度

《中华人民共和国会计法》规定，各单位应当建立、健全本单位内部会计监督制度，会计机构内部应当建立稽核制度。其中，记账人员与经济业务事项和会计事项的审批人员、经办人员、财务保管人员的职责权限应当明确，并相互分离、相互制约。比如，经办现金收支的人员不能同时负责对相关账册的登记、稽核和会计档案保管等，现金收入业务的经办人员不能兼管现金支出业务。

3. 贯彻"九不准"的规定

出纳人员在现金收付工作中：①不准以白条抵库；②不得挪用现金；③不准私人借用公款；④不准在单位之间置换现金；⑤不准编假造用途套取现金；⑥不准将单位现金收入的以个人的名义存储；⑦不准用本单位银行账户代其他单位存入或支出现金；⑧不准保留账外资金；⑨不准印制、发售代币票券。

（二）库存现金管理措施

1. 严格控制现金的使用范围

根据国家现金管理制度和结算制度的规定，企业收支的各种款项必须按照国务院颁发的《现金管理暂行条例》的规定办理，在规定的范围内使用现金。允许企业使用现金结算的范围是：①职工工资、津贴；②个人劳务报酬；③根据国家规定颁发给个人的科学技术、文化艺术、体育等各种奖金；④各种劳保、福利费用以及国家规定的对个人的其他支出；⑤向个人收购农副产品和其他物资的价款；⑥出差人员必须随身携带的差旅费；⑦结算起点（1 000元）以下零星支出；⑧中国人民银行确定需要支付现金的其他支出。属于上述现金结算范围的支出，企业可以根据需要向银行提取现金支付，不属于上述现金结算范围的款项支付必须通过银行票据进行结算。

2. 库存现金的限额

库存现金限额是指为保证各单位日常零星支出的需要，按规定允许留存的现金的最高数额。库存现金的限额，由开户银行根据开户单位的实际需要和距离银行远近等情况核定。其限额一般按照单位3～5天日常零星开支所需现金确定。远离银行或交通不便的企业，银行最多可以根据企业15天的正常开支需要量来核定库存现金的限额。正常开支需要量不包括企业每月发放工资和不定期差旅费等大额现金支出。

3. 实行日清日结制度

出纳人员应当每天对现金进行清算盘点，做到库存现金账面余额与现款相符。一旦出现不符，则必须及时查明原因并进行处理。

4. 现金收支的其他规定

企业应当按照中国人民银行和财政部关于各单位货币资金管理和控制的规定，办理有关现金收支业务。办理现金收支业务时，应当遵守以下几项规定。

1）企业现金收入应于当日送存开户银行。当日送存有困难的，由开户银行确定送存时间。

2）企业支付现金，可以从本企业现金库存中支付或者从开户银行提取，不得从本企业的现金收入中直接支付（即坐支）。因特殊情况需要坐支现金的，应当事先报经开户银行审查批准，由开户银行核定坐支范围和限额。企业应定期向银行报送坐支金额和使用情况。

按照有关规定，允许坐支的单位主要包括：基层供销社、粮店、食品店、委托商店等销售兼营收购的单位，向个人收购支付的款项；邮局以汇兑收入款支付个人汇款；医院以收入款项退还病人的住院押金、伙食费及支付输血费等；饮食店等服务行业的营业找零款项等；其他有特殊情况而需要坐支的单位。

3）企业从开户银行提取现金，应当写明用途，由本单位财会部门负责人签字盖章，经开户银行审核后，予以支付现金。

4）企业因采购地点不确定、交通不便以及其他特殊情况必须使用现金的，应向开户银行提出申请，经开户银行审核后，予以支付现金。

银行对于违反上述规定的企业，将按照违规金额的一定比例予以处罚。

（三）库存现金的业务程序

1. 库存现金收入的业务程序

企业库存现金的收入除了从银行提取外，主要来源有两个：一是因销售商品、提供劳务和让渡资产使用权等取得的收入，二是应收账款的收回。

对于因销售商品、提供劳务和让渡资产使用权等取得的现金收入，应当单独设立收款人员。每日营业终了，由收款人员将收入的现金直接送入开户银行，并将银行进账单交出纳人员报账。如果直接送交银行有困难或收款数额较小的，也可以将款项直接送交出纳人员。由出纳人员汇总集中送存银行。出纳人员在收到款项时，应与实际发生的业务相核对，并由交款人员开具内部单据。

对于应收账款收回发生的现金收入，无论是应收账款的收回，还是企业内部人员预借差旅费等保障时的退款，出纳人员都要当面点清票款，并与账面应收核对，相符后给交款人员开具收据。出纳人员完成收款后，应及时编制记账凭证或送交会计人员编制记账凭证，并随时登记现金日记账。

2. 库存现金支出的业务程序

企业的库存现金支出，除了送存银行外，主要是支付日常的内部借款和小额费用报销。无论哪种现金支出都应填制原始凭证，除经办人员填写签字外，还须按企业审批权限，经有关负责人签字并经主管会计审查同意后，才能支付现金。出纳人员付款后，应在有关凭证上加盖现金付讫戳记，防止重付或漏付。同时，应及时编制记账凭证或送交会计人员编制记账凭证，并登记现金日记账。

3. 库存现金的清查

为了保证现金的账实相符和安全完整，除了出纳本人应按日结算现金收支外，企业还需要定期或不定期地进行现金清查。库存现金采用实地盘点法，将实存数与现金日记账余额相核对。清查时，除查明现金是否有短缺或溢余外还应检查企业遵循现金管理制度的情况，注意有无挪用、以借条或白条收据抵冲现金的情况。清查结束，无论是否发现问题，都应将清查结果填列"库存现金清查报告表"，见表2-1。

表2-1　库存现金清查报告表

单位名称：　　　　　　　　　　　年　月　日　　　　　　　　　　单位：元

实收资本	账存金额	对比结果		备注
		盘盈	盘亏	

盘点人：　　　　监盘人：　　　　制表人：

（四）库存现金业务的账务处理

为了加强对现金的管理，随时掌握现金收付的动态和库存余额，保证现金的安全，企业必须设置"现金日记账"，按照现金业务发生的先后顺序逐笔序时登记。每日终了，应根据登记的"现金日记账"结余数与实际库存数进行核对，做到账实相符。月份终了，"现金日记账"的余额必须与"库存现金"总账科目的余额核对相符。有外币现金收支业务的企业，应当按照人民币现金、外币现金的币种设置现金账户进行明细核算。

每日终了结算现金收支、财产清查等发现的有待查明原因的现金短缺或溢余，应通过"待处理财产损溢"科目核算：属于现金短缺的，应按实际短缺的金额，借记"待处理财产损溢——待处理流动资产损溢"科目，贷记"库存现金"科目；属于现金溢余的，按实际溢余的金额，借记"库存现金"科目，贷记"待处理财产损溢——待处理流动资产损溢"科目。待查明原因后分别按以下情况处理（见表2-2）：①如为现金短缺，属于应由责任人赔偿的部分，借记"其他应收款"或"库存现金"等科目，贷记"待处理财产损溢——待处理流动资产损溢"科目。属于无法查明的其他原因，根据管理权限，经批准后处理，借记"管理费用"科目，贷记"待处理财产损溢——待处理流动资产损溢"科目。②如为现金溢余，属于应支付给有关人员或单位的，应借记"待处理财产损溢——待处理流动资产损溢"科目，贷记"其他应付款"科目；属于无法查明原因的现金溢余，经批准后，借记"待处理财产损溢——待处理流动资产损溢"科目，贷记"营业外收入"科目。

表 2-2 库存现金的清查

清查结果	现金溢余	现金短缺
批准前	借：库存现金【溢余金额】 贷：待处理财产损溢——待处理流动资产损溢	借：待处理财产损溢——待处理流动资产损溢 贷：库存现金【短缺金额】
批准后	借：待处理财产损溢——待处理流动资产损溢 贷：其他应付款【应支付的部分】 　　营业外收入【无法查明原因】	借：其他应收款【接受赔偿部分】 　　管理费用【无法查明原因】 贷：待处理财产损溢——待处理流动资产损溢

【例2-1】20×4年，天河公司对现金盘点时发现短缺现金1 500元，经查明为员工出差暂借款，而公司出纳人员未及时记账所致。天河公司应做如下会计处理。

发现现金短缺1 500元：
　　借：待处理财产损溢——待处理流动资产损溢　　　　1 500
　　　　贷：库存现金　　　　　　　　　　　　　　　　　　　1 500
待查明为员工出差暂借款时：
　　借：其他应收款——差旅费　　　　　　　　　　　1 500
　　　　贷：待处理财产损溢——待处理流动资产损溢　　　　　1 500

【例2-2】接【例2-1】，如果现金短缺是因出纳人员管理不善而无法追回，按照公司规定，对出纳人员进行罚款，罚款1 000元，其余损失则由公司承担，则做如下会计处理。

　　借：其他应收款——员工（×××）　　　　　　　1 000
　　　　管理费用　　　　　　　　　　　　　　　　　　500
　　　　贷：待处理财产损溢——待处理流动资产损溢　　　　　1 500

（五）备用金账务处理

企业有内部周转使用备用金的，可以单独设置"备用金"科目，也可以在其他应收款账户下设置备用金明细。单独设置"备用金"科目的企业，由企业财务部门单独拨给企业内部各单位周转使用的备用金，借记"备用金"科目，贷记"库存现金"科目或"银行存款"科目。自备用金中支付零星支出，应根据有关的支付凭单，定期编制备用金报销清单，财务部门根据内部各单位提供的备用金报销清单，定期补足备用金，借记"管理费用"等科目，贷记"库存现金"科目或"银行存款"科目。除了增加或减少拨入的备用金外，使用或报销有关备用金支付时不再通过"备用金"科目核算。

【例2-3】天河公司为A管理部门设立了2 000元的备用金。管理部门使用现金以后，在规定时间向财务部门报销零星费用1 500元，同时补足差额。经审批A管理部门备用金调高至3 000元。天河公司的会计处理如下。

会计部门支出现金时：
借：备用金——A管理部门　　　　　　　　　　　　2 000
　　贷：库存现金　　　　　　　　　　　　　　　　　　　　2 000
补足差额时：
借：管理费用　　　　　　　　　　　　　　　　　　1 500
　　贷：库存现金　　　　　　　　　　　　　　　　　　　　1 500
调整备用金时：
借：备用金——A管理部门　　　　　　　　　　　　1 000
　　贷：库存现金　　　　　　　　　　　　　　　　　　　　1 000

第三节　银行存款

一、银行存款定义

银行存款就是企业存放在银行或其他金融机构的货币资金。按照国家有关规定，凡是独立核算的单位都必须在当地银行开设账户。企业在银行开设账户以后，除按核定的限额保留库存现金外，超过限额的现金必须存入银行；除了在规定的范围内可以用现金直接支付的款项外，在经营过程中所发生的一切货币收支业务，都必须通过银行存款账户进行结算。

二、银行存款结算方式

我国现行银行存款结算方式主要有以下几种：银行汇票、商业汇票、银行本票、支票、汇兑、委托收款、异地托收承付、信用卡和信用证。

（一）银行汇票结算方式

1. 银行汇票

银行汇票是汇款人将款项交存当地银行，由银行签发给汇款人办理转账结算或支取现金的票据。银行汇票一律记名，付款期为1个月（不分大月、小月，一律按次月对日计算；到期如遇例假日顺延），逾期的汇票，兑付银行不予受理，但汇票人可持银行汇票或解讫通知到出票银行办理退款手续。

2. 银行汇票结算的程序

汇款人需要使用银行汇票必须按照规定填写"银行汇票委托书"一式三联交给出票银行，出票银行受理"银行汇票委托书"并收妥款项后，签发银行汇票。汇款人持银行汇票可向收款单位办理结算。收款单位对银行汇票审核无误后，将结算款项及多余金额分别填写在银行汇票和解讫通知的有关栏内，连同进账单送交开户银行办理转账结算。

银行汇票具有使用方便、票随人到、兑付性强等特点。同城、异地均可使用，单位、个体经济户和个人都可使用银行汇票办理结算业务。

（二）商业汇票结算方式

1. 商业汇票

商业汇票是指收款人或付款人（或承兑申请人）签发，由承兑人承兑，并于到期日向收款人或背书人支付款项的票据。商业汇票适用于企业先收货后收款或者双方约定延期付款的商品交易或债权债务的清偿，同城或异地均可使用。商业汇票必须以真实的商品交易为基础，禁止签发无商品交易的商业汇票。商业汇票一律记名，纸质商业汇票付款期最长为6个月，电子商业汇票付款期最长为1年，允许背书转让，承兑人即付款人到期必须无条件付款。

2. 类别

商业汇票按承兑人不同，分为商业承兑汇票和银行承兑汇票。前者指由银行以外的付款人承兑的商业汇票。商业承兑汇票可由收款人签发，经过付款人承兑，也可由付款人签发并由付款人承兑。后者是指由银行承兑的商业汇票。银行承兑汇票应由在承兑银行开立账户的存款人或承兑申请人签发，并由承兑申请人向开户银行申请，经银行审查同意承兑的票据。

3. 商业汇票结算的程序

采用商业承兑汇票结算方式，付款人应于汇票到期前将款项足额存到银行，银行在到期日凭票将款项划转给收款人、被背书人或贴现银行。如到期日付款人账户存款不足支付票款，开户银行不承担付款责任，将汇票退回收款人、被背书人或贴现银行，由其自行处理，并对付款人处以罚款。

采用银行承兑汇票结算方式，承兑申请人应持购销合同向开户银行申请承兑，银行按有关规定审查同意后，与承兑申请人签订承兑协议，在汇票上盖章并按票面金额收取一定的手续费。承兑申请人应于到期前将票款足额交存银行。到期未能存足票款的，承兑银行除凭票向收款人、被背书人或贴现银行无条件支付款项外，还将按承兑协议的规定，对承兑申请人执行扣款，并将未扣回的承兑金额作为逾期贷款，同时收取一定的罚息。

（三）银行本票结算方式

银行本票是申请人将款项交存银行，由银行签发给其凭以办理转账结算或支取现金的票据。单位或个人在同城范围内的商品交易等款项的结算可采用银行本票。

银行本票一律记名，可以背书转让，不予挂失。银行本票的提示付款期限最长不能超过2个月。付款期内银行见票即付，逾期兑付银行不予受理但可办理退款手续。

银行本票分为定额本票和不定额本票。定额本票面额分别为1 000元、5 000元、10 000元和50 000元。

（四）支票结算方式

支票是出票人签发的，委托办理存款业务的银行或其他金融机构在见票时无条件支付确定金额给收款人或持票人的票据。适用于同城或同一票据交换区域内商品交易、劳务供应等款项的结算。支票分为现金支票、转账支票和普通支票。现金支票只能提取现金；转账支票只能用于转账；普通支票既可用于支取现金，也可用于转账。在普通支票左上角划两条平行线的为划线支票，只能用于转账，不得支取现金。转账支票可在票据交换区域内背书转让。

支票一律记名；支票提示付款期为 10 天；企业不得签发空头支票，严格控制空白支票。

支票以银行或其他金融机构作为付款人并且见票即付。已签发的现金支票遗失的，可向银行申请挂失，但挂失前已支取的除外；已签发的转账支票遗失，银行不受理挂失。

（五）汇兑结算方式

汇兑是指汇款人委托银行将款项汇给收款人的一种结算方式。

汇兑分为信汇和电汇两种。信汇是指汇款人委托银行以邮寄方式将款项划转给收款人；电汇则是指汇款人委托银行通过电报方式将款项划转给收款人。后者的汇款速度比前者迅速。

汇兑适用于单位和个人在同城或异地之间的清理结算尾款、自提自运的商品交易以及汇给个人的差旅费或采购资金等的结算，其手续简便，方式灵活，便于汇款人主动付款；收付双方不需要事先订立合同；应用范围广泛。

（六）委托收款结算方式

委托收款是收款人委托银行向付款人收取款项的结算方式。同域、异地均可使用。

委托收款按款项划回方式可分为邮寄划回和电报划回两种，企业可根据需要选择不同方式。

企业办理委托收款，应填制委托收款凭证。付款单位接到银行通知及有关附件，应在规定的付款期（3 天）内付款。在付款期内付款人未向银行提出异议，银行视作同意付款，并于付款期满的次日（节假日顺延）将款项主动划转收款人账户。如果付款单位在审查有关单证后，决定部分或全部拒付，应在付款期内出具"拒付理由书"，连同有关单证通过银行转交收款企业，银行不予划转款项且不负责审查拒付理由。

委托收款只适用于已承兑的商业汇票、债券、存单等付款人的债务证明办理款项的结算；手续简便、灵活，便于企业主动、及时收回款项；银行只承担代为收款的义务，不承担审查拒付理由的责任，收付双方在结算中如发生争议，由双方自行处理。

（七）异地托收承付结算方式

异地托收承付是指根据购销合同由收款人发货后委托银行向异地付款人收取款项，由付款人向银行承认付款的一种结算方式。

托收承付结算起点为 1 万元。按划回方式的不同，托收承付可分为邮寄和电报两种。

使用异地托收承付方式，必须同时符合下述两项规定：其一，使用该结算方式的收款单位和付款单位，必须是国有企业、供销合作社以及经营管理较好，并经开户银行审查同意的城乡集体所有制工业企业；其二，办理结算的款项必须是商品交易以及因商品交易而产生的劳务供应的款项。

代销、寄销、赊销商品的款项，不得办理异地托收承付结算。

收款人必须以持有商品已发运的证件为依据向银行办理托收，填制托收凭证，并将有关单证送交开户银行。开户银行审查无误后，将托收凭证及有关单证交付款人开户银行。付款人开户银行收到托收凭证及有关附件后，通知付款人。付款人在收到有关单据后，应立即审核。付款人的承付期依据验单付款或验货付款两种不同方式而确定。验单付款承付期为 3 天，验货付款承付期是 10 天。付款人可在承付期内根据实际情况提出全部或部分拒付理由，并填制"拒付理由书"，经过银行审查同意后，办理全部拒付或部分拒付。

（八）信用卡结算方式

信用卡是指商业银行向个人和单位发行的，凭以向特约单位购物、消费和向银行存取现金，具有消费信用的特制载体卡片。

信用卡按使用对象分为单位卡和个人卡；按信誉等级分为金卡和普通卡。

信用卡的基本规定和主要特点是：凡在中国境内金融机构开立基本存款账户的单位可申领单位卡，单位卡不得用于 10 万元以上的商品交易、劳务供应款项的结算；持卡人使用信用卡可透支；信用卡仅限于持卡人本人使用，不得出借或出租；信用卡丢失时可挂失，但挂失前被冒用，由持卡人自己负责。

信用卡透支的规定：金卡最高不得超过 1 万元，普通卡最高不超过 5 000 元，透支期限最长为 60 天；信用卡透支利息，自签单日或银行记账日起 15 日内按日息万分之五计算；超过 15 日按日利息万分之十计算；超过 30 日或透支金额超过规定限额的，按日息万分之十五计算，透支计算不分段，按最后期限或最高透支额的最高利率档次计息。

（九）信用证结算方式

信用证是指开证银行依照申请人的申请开出的，凭符合信用证条款的单据支付的付款承诺。

采用信用证结算方式，付款单位应预先把一定款项专户存入银行，委托银行开出信用证，通知异地收款单位开户银行转知收款单位；收款单位按照合同和信用证规定的条件发货或交货以后，银行代付款单位支付货款。

信用证结算适用于国际、国内企业之间商品交易的结算。只限于转账结算，不得支取现金。

三、银行存款管理制度

（一）银行存款开户的有关规定

银行存款账户分为基本存款账户、一般存款账户、临时存款账户和专用存款账户。

基本存款账户是存款人的主办账户，一个单位只能开立一个基本存款账户，办理日常经营活动的资金收付，以及工资、奖金和现金的支取及现金收付。开户需要提供的证明文件：单位证明文件，包括营业执照或批文或证明或登记证书；个人证明文件方面，如果是自行办理，需要提供法定代表人或单位负责人有效身份证件；如果是授权他人办理，还应出具法定代表人或单位负责人的授权书及被授权人有效身份证件，同时银行应当向企业法定代表人核实企业开户意愿，并保留记录。

一般存款账户是存款人因借款或其他结算需要，在基本存款账户开户银行以外的银行营业机构开立的银行结算账户。该账户用于办理存款人借款转存、借款归还和其他结算的资金收付，但不得办理现金支取。开立一般存款账户没有数量限制。开户提供的证明文件包括：①开立基本存款账户规定的证明文件；②基本存款账户开户许可证或企业基本存款账户编号；③存款人因向银行借款需要，应出具借款合同；④存款人因其他结算需要，应出具有关证明。

临时存款账户是企业因临时经营活动需要开立的账户，企业可以通过本账户办理转账结算和根据国家现金管理的规定办理现金收付，该账户的有效期最长不得超过 2 年。适用于：

设立临时机构，异地临时经营活动，注册验资，军队、武警承担基本建设或异地执行作战、演习、抢险救灾、应对突发事件等临时任务。临时存款账户支取现金，应按照国家现金管理的规定办理，注册验资的临时存款账户在验资期间只收不付。

专用存款账户是对特定用途资金进行专项管理和使用而开立的银行结算账户。开户提供的证明文件包括：①出具其开立基本存款账户规定的证明文件；②基本存款账户开户许可证或企业基本存款账户编号；③各项专用资金的有关证明文件。常见专用存款账户如表2-3所示。

表 2-3 常见专用存款账户

账户类别	使用规定
单位银行卡账户	资金必须由基本存款账户转入，该账户不得办理现金收付业务
证券交易结算资金账户 期货交易保证金账户 信托基金账户	不得支取现金（可存不取）
收入汇缴账户	除向其基本存款账户或预算外资金财政专用存款账户划缴款项外，只收不付，不得支取现金
业务支出账户	除从其基本存款账户拨入款项外，只付不收，可以按规定支取现金
基本建设资金 更新改造资金 政策性房地产开发资金	需要支取现金的，应在开户时报中国人民银行当地分支机构批准
其他专用账户	都可以依法收支现金

企业在银行开立账户后，可到开户银行购买各种银行往来使用的凭证（如送款簿、进账单、现金支票、转账支票等），用以办理银行存款的收付款项。企业除了按规定留存的库存现金以外，所有货币资金都必须存入银行，企业与其他单位之间的一切收付款项，除制度规定可用现金支付的部分以外，都必须通过银行办理转账结算，也就是由银行按照事先规定的结算方式，将款项从付款单位的账户划出，转入收款单位的账户。因此，企业不仅要在银行开立账户，而且账户内必须要有可供支付的存款。

（二）银行结算纪律

企业通过银行办理支付结算时，应当认真执行国家各项管理办法和结算制度。中国人民银行在2024年2月修订的《支付结算办法》规定：单位和个人办理支付结算，不准签发没有资金保证的票据或远期支票，套取银行信用；不准签发、取得和转让没有真实交易和债权债务的票据，套取银行和他人资金；不准无理拒绝付款，任意占用他人资金；不准违反规定开立和使用账户。

（三）银行存款的清查

为防止记账差错，掌握银行存款的实有数额，企业必须定期对银行存款进行清查。清查的方法是：将企业的银行日记账与银行的对账单逐笔进行核对，并编制"银行存款余额调节表"进行调节，直到双方余额一致为止。

四、银行存款余额调节的原因

银行每月提供给企业的银行对账单上的余额，在大多数情况下与企业银行存款日记账上的余额不相符，这主要是因为双方的账务处理和记账日期有差异，账面的记载不相符造成的。企业的银行日记账与银行对账单不一致主要是因为记录上出现的错误和月底时存在的一些未达账项。

记录上出现的错误主要是金额和账户上出现的错误。例如，有几个以上的往来银行时，企业签发的某一往来银行的支票可能错记在了另一个银行的账户上，银行也有可能将某一存款账户的业务错记在了另一存款账户的账户上。又例如，签发支票的金额与企业入账的金额不符等都会造成企业存款账面余额与银行对账单上的余额不一致。企业应当逐笔核对企业银行日记账与银行对账单上的交易事项与金额，发现不一致时，应查明原因：如果是企业自身的错误，应该马上更正；如果是银行的错误，应及时通知银行并协商解决。

未达账项是造成银行对账单上的余额与企业银行存款账面余额不一致的最主要原因。常见的有下列几种情形。

1）企业已经收款入账，而银行尚未收到款项，如企业送存的支票。
2）企业已经付款入账，而银行尚未支付的款项，如企业开出的支票，收款人尚未到银行办理提现或转账。
3）银行已经收款入账，而企业尚未收到的款项，如银行存款利息。
4）银行已经付款入账，而企业尚未记录支付的款项，如银行负责代扣的各种款项。

五、银行存款余额的调节

当企业或银行发生记账错误或发生未达账项，引起企业银行存款日记账与银行提供的对账单上的余额不符时，应进行逐笔核对，查明原因，将两者进行调节直至相符。一般通过编制"银行存款余额调节表"来进行调节。

银行存款余额调节表的编制一般有两种方法：一是以企业的银行存款日记账账面余额为起点，通过加减各种调节项目调整至正确的余额；二是以银行对账单的账面余额为起点，通过加减各种调节项目调整至正确的余额。

其基本原理可以用公式来概括。

企业银行日记账余额 + 银行已收企业未收金额 − 银行已付企业未付金额 =
银行对账单余额 + 企业已收银行未收金额 − 企业已付银行未付金额

【例2-4】天河公司于20×4年11月30日收到银行提供的对账单，对账单上的余额为30 000元，当天企业的银行日记账上的余额为25 000元。经过逐笔核对，发现以下需要调节的款项。

（1）天河公司在当月28日收到并送存的银行的支票的金额为3 000元，公司已入账，但因该支票签发方银行无足够金额被退回，公司尚未收到通知；
（2）银行存款到期利息200元银行已划入账户，公司因为未收到贷记通知单故未入账；
（3）公司的客户预付货款5 000元已到账，公司未入账；
（4）公司签发的下列支票，至期末尚未兑现的如表2-4所示。

表2-4 期末尚未兑现支票　　　　　　　　　　单位：元

支票号码	签发日期	金额
#2004	11月23日	1 000
#2016	11月23日	1 200
#2043	11月23日	2 100
#2051	11月23日	1 700

（5）银行已代扣本月水电费 2 000 元。
（6）本月收到客户以转账支票支付货款 1 200 元，该支票移送存银行，但银行对账单上未响应记录。

根据上述资料，可编制如表 2-5 所示银行存款余额调节表。

表 2-5 银行存款余额调节表
20×4 年 11 月 30 日   单位：元

项目		金额	合计
企业的账面余额			25 000
加：企业预收款		5 000	
存款利息		200	
减：已付水电费	2 000		
银行退票	3 000	5 000	
调节后余额：			25 200
银行对账单的账面余额			30 000
加：企业送存货款			1 200
减：#2004	1 000		
#2016	1 200		
#2043	2 100		
#2051	1 700		6 000
调节后余额：			25 200

我国现行会计制度规定，对于未达账项，企业不能以编制的银行存款余额调节表作为原始凭证，据以调整银行存款账面记录。只有等到有关银行结算凭证送达企业，企业才能对未达账项进行会计处理。这一做法主要是为了简化会计核算工作，防止重复记账。

六、银行存款账务处理

企业在不同的结算方式下，应当根据有关的原始凭证编制银行存款的收付款凭证，并进行相应的账务处理。

企业将款项存入银行等金融机构时，借记"银行存款"科目，贷记"库存现金"等科目；提取或支付在银行等金融机构中的存款时，借记"库存现金"等科目，贷记"银行存款"科目。

企业在银行的其他存款，如外埠存款、银行本票存款、银行汇票存款、信用证存款等，在"其他货币资金"科目核算，不通过"银行存款"科目进行会计处理。

企业应当设置"银行存款日记账"，按照银行存款收付业务发生的先后顺序逐笔序时登记，每日终了应结出余额。"银行存款日记账"应定期与"银行对账单"核对，至少每月核对一次。企业账面结余与银行对账单余额之间如有差额，必须逐笔查明原因，并按月编制"银行存款余额调节表"调节相符。月份终了，"银行存款日记账"的余额必须与"银行存款"总账科目的余额核对相符。

有外币业务的企业，应在"银行存款"科目下分别人民币和各种外币设置"银行存款日记账"进行明细核算。

企业应加强对银行存款的管理，并定期对银行存款进行检查。如果有确凿证据表明存在银行或其他金融机构的款项已经部分不能收回，或者全部不能收回的，如吸收存款的单位已宣告破产，其破产财产不足以清偿的部分，或者全部不能清偿的，应当作为当期损失，冲减银行存款，借记"营业外支出"科目，贷记"银行存款"科目。

第四节 其他货币资金

一、其他货币资金的定义

在企业的经营资金中有些货币资金的存款地点和用途与库存现金和银行存款不同，如银行汇票存款、银行本票存款、信用卡存款、信用证保证金存款、存出投资款、外埠存款等，这些资金在会计核算上统称为"其他货币资金"，其他货币资金的内容如表 2-6 所示。

表 2-6 其他货币资金的内容

项目	内容
银行汇票存款	企业为取得银行汇票按照规定存入银行的款项
银行本票存款	企业为了取得银行本票按规定存入银行的款项
信用卡存款	企业为取得信用卡按照规定存入银行信用卡专户的款项
信用证保证金存款	采用信用证结算方式的企业为取得信用证而按规定存入银行信用证保证金专户的款项，分为国际信用证和国内信用证
存出投资款	企业为购买股票、债券、基金等按规定存入证券公司指定银行开立的投资款专户的款项
外埠存款	企业到外地进行临时或零星采购时，汇往采购地银行开立采购专户的款项，该账户的存款不计利息、只付不收、付完清户；除了采购人员可从中提取少量现金外，一律采用转账结算

二、其他货币资金的科目设置

为了核算企业的其他货币资金，企业应当设置"其他货币资金"科目。本科目属于资产类科目，期末借方余额，反映企业持有的其他货币资金。本科目可按银行汇票或本票、信用证的收款单位，外埠存款的开户银行，分别设置"银行汇票""银行本票""信用卡""信用证保证金""存出投资款""外埠存款"等进行明细核算。当企业增加其他货币资金时，借记本科目，贷记"银行存款"科目；减少其他货币资金，借记有关科目，贷记本科目。

三、其他货币资金账务处理

其他货币资金的账务处理主要是对银行汇票、银行本票、信用卡存款、信用证存款、存出投资款、外埠存款等的处理。

（1）银行汇票。企业使用银行汇票支付款项后，应根据发票账单及开户行转来的银行汇票有关副联等凭证，经核对无误后编制会计分录；银行汇票使用完毕，应转销"其他货币资金——银行汇票"账户。如实际采购支付后银行汇票有余额，多余部分应做转回分录。

（2）银行本票。取得银行本票时，应根据银行盖章退回的申请书存根联，编制付款凭证。企业用银行本票支付购货款等款项后，应根据发票账单等有关凭证，填制分录。如企业因本票超过付款期等原因未曾使用而要求银行退款时，应填制进账单一式二联，连同本票一并交给银行，然后根据银行收回本票时盖章退回的一联进账单，借记"银行存款"科目，贷记"其他货币资金——银行本票"科目。

（3）信用卡存款。企业根据银行盖章退回的交存备用金的进账单，填制确认增加会计分录。企业收到开户银行转来的信用卡存款的付款凭证及所附发票账单，经核对无误后进行支付会计处理。

（4）信用证存款。根据开户银行盖章退回的"信用证委托书"回单，填制确认增加会计分录。企业收到供货单位信用证结算凭证及所附发票账单，经核对无误后进行支付会计处理。如果企业收到未用完的信用证存款余款，应做转回分录。

（5）存出投资款。企业向证券公司划出资金时，应按实际划出的金额，填制确认增加会计分录；购买股票、债券等时，根据持有金融资产的目的，按实际发生的金额，填制支付会计分录。

（6）外埠存款。企业将款项委托当地银行汇往采购地开立专户时，根据汇出款项凭证，编制付款凭证，进行账务处理；外出采购人员报销用外埠存款支付材料的采购货款等款项时，企业应根据供应单位发票账单等报销凭证，编制付款凭证；采购员完成采购任务，将多余的外埠存款转回当地银行时，应根据银行的收款通知，编制收款凭证。

其他货币资金相关账务处理的会计分录如表 2-7 所示。

表 2-7　其他货币资金相关账务处理的会计分录

处理事项	会计分录
确认增加	借：其他货币资金——××× 　　贷：银行存款
支付	借：原材料/材料采购/管理费用/在建工程/交易性金融资产等 　　应交税费——应交增值税（进项税额） 　　贷：其他货币资金——×××
余额转回	借：银行存款 　　贷：其他货币资金——×××

【例 2-5】天河公司为增值税一般纳税人，异地采购原材料，20×4 年 9 月 16 日，天河公司委托开户银行汇款 200 000 元到采购地设立采购专户。根据收到的银行汇款凭证回单联，天河公司应编制如下会计分录。

借：其他货币资金——外埠存款　　　　　　　　　　　200 000
　　贷：银行存款　　　　　　　　　　　　　　　　　　　　　200 000

20×4 年 10 月 8 日，采购员交来从采购专户付款购入材料的有关凭证，增值税专用发票上注明的原材料价款为 168 000 元，增值税额为 21 840 元，天河公司应编制如下会计分录。

借：原材料　　　　　　　　　　　　　　　　　　　168 000
　　应交税费——应交增值税（进项税额）　　　　　　21 840
　　贷：其他货币资金——外埠存款　　　　　　　　　　　189 840

20×4 年 11 月 30 日，天河公司收到开户银行的收款通知，该采购专户中的结余款 10 160 元已经转回，根据收账通知，天河公司应编制如下会计分录。

借：银行存款　　　　　　　　　　　　　　　　　　10 160
　　贷：其他货币资金——外埠存款　　　　　　　　　　　10 160

四、其他货币资金的管理

企业对其他货币资金的管理主要表现在：其他货币资金必须分类建立明细账，以反映其他货币资金的增加、减少、结存情况，其使用情况应经常进行清理；根据业务需要合理选择结算工具；对逾期尚未办理结算的银行汇票、银行本票以及已办理的银行汇票、银行本票结余款等，按规定及时转回等方面。其他货币资金必须按照国家的现金管理制度、银行结算办法及有关规定严格进行管理。

▶本章小结

本章介绍了货币资金的定义、内容、核算等。重点讲述了库存现金、银行存款、其他货币资金的管理及核算方法。正确组织企业货币资金的核算，首先应建立货币资金的各项管理制度，建立货币资金收支业务的日常规程，建立分工合理、操作有序的内部控制制度，遵守国家和银行的各项结算规定，保证货币结算的顺利进行。库存现金的管理主要包括库存现金收入、支出和余额控制三个方面。银行存款的管理，重点是企业银行账户的开立和使用，以及对银行转账结算方式的合理选择和使用。企业对其他货币资金的管理内容也相应进行了介绍。货币资金的会计处理比较简单，本章也结合例题进行了讲解。

▶思政园地

认真学习贯彻党的二十大精神 健全现代预算制度

党的二十大报告从战略和全局的高度，明确了进一步深化财税体制改革的重点举措，提出"健全现代预算制度"，为做好新时代新征程财政预算工作指明了方向、提供了遵循依据。我们要全面贯彻习近平新时代中国特色社会主义思想，认真学习贯彻党的二十大精神，坚决落实好健全现代预算制度各项任务，为全面建设社会主义现代化国家提供坚实财力保障和强大物质基础。

立足谱写全面建设社会主义现代化国家崭新篇章，充分认识健全现代预算制度的重大意义。预算体现党和国家的意志，服务保障党和国家的重大方针、重大方略、重大决策、重大工作。经过党的十八大以来的改革，我国现代预算制度基本确立。党的二十大要求健全现代预算制度，这是党中央立足国情、着眼全局、面向未来的重大部署，现代预算制度建设迈上新征程。

（一）健全现代预算制度是实现新时代新征程目标任务的重要举措

党的二十大从新的时代条件出发，针对我国改革发展面临的新形势新任务，从战略全局上对党和国家事业作出规划和部署，向全面建成社会主义现代化强国、实现第二个百年奋斗目标迈进。当前，世界百年未有之大变局加速演进，我国发展需要应对的风险和挑战、需要解决的矛盾和问题更加错综复杂。作为党执政的重要资源，现代预算必须准确把握新的战略机遇、新的战略任务、新的战略阶段、新的战略要求、新的战略环境，以新发展理念为引领，更加体现时代性、法治性、透明性、科学性、开放性、安全性，支持加快构建新发展格局，实现高质量发展。

（二）健全现代预算制度是推进中国式现代化的重要保障

党的二十大提出，以中国式现代化全面推进中华民族伟大复兴。与产生于资本主义制度的西方式现代化相比，中国式现代化坚持中国共产党的领导，基于我国社会主义制度而形成，既有各国现代化的共同特征，更有基于自己国情的中国特色。现代预算制度是中国特色社会主义制度的重要组成部分，必须与中国式现代化相适应，立足社会主要矛盾，着力解决发展不平衡不充分问题，发挥预算在资源配置、财力保障等方面的重要作用，补短板、强弱项、固底板、扬优势，更好满足人民日益增长的美好生活需要，更好推动人的全面发展、社会全面进步。

（三）健全现代预算制度是构建高水平社会主义市场经济体制的重要支撑

党的二十大提出，构建高水平社会主义市场经济体制，充分发挥市场在资源配置中的决定性作用，更好发挥政府作用。预算作为宏观经济治理工具，根据社会主义市场经济体制要求和宏观调控目标，引导优化市场资源配置，推动有效市场和有为政府结合。现阶段预算统筹力度、预算控制和约束、财政资源使用等方面还存在不足，深化和拓展预算制度改革成果，必须坚持社会主义市场经济改革方向，盯住重点领域和关键环节发力，进一步提高宏观经济治理能力，为更好理顺政府和市场关系、构建高水平社会主义市场经济体制提供支撑。

（资料来源：刘昆．健全现代预算制度[N]．人民日报，2022-12-12（7））

国际视野

拓展阅读

章后练习

关键术语音频

▶关键术语听与读

- Balance（余额）：The balance refers to the amount representing the difference between the debit and credit sides of an account.
- Bank deposits（银行存款）：The bank deposits consist of money placed into banking institutions for safekeeping. These deposits are made to deposit accounts such as savings accounts, checking accounts, and money market accounts, etc. The account holder has the right to withdraw deposited funds, as set forth in the terms and conditions governing the account agreement.
- Bank reconciliation（银行存款余额调节表）：A bank reconciliation is a schedule explaining any differences between the balance shown in the bank statement and the balance shown in the depositor's accounting records.
- Budget（预算）：The budget is a financial or quantitative statement, prepared prior to a specified accounting period, containing the plans and policies to be pursued during the period.
- Cash（现金）：Cash refers to an exchange medium launched into circulation which is available for any ordinary use and can be used to purchase goods or services or repay debts, etc.
- Cash equivalents（现金等价物）：The cash equivalents are short-term, highly liquid investments or other assets that are readily convertible to cash and sufficiently close to their due date.
- Credit card（信用卡）：A credit card is a card which allows one to borrow money and to buy goods without paying for them immediately, who must pay the balance to the credit card company at a later date.
- Draft（银行汇票）：The term draft, also called bill of exchange, refers to a negotiable instrument that can be used as payment just like a check. Unlike a check, though, a bank draft is guaranteed by the issuing bank. The total amount of the draft is drawn from the requesting payer's account—their bank account balance decreases by the money withdrawn from the account—and is usually held in a general ledger account until the draft is cashed by the payee. Bank drafts provide the payee with a secure form of payment.
- Internal control（内部控制）：The internal control stands for a system set up by the management of a company to monitor and control the company's activities.
- Instruments（票据）：The instruments, also

called the financial instruments, refer to the documents showing that money has been lent or borrowed or passed from one account to another.
- Journals（日记账）：The journals stand for the books of original entry in a double-entry system, listing all transactions and events, and indicating the accounts to which they belong.
- Ledgers（分类账）：The ledgers stand for the accounting books that are used to record the summaries of debit and credit entries.
- Letter of credit（信用证）：A letter of credit (LOC) is a financial instrument used by a buyer of goods in one country to pay the beneficiary (seller) in another country for goods the beneficiary sold and shipped to the borrower. To obtain a letter of credit, buyers apply to issuing financial institutions, who must deposit sufficient funds to cover the face amount of the letter of credit. Whereas some of the buyers use a line of credit. And in the case of the line of credit, it is called a "letter of credit facility."
- Monetary funds（货币资金）：The monetary funds are listed first in the assets of the balance sheet, which are composed of cash on hand, bank deposits, other monetary funds and the cash equivalents.
- Other monetary funds（其他货币资金）：The other monetary fund refers to the reserves of money other than cash on hand or bank deposits.
- Petty cash fund（备用金）：A petty cash fund, also called a change fund, is established to make small cash payments, for example, taxi fares, postage, express charges, and small supplies and so on, so that checks need not be written every time. The petty cash is the only exception to the internal control procedure requiring that all disbursements be made by checks.

第三章

应收款项

> **本章案例**
>
> ## "凯乐科技"变为"ST凯乐"
>
> 　　一场"专网通信"骗局,导致十余家曾参与专网通信业务的上市公司纷纷陷入应收账款逾期或供应商逾期供货的困局,给各家公司带来不可挽回的损失。其中,上海电气集团股份有限公司(以下简称"上海电气")这种千亿级老牌国企不在少数。湖北凯乐科技股份有限公司(以下简称"凯乐科技")更是首家因专网通信业务被ST的公司。策划这场巨大的专网通信骗局的人固然是案件的始作俑者,但参与其中的公司自身也存在着相当大的问题,因而很容易陷入困境。
>
> 　　2021年5月31日,上海电气的公告揭开了专网通信骗局的真相。随后,凯乐科技也发布了公告,称其在专网通信业务中向供应商支付的预付款为62.27亿元,其中,该公司的供应商之一——新一代专网通信技术有限公司(以下简称"新一代")收到的合计11.51亿元预付款对应的合同已超过交货期限,公司已向法院提起诉讼以解决新一代的违约行为。经过自查,凯乐科技发现其专网通信业务中存在62.27亿元的预付账款,其中45.14亿元对应的合同已超过交货期限未供货,剩下的17.13亿元对应的合同也存在逾期供货和无法全额追回预付款的风险。经过公司进一步核实,目前专网通信业务的上游供应商已无法供货,下游客户也停止收货。此外,由于与株洲高新动力产业投资发展有限公司发生了纠纷,公司的银行账户金额累计冻结达到4.7亿元,占公司现有货币资金的比例高达60.20%。与此同时,公司未被冻结资金3.11亿元,其中银行承兑汇票、信用证等使用受限资金为2.69亿元。上述冻结资金和使用受限资金共计7.39亿元,占公司货币资金的比例高达94.62%,这对上市公司日常生产经营带来了重大影响。凯乐科技从2021年8月17日起实施风险警示,股票简称由"凯乐科技"变为"ST凯乐"。2022年2月18日,ST凯乐发布公告称,公司被债权人湖北鑫轻塑化有限公司沙市分公司申请破产重整。4月30日,凯乐科技公布的2021年年度财务报告表明,2021年度亏损84.75亿元,净资产为负,归属于母公司所有者权益合计-18.15亿元。5月24日,凯乐科技发布公告称收到证监会的《立案告知书》,由于涉嫌信息披露违法违规,

受到证监会的立案调查。6月22日,一手创立了该企业的朱弟雄辞去其在公司及控股子公司担任的职务。7月4日,中选投资人来函终止重整投资事宜,临时管理人在与备选投资人就重整投资协议的具体事项进行协商。8月31日,临时管理人向法院申请凯乐科技预重整期限延长一个半月。为更好衔接凯乐科技庭外重组和庭内重整程序,法院延长期限一个半月,自2022年9月15日起至2022年10月29日止。另外,凯乐科技全资子公司湖北凯乐量子通信光电科继续履行其担任的各项职务,但这仍难免会让人怀疑凯乐科技高管对公司的治理情况。

根据上海证券交易所发布的监管信息,凯乐科技自2014年至今发生多次违规行为,被上海证券交易所通报批评。主要违规行为如下:一是2013年归属于上市公司股东的净利润同比减少58.53%,公司未在会计年度结束后一个月内进行业绩预告;二是2018年公司超期使用募集资金、未经相关审议程序即变更募集资金用途且未进行披露;三是公司未按公开披露的股份回购方案实施回购,实际执行情况与披露的回购计划存在较大差异,经过延期后仍未按计划完成回购,影响投资者及市场预期;四是公司延期披露2019年年度报告和非经营性资金占用及其他关联资金往来情况的专项说明。

资料来源:胡明霞."凯乐科技"变为"ST凯乐"的原因分析[J].新理财,2022(11):53-55.

▶ 学习目标 ◀

本章重点介绍了应收款项的相关内容。由于市场竞争,企业在生产经营过程中不可避免地会涉及商业信用。应收款项是企业在商业活动中所形成的商业信用,包括应收账款、应收票据、预付账款、其他应收款等。通过本章的学习,希望读者:
- 掌握应收账款的确认与计量;
- 掌握应收款项减值的确认、估计与计量;
- 熟悉应收账款抵借和出售的核算;
- 掌握应收票据取得、持有、到期、贴现、转让的核算;
- 理解预付账款和其他应收款的核算。

点阅读2　支付结算办法

第一节　应收账款

一、应收账款的确认与计量

应收款项包括企业销售商品或提供劳务形成的应收款项、企业持有的其他企业的债权等,这些资产在活跃市场中没有报价、回收金额固定或可确定,属于企业的基础金融工具。

应收账款是企业因销售商品、提供劳务或让渡资产使用权等而形成的且未采用票据形式结算的债权,是企业在商业活动中商业信用的必然产物。判断一项债权属于应收账款还是属于其他应收款项的标准在于其是否与企业基本经营业务有关,以及是否采用了票据结算形式。凡是企业在正常经营过程中由于主要经营业务而发生的应向客户收取的货款、劳务款及从属费用,若不具有融资性质且未采用票据结算形式的,均属于应收账款的范围。凡不是因企业基本经营业务活动而引起的债权,如应收保险赔款、应收职工欠款等,均不列入应收账款。

(一)应收账款的确认

2017 年财政部修订发布的《企业会计准则第 14 号——收入》中,收入的确认和计量大致分为以下五步。

第一步:识别与客户订立的合同。
第二步:识别合同中的单项履约义务。
第三步:确定交易价格。
第四步:将交易价格分摊至各单项履约义务。
第五步:履行各单项履约义务时确认收入。

而应收账款因企业赊销形成,因此其入账时间与销售收入的确认时间是一致的。销售商品收入同时满足下列条件并形成赊销时,才能予以确认应收账款和销售收入。

1)企业已将商品所有权上的主要风险和报酬转移给购货方。
2)企业既没有保留通常与所有权相联系的继续管理权,也没有对已售出的商品实施有效控制。
3)收入的金额能够可靠地计量。
4)相关的经济利益很可能流入企业。
5)相关的已发生或将发生的成本能够可靠地计量。

需要注意的是,因销售商品、产品、提供劳务等,合同或协议价款的收取采用递延方式,实质上具有融资性质的,应在"长期应收款"项目中核算。

(二)应收账款的初始计量

应收账款的初始计量指确定应收账款的入账价值。从理论上说,应收账款需在未来的某个时点才能收到,所以它应以未来可收回金额的现值作为入账价值;但由于现值的确定在计算上比较复杂,并且考虑到应收账款的收回一般不会超过一年或一个营业周期,其现值与交易发生日的成交价格之间不会有较大的差别,因此,现实中应收账款是以其实际发生额作为入账价值的。

1. 一般销售情况下应收账款的初始计量

一般情况下,企业发生赊销业务时,按应收的货款或劳务金额、增值税额及替购货单位垫付的运杂费等作为入账价值。

【例 3-1】天河公司于 20×4 年 3 月 15 日销售一批商品给甲公司,商品价款为 500 000 元,增值税税率为 13%,天河公司代垫运杂费 1 000 元,以银行存款支付。天河公司的有关会计处理如下。

借:应收账款——甲公司　　　　　　　　　　　　566 000
　　贷:主营业务收入　　　　　　　　　　　　　　　　500 000
　　　　应交税费——应交增值税(销项税额)　　　　65 000
　　　　银行存款　　　　　　　　　　　　　　　　　　1 000

2. 特殊情况下应收账款的初始计量

当企业的销售涉及商业折扣、现金折扣、销售退回和折让时，应收账款的入账要根据这些业务相关条件具体处理。

（1）商业折扣

为了鼓励客户多购买本公司的商品，许多公司制定了对商品的不同购买数量实行在正常价格上进行一定折扣。这种企业依据市场供需情况，或针对不同的顾客，在商品价格上给予的一定扣除即商品折扣。因为商业折扣是销货方给购货方提供的一种优惠，在交易发生时即已确定，不能构成最终成交价格的一部分，因此商品折扣不影响应收账款和销售收入的入账金额。

【例3-2】天河公司规定，A商品的正常价格为每件200元，增值税税率为13%。凡购买A商品500件以上的客户便可以享受10%的价格优惠。如甲公司购买A商品500件，只需付款90 000元即可，天河公司如果赊销甲公司500件A商品，则确认应收账款和销售收入90 000元（不含税），并按照90 000元的销售收入开具发票。

借：应收账款——甲公司　　　　　　　　　　　　101 700
　　贷：主营业务收入　　　　　　　　　　　　　　　90 000
　　　　应交税费——应交增值税（销项税额）　　　　11 700

（2）现金折扣

现金折扣是指企业为了鼓励客户在一定时期内早日付款而与债务人达成协议，债务人在不同时期内付款可享受不同比例的折扣。现金折扣一般用符号"折扣/付款期限"来表示，如"2/10，1/20，n/30"表示客户在10天内付款，可得到2%的折扣，超过10天，但在20天内付款，可享受1%的折扣，超过20天，在信用期30天内付款则无折扣。因此，现金折扣会导致应收账款的收回金额随客户付款的时间变化而变化。

现金折扣发生于交易完成之后，在交易发生日，应收账款和销售收入是否应该扣除现金折扣入账呢？会计处理方法有两种，一种是总额法，一种是净额法。

1）总额法：在采用总额法时，企业在确定应收账款和销售收入的金额时，不考虑各种预计可能发生的现金折扣，应收账款和销售收入均以未扣除现金折扣的总额入账，现金折扣在实际发生时作为一种理财费用，计入当期财务费用。

2）净额法：在净额法下，企业在确定应收账款和销售收入金额时，应将现金折扣扣除。这种方法是把客户取得现金折扣视为正常现象，认为大多数客户都会提前付款，享受折扣，而把客户没有提前付款而丧失的现金折扣视为企业提供信贷所获得的收入，可以作为其他收入或直接冲减财务费用。

由于应收账款按净额入账，在客户不能享受现金折扣的情况下，需要查找原销售额，对已超过期限而尚未付款的应收账款进行调整，工作量较大，因此会计实务中企业一般采用总额法对现金折扣进行会计处理。

【例3-3】天河公司向甲公司赊销商品一批，价款为200 000元，增值税税率为13%。为尽快回笼资金，天河公司给予甲公司的付款条件为"2/10，1/20，n/30"。天河公司按总额法进行会计处理。则有关会计处理如下。

售出商品时：

借：应收账款——甲公司	226 000	
贷：主营业务收入		200 000
应交税费——应交增值税（销项税额）		26 000

若甲公司于10天内付款，则可得到2%的折扣：

借：银行存款	222 000	
财务费用	4 000	
贷：应收账款——甲公司		226 000

若甲公司于10天以上20天以内付款，则可得到1%的折扣：

借：银行存款	224 000	
财务费用	2 000	
贷：应收账款——甲公司		226 000

若甲公司于20天以上30天以内付款，则无折扣：

借：银行存款	226 000	
贷：应收账款——甲公司		226 000

【例3-4】 接【例3-3】，若天河公司按净额法进行会计处理，则有关的会计处理如下。

售出商品时：

借：应收账款——甲公司	222 000	
贷：主营业务收入		196 000
应交税费——应交增值税（销项税额）		26 000

若甲公司于10天内付款，则可得到2%的折扣：

借：银行存款	222 000	
贷：应收账款——甲公司		222 000

若甲公司于10天以上20天以内付款，则可得到1%的折扣：

借：银行存款	224 000	
贷：应收账款——甲公司		222 000
财务费用		2 000

若甲公司于20天以上30天以内付款，则无折扣：

借：银行存款	226 000	
贷：应收账款——甲公司		222 000
财务费用		4 000

（3）销售退回和折让

销售退回，是指企业售出的商品，由于质量、品种不符合要求等原因而发生的退货。如果该项赊销企业已确认收入，一般冲减退回当月的应收账款和销售收入。

销售折让是指企业因售出商品的质量不合格等原因而在售价上给予的减让。销售折让在实际发生时冲减当期的销售收入。

【例3-5】 天河公司向甲公司赊销商品一批，价款为100 000元，增值税税率为13%。商品到达乙公司后，经验收质量未达到合同规定等级，经双方协商，天河公司给予甲公司10%的价格折让，甲公司将货款汇入天河公司账户。则天河公司有关会计处理如下。

售出商品时：

借：应收账款——甲公司　　　　　　　　　　　　　113 000
　　贷：主营业务收入　　　　　　　　　　　　　　　　100 000
　　　　应交税费——应交增值税（销项税额）　　　　　13 000

双方协商给予销售折让，天河公司应向主管税务机关填报《开具红字增值税专用发票申请单》，经主管税务机关审核后出具《开具红字增值税专用发票通知单》，天河公司发生的销售折让可开具红字增值税发票予以冲减。

借：主营业务收入　　　　　　　　　　　　　　　　100 000
　　应交税费——应交增值税（销项税额）　　　　　　13 000
　　贷：应收账款——甲公司　　　　　　　　　　　　113 000

收到货款时：

借：银行存款　　　　　　　　　　　　　　　　　　101 700
　　贷：应收账款——甲公司　　　　　　　　　　　　101 700

（三）应收账款的后续计量

应收账款的后续计量是指企业应收账款入账后的期末价值计量及应收账款在财务报表中的列示。

企业通过赊销，可以扩大销售量，获取利润，而购货方也可以在一定时期内融通资金。但由于经济环境瞬息万变，存在企业的应收账款有可能收不回来的情况，即与该应收账款有关的经济利益能否流入企业或者能够流入多少实际上带有不确定性。因此，应收账款的后续计量还应与经济利益流入的不确定性程度的判断结合起来。企业无法收回的应收款称为坏账，因坏账给企业所带来的损失称为坏账损失。

1. 坏账的确认条件

企业应根据客观存在的证据和有关规定，对应收账款的可收回性作出判断。通常情况下，当企业的应收账款符合下列情况之一的，应确认为坏账。

1）债务人破产，依照破产清算程序进行清偿后确实无法收回的部分。
2）债务人死亡，对其遗产清偿后，确实无法收回的部分。
3）债务人逾期（如超过3年）未履行其偿债义务，并有足够的证据表明无法收回或收回的可能性极小。

企业已确认为坏账的应收款，其法律上的追索权并未放弃，一旦重新收回，企业应及时入账。

2. 坏账的会计处理

会计上处理坏账的方法有两种：一种是直接转销法；一种是备抵法。

（1）直接转销法

直接转销法是当企业发生坏账损失时，直接将实际发生的坏账损失确认为资产减值损失，并同时转销应收款项。其优点是会计处理较简单，易于理解。但由于这种方法只有等到坏账实际发生时，才将其确认为损失，导致收入和与之相关的坏账损失不是在同一期间确认，忽视了坏账损失与赊销的内在联系，不符合权责发生制和配比原则，因而在一定程度上虚计了资产。

【例3-6】 天河公司在20×4年12月发现有一笔应收乙公司的货款50 000元，因乙公司已宣告破产而无法收回，天河公司因此确认为坏账损失。则有关会计处理如下。

借：资产减值损失　　　　　　　　　　　　　　　　　　　　　50 000
　　　　贷：应收账款——乙公司　　　　　　　　　　　　　　　　　　　50 000

如果在20×5年3月天河公司收到乙公司以破产财产清偿的债务5 000元，则有关会计处理如下：

　　借：应收账款——乙公司　　　　　　　　　　　　　　　　　　　5 000
　　　　贷：资产减值损失　　　　　　　　　　　　　　　　　　　　　　5 000
　　借：银行存款　　　　　　　　　　　　　　　　　　　　　　　　5 000
　　　　贷：应收账款——乙公司　　　　　　　　　　　　　　　　　　　5 000

（2）备抵法

备抵法是企业在资产负债表日，对各项应收款项进行全面检查，预计可能产生的坏账损失，计提坏账准备。实际发生坏账时，冲减坏账准备，并同时转销应收款项。由于备抵法体现了坏账损失与赊销的内在联系，符合权责发生制和配比原则，因此我国企业会计准则要求企业采用备抵法核算坏账损失。

在该方法下，企业需要设置"坏账准备"账户核算计提的坏账准备。资产负债表日，企业根据金融工具确认和计量准则确定应收款项发生减值的，按应减记的金额，借记"资产减值损失"科目，贷记"坏账准备"科目。本期应计提的坏账准备金额大于其账面余额的，应按其差额计提；应计提的坏账准备金额小于其账面余额的，应按其差额做相反的会计分录。对于确实无法收回的应收款项，按管理权限报经批准后作为坏账损失，转销应收款项，借记"坏账准备"科目，贷记相关的应收款项。已确认并转销的应收款项以后又收回的，应按实际收回的金额，借记相关的应收款项，贷记"坏账准备"科目。

【例3-7】 天河公司20×4年年末估计坏账损失为20 000元，20×5年发生坏账损失5 000元。在备抵法下该公司的有关会计处理如下。

20×4年年末估计坏账损失时：

　　借：资产减值损失　　　　　　　　　　　　　　　　　　　　　20 000
　　　　贷：坏账准备——应收账款　　　　　　　　　　　　　　　　　20 000

20×5年发生坏账损失时：

　　借：坏账准备——应收账款　　　　　　　　　　　　　　　　　　5 000
　　　　贷：应收账款　　　　　　　　　　　　　　　　　　　　　　　5 000

企业采用备抵法计提坏账准备时，需要在资产负债表日根据以往应收账款的收款情况估计可能发生的坏账损失。常用的估计坏账损失的方法有三种。

1）应收账款余额百分比法：这种方法是企业根据期末应收款的余额和估计的坏账损失率来估计坏账损失。其理由是坏账损失产生于应收账款，应收账款越多，坏账的金额越大。根据会计期末应收账款的余额乘以估计坏账率即为当期应估计的坏账损失，据此提取坏账准备。估计坏账率的确定，可以根据历史经验，也可以根据有关部门的规定计算。

【例3-8】 天河公司采用应收账款余额百分比法计提坏账准备，按应收账款的余额提取坏账准备的比例为5%。20×2年年末天河公司应收账款的余额为200 000元，坏账准备的余额为10 000元，20×3年发生了坏账损失4 000元，当年年末应收账款的余额为300 000元。20×4年收回原已确认的坏账3 000元，20×4年年末应收账款的余额为250 000元。

则天河公司有关会计处理如下。

20×3 年发生坏账损失 4 000 元：

借：坏账准备　　　　　　　　　　　　　　　　　　　　　4 000
　　贷：应收账款　　　　　　　　　　　　　　　　　　　　　　　4 000

20×3 年年末天河公司的应收账款的余额为 300 000 元，因此"坏账准备"账户的余额应为 15 000（=300 000×5%）元；

应计提的坏账准备为 9 000[=15 000-(10 000-4 000)] 元。

借：资产减值损失　　　　　　　　　　　　　　　　　　　9 000
　　贷：坏账准备　　　　　　　　　　　　　　　　　　　　　　　9 000

天河公司 20×3 年年末坏账准备科目余额为 15 000（=10 000-4 000+9 000）元，即会计期末应收账款的余额乘以估计坏账率。

20×4 年收回原已确认的坏账 3 000 元：

借：应收账款　　　　　　　　　　　　　　　　　　　　　3 000
　　贷：坏账准备　　　　　　　　　　　　　　　　　　　　　　　3 000
借：银行存款　　　　　　　　　　　　　　　　　　　　　3 000
　　贷：应收账款　　　　　　　　　　　　　　　　　　　　　　　3 000

20×4 年年末天河公司的应收账款的余额为 250 000 元，因此"坏账准备"账户的余额应为 12 500（=250 000×5%）元；

应计提的坏账准备为 -5 500[=12 500-(15 000+3 000)] 元。

借：坏账准备　　　　　　　　　　　　　　　　　　　　　5 500
　　贷：资产减值损失　　　　　　　　　　　　　　　　　　　　　5 500

应收账款余额百分比法的优点是简单易行，但它未考虑应收账款过期时间长短与产生的坏账风险之间的关系。一般说来，超过信用期时间越长的应收账款，其坏账损失的风险越大。为使期末坏账损失的估计更为准确，可以采用账龄分析法。

2）账龄分析法：这种方法是根据应收账款入账时间的长短来估计坏账损失的。账龄是指客户所欠账款逾期的时间。一般情况下，账龄长短与发生坏账的可能性是成正比的，应收账款逾期时间越长，其被收回的可能性就越小，相应的估计坏账率比率越高。

运用账龄分析法时，首先要将企业的各种应收账款按其账龄长短分类，然后对不同账龄段的应收账款确定不同的估计坏账率，最后分别将各账龄段的应收账款与对应的估计坏账率相乘计算汇总。

【例 3-9】20×4 年年末天河公司的应收账款账龄及估计坏账损失如表 3-1 和表 3-2 所示。

表 3-1 应收账款账龄分析表　　　　　　　　　　　　　单位：元

客户名称	应收账款年末余额	未过期	账龄				
			1~30 天	31~60 天	61~90 天	91~120 天	120 天以上
A 公司	110 000	50 000	60 000				
B 公司	60 000	30 000		20 000	10 000		
C 公司	80 000		40 000		30 000	10 000	
D 公司	100 000					40 000	60 000
E 公司	100 000						100 000
合计	450 000	80 000	100 000	20 000	40 000	50 000	160 000

表 3-2　估计坏账损失表　　　　　　　　　　　　　　　单位：元

应收账款账龄	应收账款金额	估计损失（%）	估计损失金额
未到期	80 000	0.5	400
1～30 天	100 000	1	1 000
31～60 天	20 000	3	600
61～90 天	40 000	5	2 000
91～120 天	50 000	10	5 000
120 天以上	160 000	25	40 000
合计	450 000	—	49 000

假设天河公司 20×4 年年初坏账准备账户余额为贷方 42 000 元，则 20×4 年年末天河公司应计提的坏账准备为 7 000（=49 000－42 000）元。

会计分录如下。

借：资产减值损失　　　　　　　　　　　　　　　　　　7 000
　　贷：坏账准备　　　　　　　　　　　　　　　　　　　　　　7 000

账龄分析法考虑了应收账款的账龄长短与坏账风险之间的关系，计算结果相对比较准确，可以较客观地反映应收账款的期末可收回金额。

3）赊销百分比法：这种方法是根据赊销金额的一定百分比估计坏账损失的方法。赊销百分比法一般是根据以往企业赊销金额中平均发生坏账损失的比例加以确定。其理论依据是坏账仅与当期赊销发生的应收账款有关，而与当期现销无关。因此，企业可根据历史经验估计赊销金额中发生坏账的比例来估算各期赊销金额中可能发生的坏账。

【例 3-10】天河公司 20×4 年度赊销金额为 200 000 元，根据以往资料和经验，估计坏账损失率为 1%，20×4 年年初坏账准备账户余额为贷方 1 500 元。则

天河公司 20×4 年年末应计提的坏账准备为 2 000（=200 000×1%）元。

借：资产减值损失　　　　　　　　　　　　　　　　　　2 000
　　贷：坏账准备　　　　　　　　　　　　　　　　　　　　　　2 000

20×4 年年末坏账准备科目余额为 3 500（=1 500+2 000）元。

注意：以上三种坏账准备计算方法中应收账款余额百分比法和账龄分析法计算的都是当年年末坏账准备科目的余额，只有赊销百分比法计算的是当期应计提的坏账准备数额，即在用前两种方法计算时需要考虑坏账准备的期初余额，而在用最后一种方法计算时不用考虑坏账准备的期初余额。

二、应收账款的转让

企业在经营管理过程中，为满足资产流动性或风险管理等需要，可以利用应收账款融资。融资方式包括以应收账款为抵押进行借款和应收账款出售。企业把由于赊销而形成的应收账款有条件地转让给银行，通过银行为企业提供资金，并负责管理、催收应收账款和坏账担保等业务，可以借此收回账款，加快资金周转，避免企业因赊销造成的现金流量不足，节省收账成本，降低坏账损失风险，有利于改善企业的财务状况、提高资产的流动性。但应收账款融资也存在着融资成本较高，限制条件较多等缺点。

（一）应收账款的抵借

应收账款抵借即应收账款抵押借款，是指持有应收账款的企业与信贷机构或代理商订立合同，以应收账款作为担保品，在规定的期限内企业有权以一定额度为限借用资金的一种融资方式。合同明确规定信贷机构或代理商借给企业资金所占应收账款的比率，一般为应收账款的70%～90%不等，这一比率应视承借人的信誉而定。旧的应收账款收回后，新的应收账款继续充当抵押。如果作为担保品的应收账款中某一账款到期收不回来，银行有权向借款企业追索。

应收账款抵借方式是一种循环自我清偿的贷款，在会计意义上是短期借款；但在财务概念中却可以是长期借款。抵押方继续保留应收账款的权益，同时也要承担坏账的责任。在这种抵押方式下，由于未指定抵押的应收账款，因而对充当抵押的全部应收账款无须进行专门的会计处理，只需在报表附注中披露即可。

【例3-11】天河公司20×4年1月1日以应收账款1万元向甲银行借得7 000元，借款月利率为8‰。20×4年4月1日，天河公司收到抵借账款中一客户账款4 000元，天河公司于当日将账款4 000元连同利息一起归还银行。借款合同规定：已抵借应收账款仍由甲企业进行收账工作。则天河公司会计处理如下。

（1）20×4年1月1日，天河公司取得借款时：

借：银行存款　　　　　　　　　　　　　　　　7 000
　　贷：短期借款——甲银行　　　　　　　　　　　　　　7 000

（2）20×4年4月1日，天河公司收到客户的账款时：

借：银行存款　　　　　　　　　　　　　　　　4 000
　　贷：应收账款　　　　　　　　　　　　　　　　　　　4 000

（3）天河公司归还银行借款4 000元和利息168（＝7 000×8‰×3）元时：

借：短期借款——甲银行　　　　　　　　　　　4 000
　　财务费用　　　　　　　　　　　　　　　　　168
　　贷：银行存款　　　　　　　　　　　　　　　　　　　4 168

（二）应收账款的出售

应收账款出售是指企业将应收账款出售给信贷机构，筹集所需资金的一种方式。应收账款的出售通常分为不附追索权的出售和附追索权的出售。

企业在出售应收债权的过程中如附有追索权，即在有关应收债权到期无法从债务人处收回时，银行等金融机构有权向出售应收债权的企业追偿，或根据协议规定，企业有义务按照约定金额自银行等金融机构回购部分应收债权，应收债权的坏账风险由出售应收债权的企业负担，则企业应按照以应收债权抵借的核算原则进行会计处理。

不附追索权的应收债权出售是指企业将其按照销售商品、提供劳务的销售合同所产生的应收债权出售给银行等金融机构，根据企业、债务人及银行等金融机构之间的协议，在所售应收债权到期无法收回时，银行等金融机构不能向出售应收债权的企业进行追偿。在这种情况下，企业应将所售应收债权予以转销，结转计提的相关坏账，确认按协议约定预计将发生的销售退回、销售折让、现金折扣等，确认出售损益。

【例 3-12】20×4 年 3 月 1 日，天河公司向 B 公司赊销一批商品，销售价款为 500 000 元，增值税税额为 65 000 元，信用期为 120 天。20×4 年 3 月 20 日，经与中国银行协商后约定：天河公司将应收 B 公司的货款出售给中国银行，价款为 468 000 元。在应收 B 公司货款到期无法收回时，中国银行不能向天河公司追偿。天河公司根据以往经验，预计该批商品将发生的销售退回金额为 28 250 元，其中增值税销项税额为 3 250 元，成本为 20 000 元，实际发生的销售退回由天河公司承担。20×4 年 5 月 10 日，天河公司收到 B 公司退回的商品，价款为 28 250 元。则天河公司有关会计处理如下。

（1）20×4 年 3 月 20 日，天河公司出售债权时：

借：银行存款　　　　　　　　　　　　　　　　　468 000
　　营业外支出　　　　　　　　　　　　　　　　 68 750
　　其他应收款　　　　　　　　　　　　　　　　 28 250
　　贷：应收账款　　　　　　　　　　　　　　　　　　　565 000

（2）20×4 年 5 月 10 日，天河公司收到退回商品时：

借：主营业务收入　　　　　　　　　　　　　　　 25 000
　　应交税费——应交增值税（销项税额）　　　　　3 250
　　贷：其他应收款　　　　　　　　　　　　　　　　　　28 250
借：库存商品　　　　　　　　　　　　　　　　　 20 000
　　贷：主营业务成本　　　　　　　　　　　　　　　　　20 000

如果天河公司估计的销售退回与实际发生的销售退回有差异，则与其他应收款的差额计入"营业外支出"。

三、应收账款的保理

应收账款保理，即企业将应收账款出售给金融机构（又称保理商），取得相应的融资款，由保理商负责应收账款的管理、催收等业务。按有无追索权又分为有追索权应收账款保理和无追索权应收账款保理。无追索权应收账款保理是企业将应收账款交给保理商保理后，当应收账款到期无法收回时，由保理商承担坏账损失，不再向企业追索。有追索权应收账款保理与无追索权应收账款保理的区别在于，应收账款的债权虽然已经转移，但由企业承担该项应收账款的坏账风险，即当应收账款不能收回时，银行可向企业追索。此类经济业务的处理，应当视其保理业务合同是否附追索权分别对待。

如果保理业务合同中约定，应收账款的出售不附有追索权，即在所售应收账款到期无法收回时，银行等金融机构不能够向出售应收账款的企业进行追偿，所售应收账款的风险完全由银行等金融机构承担。在这种情况下，应视为应收账款出让完成，做如下会计分录：按实际收到的款项，借记"银行存款"科目，按所售应收账款已提的坏账准备金额，借记"坏账准备"科目，按所售应收账款的账面余额，贷记"应收账款"科目，按其差额借记或贷记"财务费用"科目。

如果保理业务合同中约定，应收账款的出售附有追索权，即在所售应收账款到期无法收回时银行等金融机构将原受让的应收账款退回给企业。由此可见，企业所售应收账款的主要风险并没有转移给银行等金融机构，这种保理业务的实质就是以应收账款作为抵借条件，向银行等金融机构获取的一笔银行贷款。在这种情况下，应做如下会计分录：借记"银行存款"科目，贷记"短期借款"科目。原记录的有关应收账款、坏账准备等科目在款项尚未收到时不做变动，以全面反映企业应收账款保理业务的真实情况。

第二节 应收票据

一、应收票据的确认与初始计量

应收票据是指企业因销售商品、产品或提供劳务等收到的商业汇票,按承兑人不同分为银行承兑汇票和商业承兑汇票,按是否带息分为带息票据和不带息票据。应收票据和应收账款都是商业信用的工具,其区别主要在于应收票据将企业的债权通过票据化而受到法律保护;商业汇票在到期前通常可以背书转让或向银行贴现,因此比应收账款具有更强的流动性。企业应当按照开出、承兑商业汇票的单位进行明细核算。

(一)应收票据的确认

企业因销售商品、产品或提供劳务等收到开出、承兑的商业汇票时确认应收票据。应收票据的计价方法有现值法和面值法两种。现值法是指以应收票据到期价值的现值作为应收票据的入账价值,其面值与现值之间的差额在票据持有期间按一定的方法进行摊销并计入当期损益;面值法是指应收票据以其面值作为入账价值。考虑到货币的时间价值和通货膨胀等因素,现值法更为科学合理。但鉴于我国目前在经济交易中一般不使用长期应收票据,期限最长不超过 6 个月(电子票据最长期限为 1 年),从成本效益原则及重要性原则考虑,我国应收票据的核算采用面值法。

(二)应收票据的初始计量

企业因销售商品、提供劳务等而收到开出、承兑的商业汇票,按商业汇票的票面金额,借记"应收票据"科目,按确认的营业收入,贷记"主营业务收入"等科目,涉及增值税销项税额的,还应按销项税额,贷记"应交税费——应交增值税(销项税额)"科目。

【例 3-13】20×4 年 10 月 1 日,天河公司向 B 公司销售一批商品,增值税专用发票上注明的商品价款为 600 000 元,增值税额为 78 000 元。当日收到 B 公司签发的商业承兑汇票一张,该票据的期限为 6 个月,利率为 6%。则天河公司的有关会计处理如下。

借:应收票据 678 000
 贷:主营业务收入 600 000
   应交税费——应交增值税(销项税额) 78 000

二、应收票据的后续计量

(一)应收票据利息的核算

企业收到的带息票据,应于期末按应收票据的票面价值和确定的利率计算计提票据利息,增加应收票据的账面余额,并同时冲减财务费用。

【例 3-14】接【例 3-13】,20×4 年年末,天河公司计算提取票据利息:
利息收入 =678 000×6%×3÷12=10 170(元)

借:应收票据 10 170
 贷:财务费用 10 170

(二)应收票据到期的核算

商业汇票到期,应按实际收到的金额,借记"银行存款"科目,按商业汇票的票面余额，贷记应收票据，差额计入财务费用。因付款人无力支付票款，收到银行退回的商业承兑汇票、委托收款凭证、未付票款通知书或拒绝付款证明等，按商业汇票的账面余额，借记"应收账款"科目，贷记应收票据。

【例3-15】 接【例3-13】，6个月后，不带息的商业承兑汇票到期，天河公司收回款项678 000元，存入银行。

  借：银行存款   678 000
    贷：应收票据   678 000

如果B公司无力付款，则天河公司的会计处理为

  借：应收账款   678 000
    贷：应收票据   678 000

6个月后，带息的商业承兑汇票到期，天河公司收回款项698 340元，存入银行。

  借：银行存款   698 340
    贷：应收票据   688 170
      财务费用   10 170

如果B公司无力付款，则天河公司的会计处理为

  借：应收账款   688 170
    贷：应收票据   688 170

（三）应收票据贴现的核算

企业持有的应收票据在到期前，如果企业资金不足，可以持未到期的票据向银行申请贴现。贴现是指持票人将未到期的商业汇票背书转让给银行，银行受理后，从应收票据的到期价值中扣除按银行的贴现率计算的贴现息后，将余额付给企业的业务活动。票据贴现实质是企业的一种融资活动。

票据贴现分为无追索权票据贴现和有追索权票据贴现两种。

无追索权票据贴现是指贴现票据的所有风险和收益在票据贴现时全部转移给了银行，在票据到期日若承兑人违约，贴现企业不负连带责任。因此，无追索权的应收票据贴现符合金融资产终止确认条件，可以在账面上核销应收票据余额，与收到的银行存款之间的差额确认为财务费用。在我国，由于银行承兑汇票贴现业务基本上不存在到期不能收回票款的风险，企业可以将银行承兑汇票贴现视为无追索权票据贴现业务进行会计处理。

有追索权的票据贴现是指贴现票据的所有风险和报酬在票据贴现时并不完全转移给银行，贴现企业负有背书责任。大多数情况下商业汇票的贴现银行都要求拥有追索权，这种情况下表明企业的应收票据贴现不符合金融资产终止确认条件，应将贴现所得确认为一项负债（短期借款）。

企业贴现所得额的计算过程如下：

$$贴现息 = 票据到期价值 \times 贴现率 \times 贴现期$$
$$贴现所得额 = 票据到期价值 - 贴现息$$

其中，票据到期价值指票据到期时的本息之和，不带息的票据到期价值为其面值。贴现期指贴现日至票据到期日的期间，即贴现时票据尚未到期的时间。

【例3-16】 天河公司在20×4年12月1日将10月1日开具的6个月期限、面值为702 000元的不带息的商业承兑票据向银行申请贴现，银行的贴现利率为9%，若银行具有追索权。

则天河公司该项贴现业务的贴现所得额计算如下。

$$票据到期价值 = 702\,000\ 元$$
$$贴现息 = 702\,000 \times 9\% \times 4 \div 12 = 21\,060（元）$$
$$贴现所得额 = 702\,000 - 21\,060 = 680\,940（元）$$

会计处理如下。

借：银行存款　　　　　　　　　　　　　　　　　680 940
　　财务费用　　　　　　　　　　　　　　　　　 21 060
　贷：应收票据　　　　　　　　　　　　　　　　　　　　702 000

若银行具有追索权，由天河公司的会计处理如下。

借：银行存款　　　　　　　　　　　　　　　　　680 940
　　短期借款——利息调整　　　　　　　　　　　　21 060
　贷：短期借款——成本　　　　　　　　　　　　　　　　702 000

贴现息 21 060 元应在票据贴现期间采用实际利率法确认为利息费用。

企业应当设置"应收票据备查簿"，逐笔登记每一商业汇票的种类、号数和出票日、票面金额、交易合同号和付款人、承兑人、背书人的姓名或单位名称、到期日、背书转让日、贴现日、贴现率和贴现净额以及收款日和收回金额、退票情况等资料，商业汇票到期结清票款或退票后，应当在备查簿内逐笔注销。

需要指出的是，尽管应收票据比应收账款具有更好的信用保证，但在资产负债表日，企业发现所持有的未到期应收票据不能够收回或收回的可能性很小时，即存在坏账的风险时，企业也应该按照备抵法对应收票据计提坏账准备。

（四）应收票据转让的核算

应收票据转让是指持票人因偿还前借款等原因，将未到期的商业汇票背书转让给其他单位或者是个人的活动。背书是指持票人在票据背面签字，签字人称为背书人，背书人对于票据的到期付款负有连带责任。企业将持有的商业汇票背书转让以取得所需物资时，按应计入取得物资成本的金额，借记"材料采购"或"原材料""库存商品"等科目，按可抵扣的增值税额，借记"应交税费——应交增值税（进项税额）"科目，按商业汇票的票面金额，贷记"应收票据"科目，如有差额，借记或贷记"银行存款"等科目。将持有的应收票据背书转让时，应按票面金额结转。如为带息票据，还应将尚未计提的利息冲减财务费用。

第三节　预付账款与其他应收款

一、预付账款

预付账款是指企业按照购货合同的规定，预先支付给供货方的款项。预付账款一般包括预付的货款、预付的购货定金。施工企业的预付账款主要包括预付工程款、预付备料款等。预付账款同样产生于商业信用活动中，一些紧俏的商品，供货方为了保证销售的安全，减少资金占用，可以要求购货方预付一部分货款，待货物到达购货方验收合格后再付余款。预付账款在经济合同中具有定金的性质。

为了加强对预付账款的管理，企业可按照供应单位设置"预付账款"科目，核算企业按照购货合同规定预付给供应单位的款项。预付款项情况不多的企业,可以不设置"预付账款"科目,而直接在"应付账款"科目核算,但在编制"资产负债表"时,应当将"预付账款"和"应付账款"的金额分别反映。预付账款的账务处理主要有:

1)预付款项的会计处理。企业根据购货合同的规定向供应单位预付款项时,借记"预付账款"科目,贷记"银行存款"科目。

2)收回货物的会计处理。企业收到所购货物时,根据发票账单等列明应计入购入物资成本的金额,借记"材料采购"或"原材料""库存商品"等科目,按专用发票上注明的增值税额,借记"应交税费——应交增值税(进项税额)"科目,按应付金额,贷记"预付账款"科目。当预付货款小于采购货物所需支付的款项时,应将不足部分补付,借记"预付账款"科目,贷记"银行存款"科目;当预付货款大于采购货物所需支付的款项时,对收回的多余款项应借记"银行存款"科目,贷记"预付账款"科目。

3)企业的预付账款,如有确凿证据表明其不符合预付账款性质,或者因供货单位破产、撤销等原因已无望再收到所购货物的,应将原计入预付账款的金额转入其他应收款。企业应按预计不能收到所购货物的预付账款账面余额,借记"其他应收款——预付账款转入"科目,贷记"预付账款"科目。

《企业会计准则》附录《会计科目和主要账务处理》规定,"预付账款"科目用来核算企业按照合同约定预付的款项。企业可按供货单位进行明细核算。该科目期末一般为借方余额,反映企业预付的款项,如为贷方余额,则反映企业尚未补付的款项。

【例3-17】20×4年3月5日,天河公司通过银行汇款向B公司预付货款100 000元购买原材料。3月20日,天河公司所购原材料到达,验收入库,取得的增值税专用发票上注明的价款为150 000元,增值税进项税额为19 500元。3月25日,天河公司将余款汇给B公司。则天河公司有关会计处理如下。

3月5日,天河公司支付预付货款时:

借:预付账款——B公司　　　　　　　　　　　　100 000
　　贷:银行存款　　　　　　　　　　　　　　　　　　　　100 000

3月20日,材料到达天河公司验收入库时:

借:原材料　　　　　　　　　　　　　　　　　　150 000
　　应交税费——应交增值税(进项税额)　　　　 19 500
　　贷:预付账款——B公司　　　　　　　　　　　　　　　169 500

3月25日,天河公司支付余款时:

借:预付账款——B公司　　　　　　　　　　　　 69 500
　　贷:银行存款　　　　　　　　　　　　　　　　　　　　 69 500

二、其他应收款

其他应收款核算企业除应收票据、应收账款、预付账款、应收股利、应收利息、长期应收款等经营活动以外的其他各种应收、暂付的款项,包括应收的各种赔款、罚款,应收出租包装物的押金,应向职工收到的各种垫付款项,向企业各部门拨出的备用金等。

为了加强对其他应收款的管理,企业要按照其他应收款的项目和对方单位(或个人)设置"其他应收款"科目进行明细核算。企业发生其他各种应收、暂付款项时,借记"其他应收款"科目，贷记有关科目；收回或转销各种款项时，借记"现金""银行存款"等科目，贷记"其他应收款"科目。"其他应收款"期末为借方余额，反映企业尚未收回的其他应收款；期末为贷方余额，反映企业尚未支付的其他应付款。

在资产负债表日，企业需要对"其他应收款"项目进行检查，估计其发生坏账的可能性。如果其他应收款存在坏账风险，企业需要合理估计坏账损失金额，并采用备抵法计提坏账准备。

【例3-18】天河公司在采购过程中发生材料毁损，按保险合同规定，应由保险公司赔偿损失30 000元，赔款尚未收到，则天河公司应编制如下会计分录。

借：其他应收款——保险公司　　　　　　　　　　　　　　30 000
　　贷：材料采购　　　　　　　　　　　　　　　　　　　　　　30 000

若上述保险公司赔款如数收到，应编制如下会计分录。

借：银行存款　　　　　　　　　　　　　　　　　　　　　　30 000
　　贷：其他应收款——保险公司　　　　　　　　　　　　　　　30 000

▶本章小结

本章重点学习了应收款项，应收款项主要包括应收账款、应收票据、预付账款与其他应收款。其中，应收账款一般按实际发生额计价，但应考虑到商业折扣、现金折扣、销售退回和折让的影响。企业赊销可能会产生坏账损失，对坏账的会计处理有直接转销法和备抵法，由于备抵法符合权责发生制和配比原则，准则要求企业采用该方法核算坏账损失。应收账款的抵借无须进行专门的会计处理，只需在报表附注中披露；当应收账款的出售不附追索权时，企业应终止确认该项应收账款，并确认出售损益。

本章还介绍了应收票据的取得、到期收回、贴现、转让及带息票据利息的计算和相关会计处理，同时还简单介绍了预付账款和其他应收款的定义以及相关业务的会计处理。

▶思政园地

锚定绿色低碳　剑指应收账款

2023年上半年受房地产开发投资下行等诸多不利因素影响，混凝土与水泥制品行业市场需求不足、量价走低。根据国家统计局数据分析，2023年上半年混凝土与水泥制品行业主要经济指标同比负增长。行业主营业务收入累计7 678亿元，同比减少9.8%。利润总额累计185亿元，同比减少16.18%。上半年全行业亏损企业数量5 921家，企业亏损面达到33.6%，企业期末应收账款金额10 222亿元，比去年同期增长6.87%；应收账款周转率1.6次，应收账款周转率低，企业资金周转压力变大。从行业外部看，全球经济增速持续放缓，国内需求持续不足；从行业自身看，全局性产能过剩、企业应收款普遍居高越发严重，自主创新能力仍然偏弱，转型升级任务艰巨。混凝土行业目前回升缓慢的缘由既有市场需求疲弱的原因，也有行业结构优化不足等深刻的历史与现实因素。据此，有学者分析得出结论，如今整个行业下滑的势头还没有得到控制。当然，各界也要有一个清醒的认知，整个行业规模很难恢复到过去的最好水平，行业内企业一起搭便车、一同成长的日子已经成为过去。企业的发展要从过去的增量上找机会，转变为从存量上找突破。行业未来发展的方向应以科技创新为动力、以绿色低碳为着力点、以智能制造为抓手，助推行业转型升级。运用新思路、新模式、新方法去解决行业发展的痛难点问题。面对复杂的外部环境和日趋激烈的竞争环境，我们认为企业应当重点抓好以下工作。

一是抓好科技创新。创新是引领发展的第一动力。行业内有一批企业技术创新和研发能力是比较强的，其成果的推广和使用推动了整个行业的技术进步和发展。但是相当一部分企业还只是跟在后边做简单的模仿。要如何做到人无我有、人有我优，科技创新尤为重要。

二是抓好绿色低碳。改革开放以来，特别是近 30 年来行业的快速发展，迅速形成了一批规模比较大的企业。但是行业内的企业由于粉尘、噪声、废水、废渣排放没能赶上时代的要求，在社会上产生一定的负面影响。社会不认可、政府不支持、员工不自豪的企业是没有未来的。预拌混凝土企业的发展，不仅要解决以上环保问题带来的压力，还要认真研究"碳达峰""碳中和"给行业带来的影响。同时，绿色低碳也将成为未来企业竞争赛道的转换、行业准入门槛和市场竞争的重要手段。

三是破解应收账款居高不下的行业现状。行业集中度低、行业地位不高、谈判能力不强等系列原因，造成整个行业应收账款增幅较大，严重影响了整个行业的健康发展。应收账款越来越引起行业内各企业的高度关注，如何在方法上有所改变、模式上有所突破、技术上有所创新，是行业内各企业都在探索和解决的问题。

资料来源：张红，师海霞，徐洁.锚定绿色低碳 剑指应收账款：2023 年中国预拌混凝土华南三省大型企业领导人会议侧记 [J].混凝土世界，2023（10）：10-14.

国际视野　　拓展阅读　　章后练习　　关键术语音频

▶ 关键术语听与读

- ◇ Accounts receivable（应收账款）：The accounts receivables are created when a company lets a buyer purchase their goods or services on credit.

- ◇ Advance to supplier（预付账款）：The advance to suppliers basically refers to the amount that has been paid to suppliers in advance for goods and services that are to be purchased at a later date.

- ◇ Aging schedule（账龄分析表）：An aging schedule is an accounting table that shows a company's accounts receivables, ordered by their due dates. Often created by accounting software, an aging schedule can help a company see if its customers are paying on time.

- ◇ Allowance for uncollectible accounts（坏账准备）：The allowance for uncollectible accounts is a contra asset account on the balance sheet representing accounts receivable the company does not expect to collect. When customers buy products on credit and then don't pay their bills, the selling company must write-off the unpaid bill as uncollectible.

- ◇ Allowance method（备抵法）：The allowance method is used in accounting to create contra for the debtors that are expected to be uncollectible.

- ◇ Bad debts expense（坏账损失）：The bad debts expense is the amount of an account receivable that cannot be collected.

- ◇ Cash discount（现金折扣）：The cash discount refers to an amount allowed for the prompt settlement of a debt arising out of a sale.

- ◇ Direct write-off method（直接转销法）：The direct write-off method is a process of booking the unrecoverable part of receivables that

- are no longer collectable, by removing that part from the books of accounts without prior booking for the provisions of bad-debts expenses.
- Discounting（贴现）: The discounting refers to a transaction of deducting from a bill of exchange when it is purchased before its maturity date, in which the party that purchases (discounts) the bill pays less than its face value and therefore makes a profit when it matures.
- Factoring（保理）: The factoring refers to the buying of the trade debts of a business, assuming the task of debt collection and accepting the credit risk, thus providing the business with working capital.
- Maturity date（到期日）: The maturity date is the date on which a document, such as a bond, bill of exchange, or insurance policy, becomes due for payment.
- Notes receivable（应收票据）: A note receivable is a written promise which gives the rights to the holder of the note for receiving a specific sum of money at a specified future date.
- Impairment（减值）: The impairment refers to a reduction in the recoverable amount of a long lived asset, such as a fixed asset and goodwill, below its book amount.
- Interest（利息）: The interest refers to the charge made for borrowing a sum of money. The interest rate is the charge made, expressed as a percentage of the total sum owed, for a stated time period of usually a year.
- Other receivables（其他应收款）: The other receivables include money owed from non-trade activities.
- Percentage of credit sales approach（赊销百分比法）: The percentage of sales method is an income statement approach for estimating bad debts expense. Under this method, bad debts expense is calculated as percentage of credit sales of the period. The percentage to be applied to credit sales is calculated on the basis of past experience and other factors such as change in credit policy.
- Percentage of total accounts receivable outstanding（应收账款余额百分比法）: The percent of accounts receivable method is an estimate of bad debts which stand at a percentage of total accounts receivables outstanding.
- Sales allowance（销售折让）: The sales allowance refers to an amount deducted from an invoice, for example, to compensate for goods damaged or of some defects.
- Sales returns（销售退回）: The sales returns refer to the goods returned to an organization by customers, usually because they are unsatisfactory.
- Trade discount（商业折扣）: The trade discount refers to a reduction in the list price of goods, for example, a discount given to a customer who makes bulk purchases.
- Value added tax（增值税）: The value added tax is a charge on taxable supplies of goods or services made by a taxable party in the course of turnover.

第四章

存　货

> **本章案例**
>
> ## 獐子岛扇贝"跑路"事件
>
> 獐子岛集团股份有限公司（简称"獐子岛"）1958年成立于中国大连，是一家综合性海洋食品企业，以水产增养殖为主业，集海珍品育苗、增养殖、加工、贸易、海上运输于一体。2006年9月28日，獐子岛在深圳证券交易所挂牌上市，并成功创造了中国农业第一只百元股。公司主营产品为虾夷扇贝、皱纹盘鲍、海参等海珍品，拥有国内唯一的国家级虾夷扇贝原良种场和国内一流的海参、鲍鱼等海珍品育苗基地，也是国内最大的海珍品增养殖基地，曾经被公认为是国内水产养殖业的一张名片。
>
> **1. 獐子岛"扇贝劫"**
>
> 2014年10月30日晚，獐子岛发布公告称，因"冷水团"导致100多亩（1亩=666.67m^2）虾夷扇贝绝收。公司三季度业绩也受此影响大幅下滑，对虾夷扇贝存货计提跌价准备2.83亿元，最终导致2014年亏损11.89亿元，亏损数额达到历史顶峰，影响巨大。
>
> 然而，3年后，相同的戏码再次上演。2018年1月30日晚，獐子岛发布公告称，部分底播虾夷扇贝存货存在异常，2017年业绩预计亏损5.3亿元～7.2亿元，并随后计提跌价准备6.29亿元。獐子岛对扇贝再次"跑路"给出的解释是，由于当年降水减少，直接导致扇贝饵料匮乏，再加上海水温度的异常减缓了扇贝的摄食效率，导致扇贝最终被"饿死"。针对獐子岛的这一系列行为，监管部门对獐子岛连发3份关注函，同时对獐子岛及4名高管发出警示函。
>
> 2019年4月，獐子岛发布一季报，在报告中指出公司海洋牧场受灾，损失4 314万元。当年11月，獐子岛又发布公告称，在秋季抽测时发现底播虾夷扇贝出现大规模死亡。
>
> 一而再再而三的扇贝"跑路"事件，严重影响中国证券市场的健康、有序发展，损害了众多投资者的投资信心和合法权益，彻查獐子岛扇贝"跑路"事件刻不容缓。
>
> **2. 拨云见日，北斗导航为扇贝"昭雪"**
>
> 为全面揭开"獐子岛事件"的谜团，2020年，证监会统筹执法力量，走访渔政监

督、水产科研等部门，寻求专业支持，依托现代新型科技执法手段开展全面、深入调查。委托中科宇图科技股份有限公司和中国水产科学研究院东海水产研究所两家专业机构，利用獐子岛所属渔船上的北斗卫星导航定位系统，还原了真实的捕捞航行路线，最终计算出獐子岛实际的捕捞区域。调查结果显示：獐子岛的实际采捕面积与账面记载的面积存在较大出入，证明其存在虚假披露、恶意欺骗投资者的行为。至此，历时6年的扇贝"跑路"骗局最终被揭穿。

资料来源：王一鸣，毛淑珍，李晓梅，等. 新技术在审计中的应用路径研究：以北斗卫星探测獐子岛造假为例[J]. 财务管理研究，2021（7）：33-39.

▶ 学习目标 ◀

存货是企业重要的流动资产之一，在企业资产中占有较大比重。本章所涉及的存货的初始计量、发出和期末计价的问题是整个会计实务非常基础性的内容。正确核算存货，对于加强企业资产的核算和管理，正确确定净损益具有十分重要的作用。通过本章的学习，希望读者：

- 了解存货的概念；
- 理解存货的确认条件和内容；
- 掌握取得存货、发出存货和期末存货的计量方法；
- 掌握原材料按实际成本和计划成本的核算；
- 理解并掌握库存商品核算的四种方法；
- 掌握周转材料的摊销方法。

点阅读3　企业会计准则第1号——存货

第一节　存货概述

一、存货的概念

存货是指企业在日常活动中持有以备出售的产成品或商品、处在生产过程中的在产品、在生产过程或提供劳务过程中耗用的材料和物料等。

存货是流动资产中流动性较慢的一项重要资产，具有品种繁多、品质各异、存放方式和地点多样、时效性强、占用资金高、管理难度大、要求高等特点。

在确定企业存货的范围时，应以是否拥有该项资产的法定所有权为判断标准。也就是说，凡在存货盘存之日法定所有权属于本企业的存货，无论其存放何处或处于何种状态，都应纳入本企业存货的范围；反之，凡法定所有权不属于本企业的存货，即使放在本企业的仓库中，也不应该纳入本企业存货的范围。

需要注意的是：企业为在建工程储备的材料物资，企业受国家委托所进行的特种储备、专项储备等，均不属于企业存货的范围。

二、存货的内容与确认

（一）存货的内容

（1）原材料。原材料指企业在生产过程中经加工改变其形态或性质并构成产品主要实体的各种原料及主要材料、辅助材料、外购半成品（外购件）、修理用备件（备品备件）、包装材料、燃料等。为建造固定资产等各项工程而储备的各种材料，虽然同属于材料，但是由于用于建造固定资产等各项工程不符合存货的定义，因此不能作为企业的存货进行核算。

（2）在产品。在产品指企业正在制造尚未完工的产品，包括正在各个生产工序加工的产品和已加工完毕但尚未检验或已检验但尚未办理入库手续的产品。

（3）半成品。半成品指经过一定生产过程并已检验合格交付半成品仓库保管，但尚未制造完工成为产成品，仍需进一步加工的中间产品。

（4）产成品。产成品指工业企业已经完成全部生产过程并验收入库，可以按照合同规定的条件送交订货单位或者可以作为商品对外销售的产品。企业接受外来原材料加工制造的代制品和为外单位加工修理的代修品，制造和修理完成验收入库后，应视同企业的产成品。

（5）商品。商品指商品流通企业外购或委托加工完成验收入库用于销售的各种商品。

（6）周转材料。周转材料指企业能够多次使用、逐渐转移其价值但仍保持原有形态不确认为固定资产的材料，如包装物和低值易耗品。其中，包装物是指为了包装本企业商品而储备的各种包装容器，其主要作用是盛装、装潢产品或商品。低值易耗品是指不符合固定资产确认条件的各种用具物品，如工具、管理用具、玻璃器皿、劳动保护用品以及在经营过程中周转使用的容器等。

（二）存货的确认条件

存货必须在符合定义的前提下，同时满足下列两个条件，才能予以确认。

1. 与该存货有关的经济利益很可能流入企业

资产最重要的特征是预期会给企业带来经济利益。如果某一项目预期不能给企业带来经济利益，就不能确认为企业的资产。存货是企业的一项重要的流动资产，因此，对存货的确认，关键是判断其是否很可能给企业带来经济利益或其所包含的经济利益是否很可能流入企业。通常，拥有存货的所有权是与该存货有关的经济利益很可能流入本企业的一个重要标志。一般情况下，企业根据销售合同已经售出（取得现金或收取现金的权利）、所有权已经转移的存货，因其所含经济利益已不能流入企业，因而不能再作为企业的存货进行核算，即使该存货尚未运离企业。企业在判断与该存货有关的经济利益能否流入企业时，通常应结合考虑该存货所有权的归属，而不应当仅仅看其存放的地点等。

2. 该存货的成本能够可靠地计量

成本或者价值能够可靠地计量是资产确认的一项基本条件。存货作为企业资产的组成部分，要予以确认也必须能够对其成本进行可靠的计量。存货的成本能够可靠地计量必须以取得的确凿证据为依据，并且具有可验证性。如果存货成本不能可靠地计量，不能可靠确定其成本，就不能确认为企业的存货。

第二节 存货的计量

存货管理的核心问题就是存货的计量。存货的计量主要包括取得存货的计量，发出存货的计量和期末存货的计量。

一、取得存货的计量

企业取得存货应当按照成本进行初始计量。存货成本包括采购成本、加工成本和其他成本三个组成部分。

（一）外购存货的成本

企业外购存货的成本即存货的采购成本，指企业物资从采购到入库前发生的全部支出，包括购买价款、相关税费、运输费、装卸费、保险费以及其他可归属于存货采购成本的费用。企业在采购商品过程中发生的运输费、装卸费、保险费以及其他可归属于存货采购成本的费用等进货费用，应当计入存货采购成本，也可以先进行归集，期末根据所购商品的存销情况进行分摊。对于已售商品的进货费用，计入当期损益；对于未售商品的进货费用，计入期末存货成本。企业采购商品的进货费用金额较小的，可以在发生时直接计入当期损益。

1. 存货的购买价款

存货的购买价款是指企业购入的材料和商品的发票账单上列明的价款，但不包括按规定可以抵扣的增值税额。需要说明的是，在发生商业折扣的情况下，由于商业折扣发生在交易之时，所以购入存货的实际付款金额就是发票金额，即购买价款；在发生现金折扣的情况下，由于现金折扣发生在交易成立之后，所以会出现发票价格与实际付款金额不一致的问题。但允许扣除的现金折扣金额并不抵减存货的成本，而是抵减当期财务费用。所以，在发生现金折扣的情况下，存货的购买价款也还是发票价款。

2. 存货的相关税费

存货的相关税费是指企业购买、自制或委托加工存货发生的应当计入存货采购成本的进口关税、消费税、资源税和不能抵扣的增值税进项税额等税费。企业在采购存货时要缴纳流转税，若从国外采购存货还要缴纳关税，所缴纳的税金是否应计入存货的采购成本有着不同的处理方法。

（1）流转税

企业采购存货过程中缴纳的流转税是否应该包括在存货的成本里，目前在我国采用了两种处理方法：一种是价内税；一种是价外税。价内税指价格中包含了流转税，它是价格的组成部分，应当计入存货的成本，比如消费税。价外税主要是增值税，应区别情况处理。经确认为一般纳税企业的，其采购存货所支付的增值税，在取得增值税专用发票或完税凭证的情况下，按照税法规定可以作为进项税额单独记账，不计入采购存货的成本；若未取得增值税专用发票或完税凭证，则应计入采购存货的成本。经确认为小规模纳税企业的，其采购存货所支付的增值税，无论是否取得增值税专用发票或完税凭证，一律计入所采购存货的成本。

（2）关税

企业从国外采购存货，进口报关时按照有关规定缴纳的海关关税，计入进口货物的成本。

3. 其他可归属于存货采购成本的费用

其他可归属于存货采购成本的费用是指采购成本中除上述各项外的可归属于存货采购成本的费用，如在存货采购过程中发生的运输费、装卸费、保险费、仓储费、包装费、运输途中的合理损耗、入库前的挑选整理费用等。应当注意的是，外购存货过程中发生的采购人员差旅费、专设采购机构的经费、零星的市内运费等，一般不计入存货的采购成本，而是计入当期损益。

需要说明的是，存货准则规定，商品流通企业在采购商品过程中发生的运输费、装卸费、保险费以及其他可归属于存货采购成本的费用等进货费用，应当计入存货采购成本。在实务中，企业也可以先归集，期末根据所购商品的存销情况进行分摊。对于已售商品的进货费用，计入当期损益（主营业务成本）；对于未售商品的进货费用，计入期末存货成本。企业采购商品的进货费用金额较小的，可以在发生时直接计入当期损益（销售费用），即存货准则要求商品流通企业的商品存货的采购成本构成与其他企业存货的采购成本一致。

（二）加工取得存货的成本

企业通过进一步加工取得的存货，其成本由采购成本、加工成本构成。某些存货还包括使存货达到目前场所和状态所发生的其他成本，如可直接认定的产品设计费用等。

企业加工成本，由直接人工和制造费用构成。直接人工是指企业在生产产品过程中，直接从事产品生产工人的职工薪酬。制造费用是指企业为生产产品和提供劳务而发生的各项间接费用，包括企业生产部门管理人员的职工薪酬、折旧费、办公费、水电费等。

企业应当根据制造费用的性质，合理地选择制造费用分配方法。在同一生产过程中，同时生产两种或两种以上的产品，并且每种产品的加工成本不能直接区分的，其加工成本应当按照合理的方法在各种产品之间进行分配。分配方法一经确定，不得随意变更。

（三）其他方式取得存货的成本

企业取得存货的其他方式主要包括接受投资者投资、非货币性资产交换、债务重组、企业合并、盘盈等。

1. 投资者投入存货的成本

投资者投入存货的成本，应当按照投资合同或协议约定的价值确定，但合同或协议约定价值不公允的除外。在投资合同或协议约定的价值不公允的情况下，应当按照该项存货的公允价值作为入账价值。

2. 通过非货币性资产交换、债务重组、企业合并方式取得的存货的成本

企业通过非货币性资产交换、债务重组、企业合并方式取得的存货的成本，应当分别按照《企业会计准则第 7 号——非货币性资产交换》《企业会计准则第 12 号——债务重组》《企业会计准则第 20 号——企业合并》等相关准则的规定进行确定。

3. 盘盈存货的成本

盘盈的存货，应当按其重置成本作为入账价值，并通过"待处理财产损溢"科目进行核算，按照管理权限报经批准后，冲减当期管理费用。

在确定存货成本的过程中，下列费用应当在发生时确认为当期损益，不计入存货成本：①非正常消耗的直接材料、直接人工和制造费用；②仓储费用（不包括在生产过程中为达到

下一个生产阶段所必需的费用）；③不能归属于使存货达到目前场所和状态的其他支出。

（四）通过提供劳务取得的存货

通过提供劳务取得的存货，其成本按从事劳务提供人员的直接人工和其他直接费用以及可归属于该存货的间接费用确定。

二、发出存货的计量

（一）确定发出存货的成本

发出存货成本的确定取决于两个因素：一是发出存货数量的确定是否准确；二是发出存货计价方法的选择是否得当。

1. 存货数量的确定

存货数量靠盘存确定。常用的存货盘存方法有两种：一是永续盘存制；二是实地盘存制。

1）永续盘存制。永续盘存制又称账面结存制，就是对各项存货的收入和发出，平时都要根据会计凭证，在账簿中逐笔进行连续登记，并随时结出账面结存数。此种方法下，期末账面结存数的计算公式为

$$期末结存数 = 期初结存数 + 本期收入数 - 本期发出数$$

永续盘存制的优点是核算手续齐全，能够通过账面记录及时反映存货增减和结余情况，有利于企业加强对财产物资的管理；其缺点是核算工作量较大，且期末对存货进行实地盘点时，有时会出现账实不符。在实务中，除特殊情况外，企业均应采用永续盘存制。

2）实地盘存制。实地盘存制又称为定期盘存制，就是平时根据会计凭证，只登记存货的收入数，不登记发出数，月末对存货进行实地盘点，将盘存的实存数作为账面结存数，然后倒挤出本期发生数。此种方法下，本期发出数的计算公式为

$$本期发出数 = 期初结存数 + 本期收入数 - 期末实地盘存数$$

实地盘存制的优点是核算工作比较简单，且期末存货不会出现账实不符；其缺点是核算手续不够严密，账簿不能随时反映各类存货的增减和结余情况，不利于加强对存货的管理。如无特殊情况，一般不予采用。

2. 发出存货的计价方法

发出存货的计价方法就是对发出存货和结存存货单价的确定方法。从逻辑上来讲，存货成本的流转应当与其实物流转相一致，以便准确反映发出存货和结存存货的真实成本。但在实际工作中，经常很难辨认出哪一种存货相对应的实际成本是多少，对于数量大、价值低的存货更是如此。因此，就需要对存货成本的流转做一些假设，并在这些假设的基础上来确认本期发出和期末结存存货的实际成本。

企业应当根据各类存货的实物流转方式、企业管理的目的等实际情况，合理地选择发出存货成本的计价方法。存货新准则规定对发出和结存存货的计价方法主要有如下几种。

（1）个别计价法

个别计价法又称个别认定法、具体辨认法、分批实际法，就是指按照各种存货逐一辨认其发出存货和期末结存存货所属的购进批别或生产批别，分别按其购入或生产时所确定的单位成本作为计算各批发出存货和期末结存存货成本的方法。

【例 4-1】 天河公司 20×4 年 3 月有关 A 存货的资料如表 4-1 所示。

表 4-1 天河公司有关 A 存货的资料

日期	摘要	数量（t）	单价（元）	金额（元）
3月1日	期初余额	5	60	300
3月8日	购入	20	50	1 000
3月12日	发出	10	—	—
3月20日	购入	10	40	400
3月25日	发出	10	—	—

假设经具体确认，3 月 12 日发出的 10t 存货中，有 2t 是期初存货，8t 是 3 月 8 日购入的存货；3 月 25 日发出的 10t 存货中，有 5t 是 3 月 8 日购入的存货，5t 是 3 月 20 日购入的存货。依照个别计价法确定的天河公司 3 月份 A 存货的发出和结存的存货成本如表 4-2 所示。

表 4-2 存货明细账（一）

数量单位：t
金额单位：元

存货类别：
存货编号：   最高存量：
存货名称及规格：A   最低存量：

20×4年		凭证编号	摘要	购入			发出			结存		
月	日			数量	单价	金额	数量	单价	金额	数量	单价	金额
3	1		期初							5	60	300
	8		购入	20	50	1 000				5 20	60 50	300 1 000
	12		发出				2 8	60 50	120 400	3 12	60 50	180 600
	20		购入	10	40	400				3 12 10	60 50 40	180 600 400
	25		发出				5 5	50 40	250 200	3 7 5	60 50 40	180 350 200
	31		本月发生额及月末余额	30		1 400	20		970	3 7 5	60 50 40	180 350 200

个别计价法是唯一一种实物流转和成本流转相一致的计价方法。采用这种方法所确定的发出和结存存货的成本最为真实、准确，而且可以随时结转成本。但是由于使用该方法的前提条件是对企业具体的发出和结存存货的批次进行认定，以辨别其所属的收入批次，因此实务操作的工作量繁重。

个别计价法适用于数量不多、易识别、单价成本较高的存货，如房屋、飞机、船舶等。对于不能替代使用的存货、为特定项目专门购入或制造的存货以及提供的劳务，通常采用个别计价法确定发出存货的成本。

（2）先进先出法

先进先出法是以先购入的存货应先发出这样一种存货实物流转假设为前提，对发出存货进行计价的一种方法。采用这种计价方法，先购入的存货成本在后购入的存货成本之前转出，据以确定发出存货和期末结存的成本。

【例4-2】接【例4-1】的有关资料,按照先进先出法确定的天河公司3月份A存货的发出和结存存货的成本如表4-3所示。

表4-3 存货明细账(二)

数量单位:t
金额单位:元
最高存量:
最低存量:

存货类别:
存货编号:
存货名称及规格:A

20×4年		凭证编号	摘要	购入			发出			结存		
月	日			数量	单价	金额	数量	单价	金额	数量	单价	金额
3	1		期初							5	60	300
	8		购入	20	50	1 000				5	60	300
										20	50	1 000
	12		发出				5	60	300			
							5	50	250	15	50	750
	20		购入	10	40	400				15	50	750
										10	40	400
	25		发出				10	50	500	5	50	250
										10	40	400
	31		本月发生额及月末余额	30		1 400	20		1 050	5	50	250
										10	40	400

采用先进先出法的优点是能够随时结转成本,期末存货成本比较接近现行市场价值,企业不易调整利润。缺点是存货收发业务频繁,计价工作量较大。另外,当物价上涨时,会高估企业当期利润和库存存货价值;当物价下跌时,会低估企业存货价值和当期利润。

(3) 月末一次加权平均法

月末一次加权平均法,是指以当月全部进货数量加上月初存货数量作为权数,去除当月全部进货成本加上月初存货成本,计算出存货的加权平均单位成本,以此为基数计算当月发出存货的成本和期末存货的成本的一种方法。

$$存货单位成本 = \frac{月初库存存货的库存成本 + \sum 本月某批进货的实际单位成本 \times 本月某批进货的数量}{月初库存存货数量 + 本月各批进货数量之和}$$

$$本月发出存货的成本 = 本月发出存货的数量 \times 存货单位成本$$

$$本月月末库存存货成本 = 月末库存存货的数量 \times 存货单位成本$$

【例4-3】接【例4-1】的有关资料,按照月末一次加权平均法确定的天河公司3月份A存货的发出和结存存货的成本如表4-4所示。

表4-4 存货明细账(三)

数量单位:t
金额单位:元
最高存量:
最低存量:

存货类别:
存货编号:
存货名称及规格:A

20×4年		凭证编号	摘要	购入			发出			结存		
月	日			数量	单价	金额	数量	单价	金额	数量	单价	金额
3	1		期初							5	60	300

(续)

20×4年		凭证编号	摘要	购入			发出			结存		
月	日			数量	单价	金额	数量	单价	金额	数量	单价	金额
	8		购入	20	50	1 000				25		
	12		发出				10			15		
	20		购入	10	40	400				25		
	25		发出				10			15		
	31		本月发生额及月末余额	30		1 400	20	48.57	971.4	15	48.57	728.55

A 存货的加权平均单价 =（300+1 000+400）÷（5+20+10）≈ 48.57（元/t）

本月发出存货成本 = 48.57×20 = 971.4（元）

月末结存存货成本 = 48.57×15 = 728.55（元）

如果计算出的加权平均单价不是整数，就要将小数点后数字四舍五入，为了保证账面数字之间的平衡关系，可以采用倒挤成本法计算发出存货的成本，即

期末结存存货成本 = 加权平均单价 × 期末结存存货数量

本期发出存货成本 = 期初结存存货成本 + 本期收入存货成本 − 期末结存存货成本

如本例中，期末结存存货成本 = 48.57×15 = 728.55（元）

本期发出存货成本 = 300 + 1 000 + 400 − 728.55 = 971.45（元）

采用月末一次加权平均法只在月末一次计算加权平均单价，工作量不大，计算方法简单；受市场价格上涨或下跌影响不大。但这种方法只有在期末才能计算出加权平均单价，确定发出和结存存货的成本，而平时无法从账上提供发出和结存存货的单价和金额，不利于对存货加强日常管理。因此，这种方法只适用于存货品种较少，前后收入存货单位成本相差较大的企业采用。

（4）移动加权平均法

移动加权平均法是指以每次进货的成本加上原有库存存货的成本，除以每次进货数量加上原有库存存货的数量，据以计算加权平均单位成本，作为在下次进货前计算各次发出存货成本的依据。计算公式如下：

$$存货单位成本 = \frac{原有库存存货的库存成本 + 本次进货的实际成本}{原有库存存货数量 + 本次进货数量}$$

本次发出存货的成本 = 本次发出存货的数量 × 本次发货前的存货单位成本

本月月末库存存货成本 = 月末库存存货的数量 × 本月月末存货单位成本

【例 4-4】接【例 4-1】的有关资料，按照移动加权平均法确定的天河公司 3 月份 A 存货的发出和结存存货的成本如表 4-5 所示。

第一批购入存货后的加权平均单价 =（300+1 000）÷（5+20）= 52（元/t）

第一批发出存货的成本 = 10×52 = 520（元）

第二批购入存货后的加权平均单价 =（780+400）÷（15+10）= 47.2（元/t）

第二批发出存货的成本 = 10×47.2 = 472（元）

月末库存存货成本 = 15×47.2 = 708（元）

表 4-5 存货明细账（四）

数量单位：t
金额单位：元

存货类别：
存货编号：最高存量：
存货名称及规格：A 最低存量：

20×4年		凭证编号	摘要	购入			发出			结存		
月	日			数量	单价	金额	数量	单价	金额	数量	单价	金额
3	1		期初							5	60	300
	8		购入	20	50	1 000				25	52	1 300
	12		发出				10	52	520	15	52	780
	20		购入	10	40	400				25	47.2	1 180
	25		发出				10	47.2	472	15	47.2	708
	31		本月发生额及月末余额	30		1 400	20		992	15	47.2	708

移动加权平均法的优点在于：存货发出时可以随时结转成本，便于加强对存货的日常管理；大量核算工作分散在平时进行，减轻了月末的工作量。但是，由于每次购入存货都要重新计算一次加权平均单价，计算工作量较大。因此，这种方法适用于购货次数不多的企业。

3. 存货计价方法的比较与选择

（1）存货计价方法的比较

不同的存货计价方法，对资产负债表上的期末存货资产价值和利润表上的本期净利润都会产生不同的影响。主要表现在以下两个方面。

1）对资产负债表的影响。存货计价对于资产负债表有关项目数额的计算有着直接的影响，它既会影响到有关资产的期末价值，也会影响到期末所有者权益的价值，这是因为毛利与所有者权益相关，所以资产负债表中所有者权益受到影响的金额与期末有关资产受到影响的金额相等。

在个别计价法下，存货成本的流转顺序和实物流转顺序完全一致。因此，在资产负债表上反映的存货价值就是其真实、准确的实际结存成本，即使物价变动，存货价值也不会失真。在先进先出法下，存货成本的流转顺序与实物流转顺序基本一致，资产负债表上列示的是近期购入的存货的成本，与现时成本较为接近，存货价值比较真实。但是在物价变动的情况下，存货价值会出现一定程度上的失真。在月末一次加权平均法和移动加权平均法下，由于计算的加权平均单价是一个时期内的平均单价，所以资产负债表上反映的存货价值也是一个平均值，与实际成本也会有一定的差异。

2）对本期损益的影响。不同的成本计价方法，对结转当期销售成本的数额会有所不同，从而影响企业当期利润数额的确定，进而影响到所得税的计算。

在个别计价法下，由于存货成本流转与实物流转一致，因此，利润表上反映的销售成本就是真实、准确地实际购进成本，即使物价发生变动，利润也不会失真。在先进先出法下，本期销售的存货成本按较早的购入价格计算，因此在物价不断上涨的情况下，会虚增利润，造成企业成本补偿不完全。在月末一次加权平均法和移动加权平均法下，利润表上反映的存货销售成本是一个平均值，与实际成本有一定的差异，因此利润也就会出现一定的差异。

【例 4-5】 接【例 4-1】的有关资料，假设天河公司 3 月份的销售收入为 1 500 元，没有发生其他费用，则当月的净利润即为销售收入与销售成本的差额，若企业的所得税税率为

25%。采用以上不同的存货计价方法对企业销售成本、存货成本以及净利润和所得税费用的影响如表 4-6 所示。

表 4-6　不同存货计价方法对比表　　　　　　　　　　　　　　　单位：元

存货的计价方法	销售收入	销售成本	利润	所得税费用	存货成本
个别计价法	1 500	970	530	132.5	730
先进先出法	1 500	1 050	450	112.5	650
月末一次加权平均法	1 500	971.4	529.6	132.4	728.55
移动加权平均法	1 500	992	508	127	708

（2）发出存货计价方法的选择

存货计价方法的不同是由于存货成本流转与实物流转不一致和同质的存货实际取得的成本不同而产生的。存货流转包括实物流转和成本流转两方面。在通常情况下，外购存货或自制存货与出售商品的成本流转是不一致的，因此产生了存货成本在库存与销售之间的分配问题。为了恰当反映存货流转，在确定存货计价方法时，要坚持以下标准：

以历史成本为基础，坚持客观性原则，如实反映销售成本与期末存货价值；

坚持谨慎性原则，保证企业所有者和潜在投资者进行决策时，尽可能规避风险，使风险收益最大化。

同时，存货计价方法的选择还受客观经济环境的影响，在选择存货计价方法时必须综合考虑，统筹安排，科学决策。

（二）确定发出周转材料的成本

周转材料，是指企业能够多次使用、逐渐转移其价值但仍保持原有形态，不确认为固定资产的材料，如包装物和低值易耗品。企业的周转材料可以长期周转使用，但是在其使用过程中由于磨损，价值会逐渐丧失。因此，需要采用一定的方法计算其磨损的价值，计入相关资产的成本或当期损益。常用的计算摊销额的方法有以下两种。

1. 一次转销法

一次转销法，是指低值易耗品或包装物在领用时就将其全部账面价值计入相关资产成本或当期损益的方法。一次转销法通常适用于价值较低或极易损坏的管理用具和小型工具、卡具以及在单件小批生产方式下为制造某批订货所用的专用工具等低值易耗品以及生产领用的包装物和随同商品出售的包装物；数量不多、金额较小，且业务不频繁的出租或出借包装物，也可以采用一次转销法结转包装物的成本，但在以后收回使用过的出租和出借包装物时，应加强实物管理，并在备查簿上进行登记。

低值易耗品报废时回收的残料、出租或出借的包装物不能使用作报废处理所取得的残料，应作为当月低值易耗品或包装物摊销额的减少，冲减有关资产成本或当期损益。

2. 五五摊销法

五五摊销法，是指低值易耗品在领用时或出租、出借包装物时先摊销其成本的一半，在报废时再摊销其成本的另一半。即低值易耗品或包装物分两次各按 50% 进行摊销。它适用于领用频繁或出租、出借业务频繁，且各期领用与报废数额比较均衡的低值易耗品或包装物。

需要注意的是，如果对相关包装物或低值易耗品计提了存货跌价准备，还应结转已计提的存货跌价准备，冲减相关资产的成本或当期损益。生产领用的包装物，应将其成本计入当期制造费用；随同商品出售但不单独计价的包装物，应将其成本计入当期销售费用；随同商品出售并单独计价的包装物，应将其成本计入当期其他业务成本。

三、期末存货的计量

（一）存货期末计量的原则

企业在编制资产负债表时，要确定期末存货的价值。企业期末存货的价值通常以历史成本来确定。但是，在市场经济条件下，受市场价格变动等因素的影响，已入账的存货可能会由于存货市价的下跌以及存货折旧、过时、毁损等原因，导致存货价值减少，采用历史成本不能真实地反映存货的实际价值。因此，基于谨慎性原则，对于期末存货应当按照成本与可变现净值孰低来进行计量。

当存货成本低于可变现净值时，存货按成本计量；当存货成本高于可变现净值时，存货按可变现净值计量，同时按照成本高于可变现净值的差额计提存货跌价准备，计入当期损益。当存货的可变现净值下跌至成本以下时，表明该存货给企业带来的未来经济利益低于其账面成本，因而应将这部分损失从资产价值中扣除，计入当期损益。否则，存货的可变现净值低于成本时，如果仍然以其成本计量，就会出现虚计资产的现象。

（二）存货的可变现净值

可变现净值，是指在日常活动中，存货的估计售价减去至完工时估计将要发生的成本、估计的销售费用以及相关税费后的金额。存货的可变现净值由存货的估计售价、至完工时将要发生的成本、估计的销售费用和相关税费等内容构成。

1. 不同存货可变现净值的构成不同

1）产成品、商品和用于出售的材料等直接用于出售的商品存货，在正常生产经营过程中，应当以该存货的估计售价减去估计的销售费用和相关税费后的金额，确定其可变现净值。

2）需要经过加工的材料存货，在正常生产经营过程中，应当以所生产的产成品的估计售价减去至完工时估计将要发生的成本、估计的销售费用和相关税费后的金额，确定其可变现净值。

2. 确定存货的可变现净值时应考虑的因素

企业在确定存货的可变现净值时，应当以取得的确凿证据为基础，并且考虑持有存货的目的、资产负债表日后事项的影响等因素。

1）确定存货的可变现净值应当以取得确凿证据为基础。确定存货的可变现净值里所讲的"确凿证据"是指对确定存货的可变现净值和成本有直接影响的客观证明：①存货成本的确凿证据。存货的采购成本、加工成本和其他成本及以其他方式取得的存货的成本，应当以取得外来原始凭证、生产成本账簿记录等作为确凿证据。②存货可变现净值的确凿证据。存货可变现净值的确凿证据，是指对确定存货的可变现净值有直接影响的确凿证明，如产成品或商品的市场销售价格、与产成品或商品相同或类似商品的市场销售价格、销货方提供的有关资料和生产成本资料等。

2）确定存货的可变现净值应当考虑持有存货的目的。由于企业持有存货的目的不同，确定存货可变现净值的计算方法也不同。如用于出售的存货和用于继续加工的存货，其可变现净值的计算就不相同；因此，企业在确定存货的可变现净值时，应考虑持有存货的目的。

3）确定存货的可变现净值应当考虑资产负债表日后事项等的影响。资产负债表日后事项应当能够确定资产负债表日存货的存在状况。即在确定资产负债表日存货的可变现净值时，不仅要考虑资产负债表日与该存货相关的价格与成本波动，而且还应考虑未来的相关事项。也就是说，不仅限于财务报告批准报出日之前发生的相关价格与成本波动，还应考虑以后期间发生的相关事项。

（三）期末存货的处理

1. 存货估计售价的确定

对于企业持有的各类存货，在确定其可变现净值时，最关键的问题是确定估计售价。企业应当区别以下情况确定存货的估计售价。

1）为执行销售合同或者劳务合同而持有的存货，通常应当以产成品或商品的合同价格作为其可变现净值的计算基础。如果企业与购买方签订了销售合同（或劳务合同，下同），并且销售合同订购的数量等于企业持有存货的数量，在这种情况下，在确定与该项销售合同直接相关存货的可变现净值时，应当以销售合同价格作为其可变现净值的计算基础。也就是说，如果企业就其产成品或商品签订了销售合同，则该批产成品或商品的可变现净值应当以合同价格作为计算基础；如果企业销售合同所规定的标的物还没有生产出来，但持有专门用于该标的物生产的原材料，其可变现净值也应当以合同价格作为计算基础。

【例4-6】20×4年12月1日，天河公司与玉林公司签订了一份不可撤销的销售合同，双方约定，20×5年5月25日，天河公司应按每台62万元的价格向玉林公司提供W1型机器100台。20×4年12月31日，天河公司W1型机器的成本为5 600万元，数量为100台，单位成本为56万元/台。20×4年12月31日，W1型机器的市场一般销售价格为60万元/台。假定不考虑相关税费和销售费用。要求：根据上述资料确定天河公司W1型机器可变现净值的计算基础。

根据天河公司与玉林公司签订的销售合同，该批W1型机器的销售价格已由销售合同约定，并且其库存数量等于销售合同约定的数量。因此，计算W1型机器的可变现净值应以销售合同约定的价格6 200（62×100）万元作为计算基础。

2）如果企业持有存货的数量多于销售合同订购数量，超出部分的存货可变现净值应当以产成品或商品的一般销售价格（即市场销售价格）作为计算基础。

【例4-7】接【例4-6】，假定天河公司库存W1型机器的数量为140台，并且根据天河公司销售部门提供的资料，向玉林公司销售的W1型机器的平均运杂费等销售费用为0.12万元/台；向其他客户销售W1型机器的平均运杂费等销售费用为0.1万元/台。其他资料不变。要求：确定天河公司W1型机器可变现净值的计算基础。

根据天河公司与玉林公司签订的销售合同，该批W1型机器的销售价格已由销售合同约定，只是其库存数量大于销售合同约定的数量。因此，对于销售合同约定数量100台的W1型机器的可变现净值，应以销售合同约定的价格6 188 [=（62-0.12）×100]万元作为计算基础；而对于销售合同超出部分40台的W1型机器的可变现净值，应以一般销售价格2 396 [=（60-0.1）×4]万元作为计算基础。

3）如果企业持有存货的数量少于销售合同订购数量，实际持有与该销售合同相关的存货应以销售合同所规定的价格作为可变现净值的计算基础。如果该合同为亏损合同,还应同时按照《企业会计准则第13号——或有事项》的规定处理。

4)没有销售合同约定的存货(不包括用于出售的材料),其可变现净值应当以产成品或商品一般销售价格作为计算基础。

5)用于出售的材料等,通常以市场价格作为其可变现净值的计算基础。这里的市场价格是指材料等的市场销售价格。如果用于出售的材料存在销售合同约定,应按合同价格作为其可变现净值的计算基础。

【例4-8】20×4年,天河公司根据市场需求的变化,决定停止生产W1型机器。为减少不必要的损失,天河公司决定将原材料中专门用于生产W1型机器的外购原材料Y材料全部出售。20×4年3月31日Y材料的账面成本为100万元,数量为100t。根据市场调查,Y材料的市场销售价格为8 000元/t,假定预计发生的相关税费和销售费用合计为1万元。要求:根据上述资料确定天河公司Y材料可变现净值的计算基础。

在这种情况下,由于天河公司已决定不再生产W1型设备。因此,该批Y材料的可变现净值不能再以W1型设备的销售价格作为其计算基础,而应按其本身的市场销售价格作为计算基础。即:该批Y材料的可变现净值为790 000 [=(8 000×100-10 000)]元。

2. 材料存货的期末计量

对于材料存货应当区分以下两种情况确定其期末价值。

1)对于为生产而持有的材料等,如果用其生产的产成品的可变现净值预计高于成本,则该材料仍然应当按照成本计量。这里的"材料"指原材料、在产品、委托加工材料等。"可变现净值高于成本"中的成本是指产成品的生产成本。

【例4-9】20×4年12月31日,天河公司库存材料——C材料的账面成本为600万元,单位成本为6万元/件,数量为100件,可用于生产100台W6型机器。C材料的市场销售价格为5万元/件。20×5年,C材料市场销售价格下跌,用C材料生产的W6型机器的市场销售价格仍为15万元/台,生产成本为14万元/台。将每件C材料加工成W6型机器尚需投入8万元,估计发生运杂费等销售费用0.5万元/台。要求:根据上述资料,可按照以下步骤确定销售价格下跌后C材料的价值。

首先,计算用该原材料所生产的产成品的可变现净值:

$$W6型机器的可变现净值 = W6型机器售价 - 销售费用 - 相关税费$$
$$= 15 \times 100 - 0.5 \times 100 = 1\,450(万元)$$

其次,将用该原材料所生产的产成品的可变现净值与其成本进行比较:W6型机器的可变现净值1 450万元大于其成本1 400(=14×100)万元,即C材料价格的下降并未使得W6型机器的可变现净值低于成本,因此,C材料应当按成本计量。

最后,确定C材料的价值为其成本600万元。

注意:比较产品的可变现净值与产品成本,若产品的可变现净值比产品成本高,那么为生产此项产品而持有的原材料按成本计量,不计提存货跌价准备,此时可能会出现生产而持有的材料的价格在下跌,但产品的价格并没有下跌,即材料价格下跌与产品价格下跌没有必然的关系。

2）如果材料价格的下降表明产成品的可变现净值低于成本，则该材料应当按可变现净值计量。

【例4-10】20×4年12月31日，天河公司库存材料——C材料的账面成本为600万元，单位成本为6万元/件，数量为100件，可用于生产100台W6型机器。C材料的市场销售价格为5万元/件。20×5年，C材料市场销售价格下跌，导致用C材料生产的W6型机器的市场销售价格也下跌，由此造成W6型机器的市场销售价格由15万元/台降为13.5万元/台，但生产成本仍为14万元/台。将每件C材料加工成W6型机器尚需投入8万元，估计发生运杂费等销售费用0.5万元/台。要求：根据上述资料，可按照以下步骤确定销售价格下跌后C材料的可变现净值。

首先，计算用该原材料所生产的产成品的可变现净值：

$$W6型机器的可变现净值 = W6型机器售价 - 销售费用 - 相关税费$$
$$= 13.5 \times 100 - 0.5 \times 100$$
$$= 1\ 300（万元）$$

其次，将用该原材料所生产的产成品的可变现净值与其成本进行比较：W6型机器的可变现净值1 300万元小于其成本1 400（=14×100）万元，即C材料价格的下降表明W6型机器的可变现净值低于成本，因此，C材料应当按可变现净值计量。

最后，计算该原材料的可变现净值：

$$C材料的可变现净值 = C型机器的售价总额 - 将材料加工成W6型机器尚需投入的成本$$
$$- 销售费用 - 相关税费 = 13.5 \times 100 - 8 \times 100 - 0.5 \times 100 = 500（万元）$$

C材料的可变现净值500万元小于其成本600万元，因此，C材料的期末价值应为其可变现净值500万元，即C材料应按500万元列示在20×5年12月31日资产负债表的存货项目之中。

3. 存货跌价准备的核算

（1）存在存货跌价准备的情形

企业应当在期末对存货进行全面清查，如有存货毁损、陈旧过时或销售价格低于成本等原因，使存货成本高于可变现净值的，应按可变现净值低于存货成本部分，计提存货跌价准备。

存货存在下列情形之一的，通常表明存货的可变现净值低于成本。①该存货的市场价格持续下跌，并且在可预见的未来无回升的希望；②企业使用该项原材料生产的产品的成本大于产品的销售价格；③企业因产品更新换代，原有库存原材料已不适应新产品的需要，而该原材料的市场价格又低于其账面成本；④因企业所提供的商品或劳务过时或消费者偏好改变而使市场的需求发生变化，导致相关存货的市场价格逐渐下跌；⑤其他足以证明该项存货实质上已经发生减值的情形。

存货存在下列情形之一的，通常表明存货的可变现净值为零。①已霉烂变质的存货；②已过期且无转让价值的存货；③生产中已不再需要，并且已无使用价值和转让价值的存货；④其他足以证明已无使用价值和转让价值的存货。

（2）存货跌价准备的计提方法

1）企业通常应当按照单个存货项目计提存货跌价准备。企业在计提存货跌价准备时通常应当以单个存货项目为基础。在企业采用计算机信息系统进行会计处理的情况下，完全有可能做到按单个存货项目计提存货跌价准备。在这种方式下，企业应当将每个存货项目的成本与其可变现净值逐一进行比较,按较低者计量存货,并且按成本高于可变现净值的差额,计提存货跌价准备。这就要求企业应当根据管理要求和存货的特点,明确规定存货项目的确定标准。比如,将某一型号和规格的材料作为一个存货项目、将某一品牌和规格的商品作为一个存货项目等。

2)对于数量繁多、单价较低的存货,可以按照存货类别计提存货跌价准备。如果某一类存货的数量繁多并且单价较低,企业可以按存货类别计量成本与可变现净值,即按存货类别的成本的总额与可变现净值的总额进行比较,每个存货类别均取较低者确定存货期末价值。

3)与在同一地区生产和销售的产品系列相关、具有相同或类似最终用途或目的,且难以与其他项目分开计量的存货,可以合并计提存货跌价准备。存货具有相同或类似最终用途或目的,并在同一地区生产和销售,意味着存货所处的经济环境、法律环境、市场环境等相同,面临基本相同的风险,创造收益的能力基本相同。因此,在这种情况下,可以对该存货进行合并计提存货跌价准备。

需要注意的是,资产负债表日,同一项存货中一部分有合同价格约定,其他部分不存在合同价格的,应当分别确定其可变现净值,并与其相对应的成本进行比较,分别确定存货跌价准备的计提或转回的金额,由此计提的存货跌价准备不得相互抵销。

(3)存货跌价准备的转回

1)资产负债表日,企业应当确定存货的可变现净值。企业确定存货的可变现净值应当以资产负债表日的状况为基础确定,既不能提前确定存货的可变现净值,也不能延后确定存货的可变现净值,并且在每一个资产负债表日都应重新确定存货的可变现净值。

2)如果以前减记存货价值的影响因素已经消失,则减记的金额应当予以恢复,并在原已计提的存货跌价准备的金额内转回,转回的金额计入当期损益。企业的存货在符合条件的情况下,可以转回计提的存货跌价准备。存货跌价准备转回的条件是以前减记存货价值的影响因素已经消失,而不是在当期造成存货可变现净值高于成本的其他影响因素。

当符合存货跌价准备转回的条件时,应在原已计提的存货跌价准备的金额内转回。即在对该项存货、该类存货或该合并存货已计提的存货跌价准备的金额内转回。转回的存货跌价准备与计提该准备的存货项目或类别应当存在直接对应关系,但转回的金额以将存货跌价准备余额冲减至零为限。

(4)存货跌价准备相关科目的设置

"存货跌价准备"科目是存货的备抵科目,其借方登记企业转回和结转的存货跌价准备的数额,贷方登记企业计提的存货跌价准备的数额,期末贷方余额反映企业已计提但尚未转销的存货跌价准备的数额。"资产减值损失——计提的存货跌价准备"科目属于损益类科目,其借方登记企业发生的存货跌价损失的数额,贷方登记企业转回的存货跌价损失的数额。期末,应将本科目余额转入"本年利润"科目,结转后本科目无余额。

企业计提存货跌价准备时,应按存货可变现净值低于其成本的差额,借记"资产减值损失——计提的存货跌价准备"科目,贷记"存货跌价准备"科目。以后每一会计期末,比较成本和可变现净值,计算出应计提的存货跌价准备数额(应计提数),然后将应计提数与"存货跌价准备"科目的余额(已计提数)进行比较。若应计提数大于已计提数,则应予以补提;反之,若应计提数小于已计提数,则应冲销多提数。补提时,借记"资产减值损失——计提的存货跌价准备"科目,贷记"存货跌价准备"科目;冲销时做相反的会计分录。如果以前减记存货价值的影响因素已经消失,使得已计提跌价准备的存货价值以后又得以恢复,应在原已计提的存货跌价准备金额内,按恢复增加的数额,借记"存货跌价准备"科目,贷记

"资产减值损失——计提的存货跌价准备"科目。

【例4-11】20×2年12月31日,天河公司W7型机器的账面成本为500万元,但由于W7型机器的市场价格下跌,预计可变现净值为400万元,由此计提存货跌价准备100万元。

借:资产减值损失——计提的存货跌价准备　　　　1 000 000
　　贷:存货跌价准备　　　　　　　　　　　　　　　　　　1 000 000

假定20×4年1月31日,W7型机器的账面成本仍为500万元,但由于W7型机器市场价格有所上升,使得W7型机器的预计可变现净值变为475万元。

20×4年1月31日,由于W7型机器市场价格上升,W7型机器的可变现净值有所恢复,应计提的存货跌价准备为25(=500-475)万元,则当期应冲减已计提的存货跌价准备75(=100-25)万元。

借:存货跌价准备　　　　　　　　　　　　　　　750 000
　　贷:资产减值损失——计提的存货跌价准备　　　　　　　750 000

假定20×4年3月31日,W7型机器的账面成本仍为500万元,由于W7型机器的市场价格进一步上升,预计W7型机器的可变现净值为555万元。

20×4年3月31日,W7型机器的可变现净值又有所恢复,应冲减存货跌价准备55(=500-555)万元,但是对W7型机器而言,已计提的存货跌价准备的余额为25万元,因此,当期应转回的存货跌价准备为25万元而不是55万元(即以将对W7型机器已计提的"存货跌价准备"余额冲减至零为限)。

借:存货跌价准备　　　　　　　　　　　　　　　250 000
　　贷:资产减值损失——计提的存货跌价准备　　　　　　　250 000

第三节　原材料

一、原材料的概念

原材料是指企业库存的各种材料,包括原材料和主要材料、辅助材料、外购半成品(外购件)、修理用备件(备品备件)、包装材料、燃料等。但不包括企业购入的低值易耗品、包装物等周转材料,以及对外进行来料加工装配业务而收到的原料、零件等。

实务中,企业可以根据自身生产经营特点及管理要求,对原材料采用不同的方法进行核算。根据"原材料"科目记录的价格不同,原材料的核算方法可以分为两种:一是按实际成本记录;二是按计划成本记录。"原材料"科目按实际成本记录时,原材料的收入、发出及结存都按其实际成本计价。"原材料"科目按计划成本记录时,原材料的收入、发出及结存都按其计划成本计价。

二、原材料的核算

(一)按实际成本计价的核算

1. 科目的设置

原材料按实际成本计价进行核算时,要设置以下科目。

(1)"原材料"科目。为了反映和监督原材料的收入、发出和结存情况,企业应设置"原材料"科目。该科目属于资产类科目，借方登记入库原材料的实际成本，贷方登记出库原材料的实际成本，期末借方余额，反映企业库存原材料的实际成本。同时，该科目还应按照材料的保管地点、材料类别、品种及规格等进行明细核算。

（2）"在途物资"科目。为了反映和监督企业采购物资的结算和入库情况，企业应设置"在途物资"科目。该科目属于资产类科目，借方登记采购物资的实际成本，贷方登记入库物资的实际成本，期末借方余额，反映企业尚未验收入库的在途物资的实际采购成本。同时，该科目还应按照供应单位和物资品种等进行明细核算。

2. 账务处理

（1）收入原材料的账务处理。企业收入原材料的来源不同，核算方法也不同。

1）外购的原材料。原材料入库时间和货款支付时间不一定完全同步，账务处理也各不相同，具体情况有以下几种。

第一，单到料也到。这种情况指发票账单等结算凭证和原材料同时到达的采购业务。企业应当根据发票账单等结算凭证确定的材料成本，借记"在途物资"科目，按增值税专用发票上注明的增值税额，借记"应交税费——应交增值税（进项税额）"科目，按实际支付的价款，贷记"银行存款""其他货币资金"或"应付票据"等科目；若尚未支付货款，则贷记"应付账款"科目。再根据收料单等凭证，借记"原材料"科目，贷记"在途物资"科目。

第二，单到料未到。这种情况指已支付货款或已开出商业承兑汇票，但材料尚未验收入库的采购业务。企业应根据发票账单等结算凭证确定的材料成本，借记"在途物资"科目，按增值税专用发票上注明的增值税额，借记"应交税费——应交增值税（进项税额）"科目，贷记"银行存款"或"应付票据"等科目；待材料到达、验收入库后，再根据收料单，借记"原材料"科目，贷记"在途物资"科目。

第三，料到单未到。这种情况指购入的材料已到达并验收入库，但发票账单等结算凭证未到，货款也未支付的采购业务。在月末，可以按照材料的合同价格或计划成本，暂估入账，借记"原材料"科目，贷记"应付账款——暂估应付账款"科目；下月初，用红字编制相同的记账凭证，予以冲回。待发票账单等结算凭证到达后，再按单到料也到的情况处理。

第四，采用预付货款的方式采购材料。企业应在预付货款时，借记"预付账款"科目，贷记"银行存款"科目；在收到发票账单等结算凭证时，按应计入材料采购成本的金额，借记"在途物资"科目，按增值税专用发票上注明的增值税额，借记"应交税费——应交增值税（进项税额）"科目，贷记"预付账款"科目；再根据收料单等凭证，借记"原材料"科目，贷记"在途物资"科目。预付货款不足予以补付时，按补付的金额借记"预付账款"科目，贷记"银行存款"科目；退回多付的货款时，借记"银行存款"科目，贷记"预付账款"科目。

2）自制的原材料。在自制材料完工并验收入库时，应按其实际成本，借记"原材料"科目，贷记"生产成本"科目。

3）委托加工的原材料。委托外单位加工完成并验收入库的原材料，按实际成本借记"原材料"科目，贷记"委托加工物资"科目。

4）投资者投入的原材料。投资者投入的原材料应当按照投资合同或协议约定的价值，借记"原材料"科目，按增值税专用发票上注明的增值税额，借记"应交税费——应交增值税（进项税额）"科目，按其在注册资本或股本中所占的份额，贷记"实收资本"或"股本"科目，按其差额，贷记"资本公积"科目。在按照投资合同或协议约定的价值不公允的情况下，应当按照该项原材料的公允价值进行计量核算。

5）盘盈的原材料。存货发生的盘盈，应作为待处理财产损溢进行核算。按其重置成本，借记"原材料"科目，贷记"待处理财产损溢——待处理流动资产损溢"科目。

需要说明的是，对于企业通过非货币性资产交换、债务重组、企业合并等方式取得的原材料，应当按照相关准则的规定进行处理，详见本书相关章节。

（2）发出原材料的账务处理。企业平时一般只登记材料明细分类账，反映各种材料的收发存情况，月末根据发料凭证，按领用部门和用途，汇总编制"发料凭证汇总表"，据以编制记账凭证，一次登记总分类账。

1）对于生产经营和管理需要领用的原材料，以及委托加工发出的原材料，应根据"发出凭证汇总表"，借记"生产成本""管理费用""委托加工物资"等有关科目，贷记"原材料"科目。

2）对于在建工程、福利部门等领用的原材料，应按实际成本和不予抵扣的增值税额等，借记"在建工程""应付职工薪酬"等科目，按实际成本贷记"原材料"科目，按不予抵扣的增值税额，贷记"应交税费——应交增值税（进项税额转出）"等科目。

3）对于企业出售的原材料，应按出售原材料的实际成本，借记"其他业务成本"科目，贷记"原材料"科目。

4）对于盘亏的原材料，批准处理前，借记"待处理财产损溢——待处理流动资产损溢"科目，贷记"原材料"科目。批准处理后，应做如下账务处理：对于入库的残料价值，记入"原材料"等科目；对于应由保险公司和过失人支付的赔款，记入"其他应收款"科目，属于一般经营损失的记入"管理费用"科目，属于非常损失的记入"营业外支出——非常损失"科目。

（二）按计划成本计价的核算

1. 科目的设置

原材料按计划成本计价进行核算时，要设置以下科目。

（1）"原材料"科目。"原材料"科目借方登记入库原材料的计划成本，贷方登记出库原材料的计划成本，期末借方余额，反映企业库存原材料的计划成本。

（2）"材料采购"科目。为了反映和监督企业采购材料的结算和入库情况，企业应设置"材料采购"科目。该科目属于资产类科目，借方登记采购材料的实际成本，以及结转入库材料实际成本小于计划成本的节约差异额；贷方登记入库物资的计划成本，以及结转入库材料实际成本大于计划成本的超支差异额。期末借方余额，反映企业尚未验收入库的在途材料的实际采购成本。同时，该科目还应按照供应单位和材料品种等进行明细核算。

（3）"材料成本差异"科目。"材料成本差异"科目用来核算企业采用计划成本进行日常核算的各种材料的实际成本与计划成本的差额，它是原材料等科目的备抵科目。借方登记入库材料实际成本大于计划成本的超支差异额；贷方登记入库材料实际成本小于计划成本的节约差异额，以及结转发出材料应负担的成本差异额。期末借方余额，反映库存材料实际成本大于计划成本的差异；贷方余额，反映实际成本小于计划成本的差异。

2. 账务处理

（1）收入原材料的账务处理。企业收入原材料的来源不同，核算方法也不相同。

1）外购的原材料。按计划成本计价核算外购原材料，包括两部分：一是按实际成本结算材料货款，二是按计划成本将原材料验收入库，同时结转成本差异。

购进材料结算货款时，根据收到的发票账单等结算凭证，借记"材料采购"，按增值税专用发票上注明的增值税额,借记"应交税费——应交增值税(进项税额)"科目,按实际结算的价款,贷记"银行存款""应付票据"等科目。

购进材料验收入库时,应根据已结算货款的收料单等凭证,按材料的计划成本,借记"原材料"科目,按采购材料的实际成本,贷记"材料采购"科目,按照实际成本和计划成本的差额,借记超支差额或贷记节约差额,记入"材料成本差异"科目。

对于尚未结算货款的收料凭证,如果月末发票账单等结算凭证未到达,则应按计划成本暂估入账,借记"原材料"科目,贷记"应付账款——暂估应付账款"科目;下月初,用红字作相同的记账凭证,予以冲回。待发票账单等结算凭证到达后,再按正常程序处理。

2)自制原材料、委托外单位加工等方式下收到的原材料,除在验收入库时,应按其各自的计划成本,借记"原材料"科目,同时结转成本差异,借记或贷记"材料成本差异"科目外,其他均与按实际成本计价的账务处理相同。

(2)发出原材料的账务处理

该核算处理也包括两部分:一是按计划成本发出原材料,二是结转发出材料应负担的材料成本差异。具体做法如下:

平时领用、发出原材料时,应根据按计划成本计价的领发料凭证和材料的不同用途,以计划成本借记"生产成本""管理费用""在建工程""委托加工物资"等科目,贷记"原材料"科目。

由于发出原材料是按计划成本计价的,因此需要将发出材料的计划成本调整为实际成本,即在月末时应计算发出材料应负担的材料成本差异,并分配结转该差异。分配结转时,如果为超支差,应用蓝字借记"生产成本""管理费用""在建工程""委托加工物资"等科目,贷记"材料成本差异"科目;如果为节约差,则应用红字做相同的账务处理。发出材料应负担的材料成本差异,必须按月分摊,不得在季末或年末一次计算。

有关计算公式如下:

本月材料成本差异率 =(月初结存材料的成本差异 + 本月入库材料的成本差异)÷(月初结存材料的计划成本 + 本月入库材料的计划成本)× 100%

本月发出材料应负担的成本差异 = 发出材料的计划成本 × 材料成本差异率

发出材料的实际成本 = 发出材料的计划成本 ± 发出材料应负担的成本差异

结存材料应负担的成本差异 = 结存材料的计划成本 × 材料成本差异率

结存材料的实际成本 = 结存材料的计划成本 ± 结存材料应负担的成本差异

需要说明的是:第一,本月收入材料的计划成本中不包括暂估入账材料的计划成本;其次,材料成本差异率的计算方法一经确定,不得随意变更。如果确实需要变更,应在财务报表附注中加以说明;第三,对材料成本差异应按存货类别进行明细核算,不能使用一个综合差异率来进行分摊。

【例 4-12】天河公司为一般纳税人。20×4 年 7 月 5 日,该公司从玉林公司购入丙材料 6 000 公斤,价款为 12 600 元,取得的增值税专用发票上注明的增值税额为 1 638 元,当即以银行存款付清。材料已经验收入库。计划成本为 12 900 元。天河公司应编制如下会计分录:

借:材料采购——丙材料　　　　　　　　　　　　　　　　　　12 600
　　应交税费——应交增值税(进项税额)　　　　　　　　　　　1 638
　贷:银行存款　　　　　　　　　　　　　　　　　　　　　　　14 238

借：原材料——丙材料	12 900	
贷：材料采购——丙材料		12 600
材料成本差异		300

7月6日，天河公司购入丙材料10 000公斤，发票等结算凭证已经到达，其中列明价款为21 000元，增值税额为2 730元，货款已经付清，但材料尚未运达。该批材料的计划成本为21 500元。

借：材料采购——丙材料	21 000	
应交税费——应交增值税(进项税额)	2 730	
贷：银行存款		23 730

7月10日，天河公司购入丙材料一批，材料已经运到，并验收入库，但发票等结算凭证尚未收到，货款尚未支付。该批材料的计划成本为8 600元。

暂不进行会计处理。

7月15日，天河公司在本月6日购入的丙材料已经到达并验收入库。

借：原材料——丙材料	21 500	
贷：材料采购——丙材料		21 000
材料成本差异		500

7月31日，天河公司在本月10日购入的丙材料的发票等结算凭证仍未到达，按计划成本暂估入账。

借：原材料——丙材料	8 600	
贷：应付账款——暂估应付账款		8 600

8月初用红字冲回。

7月31日，按丙材料计划成本列明"发料凭证汇总表"如下：生产车间领用丙材料5 000元，车间管理部门领用丙材料3 000元，厂部管理部门领用丙材料4 000元，销售部门领用丙材料1 800元，售出丙材料3 000元。

发出材料时：

借：生产成本	5 000	
制造费用	3 000	
管理费用	4 000	
销售费用	1 800	
其他业务成本	3 000	
贷：原材料——丙材料		16 800

分配结转材料成本差异时：

假设天河公司月初"材料成本差异"科目借方余额为3 200元，"原材料"科目借方余额为5 600元。计算7月材料成本差异率如下：

材料成本差异率 =（3 200−800）÷（5 600+34 400）= 6%

借：生产成本	300	
制造费用	180	
管理费用	240	
销售费用	108	
其他业务成本	180	
贷：材料成本差异		1 008

三、两种计价方法的比较

（一）优缺点比较

按实际成本计价，核算比较简单，成本计量相对准确。但是该方法看不出收入材料的实际成本和计划成本相比是节约还是超支了，难以从账簿上反映采购业务的经营成果，也不利于考核车间的经营成果；收发业务频繁时，工作量较大。

按计划成本计价，能看出收入材料的实际成本和计划成本相比是节约还是超支了，便于考核采购业务的经营成果，也便于考核车间的经营成果。缺点是成本计算的准确性相对差一些。

（二）适用范围比较

按成本计价的方法一般只适用于材料收发业务较少的中小型企业。而按计划成本计价的方法则适用于材料收发业务频繁的企业。两者不仅适用于原材料日常收发的核算，对于库存商品、周转材料等其他存货的核算也同样适用。

第四节 库存商品

一、库存商品的概述

库存商品是商品流通企业存货的主要内容，即商品流通企业为转卖而储备的商品。包括库存产成品、外购商品以及寄存在外的商品等。工业企业接受来料加工制造的代制品和为外单位加工修理的代修品，在制造和修理完成验收入库后，视同企业的产成品，属于库存商品。已经完成销售手续，但是购买单位在月末尚未提取的商品，不属于本企业的库存商品。工业企业的库存商品主要指产成品。商品流通企业的库存商品主要指外购或委托加工完成验收入库用于销售的各种商品。

商品购进和销售入账时间的确定，应以商品所有权的转移为标志。理论上讲，商品所有权上的主要风险和报酬已从卖方转移到买方，出售企业不再拥有对商品的继续管理权和实际控制权，则认为商品所有权发生了转移。此时，对于购进企业来讲，商品购进可以确认；对于销售企业来讲，商品销售可以确认。

商品购进和销售入账价值的确定，应以商品的购进和销售价格作为商品的入账价值。具体来讲，企业购进商品时，国内购进一般货物，应以供货单位的销售价格作为入账价值；国内购进免税农副产品时，应以收购价减去按规定允许扣除的增值税进项税额作为入账价值；进口商品应以商品的到岸价作为入账价值。需要说明的是，商品流通企业在购进商品过程中发生的进货费用，也应当计入所购商品的入账价值。企业销售商品时，如为批发商品销售，则应以批发价作为销售的入账价值；零售商品销售时，则应以零售价作为销售的入账价值；出口商品时，应以商品的离岸价作为销售的入账价值。按照配比原则的要求，销售收入实现以后，应将已售商品从商品存货转为已售商品的成本，对于已经计提了存货跌价准备的商品，还应结转已计提的存货跌价准备。

库存商品的核算方法决定了企业的库存商品明细账用什么价格来记账，以及在库存商品的明细账上是否反映商品的实物数量。工业企业的库存商品可以按实际成本，也可以按计划成本进行日常核算，具体核算方法与原材料日常收发的核算相同。商品流通企业的库存商品日常收发的核算,可采用数量金额核算法和金额核算法。数量金额核算法是同时采用实物计量和货币计量两种量度对库存商品的增减变动和结存情况进行反映和监督的核算方法,它既可以提供库存商品的数量指标,又可提供库存商品的金额指标,数量金额核算法又可分为数量进价金额核算和数量售价金额核算两种。金额核算法是仅以货币计量对库存商品的增减变动和结存情况进行反映和监督的核算方法。金额核算法又可分为售价金额核算法和进价金额核算法。不同类型的商品流通企业,可以根据本企业的经营特点及经营管理的要求来选择确定采用不同的库存商品核算方法。

二、数量进价金额核算法

(一)数量进价金额核算法的特点

数量进价金额核算法,是以商品的实物数量和进价金额同时控制商品购、销、存活动的一种核算方法。它的主要特点如下。

1)库存商品的总账和明细账都按商品的原购进价格记账。
2)库存商品明细账按商品的品名分户,分别核算各种商品收进、付出及结存的数量和金额。

这种方法主要适用于大中型批发企业、农副产品收购企业及经营品种单纯的专业商店和经营贵重商品的商店。其优点是能够同时提供各种商品的数量指标和金额指标,便于加强商品管理。缺点是要按品种逐笔登记商品明细账,核算工作量较大。

(二)科目的设置

在数量进价金额核算法下,企业需要设置以下科目。

1)"在途物资"科目:该科目用以反映和监督商品采购的结算和入库情况。借方登记购进商品的进价金额,贷方登记入库商品的进价金额。期末借方余额,反映尚未入库的在途商品的进价金额。

2)"库存商品"科目:该科目用以反映和监督库存商品的收发和结存情况。借方登记验收入库商品的进价,贷方登记发出商品的进价。期末借方余额,反映企业库存商品的进价。

(三)账务处理

1. 商品购进的账务处理

该核算包括两个方面的内容:一是反映购进商品中货款的结算情况;二是反映商品验收入库情况。核算原理与采用实际成本法对原材料购进核算的方法基本相同。

【例4-13】天河公司为一般纳税人,10月份购进 M 商品一批,价款为30 000元,增值税专用发票上注明的增值税进项税额为3 900元,商品已经验收入库,货款通过银行转账支付。

借:库存商品——M   30 000
  应交税费——应交增值税(进项税额)   3 900
 贷:银行存款   33 900

【例4-14】天河公司为一般纳税人,10月份购进 M 商品一批,价款为15 000元,增值税专用发票上注明的增值税进项税额为1 950元,商品尚未验收入库,货款已通过银行转账支付。

  借：在途物资——M   15 000
    应交税费——应交增值税（进项税额）   1 950
   贷：银行存款   16 950

如果采购的 M 商品到达并验收入库，那么会计分录应为

  借：库存商品——M   15 000
   贷：在途物资——M   15 000

2. 商品销售的账务处理

该核算也包括两个方面的内容：一是商品销售收入的确认；二是商品销售成本的结转。具体账务处理方法如下：①商品销售收入的确认。凡符合收入确认条件的，应确认本期实现的销售收入，按实际收到或应收的价款，借记"银行存款""应收账款""应收票据"等科目，按实现的销售收入，贷记"主营业务收入"科目，按增值税专用发票上注明的增值税额，贷记"应交税费——应交增值税（销项税额）"科目。②商品销售成本的结转。借记"主营业务成本"科目，贷记"库存商品"科目。如果已售商品计提了存货跌价准备，还应结转已计提的存货跌价准备，冲减当期的主营业务成本。

【例 4-15】天河公司为一般纳税人，10 月份销售 M 商品一批，价款为 15 000 元，增值税专用发票上注明的增值税销项税额为 1 950 元，价款已收到。该批商品进价为 10 000 元，已计提的存货跌价准备为 2 000 元。

  借：银行存款   16 950
   贷：主营业务收入   15 000
    应交税费——应交增值税（销项税额）   1 950
  借：主营业务成本   8 000
    存货跌价准备   2 000
   贷：库存商品——M   10 000

三、售价金额核算法

（一）售价金额核算法的特点

售价金额核算法又称"售价记账、实物负责制"，是指平时商品的购入、加工收回、销售均按售价记账，售价与进价的差额通过"商品进销差价"科目核算。期末计算进销差价率和本期已销商品应分摊的进销差价，并据以调整本期销售成本的一种方法。

售价金额核算法的主要特点如下。

1）建立实物负责制。企业将所经营的全部商品按品种、类别及管理的需要划分为若干实物负责小组，确定实物负责人，实行实物负责制度。实物负责人对其所经营的商品负全部经济责任。

2）售价记账、金额控制。库存商品总账和明细账都按商品的销售价格记账，库存商品明细账按实物负责人或小组分户，只记售价金额不记实物数量。

3）设置"商品进销差价"科目。由于库存商品是按售价记账，对于库存商品售价与进价之间的差额应设置"商品进销差价"科目来核算，并在期末计算和分摊已售商品的进销差价。

4）定期实地盘点商品。实行售价金额核算必须加强商品的实地盘点制度，通过实地盘点，对库存商品的数量及价值进行核算，并对实物和负责人履行经济责任的情况进行检查。

售价金额核算法主要适用于零售企业。这种方法的优点是把大量按各种不同品种开设的库存商品明细账归并为按实物负责人来分户的少量的明细账，从而简化了核算工作。

售价金额核算法适应了这种管理体制的需要，有利于加强商品零售企业的销售毛利控制，因而得到广泛应用。售价金额核算法在实务中的运用，一般是如下这样的：一是实行实物负责制。划分实物负责小组，建立岗位责任制，对商品的购进、销售、调拨、调价、削价等建立相关的手续制度。二是建立会计二级核算体系。划分二级核算单位，按实物负责小组设置库存商品和商品进销差价明细分类账，按售价金额核算商品的进、销、存。三是执行规范的商品盘点制度。定期进行商品全面盘点、账实核对，如遇实物负责人调动、商品调价应进行临时盘点。

（二）科目的设置

在售价金额核算法下，企业需要设置以下科目。

1）"在途物资"科目。借方登记购进商品的进价金额以及结转入库商品进价和售价的差额，贷方登记入库商品的售价金额。期末借方余额，反映尚未验收入库的在途商品的进价金额。

2）"库存商品"科目。该科目借方登记验收入库商品的售价金额，贷方登记出库商品的售价金额。期末余额在借方，反映月末库存商品的售价金额。

3）"商品进销差价"科目。该科目用以核算商品流通企业采用售价金额核算库存商品时，商品的进价和售价的差额。它属于资产类科目，是"库存商品"科目的备抵科目。借方登记月末分摊已销商品的进销差价，贷方登记入库商品进价与售价的差额（进销差价）。期末贷方余额，反映企业库存商品尚未摊销的进销差价。

（三）账务处理

1. 商品购进的账务处理

商品购进支付货款或承兑付出商业汇票时，应根据发票账单等结算凭证，按商品的进价及相关的进货费用，借记"在途物资"科目，按增值税专用发票上注明的增值税额，借记"应交税费——应交增值税（进项税额）"科目，按实际支付的价款，贷记"银行存款"或"应付票据"等科目；购进商品验收入库时，则应按商品的含税售价，借记"库存商品"，按商品的进价贷记"在途物资"科目，将商品售价与进价之差，记入"商品进销差价"科目的贷方。

2. 商品销售的账务处理

商品销售的账务处理包括销售收入的确认、销售成本的结转和已销商品进销差价的计算和结转。核算时，销售收入不必逐笔进行确认，可按日根据"商品进销存报告单"进行账务处理，借记"银行存款"科目，贷记"库存商品"科目。月末根据商品的存销比例，计算并结转已销商品进销差价，借记"商品进销差价"科目，贷记"主营业务成本"科目，将按售价结转的主营业务成本调整为进价成本。已销商品进销差价的计算公式如下：

商品进销差价率 =（期初库存商品进销差价 + 本期购入商品进销差价）÷（期初库存商品售价 + 本期购入商品售价）× 100%

本期销售商品应分摊的商品进销差价 = 本期商品销售收入 × 商品进销差价率

本期销售商品的成本 = 本期商品销售收入 − 本期已销售商品应分摊的商品进销差价

期末结存商品的成本＝期初库存商品的进价成本＋本期购进商品的进价成本－
本期销售商品的成本

需要说明的是，按含税零售价计算的商品销售收入，在月末时应对增值税的销项税额计算调整，按计算调整的金额，借记"主营业务收入"，贷记"应交税费——应交增值税（销项税额）"。

【例 4-16】天河公司是一般纳税人，商品售价均为含税售价，为简化核算手续，增值税销项税额于月末一并计算调整。7月初"库存商品"科目的借方余额为 13 000 元，"商品进销差价"科目的贷方余额为 1 000 元，7月份发生的有关商品购销的业务如下。

7月2日，天河公司购进商品一批，进价为 10 000 元，增值税进项税额为 1 300 元，商品已验收入库，货款用银行存款支付。商品售价总额（含税）为 15 000 元。天河公司应做如下会计处理。

借：在途物资　　　　　　　　　　　　　　　　　　10 000
　　应交税费——应交增值税（进项税额）　　　　　 1 300
　　贷：银行存款　　　　　　　　　　　　　　　　　　　　11 300
借：库存商品　　　　　　　　　　　　　　　　　　15 000
　　贷：在途物资　　　　　　　　　　　　　　　　　　　　10 000
　　　　商品进销差价　　　　　　　　　　　　　　　　　　 5 000

7月10日，天河公司销售商品一批，收到货款 5 650 元送存银行。天河公司应做如下会计处理。

借：银行存款　　　　　　　　　　　　　　　　　　 5 650
　　贷：主营业务收入　　　　　　　　　　　　　　　　　　 5 650
借：主营业务收入　　　　　　　　　　　　　　　　 5 650
　　贷：库存商品　　　　　　　　　　　　　　　　　　　　 5 650

7月15日，天河公司购进商品一批，进价为 8 000 元，增值税进项税额为 1 040 元，商品已验收入库，货款用银行存款支付。商品售价总额（含税）为 12 000 元。天河公司应做如下会计处理。

借：在途物资　　　　　　　　　　　　　　　　　　 8 000
　　应交税费——应交增值税（进项税额）　　　　　 1 040
　　贷：银行存款　　　　　　　　　　　　　　　　　　　　 9 040
借：库存商品　　　　　　　　　　　　　　　　　　12 000
　　贷：在途物资　　　　　　　　　　　　　　　　　　　　 8 000
　　　　商品进销差价　　　　　　　　　　　　　　　　　　 4 000

7月20日，天河公司销售商品一批，收到货款 14 040 元送存银行。天河公司应做如下会计处理。

借：银行存款　　　　　　　　　　　　　　　　　　14 040
　　贷：主营业务收入　　　　　　　　　　　　　　　　　　14 040
借：主营业务收入　　　　　　　　　　　　　　　　14 040
　　贷：库存商品　　　　　　　　　　　　　　　　　　　　14 040

7月31日，计算并结转已销商品进销差价。天河公司应做如下会计处理。

商品进销差价率 =（1 000 + 5 000 + 4 000）÷（13 000 + 15 000 + 12 000）× 100% = 25%

已销商品进销差价 =（5 650+14 040）× 25% = 4 922.5（元）

借：商品进销差价　　　　　　　　　　　　　4 922.5
　　贷：主营业务成本　　　　　　　　　　　　　　　　4 922.5

计算调整增值税销项税额。天河公司应做如下会计处理。

不含税售价 =（5 650+14 040）÷（1+13%）≈ 17 424.78（元）

销项税额 = 17 424.78 × 13% = 2 265.22（元）

借：主营业务收入　　　　　　　　　　　　　2 265.22
　　贷：应交税费——应交增值税（销项税额）　　　　　2 265.22

四、进价金额核算法

进价金额核算法又称为"进价记账、盘存记销",是指仅以进价金额反映库存商品的进销存情况的一种核算方法。

这种核算方法的特点是:①建立实物负责制,库存商品明细账都按实物负责人分户。②库存商品的总账和明细账都按商品进价记账,只记进价金额,不记数量。③商品销售后按实收销货款登记销售收入,平时不计算结转商品销售成本,也不注销库存商品。④对于商品的升溢、损耗和所发生的价格变动,平时不做账务处理。⑤定期进行实地盘点商品,期末按盘存商品的数量乘最后一次进货单价或原进价求出期末结存商品金额,再用"以存记销"的方法倒计出商品销售成本并据以转账。

这种方法主要适用于经营鲜货商品的零售企业。优点是简化了核算的手续,核算工作量相对较小。缺点是不能随时反映商品的进、销、存数量,平时对商品经营中出现的问题也不易随时发现和处理。

进价金额核算法的账务处理方法可参见数量进价金额核算法。

五、数量售价金额核算法

数量售价金额核算法是以商品的实物数量和售价金额同时控制商品购、销、存活动的一种核算方法。这种方法较为特别,它同时具有数量进价金额核算法和售价金额核算法的基本特征。

这种核算方法的特点是:①应建立一套完整的商品账体系。②库存商品按售价记账。库存商品总账和类目账可只记录商品的售价金额,不记数量。库存商品明细账不仅要记录商品的售价金额,而且应记录商品的实物数量。③为了将商品售价调整为商品进价,并反映商品售价金额与进价金额的差额,应设置"商品进销差价"科目。④期末需要计算、结转已销商品进销差价。

数量售价金额核算法保持了数量进价金额核算法资料较齐全和对商品实物控制较严密的优点,同时还具有售价金额核算法便于加强销货款控制,减轻计算工作量等优点。但是这种方法需要设置完整的商品账体系,同时需要按照商品的售价记账。因此,该方法一般适用于小型商业批发企业和商业零售企业的贵重商品的核算。

数量售价金额核算法的账务处理方法可参见售价金额核算法。

第五节 其他存货

一、周转材料

(一) 周转材料概述

周转材料,是指企业能够多次使用、逐渐转移其价值但仍保持原有形态,不确认为固定资产的材料。周转材料包括包装物、低值易耗品,以及企业(建造承包商)的钢模板、木模板、脚手架等。

(二) 周转材料账务处理

1) 企业购入、自制、委托外单位加工完成并已验收入库的周转材料等,设置"周转材料"科目进行核算,比照"原材料"科目的相关规定进行处理。

2) 采用一次转销法的,领用时应按其账面价值,借记"管理费用""生产成本""销售费用""工程施工"等科目,贷记"周转材料"科目。

周转材料报废时,应按报废周转材料的残料价值,借记"原材料"等科目,贷记"管理费用""生产成本""销售费用""工程施工"等科目。

3) 采用其他摊销法的,领用时应按其账面价值,借记"周转材料"(在用),贷记"周转材料"(在库);摊销时应按摊销额,借记"管理费用""生产成本""销售费用""工程施工"等科目,贷记"周转材料"(摊销)。

周转材料报废时应补提摊销额,借记"管理费用""生产成本""销售费用""工程施工"等科目,贷记"周转材料"(摊销);同时,按报废周转材料的残料价值,借记"原材料"等科目,贷记"管理费用""生产成本""销售费用""工程施工"等科目;并转销全部已提摊销额,借记"周转材料"(摊销),贷记"周转材料"(在用)。

4) 周转材料采用计划成本进行日常核算的,领用等发出周转材料时,还应同时结转应分摊的成本差异。借记"工程施工""销售费用"等科目,贷记"材料成本差异"科目,实际成本小于计划成本的差异做相反的会计分录。

5) 企业的包装物、低值易耗品,也可以单独设置"包装物""低值易耗品"科目。同时可按周转材料的种类,分别设置"在库""在用"和"摊销"进行明细核算。

(三) 周转材料的摊销方法

在施工过程中可以多次使用,并不改变其原有的实物形态,其价值逐渐转移到工程成本中去,因此,企业应根据周转材料的具体使用情况,采取合适的摊销方法进行价值摊销。常用的摊销方法有一次摊销法和分期摊销法。

1. 一次摊销法

"一次摊销法"是指在领用周转材料时,将其全部价值一次计入成本、费用的方法。这种方法适用于易腐的周转材料,如安全网等。

2. 分期摊销法

"分期摊销法"是根据周转材料的预计使用期限分期摊入成本、费用。这种方法一般适用于经常使用或使用次数较多的周转材料,如脚手架、跳板、塔吊轨及枕木等。其计算公式如下。

周转材料每期摊销额 = 周转材料计划成本 × (1 - 残值占计划成本的百分比) ÷ 预计使用期限

【例 4-17】 某工程领用脚手架一批,其计划成本为 10 000 元,预计使用 16 个月,预计残值率为 10%,计算本月周转材料摊销额。

$$周转材料每月摊销额 = 10\ 000 \times (1-10\%) \div 16 = 562.5(元)$$

3. 分次摊销法

"分次摊销法"是根据周转材料的预计使用次数将其价值分次摊入成本、费用。这种方法一般适用于使用次数较少或不经常使用的周转材料,如预制钢筋混凝土构件所使用的定型模板和土方工程使用的挡板。其计算公式如下。

$$周转材料平均每次摊销额 = 周转材料计划成本 \times (1-残值占计划成本的百分比) \div 预计使用次数$$

$$周转材料本期摊销额 = 本期使用次数 \times 周转材料平均每次摊销额$$

【例 4-18】 某工程领用定型模板一批,其计划成本为 8 000 元,预计残值率为 10%,预计使用 6 次,本月使用 2 次,计算本月周转材料摊销额。

$$周转材料平均每次摊销额 = 8\ 000 \times (1-10\%) \div 6 = 1\ 200(元)$$

$$周转材料本月摊销额 = 2 \times 1\ 200 = 2\ 400(元)$$

4. 定额摊销法

"定额摊销法"是根据实际完成的实物工程量和预算定额规定的周转材料消耗定额,计算确认本期摊入成本、费用的金额。

这种方法适用于各种模板的周转材料。其计算公式如下。

$$周转材料本期摊销额 = 本期实际完成的单位工程量 \times 单位工程量周转材料的消耗定额$$

【例 4-19】 某施工单位现场预制混凝土构件,领用木板一批。根据预算定额规定,完成每立方米工程量木模板的消耗定额为 80 元,本月实际完成 100 立方米。计算本月木模板摊销额如下。

$$本月周转材料摊销额 = 100 \times 80 = 8\ 000(元)$$

需要说明的是,在实际工作中,无论采用哪一种方法进行摊销,都不能与实际损耗完全一致,这是由于施工企业都是露天作业,周转材料的使用、堆放都受到自然条件的影响,另外,施工过程中安装拆卸的技术水平、工艺水平,都对周转材料的使用寿命产生很大影响。因此,企业无论采用何种方法对周转材料进行摊销,都应在工程竣工时或定期对周转材料进行盘点,以调整各种摊销方法的计算误差,确保工程或产品计算的正确性。

二、委托代销商品

(一) 委托代销商品概述

委托代销商品是委托方为了扩大销售范围和销售量,委托其他单位代为销售的商品。委托代销是企业的一种经营措施和销售方式。按税法的规定,将货物交付他人代销,应视同销售货物,其销售成立、发生纳税义务并开具增值税专用发票的时间为收到受托人送交的代销清单的当天。代销清单应列明已销商品的数量、单价、销售收入,委托企业据此给受托企业开具增值税专用发票,并进行账务处理。

(二)委托代销商品账务处理

委托代销商品账务处理视委托代销方式不同而有所区别。

1. 视同买断方式委托代销

视同买断方式代销商品是指委托方和受托方签订合同或协议,委托方按合同或协议收取代销的货款,实际售价由受托方自定,实际售价与合同或协议价之间的差额归受托方所有。如果委托方和受托方之间的协议明确标明,受托方在取得代销商品后,无论是否能够卖出、是否获利,均与委托方无关,那么,委托方和受托方之间的代销商品交易,与委托方直接销售商品给受托方没有实质区别,在符合销售商品收入确认条件时,委托方应确认相关销售商品收入。如果委托方和受托方之间的协议明确标明,将来受托方没有将商品售出时可以将商品退回给委托方,或受托方因代销商品出现亏损时可以要求委托方补偿,那么,委托方在交付商品时不确认收入,受托方也不作购进商品处理,受托方将商品销售后,按实际售价确认销售收入,并向委托方开具代销清单,委托方收到代销清单时,再确认本企业的销售收入。

【例4-20】天河公司委托玉林公司销售商品100件,协议价为100元/件,成本为80元/件。代销协议约定,玉林公司在取得代销商品后,无论是否能够卖出、是否获利,均与天河公司无关。这批商品已经发出,货款尚未收到,天河公司开出的增值税专用发票上注明的增值税额为1 300元。

根据本例的资料,天河公司采用视同买断方式委托玉林公司代销商品。因此,天河公司在发出商品时的账务处理如下。

借:应收账款   11 300
    贷:主营业务收入   10 000
        应交税费——应交增值税(销项税额)   1 300
借:主营业务成本   8 000
    贷:库存商品   8 000

2. 支付手续费方式委托代销

在这种方式下,委托方在发出商品时通常不应确认销售商品收入,而应在收到受托方开出的代销清单时确认销售商品收入;受托方应在商品销售后,按合同或协议约定的方法计算确定的手续费确认收入。如果受托单位为一般纳税人,则应给其开具增值税专用发票,列明代销商品价款和增值税税款;如果受托单位为小规模纳税人,应按税款和价款合计开具普通发票。借记"应收账款"或"银行存款"科目,贷记"主营业务收入""应交税金——应交增值税(销项税额)"科目。收到受托单位开来的手续费普通发票后,借记"销售费用"科目,贷记"应收账款"或"银行存款"科目。

【例4-21】天河公司委托玉林公司销售商品100件,商品已经发出,每件成本为60元。合同约定玉林公司应按每件100元对外销售,天河公司按售价的10%向玉林公司支付手续费。玉林公司对外实际销售50件,开出的增值税专用发票上注明的销售价款为5 000元,增值税额为650元,款项已经收到。天河公司收到玉林公司开具的代销清单时,向玉林公司开具一张相同金额的增值税专用发票。假定天河公司发出商品时纳税义务尚未发生,不考虑其他因素。天河公司的账务处理如下。

(1)发出商品时:

借:委托代销商品	6 000	
贷:库存商品		6 000

(2)收到代销清单时:

借:应收账款	5 650	
贷:主营业务收入		5 000
应交税费——应交增值税(销项税额)		650
借:主营业务成本	3 000	
贷:委托代销商品		3 000
借:销售费用	500	
贷:应收账款		500

(3)收到玉林公司支付的货款时:

借:银行存款	5 150	
贷:应收账款		5 150

三、委托加工物资

(一)委托加工物资概述

委托加工物资是指由委托方提供原料和主要材料,受托方只收取加工费和代垫部分辅助材料加工的物资。如果出现以下三种情况,不论受托方在财务上是否按销售处理,都不得作为委托方的委托加工物资,而应当作为受托方销售自产物资处理:①由受托方提供原材料生产的物资;②受托方先将原材料卖给委托方,然后再接受加工的物资;③由受托方以委托方名义购进原材料生产的物资。

之所以对委托加工物资规定严格的限定条件,这是因为委托加工物资如果是应税消费品,应由受托方代收代缴消费税,且受托方只就其加工劳务缴纳增值税。如果委托方不能提供原料和主要材料,而是受托方以上述三种形式获得原料,那就不称其为委托加工,而是受托方在自制应税消费品了。如不加以限定,就会出现受托方确定计税价格偏低,造成代收代缴消费税虚假现象,同时,受托方也逃避了自制应税消费品要缴纳消费税的责任,这是税法所不允许的。

(二)委托加工物资账务处理

企业设置"委托加工物资"科目,核算委托加工物资增减变动及其结存情况。该科目还应按加工合同、受托加工单位以及加工物资的品种等进行明细核算。

1)发给外单位加工的物资,按实际成本,借记本科目,贷记"原材料""库存商品"等科目;按计划成本或售价核算的,还应同时结转材料成本差异或商品进销差价,借记本科目,贷记"产品成本差异"或"商品进销差价"科目;实际成本小于计划成本的差异,做相反的会计分录。

2)支付加工费、运杂费等,借记本科目等科目,贷记"银行存款"等科目;需要缴纳消费税的委托加工物资,由受托方代收代缴的消费税,借记本科目(收回后用于直接销售的)

或"应交税费——应交消费税"科目（收回后用于继续加工的），贷记"应付账款""银行存款"等科目。

3）加工完成验收入库的物资和剩余的物资，按加工收回物资的实际成本和剩余物资的实际成本，借记"原材料""库存商品"等科目，贷记本科目。采用计划成本或售价核算的，按计划成本或售价，借记"原材料"或"库存商品"科目，按实际成本贷记本科目，实际成本与计划成本或售价之间的差额，借记或贷记"材料成本差异"或贷记"商品进销差价"科目。

（三）委托加工物资消费税的核算

按照税法规定，企业委托加工的应税消费品，由受托方在向委托方交货时代扣代缴税款（除受托加工或翻新改制金银首饰按规定由受托方缴纳消费税外）。委托加工的应税消费品，委托方用于连续生产应税消费品的，所纳税款准予按规定抵扣。这里的委托加工应税消费品，是指由委托方提供原料和主要材料，受托方只收取加工费和代垫部分辅助材料加工的应税消费品。对于由受托方提供原材料生产的应税消费品，或者受托方先将原材料卖给委托方，然后再接受加工的应税消费品，以及由受托方以委托方名义购进原材料生产的应税消费品，都不作为委托加工应税消费品，而应当按照销售自制应税消费品缴纳消费税。委托加工的应税消费品直接出售的，不再征收消费税。

在会计处理时，需要缴纳消费税的委托加工应税消费品，于委托方提货时，由受托方代收代缴税款。受托方按应扣税款金额，借记"应收账款""银行存款"等科目，贷记"应交税费——应交消费税"科目。委托加工应税消费品收回后，直接用于销售的，委托方应将代收代缴的消费税计入委托加工的应税消费品成本，借记"委托加工物资""生产成本"等科目，贷记"应付账款""银行存款"等科目，待委托加工应税消费品销售时，不需要再缴纳消费税；委托加工的应税消费品收回后用于连续生产应税消费品，按规定准予抵扣的，委托方应按代收代缴的消费税款，借记"应交税费——应交消费税"科目，贷记"应付账款""银行存款"等科目，待委托加工的应税消费品生产出应纳消费税的产品销售时，再缴纳消费税。

委托加工或翻新改制金银首饰按规定由受托方缴纳消费税。在企业向委托方交货时，按规定缴纳的消费税，借记"税金及附加"科目，贷记"应交税费——应交消费税"科目。

【例4-22】 天河公司委托外单位加工材料（非金银首饰），原材料价款为100 000元，加工费用为20 000元，由受托方代收代缴的消费税3 000元（不考虑增值税），材料已经加工完毕验收入库，加工费用尚未支付。假定该企业材料采用实际成本核算。

根据该项经济业务，天河公司应做如下账务处理。

（1）如果委托方天河公司收回加工后的材料用于继续生产应税消费品，其会计处理如下：

```
借：委托加工物资                              100 000
    贷：原材料                                        100 000
借：委托加工物资                               20 000
    应交税费——应交消费税                        3 000
    贷：应付账款                                      23 000
借：原材料                                    120 000
    贷：委托加工物资                                  120 000
```

（2）如果委托方天河公司收回加工后的材料直接用于销售，其账务处理如下：

借：委托加工物资　　　　　　　　　　　100 000
　　贷：原材料　　　　　　　　　　　　　　　　100 000
借：委托加工物资　　　　　　　　　　　 23 000
　　贷：应付账款　　　　　　　　　　　　　　　 23 000
借：原材料　　　　　　　　　　　　　 123 000
　　贷：委托加工物资　　　　　　　　　　　　　123 000

▶ 本章小结

　　本章介绍了存货的概念、计量方法，其中重点介绍了原材料、库存商品等的核算方法。企业取得存货应当以其成本进行计量。存货成本包括采购成本、加工成本和其他成本三个组成部分。发出存货成本的确定取决于两个因素：一是发出存货数量的确定是否准确；二是发出存货计价方法的选择是否得当。基于谨慎性原则，对于期末存货应采用成本与可变现净值孰低法来进行计量。不同类型的商品流通企业，可以根据本企业的经营特点及经营管理的要求来选择确定采用不同的库存商品核算方法。对库存商品的核算可采用数量进价金额核算法、售价金额核算法、进价金额核算法、数量售价金额核算法。

▶ 思政园地

深入学习贯彻党的二十大精神 推动粮储事业高质量发展

　　习近平总书记在党的二十大报告中强调，高质量发展是全面建设社会主义现代化国家的首要任务。这为国家粮储事业高质量发展提供了战略指引，增强了我们奋进新征程、建功新时代、夺取新胜利的信心和决心。我们要坚持稳中求进总基调，把高质量发展理念贯彻到粮储事业发展的全过程和各领域，科学谋划"十四五"时期粮储事业高质量发展的新思路、新格局、新举措，把党的二十大擘画的宏伟蓝图变成粮储事业高质量发展的生动实践，确保党的二十大精神在粮储系统落地生根。

一、在解放思想上再有突破，按下粮储事业高质量发展的"稳进键"

　　自2018年国务院新一轮机构改革组建国家粮食和物资储备局以来，粮食和物资储备的职责定位进一步提升到维护国家安全的高度。国家粮食和物资储备局党组紧跟党和国家发展的战略思路，进一步解放思想，采取一系列改革措施，推动粮储事业高质量发展。目前，粮食仓储条件总体达到世界较先进水平，粮食安全"压舱石"更加巩固。加快构建与大国地位相符的国家储备体系，物资储备设施现代化水平显著提高。2023年1月1日施行的《粮食流通行政执法办法》为我们加强粮食监管、守住管好中国粮仓提供了法规遵循。近五年粮储工作实践充分证明，这些成绩的取得，是中国共产党领导的政治优势和习近平新时代中国特色社会主义思想理论优势在粮储事业中的集中体现。为推动高质量发展奠定坚实基础，我们必须适应形势的发展，在解放思想、更新观念上取得新突破。在新发展阶段，以"扛鼎重任、久久为功"的气概按下"稳进键"，"多轮驱动"让粮储事业高质量发展的列车跑得更稳更持久。

二、在攻坚克难上再有突破，激活粮储事业高质量发展的强大动能

　　20世纪50年代，国家物资储备局成立后，全系统干部职工经过70余载的艰苦奋斗，物资储备顶层设计和制度建设逐步完善，实现了从无到有、从小到大、从弱到强的历史性跨越。2018

年，国家粮食和物资储备局成立后，粮储事业进入了新的发展阶段。工作领域越来越宽、服务对象越来越多、任务越来越繁重、责任越来越重大、作用越来越突出。经济实力、仓储设施、管理水平和职工生活水平跃上了新的台阶，一些困扰发展的问题得到了解决。国家粮食和物资储备局黑龙江局经过几十年的艰苦创业，总体实力和发展水平均有了很大提高。特别是通过专项收储轮换和市场投放，储备实力显著增强；通过开展安全生产专项整治三年行动和国家储备仓库安全治理提升三年行动，消除了储备仓库存在多年的安全隐患，本质安全水平明显提升；通过融入地方经济社会发展大局，成功承储黑龙江省成品油储备任务，培育了新的经济增长点。我们要深入贯彻落实党的二十大精神，将高质量发展作为首要任务，撸起袖子加油干，以实实在在的改革，激活强大动能，为新时期粮储事业的高质量发展争得良机。

三、在敢于担当上再有突破，以埋头苦干、攻坚克难精神推进粮储事业高质量发展

要构建粮储事业高质量发展格局，需要有冲破羁绊的闯劲干劲、"功成必定有我"的责任担当。2019年以来，国家粮食和物资储备局黑龙江局在继续履行好储备物资管理职责的同时，承担起辖区内中央储备粮棉、应急抗旱救灾等物资的监管职责。身为国家粮食安全的"守门人"，领导干部要充分认识管好中国粮仓的重要性，正视在突破瓶颈、凤凰涅槃过程中遇到的问题和困难，带头担当、带头奋斗，把"任务书"变为"成绩单"，把履行好监管职责作为践行总体国家安全观的具体行动，承担起"为国管粮"新的历史使命。

资料来源：吕志刚. 深入学习贯彻党的二十大精神推动粮储事业高质量发展[J]. 中国粮食经济, 2023（1）: 37-38.

国际视野　　　拓展阅读　　　章后练习　　　关键术语音频

▶ 关键术语听与读

- ◆ Actual costs（实际成本）：The actual costs are the practical costs incurred during the manufacturing of a certain product.
- ◆ Consignment（代售）：Goods sent on consignment by a principal (consignor) to an agent (consignee) for sale either at an agreed price or at the best market price.
- ◆ Customs duty（关税）：The customs duty, also called tariffs, is a levy on the importation and/or exportation of goods, services and other transactions and events.
- ◆ Debt restructuring（债务重组）：The debt restructuring refers to the adjustment of a debt, either as a result of legal action or by agreement between the interested parties, to give the debtor a more feasible arrangement with the creditors for meeting the financial obligations.
- ◆ Finished goods（产成品）：The finished goods refer to the products that have completed the manufacturing process and are available for distribution to customers.
- ◆ First-in, first-out method（先进先出法）：The first in, first-out (FIFO) method is based on the assumption that the costs of the first items acquired should be assigned to the first items sold.
- ◆ Goods in process（在产品）：The goods in process refer to the unfinished products, which are partially finished, in the course of manufacturing.
- ◆ Inventory（存货）：Inventory is the total amount if goods and/or materials contained in a factory of store at any given time.

- Labor costs (人工费): the labor costs, also called wages costs, are the expenditures on wages paid to those operators who are both directly and indirectly concerned with the production of the product, service or cost unit.
- Manufacturing costs (生产成本): The manufacturing costs, also called manufacturing expenses, refer to items of expenditures incurred to carry out the manufacturing process in an organization, which include direct material, direct labor, direct expenses and manufacturing overhead.
- Merchandise inventory (库存商品): The merchandise inventory, also called finished goods in a manufacturer, refer to the goods which are ready for sale.
- Non-monetary (非货币性): The non-monetary items refer to the items or assets which are not in the form of money, and can be valued at a higher value than their original purchase price.
- Manufacturing overhead (制造费用): The Manufacturing overhead, also called overhead costs, are the indirect costs of an organization, usually classified as manufacturing overhead.
- Periodic inventory system (定期盘存制): The periodic inventory system requires a company determine the quantity of inventory on hand only periodically, under which the cost of ending inventory is subtracted from the cost of goods available for sale, then the cost of goods sold are determined.
- Perpetual inventory system (永续盘存制): The perpetual inventory system requires that separate inventory ledger be maintained for each good.
- Product costs (生产成本): The product costs are those costs that "attach" to the inventory. Such charges include freight charges on goods purchased, other direct costs of acquisition, and labor and other production costs incurred in processing the goods up to the time of sale.
- Raw materials (原材料): Crude or processed material that can be converted by manufacturing, processing, or combining into a new and useful product.
- Revolving materials (周转材料): The revolving materials, also called circulating materials, refer to those materials that are not consumed at one time usage, and can be used for a relatively long time usually longer than a single accounting period.
- Selling expenses (销售费用): The selling expenses, also called selling overhead or selling costs, refer to the expenses incurred by an organization in carrying out its selling activities.
- Specific identification method (个别计价法): The specific identification method can be used when units in the ending inventory can be identified as coming from specific purchases.
- Turnover taxes (流转税): The turnover taxes refer to those categories of taxes which are levied on the turnover sectors.
- Wages and salaries (职工薪酬): The wages and salaries, also called employee compensation or employee benefits, are the expenditures and compensations to pay to the employees for their services and to pay to the third party for the employees' services.
- Weighted average cost method (加权平均法): The weighted average cost method assumes that the goods available for sale have the same cost per unit. Under the method, the cost of goods available for sale is allocated on the basis of the weighted-average unit cost.

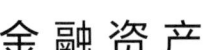

第五章

金融资产

> ### ▶ 本章案例 ◀
>
> #### 雅戈尔百亿布局金融资产
>
> 2009年12月3日,东方电气发布非公开增发结果,刘益谦和李如成掌舵的雅戈尔集团股份有限公司(以下简称"雅戈尔")同时出现在名单中。包括两者在内的八家法人和自然人分享了1.199亿股,其中雅戈尔认购1 200万股,刘益谦认购800万股。
>
> 知情人士透露,除了此前李如成入股中信证券、宁波银行等案例之外,2009年以来,雅戈尔新增投资达到35.4亿元,参与了8个定向增发项目,此外参与的PE项目也多达6个。加上此前的一系列投资,属于雅戈尔名下投资的金融资产已经超过百亿元。
>
> 2009年12月3日,东方电气报收每股47.73元。以每股42.07元的增发价计算,雅戈尔持有的1 200万股东方电气已经浮盈6 792万元。雅戈尔认购总计35.4亿元的定向增发,浮盈超过15亿元。
>
> 值得注意的是,这些项目的投资均由其去年签下并绝对控股的投资顾问上海凯石投资操盘。
>
> 在金融危机的巨大冲击下,雅戈尔资产减值损失巨大,包括其涉足的房地产开发行业也出现亏损。为了扭亏为盈,雅戈尔利用金融资产来平滑利润。在雅戈尔利用金融资产进行盈余管理的案例中,涉及金融资产的确认、计量、投资、收益、减值和重分类等问题的会计准则和账务处理,将在本章内容进行详细介绍。
>
> 资料来源:凌筱婷,徐云,李林蔚.原则导向会计准则下权益法的运用与监管困境:基于雅戈尔和苏宁易购的比较研究[J].会计研究,2023(1):23-37.

> ### ▶ 学习目标 ◀
>
> 本章主要按照金融资产的类别,介绍以公允价值计量且其变动计入当期损益的金融资产、以摊余成本计量的金融资产和以公允价值计量且其变动计入其他综合收益的

金融资产的特点以及会计核算要求。通过本章的学习,希望读者:
- 了解金融资产的概念、分类及其特点;
- 熟悉金融资产的确认、计量、收益确定以及投资收回的账务处理;
- 掌握其他权益工具投资的初始计量和期末计量;
- 掌握金融资产之间重分类的账务处理,了解企业管理金融资产的业务模式。

第一节 金融资产概述

一、金融资产的定义

金融资产是实物资产的对称,指单位或个人所拥有的以价值形态存在的资产。它是一切可以在有组织的金融市场上进行交易、具有现实价格和未来估价的金融工具的总称。金融资产是一种索取实物资产的无形的权利,它的最大特征是能够在市场交易中为其所有者提供即期或远期的货币收入流量。金融资产主要包括库存现金、银行存款、应收账款、应收票据、其他应收款、股权投资、债权投资、衍生金融工具等。

二、金融资产的分类

企业应当根据其管理金融资产的业务模式和金融资产的合同现金流量特征,将取得的金融资产在初始确认时划分为以摊余成本计量的金融资产(债权投资)、以公允价值计量且其变动计入其他综合收益的金融资产(其他债权投资)和以公允价值计量且其变动计入当期损益的金融资产(交易性金融资产)三类。

企业管理金融资产的业务模式,是指企业如何管理其金融资产以产生现金流量。采取何种业务模式决定了企业所管理金融资产产生现金流量的来源,即是收取合同现金流量、出售金融资产还是两者兼有。金融资产的合同现金流量特征,是指金融资产合同约定的、反映相关金融资产经济特征的现金流量属性。

三、金融资产相关科目设置

金融资产相关科目的核算,主要包括各金融资产科目的确认、计量和记录,因购买该投资,各期间该资产的计价及处置这些资产等活动而发生的账务处理。为此,企业应专门设置以下科目。

1)"交易性金融资产"科目。为了反映以公允价值计量且其变动计入当期损益的金融资产,企业应当设置"交易性金融资产"科目来核算交易性金融资产和指定为以公允价值计量且其变动计入当期损益的金融资产。企业在购买该类金融资产、持有期间公允价值变动、出售该类金融资产的确认、计量等,均通过该科目进行反映。该科目属于资产类科目,借方登记按照规定购买、持有期间公允价值的增加;贷方登记持有期间公允价值的减少和出售该类金融资产的金额。期末该科目余额反映资产负债表日该类金融资产的公允价值净值。企业应按照交易性金融资产的发行方设置明细账,并通过"成本""公允价值变动"等明细科目进行核算。其中,"成本"明细科目反映交易性金融资产的初始入账金额;"公允价值变动"明细科目反映交易性金融资产在持有期间公允价值变动的金额;相关的交易费用借记"投资收益"科目。交易性金融资产在确认时，应借记"交易性金融资产——××公司债券/股票（成本）"科目，贷记"银行存款"等科目。

2）"债权投资"科目。为了反映以摊余成本计量的金融资产，企业应当设置"债权投资"科目来核算该类金融资产的取得、持有以及到期收回等业务。该科目属于资产类科目，借方登记按照规定购买、持有期间投资收益与应收利息差额的增加；贷方登记持有期间投资收益与应收利息差额的减少和出售该类金融资产的金额。企业应按照以摊余成本计量的金融资产的发行方设置明细账，并通过"成本""利息调整"等明细科目进行核算。其中，"成本"明细科目反映债权投资的面值；"利息调整"明细科目反映债权投资的面值与其初始入账金额的差额。企业在取得债权投资时，应借记"债权投资——××公司债券（成本）"科目，贷记"银行存款"等科目。同时，因为所取得债券的票面利率与市场实际利率可能存在不一致的情况，导致企业在取得债权时所支付的价款与债券面值并不一致，对于出现溢价或者折价购买的情况所产生的差额，借记或者贷记"债权投资——××公司债券（利息调整）"科目。

3）"其他债权投资"科目。为了反映以公允价值计量且其变动计入其他综合收益的金融资产，企业应当设置"其他债权投资"科目来核算该类金融资金的取得、持有以及到期收回等业务。该科目属于资产类科目借方登记按照规定购买、持有期间公允价值的增加；贷方登记持有期间公允价值的减少和出售该类金融资产的金额。期末该科目余额反映资产负债表日该资产的公允价值净值。企业应按照该类金融资产的发行方设置明细账，并通过"成本""利息调整""应计利息""公允价值变动"等明细科目进行核算。其中，"成本"明细科目反映其他债权投资的面值；"利息调整"明细科目反映其他债权投资的面值与其初始入账金额的差额；"应计利息"明细科目反映其他债权投资应计未付的利息；"公允价值变动"反映其他债权投资的公允价值变动金额；该类金融资产的公允价值与其账面价值的差额记入"其他综合收益"科目。企业在取得其他债权投资时，应借记"其他债权投资——××公司债券（成本）"科目，贷记"银行存款"等科目，按照二者的差额借记或者贷记"其他债权投资——××公司债券（利息调整）"科目。

4）"公允价值变动损益"科目。为了反映企业持有金融资产期间公允价值的变动，企业应设置"公允价值变动损益"科目。该科目属于损益类科目，借方登记按照规定确认的金融资产公允价值减少的金额；贷方登记按照规定确认的金融资产公允价值增加的金额。期末该科目按净额转入"本年利润"科目，故期末无余额。

5）"投资收益"科目。为了反映企业对外投资期间以及处置取得的投资损益，企业应当设置"投资收益"科目。该科目属于损益类科目，借方登记对外投资发生的投资损失的金额，贷方登记企业取得的投资收益的金额。期末该科目按照净额转入"本年利润"科目，故期末无余额。

第二节 交易性金融资产

一、交易性金融资产的定义

以公允价值计量且其变动计入当期损益的金融资产，应当记入"交易性金融资产"科目。交易性金融资产是指企业为了近期内出售而持有的金融资产，其目的在于通过购买股票、债券和基金等以赚取差价。交易性金融资产一般是在企业有闲置的现金为避免资金浪费而进行的短期投资,这种投资不影响企业的流动性,风险较小(因为是短期持有),故称其具有"交易性"。这种投资流动性较高,仅次于货币资金,列示于资产负债表第二位。金融资产满足下列条件之一的,应当确认为交易性金融资产。

1)取得该金融资产的目的主要是近期内出售。例如,企业以赚取差价为目的从二级市场购入的股票、债券和基金等。通常情况下,这是企业交易性金融资产或交易性负债的主要组成部分。

2)相关金融资产属于进行集中管理的可辨认金融工具组合的一部分,且有客观证据表明企业近期采用短期获利方式对该组合进行管理。在这种情况下,即使组合中有某个组成项目持有的期限稍长也不受影响。其中,"金融工具组合"指金融资产组合或金融负债组合。

3)相关金融资产属于衍生工具。但是,被指定为有效套期工具的衍生工具、属于财务担保合同的衍生工具、与在活跃市场中没有报价且其公允价值不能可靠计量的权益工具投资挂钩并需要通过交付该权益工具结算的衍生工具除外。其中,财务担保合同是指保证人和债权人约定,当债务人不履行债务时,保证人按照约定履行债务或者承担责任的合同。

在初始确认时,如果能够消除或显著减少会计错配,企业可以将金融资产指定为以公允价值计量且其变动计入当期损益的金融资产。该指定一经做出,不得撤销。在账务处理上,交易性金融资产和指定为以公允价值计量且其变动计入当期损益的金融资产,均通过"交易性金融资产"科目进行核算。

二、交易性金融资产的账务处理

(一)交易性金融资产的初始计量

企业应于购入交易性金融资产时,按照该金融资产的公允价值借记"交易性金融资产",按照购买交易性金融资产时发生的交易费用借记"投资收益",按照已到期但尚未领取的利息或已宣告但尚未发放的股利借记"应收利息"或"应收股利",按照实际支付的款项对价,贷记"银行存款"。需要注意的是,购买该金融资产的公允价值计算是剔除已到期的利息或已宣告发放的股利的。

对于以公允价值计量且其变动计入当期损益的金融资产,相关的交易费用应当直接计入当期损益。这是交易性金融资产不同于其他金融资产的一个重要特征。其中,交易费用是指可直接归属于购买、发行或处置金融工具新增的外部费用。所谓新增的外部费用,是指企业不购买、发行或处置金融工具就不会发生的费用。交易费用包括支付给代理机构、咨询公司、券商等的手续费和佣金及其他必要支出,不包括债券溢价、折价、融资费用、内部管理成本及其他与交易不直接相关的费用。企业为发行金融工具所发生的差旅费等,不属于此处所讲的交易费用。

【例5-1】天河公司于20×4年11月18日以银行存款从证券交易市场购入×公司债券10 000张,该债券被管理当局划分为交易性金融资产,已知该债券当日市场价为105元/张,另外支付购买佣金5 000元。天河公司对该笔交易应进行如下账务处理:

借:交易性金融资产——×公司债券(成本)　　1 050 000
　　投资收益　　　　　　　　　　　　　　　　　　 5 000
　　贷:银行存款　　　　　　　　　　　　　　　　　　1 055 000

【例5-2】接【例5-1】，同日天河公司购入 W 公司股票 10 万股，市价为 29 元/股，已宣告但尚未发放的股利 1 元/股，支付交易费用 15 000 元，购买该股票共支付证券商 3 015 000 元。天河公司应进行如下账务处理：

借：交易性金融资产——W 公司股票（成本）　　2 900 000
　　应收股利——W 公司　　　　　　　　　　　　100 000
　　投资收益　　　　　　　　　　　　　　　　　　15 000
　　贷：银行存款　　　　　　　　　　　　　　　　　　　　3 015 000

20×4 年 11 月 20 日，天河公司收到股利时应进行如下账务处理：

借：银行存款　　　　　　　　　　　　　　　　100 000
　　贷：应收股利　　　　　　　　　　　　　　　　　　　100 000

鉴于看好该股票，天河公司于 20×4 年 11 月 25 日追加投资，又以 30 元/股的价格认购 20 万股，共支付券商 6 006 000 元（含交易佣金 6 000 元），公司应进行如下账务处理：

借：交易性金融资产——W 公司股票（成本）　　6 000 000
　　投资收益　　　　　　　　　　　　　　　　　　6 000
　　贷：银行存款　　　　　　　　　　　　　　　　　　　　6 006 000

（二）交易性金融资产的后续计量

对金融资产的后续计量可以分为期中计价以及处置。

1. 期中计价

交易性金融资产的期中计价主要是指在月度末、季度末、年度末以及利息、股利、红利宣告日（以下简称"在报告期末"）在财务报表上对金融资产的计价。在报告期末，交易性金融资产应该按照资产负债表日该资产的公允价值进行调整，差价记入"公允价值变动损益"科目。如果其中包含利息或股利应同初始计量进行账务处理。

【例5-3】接【例5-2】，如果年末最后一个交易日，购入的 W 公司股票价格上涨至 32 元/股。则天河公司在年末应调整交易性金融资产账面价值，则天河公司应进行如下账务处理：

借：交易性金融资产——W 公司股票（公允价值变动）　　700 000
　　贷：公允价值变动损益　　　　　　　　　　　　　　　　　700 000

2. 处置

企业在出售交易性金融资产时，其公允价值与初始入账金额之间的差额应确认为投资收益，同时调整公允价值变动损益。按处理日账面价值的账面价值比例贷记"交易性金融资产（成本/公允价值变动）"科目，按收到的款项借记"银行存款"等相关科目，其差额记入"投资收益"科目。

【例5-4】接【例5-2】，如果第二年年初公司为了周转现金需要，决定出售 30% 的 W 公司股票，最终公司以 33 元/股的价格出售该股票，实际收到出售价款 297 万元。

成本总额 = 2 900 000 + 6 000 000 = 8 900 000（元）

公允价值变动总额 = 700 000 + (33−32)×(100 000+200 000) = 1 000 000（元）

天河公司应进行如下账务处理：

借：银行存款 2 970 000
　　贷：交易性金融资产——W公司股票（成本） 2 670 000 (=8 900 000×30%)
　　　　　　　　　　——W公司股票（公允价值变动） 300 000
借：公允价值变动损益 300 000
　　贷：投资收益 300 000

第三节　债权投资

一、债权投资的定义

以摊余成本计量的金融资产是指企业以购买债券等方式进行投资、分期收取利息到期收回本金或者到期一次收取本息的长期债权投资，应当记入"债权投资"科目。金融资产同时符合下列条件的应当分类为以摊余成本计量的金融资产：

1）企业管理该金融资产的业务模式是以收取合同现金流量为目标。
2）该金融资产的合同条款规定在特定日期产生的现金流量。

二、债权投资的账务处理

（一）债权投资的初始计量

企业购买满足划分为债权投资条件的金融资产，应按所支付的全部价款（包括相关交易费用）确认债权投资的初始投资成本，其中按照该投资的面值确认"债权投资——××公司债券（成本）"，按照初始入账金额与债券面值之间的差额确认"债权投资——××公司债券（利息调整）"。如果支付价款中包含已到付息期但尚未发放的利息，需要将其借记为"应收利息"；如果该债权投资为到期一次还本付息的，需要将应计未付的利息记入"债权投资——××公司债券（应计利息）"。

【例5-5】 20×3年1月1日，天河公司以银行存款53 000 000元（含交易费用）购入Y公司当日发行的期限为5年、分期付息、到期偿还面值、不可提前赎回的债券。该债券的面值为50 000 000元，票面年利率为6%，每年的利息在次年1月1日以银行存款支付。天河公司将该债券分类为以摊余成本计量的金融资产，该债券的实际年利率为5%。在购买该债券时，天河公司应进行如下账务处理：

借：债权投资——Y公司债券（成本） 50 000 000
　　　　　　——Y公司债券（利息调整）3 000 000
　　贷：银行存款 53 000 000

（二）债权投资的后续计量

企业应当采用实际利率法，按摊余成本对债权投资进行后续计量。实际利率法，是指按照金融资产或金融负债（含一组金融资产或金融负债）的实际利率计算其摊余成本及各期利息收入或利息费用的方法。

实际利率，是指将金融资产或金融负债在预期存续期间或适用的更短期间内的未来现金流量，折现为该金融资产或金融负债当前账面价值所使用的利率。企业在确定实际利率时，应当在考虑金融资产或金融负债所有合同条款（包括提前还款权、看涨期权、类似期权等）的基础上预计未来现金流量，但不应考虑未来信用损失。实际利率应当在取得持有至到期投资时确定，实际利率与票面利率差别较小的，也可按票面利率计算利息收入，计入投资收益。

金融资产或金融负债的摊余成本，是指该金融资产或金融负债的初始确认金额经过下列调整后的结果。

1）扣除已偿还的本金。
2）加上或减去采用实际利率法将该初始确认金额与到期日金额之间的差额进行摊销形成的累计摊销额。
3）扣除已发生的减值损失（仅适用于金融资产）。

购买持有至到期投资支付的、属于实际利率组成部分的各项收费、交易费用及溢价或折价等，应当在确定实际利率时予以考虑。当该资产的未来现金流量或存续期间无法可靠预计时，应当采用该金融资产在整个合同期内的合同现金流量。

企业对付款额或收款额的估计数进行修正时，应调整此金融资产的账面价值以反映实际和修正后的预计现金流量。企业应通过按金融工具初始实际利率计算预计未来现金流量的现值来重估金融工具的账面价值，相关调整金额作为收入或费用，计入当期损益。

企业在初始确认持有至到期投资时，就应当计算确定实际利率，并在相关金融资产或金融负债预期存续期间或适用的更短期间内保持不变。

实际利率的计算：实际利率的计算应当采用内含报酬率法进行计算。

【例5-6】接【例5-5】，20×3年12月31日，天河公司所持Y公司债券的预期信用损失为2 600 000元。天河公司变更了其管理债券投资的业务模式，该变更符合《企业会计准则》对金融资产重分类的规定。20×4年1月1日，天河公司将该债券投资重分类为以公允价值计量且其变动计入当期损益的金融资产，当日该债券投资的公允价值为50 020 000元。不考虑其他因素。

20×3年12月31日，天河公司确认债券利息时：

债权投资的应计利息收入金额 = 50 000 000×6% = 3 000 000（元）
债券投资的实际利息收入金额 = 53 000 000×5% = 2 650 000（元）

借：应收利息　　　　　　　　　　　　　　　　　　　　3 000 000
　　贷：投资收益　　　　　　　　　　　　　　　　　　　　　　2 650 000
　　　　债权投资——Y公司债券（利息调整）　　　　　　　　　350 000

20×3年12月31日，天河公司确认预期信用损失时：

借：信用减值损失　　　　　　　　　　　　　　　　　　2 600 000
　　贷：债权投资减值准备　　　　　　　　　　　　　　　　　2 600 000

20×4年1月1日，天河公司进行重分类时：

确认的损益金额 = 50 020 000 − [50 000 000 + (3 000 000 − 350 000) − 2 600 000] = −30 000（元）

借：银行存款　　　　　　　　　　　　　　　　　　　　3 000 000
　　贷：应收利息　　　　　　　　　　　　　　　　　　　　　3 000 000
借：交易性金融资产——Y公司债券（成本）　　　　　　50 020 000
　　债权投资减值准备　　　　　　　　　　　　　　　　　2 600 000

    公允价值变动损益   30 000
  贷：债权投资——Y公司债券（成本）   50 000 000
    ——Y公司债券（利息调整）   2 650 000

1. 期中计价

  企业采用实际利率法，按照摊余成本对债权投资进行计量，应在每期期末按照账面价值和实际利率计算的乘积确认投资收益，按合同约定或按计算分摊的利息所得记入"应收利息"或者"债权投资——××公司债券（应计利息）"科目，差额为折溢价的摊销，记入"债权投资——××公司债券（利息调整）"科目。

2. 处置

  对于处置以摊余成本计量的债权投资，企业应当根据处置所得的实际价款与该债权投资账面价值之间的差额确认投资收益。在实际收到处置所得的价款时，借记"银行存款"，以债权投资的账面价值贷记"债权投资——××公司债券（成本）"。如果该债权投资计提了减值准备，则账面价值为其账面余额扣除已计提减值准备后的余额。如果有未收回的已计入应收项目的债券利息，则应在处置价款中予以扣除，贷记"应收利息"或者"债权投资——××公司债券（应计利息）"。根据利息调整摊余金额，贷记或者借记"债权投资——××公司债券（利息调整）"。以上述金额的差额，借记或者贷记"投资收益"。

  【例5-7】 20×4年12月31日，天河公司把在20×2年1月1日从Y公司购入的面值为1 200 000元、期限为4年、票面利率为6%的债券全部出售。出售当日，天河公司计提Y公司债券利息72 000元，实际收到价款1 250 000元，Y公司债券账面余额1 196 000元，利息调整（贷方余额）为4 000元。购买日天河公司将该债券划分为以摊余成本计量的金融资产。处置该债权投资的账务处理如下：

  借：银行存款   1 250 000
    债权投资——Y公司债券（利息调整）   4 000
    投资收益   18 000
  贷：债权投资——Y公司债券（成本）   1 200 000
    应收利息   72 000

第四节 其他债权投资

一、其他债权投资的定义

  以公允价值计量且其变动计入其他综合收益的金融资产，记入"其他债权投资"科目。对于债权性质的金融资产，同时符合下列条件的应当分类为以公允价值计量且其变动计入其他综合收益的金融资产。

  1）企业管理该金融资产的业务模式既以收取合同现金流量为目标又以出售该金融资产为目标。

  2）该金融资产的合同条款规定在特定日期产生的现金流量，仅为对本金和以未偿付本金金额为基础的利息的支付。

二、其他债权投资的账务处理

(一) 其他债权投资的初始计量

企业持有的以公允价值计量且其变动计入其他综合收益的金融资产，应当通过"其他债权投资"账户进行核算。在取得该项金融资产时，应当以其公允价值和相关交易费用之和作为初始入账金额，借记"其他债权投资——××公司债券（成本）"，反映其他债权投资的账面价值。以实际支付的价款贷记"银行存款"；如果支付价款中包含已到付息期但尚未发放的利息，需要将其借记为"应收利息"，不计入其他债权投资的初始投资成本；按照上列的差额，借记或贷记"债权投资——××公司债券（利息调整）"。如果为到期一次还本付息的债券，其应计未付的利息通过"债权投资——××公司债券（应计利息）"进行反映。

【例5-8】20×1年1月1日，天河公司从H上市公司购入新发行4年期、票面利率5%、分期付息到期还本的债券60万份，根据确认条件划分为以公允价值计量且其变动计入其他综合收益的金融资产。购买日该金融资产账面价值为50元/份，实际支付购买价款3 200万元（包括相关交易费用）。该企业可以对该笔交易进行如下处理：

借：其他债权投资——H公司债券（成本）　　　　30 000 000
　　　　　　　　——H公司债券（利息调整）　　 2 000 000
　　贷：银行存款　　　　　　　　　　　　　　　　　　　　32 000 000

【例5-9】接【例5-8】，如果天河公司所购H上市公司的该金融资产为20×0年1月1日发行的债券，该债券中包含已到期但尚未发放的利息1.5元/份，则调整分录如下：

借：其他债权投资——H公司债券（成本）　　　　29 100 000
　　　　　　　　——H公司债券（利息调整）　　 2 000 000
　　应收利息　　　　　　　　　　　　　　　　　　 900 000
　　贷：银行存款　　　　　　　　　　　　　　　　　　　　32 000 000

【例5-10】20×1年3月2日，天河公司又从N公司购买了债券400万份，购买价为5元/份，支付价款2 000万元，公司管理层将该金融资产划分以公允价值计量且其变动计入其他综合收益的金融资产，该笔交易账务处理如下：

借：其他债权投资——H公司债券（成本）　　　　20 000 000
　　贷：银行存款　　　　　　　　　　　　　　　　　　　　20 000 000

(二) 其他债权投资的后续计量

以公允价值计量且其变动计入其他综合收益的金融资产，在持有期间利息收入的确认方法与以摊余成本计量的金融资产相同，按实际利率计算取得的利息或现金股利，记入"投资收益"。企业应于每个会计年度末以公允价值对其他债权投资进行计量、列报，且公允价值变动记入"其他综合收益——其他债权投资公允价值变动"。处置其他债权投资时，借记"银行存款"等科目，以其面值贷记"其他债权投资——××公司债券（成本）"，其应计未收的利息贷记"应收利息"或者"其他债权投资——××公司债券（应计利息）"，利息调整的摊余成本贷记或者借记"其他债权投资——××公司债券（利息调整）"，根据其累计公允价值变动金额,贷记或者借记"其他债权投资——××公司债券(公允价值变动)",贷记或者借记"投资收益"。同时,企业需要将原计入其他综合收益的公允价值变动的累计额转出,计入投资收益。

【例 5-11】 接【例 5-8】,若天河公司于 20×1 年 1 月 1 日从 H 上市公司购入的新发债券为每年 12 月 31 日付息、到期还本,则持有期间采用实际利率法确认利息收入的账务处理如下。

由于 H 上市公司债券的初始投资成本大于其账面价值,因此其实际利率 r 一定低于票面利率 5%。先假定折现率为 4%,对应的年金现值系数和复利现值系数分别为 3.629 9 和 0.854 8,则该债券的现值为 30 000 000×5%×3.629 9+30 000 000×0.854 8=31 088 850(元)。由于该现值小于 H 上市公司债券的初始投资成本,表明实际利率应该小于 4%,进一步以 3% 作为折现率。对应的年金现值系数和复利现值系数分别为 3.717 1 和 0.888 5,该债券对应的现值为 30 000 000×5%×3.717 1+30 000 000×0.888 5=32 230 650(元)。由于该现值大于 H 上市公司债券的初始投资成本,表明实际利率应该大于 3%,因此实际利率在 3%~4%。通过插值法估计实际利率:

$$r = 3\% + (4\% - 3\%) \times \frac{32\ 230\ 650 - 32\ 000\ 000}{32\ 230\ 650 - 31\ 088\ 850} = 3.2\%$$

基于以上实际利率编制该金融资产的利息调整金额,如表 5-1 所示。

表 5-1 摊余成本表　　　　　　　　　　　　　　　　单位:元

时间	期初摊余成本	应收利息	实际利息	现金流入	摊余成本
20×1 年 12 月 31 日	32 000 000	1 500 000	1 024 000	476 000	31 524 000
20×2 年 12 月 31 日	31 524 000	1 500 000	1 008 768	491 232	31 032 768
20×3 年 12 月 31 日	31 032 768	1 500 000	993 049	506 951	30 525 817
20×4 年 12 月 31 日	30 525 817	1 500 000	976 826	523 174	30 000 000

注:表中数字计算结果保留为整数值。

相关账务处理:

20×1 年 12 月 31 日,确认投资收益时:

借:应收利息　　　　　　　　　　　　　　　　　　1 500 000
　　贷:投资收益　　　　　　　　　　　　　　　　　　1 024 000
　　　　债权投资——H 公司债券(利息调整)　　　　　476 000

收到 H 公司债券利息时:

借:银行存款　　　　　　　　　　　　　　　　　　1 500 000
　　贷:应收利息　　　　　　　　　　　　　　　　　　1 500 000

20×2 年 12 月 31 日,确认投资收益时:

借:应收利息　　　　　　　　　　　　　　　　　　1 500 000
　　贷:投资收益　　　　　　　　　　　　　　　　　　1 008 768
　　　　债权投资——H 公司债券(利息调整)　　　　　491 232

收到 H 公司债券利息时:

借:银行存款　　　　　　　　　　　　　　　　　　1 500 000
　　贷:应收利息　　　　　　　　　　　　　　　　　　1 500 000

20×3年12月31日,确认投资收益时:
借:应收利息 1 500 000
  贷:投资收益 993 049
    债权投资——H公司债券(利息调整) 506 951
收到H公司债券利息时:
借:银行存款 1 500 000
  贷:应收利息 1 500 000
20×4年12月31日,确认投资收益时:
借:应收利息 1 500 000
  贷:投资收益 976 826
    债权投资——H公司债券(利息调整) 523 174
收到H公司债券利息时:
借:银行存款 1 500 000
  贷:应收利息 1 500 000

【例5-12】接【例5-8】,天河公司持有的H上市公司债券在20×2年12月31日的市价为52元/份,20×3年4月10日天河公司将该债券全部出售,实际收到价款32 500 000元。

20×2年12月31日,确认公允价值变动时:

公允价值变动 = 600 000 × 2 = 1 200 000(元)

借:其他债权投资——H公司债券(公允价值变动) 1 200 000
  贷:其他综合收益——其他债权投资公允价值变动 1 200 000
20×3年4月10日,处置该债券时:
借:银行存款 32 500 000
  贷:其他债权投资——H公司债券(成本) 30 000 000
       ——H公司债券(利息调整) 506 951
       ——H公司债券(公允价值变动) 1 200 000
    投资收益 793 049
借:其他综合收益——其他债权投资公允价值变动 1 200 000
  贷:投资收益 1 200 000

第五节 其他权益工具投资

一、其他权益工具投资的初始计量

企业应当设置"其他权益工具投资"科目,核算企业持有的指定为以公允价值计量且其变动计入其他综合收益的非交易性权益工具投资。本科目可按其他权益工具投资的类别和品种,分别设置"成本"和"公允价值变动"明细科目进行明细核算。其中,"成本"明细科目反映其他权益工具投资的初始入账金额,"公允价值变动"明细科目反映其他权益工具投资在持有期间的公允价值变动金额。

企业在取得指定为以公允价值计量且其变动计入其他综合收益的非交易性权益工具投资

时,按照该投资的公允价值和相关交易费用之和作为初始投资成本,借记"其他权益工具投资——成本"科目,支付价款中包含的已宣告但尚未发放的现金股利,借记"应收股利"科目,按实际支付的金额,贷记"银行存款"等科目。企业收到支付价款中包含的已宣告但尚未发放的现金股利时,借记"银行存款"科目,贷记"应收股利"科目。

【例5-13】天河公司于20×3年5月1日购入A公司发行的每股价格为8元的股票100万股,共支付821万元(其中包含交易费用1万元,以及每股0.2元已宣告但尚未发放的现金股利20万元)。天河公司将该投资指定为以公允价值计量且其变动计入其他综合收益的非交易性权益工具投资。

20×3年5月1日,天河公司购入A公司股票时:

借:其他权益工具投资——成本　　　　　　　　　8 010 000
　　应收股利　　　　　　　　　　　　　　　　　　200 000
　　贷:银行存款　　　　　　　　　　　　　　　　　　　　8 210 000

20×3年5月20日,天河公司收到A公司发放的现金股利时:

借:银行存款　　　　　　　　　　　　　　　　　　200 000
　　贷:应收股利　　　　　　　　　　　　　　　　　　　　200 000

二、其他权益工具投资的后续计量

企业应当以资产负债表日的公允价值反映其持有的其他权益工具投资。资产负债表日,若指定为以公允价值计量且其变动计入其他综合收益的非交易性权益工具投资的公允价值高于其账面余额,按二者之间的差额借记"其他权益工具投资——公允价值变动"科目,贷记"其他综合收益——其他权益工具投资公允价值变动"科目;若其公允价值低于账面余额,按二者之间的差额做相反的会计分录。

企业在处置其他权益工具投资时,按实际收到的金额,借记"银行存款"等科目,按其他权益工具投资的初始入账金额,贷记"其他权益工具投资——成本"科目,按累计公允价值变动金额,贷记或借记"其他权益工具投资——公允价值变动"科目;按取得的处置价款与该金融资产账面余额之间的差额,调整留存收益,贷记或借记"盈余公积""利润分配——未分配利润"科目;同时,将原计入其他综合收益的公允价值累计变动额转出,借记或贷记"其他综合收益——其他权益工具投资公允价值变动"科目,贷记或借记"盈余公积""利润分配——未分配利润"科目。

【例5-14】接【例5-13】,天河公司持有A公司的股票在20×3年12月31日每股市价为8.6元,持有至20×4年6月30日该股票每股市价为7.8元。20×4年8月20日,天河公司将持有的100万股A公司股票以每股8元的价格全部转让。天河公司按10%提取法定盈余公积。

20×3年12月31日,天河公司确认股票价格变动时:

公允价值变动 = 8.6×1 000 000 - 8 010 000 = 590 000(元)

借:其他权益工具投资——公允价值变动　　　　　　590 000
　　贷:其他综合收益——其他权益工具投资公允价值变动　　　590 000

调整后A公司股票账面余额 = 8 010 000 + 590 000 = 8 600 000(元)

20×4年6月30日,天河公司确认股票价格变动时:

公允价值变动=7.80×1 000 000-8 600 000=-800 000(元)

借:其他综合收益——其他权益工具投资公允价值变动　　　800 000
　　贷:其他权益工具投资——公允价值变动　　　　　　　　　　　　800 000

调整后A公司股票账面余额=8 600 000-800 000=7 800 000(元)

20×4年8月20日,天河公司处置该股票时:

借:银行存款　　　　　　　　　　　　　　　　　　　　8 000 000
　　其他权益工具投资——公允价值变动　　　　　　　　　　210 000
　　贷:其他权益工具投资——成本　　　　　　　　　　　　　　　8 010 000
　　　　盈余公积　　　　　　　　　　　　　　　　　　　　　　　　20 000
　　　　利润分配——未分配利润　　　　　　　　　　　　　　　　　180 000

借:盈余公积　　　　　　　　　　　　　　　　　　　　　　21 000
　　利润分配——未分配利润　　　　　　　　　　　　　　　189 000
　　贷:其他综合收益——其他权益工具投资公允价值变动　　　　　　210 000

第六节　金融资产的减值和重分类

一、金融资产的减值

(一)金融资产减值概述

当对金融资产预期未来现金流量具有不利影响的一项或多项事件发生时,该金融资产成为已发生信用减值的金融资产。企业应当以预期信用损失为基础,采用预期信用损失法来计量金融资产在资产负债表日应当确认的减值准备。

信用损失,是指企业按照原实际利率折现的、根据合同应收的所有合同现金流量与预期收取的所有现金流量之间的差额,即全部现金短缺的现值。其中,对于企业购买或源生的已发生信用减值的金融资产,应按照该金融资产经信用调整的实际利率折现。由于预期信用损失考虑付款的金额和时间分布,因此即使企业预计可以全额收款但收款时间晚于合同规定的到期期限,也会产生信用损失。

预期信用损失,是指以发生违约的风险为权重的金融工具信用损失的加权平均值。在估计现金流量时,企业应当考虑金融工具在整个预计存续期的所有合同条款(如提前还款、展期、看涨期权或其他类似期权等)。企业所考虑的现金流量应当包括出售所持担保品获得的现金流量,以及属于合同条款组成部分的其他信用增级所产生的现金流量。

(1)金融资产已发生信用减值的证据范围如下。

1)发行方或债务人发生重大财务困难。

2)债务人违反合同,如偿付利息或本金违约或逾期等。

3)债权人出于与债务人财务困难有关的经济或合同考虑,给予债务人在任何其他情况下都不会做出的让步。

4)债务人很可能破产或进行其他财务重组。

5)发行方或债务人财务困难导致该金融资产的活跃市场消失。

6）以大幅折扣购买或源生一项金融资产，该折扣反映了发生信用损失的事实。

（2）企业应当进行减值账务处理并确认损失准备的金融工具范围如下。

1）以摊余成本计量的金融资产和以公允价值计量且其变动计入其他综合收益的金融资产。

2）租赁应收款。

3）合同资产（《企业会计准则第14号——收入》所定义的合同资产）。

4）企业发行的分类为以公允价值计量且其变动计入当期损益的金融负债以外的贷款承诺和财务担保合同。

（二）金融资产减值的确认方法

企业应当在每个资产负债表日评估相关金融资产的信用风险自初始确认后是否已显著增加，并按照下列情形分别计量其损失准备、确认预期信用损失及其变动。

1）如果该金融资产的信用风险自初始确认后已显著增加，企业应当按照相当于该金融资产整个存续期内预期信用损失的金额计量其损失准备。无论企业评估信用损失的基础是单项金融资产还是金融资产组合，由此形成的损失准备的增加或转回金额，应当作为减值损失或利得计入当期损益。该阶段利息收入的计算采用总额法，以该项金融资产的账面余额（未扣除减值准备）和实际利率为基础计算。

2）如果该金融资产的信用风险自初始确认后并未显著增加，企业应当按照相当于该金融资产未来12个月内预期信用损失的金额计量其损失准备，无论企业评估信用损失的基础是单项金融资产还是金融资产组合，由此形成的损失准备的增加或转回金额，应当作为减值损失或利得计入当期损益。该阶段利息收入的计算采用总额法，以该项金融资产的账面余额（未扣除减值准备）和实际利率为基础计算。

3）如果金融资产的信用风险自初始确认后已显著增加且有客观证据表明已发生信用减值，企业应当按照相当于该金融资产整个存续期内预期信用损失的金额计量其损失准备。无论企业评估信用损失的基础是单项金融资产还是金融资产组合，由此形成的损失准备的增加或转回金额，应当作为减值损失或利得计入当期损益。该阶段利息收入的计算采用净额法，以该项金融工具的摊余成本（账面余额扣除已计提减值准备后的账面价值）和实际利率（或经过信用调整）为基础计算。

（三）金融资产减值的账务处理

在资产负债表日，企业应当对以摊余成本计量的金融资产和以公允价值计量且其变动计入其他综合收益的金融资产以预期信用损失为基础计提损失准备。但是，以公允价值计量且其变动计入当期损益的金融资产和指定为以公允价值计量且其变动计入其他综合收益的非交易性权益工具投资，不计提损失准备。

企业应当在资产负债表日根据金融资产减值的确认方法对相关金融资产的信用风险进行评估，计量其损失准备和确认预期信用损失。当预期信用损失大于相关金融资产当前减值准备的账面金额时以其差额作为减值损失，借记"信用减值损失"科目，贷记"债权投资减值准备"或"其他综合收益——信用减值准备"科目。如果在资产负债表日该项金融资产因信用风险下降导致预期信用损失减少的，企业应做相反的会计分录转回已计提的损失准备和确认的预期信用损失。

1. 以摊余成本计量的金融资产减值的账务处理

【例5-15】天河公司于20×1年1月1日从活跃市场购入Y公司当日发行的5年期、票面利率为5%、每年年末付息到期还本的债券50万张，当日市价为20元/张，天河公司支付1 000万元取得，实际利率为5%。天河公司将其确认为以摊余成本计量的金融资产。

20×1年1月1日，天河公司购入Y公司新发债券时：
借：债权投资——Y公司债券（成本）　　　　　　　10 000 000
　　贷：银行存款　　　　　　　　　　　　　　　　　　　　　10 000 000

20×1年12月31日，天河公司确认利息收入时：
借：应收利息　　　　　　　　　　　　　　　　　　500 000
　　贷：投资收益　　　　　　　　　　　　　　　　　　　　　500 000

天河公司收到Y公司债券利息时：
借：银行存款　　　　　　　　　　　　　　　　　　500 000
　　贷：应收利息　　　　　　　　　　　　　　　　　　　　　500 000

截至20×1年12月31日，天河公司对Y公司债券信用风险的评估认为，该投资的信用风险未显著增加，因而天河公司应当按照相当于该金融资产未来12个月内预期信用损失的金额计量其损失准备。天河公司预计Y公司债券未来12个月发生违约的概率为1%、违约损失率为50%，则

未来12个月预期信用损失 = (10 000 000+500 000)×0.952 4×1%×50% = 50 001（元）

其中，5%折现率对应的1年期复利现值系数为0.952 4。

计提减值准备的账务处理：
借：信用减值损失　　　　　　　　　　　　　　　　50 001
　　贷：债权投资减值准备　　　　　　　　　　　　　　　　　50 001

根据信用风险评估，天河公司在20×2年12月31日确认利息收入并按期全部收到：
借：应收利息　　　　　　　　　　　　　　　　　　500 000
　　贷：投资收益　　　　　　　　　　　　　　　　　　　　　500 000
借：银行存款　　　　　　　　　　　　　　　　　　500 000
　　贷：应收利息　　　　　　　　　　　　　　　　　　　　　500 000

在20×2年12月31日，市场上出现新的商业模式导致Y公司产品的销量出现大幅下降。天河公司的信用风险评估认为，Y公司债券的信用风险自初始确认后已显著增加，天河公司应当按照相当于该金融资产整个存续期内预期信用损失的金额计量其损失准备。天河公司预计Y公司债券未来整个存续期内发生违约的概率为10%、违约损失率为50%，则

整个存续期内预期信用损失 = (10 000 000×0.863 8+500 000×2.723 2)×10%×50% = 499 980（元）

其中，5%折现率对应的3年期复利现值系数和年金现值系数分别为0.863 8、2.723 2。

则

　　　　　　　　　本年应计提减值准备 = 499 980−50 001 = 449 979（元）

计提减值准备的账务处理：
借：信用减值损失　　　　　　　　　　　　　　　　449 979
　　贷：债权投资减值准备　　　　　　　　　　　　　　　　　449 979

到20×3年12月31日，Y公司采取的一系列补救措施未能改善其财务状况，公司出现

进一步亏损。天河公司的信用风险评估认为，Y公司债券的信用风险自初始确认后已显著增加且有客观证据表明已发生信用减值，Y公司应当按照相当于该金融资产整个存续期内预期信用损失的金额采用净额法计量其损失准备。天河公司预计Y公司债券未来整个存续期内发生违约的概率为50%、违约损失率为60%，则

整个存续期内预期信用损失 = (10 000 000×0.907 0+500 000×1.859 4)×50%×60%
= 2 999 910（元）

其中，5%折现率对应的2年期复利现值系数和年金现值系数分别为0.907 0、1.859 4。

本年应计提减值准备 = 2 999 910-499 980 = 2 499 930（元），计提减值准备的账务处理：

借：信用减值损失 2 499 930
　　贷：债权投资减值准备 2 499 930

根据信用风险评估，天河公司在20×3年12月31日未按约收到利息。

Y公司债券期初摊余成本 = 10 000 000-2 999 930 = 7 000 070（元），利息收入 = 7 000 070×5% = 350 003.50（元），利息调整 = 500 000-350 003.50 = 149 996.50（元）。

20×3年12月31日，天河公司确认利息收入时：

借：应收利息 500 000
　　贷：投资收益 350 003.50
　　　　债权投资——Y公司债券（利息调整） 149 996.50

经过业务重组和经营战略调整，截至20×4年12月31日，Y公司亏损状况得到显著改善，公司业绩开始好转。天河公司的信用风险评估认为，虽然Y公司债券存在较为显著的信用风险，但不具有表明发生信用减值的客观证据。因此，天河公司应当按照相当于该金融资产整个存续期内预期信用损失的金额计量其损失准备。天河公司预计Y公司债券未来整个存续期内发生违约的概率为20%、违约损失率为40%，则

整个存续期内预期信用损失 = (10 000 000+500 000)×0.952 4×20%×40% = 800 016（元），其中，5%折现率对应的1年期复利现值系数为0.952 4。

天河公司在前3年已累计计提减值准备的基础上，本年应转回已计提的减值准备 =
2 999 930-800 016 = 2 199 914（元）。

借：债权投资减值准备 2 199 914
　　贷：信用减值损失 2 199 914

根据信用风险评估，天河公司在20×3年12月31日确认利息收入并按期全部收到：

借：应收利息 500 000
　　贷：投资收益 500 000
借：银行存款 500 000
　　贷：应收利息 500 000

20×4年1月1日，天河公司以700万元价格将持有Y公司的50万张债券全部出售给H上市公司：

借：银行存款 7 000 000.00
　　债权投资减值准备 800 016.00
　　债权投资——Y公司债券（利息调整） 149 996.50
　　投资收益 2 049 987.50
　　贷：债权投资——Y公司债券（成本） 10 000 000.00

2. 以公允价值计量且其变动计入其他综合收益的金融资产减值的账务处理

【例5-16】接【例5-15】，假设天河公司将持有的Y公司债券确定为以公允价值计量且其变动计入其他综合收益的金融资产，则相关账务处理如下：

20×1年1月1日，初始确认时：
借：其他债权投资——Y公司债券（成本） 10 000 000
　　贷：银行存款 10 000 000

20×1年12月31日，确认利息收入时：
借：应收利息 500 000
　　贷：投资收益 500 000

收到Y公司债券利息时：
借：银行存款 500 000
　　贷：应收利息 500 000

20×2年12月31日，Y公司债券的市场价格为18元/张，

确认公允价值变动 = (18−20)×500 000 = 1 000 000（元）

借：其他综合收益——其他债权投资公允价值变动 1 000 000
　　贷：其他债权投资——Y公司债券（公允价值变动） 1 000 000

截至20×2年12月31日，天河公司对Y公司债券信用风险的评估认为，该投资的信用风险为显著增加，因而天河企业应当按照相当于该金融资产未来12个月内预期信用损失的金额计量其损失准备。天河公司预计Y公司债券未来12个月发生违约的概率为1%、违约损失率为50%，则

未来12个月预期信用损失 = (10 000 000+500 000)×0.952 4×1%×50% = 50 001（元），其中，5%折现率对应的1年期复利现值系数为0.952 4。

计提减值准备的账务处理：
借：信用减值损失 50 001
　　贷：其他综合收益——信用减值准备 50 001

根据信用风险评估，天河公司在20×6年12月31日确认利息收入并按期全部收到：
借：应收利息 500 000
　　贷：投资收益 500 000
借：银行存款 500 000
　　贷：应收利息 500 000

20×3年1月1日，天河公司以800万元价格将持有Y公司的50万张债券全部出售给H上市公司：
借：银行存款 8 000 000
　　其他综合收益——信用减值准备 50 001
　　其他债权投资——Y公司债券（公允价值变动） 1 000 000
　　投资收益 949 999
　　贷：债权投资——Y公司债券（成本） 10 000 000

转出20×2年12月31日确认的公允价值变动：
借：投资收益 1 000 000
　　贷：其他综合收益——公允价值变动 10 000 000

二、金融资产的重分类

(一) 金融资产重分类的原则

对于金融资产的分类一经确定,不得随意变更。当企业改变其管理金融资产的业务模式时,应当对所有受影响的相关金融资产进行重分类。企业对金融资产进行重分类,应当自重分类日起采用未来适用法进行相关账务处理,不得对以前已经确认的利得、损失(包括减值损失或利得)或利息进行追溯调整。金融资产有以下几种可以重分类的情况。

1) 以摊余成本计量的金融资产重分类为以公允价值计量且其变动计入当期损益的金融资产或者重分类为以公允价值计量且其变动计入其他综合收益的金融资产。

2) 以公允价值计量且其变动计入其他综合收益的金融资产重分类为以摊余成本计量的金融资产或者重分类为以公允价值计量且其变动计入当期损益的金融资产。

3) 以公允价值计量且其变动计入当期损益的金融资产重分类为以摊余成本计量的金融资产或者重分类为以公允价值计量且其变动计入其他综合收益的金融资产。

(二) 金融资产重分类的账务处理

1. 以摊余成本计量的金融资产的重分类

1) 企业将一项以摊余成本计量的金融资产重分类为以公允价值计量且其变动计入当期损益的金融资产的,应当按照该资产在重分类日的公允价值进行计量。原账面价值与公允价值之间的差额计入当期损益。

2) 企业将一项以摊余成本计量的金融资产重分类为以公允价值计量且其变动计入其他综合收益的金融资产的,应当按照该金融资产在重分类日的公允价值进行计量。原账面价值与公允价值之间的差额计入其他综合收益。该金融资产重分类不影响其实际利率和预期信用损失的计量。

【例5-17】20×3年10月10日,天河公司以公允价值100万元购入Y公司发行的债券,并将其确认为以摊余成本计量的金融资产。20×4年12月31日,天河公司改变了其管理债权投资的业务模式。当日,Y公司债券的公允价值为1 100 000元,利息调整10 000元,已确认减值准备20 000元。

假设天河公司将持有的Y公司债券重分类为以公允价值计量且其变动计入当期损益的金融资产,则相关账务处理如下:

借:交易性金融资产——Y公司债券(成本)　　　　　1 100 000
　　债权投资减值准备　　　　　　　　　　　　　　　　 20 000
　贷:债权投资——Y公司债券(成本)　　　　　　　　 1 000 000
　　　　　　——Y公司债券(利息调整)　　　　　　　　 10 000
　　　公允价值变动损益　　　　　　　　　　　　　　　110 000

假设天河公司将持有的Y公司债券重分类为以公允价值计量且其变动计入其他综合收益的金融资产,则相关账务处理如下:

借:其他债权投资——Y公司债券(成本)　　　　　　1 000 000
　　　　　　——Y公司债券(利息调整)　　　　　　　　 10 000
　　　　　　——Y公司债券(公允价值变动)　　　　　　 20 000

贷：债权投资——Y公司债券（成本）	1 000 000
——Y公司债券（利息调整）	10 000
其他综合收益——其他债权投资公允价值变动	20 000

2. 以公允价值计量且其变动计入其他综合收益的金融资产的重分类

1）企业将一项以公允价值计量且其变动计入其他综合收益的金融资产重分类为以摊余成本计量的金融资产的，应当将之前计入其他综合收益的累计利得或损失转出，调整该金融资产在重分类日的公允价值，并以调整后的金额作为新的账面价值，即视同该金融资产一直以摊余成本计量。该金融资产重分类不影响其实际利率和预期信用损失的计量。

2）企业将一项以公允价值计量且其变动计入其他综合收益的金融资产重分类为以公允价值计量且其变动计入当期损益的金融资产的，应当继续以公允价值计量该金融资产。同时，企业应当将之前计入其他综合收益的累计利得或损失从其他综合收益转入当期损益。

【例5-18】20×3年10月10日，天河公司以公允价值1 000 000元购入Y公司发行的债券，并将其确认为以公允价值计量且其变动计入其他综合收益的金融资产。20×4年12月31日，天河公司改变了其管理债权投资的业务模式。当日，Y公司债券的公允价值为1 100 000元，已计提减值准备20 000元。

假设天河公司将持有的Y公司债券重分类为以摊余成本计量的金融资产，则相关账务处理如下：

借：债权投资——Y公司债券（成本）	1 000 000
其他综合收益——信用减值准备	20 000
——其他债权投资公允价值变动	100 000
贷：其他债权投资——Y公司债券（成本）	1 000 000
——Y公司债券（公允价值变动）	100 000
债权投资减值准备	20 000

假设天河公司将持有的Y公司债券重分类为以公允价值计量且其变动计入当期损益的金融资产，则相关账务处理如下：

借：交易性金融资产——Y公司债券	1 100 000
贷：其他债权投资——Y公司债券（成本）	1 000 000
——Y公司债券（公允价值变动）	100 000
借：其他综合收益——其他债权投资公允价值变动	100 000
贷：公允价值变动损益	100 000
借：其他综合收益——信用减值准备	20 000
贷：公允价值变动损益	20 000

3. 以公允价值计量且其变动计入当期损益的金融资产的重分类

1）企业将一项以公允价值计量且其变动计入当期损益的金融资产重分类为以摊余成本计量的金融资产的，应当以其在重分类日的公允价值作为新的账面余额。

2）企业将一项以公允价值计量且其变动计入当期损益的金融资产重分类为以公允价值计量且其变动计入其他综合收益的金融资产的，应当继续以公允价值计量该金融资产。

【例5-19】20×3年10月10日，天河公司以公允价值1 000 000元购入Y公司发行的债券，并将其确认为以公允价值计量且其变动计入当期损益的金融资产。20×4年12月31日，天河公司改变了其管理债权投资的业务模式。当日，Y公司债券的公允价值为1 100 000元，利息调整为10 000元。

假设天河公司将持有的Y公司债券重分类为以摊余成本计量的金融资产，则相关账务处理如下：

借：债权投资——Y公司债券（成本） 　　　　　　　　　　　1 000 000
　　交易性金融资产——Y公司债券（公允价值变动） 　　　　110 000
　贷：交易性金融资产——Y公司债券（成本） 　　　　　　　1 100 000
　　　债权投资——Y公司债券（利息调整） 　　　　　　　　　10 000

假设天河公司将持有的Y公司债券重分类为以公允价值计量且其变动计入其他综合收益的金融资产，则相关账务处理如下：

借：其他债权投资——Y公司债券（成本） 　　　　　　　　　1 000 000
　　交易性金融资产——Y公司债券（公允价值变动） 　　　　110 000
　贷：交易性金融资产——Y公司债券（成本） 　　　　　　　1 100 000
　　　其他债权投资——Y公司债券（利息调整） 　　　　　　　10 000

▶本章小结

本章介绍了企业金融资产的概念、分类，重点讲述了以公允价值计量且其变动计入当期损益的金融资产、以摊余成本计量的金融资产、以公允价值计量且其变动计入其他综合收益的金融资产的特点以及会计核算要求。企业成为金融工具合同的一方时，应当确认一项金融资产或金融负债。根据企业管理金融资产的业务模式和金融资产的合同现金流量特征，以摊余成本计量的金融资产和以公允价值计量且其变动计入其他综合收益的金融资产之外的金融资产，企业应当将其分类为以公允价值计量且其变动计入当期损益的金融资产。企业初始确认金融资产，应当按照公允价值计量。对于以公允价值计量且其变动计入当期损益的金融资产，相关交易费用应当直接计入当期损益；对于其他类别的金融资产，相关交易费用应当计入初始确认金额。初始确认后，企业应当对不同类别的金融资产，分别以摊余成本、以公允价值计量且其变动计入其他综合收益或以公允价值计量且其变动计入当期损益进行后续计量。对于金融资产的分类一经确定，不得随意变更。当企业改变其管理金融资产的业务模式时，应当对所有受影响的相关金融资产进行重分类。

▶思政园地

为现代化强国建设贡献期货力量

党的二十大报告指出，实现高质量发展是中国式现代化的本质要求之一，要求加快构建新发展格局，着力推动高质量发展。期货市场以其独特的市场机制和经济功能，在高质量发展的重要领域和关键环节可以发挥重要作用。

一是助力保障初级产品供给安全。初级产品是国民经济发展的战略基石，保障其供给安全是高质量发展的基本前提。习近平总书记在2021年中央经济工作会议上的重要讲话中，把"初级产品供给保障"作为我国面临的重大理论和实践问题之一，要求增强国内资源生产保障能力。期货市场发源于农产品风险管理，在服务初级产品供给安全方面具有天然基因。通过涉农期货品种远期价格，引导农业种植，调节生产计划，促进优化资源配置。通过套期保值稳定产、供、销关系，促进农业集约化、规模化、产业化，提高农业生产效益。

二是引领全国统一大市场建设。建设全国统一大市场是构建新发展格局的基础支撑，是高质量发展的内在要求。党的二十大报告强调，构建全国统一大市场，深化要素市场化改革，建设高标准市场体系。期货市场和现货市场是共同构成统一大市场的有机整体。以期货市场先进发达的交易平台、交割网络、信息网络和服务体系为骨架，可联通带动全国成千上万的现货交易中心、批发市场以及仓储物流、中介服务机构，构建起全国统一大市场的基础构架。

三是增强宏观经济稳定性。经济大起大落破坏性强、外溢性强，宏观经济稳定是高质量发展的重要特征。在世界面临百年未有之大变局、全球经济充满不确定性的情况下，宏观稳定成为稀缺资源。党的二十大报告明确要求，健全宏观经济治理体系。宏观稳定以供求均衡作为内在基础。期货市场提供较长周期、连续不断的未来价格信号和风险管理工具，比现货价格更有效地引导当前和未来一段时间的生产、加工、贸易、流通和消费，从而更好地促进未来供求平衡。

四是促进产业链供应链优化升级。构建自主可控、安全高效的产业链供应链，是高质量发展的重要内涵。党的二十大报告要求，着力提升产业链供应链韧性和安全水平。期货市场广泛联系上中下游千厂万企，在维系产业链供应链稳定方面发挥着特殊作用。期货交易所利用其中央对手方机制，公平维护买卖双方利益，避免现货市场履约效率低、维权成本高等问题，有力地维护了产业链稳定。

五是增强企业发展活力和韧性。企业好经济就好，富有竞争力的企业是高质量发展的微观基础。党的二十大报告就提升企业核心竞争力、支持各类企业发展提出明确要求。风险管理是企业核心竞争力的重要组成部分，企业面临的最大风险就是价格的不确定性和货源的不确定性。通过期货交易，产业企业让渡出部分利润，把价格波动风险转移给有意愿、有能力承担的机构和个人。

资料来源：冉华. 为现代化强国建设贡献期货力量[J]. 中国金融，2023（2）：12-14.

国际视野　　拓展阅读　　章后练习　　关键术语音频

▶ 关键术语听与读

- **Amortized cost（摊余成本）**: The amortized cost refers to the amount of investment cost minus interest calculated based on the actual interest rate (referred to as the market interest rate for the same period).
- **Credit loss（信用损失）**: The credit loss refers to the difference between all contract cash flows receivable under the contract and all cash flows expected to be received by the enterprise discounted at the original effective interest rate.
- **Debt investment（债权投资）**: A long-term debt investment in which an enterprise makes investment by purchasing bonds, collects interest in installments, recovers principal at maturity, or collects principal and interest at maturity.
- **Derivatives（衍生金融工具）**: The derivatives refer to the financial instruments, the prices of which have a strong correlation with a related or underlying commodity, currency, or financial instrument, and the most common examples are futures and options.
- **Effective interest rate（实际利率）**: The

- effective interest rate method is a method for accounting for bond premiums or discounts. The interest expense is calculated by multiplying the carrying value of the bond at the beginning of a financial period by the effective interest rate.
- Expected credit losses（预期信用损失）: The expected credit losses refer to the weighted average value of credit losses of financial instruments weighted by the risk of default.
- Equity instrument investment（权益工具投资）: The equity instrument investment refers to the investment in an instrument such as non-equity shares, warrants, and options that provide evidence of an ownership interest in an entity.
- Financial asset（金融资产）: The financial asset refers to an asset that derives value because of a contractual claim. It contains cash, a contractual right to receive cash, or the right to exchange a financial instrument with another entity under potentially favorable terms or an equity instrument of another entity.
- Trading financial assets（交易性金融资产）: The purpose of holding the trading financial assets, also called financial assets held for trading or trading securities, by enterprises for sale in the near future is to earn the price differences by purchasing stocks, bonds and funds.
- Impairment of financial assets（金融资产减值）: When one or more events that have an adverse impact on the expected future cash flow of a financial asset occur, the financial asset becomes a financial asset with credit impairment.
- Investment in other equity instruments（其他权益工具投资）: Accounting for non-tradable equity instrument investments held by enterprises that are designated to be measured at fair value and whose changes are included in other comprehensive income.
- Investment returns（投资收益）: The investment returns refer to the income obtained from the debt or equity investment to other organization.
- Other debt investment（其他债权投资）: Accounting for financial assets measured at fair value with changes included in other comprehensive income.
- Reclassification of financial assets（金融资产重分类）: When an enterprise changes its business model of managing financial assets, it should reclassify all affected relevant financial assets.
- Stock investment（股权投资）: The stock investment, also called equity investment, refers to the investment of a business into the stock or quasi stock of another business.

第六章

长期股权投资

本章案例

尚德公司海外上市案例研究

无锡尚德太阳能电力有限公司（以下简称"尚德公司"）主要从事晶体硅太阳电池、组件以及光伏发电系统的研究，制造和销售。尚德公司于 2004 年被 PHOTON 杂志国际版评为全球前十位太阳电池制造商，并在 2005 年进入前六位。

2005 年底，尚德公司的产能已达到 150MW，2006 年年底达到 240MW。尚德公司已成为世界上最大的太阳能电池生产商之一。为了谋求更大的发展，2005 年施正荣又开始谋划到海外资本市场上市。

想要在全球光伏产业竞争中占据有利地位，必须要有足够的资金实力，到海外资本市场上市成为明智之举。尚德公司必须利用外来资金，以便开始一系列的资本变身，到更广阔的市场上去寻找新的发展机会。

2005 年 1 月，施正荣在英属维尔京群岛注册成立了英属维尔京群岛尚德有限公司（以下简称"英属维尔京尚德公司"），通过一系列融资和收购活动，英属维尔京尚德公司最终 100% 控股了尚德公司，从法律意义上，尚德公司变身为一家纯粹的外资公司。

2005 年 5 月，英属维尔京尚德公司向高盛、英联、龙科、西班牙普凯等国际著名投资机构共私募了 8 000 万美元的资金，用于收购尚德公司中的国有股份。在政府的支持和帮助下，最早投资尚德公司的无锡小天鹅等国有企业在海外基金进入时退出，使尚德公司成为一个海外公司 100% 控股的外资企业，为尚德公司的海外上市奠定了基础。

2005 年 8 月，施正荣又在开曼群岛注册成立了尚德电力控股有限公司（以下简称"尚德控股"）。随后，尚德控股取得了英属维尔京尚德公司拥有的全部股权，成为尚德公司的全权拥有者。最后，由尚德公司的全资母公司尚德控股在美国纽约证券交易所申请上市。

2005 年 12 月 14 日，"尚德控股"以美国存托股票（ADS）形式在纽约证券交易所挂牌上市，受到投资者的热烈追捧，收盘价为每股 21.2 美元，较 IPO 发行价每股 15 美元上涨了 41%。以当日收盘价计算的市值达到了 30.67 亿美元，远远超过新浪、盛大等已在纳斯达克上市的中国公司，因此，尚德公司被国内媒体称为"第一家登陆纽约证券交易所的中国民营企业"。

对投资方来说，尚德控股在纽约证交所挂牌交易的当天，开盘价位跳至每股20.35美元，此时，高盛的2 500万美元投资变成了4亿美元，半年时间收益超过了初始投资的10倍。外资机构在半年内有近10倍的投资回报率，使尚德公司成为其对华投资最成功的案例之一。

资料来源：花冯涛. 中国企业海外上市模式研究：基于"无锡尚德"案例分析[J]. 中外企业家，2012（5）：18-20.

▶ **学习目标** ◀

本章主要介绍企业合并方式取得的长期股权投资和非企业合并方式取得的长期股权投资的会计核算及其区别，特别是要熟悉长期股权投资的成本法与权益法的账务处理、特点及其差异。通过本章的学习，希望读者：

- 了解长期股权投资的概念及其特点；
- 熟悉同一控制与非同一控制下企业合并账务处理的区别；
- 掌握长期股权投资核算方法的关系、成本法和权益法的原理；
- 掌握成本法与权益法相互转换的情形和要求、账务处理。

点阅读4　企业会计准则第2号——长期股权投资

第一节　长期股权投资概述

一、长期股权投资的定义

长期股权投资，是指投资方对被投资单位实施控制、重大影响的权益性投资，以及对其合营企业的权益性投资。由于长期股权投资的目的是长期持有，故一般为大额投资，以期通过在较长时间内获得股利利益，或控制、共同控制、对被投资企业产生重大影响来获取战略上的利益。

二、长期股权投资的内容

明确界定长期股权投资的范围是对长期股权投资进行正确确认、计量和报告的前提。根据《企业会计准则第2号——长期股权投资》所规定的适用范围，长期股权投资包括以下几个方面。

1）投资企业能够对被投资单位实施控制的权益性投资，即对子公司投资。控制是指有权决定一个企业的财务和经营政策，并能据以从该企业的经营活动中获取利益。关于对控制的理解及具体判断，见《企业会计准则第33号——合并财务报表》。

2）投资企业与其他合营方一同对被投资单位实施共同控制的权益性投资，即对合营企业投资。共同控制，是指按照合同约定对某项经济活动共有的控制。合营企业的特点是，合营各方均受到合营合同的限制和约束。一般在合营企业设立时，合营各方在投资合同或协议中约定在所设立合营企业的重要财务和生产经营决策制定过程中，必须由合营各方均同意才能通过。该约定可能体现为不同的形式，例如可以通过在合营企业的章程中规定，也可以通过制定单独的合同做出约定。共同控制的实质是通过合同约定建立起来的、合营各方对合营企业共有的控制。实务中，在确定是否构成共同控制时，一般可以考虑以下情况作为确定基础：①任何一个合营方均不能单独控制合营企业的生产经营活动；②涉及合营企业基本经营活动的决策需要各合营方一致同意；③各合营方可能通过合同或协议的形式任命其中的一个合营方对合营企业的日常活动进行管理，但其必须在各合营方已经一致同意的财务和经营政策范围内行使管理权。当被投资单位处于法定重组或破产中，或者在向投资方转移资金的能力受到严格的长期限制情况下经营时，通常投资方对被投资单位可能无法实施共同控制。但如果能够证明存在共同控制，合营各方仍应当按照长期股权投资准则的规定采用权益法核算。

3）投资企业对被投资单位具有重大影响的权益性投资，即对联营企业投资。重大影响，是指对一个企业的财务和经营政策有参与决策的权力，但并不能够控制或者与其他方一起共同控制这些政策的制定。实务中，较为常见的重大影响体现为在被投资单位的董事会或类似权力机构中派有代表，通过在被投资单位生产经营决策制定过程中的发言权实施重大影响。投资企业直接或通过子公司间接拥有被投资单位 20% 以上但低于 50% 的表决权股份时，一般认为对被投资单位具有重大影响，除非有明确的证据表明该种情况下不能参与被投资单位的生产经营决策，不形成重大影响。在确定能否对被投资单位施加重大影响时，一方面应考虑投资企业直接或间接持有被投资单位的表决权股份，同时要考虑企业及其他方持有的现行可执行潜在表决权在假定转换为对被投资单位的股权后产生的影响，如被投资单位发行的现行可转换的认股权证、股份期权及可转换公司债券等的影响。

企业通常可以通过以下一种或几种情形来判断是否对被投资单位具有重大影响。①在被投资单位的董事会或类似权力机构中派有代表。这种情况下，由于在被投资单位的董事会或类似权力机构中派有代表，并享有相应的实质性的参与决策权，投资企业可以通过该代表参与被投资单位经营政策的制定，达到对被投资单位施加重大影响。②参与被投资单位的政策制定过程，包括股利分配政策等的制定。这种情况下，因可以参与被投资单位的政策制定过程，在制定政策过程中可以为其自身利益提出建议和意见，从而可以对被投资单位施加重大影响。③与被投资单位之间发生重要交易。有关的交易因对被投资单位的日常经营具有重要性，进而可以在一定程度上影响到被投资单位的生产经营决策。④向被投资单位派出管理人员。这种情况下，通过投资企业对被投资单位派出管理人员，管理人员有权力负责被投资单位的财务和经营活动，从而能够对被投资单位施加重大影响。⑤向被投资单位提供关键技术资料。因被投资单位的生产经营需要依赖投资企业的技术或技术资料，表明投资企业对被投资单位具有重大影响。

4）投资企业持有的对被投资单位不具有控制、共同控制或重大影响，并且在活跃市场中没有报价、公允价值不能可靠计量的权益性投资。

三、科目设置

为了反映企业在购买长期股权投资，持有期间公允价值变动，出售长期股权投资的确认、计量等，企业应设置"长期股权投资"科目。该科目属于资产类科目，借方登记按照规定购买、持有期间公允价值的增加；贷方登记持有期间公允价值的减少和出售长期股权投资的金额。期末该科目余额反映资产负债表日该资产的公允价值净值。企业应按照长期股权投资的发行方设置明细账，并通过"成本""公允价值变动"等明细科目进行核算。长期股权投资确认时，应借记"长期股权投资——××公司债券/股票（成本）"科目，贷记"银行存款"等科目。

第二节 长期股权投资的初始计量

长期股权投资可以通过不同的方式取得，可以分为企业合并形成的长期股权投资和其他方式取得的长期股权投资。

一、因企业合并形成的长期股权投资的初始计量

企业合并形成的长期股权投资，初始投资成本的确定应区分企业合并的类型，分为同一控制下控股合并与非同一控制下控股合并确定形成长期股权投资的初始投资成本。

（一）同一控制下企业合并形成的长期股权投资

对于同一控制下的企业合并，从能够对参与合并各方在合并前及合并后均实施最终控制的一方来看，最终控制方在企业合并前及合并后能够控制的资产并没有发生变化。合并方通过企业合并形成的对被合并方的长期股权投资，其成本代表的是在被合并方账面所有者权益中享有的份额。

1）合并方以支付现金、转让非现金资产或承担债务方式作为合并对价的，应在合并日按取得被合并方所有者权益在最终控制方合并财务报表中的账面价值的份额作为长期股权投资的初始投资成本。长期股权投资的初始投资成本与支付的现金、转让的非现金资产及所承担债务账面价值之间的差额，应当调整资本公积（资本溢价或股本溢价）；资本公积（资本溢价或股本溢价）的余额不足冲减的，应调整留存收益。

进行具体账务处理时，合并方在合并日按取得被合并方所有者权益账面价值的份额，借记"长期股权投资"科目，按应享有被投资单位已宣告但尚未发放的现金股利或利润，借记"应收股利"科目，按支付的合并对价的账面价值，贷记有关资产或借记有关负债科目，按其差额，贷记"资本公积——资本溢价或股本溢价"科目；如为借方差额，应借记"资本公积——资本溢价（或股本溢价）"科目，资本公积（资本溢价或股本溢价）不足冲减的，借记"盈余公积""利润分配——未分配利润"科目。

【例6-1】天河公司于20×4年3月10日以2 000万现金购买母公司P公司所持有的B公司100%的股权，合并后B公司仍维持其独立法人资格继续经营。已知B公司账面资产总额为3 000万元，负债总额为1 500万元，该负债的公允价值为2 000万元。天河公司账面资本公积——其他资本公积余额为200万元，资本公积其他明细账户无余额，盈余公积余额为200万元，未分配利润余额为1 200万元。假定该项企业合并中，天河公司、B公司采用的会计政策相同。

分析：因为天河公司、B公司同为P公司的子公司，因此该合并属于同一控制下的企业

合并,应按照账面价值对本次合并进行核算,支付对价超过账面净资产的部分应调整天河公司的资本公积(资本溢价或股本溢价),本例中资本公积相关明细账户无余额,故应依次冲减盈余公积、未分配利润等。

故天河公司应进行如下账务处理:

借:长期股权投资——B 公司	15 000 000	
盈余公积	2 000 000	
利润分配——未分配利润	3 000 000	
贷:银行存款		20 000 000

2)合并方以发行权益性证券作为合并对价的,应当在合并日按照被合并方所有者权益在最终控制方合并财务报表中的账面价值的份额作为长期股权投资的初始投资成本,长期股权投资初始投资成本与所发行股份面值总额之间的差额应当调整资本公积(资本溢价或股本溢价);资本公积(资本溢价或股本溢价)不足冲减的,应调整留存收益。

具体进行账务处理时,在合并日应按取得被合并方所有者权益账面价值的份额,借记"长期股权投资"科目,按应享有被投资单位已宣告但尚未发放的现金股利或利润,借记"应收股利"科目,按发行权益性证券的面值贷记"股本"科目,按其差额,贷记"资本公积——资本溢价(或股本溢价)"科目;如为借方差额,应借记"资本公积——资本溢价(或股本溢价)"科目,资本公积(资本溢价或股本溢价)不足冲减的,借记"盈余公积""利润分配——未分配利润"科目。

上述在按照合并日应享有被合并方账面所有者权益的份额确定长期股权投资的初始投资成本时,前提是合并前合并方与被合并方采用的会计政策应当一致。企业合并前合并方与被合并方采用的会计政策不同的,应首先按照合并方的会计政策对被合并方资产、负债的账面价值进行调整,在此基础上计算确定形成长期股权投资的初始投资成本。

【例 6-2】天河公司、B 公司分别为 P 公司控制下的两家子公司。天河公司于 20×4 年 3 月 10 日采取定向增发的方式自母公司 P 公司处取得 B 公司 100% 的股权,合并后 B 公司仍维持其独立法人资格继续经营。为进行该项企业合并,天河公司发行了 500 万股本公司普通股(每股面值 1 元)作为对价,另外,本次合并中天河公司为发行股票发生的税费合计为 10 万元。假定天河公司、B 公司采用的会计政策相同。合并日,天河公司及 B 公司的所有者权益构成如表 6-1 所示。

表 6-1 天河公司及 B 公司的所有者权益构成   单位:万元

天河公司		B 公司	
股本	1 000	股本	500
资本公积	200	资本公积	0
盈余公积	230	盈余公积	70
未分配利润	1 358	未分配利润	350
合计	2 788	合计	920

天河公司在合并日应进行的账务处理如下:

借:长期股权投资——B 公司	9 200 000	
贷:股本		5 000 000
资本公积		4 200 000

(二)非同一控制下企业合并形成的长期股权投资

1)非同一控制下的控股合并中,购买方应当按照确定的企业合并成本作为长期股权投资的初始投资成本。企业合并成本包括购买方付出的资产、发生或承担的负债、发行的权益性工具或债务性工具的公允价值之和。合并方为进行企业合并而发行债券或承担其他债务支付的手续费、佣金等,应当计入所发行债券及其他债务的初始确认金额;为进行企业合并而发生的各项直接相关费用,如审计费用、评估费用、法律服务费用等,应当于发生时计入当期管理费用。按其差额,计入资产处置损益科目。

具体进行账务处理时,对于非同一控制下企业合并形成的长期股权投资应在购买日按企业合并成本(不含应从被投资单位收取的现金股利或利润),借记"长期股权投资"科目;按享有被投资单位已宣告但尚未发放的现金股利或利润,借记"应收股利"科目;按支付合并对价的账面价值,贷记有关资产或借记有关负债科目;按企业合并发生的直接相关费用(如审计费用、评估费用等),借记"管理费用"科目,贷记"银行存款"科目。若存在发行的权益性证券,按其公允价值贷记"股本"或相应科目,并贷记"资本公积——股本溢价"科目。如果合并成本大于所取得被购买方可辨认净资产公允价值的份额,差额不调整长期股权投资的初始投资成本;如果合并成本小于所取得被购买方可辨认净资产公允价值的份额,差额应计入当期损益(营业外收入),同时调整长期股权投资的成本。

非同一控制下企业合并涉及以库存商品等作为合并对价的,应按库存商品的公允价值,贷记"主营业务收入"科目,并同时结转相关的成本。

【例6-3】天河公司于20×4年3月31日取得B公司70%的股权。为核实B公司的资产价值,天河公司聘请专业资产评估机构对B公司的资产进行评估,支付评估费用300万元。合并中,天河公司支付的有关资产在购买日的账面价值与公允价值如表6-2所示。

表6-2 购买日相关资产情况 单位:万元

项目	账面价值	公允价值
土地使用权(自用)	6 000	9 600
专利技术	2 400	3 000
银行存款	2 400	2 400
合计	10 800	15 000

假定合并前天河公司与B公司不存在任何关联关系,天河公司用作合并对价的土地使用权和专利技术原价为9 600万元,至企业合并发生时已累计摊销1 200万元。

分析:本例中因天河公司与B公司在合并前不存在任何关联关系,应作为非同一控制下的企业合并处理。

天河公司对于合并形成的对B公司的长期股权投资,应按确定的企业合并成本作为其初始投资成本。天河公司应进行如下账务处理:

借:长期股权投资　　　　　　　　　　　　150 000 000
　　累计摊销　　　　　　　　　　　　　　 12 000 000
　　管理费用　　　　　　　　　　　　　　 3 000 000
　　贷:无形资产　　　　　　　　　　　　　　　　 96 000 000
　　　　银行存款　　　　　　　　　　　　　　　　 27 000 000
　　　　营业外收入　　　　　　　　　　　　　　　 42 000 000

2）通过多次交换交易，分步取得股权最终形成企业合并的，企业合并成本为每一单项交换交易的成本之和。其中：达到企业合并前对持有的长期股权投资采用成本法核算的，长期股权投资在购买日的成本应为原账面余额加上购买日为取得进一步的股份新支付对价的公允价值之和；达到企业合并前对长期股权投资采用权益法等方法核算的，购买日应对权益法下长期股权投资的账面余额进行调整，将有关长期股权投资的账面余额调整至最初取得成本，在此基础上加上购买日新支付对价的公允价值作为购买日长期股权投资的成本。

【例6-4】天河公司于20×3年3月以12 000万元取得B公司30%的股权，因能够对B公司施加重大影响，对所取得的长期股权投资按照权益法核算，于当年确认对B公司的投资收益450万元。次年4月，天河公司又斥资15 000万元取得B公司另外30%的股权。假定天河公司在取得对B公司的长期股权投资以后，B公司并未宣告发放现金股利或利润。天河公司按净利润的10%提取盈余公积。天河公司对该项长期股权投资未计提任何减值准备。

本例中天河公司是通过分步购买最终达到对B公司实施控制，形成企业合并。在购买日，天河公司应进行以下账务处理：

借：盈余公积　　　　　　　　　　　　　　　　450 000
　　利润分配——未分配利润　　　　　　　　4 050 000
　　　贷：长期股权投资　　　　　　　　　　　　　　　　4 500 000
借：长期股权投资　　　　　　　　　　　　　150 000 000
　　　贷：银行存款　　　　　　　　　　　　　　　　　　150 000 000

购买日天河公司对B公司长期股权投资的账面余额=(12 450-450)+15 000=27 000（万元）

二、企业合并以外其他方式取得的长期股权投资

除企业合并形成的长期股权投资应遵循特定的账务处理原则外，其他方式取得的长期股权投资，取得时初始投资成本的确定应遵循以下规定。

1）以支付现金取得的长期股权投资，应当按照实际支付的购买价款作为长期股权投资的初始投资成本，包括购买过程中支付的手续费等必要支出。但所支付价款中包含的被投资单位已宣告但尚未发放的现金股利或利润应作为应收项目核算，不构成取得长期股权投资的成本。

【例6-5】天河公司于20×4年2月10日，自公开市场中买入乙公司20%的股份，实际支付价款8 000万元。另外，在购买过程中支付手续费等相关费用200万元。天河公司取得该部分股权后，能够对乙公司的生产经营决策施加重大影响。

天河公司应当按照实际支付的购买价款作为取得长期股权投资的成本，其账务处理如下：

借：长期股权投资　　　　　　　　　　　　　82 000 000
　　　贷：银行存款　　　　　　　　　　　　　　　　　　82 000 000

2）以发行权益性证券方式取得的长期股权投资，其成本为所发行权益性证券的公允价值，但不包括应自被投资单位收取的已宣告但尚未发放的现金股利或利润。

为发行权益性证券支付给有关证券承销机构等的手续费、佣金等与权益性证券发行直接相关的费用，不构成取得长期股权投资的成本。该部分费用按照《企业会计准则第37号——金融工具列报》的规定，应自权益性证券的溢价发行收入中扣除，权益性证券的溢价收入不足冲减的，应冲减盈余公积和未分配利润。

【例6-6】20×4年3月，天河公司通过增发9 000万股本公司普通股（每股面值1元）取得B公司20%的股权，按照增发前后的平均股价计算，该9 000万股股份的公允价值为15 600万元。为增发该部分股份，天河公司向证券承销机构等支付了600万元的佣金和手续费。假定天河公司取得该部分股权后，能够对B公司的生产经营决策施加重大影响。

天河公司应当以所发行股份的公允价值作为取得长期股权投资的成本，账务处理如下：

借：长期股权投资　　　　　　　　　　　　　　156 000 000
　　贷：股本　　　　　　　　　　　　　　　　　　　　90 000 000
　　　　资本公积——股本溢价　　　　　　　　　　　　66 000 000

天河公司发行权益性证券过程中支付的佣金和手续费，应冲减权益性证券的溢价发行收入，账务处理如下：

借：资本公积——股本溢价　　　　　　　　　　　6 000 000
　　贷：银行存款　　　　　　　　　　　　　　　　　　 6 000 000

3）投资者投入的长期股权投资，应当按照投资合同或协议约定的价值作为初始投资成本，但合同或协议约定的价值不公允的除外。

投资者投入的长期股权投资，是指投资者以其持有的对第三方的投资作为出资投入企业，接受投资的企业原则上应当按照投资各方在投资合同或协议中约定的价值作为取得投资的初始投资成本。

【例6-7】A公司设立时，其主要出资方之一天河公司以其持有的对B公司的长期股权投资作为出资投入A公司。投资各方在投资合同中约定，天河公司对B公司的该项长期股权投资作价6 000万元。该作价是按照B公司股票的市价考虑相关调整因素后确定的。A公司注册资本为24 000万元。天河公司出资占A公司注册资本的20%。取得该项投资后，天河公司根据其持股比例，能够派人参与A公司的财务和生产经营决策。

天河公司应进行的账务处理如下：

借：长期股权投资　　　　　　　　　　　　　　60 000 000
　　贷：实收资本　　　　　　　　　　　　　　　　　　48 000 000
　　　　资本公积——资本溢价　　　　　　　　　　　　12 000 000

4）以债务重组、非货币性资产交换等方式取得的长期股权投资，其初始投资成本应按照《企业会计准则第12号——债务重组》和《企业会计准则第7号——非货币性资产交换》的规定确定。

5）投资成本中包含的已宣告尚未发放现金股利或利润的处理。企业无论是以何种方式取得长期股权投资，取得投资时，对于投资成本中包含的应享有被投资单位已经宣告但尚未发放的现金股利或利润应作为应收项目单独核算，不构成取得长期股权投资的初始投资成本。即企业在支付对价取得长期股权投资时，对于实际支付的价款中包含的对方已经宣告但尚未发放的现金股利或利润，应作为预付款，构成企业的一项债权，其余取得的对被投资单位的长期股权投资应作为两项金融资产。

【例6-8】接【例6-5】，假定天河公司取得该项投资时，乙公司已经宣告但尚未发放现金股利，天河公司按其持股比例计算确定可分得30万元。则天河公司在确认该长期股权投资时，应将包含的现金股利部分单独核算，相应的账务处理如下：
借：长期股权投资　　　　　　　　　　　　　　81 700 000
　　应收股利　　　　　　　　　　　　　　　　　　300 000
　　贷：银行存款　　　　　　　　　　　　　　　　　　　82 000 000

第三节　长期股权投资的后续计量

长期股权投资在持有期间，根据投资企业对被投资单位的影响程度及是否存在活跃市场、公允价值能否可靠取得等进行划分，应当分别采用成本法及权益法进行核算。

一、成本法

（一）成本法的定义及适用范围

成本法，是指投资按成本计价的方法。长期股权投资的成本法适用于以下情况。

（1）企业持有的能够对被投资单位实施控制的长期股权投资。控制一般存在于以下情况，如：投资企业直接拥有被投资单位50%以上的表决权资本，投资企业直接拥有被投资单位50%或以下的表决权资本，但具有实质控制权的情况。投资企业对被投资单位是否具有实质控制权，可以通过以下一种或几种情形进行判定。

1）通过与其他投资者的协议投资企业拥有被投资单位50%以上表决权资本的控制权。例如，天河公司拥有B公司40%的表决权资本，C公司拥有B公司30%的表决权资本。天河公司与C公司达成协议，C公司在B公司的权益由天河公司代表。在这种情况下，天河公司实质上拥有B公司70%表决权资本的控制权，表明天河公司实质上控制B公司。

2）根据章程或协议，投资企业有权控制被投资单位的财务和经营政策。例如，天河公司拥有B公司45%的表决权资本，同时根据协议，B公司的生产经营决策由天河公司控制。

3）有权任免被投资单位董事会等类似权力机构的多数成员。这种情况是指，虽然投资企业仅拥有被投资单位50%或以下表决权资本，但根据章程或协议有权任免董事会的董事，能够达到实质上控制的目的。

4）在被投资单位董事会或类似权力机构会议上有半数以上投票权。这种情况是指，虽然投资企业仅拥有被投资单位50%或以下表决权资本，但能够控制被投资单位董事会等类似权力机构的会议，从而能够控制其财务和经营政策。

投资企业能够对被投资单位实施控制的，被投资单位为其子公司，投资企业应当将子公司纳入合并财务报表的合并范围。投资对子公司的长期股权投资，应当采用成本法核算，编制合并财务报表时按照权益法进行调整。

（2）投资企业对被投资单位不具有共同控制或重大影响，且在活跃市场中没有报价、公允价值不能可靠计量的长期股权投资。

共同控制仅在与该项经济活动相关的重要财务和经营政策需要分享控制权的投资方一致同意时存在。投资企业与其他方对被投资单位实施共同控制的，被投资单位为其合营企业。

（二）成本法的核算

采用成本法核算的长期股权投资，具体核算方法如下。

1）初始投资或追加投资时，按照初始投资或追加投资时的成本增加长期股权投资的账面价值。即在追加投资时，借记"长期股权投资——××公司（成本）"科目，贷记"银行存款"科目或作为对价支付的其他非货币资产等。

【例 6-9】天河公司在 20×3 年 1 月，取得乙公司 5% 的股权，成本为 800 万元。20×4 年 2 月，天河公司又以 1 200 万元取得乙公司 6% 的股权。假定天河公司对乙公司的生产经营决策不具有重大影响，也不存在与其他方共同控制乙公司的情况，且该投资不存在活跃的交易市场，公允价值无法取得。20×4 年 3 月，乙公司宣告分派现金股利，天河公司按其持股比例可取得 10 万元。

分析：天河公司在追加投资前后对乙公司的生产经营均不具有重大影响，再追加投资后，天河公司对乙公司的投资仍应按照成本法核算。

天河公司应在追加投资时按照追加投资所支付的对价确认初始账面成本，并进行如下账务处理：

借：长期股权投资　　　　　　　　　　　　　　　12 000 000
　　贷：银行存款　　　　　　　　　　　　　　　　　　　　12 000 000

2）被投资单位宣告分派的现金股利或利润中，投资企业按应享有的部分，确认为当期投资收益；但投资企业确认的投资收益仅限于所获得的被投资单位在接受投资后产生的累积净利润的分配额。所获得的被投资单位宣告分派的利润或现金股利超过被投资单位在接受投资后产生的累积净利润的部分，应冲减长期股权投资的账面价值。

【例 6-10】接【例 6-9】，在 20×3 年，乙公司连续盈利 200 万元并在次年发放现金股利 100 万元，则天河公司应如何确认其对乙公司的投资收益？

分析：因天河公司对乙公司是按照成本法进行会计核算的，则无论乙公司盈亏如何，天河公司均不应当确认投资收益，计提减值准备除外。而应当在乙公司宣告发放股利时确认应收款项并确认投资收益。

故天河公司应进行如下账务处理：

在得知乙公司盈利 200 万元时不确认投资收益，但应当记录在备查账簿上。在乙公司宣告发放 100 万股利时，则确认 11（=100×11%）万元的投资收益。

借：应收股利——乙公司　　　　　　　　　　　　110 000
　　贷：投资收益　　　　　　　　　　　　　　　　　　　　110 000

3）应抵减初始投资成本金额的确定。按照成本法核算的长期股权投资，自被投资单位获得的现金股利或利润超过被投资单位在接受投资后产生的累积净利润的部分，应冲减投资的账面价值。

一般情况下，投资企业在取得投资当年自被投资单位分得的现金股利或利润应作为投资成本的收回。以后年度，被投资单位累积分派的现金股利或利润超过投资以后至上年末止被投资单位累积实现净损益的，投资企业按照持股比例计算应享有的部分应作为投资成本的收回。具体可按以下公式计算。

应冲减初始投资成本的金额 = [投资后至本年末（或本期末）止被投资单位分派的现金股利
　　　　　　　　　　　　或利润 − 投资后至上年末止被投资单位累积实现的净损益]×
　　　　　　　　　　　　投资企业的持股比例 − 投资企业已冲减的初始投资成本

应确认的投资收益 = 投资企业当年获得的利润或现金股利 − 应冲减初始投资成本的金额

【例6-11】天河公司于20×3年1月1日以2 400万元的价格购入乙公司3%的股份,购买过程中另支付相关税费9万元。乙公司为一家未上市企业,其股权不存在活跃的市场价格。天河公司在取得该部分投资后,未参与被投资单位的生产经营决策。取得投资后,乙公司实现的净利润及利润分配情况见表6-3。

表6-3 净利润及利润分配情况　　　　　　　　　　　单位:万元

年度	被投资单位实现净利润	当年度分派利润
20×3年	3 000	2 700
20×4年	6 000	4 800

注:乙公司20×3年度分派的利润属于对其20×2年及以前实现净利润的分配。

天河公司每年应确认投资收益、冲减投资成本的金额及相应的账务处理如下。

20×3年:

当年度被投资单位分派的2 700万元利润属于对其在20×2年及以前期间已实现利润的分配,天河公司按持股比例取得81万元,应冲减投资成本。账务处理如下:

借:应收股利　　　　　　　　　　　　　　　810 000
　　贷:长期股权投资　　　　　　　　　　　　　　　810 000
收到现金股利时:
借:银行存款　　　　　　　　　　　　　　　810 000
　　贷:应收股利　　　　　　　　　　　　　　　　810 000

20×4年:

应冲减投资成本金额 = (2 700 + 4 800 − 3 000) × 3% − 81 = 54(万元)
当年度实际分得现金股利 = 4 800 × 3% = 144(万元)
应确认投资收益 = 144 − 54 = 90(万元)

账务处理如下:

借:应收股利　　　　　　　　　　　　　　　1 440 000
　　贷:投资收益　　　　　　　　　　　　　　　　900 000
　　　　长期股权投资　　　　　　　　　　　　　　540 000
收到现金股利时:
借:银行存款　　　　　　　　　　　　　　　1 440 000
　　贷:应收股利　　　　　　　　　　　　　　　　1 440 000

二、权益法

(一)权益法的定义及其适用范围

权益法,是指投资以初始投资成本计量后,在投资持有期间根据投资企业享有被投资单位所有者权益的份额的变动对投资的账面价值进行调整的方法。

投资企业对被投资单位具有共同控制或重大影响的长期股权投资,即对合营企业投资及对联营企业投资,应当采用权益法核算。

(二) 权益法的核算

1. 对初始投资成本的调整

投资企业取得对联营企业或合营企业的投资以后，对于取得投资时投资成本与应享有被投资单位可辨认净资产公允价值份额之间的差额，应区别情况分别处理。

1) 初始投资成本大于取得投资时应享有被投资单位可辨认净资产公允价值份额的，该部分差额从本质上是投资企业在取得投资过程中通过购买作价体现出的与所取得股权份额相对应的商誉及不符合确认条件的资产价值。在这种情况下，两者之间的差额不必对长期股权投资的成本进行调整。

2) 初始投资成本小于取得投资时应享有被投资单位可辨认净资产公允价值份额的，两者之间的差额体现为双方在交易作价过程中转让方的让步，该部分经济利益流入应作为收益处理，计入取得投资当期的营业外收入，同时调整增加长期股权投资的账面价值。

【例6-12】天河公司于20×4年1月取得B公司30%的股权，支付价款9 000万元。取得投资时被投资单位净资产账面价值为22 500万元（假定被投资单位各项可辨认资产、负债的公允价值与其账面价值相同）。

在B公司的生产经营决策过程中，所有股东均按持股比例行使表决权。天河公司在取得B公司的股权后，派人参与了B公司的生产经营决策，因而能够对B公司施加重大影响，天河公司对该投资应当采用权益法核算。取得投资时，天河公司应进行如下账务处理：

借：长期股权投资——B公司（成本）　　　　90 000 000
　　贷：银行存款　　　　　　　　　　　　　　　　　　　90 000 000

长期股权投资的初始投资成本9 000万元大于取得投资时应享有被投资单位可辨认净资产公允价值的份额6 750(=22 500×30%)万元，两者之间的差额不调整长期股权投资的账面价值。如果本例中取得投资时被投资单位可辨认净资产的公允价值为36 000万元，天河公司按持股比例30%计算确定应享有10 800万元，则初始投资成本与应享有被投资单位可辨认净资产公允价值份额之间的差额1 800万元应计入取得投资当期的营业外收入，账务处理如下：

借：长期股权投资——B公司（成本）　　　108 000 000
　　贷：银行存款　　　　　　　　　　　　　　　　　　　90 000 000
　　　　营业外收入　　　　　　　　　　　　　　　　　　18 000 000

2. 投资损益的确认

投资企业取得长期股权投资后，应当按照应享有或应分担的被投资单位实现净利润或发生净亏损的份额（法律法规或公司章程规定不属于投资企业的净损益除外），调整长期股权投资的账面价值，并确认为当期投资损益。

在确认应享有或应分担被投资单位的净利润或净亏损时，在被投资单位账面净利润的基础上，应考虑以下因素的影响并进行适当调整。

1) 被投资单位采用的会计政策及会计期间与投资企业不一致的，应按投资企业的会计政策及会计期间对被投资单位的财务报表进行调整。

2) 以取得投资时被投资单位固定资产、无形资产的公允价值为基础计提的折旧额或摊销额，以及以投资企业取得投资时的公允价值为基础计算确定的资产减值准备金额等对被投资单位净利润的影响。

被投资单位个别利润表中的净利润是以其持有的资产、负债账面价值为基础持续计算的，而投资企业在取得投资时，是以被投资单位有关资产、负债的公允价值为基础确定投资成本。长期股权投资的投资收益所代表的是被投资单位资产、负债在公允价值计量的情况下在未来期间通过经营产生的损益中归属于投资企业的部分。取得投资时有关资产、负债的公允价值与其账面价值不同的，未来期间，在计算归属于投资企业应享有的净利润或应承担的净亏损时，应以投资时被投资单位有关资产对投资企业的成本即取得投资时的公允价值为基础计算确定，从而产生了需要对被投资单位账面净利润进行调整的情况。

在针对上述事项对被投资单位实现的净利润进行调整时，应考虑重要性原则，不具重要性的项目可不予调整。符合下列条件之一的，投资企业可以以被投资单位的账面净利润为基础，计算确认投资损益，同时应在财务报表附注中说明不能按照准则相关规定进行核算的原因。

1）投资企业无法合理确定取得投资时被投资单位各项可辨认资产等的公允价值的。

2）投资时被投资单位可辨认资产的公允价值与其账面价值相比，两者之间的差额不具重要性的。

3）其他原因导致无法取得被投资单位的有关资料，不能按照准则中规定的原则对被投资单位的净损益进行调整的。

【例6-13】接【例6-12】，假定长期股权投资的成本大于取得投资时被投资单位可辨认净资产公允价值份额的情况下，取得投资当年被投资单位实现净利润2 400万元。投资企业与被投资单位均以公历年度作为会计年度，两者之间采用的会计政策相同。由于投资时被投资单位各项资产、负债的账面价值与其公允价值相同，不需要对被投资单位实现的净损益进行调整，投资企业应确认的投资收益为720(=2 400×30%)万元。

即天河公司应进行如下账务处理：

借：长期股权投资——B企业（损益调整） 7 200 000
　　贷：投资收益 7 200 000

【例6-14】天河公司于20×4年1月10日购入乙公司30%的股份，购买价款为3 300万元，并自取得投资之日起派人参与乙公司的生产经营决策。取得投资当日，乙公司可辨认净资产公允价值为9 000万元，除表6-4所列项目外，乙公司其他资产、负债的公允价值与账面价值相同。

表6-4　相关资产情况　　　　　　　　　　　单位：万元

项目	账面原价	已提折旧或摊销	公允价值	预计使用年限	天河公司取得投资后剩余使用年限
存货	750	—	1 050	—	—
固定资产	1 800	360	2 400	20	16
无形资产	1 050	210	1 200	10	8
合计	3 600	570	4 650		

假定乙公司于20×4年实现净利润900万元，其中在天河公司取得投资时的账面存货有80%对外出售。天河公司与乙公司的会计年度及采用的会计政策相同。固定资产、无形资产均按直线法提取折旧或摊销，预计净残值均为0。

天河公司在确定其应享有的投资收益时，应在乙公司实现净利润的基础上，根据取得投资时乙公司有关资产的账面价值与其公允价值之间差额的影响进行调整（假定不考虑所得税影响）：

存货账面价值与公允价值的差额应调减的利润 = (1 050−750)×80%
= 240（万元）

固定资产公允价值与账面价值差额应调增的折旧额 = 2 400÷16−1 800÷20
= 60（万元）

无形资产公允价值与账面价值差额应调减的摊销额 = 1 200÷8−1 050÷10
= 45（万元）

调整后的净利润 = 900−240−60−45 = 555（万元）

天河公司应享有份额 = 555×30% = 166.5（万元）

确认投资收益的账务处理如下：
借：长期股权投资——乙公司（损益调整）　　16 650 000
　　贷：投资收益　　　　　　　　　　　　　　　　　　16 650 000

在确认投资收益时，除考虑公允价值的调整外，对于投资企业与其联营企业及合营企业之间发生的未实现内部交易损益应予抵销。也就是说，投资企业与联营企业及合营企业之间发生的未实现内部交易损益按照持股比例计算归属于投资企业的部分应当予以抵销，在此基础上确认投资损益。投资企业与被投资单位发生的内部交易损失，按照《企业会计准则第8号——资产减值》等规定属于资产减值损失的，应当全额确认。投资企业对于纳入其合并范围的子公司与其联营企业及合营企业之间发生的内部交易损益，也应当按照上述原则进行抵销，在此基础上确认投资损益。

应当注意的是，该未实现内部交易损益的抵销既包括顺流交易也包括逆流交易，其中，顺流交易是指投资企业向其联营企业或合营企业出售资产，逆流交易是指联营企业或合营企业向投资企业出售资产。当该未实现内部交易损益体现在投资企业或其联营企业、合营企业持有的资产账面价值中时，相关的损益在计算确认投资损益时应予以抵销。

1）对于联营企业或合营企业向投资企业出售资产的逆流交易，在该交易存在未实现内部交易损益的情况下（即有关资产未对外部独立第三方出售），投资企业在采用权益法计算确认应享有联营企业或合营企业的投资损益时，应抵销该未实现内部交易损益的影响。当投资企业自其联营企业或合营企业购买资产时，在将该资产出售给外部独立第三方之前，不应将联营企业或合营企业因该交易产生的损益中本企业应享有的部分确认为投资收益。

逆流交易产生的未实现内部交易损益，在未对外部独立第三方出售之前，体现在投资企业持有资产的账面价值当中。投资企业对外编制合并财务报表的，应在合并财务报表中对长期股权投资及包含未实现内部交易损益的资产账面价值进行调整，抵销有关资产账面价值中包含的未实现内部交易损益，并相应调整对联营企业或合营企业的长期股权投资。

【例6-15】天河公司于20×4年1月取得乙公司20%有表决权股份，能够对乙公司施加重大影响。假定天河公司取得该项投资时，乙公司各项可辨认资产、负债的公允价值与其账面价值相同。20×4年8月，乙公司将其成本为600万元的某商品以1 000万元的价格出售给天河公司，天河公司将取得的商品作为存货。至20×4年资产负债表日，天河公司仍未对外出售该存货。乙公司20×4年实现净利润为3 200万元。假定不考虑所得税因素。

天河公司在按照权益法确认应享有乙公司20×4年净损益时,应进行如下账务处理:

借:长期股权投资——损益调整　　　　　　　　　5 600 000
　　贷:投资收益　　　　　　　　　　　　　　　　　　　　5 600 000

进行上述处理后,投资企业有子公司,需要编制合并财务报表的,在合并财务报表中,因该未实现内部交易所产生的损益体现在投资企业持有存货的账面价值当中,应在合并财务报表中进行如下调整:

借:长期股权投资——损益调整　　　　　　　　　800 000
　　贷:存货　　　　　　　　　　　　　　　　　　　　　　800 000

假定在20×5年,天河公司将该商品以1 000万元的价格对外部独立第三方出售,因该部分内部交易损益已经实现,天河公司在确认应享有乙公司20×5年净损益时,应考虑将原未确认的该部分内部交易损益计入投资收益,即应在考虑其他因素计算确定的投资损益基础上调整增加80万元。

2)对于投资企业向联营企业或合营企业出售资产的顺流交易,在该交易存在未实现内部交易损益的情况下(即有关资产未对外部独立第三方出售),投资企业在采用权益法计算确认应享有联营企业或合营企业的投资损益时,应抵销该未实现内部交易损益,同时调整对联营企业或合营企业长期股权投资的账面价值。当投资企业向联营企业或合营企业出资或是将资产出售给联营企业或合营企业,同时有关资产由联营企业或合营企业持有时,投资方因投出或出售资产应确认的损益仅限于与联营企业或合营企业其他投资者交易的部分。即在顺流交易中,投资方投出资产或出售资产给其联营企业或合营企业产生的损益中,按照持股比例计算确定归属于本企业的部分不予确认。

【例6-16】天河公司持有乙公司20%有表决权股份,能够对乙公司生产经营决策施加重大影响。20×4年,天河公司将其账面价值为600万元的商品以1 000万元的价格出售给乙公司。至20×4年资产负债表日,该批商品尚未对外部第三方出售。假定天河公司取得该项投资时,乙公司各项可辨认资产、负债的公允价值与其账面价值相同,两者在以前期间未发生过内部交易。乙公司20×4年净利润为2 000万元。假定不考虑所得税因素。

天河公司在该项交易中实现利润400万元,其中80(=400×20%)万元是针对本企业持有的对联营企业的权益份额,在采用权益法计算确认投资损益时应予抵销,即天河公司应当进行的账务处理如下:

借:长期股权投资——损益调整[(2 000万元−400万元)×20%]　3 200 000
　　贷:投资收益　　　　　　　　　　　　　　　　　　　　3 200 000

天河公司如需编制合并财务报表,在合并财务报表中对该未实现内部交易损益应在个别报表已确认投资损益的基础上进行以下调整:

借:营业收入(1 000万元×20%)　　　　　　　2 000 000
　　贷:营业成本(600×20%)　　　　　　　　　　　　　1 200 000
　　　　投资收益　　　　　　　　　　　　　　　　　　　　800 000

应当说明的是,投资企业与其联营企业及合营企业之间发生的无论是顺流交易还是逆流交易产生的未实现内部交易损失,属于所转让资产发生减值损失的,有关的未实现内部交易损失不应予以抵销。

3. 取得现金股利或利润的处理

按照权益法核算的长期股权投资，投资企业自被投资单位取得的现金股利或利润，应抵减长期股权投资的账面价值。在被投资单位宣告分派现金股利或利润时，借记"应收股利"科目，贷记"长期股权投资——损益调整"科目；自被投资单位取得的现金股利或利润超过已确认损益调整的部分应视同投资成本的收回，冲减长期股权投资的账面价值。

4. 超额亏损的确认

按照权益法核算的长期股权投资，投资企业确认应分担被投资单位发生的损失，原则上应以长期股权投资及其他实质上构成对被投资单位净投资的长期权益减记至零为限，投资企业负有承担额外损失义务的除外。这里所讲"其他实质上构成对被投资单位净投资的长期权益"通常是指长期应收项目，比如，企业对被投资单位的长期债权，该债权没有明确的清收计划，且在可预见的未来期间不准备收回，实质上构成对被投资单位的净投资，但不包括投资企业与被投资单位之间因销售商品、提供劳务等日常活动所产生的长期债权。

投资企业在确认应分担被投资单位发生的亏损时，具体应按照以下顺序处理。

首先，减记长期股权投资的账面价值。

其次，在长期股权投资的账面价值减记至零的情况下，对于未确认的投资损失，考虑除长期股权投资以外，账面上是否有其他实质上构成对被投资单位净投资的长期权益项目，如果有，则应以其他长期权益的账面价值为限，继续确认投资损失，冲减这些长期权益项目的账面价值。

最后，经过上述处理，按照投资合同或协议约定，投资企业仍需要承担额外损失弥补等义务的，应按预计将承担的义务金额确认预计负债，计入当期投资损失。

除按上述顺序已确认的损失以外仍有额外损失的，应在账外进行备查登记，不再予以确认。

企业在实务操作过程中，在发生投资损失时，应借记"投资收益"科目，贷记"长期股权投资——损益调整"科目。在长期股权投资的账面价值减记至零以后，考虑其他实质上构成对被投资单位净投资的长期权益，继续确认的投资损失，应借记"投资收益"科目，贷记"长期应收款"等科目。因投资合同或协议约定导致投资企业需要承担额外义务的，按照《企业会计准则第13号——或有事项》的规定，对于符合确认条件的义务，应确认为当期损失，同时确认预计负债，借记"投资收益"科目，贷记"预计负债"科目。

在确认了有关的投资损失以后，被投资单位于以后期间实现盈利的，应按以上相反顺序分别减记已确认的预计负债、恢复其他长期权益及长期股权投资账面价值，同时确认投资收益。即应当按顺序分别借记"预计负债""长期应收款""长期股权投资"科目，贷记"投资收益"科目。

【例6-17】天河公司持有乙企业40%的股权，能够对乙企业施加重大影响。20×3年12月31日该项长期股权投资的账面价值为6 000万元。乙企业20×4年由于一项主要经营业务市场条件发生变化，当年亏损9 000万元。假定天河公司在取得该投资时，乙企业各项可辨认资产、负债的公允价值与其账面价值相等，双方所采用的会计政策及会计期间也相同。则天河公司当年度应确认的投资损失为3 600万元。确认上述投资损失后，长期股权投资的账面价值变为2 400万元。

如果乙企业当年的亏损额为18 000万元，则天河公司按其持股比例确认应分担的损失为7 200万元，但长期股权投资的账面价值仅为6 000万元，如果没有其他实质上构成对被投资单位净投资的长期权益项目,则天河公司应确认的投资损失仅为 6 000 万元,超额损失在账外进行备查登记;在确认了 6 000 万元的投资损失,长期股权投资的账面价值减记至零以后,如果天河公司账上仍有应收乙企业的长期应收款 2 400 万元,该款项从目前情况看,没有明确的清偿计划(并非产生于商品购销等日常活动),则在长期应收款的账面价值大于 1 200 万元的情况下,应以长期应收款的账面价值为限进一步确认投资损失 1 200 万元。天河公司应进行的账务处理如下:

借:投资收益　　　　　　　　　　　　　　　　　　60 000 000
　　贷:长期股权投资——损益调整　　　　　　　　　　　　　60 000 000
借:投资收益　　　　　　　　　　　　　　　　　　12 000 000
　　贷:长期应收款　　　　　　　　　　　　　　　　　　12 000 000

5. 被投资单位除净损益以外所有者权益的其他变动

采用权益法核算时,投资企业对于被投资单位除净损益以外所有者权益的其他变动,在持股比例不变的情况下,应按照持股比例与被投资单位除净损益以外所有者权益的其他变动中归属于本企业的部分,相应调整长期股权投资的账面价值,同时增加或减少资本公积。

【例 6-18】天河公司持有 B 企业 30% 的股份,能够对 B 企业施加重大影响。当期 B 企业因持有的可供出售金融资产公允价值的变动计入资本公积的金额为 1 800 万元,除该事项外,B 企业当期实现的净损益为 9 600 万元。假定天河公司与 B 企业适用的会计政策、会计期间相同,投资时 B 企业有关资产、负债的公允价值与其账面价值亦相同。

天河公司在确认应享有被投资单位所有者权益的变动时,应进行的账务处理如下:
借:长期股权投资——B 企业(损益调整)　　　　　28 800 000
　　　　　　　　——B 企业(其他权益变动)　　　　5 400 000
　　贷:投资收益　　　　　　　　　　　　　　　　　　28 800 000
　　　　资本公积——其他资本公积　　　　　　　　　　5 400 000

6. 股票股利的处理

被投资单位分派的股票股利,投资企业不进行账务处理,但应于除权日注明所增加的股数,以反映股份的变化情况。

7. 被投资单位其他综合收益变动的处理

当被投资单位的其他综合收益发生变动时,投资方应按照归属于本企业的部分,相应调整长期股权投资的账面价值,并增加或减少其他综合收益。

如果投资方全部处置了权益法核算的长期股权投资,原权益法核算的相关其他综合收益应当在终止采用权益法核算时进行处理;如果投资方部分处置了权益法核算的长期股权投资,剩余股权仍采用权益法核算的,原权益法核算的相关其他综合收益应当按比例结转。

三、长期股权投资核算方法的转换

长期股权投资作为企业重要的投资活动,其核算方法关系到企业的财务状况和经营成果,采用成本法还是权益法是企业的一项重要会计政策,其变更必然对企业有非常重大的影响。长期股权投资在持有期间,因各方面情况的变化,可能导致其核算需要由一种方法转换为另一种方法。

按照《企业会计准则第28号——会计政策、会计估计变更和差错更正》的规定，会计政策的变更应当采用追溯调整法对其进行追溯调整。追溯调整法是指对某项交易或事项变更会计政策，视同该项交易或事项初次发生时即采用变更后的会计政策，并以此对财务报表相关项目进行调整的方法。采用追溯调整法时，对于比较财务报表期间的会计政策变更，应调整各期间净损益各项目和财务报表其他相关项目，视同该政策在比较财务报表期间内一直采用。

(一) 成本法转换为权益法

长期股权投资的核算由成本法转为权益法时，应以成本法下长期股权投资的账面价值作为按照权益法核算的初始投资成本。并在此基础上比较该初始投资成本与应享有被投资单位可辨认净资产公允价值的份额。确定是否需要对长期股权投资的账面价值进行调整。

1) 原持有的对被投资单位不具有控制、共同控制或重大影响、在活跃市场中没有报价、公允价值不能可靠计量的长期股权投资，因追加投资导致持股比例上升，能够对被投资单位施加重大影响或是实施共同控制的。在自成本法转为权益法时，应区分原持有的长期股权投资以及新增长期股权投资分别处理。

原持有长期股权投资的账面余额与按照原持股比例计算确定应享有原取得投资时被投资单位可辨认净资产公允价值份额之间的差额属于通过投资作价体现的商誉部分，不调整长期股权投资的账面价值；属于原取得投资时因投资成本小于应享有被投资单位可辨认净资产公允价值份额的差额，一方面应调整长期股权投资的账面价值，另一方面应同时调整留存收益。

对于新取得的股权部分。应比较新增投资的成本与取得该部分投资时应享有被投资单位可辨认净资产公允价值的份额，其中投资成本大于投资时应享有被投资单位可辨认净资产公允价值份额的，不调整长期股权投资的成本；对于投资成本小于应享有被投资单位可辨认净资产公允价值份额的应调整增加长期股权投资的成本，同时计入取得当期的营业外收入。

上述与原持股比例相对应的商誉或是应计入留存收益的金额与新取得投资过程中体现的商誉与计入当期损益的金额应综合考虑，在此基础上确定与整体投资相关的商誉或是因投资成本小于应享有被投资单位可辨认净资产公允价值份额应计入留存收益或是当期损益的金额。

对于原取得投资后至新取得投资的交易日之间被投资单位可辨认净资产公允价值的变动相对于原持股比例的部分，属于在此期间被投资单位实现净损益中应享有份额的，一方面应当调整长期股权投资的账面价值，同时对于原取得投资时至新增投资当期期初按照原持股比例应享有被投资单位实现的净损益，应调整留存收益，对于新增投资当期期初至新增投资交易日之间应享有被投资单位的净损益，应计入当期损益；属于其他原因导致的被投资单位可辨认净资产公允价值变动中应享有的份额，在调整长期股权投资账面价值的同时，应当计入"资本公积——其他资本公积"。

【例6-19】天河公司于20×3年2月取得B公司10%的股权，成本为900万元，取得时B公司可辨认净资产公允价值总额为8 400万元（假定公允价值与账面价值相同）。因对被投资单位不具有重大影响且无法可靠确定该项投资的公允价值，天河公司对其采用成本法核算。本例中天河公司按照净利润的10%提取盈余公积。

20×4年4月10日，天河公司又以1 800万元的价格取得B公司12%的股权，当日B公司可辨认净资产公允价值总额为12 000万元。取得该部分股权后，按照B公司章程规定，天河公司能够派人参与B公司的生产经营决策。天河公司对该项长期股权投资转为采用权益法核算。假定天河公司在取得对B公司10%的股权后，双方未发生任何内部交易。B公司通过生产经营活动实现的净利润为900万元，未派发现金股利或利润。除所实现净利润外，未发生其他计入资本公积的交易或事项。

20×4年4月10日，天河公司应确认对B公司的长期股权投资，账务处理如下：
借：长期股权投资　　　　　　　　　　　　　　　　　18 000 000
　　贷：银行存款　　　　　　　　　　　　　　　　　　　　　18 000 000

对长期股权投资账面价值应按以下方式进行调整。

确认该部分长期股权投资后，天河公司对B公司投资的账面价值为2 700万元，其中与原持有比例相对应的部分为900万元，新增股权的成本为1 800万元。

对于原10%股权的成本900万元与原投资时应享有被投资单位可辨认净资产公允价值份额840(=8 400×10%)万元之间的差额60万元，属于原投资时体现的商誉，该部分差额不调整长期股权投资的账面价值。

对于被投资单位可辨认净资产在原投资时至新增投资交易日之间公允价值的变动相对于原持股比例的部分360[=(12 000−8 400)×10%]万元，其中属于投资后被投资单位实现净利润部分90(=900×10%)万元，应调整增加长期股权投资的账面余额，同时调整留存收益；除实现净损益外其他原因导致的可辨认净资产公允价值的变动270万元，应当调整增加长期股权投资的账面余额，同时计入资本公积（其他资本公积）。账务处理如下：
借：长期股权投资　　　　　　　　　　　　　　　　　3 600 000
　　贷：资本公积——其他资本公积　　　　　　　　　　　　2 700 000
　　　　盈余公积　　　　　　　　　　　　　　　　　　　　　90 000
　　　　利润分配——未分配利润　　　　　　　　　　　　　　810 000

对于新取得的股权，其成本为1 800万元，取得该投资时按照持股比例计算确定应享有被投资单位可辨认净资产公允价值的份额1 440(=12 000×12%)万元之间的差额为投资作价中体现出的商誉，该部分商誉不要求调整长期股权投资的成本。

2）因处置投资导致对被投资单位的影响能力由控制转为具有重大影响或是与其他投资方一起实施共同控制的情况下，首先应按处置或收回投资的比例结转应终止确认的长期股权投资成本。在此基础上，应当比较剩余的长期股权投资成本与按照剩余持股比例计算原投资时应享有被投资单位可辨认净资产公允价值的份额，属于投资作价中体现的商誉部分，不调整长期股权投资的账面价值；属于投资成本小于应享有被投资单位可辨认净资产公允价值份额的，在调整长期股权投资成本的同时应调整留存收益。

对于原取得投资后至转变为权益法核算期间被投资单位实现净损益中应享有的份额，一方面应当调整长期股权投资的账面价值，同时对于原取得投资时至处置投资当期期初被投资单位实现的净损益（扣除已发放及已宣告发放的现金股利和利润）中应享有的份额，调整留存收益，对于处置投资当期期初至处置投资之日被投资单位实现的净损益中享有的份额，调整当期损益；其他原因导致被投资单位所有者权益变动中应享有的份额，在调整长期股权投资账面价值的同时，应当计入"资本公积——其他资本公积"。

【例6-20】天河公司原持有B公司60%的股权，其账面余额为9 000万元，未计提减值准备。20×4年12月6日，天河公司将其持有的对B公司20%的股权出售给某企业，出售取得价款5 400万元，当日被投资单位B公司可辨认净资产公允价值总额为24 000万元。天河公司原取得对B公司60%股权时，B公司可辨认净资产公允价值总额为13 500万元（假定可辨认净资产的公允价值与账面价值相同）。自取得对B公司长期股权投资后至处置投资前，B公司实现净利润7 500万元。假定B公司一直未进行利润分配。除所实现净损益外，B公司未发生其他计入资本公积的交易或事项。本例中天河公司按净利润的10%提取盈余公积。

在出售20%的股权后，天河公司对B公司的持股比例为40%，在被投资单位董事会中派有代表，但不能对B公司生产经营决策实施控制。对B公司长期股权投资应由成本法改为按照权益法进行核算。

确认长期股权投资处置损益，账务处理如下：

借：银行存款　　　　　　　　　　　　　　　　54 000 000
　　贷：长期股权投资　　　　　　　　　　　　　　　30 000 000
　　　　投资收益　　　　　　　　　　　　　　　　　24 000 000

调整长期股权投资账面价值：

剩余长期股权投资的账面价值为6 000万元，与原投资时应享有被投资单位可辨认净资产公允价值份额之间的差额600(=6 000−13 500×40%)万元为商誉，该部分商誉的价值不需要对长期股权投资的成本进行调整。

取得投资以后被投资单位可辨认净资产公允价值的变动中应享有的份额为4 200 [=(24 000−13 500)×40%]万元，其中3 000(=7 500×40%)万元为被投资单位实现的净损益，应调整增加长期股权投资的账面价值，同时调整留存收益。企业应进行以下账务处理：

借：长期股权投资　　　　　　　　　　　　　　30 000 000
　　贷：盈余公积　　　　　　　　　　　　　　　　　 3 000 000
　　　　利润分配——未分配利润　　　　　　　　　　27 000 000

（二）权益法转换为成本法

因追加投资原因导致原持有的对联营企业或合营企业的投资转变为对子公司投资的，长期股权投资账面价值的调整应当按照本章第一节的有关规定处理。除此之外，因收回投资等原因导致长期股权投资的核算由权益法转换为成本法的，应以转换时长期股权投资的账面价值作为按照成本法核算的基础。此后期间，自被投资单位分得的现金股利或利润未超过转换时被投资单位账面未分配利润中本企业享有份额的，应冲减长期股权投资的成本，不确认为投资收益。自被投资单位取得的现金股利或利润超过转换时被投资单位账面未分配利润中本企业享有份额的，确认为当期损益。

【例6-21】天河公司持有乙公司30%的有表决权股份，因能够对乙公司的生产经营决策施加重大影响，天河公司对该项投资采用权益法核算。20×4年10月，天河公司将该项投资中的50%对外出售，出售以后，无法再对乙公司施加重大影响，且该项投资不存在活跃市场，公允价值无法可靠计量，出售以后天河公司决定对该项长期股权投资转为采用成本法核算。出售时，该项长期股权投资的账面价值为4 800万元，其中投资成本3 900万元，损益调整为 900 万元，出售取得价款 2 700 万元。

天河公司确认处置损益应进行以下账务处理：

借：银行存款　　　　　　　　　　　　　　　　　27 000 000
　　贷：长期股权投资　　　　　　　　　　　　　　　　24 000 000
　　　　投资收益　　　　　　　　　　　　　　　　　　 3 000 000

处置投资后，该项长期股权投资的账面价值为 2 400 万元，其中包括投资成本 1 950 万元，原确认的损益调整 450 万元。假定在转换时被投资单位的账面留存收益为 900 万元，则天河公司未来期间自乙公司分得现金股利或利润时，取得的现金股利或利润未超过按持股比例计算享有的分配原留存收益 900 万元的金额，应冲减长期股权投资的账面价值，超过部分确认为投资收益。

第四节　长期股权投资的减值与处置

一、长期股权投资的减值

长期股权投资在按照规定进行核算确定其账面价值的基础上，如果存在减值迹象的，应当按照相关准则的规定计提减值准备。其中对子公司、联营企业及合营企业的投资，应当按照《企业会计准则第 8 号——资产减值》的规定确定其可收回金额及应予计提的减值准备；企业持有的对被投资单位不具有共同控制或重大影响、在活跃市场中没有报价、公允价值不能可靠计量的长期股权投资，应当按照《企业会计准则第 22 号——金融工具确认和计量》的规定确定其可收回金额及应予计提的减值准备，上述有关长期股权投资的减值准备在提取以后，均不允许转回。

【例 6-22】天河公司下属全资子公司 B 公司由于承担巨额担保而严重亏损，天河公司账面对 B 公司投资总额为 1 000 万元，因采用成本法核算，无其他相关项目。已知报告期末，B 公司净资产公允价值只有 200 万元，预计未来可收回金额同样为 200 万元。B 公司在近期无法收回因巨额担保发生的损失，其公允价值已严重低于天河公司对 B 公司的账面价值，故天河公司应对 B 公司进行减值测试，提取减值准备 800(=1 000-200) 万元。会计分录如下：

借：资产减值损失　　　　　　　　　　　　　　　　 8 000 000
　　贷：长期股权投资减值准备　　　　　　　　　　　　 8 000 000

二、长期股权投资的处置

企业处置长期股权投资时，应相应结转与所售股权相对应的长期股权投资的账面价值，出售所得价款与处置长期股权投资账面价值之间的差额，应确认为处置损益。

采用权益法核算的长期股权投资，原计入资本公积中的金额，在处置时亦应进行结转，将与所出售股权相对应的部分在处置时自资本公积转入当期损益。

【例 6-23】天河公司原持有 B 企业 40% 的股权，20×4 年 12 月 20 日，天河公司决定出售 10% 的股权，出售时天河公司账面上对 B 企业长期股权投资的构成如下：投资成本 1 800 万元，损益调整 480 万元，可转入损益的其他综合收益 100 万元，其他权益变动 200 万元。出售取得价款 705 万元。

（1）天河公司确认处置损益的账务处理：

长期股权投资的成本 = [(18 000 000+4 800 000+1 000 000+2 000 000)÷40%]×10% = 6 450 000（元）

借：银行存款　　　　　　　　　　　　　　　　　　　7 050 000
　　贷：长期股权投资　　　　　　　　　　　　　　　　　　6 450 000
　　　　投资收益　　　　　　　　　　　　　　　　　　　　　600 000

（2）除应将实际取得价款与出售长期股权投资的账面价值进行结转，确认出售损益以外，还应将原计入资本公积的部分按比例转入当期损益。

结转到资本公积的其他综合收益和其他权益变动 = 1 000 000÷40%×10%+2 000 000÷40%×10% = 750 000（元）

因为出售股权时原持有股权的1/4，所以结转其他综合收益和资本公积也是结转1/4。250 000元是其他综合收益1 000 000元的1/4，500 000元是其他权益变动2 000 000元的1/4。会计分录如下：

借：资本公积——其他资本公积　　　　　　　　　　　750 000
　　贷：投资收益　　　　　　　　　　　　　　　　　　　　750 000

▶本章小结

本章介绍了长期股权投资的概念、内容和分类，重点讲述了同一控制与非同一控制下企业合并账务处理的区别、长期股权投资核算方法的关系、成本法和权益法的原理及其转换要求。长期股权投资包括长期股权投资和其他长期股权投资两类。长期股权投资的核算方法取决于投资企业与被投资企业的关系，分别采用成本法和权益法进行核算。长期股权投资预计可收回金额低于账面价值且具有非暂时性，则应对其计提减值准备。计提的长期股权投资减值准备在持有投资期间不得转回，处置长期股权投资时，应按比例同时结转已计提的长期股权投资减值准备。

▶思政园地

南方基金总经理杨小松：胸怀"国之大者"书写"五篇大文章"

2023年10月30日至31日，中央金融工作会议在北京举行。11月3日，就中央金融工作会议对中国金融市场高质量发展主题、目标等部署，《证券日报》记者专访了南方基金总经理杨小松。

杨小松认为，中央金融工作会议系统阐述了中国特色金融发展之路的本质特征，针对金融高质量发展做出系列部署和安排，明确围绕金融高质量发展主题，突出全面加强监管、防范化解风险，强调"八个坚持"，提出"三个着力"，要求做好"五篇大文章"，并首次提出"金融强国"的建设目标，为新时代新征程推动金融高质量发展提供了根本遵循和行动指南，"作为资本市场的参与者，我们备受鼓舞"。

杨小松表示，高质量发展是全面建设社会主义现代化国家的首要任务。作为国内首批规范的基金管理公司，南方基金将加强党的全面领导，深刻把握金融工作的政治性和人民性，发挥专业机构投资者作用，为实体经济创"价值"、为服务民生添"温度"，胸怀"国之大者"，强化使命担当，持续探索中国特色资产管理之路，努力推动资本市场与资产管理行业高质量发展。

（一）坚定看好中国经济，积极做多中国资产

过去三年中国宏观经济呈现出强大韧性，年均复合增长率达4.5%，对全球经济增长年均贡献率达40%左右。2023年8月份以来一揽子稳增长措施持续落地，各项经济数据企稳回升，经济

走弱和预期转弱的循环已被阻断。杨小松说:"我们应坚定看好中国经济长期增长潜力,与行业同人一道,积极做多中国资产。"

(二)守正创新稳中求进,公募基金大有可为

金融高质量发展是 2023 年中央金融工作会议的主旋律,中央金融工作会议明确提出"做好科技金融、绿色金融、普惠金融、养老金融、数字金融五篇大文章"。

杨小松表示,南方基金将以党的二十大精神为引领,沿着金融高质量发展指引,围绕"五篇大文章"持续探索,履行好服务国家战略、促进共同富裕的天然职责,努力实现资产管理服务能力全面提升,在高质量发展新征程上实现新的跨越,为大力推进中国式现代化与坚持可持续发展添砖加瓦。

春山在望,未来可期。党的二十大擘画了中国式现代化的宏伟蓝图,中央金融工作会议为金融发展指明前进方向,中国经济与资本市场孕育着无限希望。杨小松表示,在"金融强国"建设目标的推动下,中国资本市场这艘巨轮已驶入高质量发展的新航道,为强国建设、民族复兴和民生福祉提供有力支撑,"长风破浪会有时,直挂云帆济沧海,我们坚定看好中国经济,积极做多中国资产,期待与广大行业同人携手,为中国式现代化贡献新时代金融力量"。

资料来源:王宁.南方基金总经理杨小松:胸怀"国之大者"书写"五篇大文章"[N].证券日报,2023-11-04(A1).

国际视野

拓展阅读

章后练习

关键术语音频

▶关键术语听与读

- Business combination(企业合并):The business combination refers to the behavioral process of two or more enterprises integrating their assets into a new enterprise in accordance with the provisions of relevant laws and regulations by entering into a merger agreement.
- Costing method(成本法):The costing method refers to the method of pricing investment at cost either at the time of acquisition or afterwards.
- Equity method(权益法):The equity method refers to the method of adjusting the book value of the investment according to the change of the share of the invested enterprise in the owner's equity of the invested unit during the holding period of the investment after the investment is measured at the initial investment cost.
- Joint control(共同控制):The joint control refers to the circumstance in which one company is jointly controlled by two companies, who both combine the company into their consolidated statements.
- Under the same control(同一控制下):Under the same control, also called under the common control, refers to a company combination, in which the participants are under the same control of a certain company or group.
- Internal transactions(内部交易):The internal transactions refer to various transactions between the parent company of a group and its subsidiaries, as well as between subsidiaries, except for equity investments.
- Elimination entries(抵销分录):The elimination entries, also called the offset entries, refer to the adjustment entries in the consolidated financial statements made to the relevant items that should be offset

during the preparation of the consolidated financial statements.

- Long term equity investment（长期股权投资）: The long term equity investment refers to the equity investment that the investor inputs the invested entity.
- Mergers and acquisitions（并购）: The mergers and acquisitions, abbreviated as M&A, refers to the merger of two or more independent enterprises into a single enterprise. And usually, one or more companies are absorbed by a dominant company.
- Parent company（母公司）: The parent company, also called the holding company or controlling company, refers to a company that has (controls) subsidiary undertakings. They form a group of companies.
- Significant influence（重大影响）: The significant influence refers to the influence by one company on the financial and operating policy decisions of another company in which it has an interest.
- Subsidiary company（子公司）: The subsidiary company, also called the affiliated company, is the company which is controlled by another company, who is the parent company of the former.

第七章

固定资产

> **本章案例**
>
> **天宝食品信息披露违法违规事件**
>
> 　　大连天宝绿色食品股份有限公司（以下简称"天宝食品"）于2008年在深圳证券交易所（以下简称"深交所"）上市[一]，公司股价最高时达到每股近50元，被评为农业产业化国家重点龙头企业。但该公司2018年与2019年第一季度均大幅亏损，财务报表问题众多，导致公司收到深交所问询函。与此同时，由于涉嫌信息披露违法违规，公司也被证监会立案调查。
>
> 　　为了盈利，天宝食品早已多管齐下大展"财"技。2015年完工进度已经达到95%的华家新建项目，一直拖延至2017年年末才转为固定资产。虽然天宝食品给出各种解释，但其实最重要的原因是一转固定资产就亏损。2016年，不想转固定资产的天宝食品的在建工程又投入了1.11亿元，其中利息资本化5 858.20万元，用了1年时间，完工进度达到98%。2017年天宝食品又投入了5 731.99万元，其中利息资本化5 113.79万元，总完工进度为100%，年末转固定资产。如果2016年、2017年开始计提折旧、计提减值损失，天宝食品估计早已"ST"了。按照天宝食品的折旧政策，2017年年末在建工程——华家新建项目转入固定资产的房屋及建筑物7.50亿元、机器设备9.43亿元，房屋及建筑物每年折旧额在2 376.12万元～3 564.18万元之间，机器设备每年折旧额在8 954.53万元～17 909.06万元之间，两者合计每年最少折旧额为1.13亿元，最大折旧额为2.15亿元，取平均数为1.64亿元。加上应该费用化的利息支出，2016年利润应减少2.22亿元，而2016年天宝食品净利润只有1.82亿元，再考虑资产减值损失，当年度亏损更高了，2017年也是如此情形。
>
> 　　审计机构对天宝食品2018年年报出具了保留意见审计报告。天宝食品在对业绩进行解释时称，由于国内外经济、贸易不确定不稳定因素持续上升，报告期内计提固定资产折旧增加，公司债务逾期导致计提罚息增加，以及报告期内计提资产减值准备增

　　[一] 该公司已于2020年在A股退市，2021年在新三板上市。

加等多个因素影响，2018年公司销售收入下滑，经营业绩首次出现亏损。2018年，天宝食品管理费用为1.43亿元，相比上年同期增加了约1.12亿元，主要影响来自固定资产折旧及摊销。

2018年年报显示，天宝食品报告期内对固定资产计提折旧1.84亿元，其中对机器设备计提折旧1.3亿元。深交所要求天宝食品结合报告期内机器设备投资增加、成新率、可供使用年限等因素，说明对机器设备计提折旧大幅增加的原因及合理性。同时，深交所要求天宝食品说明管理费用中"固定资产折旧及摊销"的具体内容，包括名称、用途、使用年限等，并说明报告期内大幅增长的主要原因及合理性。

资料来源：《大连天宝绿色食品股份有限公司2018年年度报告》《关于对大连天宝绿色食品股份有限公司2018年年报的问询函——中小板年报问询函【2019】第176号》

▶ **学习目标** ◀

固定资产是企业赖以生存的物质基础，是企业产生效益的源泉，关系到企业的运营与发展。企业科学管理和正确核算固定资产，有利于促进企业正确评估固定资产的整体情况，提高资产使用效率，降低生产成本，保护固定资产的安全完整，实现资产的保值增值，增强企业的综合竞争实力。通过本章的学习，希望读者：

- 了解固定资产的定义、分类；
- 熟悉固定资产确认条件及其账务处理；
- 理解固定资产折旧额的估计及其账务处理；
- 掌握固定资产减值判断及其减值损失计量；
- 掌握固定资产处置的账务处理。

点阅读5　企业会计准则第4号——固定资产

第一节　固定资产的确认和初始计量

一、固定资产概述

（一）固定资产的概念

固定资产是指同时具有下列特征的有形资产：①为生产商品、提供劳务、出租或经营管理而持有的；②使用寿命超过一个会计年度。由此可见，固定资产是企业生产经营过程中使用期限较长的主要劳动资料。这些劳动资料可在若干个生产周期中使用，原有实物形态不变，其价值则随着使用中的磨损和时间的推移，逐渐地、部分地减少。减少的价值以折旧形式计入企业的制造费用、销售费用、管理费用等，通过商品或产品的销售得到补偿。

从固定资产的概念中可以看出，固定资产的最基本特征，一是企业持有固定资产的目的是生产商品、提供劳务、出租或经营管理，而不是直接用于出售。例如，同样是机器设备，企业持有的目的是生产产品，该机器设备使用年限超过一年，则企业应作为固定资产核算；但同样的设备，在设备生产企业，是作为该企业准备出售的产品，企业持有的目的是销售，则应作为企业的存货。二是固定资产是一种有形资产，这是固定资产区别于无形资产的一个重要的特征。三是固定资产的使用寿命较长，要求超过一个会计年度。根据《企业会计准则第4号——固定资产》的规定，使用寿命是指企业使用固定资产的预计期间，或者该固定资产所能生产产品或提供劳务的数量。

（二）固定资产的分类

企业固定资产的种类繁多，构成复杂，为了加强对固定资产的管理和核算，需要对固定资产进行科学、合理的分类。

1. 按固定资产的经济用途分类

1）生产经营用固定资产：是指直接服务于企业生产经营过程的固定资产，如生产经营用的厂房、机器设备、运输工具等。

2）非生产经营用固定资产：是指不直接服务于生产经营过程的各种固定资产，如职工宿舍、食堂等使用的房屋、设备和其他固定资产。

这种分类可以反映不同经济用途的固定资产在全部固定资产中的比重及其变化，使企业合理配置固定资产。

2. 按固定资产的使用情况分类

1）使用中的固定资产：是指正在使用的生产经营用和非生产经营用固定资产。由于季节性经营或大修理等原因暂时停止使用的固定资产、临时出租给其他单位使用的固定资产及内部替换使用的固定资产，也属于使用中的固定资产。

2）未使用的固定资产：是指已完工或已购建但尚未交付使用的新增固定资产，以及因进行改扩建等原因暂停使用的固定资产。

3）不需要使用的固定资产：是指本企业多余或不适用，需要进行处理的固定资产。

这种分类有利于反映固定资产的利用情况及比例关系，便于分析固定资产的利用效率，并为正确计提固定资产折旧提供条件。

3. 按固定资产的实物形态分类

固定资产按实物形态可分为房屋、建筑物、机器设备、运输设备、电子设备、管理用具和其他固定资产。这种分类便于企业将固定资产进行归口管理。

4. 固定资产综合分类

这种分类是会计上进行固定资产明细核算的主要依据，具体如下。

1）生产经营用固定资产。

2）非生产经营用固定资产。

3）租出固定资产。

4）未使用固定资产。

5）不需使用固定资产。

6）土地：在西方国家，由于土地私有化，企业购买土地而发生的支出应作为资本性支出，从而列为固定资产。我国则不然，土地属于国家所有，除上述情况外，企业购置土地只是取得使用权而非所有权,这不属于固定资产,而是列入无形资产。

7)融资租入固定资产。

(三)固定资产的确认条件

衡量一项资产是否属于固定资产,首先要符合固定资产的上述定义;其次,还应同时具备下述两个条件。

1. 该固定资产包含的经济利益很可能流入企业

资产最为重要的特征是预期会给企业带来经济利益,固定资产作为企业一项重要的资产,企业同样需要判断其所包含的经济利益是否很可能流入企业。

在实务中,判断固定资产包含的经济利益是否很可能流入企业,主要依据是与该固定资产所有权相关的风险和报酬是否转移到了企业。其中,与固定资产所有权相关的风险是指,由于经营情况变化造成的相关收益的变动,以及由于资产闲置、技术陈旧等原因造成的损失;与固定资产所有权相关的报酬是指,在固定资产使用寿命内直接使用该固定资产而获得的经济利益,以及处置该资产所实现的收益等。通常情况下,取得固定资产的所有权是判断与固定资产所有权相关的风险和报酬转移到企业的一个重要标志。即所有权已属于企业,无论企业是否收到或持有该固定资产,应作为企业的固定资产;反之,如果没有取得所有权,即使存放在企业,也不能作为企业的固定资产。但有时,企业虽然不拥有固定资产的所有权,但与固定资产所有权相关的风险和报酬实质上已转移到企业,如融资租入固定资产,企业能够控制该固定资产所包含的经济利益,也符合固定资产确认的该项条件。

2. 该固定资产的成本能够可靠地计量

成本能够可靠计量,是资产确认的一项基本条件。固定资产要予以确认,其为取得该固定资产而发生的支出也必须能够确切地计量或合理地估计。

企业在确定固定资产成本时,有时需要根据所获得的最新资料,对固定资产的成本进行合理的估计。如企业对于已达到预定可使用状态的固定资产,在尚未办理竣工决算时,需要根据工程预算、工程造价或者工程实际发生的成本等资料,按暂估价值确定固定资产的入账价值,待办理了竣工决算手续后再进行调整。

(四)特殊情况下固定资产的确认

企业在运用固定资产确认条件时,需要实施必要的职业判断,对于复杂情况应具体问题具体分析。

1)企业购置的某些设备,它的使用虽然不能直接为企业带来经济利益,但是有助于企业从相关资产中获得经济利益,或者将减少企业未来经济利益的流出,这类设备应确认为固定资产,但确认价值与相关资产账面价值之和不能超过资产的可收回金额。如为净化环境或者满足国家有关排污标准的需要,企业专门购置的环保设备。这些设备的使用虽然不会为企业带来直接的经济利益,却有助于企业提高对废水、废气、废渣的处理能力,有利于净化环境,企业为此将减少未来由于污染环境而需要支付的环境净化费或者罚款,所以企业应将这些设备确认为固定资产。

2)构成整体固定资产的各组成部分,如果各自具有不同的使用寿命或者以不同的方式为企业提供经济利益,从而适用不同的折旧率或者折旧方法,此时,该各组成部分实际上是以独立的方式为企业提供经济利益,因此,企业应将其各组成部分单独确认为固定资产。如飞机的引擎，如果其与飞机具有不同的使用寿命，适用不同的折旧率或折旧方法，则企业应将其单独确认为固定资产。

二、固定资产的初始计量

固定资产的初始计量，指确定固定资产的取得成本。固定资产应当按照成本进行初始计量。成本包括企业为购建某项固定资产达到预定可使用状态前所发生的一切合理的、必要的支出，这些支出包括直接发生的价款、运杂费、包装费和安装成本等，也包括间接发生的，如应承担的借款利息外币借款折算差额，以及应分摊的其他间接费用。

购建固定资产达到预定可使用状态具体可以从以下几个方面进行判断。

1）固定资产的实体建造（包括安装）工作已经全部完成或实质上已经完成。

2）所购建的固定资产与设计要求或合同要求相符或基本相符，即使有极个别与设计或合同要求不相符的地方，也不影响其正常使用。

3）继续发生在所购建固定资产上的支出金额很少或几乎不再发生。

如果所购建固定资产需要试运行，则在试生产结果表明资产能够正常生产出合格产品时，或试运行结果表明能够正常运转或营业时，确认固定资产已经达到预定可使用状态。

由于固定资产的取得方式不同，其取得成本的具体构成内容及确定方法也有差异。

（一）外购的固定资产

企业外购固定资产的成本包括购买价款、进口关税等相关税费，以及为使固定资产达到预定可使用状态前发生的可直接归属于该资产的其他支出，如场地整理费、运输费、装卸费、安装费和专业人员服务费等。外购固定资产是否达到预定可使用状态，需要根据具体情况进行分析判断。如果购入不需安装的固定资产，购入后即可发挥作用，因此，购入后即可达到预定可使用状态。如果购入需安装的固定资产，只有安装调试后达到设计要求或合同规定的标准，该项固定资产才可发挥作用，达到预定可使用状态。企业外购的固定资产，如需要安装，先通过"在建工程"科目核算，待安装完毕达到预定可使用状态后转入"固定资产"科目；如外购的固定资产不需要安装，则直接通过"固定资产"科目核算。

由于我国从 2009 年 1 月 1 日起对增值税的管理实行了生产型向消费型的转变，即在征收增值税时，允许企业将外购固定资产所含增值税进项税额一次性全部扣除，所以企业外购固定资产增值税专用发票所列应交增值税税额不能计入固定资产价值，而是作为进项税额单独核算。

有时，企业基于产品价格等因素的考虑，可能以一笔款项购入多项没有单独标价的固定资产，如果这些资产均符合固定资产的定义，并满足固定资产的确认条件，则应按各项固定资产公允价值的比例对总成本进行分配，分别确定各项固定资产的入账价值。

如果企业购买固定资产的价款超过正常信用条件延期支付，实质上具有融资性质的，固定资产的成本应以购买价款的现值为基础确定。实际支付的价款与购买价款的现值之间的差额，除按照《企业会计准则第 17 号——借款费用》应予资本化的以外，应当在信用期间内计入当期损益。

【例 7-1】天河公司购入一台不需要安装的设备，取得增值税专用发票上注明不含增值税价款为 200 000 元，增值税进项税额为 26 000 元，支付场地整理费、装卸费、运输费等合计 8 000 元，款项已全部结清。则天河公司会计分录如下：

　　借：固定资产　　　　　　　　　　　　　　　　　　208 000
　　　　应交税费——应交增值税（进项税额）　　　　　 26 000
　　　贷：银行存款　　　　　　　　　　　　　　　　　　　　234 000

【例 7-2】20×4 年 6 月 5 日，天河公司购入一台需要安装的生产用机器设备，该设备价款为 200 000 元，增值税进项税额为 26 000 元，支付的运输费、装卸费合计为 5 000 元，款项已通过银行支付；安装设备时，领用本公司原材料一批，价值为 20 000 元，购进该批材料时支付的增值税进项税额为 2 600 元；支付安装工人工资为 10 000 元。则天河公司会计分录如下：

（1）支付设备的价款和运费：

　　借：在建工程　　　　　　　　　　　　　　　　　　205 000
　　　　应交税费——应交增值税（进项税额）　　　　　 26 000
　　　贷：银行存款　　　　　　　　　　　　　　　　　　　　231 000

（2）安装中领用原材料、支付安装工人工资等费用合计为 30 000 元：

　　借：在建工程　　　　　　　　　　　　　　　　　　 30 000
　　　贷：原材料　　　　　　　　　　　　　　　　　　　　　 20 000
　　　　　应付职工薪酬　　　　　　　　　　　　　　　　　　 10 000

（3）工程安装完毕，达到预定可使用状态，转入固定资产：

　　借：固定资产　　　　　　　　　　　　　　　　　　235 000
　　　贷：在建工程　　　　　　　　　　　　　　　　　　　　235 000

　　固定资产的成本 = 205 000 + 30 000 = 235 000（元）

【例 7-3】天河公司为降低采购成本，20×4 年 5 月向乙公司一次购入三套不同型号且不同生产能力的 A、B 和 C 三种设备。天河公司为该批设备支付货款 5 000 000 元，增值税进项税额 650 000 元，包装费 20 000 元，运输费 100 000 元。全部以银行存款支付；假定 A、B 和 C 设备分别满足固定资产确认条件，公允价值分别为 2 100 000 元、1 500 000 元和 2 400 000 元；天河公司实际支付的货款等于计税价格，不考虑其他相关税费。

天河公司的会计处理如下：

（1）确定应计入固定资产成本的金额

$$5\ 000\ 000 + 20\ 000 + 100\ 000 = 5\ 120\ 000（元）$$

（2）确定 A、B 和 C 的价值分配比例

A 设备应分配的固定资产价值比例为

$$2\ 100\ 000 \div (2\ 100\ 000 + 1\ 500\ 000 + 2\ 400\ 000) \times 100\% = 35\%$$

B 设备应分配的固定资产价值比例为

$$1\ 500\ 000 \div (2\ 100\ 000 + 1\ 500\ 000 + 2\ 400\ 000) \times 100\% = 25\%$$

C 设备应分配的固定资产价值比例为

$$2\ 400\ 000 \div (2\ 100\ 000 + 1\ 500\ 000 + 2\ 400\ 000) \times 100\% = 40\%$$

（3）确定 A、B 和 C 设备各自的成本

A 设备的成本 = 5 120 000 × 35% = 1 792 000（元）

B 设备的成本 = 5 120 000×25% = 1 280 000（元）
C 设备的成本 = 5 120 000×40% = 2 048 000（元）

（4）会计分录如下：

借：固定资产——A 设备　　　　　　　　　　　　　1 792 000
　　　　　　——B 设备　　　　　　　　　　　　　1 280 000
　　　　　　——C 设备　　　　　　　　　　　　　2 048 000
　　应交税费——应交增值税（进项税额）　　　　　650 000
　　贷：银行存款　　　　　　　　　　　　　　　　　　　　5 770 000

【例 7-4】20×0 年 1 月 1 日，天河公司与 B 公司签订一项购货合同。天河公司从 B 公司购入一台需要安装的大型机器设备。合同约定天河公司采用分期付款方式支付价款。该设备价款为 2 000 000 元，取得的增值税专用发票上注明增值税进项税额为 260 000 元。首期款项 500 000 元和增值税进项税额 260 000 元于 20×0 年 1 月 1 日支付，其余款项在 20×0—20×4 年的 5 年期间每年年末支付 300 000 元。

20×0 年 1 月 1 日，设备如期运抵天河公司并开始安装。20×0 年 12 月 31 日，设备达到预定可使用状态。发生安装费 50 000 元，已用银行存款付讫。

天河公司按照合同约定用银行存款如期支付了款项。假定折现率为 8%。

则天河公司相关会计处理如下。

（1）由于天河公司购入该设备的价款超过正常信用条件延期支付，实质上有融资性质。购买价款的现值为

500 000 + 300 000×(P/A，8%，5) = 500 000 + 300 000×3.992 7 = 1 697 810（元）

借：在建工程　　　　　　　　　　　　　　　　　　1 697 810
　　未确认融资费用　　　　　　　　　　　　　　　302 190
　　贷：长期应付款　　　　　　　　　　　　　　　　　　2 000 000
借：应交税费——应交增值税（进项税额）　　　　260 000
　　贷：银行存款　　　　　　　　　　　　　　　　　　　260 000
借：长期应付款　　　　　　　　　　　　　　　　500 000
　　贷：银行存款　　　　　　　　　　　　　　　　　　　500 000

（2）确定信用期间未确认融资费用的分摊额，见表 7-1。

表 7-1　天河公司未确认融资费用分摊额　　　　　　　　　　单位：元

日期 ①	分期付款额 ②	确认的融资费用 ③ = 期初⑤×8%	应付本金减少额 ④ = ② - ③	应付本金余额 期末⑤ = 期初⑤ - ④
20×0 年 1 月 1 日	500 000.00		500 000.00	1 197 810.00
20×0 年 12 月 31 日	300 000.00	95 824.80	204 175.20	993 634.80
20×1 年 12 月 31 日	300 000.00	79 490.78	220 509.22	773 125.58
20×2 年 12 月 31 日	300 000.00	61 850.05	238 149.95	534 975.63
20×3 年 12 月 31 日	300 000.00	42 798.05*	257 201.95	277 773.68
20×4 年 12 月 31 日	300 000.00	22 226.32	277 773.68	0
合计	2 000 000.00	302 190.00	1 697 810.00	

注：*表示尾数调整，300 000.00 - 257 201.95 = 42 798.05（元）。

（3）20×0年1月1日至20×0年12月31日为设备的安装期间，未确认融资费用的分摊额符合资本化条件，计入固定资产成本。20×0年12月31日天河公司的账务处理如下：

借：在建工程　　　　　　　　　　　　　　95 824.80
　　贷：未确认融资费用　　　　　　　　　　　　　　95 824.80
借：长期应付款　　　　　　　　　　　　　300 000
　　贷：银行存款　　　　　　　　　　　　　　　　　300 000
借：在建工程　　　　　　　　　　　　　　50 000
　　贷：银行存款　　　　　　　　　　　　　　　　　50 000
借：固定资产　　　　　　　　　　　　　1 843 634.8
　　贷：在建工程　　　　　　　　　　　　　　　　1 843 634.8

（4）20×1年1月1日至20×4年12月31日，设备已经达到预定可使用状态。未确认融资费用的分摊额不再符合资本化条件，应计入当期损益。

20×1年12月31日：

借：财务费用　　　　　　　　　　　　　　79 490.78
　　贷：未确认融资费用　　　　　　　　　　　　　　79 490.78
借：长期应付款　　　　　　　　　　　　　300 000
　　贷：银行存款　　　　　　　　　　　　　　　　　300 000

其余年度会计处理同20×1年。

（二）自行建造的固定资产

企业自行建造的固定资产，按建造该项资产达到预定可使用状态前所发生的必要支出，作为入账价值，包括工程用物资成本、人工成本、应予资本化的固定资产借款费用、缴纳的相关税金以及应分摊的其他间接费用等。

企业自行建造固定资产包括自营建造和出包建造两种方式。无论采用何种方式，所建工程都应当按照实际发生的支出确定其工程成本并单独核算。

1. 自营方式建造固定资产

企业以自营方式建造固定资产，意味着企业自行组织工程物资采购、自行组织施工人员从事工程施工。企业自营建造固定资产，应当按照建造该项固定资产达到预定可使用状态前所发生的必要支出确定其工程成本，并单独核算。工程项目较多且工程支出较大的企业，应当按照工程项目的性质分别核算。

企业为在建工程准备的各种物资，应当按照实际支付的买价、运输费、保险费等相关税费作为实际成本，并按照各种专项物资的种类进行明细核算。工程完工后剩余的工程物资，转为本企业存货的，按其实际成本或计划成本进行结转；盘盈、盘亏、报废、毁损的工程物资，减去保险公司过失人赔偿部分后的差额，如工程项目尚未完工，计入或冲减所建工程项目的成本；如工程已经完工的，计入当期损益。

企业将固定资产达到预定可使用状态前或者研发过程中产出的产品或副产品对外销售的，应当按照《企业会计准则第14号——收入》《企业会计准则第1号——存货》中的相关规定，对试运行销售相关的收入和成本分别进行会计处理，计入当期损益，不应将试运行销售相关收入抵销相关成本后的净额冲减固定资产成本或者研发支出。试运行产出的有关产品或副产品在对外销售前，符合《企业会计准则第 1 号——存货》规定的应当确认为存货，符合其他相关企业会计准则中有关资产确认条件的应当确认为相关资产。固定资产达到预定可使用状态前产出的产品或副产品也包括测试固定资产是否正常运转时产出的样品等情形。

测试固定资产是否正常运转而发生的支出属于固定资产达到预定可使用状态前的必要支出，应当按照《企业会计准则第 4 号——固定资产》的有关规定，计入该固定资产成本。

所建造的固定资产达到预定可使用状态后，按其发生的实际成本结转企业固定资产成本。工程达到预定可使用状态未办理竣工结算手续的，根据工程预算、造价或工程的实际成本，按暂估价值转入固定资产，并按有关计提固定资产折旧的规定，计提固定资产折旧。待办理竣工决算手续后再调整原来的暂估价值，但不需要调整原已计提的折旧额。

企业自营方式建造固定资产，发生的工程成本应通过"在建工程"科目核算，工程完工达到预定可使用状态时，从"在建工程"科目转入"固定资产"科目。

【例 7-5】20×4 年 1 月 1 日，天河公司准备自行建造一座仓库。假定不考虑增值税，相关资料如下。

（1）1 月 8 日，天河公司购入工程物资一批，价款为 351 100 元，款项以银行存款支付。
（2）2 月 3 日，天河公司领用生产用原材料一批，价值 37 440 元。
（3）1 月 8 日至 6 月 30 日，工程先后领用工程物资，价值 272 500 元。
（4）6 月 30 日，天河公司对工程物资进行清查，发现工程物资减少 48 000 元，经调查属于保管员过失造成，根据企业管理规定，保管员应赔偿 30 000 元。剩余工程物资转入企业原材料，该原材料的计划成本为 27 000 元。
（5）工程建设期间辅助生产车间为工程提供有关的劳务支出为 35 000 元。
（6）工程建设期间发生工程人员职工薪酬为 65 800 元。
（7）6 月 30 日，仓库完工并交付使用。

账务处理如下：
（1）购入工程物资：
借：工程物资　　　　　　　　　　　　　　　　　　　　　351 000
　　贷：银行存款　　　　　　　　　　　　　　　　　　　　　　　351 000
（2）领用原材料：
借：在建工程——仓库　　　　　　　　　　　　　　　　　37 440
　　贷：原材料　　　　　　　　　　　　　　　　　　　　　　　　37 440
（3）工程领用物资：
借：在建工程——仓库　　　　　　　　　　　　　　　　　272 500
　　贷：工程物资　　　　　　　　　　　　　　　　　　　　　　　272 500
（4）建设期间发生的工程物资盘亏、报废及毁损净损失：
借：在建工程——仓库　　　　　　　　　　　　　　　　　18 000
　　其他应收款　　　　　　　　　　　　　　　　　　　　30 000
　　贷：工程物资　　　　　　　　　　　　　　　　　　　　　　　48 000
剩余工程物资的实际成本 = 351 000−272 500−48 000 = 30 500（元），计划成本为 27 000 元。
借：原材料　　　　　　　　　　　　　　　　　　　　　　27 000
　　材料成本差异　　　　　　　　　　　　　　　　　　　　　　　3 500

  贷：工程物资   30 500

（5）辅助生产车间为工程提供劳务支出：

  借：在建工程——仓库   35 000

    贷：生产成本——辅助生产成本   35 000

（6）计提工程人员职工薪酬：

  借：在建工程——仓库   65 800

    贷：应付职工薪酬   65 800

（7）工程完工交付：

固定资产的入账价值 = 37 440 + 272 500 + 18 000 + 35 000 + 65 800 = 428 740（元）

  借：固定资产——仓库   428 740

    贷：在建工程——仓库   428 740

2. 出包方式建造固定资产

  企业通过出包工程方式建造的固定资产，按应支付给承包单位的工程价款作为其固定资产成本。采用出包方式建造固定资产，企业要与建造承包商签订建造合同，企业是建造合同的甲方，负责筹集资金和组织管理工程建设，通常称为建设单位，建造承包商是建造合同的乙方，负责建筑安装工程施工任务。企业的新建、改建、扩建等建设项目，通常均采用出包方式。一个建设项目通常由若干单项工程构成，如新建一个火电厂包括建造发电车间、冷却塔、安装发电设备等，新建的火电厂即为建设项目，建造的发电车间、冷却塔、安装发电设备均为单项工程。

  出包方式下，"在建工程"科目主要是企业与建造承包商办理工程价款的结算科目，企业支付给建造承包商的工程价款作为工程成本通过"在建工程"科目核算。企业应按合理估计的工程进度和合同规定结算的进度款，借记"在建工程——建筑工程（××工程）""在建工程——安装工程（××工程）"科目，贷记"银行存款""预付账款"等科目。工程完成时，按合同规定补付的工程款，借记"在建工程"科目，贷记"银行存款"等科目。企业将需要安装设备运抵现场安装时，借记"在建工程——在安装设备（××设备）"科目，贷记"工程物资——××设备"科目；企业为建造固定资产发生的待摊支出，借记"在建工程——待摊支出"科目，贷记"银行存款""应付职工薪酬""长期借款"等科目。

  在建工程达到预定可使用状态时，首先计算分配待摊支出，待摊支出的分配率可按下列公式计算：

待摊支出分配率 = 累计发生的待摊支出 ÷（建筑工程支出 + 安装工程支出 + 在安装设备支出）

××工程应分配的待摊支出 =（××工程的建筑工程支出 + ××工程的安装工程支出 +

      在安装设备支出）× 待摊支出分配率

  其次，计算确定已完工的固定资产成本：

    房屋、建筑物等固定资产成本 = 建筑工程支出 + 应分摊的待摊支出

需要安装设备的成本 = 设备成本 + 为设备安装发生的基础、支座等建筑工程支出 +

      安装工程支出 + 应分摊的待摊支出

  然后，进行相应的账务处理，借记"固定资产"科目，贷记"在建工程——建筑工程""在建工程——安装工程""在建工程——待摊支出"等科目。

(三) 投资者投入的固定资产

投资者投入的固定资产，应当按照投资合同或协议约定的价值确定，但合同或协议约定价值不公允的除外。

【例 7-6】 天河公司接受股东投入的一台机器设备作为出资，该设备评估原值为 200 000 元，评估净值为 150 000 元，股东各方协商作价 150 000 元。则天河公司的会计分录为

借：固定资产　　　　　　　　　　　　　　　　　　150 000
　　贷：实收资本　　　　　　　　　　　　　　　　　　　　　150 000

(四) 租入的固定资产

在租赁期开始日，承租人应当对租赁确认使用权资产和租赁负债，应用《企业会计准则第 21 号——租赁》相关规定进行简化处理的短期租赁和低价值资产租赁除外。使用权资产应当按照成本进行初始计量；租赁负债应当按照租赁期开始日尚未支付的租赁付款额的现值进行初始计量。

(五) 其他方式取得的固定资产

1）企业接受债务人以非现金资产抵偿方式取得的固定资产，或以应收债权换入固定资产的，应当按换入固定资产的公允价值作为入账价值。

2）以非货币性资产交换换入的固定资产，如该项交换具有商业实质，应当以公允价值和应支付的相关税费作为换入资产的成本，换入资产和换出资产公允价值均能够可靠计量的，应当以换出资产的公允价值加上应支付的相关税费作为确定换入固定资产成本的基础，但有确凿证据表明换入资产的公允价值更加可靠的除外。如该项交易属于关联方交易，则可能使该项交换不具有商业实质，则应当以换出资产的账面价值和应支付的相关税费作为换入资产成本的基础。

3）通过政府补助取得的固定资产成本，应当按照公允价值计量；公允价值不能可靠取得的，按照名义金额计量。

(六) 盘盈的固定资产

企业在财产清查中盘盈的固定资产，如果同类或类似固定资产存在活跃市场的，按同类或类似固定资产的市场价格，减去按该项资产的新旧程度估计的价值损耗后的余额入账；如果同类或类似固定资产不存在活跃市场的，应按该项固定资产的预计未来现金流量现值入账。企业在财产清查中盘盈的固定资产，应作为前期差错处理。盘盈的固定资产通过"以前年度损益调整"科目核算。

【例 7-7】 天河公司在固定资产清查中，发现账外设备一台，同类新设备的市场价值为 20 000 元，估计折旧 2 000 元。则该业务的会计分录如下：

（1）盘盈的仪器入账价值为 18 000 元，登记入账。

借：固定资产　　　　　　　　　　　　　　　　　　18 000
　　贷：待处理财产损溢　　　　　　　　　　　　　　　　　18 000

（2）报经批准处理后，盘盈设备记入"以前年度损益调整"科目。

借：待处理财产损溢　　　　　　　　　　　　　　　18 000
　　贷：以前年度损益调整　　　　　　　　　　　　　　　　18 000

需要注意的是，对于特殊行业（如矿山、油气、核电等行业）的特定固定资产，确定其初始成本时，还应考虑弃置费用。弃置费用通常是指根据国家法律和行政法规、国际公约等规定，企业承担的环境保护和生态恢复等义务所确定的支出。通常，弃置费用的金额与其现值相比较大，需要考虑货币时间价值。一般工商企业的固定资产发生的报废清理费用不属于弃置费用，应当在发生时作为固定资产处置费用处理。

第二节 固定资产的后续计量

固定资产的后续计量主要包括固定资产折旧的计提、减值损失的确定，以及后续支出的计量。

一、固定资产折旧

固定资产长期参加企业的生产经营活动而保持其原有的实物形态，但其价值随着使用逐渐发生损耗。固定资产因损耗而减少的价值称为折旧额。固定资产折旧是指在固定资产的使用寿命内，按照确定的方法对应计折旧额进行的系统分摊。其中，应计折旧额指应当计提的固定资产原价扣除其预计净残值后的余额，如果已对固定资产计提减值准备，还应当扣除已计提的固定资产减值准备金额。预计净残值，是指假定固定资产预计使用寿命已满并处于使用寿命终了时的预期状态，企业目前从该项资产处置中获得的扣除预计处置费用后的金额。

固定资产折旧的过程，实际上是一个持续的成本分配过程，并不是为了计算固定资产的净值。折旧就是企业采用合理而系统的分配方法将固定资产的取得成本在固定资产的经济使用年限内进行合理分配，使之与各期的收入匹配，以正确确认企业的损益。因此，企业应当根据固定资产的性质和使用方式，合理确定固定资产的使用寿命和预计净残值，并根据科技发展、环境及其他因素，选择合理的固定资产折旧方法。固定资产的使用寿命、预计净残值、折旧方法一经确定，不得随意变更，除非企业每年年度终了对固定资产的使用寿命、预计净残值和折旧方法进行复核时，预计使用寿命和预计净残值与原先估计数有差异。这种情况应当分别调整预计使用寿命和预计净残值；与固定资产有关的经济利益预期实现方式有重大改变的，应当改变折旧方法。

（一）固定资产折旧范围的确定

固定资产准则规定，企业应对所有的固定资产计提折旧，但是，已提足折旧仍继续使用的固定资产和单独计价入账的土地除外。同时，在确定计提折旧的范围时还应注意以下几点。

1）固定资产应当按月计提折旧。固定资产应自达到预定可使用状态时开始计提折旧，终止确认时或划分为持有待售非流动资产时停止计提折旧。为了简化核算，《企业会计制度》第三十七条规定：当月增加的固定资产，当月不计提折旧，从下月起计提折旧；当月减少的固定资产，当月仍计提折旧，从下月起不计提折旧。

2）固定资产提足折旧后，不论能否继续使用，均不再计提折旧，提前报废的固定资产也不再补提折旧。所谓提足折旧是指已经提足该项固定资产的应计折旧额。

3）已达到预定可使用状态但尚未办理竣工决算的固定资产，应当按照估计价值确定其成本，并计提折旧；待办理竣工决算后再按实际成本调整原来的暂估价值，但不需要调整原已计提的折旧额。

(二) 预计固定资产使用寿命应考虑的因素

一般情况下，不同的固定资产性质不同，使用方式也不同，不同的企业在使用同一固定资产时的使用强度、使用环境等也各异。在确定固定资产预计使用寿命时，应根据企业自身的具体情况、考虑以下因素确定。

1) 该资产的预计生产能力或实物产量。
2) 该资产的有形损耗，指固定资产在使用过程中发生的磨损或由于自然力的侵蚀导致固定资产的损耗。如设备使用中的磨损，房屋建筑物由于受自然力的侵蚀而损耗。
3) 该资产的无形损耗，指固定资产由于技术上的进步，高效能设备的出现，使原有的固定资产在尚可使用的情况下价值贬损或提前报废而带来的损失。
4) 有关资产使用的法律或类似的限制。

企业应当在考虑上述因素的基础上，结合不同固定资产的性质、消耗方式、所处环境等因素，做出职业判断。通常，在相同环境条件下，对于同样的固定资产的预计使用寿命应具有相同的预期。

(三) 固定资产折旧方法

企业应当根据固定资产所含经济利益的预期实现方式选择折旧方法，可选择的折旧方法主要包括年限平均法、工作量法、双倍余额递减法和年数总和法等。固定资产折旧方法一经确定，不得随意变更。如需变更，应在会计报表附注中说明变更的理由及对当期资产、损益的影响金额。

1. 年限平均法

年限平均法又称直线法，是将固定资产的折旧均衡地分摊到各期的一种方法。采用这种方法计算的每期折旧额是相等的。计算公式如下：

$$年折旧率 = \frac{1-预计净残值}{预计使用年限} \times 100\%$$

$$月折旧率 = 年折旧率 \div 12$$

$$月折旧额 = 固定资产原价 \times 月折旧率$$

【例 7-8】天河公司有一台生产用设备，原价 100 000 元，预计可使用 5 年，预计净残值率为 10%。则该设备的折旧率和折旧额计算如下：

$$年折旧率 = \frac{1-10\%}{5} = 18\%$$

$$月折旧率 = 18\% \div 12 = 1.5\%$$

$$月折旧额 = 100\ 000 \times 1.5\% = 1500(元)$$

上述计算的折旧率是按个别固定资产单独计算的，称为个别折旧率。此外，企业还有分类折旧率和综合折旧率。

年限平均法的优点是计算简便、容易理解；但是它只注重固定资产使用时间的长短，忽视了固定资产的使用强度及使用效率。据此计提的折旧额，有时难以实现收入与费用的正确配比。它适用于各个时期使用程度和使用效率大致相同的固定资产。

2. 工作量法

工作量法是以固定资产预计可完成的工作总量为分摊标准，根据各年实际完成的工作量计算折旧的一种方法。这种方法能弥补年限平均法只重使用时间，不考虑使用强度的缺点。其计算公式如下：

$$单位工作量折旧额 = \frac{固定资产原价 \times (1-预计净残值率)}{预计工作量总额}$$

$$年折旧额 = 某年实际完成的工作量 \times 单位工作量折旧额$$

采用工作量法，不同的固定资产应按不同的工作量标准计算折旧，如机器设备应按工作小时计算折旧，运输工具应按行驶里程计算折旧，建筑施工机械应按工作台班时数计算折旧等。

【例7-9】 天河公司一辆载重货车，原价100 000元，预计可行驶50万km，预计报废时的净残值为2%，本月该货车行驶了5 000km。则本月该载重货车应计提的折旧为

$$每\text{km}折旧额 = \frac{100\,000 \times (1-2\%)}{500\,000} = 0.196(元/\text{km})$$

$$本月折旧额 = 0.196 \times 5\,000 = 980(元)$$

工作量法的缺点是将有形损耗看作是引起固定资产折旧的唯一因素，而没有考虑无形损耗的影响。固定资产在使用过程中单位工作量所带来的经济利益是不一样的，因而折旧额也应该是不一样的，这一点也被忽视了。工作量法适用于使用情况很不均衡，使用的季节性较为明显的大型机器设备、大型施工机械以及运输单位的客、货运汽车等固定资产折旧的计算。

3. 双倍余额递减法

双倍余额递减法是在不考虑固定资产净残值的情况下，根据每期期初固定资产账面余额和双倍的直线法折旧率计算固定资产折旧的一种方法。其计算公式如下：

$$年折旧率 = \frac{2}{预计使用年限} \times 100\%$$

$$月折旧率 = 年折旧率 \div 12$$

$$月折旧额 = 固定资产原价 \times 月折旧率$$

采用双倍余额递减法时，为了避免固定资产的账面净值降低到它的预计净残值以下，企业应当在一定年限改用直线法，将固定资产净值扣除预计净残值后的净额在剩余年限内平均分摊。实务中，一般在最后两年直接改用直线法。

【例7-10】 天河公司的一台设备，原价为150 000元，预计使用5年，报废时预计净残值为5%，采用双倍余额递减法计提折旧，则每年该设备的折旧计提如表7-2所示。

$$年折旧率 = \frac{2}{5} \times 100\% = 40\%$$

第一年应计提折旧额为 = 150 000 × 40% = 60 000（元）

第二年应计提折旧额为 = 90 000 × 40% = 36 000（元）

第三年应计提折旧额为 = 54 000×40% = 21 600（元）
第四年和第五年应计提的折旧额为 =（32 400-150 000×5%）÷2
= 12 450（元）

表 7-2 固定资产折旧计算表（双倍余额递减法）

时间	年初账面余额（元）	折旧率	计提折旧额（元）	年末账面余额（元）
第一年	150 000	40%	60 000	90 000
第二年	90 000	40%	36 000	54 000
第三年	54 000	40%	21 600	32 400
第四年	32 400	—	12 450	19 950
第五年	19 950	—	12 450	7 500
合计	—	—	142 500	—

4. 年数总和法

年数总和法又称年限积数法，是将固定资产的原值减去预计净残值后的净额乘以一个逐年递减的分数计算每年的折旧额，该分数的分子代表固定资产尚可使用的年限，分母代表使用年数的逐年数字总和。计算公式如下：

$$年折旧率 = \frac{尚可使用年限}{预计使用年限的年限总和} \times 100\%$$

或者：

$$年折旧率 = \frac{预计使用年限 - 已使用年限}{预计使用年限 \times (预计使用年限 + 1) \div 2} \times 100\%$$

月折旧率 = 年折旧率 ÷ 12

月折旧额 =（固定资产原值 - 预计净残值）× 月折旧率

【例 7-11】接【例 7-10】，如果对该项固定资产，天河公司拟采用年数总和法计提折旧，则该公司每年应计提的折旧额如表 7-3 所示。

表 7-3 固定资产折旧计算表（年数总和法）

时间	尚可使用年限（年）	原值 - 净残值（元）	年折旧率	年折旧额（元）
第一年	5	142 500	5/15	47 500
第二年	4	142 500	4/15	38 000
第三年	3	142 500	3/15	28 500
第四年	2	142 500	2/15	19 000
第五年	1	142 500	1/15	9 500
合计	—	—	—	142 500

以上固定资产的折旧方法中，双倍余额递减和年数总和法的共同特征是在固定资产使用的前期计提折旧多，后期计提折旧少，其目的是使固定资产成本在估计的使用寿命内加快得到补偿，故称之为加速折旧法。采用加速折旧法后，由于能使固定资产在使用的早期多提折旧，后期少提折旧，这与固定资产在前后期使用的磨损、效率以及产出不同是相配比的。

（四）固定资产折旧的会计处理

企业为了核算固定资产折旧应设置"累计折旧"科目，核算企业固定资产的累计折旧额。该科目为固定资产的备抵科目,贷方登记每月计提的固定资产折旧以及由于其他情况增加的折旧额;借方登记由于出售、投资转出、报废、毁损和盘亏等使固定资产折旧的减少。余额在贷方反映现有固定资产的累计折旧额。

企业每月固定资产折旧额由财会部门根据"固定资产登记簿"上各类应计提折旧的固定资产的月初余额以及固定资产的月折旧率计算编制"固定资产折旧计算表",并根据折旧计算表编制会计分录。企业每月计提的固定资产折旧,应根据固定资产的使用用途,借记"制造费用""管理费用""销售费用""其他业务支出"等科目,贷记"累计折旧"科目。

【例7-12】 天河公司20×4年6月份的固定资产折旧计算表如表7-4所示。

表7-4 6月份固定资产折旧计算表　　　　　　　　　　　　　　　单位:元

使用部门	固定资产项目	上月折旧额	上月增加固定资产		上月减少固定资产		上月已提足折旧固定资产		本月折旧额	分配费用
			原价	折旧额	原价	折旧额	原价	折旧额		
一车间	厂房	2 000							2 000	制造费用
	机器设备	8 000	60 000	500	—	—	—	—	8 500	
	其他设备	2 000							2 000	
	小计	12 000							12 500	
二车间	厂房	3 000							3 000	制造费用
	机器设备	12 000	—	—	30 000	250	—	—	12 000	
	其他设备	3 000							2 750	
	小计	18 000							17 750	
企业管理部门	房屋建筑物	2 000							2 000	管理费用
	运输设备	6 000	—	—	—	—	18 000	300	6 000	
	电子设备	1 000							700	
	小计	9 000							8 700	
销售部门	房屋建筑物	1 000							1 000	销售费用
	电子设备	800							800	
	小计	1 800							1 800	
租出固定资产	房屋建筑物	3 000							3 000	其他业务支出
合计	—	43 800	60 000	500	30 000	250	18 000	300	43 750	—

会计分录如下:

借:制造费用——一车间　　　　　　　　　　　　　　　12 500
　　制造费用——二车间　　　　　　　　　　　　　　　17 750
　　管理费用　　　　　　　　　　　　　　　　　　　　 8 700
　　销售费用　　　　　　　　　　　　　　　　　　　　 1 800
　　其他业务支出　　　　　　　　　　　　　　　　　　 3 000
　　贷:累计折旧　　　　　　　　　　　　　　　　　　43 750

(五)固定资产使用寿命和折旧方法的复核

在固定资产使用过程中,其所处的经济环境、技术环境以及其他环境有可能与预计固定资产使用寿命时的相关环境发生很大的变化，如固定资产的使用强度比正常情况加强等，此时，企业有必要对固定资产的使用寿命进行重新调整，以确定预计的固定资产使用寿命能反映出其为企业提供经济利益的期间。因此企业应定期对固定资产预计使用寿命进行复核，如预期数与原估计数有重大差异，应相应调整固定资产折旧年限。

类似地，企业也应对固定资产的折旧方法进行复核，如固定资产包含的经济利益的预期实现方式有重大改变，则应相应改变固定资产折旧方法。如某项固定资产企业原采用年限平均法计提折旧，后发现与该固定资产相关的技术发生很大变化，此时，采用加速折旧法更能反映该项固定资产给企业带来经济利益的方式，因此，应当将年限平均法改为加速折旧法。

以上改变的具体会计处理方法见本书第十三章会计调整的有关内容。

二、固定资产的后续支出

固定资产投入使用后，还会发生各种支出。这些后续支出的主要内容包括：①改建、扩建或改良是对质量和功能上的改进，如用自动装置替代非自动装置；②维护保养与修理支出。后续支出的处理原则如下：符合固定资产确认条件的，应当计入固定资产成本，同时将被替换部分的账面价值扣除；不符合固定资产确认条件的，应当计入当期损益。

（一）资本化的后续支出

与固定资产有关的更新改造等后续支出，如果符合固定资产确认条件的，即与该固定资产有关的经济利益很可能流入企业，并且该固定资产的成本能够可靠地计量，应当将该后续支出计入固定资产成本，同时将被替换部分的账面价值扣除。比如企业通过对厂房进行改、扩建而使其更加坚固耐用，延长了厂房的使用寿命；或对机器设备的改造，提高了生产效率及生产能力或是使产品成本实质性降低，均能使固定资产后续支出相关的经济利益流入企业。

固定资产发生可资本化的后续支出时，企业一般应将该固定资产的原价、已计提的累计折旧和减值准备转销，将固定资产的账面价值转入在建工程，并停止计提折旧。发生的后续支出，通过"在建工程"科目核算。在固定资产发生的后续支出完工并达到预定可使用状态时，再从在建工程转为固定资产，并按重新确定的使用寿命、预计净残值和折旧方法计提折旧。

【例7-13】天河公司现有的一台设备原价为2 000 000元，已提折旧200 000元，20×2年2月1日现根据企业经营需要对该设备某一主要部件进行更换，经过4个月的时间完成了该设备的改扩建工程，改扩建过程中共发生支出1 000 000元，全部以银行存款支付。改扩建后的设备生产能力大大提高，且使用寿命可延长5年。假设在改扩建过程中未发生其他相关的税费。被更换的部件的原价为900 000元，报废处理，无残值。

（1）20×2年2月1日，天河公司将固定资产转入在建工程时的会计分录为

借：在建工程　　　　　　　　　　　　　　　　1 800 000
　　累计折旧　　　　　　　　　　　　　　　　　　200 000
　　贷：固定资产　　　　　　　　　　　　　　　　　　　2 000 000

（2）20×2年2月1日至20×4年6月1日，改扩建过程中发生的支出的会计分录为

借：在建工程　　　　　　　　　　　　　　　　1 000 000
　　贷：银行存款　　　　　　　　　　　　　　　　　　　1 000 000

（3）20×2年2月1日，终止确认被更换部件的账面价值时的会计分录为

借：营业外支出　　　　　　　　　　　　　　　900 000
　　贷：在建工程　　　　　　　　　　　　　　　　　　　900 000

（4）20×2年6月1日，设备改扩建工程达到预定可使用状态时的会计分录为

借：固定资产　　　　　　　　　　　　　　　1 900 000
　　贷：在建工程　　　　　　　　　　　　　　　　　　1 900 000

通过上面的例子可以看出，设备经改扩建后，由于扩建支出的资本化，使得设备的原始价值发生了变化，变成1 900 000元。同时，固定资产的使用寿命及生产能力也发生了变化。因此，改扩建后达到预定可使用状态的固定资产时，其影响折旧计算的因素需要重新确定。

（二）费用化的后续支出

与固定资产有关的修理费用等后续支出，不符合固定资产确认条件的，应当根据不同情况分别在发生时计入当期费用。

一般情况下，固定资产投入使用之后，由于固定资产磨损、各组成部分耐用程度不同，可能导致固定资产的局部损坏，为了维护固定资产的正常运转和使用，充分发挥其使用效能，企业将对固定资产进行必要的维护。固定资产的日常修理费用在发生时应直接计入当期损益。企业生产车间（部门）和行政管理部门等发生的固定资产修理费用等后续支出计入"管理费用"；企业专设销售机构的，其发生的与专设销售机构相关的固定资产修理费用等后续支出，计入"销售费用"。固定资产更新改造支出不满足固定资产确认条件的，在发生时直接计入当期损益。

【例7-14】天河公司管理部门对管理用车辆进行日常性修理，以银行存款支付修理3 000元，则会计分录如下：

借：管理费用　　　　　　　　　　　　　　　　　3 000
　　贷：银行存款　　　　　　　　　　　　　　　　　　　3 000

三、固定资产的减值

固定资产在长期使用过程中，除了因使用等原因导致价值磨损并应计提折旧外，还由于企业经营管理不善、技术陈旧或其他经济原因，导致其可收回金额低于账面价值，这种情况称为固定资产价值减值。为了真实反映固定资产的价值，避免虚计资产、虚盈实亏，企业应定期对固定资产逐项进行检查，根据客观性原则和谨慎性原则的要求，合理预计可能发生的损失，并按照固定资产账面价值和可收回金额孰低计量。当发生减值时，应将可收回金额低于其账面价值的差额作为固定资产减值损失，并将固定资产减值损失计入当期损益。

（一）固定资产减值的判断依据

如发现存在下列情况，企业应当计算固定资产的可收回金额，以确定资产是否发生减值。

1）固定资产市价大幅度下跌，其跌幅大大高于因时间推移或正常使用而预计的下跌，并且预计在近期内不可能恢复。

2）企业所处经营环境，如技术、市场、经济或法律环境，或者产品营销市场在当期发生或在近期发生重大变化，并对企业产生负面影响。

3）同期利率等大幅度提高，进而很可能影响企业计算固定资产的可收回金额的折现率，并导致固定资产可收回金额大幅度降低。

4）固定资产陈旧过时或发生实体损坏。

5）固定资产预计使用方式发生重大不利变化，如企业计划终止或重组该资产所属的经营业务、提前处置资产等情形，从而对企业产生负面影响。

6）其他有可能表明资产已发生减值的情况。

企业在运用上述减值迹象判断固定资产是否发生减值时，除应根据上述迹象进行判断外，还应综合考虑各方面因素，结合其他相关情况，进行职业判断。有迹象表明一项资产可能发生减值的，企业应当以单项资产为基础估计其可收回金额。企业难以对单项资产的可收回金额进行估计的，应当以该资产所属的资产组为基础确定资产组的可收回金额。

（二）确认固定资产减值损失

根据固定资产发生是否存在减值的迹象，判断固定资产是否发生减值，进而计算确定固定资产可收回金额，并倒挤得出固定资产减值损失。

如果某一固定资产存在可能发生减值迹象时，则应当计算其可收回金额。资产可收回金额的估计，应当根据其公允价值减去处置费用后的净额与资产预计未来现金流量的现值两者之间较高者确定。资产的公允价值减去处置费用后的净额，通常反映的是资产如果被出售或者处置时可以收回的净现金收入。其中，资产的公允价值是指在公平交易中，熟悉情况的交易双方自愿进行资产交换的金额；处置费用是指可以直接归属于资产处置的增量成本，包括与资产处置有关的法律费用、相关税费、搬运费以及为使资产达到可销售状态所发生的直接费用等，但是财务费用和所得税费用等不包括在内。资产预计未来现金流量的现值，应当按照资产在持续使用过程中和最终处置时所产生的预计未来现金流量，选择恰当的折现率对其进行折现后的金额加以确定。也就是说，企业在预计资产未来现金流量现值时，主要涉及以下三个方面：①资产的预计未来现金流量；②资产的使用寿命；③折现率。

需要注意的是，固定资产减值损失一经确认，在以后会计期间不得转回，并且减值资产的折旧应当在未来会计期间进行相应调整，在剩余使用年限内，重新计算每期的折旧额。

【例 7-15】天河公司于 20×4 年 12 月 31 日对其拥有的一台机器设备进行检查时发现其可能发生减值，该设备的账面原值为 300 000 元，已提折旧 50 000 元，公允价值为 150 000 元，处置费用 10 000 元；尚可使用 5 年，预计其在未来 4 年内产生的现金流量分别为 50 000 元、45 000 元、40 000 元、30 000 元，第 5 年产生的现金流量以及使用寿命结束时处置形成的现金流量合计为 20 000 元；在考虑相关风险的基础上，公司决定采用 5% 的折现率。则该设备未来现金流量的现值如表 7-5 所示。

表 7-5 预计未来现金流量表

年份	预计未来现金流量（元）	折现率	现值系数	现值（元）
20×5 年	50 000	5%	0.952 4	47 620
20×6 年	45 000	5%	0.907 0	40 815
20×7 年	40 000	5%	0.863 8	34 552
20×8 年	30 000	5%	0.822 7	24 681
20×9 年	20 000	5%	0.783 5	15 670
合计	185 000	—	—	163 338

从上表可见，天河公司预期资产未来现金流量的现值为 163 338 元，大于公允价值减去处置费用后的净额 140 000 元，因此确定该固定资产的可收回金额为 163 338 元。

（1）比较固定资产账面价值与可收回金额。如【例7-15】，天河公司机器设备的账面价值为 250 000 元，通过计算确定其可收回金额为 163 338 元，则其账面价值大于可收回金额的差额为 86 662 元。

（2）进行账务处理。如果企业的固定资产账面价值超过其可收回金额，超过部分应计提减值准备。计提的减值准备，借记"资产减值损失"科目，贷记"固定资产减值准备"科目。"固定资产减值准备"科目属于资产类科目，是"固定资产"的备抵科目，因而是一项负资产。固定资产减值准备科目累积每期计提的资产减值准备，直至相关资产被处置等时才予以转出。

如【例7-15】，天河公司该机器设备的账面价值大于可收回金额的差额为 86 662 元，则天河公司应进行账务处理如下：

借：资产减值损失　　　　　　　　　　　　　　　　　　　　86 662
　　贷：固定资产减值准备　　　　　　　　　　　　　　　　　　　　86 662

需要注意，固定资产减值准备一经计提，不得转回。

（三）确认减值损失后计提固定资产折旧

固定资产计提减值准备后，企业应当重新复核固定资产的折旧方法、预计使用寿命和预计净残值，并区别不同情况采用不同的处理方法。

1）如果固定资产所含经济利益的预期实现方式没有发生变更，企业仍应沿用原有的折旧方法，按照固定资产的账面价值扣除预计净残值后的余额以及尚可使用寿命重新计算确定折旧率和折旧额；如果固定资产所含经济利益的预期实现方式发生了重大改变，则应当相应改变固定资产折旧方法，并按照《企业会计准则第28号——会计政策、会计估计变更和差错更正》中会计估计变更的有关规定进行会计处理。

2）如果固定资产的预计使用寿命没有发生变更，企业仍遵循原有的预计使用寿命，按照固定资产的账面价值扣除预计净残值后的余额以及尚可使用寿命重新计算确定折旧率和折旧额；如果固定资产的预计使用寿命发生变更，企业应当相应改变固定资产的预计使用寿命，并按照《企业会计准则第28号——会计政策、会计估计变更和差错更正》中会计估计变更的有关规定进行会计处理。

3）如果固定资产的预计净残值没有发生变更，企业仍应按照固定资产的账面价值扣除预计净残值后的余额以及尚可使用寿命重新计算确定折旧率和折旧额；如果固定资产的预计净残值发生变更，企业应当相应改变固定资产的预计净残值，并按照《企业会计准则第28号——会计政策、会计估计变更和差错更正》中会计估计变更的有关规定进行会计处理。

【例7-16】天河公司于 20×4 年 12 月 31 日发现，20×3 年 9 月购入的原值为 64 000 元的一项固定资产已经发生减值迹象，该项固定资产预计使用年限为 10 年，预计净残值为 4 000 元，采用年限平均法计提折旧。天河公司确定该项固定资产当前的公允价值为 55 000 元，处置费用为 4 000 元，预计未来现金流量的现值为 50 000 元，假设在此之前没有对该固定资产计提减值准备。

（1）确定该固定资产的账面价值。

该固定资产 20×3 年 10 月至 20×4 年 12 月已计提的固定资产累计折旧及固定资产账面

价值分别为

$$累计折旧 = (64\,000 - 4\,000) \div 10 \div 12 \times 15 = 7\,500（元）$$

$$\begin{aligned}固定资产的账面价值 &= 固定资产原值 - 已计提累计折旧 - 已计提固定资产减值准备\\ &= 64\,000 - 7\,500 - 0 = 56\,500（元）\end{aligned}$$

（2）确定该项固定资产的可收回金额。

$$\begin{aligned}固定资产的预计销售净值 &= 固定资产公允价值 - 处置费用\\ &= 55\,000 - 4\,000 = 51\,000（元）\end{aligned}$$

固定资产预计未来现金流量现值 = 50 000（元）

由于 51 000 元＞50 000 元，所以固定资产的可收回金额为 51 000 元。

（3）比较该固定资产的账面价值和可收回金额。

该固定资产的账面价值 56 500 元大于可收回金额 51 000 元，说明该固定资产发生了减值，天河公司应按 56 500 元和 51 000 元的差额 5 500 元计提减值准备。

第三节　固定资产的处置

固定资产处置是指由于各种原因使企业固定资产需要退出生产经营过程所做的处理活动，包括出售、转让、报废、损毁、对外投资、非货币性资产交换、债务重组等情况。按照《企业会计准则第 4 号——固定资产》的规定，满足下列条件之一的固定资产应当予以终止确认。

1）该固定资产处于处置状态。这是指固定资产不再用于生产商品、提供劳务、出租或经营管理，因此不再符合固定资产的定义，应予终止确认。

2）该固定资产预期通过使用或处置不能产生经济利益。如果一项固定资产预期通过使用或处置不能产生经济利益，就不再符合固定资产的定义和确认条件，应予终止确认。

企业因固定资产处置而减少的固定资产，除盘亏外，均应通过"固定资产清理"科目进行核算，该科目为资产类科目，属于过渡性的科目，一般先将处置固定资产的账面价值转入"固定资产清理"科目，在清理过程中发生的税费、收支也通过"固定资产清理"科目核算，待该项固定资产处置完毕后，一般将净收益（净损失）转入"营业外收入（营业外支出）"科目后，余额为零。

一、固定资产的出售

企业出售、转让、报废固定资产或发生固定资产毁损，应当将处置收入扣除账面价值和相关税费后的金额计入当期损益。固定资产处置一般通过"固定资产清理"科目进行核算，其会计处理一般经过以下几个步骤。

第一，固定资产转入清理。固定资产转入清理时，按固定资产账面价值，借记"固定资产清理"科目，按已计提的累计折旧，借记"累计折旧"科目，按已计提的减值准备，借记"固定资产减值准备"科目，按固定资产账面余额，贷记"固定资产"科目。

第二，发生的清理费用。固定资产清理过程中发生的有关费用以及应支付的相关税费，借记"固定资产清理""应交税费"科目，贷记"银行存款"科目。

第三，出售收入和残料等的处理。企业收回出售固定资产的价款、残料价值和变价收入等，应冲减清理支出。按实际收到的出售价款以及残料变价收入等，借记"银行存款""原材料"等科目，贷记"固定资产清理""应交税费"科目。

第四，保险赔偿的处理。企业计算或收到的应由保险公司或过失人赔偿的损失，应冲减清理支出，借记"其他应收款""银行存款"等科目，贷记"固定资产清理"科目。

第五，清理净损益的处理。固定资产清理完成后的净损失，属于生产经营期间正常的处理损失，借记"营业外支出——非流动资产处置损失"科目，贷记"固定资产清理"科目；属于生产经营期间由于自然灾害等非正常原因造成的，借记"营业外支出——非常损失"科目，贷记"固定资产清理"科目。固定资产清理完成后的净收益，借记"固定资产清理"科目，贷记"营业外收入——非流动资产处置利得"科目。

企业对多余闲置或不再需要使用的固定资产，可出售给其他需要该项固定资产的企业，以收回资金，避免资源浪费。

【例7-17】天河公司因经营管理需要，将一项固定资产出售，该资产的账面原值为500 000元，已计提折旧100 000元，出售取得收入450 000元，存入银行。假定不考虑税收的影响。其账务处理如下。

（1）转出出售固定资产的原值及累计折旧：

借：固定资产清理　　　　　　　　　　　　　　　　400 000
　　累计折旧　　　　　　　　　　　　　　　　　　100 000
　　　贷：固定资产　　　　　　　　　　　　　　　　　　　　500 000

（2）收到出售收入存入银行：

借：银行存款　　　　　　　　　　　　　　　　　　450 000
　　　贷：固定资产清理　　　　　　　　　　　　　　　　　　450 000

（3）出售净收益转入"营业外收入"：

借：固定资产清理　　　　　　　　　　　　　　　　 50 000
　　　贷：营业外收入　　　　　　　　　　　　　　　　　　　 50 000

二、固定资产的报废

固定资产报废有到期正常报废、提前报废和超龄使用后报废三种情况。无论是何种情况的报废，其损益的计算方法是一样的，都是计算报废时固定资产的残料变价收入与固定资产账面价值、发生的清理费用之间的差额。

【例7-18】天河公司的一台生产设备因使用期满且已无法继续使用经批准报废，该设备的账面原值为150 000元，已提折旧142 500元；在清理过程中，获得残料变价收入2 000元存入银行，天河公司另以银行存款支付清理费用1500元。则相关会计分录如下。

（1）天河公司转出报废固定资产的原值及累计折旧：

借：固定资产清理　　　　　　　　　　　　　　　　 7 500
　　累计折旧　　　　　　　　　　　　　　　　　　142 500
　　　贷：固定资产　　　　　　　　　　　　　　　　　　　　150 000

（2）天河公司收到残料变价收入：

借：银行存款　　　　　　　　　　　　　　　　　　 2 000
　　　贷：固定资产清理　　　　　　　　　　　　　　　　　　 2 000

(3)天河公司支付清理费用:
借:固定资产清理　　　　　　　　　　　　　　1 500
　　贷:银行存款　　　　　　　　　　　　　　　　　　　1 500
(4)报废清理净损失转入"营业外支出":
借:营业外支出　　　　　　　　　　　　　　　7 000
　　贷:固定资产清理　　　　　　　　　　　　　　　　　7 000

三、固定资产的毁损

固定资产损毁有的是由于自然灾害等不可抗力因素造成的,也有的是由于责任事故等人为因素造成的。固定资产损毁的净损失是指损毁固定资产的账面价值,加上发生的清理费用,扣除残料变价收入以及保险赔偿、责任人赔款后的净额。由于自然灾害等非常原因造成的毁损损失作为损失计入营业外支出。

【例 7-19】天河公司因故毁损设备一台,该设备的账面原值为 250 000 元,已提折旧 100 000 元,已提固定资产减值准备 50 000 元,现经批准处理,天河公司以银行存款支付清理费用 3 000 元,残料作价 2 000 元作为原材料入库,另收到其他残料收入 1 000 元存入银行,应收保险公司的赔款 50 000 元。则相关的会计处理如下。

(1)转出毁损固定资产的原值及累计折旧和计提的固定资产减值准备:
借:固定资产清理　　　　　　　　　　　　　　100 000
　　累计折旧　　　　　　　　　　　　　　　　100 000
　　固定资产减值准备　　　　　　　　　　　　 50 000
　　贷:固定资产　　　　　　　　　　　　　　　　　　 250 000
(2)企业支付清理费用:
借:固定资产清理　　　　　　　　　　　　　　 3 000
　　贷:银行存款　　　　　　　　　　　　　　　　　　　 3 000
(3)残料入库及确认变价收入:
借:原材料　　　　　　　　　　　　　　　　　 2 000
　　银行存款　　　　　　　　　　　　　　　　 1 000
　　贷:固定资产清理　　　　　　　　　　　　　　　　　 3 000
(4)确认应收保险公司赔款:
借:其他应收款——保险赔款　　　　　　　　　 50 000
　　贷:固定资产清理　　　　　　　　　　　　　　　　　50 000
(5)结转毁损固定资产的净损失:
借:营业外支出　　　　　　　　　　　　　　　 50 000
　　贷:固定资产清理　　　　　　　　　　　　　　　　　50 000

四、固定资产的盘点

(一)固定资产的盘亏

企业在财产清查中盘亏的固定资产,通过"待处理财产损溢——待处理固定资产损溢"

科目核算，盘亏造成的损失，通过"营业外支出——盘亏损失"科目核算，应当计入当期损益。

【例 7-20】 天河公司年终财产清查时，发现盘亏生产设备一台，账面原价为 50 000 元，已提折旧 40 000 元，已提减值准备 5 000 元。有关账务处理如下（不考虑增值税）。

（1）报经批准处理前，注销盘亏生产设备原价与累计折旧：

借：待处理财产损溢——待处理固定资产损溢　　　　　　　5 000
　　累计折旧　　　　　　　　　　　　　　　　　　　　40 000
　　固定资产减值准备　　　　　　　　　　　　　　　　　5 000
　　贷：固定资产　　　　　　　　　　　　　　　　　　　　　　　50 000

（2）经批准处理后，盘亏设备净值转入营业外支出：

借：营业外支出　　　　　　　　　　　　　　　　　　　　5 000
　　贷：待处理财产损溢——待处理固定资产损溢　　　　　　　　　5 000

(二) 固定资产的盘盈

当企业的盘点结果为盘点的实有数量大于账面数量时，称为"盘盈"。企业对财产清查中盘盈的固定资产，作前期差错处理。其账务处理如下。

当发生盘盈时，按管理权限报经批准处理以前，借记"固定资产"科目，贷记"以前年度损益调整"科目。批准处理，按盘盈价值计提应交所得税，余额结转为留存收益，借记"以前年度损益调整"科目，贷记"应交税费——应交所得税""盈余公积——法定盈余公积""利润分配——未分配利润"科目。

【例 7-21】 20×4 年 12 月 31 日，天河公司在财产清查过程中发现账外设备一台，同类设备当前的市场价格为 40 000 元，估计累计折旧 12 000 元。根据《企业会计准则第 28 号——会计政策、会计估计变更和差错更正》规定，该盘盈设备作为前期差错进行处理。假定天河公司按净利润的 10% 计提法定盈余公积，所得税税率为 25%。其账务处理如下。

（1）盘盈固定资产时：

借：固定资产　　　　　　　　　　　　　　　　　　　　28 000
　　贷：以前年度损益调整　　　　　　　　　　　　　　　　　　　28 000

（2）批准处理，按盘盈价值计提应交所得税，余额结转为留存收益时：

应交所得税 = 28 000×25% = 7 000（元）
计提法定盈余公积 = (28 000-7 000)×10% = 2 100（元）
未分配利润 = 28 000-7 000-2 100 = 18 900（元）

会计分录如下：

借：以前年度损益调整　　　　　　　　　　　　　　　　28 000
　　贷：应交税费——应交所得税　　　　　　　　　　　　　　　　7 000
　　　　盈余公积——法定盈余公积　　　　　　　　　　　　　　　2 100
　　　　利润分配——未分配利润　　　　　　　　　　　　　　　18 900

五、持有待售的固定资产

企业取得固定资产的目的是使用，但对那些不适用或不需用的固定资产可以出售，于是产生了持有待售的固定资产。具体指同时满足下列条件的非流动资产：一是企业已经就处置该非流动资产做出决议；二是企业已经与受让方签订了不可撤销的转让协议；三是该项转让将在一年内完成。

企业对于持有待售的固定资产，应当调整该项固定资产的预计净残值，使该项固定资产的预计净残值能够反映其公允价值减去处置费用后的金额，但不得超过符合持有待售条件时该项固定资产的原账面价值，原账面价值高于调整后预计净残值的差额，应作为资产减值损失计入当期损益。

企业应当在报表附注中披露持有待售的固定资产的名称、账面价值、公允价值、预计处置费用和预计处置时间等。持有待售的固定资产不计提折旧，按照账面价值与公允价值减去处置费用后的净额孰低进行计量。

某项资产被划归为持有待售，但后来不再满足持有待售的固定资产的确认条件的，企业应当停止将其划归为持有待售，并按照下列两项金额中较低者计量。

1）该固定资产被划归为持有待售之前的账面价值，按照其假定在没有被划为持有待售的情况下原应确认的折旧、摊销或减值进行调整后的金额。

2）决定不再出售之日的再收回金额。

▶本章小结

本章在阐明固定资产的概念、分类及确认条件的基础上，重点介绍了固定资产不同取得方式的计价方法及固定资产的折旧、后续支出和处置的核算方法，以及固定资产减值准备的计提依据、计提核算。通过本章的学习，可以全面掌握与固定资产有关的概念及会计核算。固定资产是为生产商品、提供劳务、出租或经营管理而持有的，使用寿命超过一个会计年度的有形资产。固定资产的成本包括直接发生的购买价款、运杂费、保险费、包装费和安装成本等，也包括间接发生的费用。固定资产应当按月计提折旧，当月增加的固定资产，当月不计提折旧，从下月起计提；当月减少的固定资产，当月仍计提折旧，从下月起不计提折旧。固定资产的折旧方法一经确定，不得随意变更。固定资产的后续支出是指固定资产在使用过程中发生的更新改造支出、修理费用等。与固定资产有关的更新改造支出等后续支出，符合固定资产确认条件的应当计入固定资产成本，同时将替换部分的账面价值扣除。与固定资产有关的修理费用等后续支出，不符合固定资产确认条件的，应当根据不同情况分别在发生时计入当期管理费用或销售费用等。固定资产处置包括固定资产的出售、转让、报废或损毁、对外投资、非货币性资产交换、债务重组等。

▶思政园地

学校的固定资产科学管理

在新形势下如何促进学校固定资产管理的改革与发展，加强和创新思想政治工作，积极发挥思想政治工作应有的作用，有力保证和促进学校固定资产管理工作的健康发展，长久以来，一直是河北省石家庄市第二十四中学固定资产管理发展长期思考的问题，也是学校思想政治工作的核心问题。学校深入探讨新形势下固定资产管理和思想政治工作的新方法、新途径、新经验，总结交流各支部加强固定资产管理和思想政治工作的经验、做法，进一步提高固定资产管理理论工作水平。用新的思路、新的视野、新的方法，不断强化固定资产管理理论的研究工作，用理论指导固定资产管理工作并将其成果转化。

根据《行政事业单位国有资产管理办法》和《石家庄市行政事业单位国有资产管理办法》等有关规定，学校坚持以科学发展观、习近平新时代中国特色社会主义思想和习近平总书记"七一"重要讲话精神为方针，严格贯彻完善监管系统、实现资产管理与预算管理、资产管理与财务管理相结合、完善管理制度，研究制定切实可行的办法，建立健全学校国有资产管理制度。避免盲目购买资产，防止国有资产的浪费的问题。根据国有资产数据统计工作结果，做到账表、账账、账卡、账实相符的准则，使资产管理工作更加全面、客观、准确。为达到杜绝国有资产的流失，降低单位运行成本，提高资产的使用效益的目的。学校每学期对资产进行盘点，每年清查资产，主要清查资产的数量、结构、使用状况等为配置资产预算奠定基础。对存在的问题当场进行纠正解决，对资产管理优秀的科（室）进行表彰奖励，激发广大教职工管理资产的积极性和创造性。

为切实加强资产管理，学校成立了以副校长为资产管理工作的第一责任人组成的资产管理工作小组。首先各科（室）负责人树立了管理资产的意识，该校固定资产的管理目标是"购置有计划，并按程序验收，严肃认真，使用保管有专人，变动有手续，既保证了需要又防止了浪费"。固定资产的增添严格贯彻勤俭办学的方针，坚持"先验收后入账的原则，有各使用部门会同资产、财务等共同验收"。明确的定位各科（室）资产的流向，明确资产的申领、报废处置办理流程、内部调剂办理流程、资产验收入账办理流程、捐赠办理流程等规定，摸清了资产情况，掌握了资产的使用情况，促进了资产的使用效益，为学校每年预算提供了保障，减少了资产的流失。该校制定了各科（室）资产管理员管理资产制度并在墙上展示，建立了资产管理员微信群，大家在其中可以谈体会、谈经验、谈感受，激发了大家管理资产的兴趣，对资产使用过程中发现的问题及时申报保修，延长资产使用年限。同时举办校资产人员培训、利用宣传窗进行教育，学习上级有关文件，宣传有关要求和注意事项，促进了资产管理的效率，做到账物、账卡相符，确保减少资产的流失。针对存在的问题，该校每学期组织盘点清查，通过资产自查，排除资产盘盈、盘亏问题；没有出租、出借问题；也没有坐收、坐支问题和无国有资产长期闲置利用率不高问题；不存在出租、出借、坐收、坐支、国有资产长期闲置利用率不高、不经审批私自处置资产等问题。校长在学校的每周例会上进行讲评，达到了资产管理工作预期目的。

新常态、新时期、新作为、新气象。资产管理要与时俱进，锐意进取、改革创新。各单位应当不忘初心、牢记使命、砥砺前行。转变重数量轻效益、重购置轻管理和盘点、重资金轻资产的管理模式。增强教职工资产管理意识，提高资产管理认识。使不管的不良倾向得到扭转，服务质量和管理效益稳步上升，在"科学管理、职责明确、账目清楚、财产安全"方面取得了明显成效。内化物物有人管，人人有物管的原则，落实资产管理监督制度。将资产管理好坏作为年度考核的一项指标，调动了各科（室）负责人的工作积极性、主动性。这种新模式凝聚了无数教职工的心血，确保学校的国有资产管理持续健康发展。

资料来源：康尊明. 科学管好固定资产 加强思政工作业绩[N]. 中国改革报，2022-08-29（7）.

国际视野

拓展阅读

章后练习

关键术语音频

关键术语听与读

- Average method（年限平均法）: The average method, also called the straight-line method, original cost method or fixed installment method, under which a fixed depreciation amount is charged annually, during the lifetime of an asset. The amount of annual depreciation is computed on original cost and it remains fixed from year to year.

- Capitalization（资本化）: The capitalization refers to the conversion of the reserves of a company into capital by means of a scrip issue.

- Capital lease（融资租赁）: The capital lease, also called financing lease, occurs when the lessee lacks of fund and rent a long lived, high valued asset for a fairly long period of time which covers the major part of the asset's estimated life. Nevertheless the lease does not legally constitute a purchase, yet the leased asset should be recorded as an asset on the lessee's books.

- Construction in process（在建工程）: The construction in process means a property or portion thereof on which construction of improvements (excluding tenant improvements and excluding work prior to erection of the structure of the building) has commenced and is proceeding to completion in the ordinary course, but has not yet been completed.

- Depreciation（折旧）: The depreciation can be defined as a continuing, permanent and gradual decrease in the book value of fixed assets. This type of shrinkage is based on the cost of assets utilized in a firm and not on its market value.

- Double declining balance method（双倍余额递减法）: The double declining balance method is one of the depreciation methods used in entities nowadays. It is an accelerated depreciation method that depreciates the asset value at twice the rate in comparison to the depreciation rate used in the straight-line method. Depreciation is charged on the opening book value of the asset in the case of this method.

- Government subsidies（政府补助）: The government subsidies refer to the free acquisition of monetary or non monetary assets by enterprises from the government, but do not include capital invested by the government as the owner of the enterprise.

- Fixed assets（固定资产）: Fixed assets are long-lived assets that are tangible—for instance, land, building, and equipment.

- Salvage value（残值）: The salvage value, also called the scrap value or the residual value, refers to the realizable value of an asset at the end of its useful life, when it is no longer suitable for its original use.

- Sum-of-the-digits method（年数总和法）: The sum-of-the-digits method is a method of calculating the amount by which a fixed asset is depreciated in an accounting period. The estimated life is expressed in years, and the digits for each year of its life are totalled. The proportion of the asset's cost or valuation less residual value to be written off as depreciation in a particular year is determined by the number of years remaining before the asset's removal from commission, expressed as proportion of the sum of the years, and the greatest amount is therefore written off in the early years of the asset's life.

- Tangible assets（有形资产）: The tangible assets, also called the visible assets, are assets that can be touched, such as land, buildings, and machinery, as compared to intangible assets.
- Units-of-output method（工作量法）: The units-of-output method, also called units-of-production method or production-unit method, is a method of computing the depreciation charge for a period on a piece of PPE, in which the depreciation charge is based on the number of production units manufactured by it.

第八章

无形资产

> **本章案例**
>
> **苏宁易购客户关系类无形资产的会计确认**
>
> 2013—2019年之间,苏宁易购集团股份有限公司(以下简称"苏宁易购")开始大规模的战略性投资与并购,其目的是形成"易购、物流、金融、科技、置业、文创"等八大产业板块协同发展的格局。苏宁易购所进行大规模战略性投资与并购的目的之一是扩大客户覆盖面、获得客户流量以及市场入口;其二是弥补产业链上的不足,丰富产品种类以及完善相关供应链。苏宁易购连续并购活动为其带来充沛的客户资源,基于"可靠性、相关性和谨慎性"等会计信息质量要求,苏宁易购将在企业合并过程中对所获得的客户资源进行识别并在无形资产科目下进行了列示。
>
> 早期客户关系的确认通常与商誉紧密联系。随着估值技术、会计处理的优化与完善,客户关系逐步从商誉中分离出来,并计入无形资产之中。我国会计准则对客户关系资产的确认尚未明确。《企业会计准则第6号——无形资产》(CAS 6)中规范了无形资产的确认与计量,且按照CAS 6的思路,客户关系、人力资源等要素难以符合无形资产的定义,不应确认。但在《企业会计准则解释第5号》(2012)中却要求在非同一控制下的企业合并中,企业应充分识别、判断被合并方财务报表中尚未确认的无形资产,在符合无形资产基本定义的基础上,同时满足这两个条件之一的,应确认为无形资产:①源于合同性或其他法定权利;②能够从企业中划分或分离出来,并能够单独或与相关合同、资产和负债一起,用于出售、转移、授予许可、租赁或交换。2019年证监会发布《首发业务若干问题解答(二)》对客户关系资产的确认给出了更为明确的解释,即企业所拥有或控制的客户资源或客户关系,需在合同或其他法定权利的支持下,企业能够确保在长时间内获得稳定收益并能计量价值的情况下,才可确认无形资产。由此看到客户资源类无形资产在我国会计准则中的处理思路还未统一,但可以总结出并购过程产生的客户关系资产的确认条件:①源于企业非同一控制下的企业合并;②满足可辨认性、非货币性、无实物形态且能够被企业所控制;③签署过长期性的合同或者协议,并能够建立起稳定的合作关系;④确认的客户关系能够为企业带来可持

续性的业绩表现。

结合客户关系资产的确认条件对苏宁易购所确认的客户关系资产进行分析。苏宁易购财务报告中提及，所确认的客户关系资产全部源于非同一控制下的企业合并。并且苏宁易购通过并购所获得的客户关系资产能够独立地与苏宁易购自有业务进行深度融合，形成协同效应。例如，迪亚天天拥有的300多家门店以及近250万会员所形成的客户网络，在收购后可以直接利用门店的区位优势以及会员黏性与自家的苏宁小店产生协同效应，从而获取较为稳定的现金流入，满足了可辨认性并能够被企业所控制的确认条件。其次，苏宁易购所选择并购的标的公司均已深耕中国市场多年，并在相关行业、领域具有一定的影响力，形成较为成熟的顾客网络，并伴有稳定的合作关系。在红孩子被并购之前已经是母婴网站中的翘楚，满座网会员人数已覆盖多数一线城市、家乐福（中国）与供应链合作成熟且经验丰富，相关公告中更明确了标的公司的客户黏性较大，忠诚度较高能够形成稳定的合作关系，满足了达成长期稳定合作关系的条件。最后，以红孩子为例，2013—2017年并购后，红孩子营业收入年平均增长率可以达到18.14%，可见苏宁易购所确认的客户关系资产也为其带来了不俗的业绩表现。所以苏宁易购通过并购所获得的客户关系资产，符合相关确认条件。

资料来源：关书豪，陈坤，石林. 苏宁易购客户关系类无形资产的会计确认、计量与披露[J]. 中国注册会计师，2023（8）：108—111.

学习目标

本章介绍了无形资产的定义，特征及内容，主要讲解了无形资产的确认和初始计量，内部研究开发支出的确认和计量，无形资产的后续计量和处置。通过本章的学习，希望读者：

- 了解无形资产的定义与特征；
- 理解研究阶段的支出和开发阶段的支出；
- 熟悉无形资产初始计量，理解不同来源的无形资产计量方法；
- 掌握无形资产后续计量，包括摊销、减值测试等的计量；
- 掌握无形资产处置的会计核算。

第一节　无形资产的确认

一、无形资产定义及特征

无形资产是指企业拥有或者控制的没有实物形态的可辨认非货币性资产。

无形资产具有以下特征。

（一）由企业拥有或者控制并能为其带来未来经济利益的资源

预计能为企业带来未来经济利益，是作为一项资产的本质特征，无形资产也不例外。通常情况下，企业拥有或者控制的无形资产应当拥有其所有权并且能够为企业带来未来经济利益。但在某些情况下并不需要企业拥有其所有权，如果企业有权获得某项无形资产产生的经济利益,同时又能约束其他人获得这些经济利益,则说明企业控制了该无形资产,或者说控制了该无形资产产生的经济利益,具体表现为企业拥有该无形资产的法定所有权或者使用权并且相关权利受法律的保护。比如,企业自行研制的技术通过申请依法取得专利权后,在一定期限内拥有了该专利技术的法定所有权;又比如企业与其他企业签订合约转让商标权,由于合约的签订,使商标使用权转让方的相关权利受到法律的保护。

(二) 无形资产不具有实物形态

无形资产通常表现为某种权利、某项技术或是某种获取超额利润的综合能力。它们不具有实物形态,看不见,摸不着,比如,土地使用权、非专利技术等。无形资产为企业带来经济利益的方式与固定资产不同,固定资产是通过实物价值的磨损和转移为企业带来未来经济利益,而无形资产很大程度上是通过自身所具有的技术等优势为企业带来未来经济利益,不具有实物形态是无形资产区别于其他资产的特征之一。

需要指出的是,某些无形资产的存在有赖于实物载体。比如,计算机软件需要存储在磁盘中,但这并不改变无形资产本身不具有实物形态的特性。在确定一项包含无形和有形要素的资产是属于固定资产,还是属于无形资产时,需要通过判断来加以确定,通常以哪个要素更重要作为判断的依据。例如,计算机控制的机械工具没有特定计算机软件就不能运行时,则说明该软件是构成相关硬件不可缺少的组成部分,该软件应作为固定资产处理;如果计算机软件不是相关硬件不可缺少的组成部分,则该软件应作为无形资产核算。无论是否存在实物载体,只要将一项资产归类为无形资产,它本身的确认和计量是不包含实物载体部分的。因此,不具有实物形态仍然是无形资产的特征之一。

(三) 无形资产具有可辨认性

要作为无形资产进行核算,该资产必须是能够区别于其他资产可单独辨认的,如企业持有的专利权、非专利技术、商标权、土地使用权、特许权等。从可辨认性角度考虑,商誉是与企业整体价值联系在一起的,无形资产的定义要求无形资产是可辨认的,以便与商誉清楚地区分开来。企业合并中取得的商誉代表了购买方为了从不能单独辨认并独立确认的资产中获得预期未来经济利益而付出的代价。这些未来经济利益可能产生于取得的可辨认资产之间的协同作用,也可能产生于购买者在企业合并中准备支付的、但不符合在财务报表上确认条件的资产。从计量上来讲,商誉是企业合并成本大于合并中取得的各项可辨认资产、负债公允价值份额的差额,代表的是企业未来现金流量大于每一单项资产产生未来现金流量的合计金额,其存在无法与企业自身区分开来,由于不具有可辨认性,虽然商誉也是没有实物形态的非货币性资产,但不构成无形资产。一项资产符合以下条件之一的,则认为其具有可辨认性。

1) 能够从企业中分离或者划分出来,并能单独用于出售或转让等,而不需要同时处置在同一获利活动中的其他资产,则说明该资产可以辨认。某些情况下无形资产可能需要与有关的合同一起用于出售、转让等,这种情况下也视为可辨认无形资产。

2) 产生于合同性权利或其他法定权利,无论这些权利是否可以从企业或其他权利和义务中转移或者分离。如一方通过与另一方签订特许权合同而获得的特许使用权,通过法律程序申请获得的商标权、专利权等。

内部产生的品牌、报刊名、刊头、客户名单和实质上类似项目的支出不能与整个业务开发成本区分开来。因此，这类项目不应确认为无形资产。

在以前的会计准则中商誉是在无形资产中反映的，现行准则中，商誉被定义为企业合并成本大于合并取得被购买方各项可辨认资产、负债公允价值份额的差额。因其存在无法与企业自身分离，不具有可辨认性，因此不属于无形资产。

（四）无形资产属于非货币性资产

非货币性资产是指企业持有的货币资金和将以固定或可确定的金额收取的资产以外的其他资产。无形资产由于没有发达的交易市场，一般不容易转化成现金，在持有过程中为企业带来未来经济利益的情况不确定，不属于以固定或可确定的金额收取的资产属于非货币性资产。货币性资产主要有现金、银行存款、应收账款、应收票据和短期有价证券等。它们的共同特点是直接表现为固定的货币数额，或在将来收到一定货币数额的权利。应收款项等资产也没有实物形态，其与无形资产的区别在于无形资产属于非货币性资产，而应收款项等资产则不属于非货币性资产。另外，虽然固定资产也属于非货币性资产，但其为企业带来经济利益的方式与无形资产不同，固定资产是通过实物价值的磨损和转移来为企业带来未来经济利益，而无形资产很大程度上是通过某些权利、技术等优势为企业带来未来经济利益。

二、无形资产的内容

无形资产通常包括专利权、非专利技术、商标权、著作权、特许权、土地使用权等。

（一）专利权

专利权是指国家专利主管机关依法授予发明创造专利申请人，对其发明创造在法定期限内所享有的专有权利，包括发明专利权、实用新型专利权和外观设计专利权。发明专利权是指对产品、方法或者其改进所提出的新的技术方案。实用新型专利权是指对产品的形状、构造或者其结合所提出的适于实用的新的技术方案。外观设计专利权是指对产品的形状、图案或者其结合以及色彩与形状、图案的结合所做出的富有美感并适用于工业应用的新设计。发明专利权的期限为 20 年，实用新型专利权的期限为 10 年，外观设计专利权的期限为 15 年，均自申请之日开始计算。

（二）非专利技术

非专利技术，也称专有技术，它是指不为外界所知、在生产经营活动中已采用了的、不享有法律保护的、可以带来经济效益的各种技术和诀窍。非专利技术一般包括工业专有技术、商业贸易专有技术、管理专有技术等。工业专有技术指在生产上已经采用，仅限于少数人知道，不享有专利权或发明权的生产、装配、修理、工艺或加工方法的技术知识，可以用蓝图、配方、技术记录、操作方法的说明等具体资料表现出来，也可以通过卖方派出技术人员进行指导，也可以接受买方人员进行技术实习等手段实现；商业贸易专有技术指具有保密性质的市场情报、原材料价格情报以及用户、竞争对象的情况的有关知识；管理专有技术指生产组织的经营方式、管理方法、培训职工方法等保密知识。非专利技术并不是专利法的保护对象，非专利技术用自我保密的方式来维持其独占性，具有经济性、机密性和动态性等特点。

（三）商标权

商标是用来辨认特定的商品或劳务的标记。商标权指专门在某类指定的商品或产品上使用特定的名称或图案的权利。经商标局核准注册的商标为注册商标，包括商品商标、服务商标和集体商标、证明商标。商标注册人享有商标专用权，受法律保护。集体商标是指以团体、协会或者其他组织名义注册，供该组织成员在商事活动中使用，以表明使用者在该组织中的成员资格的标志。证明商标是指由对某种商品或者服务具有监督能力的组织所控制，而由该组织以外的单位或者个人使用于其商品或者服务，用以证明该商品或者服务的原产地、原料、制造方法、质量或者其他特定品质的标志。注册商标的有效期为 10 年，自核准注册之日起计算。注册商标有效期满，需要继续使用的，应当在期满前 6 个月内申请续展注册；在此期间未能提出申请的，可以给予 6 个月的宽展期。宽展期满仍未提出申请的，注销其注册商标。每次续展注册的有效期为 10 年。

（四）著作权

著作权又称版权，是指作者对其创作的文学、科学和艺术作品依法享有的某些特殊权利。著作权包括发表权、署名权、修改权和保护作品完整权，还包括复制权、发行权、出租权、展览权、表演权、放映权、广播权、信息网络传播权、摄制权、改编权、翻译权、汇编权以及应当由著作权人享有的其他权利。著作权人包括作者和其他依法享有著作权的公民、法人或者其他组织。著作权属于作者，即创作作品的公民。由法人或者其他组织主持，代表法人或者其他组织意志创作，并由法人或者其他组织承担责任的作品，法人或者其他组织视为作者。作者的署名权、修改权、保护作品完整权的保护期不受限制。公民的作品，其发表权、复制权、发行权、出租权、展览权、表演权、放映权、广播权、信息网络传播权、摄制权、改编权、翻译权、汇编权以及应当由著作权人享有的其他权利的保护期，为作者终生及其死亡后五十年，截止于作者死亡后第五十年的 12 月 31 日；如果是合作作品，截止于最后死亡的作者死亡后第五十年的 12 月 31 日。

（五）特许权

特许权又称经营特许权、专营权，指企业在某一地区经营或销售某种特定商品的权利或是一家企业接受另一家企业使用其商标、商号、技术秘密等的权利。通常有两种形式，一种是由政府机构授权，准许企业使用或在一定地区享有经营某种业务的特权，如水、电、邮电通信等专营权、烟草专卖权等；另一种指企业间依照签订的合同，有限期或无限期使用另一家企业的某些权利，如连锁店分店使用总店的名称等。特许权业务涉及特许权受让人和让与人两个方面。通常在特许权转让合同中规定了特许权转让的期限、转让人和受让人的权利和义务。转让人一般要向受让人提供商标、商号等使用权，传授专有技术，并负责培训营业人员，提供经营所必需的设备和特殊原料。受让人则需要向转让人支付取得特许权的费用，开业后则按营业收入的一定比例或其他计算方法支付享用特许权费用。此外，还要为转让人保守商业秘密。

（六）土地使用权

土地使用权指国家准许某企业在一定期间内对国有土地享有开发、利用、经营的权利。根据我国土地管理法的规定，我国土地实行公有制，任何单位和个人不得侵占、买卖或者以其他形式非法转让。企业取得土地使用权的方式大致有行政划拨取得、外购取得（例如以缴纳土地出让金方式取得）及投资者投资取得几种。通常情况下，作为投资性房地产或者作为固定资产核算的土地，按照投资性房地产或者固定资产核算；以缴纳土地出让金等方式外购的土地使用权、投资者投入等方式取得的土地使用权作为无形资产核算。

三、无形资产科目设置

为核算企业持有的无形资产成本，包括专利权、非专利技术、商标权、著作权、土地使用权等资产的确认计量，企业应设置"无形资产"科目，企业可以按照无形资产的类型、产品设置明细核算。"无形资产"科目属于资产类科目，本科目期末借方余额，反映企业无形资产的成本。企业外购无形资产，按应计入无形资产成本的金额，借记"无形资产"科目，贷记"银行存款"等科目；自行开发的无形资产，按应予资本化的支出，借记"无形资产"科目，贷记"研发支出"科目。无形资产预期不能为企业带来经济利益的，应按已计提的累计摊销，借记"累计摊销"科目，按其账面余额，贷记"无形资产"科目，按其差额，借记"营业外支出"科目。已计提减值准备的，还应同时结转减值准备。当处置无形资产，应按实际收到的金额等，借记"银行存款"等科目，按已计提的累计摊销，借记"累计摊销"科目，按应支付的相关税费及其他费用，贷记"应交税费""银行存款"等科目，按其账面余额，贷记"无形资产"科目，按其差额，贷记"营业外收入——非流动资产处置利得"科目或借记"营业外支出——非流动资产处置损失"科目。已计提减值准备的，还应同时结转减值准备。

为反映使用寿命有限的无形资产分期计提的摊销，企业应设置"累计摊销"科目，"累计摊销"科目应按"无形资产"项目进行明细核算。该科目期末贷方余额，反映企业无形资产的累计摊销额。企业应自购进或研发转入无形资产的当期（月）计提并按期（月）计提无形资产的摊销，借记"管理费用""其他业务成本"等科目，贷记"累计摊销"科目。处置无形资产还应同时结转累计摊销。

为反映企业无形资产账面价值低于可回收金额的差额，企业应设置"无形资产减值准备"科目，同累计摊销一样，该科目也应按无形资产项目进行明细核算。该科目期末贷方余额，反映企业已计提但尚未转销的无形资产减值准备。资产负债表日，无形资产发生减值的，应按减记的金额，借记"资产减值损失"科目，贷记"无形资产减值准备"科目。处置无形资产还应同时结转减值准备。

第二节 无形资产的初始计量

一、外购无形资产的初始计量

外购的无形资产，其成本包括购买价款、相关税费以及直接归属于使该项资产达到预定用途所发生的其他支出。其中，相关税费不包括可抵扣的增值税进项税额。直接归属于使该项资产达到预定用途所发生的其他支出包括使无形资产达到预定用途所发生的专业服务费用、测试无形资产是否能够正常发挥作用的费用等。下列各项不包括在无形资产的初始成本中。

1）为引入新产品进行宣传发生的广告费、管理费用及其他间接费用。

2）无形资产已经达到预定用途以后发生的费用。例如，在形成预定经济规模之前发生的初始运作损失，以及在无形资产达到预定用途之前发生的其他经营活动的支出，如果该经营活动不是无形资产达到预定用途必不可少的，则有关经营活动的损益应于发生时计入当期损益，而不构成无形资产的成本。

外购的无形资产应按其取得成本进行初始计量，借记"无形资产"科目，贷记"库存现金""银行存款"等科目；如果购入的无形资产超过正常信用条件延期支付价款，实质上具有融资性质的，应按所取得无形资产购买价款的现值计量其成本，现值与应付价款之间的差额作为未确认的融资费用，在付款期间内按照实际利率法进行摊销，计入当期损益或者相关资产成本。

【例8-1】天河公司某项生产活动需要使用乙公司已获得的专利技术，如果使用了该项专利技术，天河公司预计其生产能力比原先提高20%，销售利润率增长15%。为此，天河公司从乙公司购入一项专利权。按照协议约定以现金支付，实际支付的价款为300万元，并支付相关税费1万元和有关专业服务费用5万元，款项已通过银行转账支付。

分析：①天河公司购入的专利权符合无形资产的定义，即天河公司能够拥有或者控制该项专利技术符合可辨认的条件，同时是不具有实物形态的非货币性资产。②天河公司购入的专利权符合无形资产的确认条件。首先，天河公司的某项生产活动需要使用乙公司已获得的专利技术，天河公司使用了该项专利技术，预计天河公司的生产能力比原先提高20%，销售利润率增长15%，即经济利益很可能流入；其次，天河公司购买该项专利权的成本为300万元，另外支付相关税费和有关专业服务费用5万元，即成本能够可靠计量。由此，符合无形资产的确认条件。

无形资产初始计量的成本 = 3 000 000 + 10 000 + 50 000 = 3 060 000（元）

天河公司的账务处理如下：
借：无形资产——专利权　　　　　　　　　　　　3 060 000
　　贷：银行存款　　　　　　　　　　　　　　　　　　3 060 000

二、研发无形资产的初始计量

通常情况下，企业自创商誉以及企业内部产生的无形资产不确认为无形资产，如企业内部产生的品牌、报刊名等。但是，由于确定研究与开发费用是否符合无形资产的定义和相关特征（例如可辨认性）、能否或者何时能够为企业产生预期未来经济利益，以及成本能否可靠地计量尚存在不确定因素，因此，研究与开发活动发生的费用，除了要遵循无形资产确认和初始计量的一般要求外，还需要满足其他特定条件，才能够确定为一项无形资产。首先，为评价内部产生的无形资产是否满足确认标准，企业应当将资产的形成过程分为研究阶段与开发阶段两个阶段；其次，对于开发过程中发生的费用，在符合一定条件的情况下，才可确认为一项无形资产。在实务工作中，具体划分研究阶段与开发阶段，以及是否符合资本化的条件，应当根据企业的实际情况以及相关信息予以判断。

（一）研究阶段和开发阶段的划分

对于企业自行进行的研究开发项目，应当区分研究阶段与开发阶段两个阶段，并分别进行核算。

1. 研究阶段

研究阶段是指为获取新的技术和知识等进行的有计划的调查阶段，有关研究活动的例子包括：意于获取知识而进行的活动；研究成果或其他知识的应用研究、评价和最终选择；材料、设备、产品、工序、系统或服务替代品的研究；以及新的或经改进的材料、设备、产品、工序、系统或服务的可能替代品的配制、设计、评价和最终选择等。

研究阶段的特点在于以下方面。

1）计划性。研究阶段是建立在有计划的调查基础上，即，研发项目已经经过董事会或者相关管理层的批准，并着手收集相关资料、进行市场调查等。例如，某药品公司为研究开发某药品，经董事会或者相关管理层的批准，进行有计划的收集相关资料、进行市场调查、比较市场中相关药品的药性、效用等活动。

2）探索性。研究阶段基本上是探索性的，为进一步的开发活动进行资料及相关方面的准备，在这一阶段不会形成阶段性成果。

从研究活动的特点看，其研究是否能在未来形成成果，即通过开发后是否会形成无形资产均具有很大的不确定性，企业也无法证明其能够带来未来经济利益的无形资产的存在，因此，研究阶段的有关支出在发生时，应当予以费用化计入当期损益。

2. 开发阶段

开发阶段是指在进行商业性生产或使用前，将研究成果或其他知识应用于某项计划或设计，以生产出新的或具有实质性改进的材料、装置、产品等的阶段。有关开发活动的例子包括：生产前或使用前的原型和模型的设计、建造和测试；包含新技术的工具、夹具、模具和冲模的设计；不具有商业性生产经济规模的试生产设施的设计、建造和运营；新的或经改造的材料、设备、产品、工序、系统或服务所选定的替代品的设计、建造和测试等。

开发阶段的特点在于以下方面。

1）具有针对性。开发阶段是建立在研究阶段的基础上，因而，对项目的开发具有针对性。

2）形成成果的可能性较大。进入开发阶段的研发项目往往形成成果的可能性较大。

由于开发阶段相对于研究阶段更进一步，相对于研究阶段来讲，进入开发阶段，则很大程度上形成一项新产品或新技术的基本条件已经具备，此时如果企业能够证明满足无形资产的定义及相关确认条件，所发生的开发支出可资本化，就应当确认为无形资产的成本。

3. 研究阶段与开发阶段的区别

1）目标不同。研究阶段一般目标不具体、不具有针对性；而开发阶段多是针对具体目标、产品、工艺等。

2）对象不同。研究阶段一般很难具体化到特定项目上；而开发阶段往往形成对象化的成果。

3）风险不同。研究阶段的成功概率很难判断，一般成功率很低，风险比较大；而开发阶段的成功率较高、风险相对较小。

4）结果不同。研究阶段的结果多是研究报告等基础性成果；而开发阶段的结果则多是具体的新技术、新产品等。

正是基于研究阶段与开发阶段的不同特征，相关的会计处理也大不相同：新会计准则规定，研究阶段所发生的支出一般进行费用化处理。开发阶段则分情况进行会计处理，满足资本化条件的相关支出资本化，反之则进行费用化处理。

（二）开发阶段有关支出资本化的条件

在开发阶段，判断可以将有关支出资本化计入无形资产成本的条件包括以下几点。

1）完成该无形资产以使其能够使用或出售在技术上具有可行性。企业在判断是否满足该条件时，应以目前阶段的成果为基础，说明在此基础上进一步进行开发所需的技术条件等已经具备，基本上不存在技术上的障碍或其他不确定性，企业在判断时，应提供相关的证据和材料。

2)具有完成该无形资产并使用或出售的意图。开发某项产品或专利技术产品等,是使用或出售通常是根据管理当局决定该项研发活动的目的或者意图所决定的,即研发项目形成成果以后,是为出售还是为自己使用并从使用中获得经济利益,应当以管理当局意图而定。因此,企业的管理当局应能够说明其开发无形资产的目的,并具有完成该项无形资产开发并使其能够使用或出售的可能性。

3)无形资产产生经济利益的方式,包括能够证明运用该无形资产生产的产品存在市场或无形资产自身存在市场,无形资产将在内部使用的,应当证明其有用性。作为无形资产确认,其基本条件是能够为企业带来未来经济利益。就其能够为企业带来未来经济利益的方式来讲,如果有关的无形资产在形成以后,主要是用于形成新产品或新工艺的,企业应对运用该无形资产生产的产品市场情况进行估计,应能够证明所生产的产品存在市场,并能够带来经济利益的流入;如果有关的无形资产开发以后主要是用于对外出售的,则企业应能够证明市场上存在对该类无形资产的需求,开发以后存在外在的市场可以出售并带来经济利益的流入;如果无形资产开发以后,不是用于生产产品,也不是用于对外出售,而是在企业内部使用的,则企业应能够证明在企业内部使用时对企业的有用性。

4)有足够的技术、财务资源和其他资源支持,以完成该无形资产的开发,并有能力使用或出售该无形资产。这一条件主要包括以下几点内容。①为完成该项无形资产开发具有技术上的可靠性。开发的无形资产并使其形成成果在技术上的可靠性,是继续开发活动的关键。因此,必须有确凿证据证明企业继续开发该项无形资产有足够的技术支持和技术能力。②财务资源和其他资源支持。财务和其他资源支持是能够完成该项无形资产开发的经济基础,因此,企业必须能够证明为完成该项无形资产的开发所需的财务和其他资源,是否能够足以支持完成该项无形资产的开发。③能够证明企业在开发过程中所需的技术、财务和其他资源,以及企业获得这些资源的相关计划等。如在企业自有资金不足以提供支持的情况下,是否存在外部其他方面的资金支持,如银行等金融机构愿意为该无形资产的开发提供所需资金的声明等来证实,并有能力使用或出售该无形资产。

5)归属于该无形资产开发阶段的支出能够可靠地计量。企业对于开发活动发生的支出应单独核算,如发生的开发人员的工资、材料费等,在企业同时从事多项开发活动的情况下,所发生的支出同时用于支持多项开发活动的,应按照一定的标准在各项开发活动之间进行分配,无法明确分配的,应予费用化计入当期损益,不计入开发活动的成本。

(三)内部开发的无形资产的计量

内部研发活动形成的无形资产成本,由可直接归属于该资产的创造、生产并使该资产能够以管理层预定的方式运作的所有必要支出组成。可直接归属成本包括:开发该无形资产时耗费的材料、劳务成本、注册费、在开发该无形资产过程中使用的其他专利权和特许权的摊销,以及按照借款费用的处理原则可资本化的利息支出。在开发无形资产过程中发生的除上述可直接归属于无形资产开发活动的其他销售费用、管理费用等间接费用、无形资产达到预定用途前发生的可辨认的无效和初始运作损失、为运行该无形资产发生的培训支出等不构成无形资产的开发成本。

值得说明的是,内部开发无形资产的成本仅包括在满足资本化条件的时点至无形资产达到预定用途前发生的支出总和,对于同一项无形资产在开发过程中达到资本化条件之前已经费用化计入当期损益的支出不再进行调整。

（四）内部研究开发费用的账务处理

1. 基本原则

企业内部研究和开发无形资产，其在研究阶段的支出全部费用化，计入当期损益（管理费用）；开发阶段的支出符合条件的资本化，不符合资本化条件的费用化，计入当期损益（管理费用）。如果确实无法区分研究阶段的支出和开发阶段的支出，应将其所发生的研发支出全部费用化，计入当期损益。

2. 具体账务处理方法

1）企业自行开发无形资产发生的研发支出，不满足资本化条件的，借记"研发支出——费用化支出"科目，满足资本化条件的，借记"研发支出——资本化支出"科目，贷记"原材料""银行存款""应付职工薪酬"等科目。

2）企业以其他方式取得的正在进行的研究开发项目，应按确定的金额，借记"研发支出——资本化支出"科目，贷记"银行存款"等科目。以后发生的研发支出，应当比照上述企业自行开发发生的研发支出的规定进行处理。

3）研究开发项目达到预定用途形成无形资产的，应按"研发支出——资本化支出"科目的余额，借记"无形资产"科目，贷记"研发支出——资本化支出"科目。

【例 8-2】20×4 年 1 月 1 日，天河公司经董事会批准研发某项新产品专利技术，该公司董事会认为，研发该项目具有可靠的技术和财务等资源的支持，并且一旦研发成功将降低该公司生产产品的生产成本。该公司在研究开发过程中发生材料费 5 000 万元、人工工资 1 000 万元，以及其他费用 4 000 万元，总计 10 000 万元，其中，符合资本化条件的支出为 6 000 万元。20×4 年 12 月 31 日，该专利技术已经达到预定用途。

分析：首先，天河公司经董事会批准研发某项新产品专利技术，并认为完成该项新型技术无论从技术上，还是财务等方面能够得到可靠的资源支持，并且一旦研发成功将降低公司的生产成本，因此，符合条件的开发费用可以资本化。其次，天河公司在开发该项新型技术时，累计发生 10 000 万元的研究与开发支出，其中符合资本化条件的开发支出为 6 000 万元，其符合"归属于该无形资产开发阶段的支出能够可靠地计量"的条件。

天河公司的账务处理如下：

发生研发支出时：

借：研发支出——费用化支出　　　　　　　　　　　40 000 000
　　　　　　——资本化支出　　　　　　　　　　　　60 000 000
　　贷：原材料　　　　　　　　　　　　　　　　　　50 000 000
　　　　应付职工薪酬　　　　　　　　　　　　　　　10 000 000
　　　　银行存款　　　　　　　　　　　　　　　　　40 000 000

20×4 年 12 月 31 日，该专利技术达到预定用途时：

借：管理费用　　　　　　　　　　　　　　　　　　40 000 000
　　无形资产　　　　　　　　　　　　　　　　　　60 000 000
　　贷：研发支出——费用化支出　　　　　　　　　　40 000 000
　　　　　　　　——资本化支出　　　　　　　　　　60 000 000

三、其他方式取得的无形资产的初始计量

(一) 投资者投入的无形资产成本

投资者投入的无形资产,应当按照投资合同或协议约定的价值确定无形资产的取得成本。如果投资合同或协议约定价值不公允的,应按无形资产的公允价值作为无形资产初始成本入账,按所确认初始成本与实收资本或股本之间的差额调整资本公积。

【例8-3】因玉林公司创立的商标已有较好的声誉,天河公司预计使用玉林公司商标后可使其未来利润增长30%。为此,天河公司与玉林公司协议商定,玉林公司以其商标权投资于天河公司,双方协议价格(等于公允价值)为500万元,天河公司另支付相关税费2万元,款项已通过银行转账支付。

该商标权的初始计量,应当以取得时的成本为基础。取得时的成本为投资协议约定的价格500万元,加上支付的相关税费2万元。

天河公司接受玉林公司作为投资的商标权的成本 = 5 000 000 + 20 000 = 5 020 000(元)

天河公司的账务处理如下:

借:无形资产——商标权　　　　　　　　　　　　　5 020 000
　　贷:实收资本(或股本)　　　　　　　　　　　　　　　　5 000 000
　　　　银行存款　　　　　　　　　　　　　　　　　　　　　　20 000

(二) 通过非货币性资产交换取得的无形资产成本

企业通过非货币性资产交换取得的无形资产,包括以投资、存货、固定资产或无形资产换入的无形资产等。非货币性资产交换具有商业实质且公允价值能够可靠计量的,在发生补价的情况下,支付补价方应当以换出资产的公允价值加上支付的补价(即换入无形资产的公允价值)和应支付的相关税费,作为换入无形资产的成本;收到补价方应当以换入无形资产的公允价值(或换出资产的公允价值减去补价)和应支付的相关税费,作为换入无形资产的成本。

(三) 通过债务重组取得的无形资产成本

通过债务重组取得的无形资产是指企业作为债权人取得的债务人用于偿还债务的非现金资产,且企业作为无形资产管理的资产。通过债务重组取得的无形资产成本,应当以其公允价值入账。

(四) 通过政府补助取得的无形资产成本

通过政府补助取得的无形资产成本,应当按照公允价值计量;公允价值不能可靠取得的,按照名义金额计量。

(五) 企业合并中取得的无形资产成本

企业合并中取得的无形资产,按照企业合并的分类,按不同情况分别处理。

1) 同一控制下吸收合并,按照被合并企业无形资产的账面价值确认为取得时的初始成本;同一控制下控股合并,合并方在合并日编制合并报表时,应当按照被合并方无形资产的账面价值作为合并基础。

2）非同一控制下的企业合并中，购买方取得的无形资产应以其在购买日的公允价值计量，包括：①被购买企业原已确认的无形资产；②被购买企业原未确认的无形资产，但其公允价值能够可靠计量，购买方就应在购买日将其独立于商誉确认为一项无形资产。例如，被购买方正在进行当中的一个研究开发项目，符合无形资产的定义且其公允价值能够可靠计量，则购买方应将其独立于商誉确认为一项无形资产。

在企业合并中，如果取得的无形资产本身可以单独辨认但其计量或处置必须与有形的或其他无形的资产一并作价，例如，天然矿泉水的商标可能与特定的泉眼有关，但不能独立于该泉眼出售，在这种情况下，如果该无形资产及与其相关的资产各自的公允价值不能可靠计量，则应将该资产组（即将无形资产与其相关的有形资产一并）独立于商誉确认为单项资产。

第三节 无形资产的后续计量

无形资产初始确认和计量后，在其后使用该项无形资产期间内应以成本减去累计摊销额和累计减值损失后的余额计量。需要强调的是，确定无形资产在使用过程中的累计摊销额，基础是估计其使用寿命，只有使用寿命有限的无形资产才需要在估计的使用寿命内采用系统合理的方法进行摊销，对于使用寿命不确定的无形资产，则每年进行减值测试。

一、无形资产的摊销

（一）使用寿命有限并可确认的无形资产

使用寿命有限并可确认的无形资产，应在其预计的使用寿命内采用系统合理的方法对应摊销金额进行摊销。应摊销金额是指无形资产的成本扣除残值后的金额。已计提减值准备的无形资产，还应扣除已计提的无形资产减值准备累计金额。使用寿命有限的无形资产，其残值一般应当视为零。

1. 摊销期和摊销方法

无形资产的摊销期自其可供使用（即其达到预定用途）时起至终止确认时止。即，无形资产摊销的起始和停止日期如下：当月增加的无形资产，当月开始摊销；当月减少的无形资产，当月不再摊销。

在无形资产的使用寿命内系统地分摊其应摊销金额存在多种方法。这些方法包括直线法、产量法等。企业选择的无形资产摊销方法，应当能够反映与该项无形资产有关的经济利益的预期实现方式，并一致地运用于不同会计期间。例如，受技术陈旧因素影响较大的专利权和专有技术等无形资产，可采用类似固定资产加速折旧的方法进行摊销；有特定产量限制的特许经营权或专利权，应采用产量法进行摊销。无法可靠确定其预期实现方式的，应当采用直线法进行摊销。

无形资产的摊销一般应计入当期损益，但如果某项无形资产是专门用于生产某种产品或者其他资产，其所包含的经济利益是通过转入到所生产的产品或其他资产中实现的，则无形资产的摊销费用应当计入相关资产的成本。例如，某项专门用于生产过程中的专利技术，其摊销费用应构成所生产产品成本的一部分，计入制造该产品的制造费用。

2. 残值的确定

除下列情况除外，无形资产的残值一般为零。

1）有第三方承诺在无形资产使用寿命结束时购买该项无形资产。

2）可以根据活跃市场得到无形资产预计残值信息，并且该市场在该项无形资产使用寿命结束时可能存在。

无形资产的残值意味着，在其经济寿命结束之前企业预计将会处置该无形资产，并且从该处置中取得利益。估计无形资产的残值应以资产处置时的可收回金额为基础，此时的可收回金额是指在预计出售日，出售一项使用寿命已满且处于类似使用状况下，同类无形资产预计的处置价格（扣除相关税费）。残值确定以后，在持有无形资产的期间，至少应于每年年末进行复核，预计其残值与原估计金额不同的，应按照会计估计变更进行处理。如果无形资产的残值重新估计以后高于其账面价值的，则无形资产不再摊销，直至残值降至低于账面价值时再恢复摊销。

例如，企业从外单位购入一项实用专利技术的成本为100万元，根据目前企业管理层的持有计划，预计5年后转让给第三方。根据目前活跃市场上得到的信息，该实用专利技术预计残值为10万元。企业采取生产总量法对该项无形资产进行摊销。到第3年期末，市场发生变化，经复核重新估计，该项实用专利技术预计残值为30万元，如果此时企业已摊销72万元，该项实用专利技术账面价值为28万元，低于重新估计的该项实用专利技术的残值，则不再对该项实用专利技术进行摊销，直至残值降至低于其账面价值时再恢复摊销。

【例8-4】20×4年1月1日，天河公司从外单位购得一项非专利技术，支付价款5 000万元，款项已支付，估计该项非专利技术的使用寿命为10年，该项非专利技术用于产品生产；同时，购入一项商标权，支付价款3 000万元，款项已支付，估计该商标权的使用寿命为15年。假定这两项无形资产的净残值均为零，并按直线法摊销。

本例中，天河公司外购的非专利技术的估计使用寿命为10年，表明该项无形资产是使用寿命有限的无形资产，且该项无形资产用于产品生产，因此，应当将其摊销金额计入相关产品的制造成本。天河公司外购的商标权的估计使用寿命为15年，表明该项无形资产同样也是使用寿命有限的无形资产，而商标权的摊销金额通常直接计入当期管理费用。

天河公司的账务处理如下。

天河公司取得无形资产时：

借：无形资产——非专利技术　　　　　　　　　50 000 000
　　无形资产——商标权　　　　　　　　　　　30 000 000
　贷：银行存款　　　　　　　　　　　　　　　　　　　　80 000 000

无形资产按年摊销时：

借：制造费用——非专利技术　　　　　　　　　5 000 000
　　管理费用——商标权　　　　　　　　　　　2 000 000
　贷：累计摊销　　　　　　　　　　　　　　　　　　　　7 000 000

如果天河公司20×5年12月31日根据科学技术发展的趋势判断，20×4年购入的该项非专利技术在4年后将被淘汰，不能再为企业带来经济利益，决定对其再使用4年后不再使用，为此，天河公司应当在20×5年12月31日据此变更该项非专利技术的估计使用寿命，并按会计估计变更进行处理。

20×5年12月31日该项无形资产累计摊销金额为1 000(=500×2)万元，20×6年该项无形资产的摊销金额为 1 000[=(5 000−1 000)÷4] 万元。

天河公司 20×6 年对该项非专利技术按年摊销的账务处理如下：

借：制造费用——非专利技术　　　　　　　　　　10 000 000
　　贷：累计摊销　　　　　　　　　　　　　　　　　　　　10 000 000

（二）使用寿命无法确认的无形资产

根据可获得的相关信息判断，如果无法合理估计某项无形资产的使用寿命，应作为使用寿命不确定的无形资产进行核算。对于使用寿命不确定的无形资产，在持有期间内不需要摊销，但应当在每个会计期间进行减值测试。其减值测试的方法按照资产减值的原则进行处理，如经减值测试表明已发生减值，则需要计提相应的减值准备，其相关的账务处理如下：借记"资产减值损失"科目，贷记"无形资产减值准备"科目。

【例8-5】20×3 年 1 月 1 日，天河公司购入一项市场领先的畅销产品的商标的成本为 6 000 万元，该商标按照法律规定还有 5 年的使用寿命，但是在保护期届满时，天河公司可每 10 年以较低的手续费申请延期，同时天河公司有充分的证据表明其有能力申请延期。此外，有关的调查表明，根据产品生命周期、市场竞争等方面情况综合判断，该商标将在不确定的期间内为企业带来现金流量。

根据上述情况，该商标可视为使用寿命不确定的无形资产在持有期间内不需要进行摊销。

20×4 年年底，天河公司对该商标按照资产减值的原则进行减值测试，经测试表明该商标已发生减值。20×4 年年底，该商标的公允价值为 4 000 万元。

则天河公司的账务处理如下：

（1）20×3 年，天河公司购入商标时：

借：无形资产——商标权　　　　　　　　　　　　60 000 000
　　贷：银行存款　　　　　　　　　　　　　　　　　　　　60 000 000

（2）20×4 年，该商标发生减值时：

借：资产减值损失（60 000 000−40 000 000）　　　20 000 000
　　贷：无形资产减值准备——商标权　　　　　　　　　　　20 000 000

二、无形资产的减值

根据我国《企业会计准则第 8 号——资产减值》的规定，企业应定期对各项无形资产的账面价值进行检查，对预计可收回金额低于账面价值的，应当计提无形资产减值准备。在资产负债表中，无形资产项目应当按照减去无形资产减值准备后的净额反映。

对无形资产的减值核算，应当设置专门的科目"无形资产减值准备"。该科目作为"无形资产"的备抵科目，用以核算企业无形资产发生减值时计提的减值准备，一般期末余额在贷方，反映企业已计提但尚未转销的无形资产减值准备。该科目应按无形资产项目进行明细核算。无形资产减值准备的主要账务处理如下。

1）当确定无形资产发生减值时，借记"资产减值损失——计提的无形资产减值准备"科目，贷记"无形资产减值准备"科目。

2）当处置无形资产时，应同时结转已计提的无形资产减值准备，并且无形资产减值准备一旦确认，在以后的会计期间不得转回。

【例 8-6】天河公司在 20×4 年年末对每项无形资产的账面价值进行检查时，发现一项专利权的可收回金额为 60 000 元，账面价值为 80 000 元。

天河公司的账务处理如下：

借：资产减值损失——计提的无形资产减值准备　　　　20 000
　　贷：无形资产减值准备　　　　　　　　　　　　　　　　　　　20 000

第四节　无形资产的处置

无形资产的处置，主要是指无形资产出售、出租，或者是因无法为企业带来未来经济利益而报废时的终止确认和转销。

一、无形资产的出售

企业出售某项无形资产，表明企业放弃无形资产的所有权，应将所取得的价款与该无形资产账面价值的差额计入当期损益。但是，值得注意的是，企业出售无形资产确认其利得的时点应按照《企业会计准则第 14 号——收入》中的有关原则进行确定。

出售无形资产时，应按实际收到的金额，借记"银行存款"等科目，按已计提的累计摊销，借记"累计摊销"科目，原已计提减值准备的，借记"无形资产减值准备"科目，按应支付的相关税费，贷记"应交税费"等科目，按其账面余额，贷记"无形资产"科目，按其差额，贷记"资产处置损益——处置非流动资产利得"科目或借记"资产处置损益——处置非流动资产损失"科目。

【例 8-7】20×4 年 1 月 1 日，天河公司拥有某项专利技术的成本为 1 000 万元，已摊销金额为 500 万元，已计提的减值准备为 20 万元。该公司于 20×4 年将该项专利技术出售给 C 公司，取得出售收入 600 万元，应缴纳的增值税等相关税费为 36 万元。

天河公司的账务处理为：

借：银行存款　　　　　　　　　　　　　　　　　　6 000 000
　　累计摊销　　　　　　　　　　　　　　　　　　　5 000 000
　　无形资产减值准备——专利权　　　　　　　　　　 200 000
　　贷：无形资产　　　　　　　　　　　　　　　　　　　　　10 000 000
　　　　应交税费——应交增值税（销项税额）　　　　　　　　　 360 000
　　　　资产处置损益——处置非流动资产利得　　　　　　　　　 840 000

如果该公司转让该项专利技术取得收入为 400 万元，应缴纳的增值税等相关税费为 24 万元。

则天河公司的账务处理为：

借：银行存款　　　　　　　　　　　　　　　　　　4 000 000
　　累计摊销　　　　　　　　　　　　　　　　　　　5 000 000
　　无形资产减值准备　　　　　　　　　　　　　　　 200 000
　　资产处置损益——处置非流动资产损失　　　　　 1 040 000
　　贷：无形资产　　　　　　　　　　　　　　　　　　　　　10 000 000
　　　　应交税费——应交增值税（销项税额）　　　　　　　　　 240 000

二、无形资产的出租

企业将拥有的无形资产使用权让渡给他人并收取租金,在满足《企业会计准则第14号——收入》的确认标准的情况下,应确认相关的收入及成本。

出租无形资产时,按实际收到或应收的金额,借记"银行存款""其他应收款"等科目,按取得的租金收入贷记"其他业务收入"科目,按应缴纳的增值税额,贷记"应交税费——应交增值税(销项税额)"科目;摊销出租无形资产的成本并发生与转让有关的各种费用支出时,借记"其他业务成本"科目,贷记"累计摊销"等科目。

【例8-8】20×4年1月1日,天河公司将某项商标权出租给甲公司,租期为4年,每年的租金是150 000元,增值税税率为6%,天河公司在出租期间内不使用该商标权。该商标权是20×4年1月1日购入的,初始入账价值是1 800 000元,预计使用年限是15年,采用直线法摊销。假定不考虑其他税费并按年摊销。

天河公司的账务处理如下:

(1)天河公司每年收取租金:

借:银行存款　　　　　　　　　　　　　　　　　　　159 000
　　贷:其他业务收入——出租商标权　　　　　　　　　　　150 000
　　　　应交税费——应交增值税(销项税额)　　　　　　　　 9 000

(2)天河公司按年对该商标权进行摊销:

每年应计提的累计摊销额=1 800 000÷15=120 000(元)

借:其他业务成本——商标权摊销　　　　　　　　　　120 000
　　贷:累计摊销　　　　　　　　　　　　　　　　　　　120 000

三、无形资产的报废

如果无形资产预期不能为企业带来未来经济利益,例如,该无形资产已被其他新技术所替代或超过法律保护期,不能再为企业带来经济利益的,则不再符合无形资产的定义,应将其报废并予以转销,其账面价值转作当期损益。转销时,应按已计提的累计摊销,借记"累计摊销"科目;按其账面余额,贷记"无形资产"科目;按其差额,借记"营业外支出"科目。已计提减值准备的,还应同时结转减值准备。

【例8-9】天河企业拥有某项专利技术,根据市场调查,用其生产的产品已没有市场,决定予以转销。转销时,该项专利技术的账面余额为600万元,摊销期限为10年,采用直线法进行摊销,已摊销了5年,假定该项专利权的残值为零,已累计计提的减值准备为160万元,假定不考虑其他相关因素。

则天河公司的账务处理如下:

借:累计摊销　　　　　　　　　　　　　　　　　　3 000 000
　　无形资产减值准备——专利权　　　　　　　　　　1 600 000
　　营业外支出——处置非流动资产损失　　　　　　　1 400 000
　　贷:无形资产——专利权　　　　　　　　　　　　　6 000 000

四、无形资产的披露

企业应当按照无形资产的类别在附注中披露与无形资产有关的下列信息：①无形资产的期初和期末账面余额、累计摊销额及减值准备累计金额。②使用寿命有限的无形资产，其使用寿命的估计情况；使用寿命不确定的无形资产，其使用寿命不确定的判断依据。③无形资产的摊销方法。④用于担保的无形资产账面价值、当期摊销额等情况。⑤计入当期损益和确认为无形资产的研究开发支出金额。

▶ 本章小结

本章阐述了无形资产的定义、特征和内容，在此基础上解释了商誉与无形资产的区别。此外，本章还讲解了无形资产的确认、计量和处置问题，在此需要注意购买无形资产的价款超过正常信用条件延期支付，实质上具有融资租赁性质业务的会计处理，以及要区分内部研究开发支出的会计处理的区别。

▶ 思政园地

全面加强知识产权保护工作　激发创新活力推动构建新发展格局

知识产权保护工作关系国家对外开放大局，只有严格保护知识产权，才能优化营商环境、建设更高水平开放型经济新体制。知识产权保护工作关系国家安全，只有严格保护知识产权，才能有效保护我国自主研发的关键核心技术、防范化解重大风险。要建立高效的知识产权综合管理体制，打通知识产权创造、运用、保护、管理、服务全链条，推动形成权界清晰、分工合理、责权一致、运转高效的体制机制；要实行严格的知识产权保护制度，提高知识产权审查质量和审查效率，坚决依法惩处侵犯合法权益特别是侵犯知识产权行为，引入惩罚性赔偿制度，显著提高侵权代价和违法成本，震慑违法侵权行为，等等。

在这次党和国家机构改革中，我们组建了国家市场监管总局，重新组建了国家知识产权局，实现了专利、商标、原产地地理标志等知识产权类别的集中统一管理。我们在北京、上海、广州成立知识产权法院，最高人民法院挂牌成立知识产权法庭，审理全国范围内专利等技术类知识产权上诉案件，建成了知识产权专业化审判体系。总的看，我国知识产权事业不断发展，走出了一条中国特色知识产权发展之路，知识产权保护工作取得了历史性成就，知识产权法规制度体系和保护体系不断健全、保护力度不断加强，全社会尊重和保护知识产权意识明显提升，对激励创新、打造品牌、规范市场秩序、扩大对外开放发挥了重要作用。同时，我们也要清醒看到不足，主要表现为：全社会对知识产权保护的重要性认识需要进一步提高；随着新技术新业态蓬勃发展，知识产权保护法治化仍然跟不上；知识产权整体质量效益还不够高，高质量高价值知识产权偏少；行政执法机关和司法机关的协调有待加强；知识产权领域仍存在侵权易发多发和侵权易、维权难的现象，知识产权侵权违法行为呈现新型化、复杂化、高技术化等特点；有的企业利用制度漏洞，滥用知识产权保护；市场主体应对海外知识产权纠纷能力明显不足，我国企业在海外的知识产权保护不到位，等等。当前，我国正在从知识产权引进大国向知识产权创造大国转变，知识产权工作正在从追求数量向提高质量转变。我们必须从国家战略高度和进入新发展阶段要求出发，全面加强知识产权保护工作，促进建设现代化经济体系，激发全社会创新活力，推动构建新发展格局。

资料来源：摘自习近平总书记 2020 年 11 月 30 日在十九届中央政治局第二十五次集体学习时的讲话内容，原文发表在《求是》2021 年第 3 期。

国际视野

拓展阅读

章后练习

关键术语音频

▶ 关键术语听与读

- Copyright（著作权）：The copyright refers to the legal right of the owner of intellectual property. In simpler terms, copyright is the right to copy. This means that the original creators of products and anyone they give authorization to are the only ones with the exclusive right to reproduce the work.
- Franchise（特许权）：A franchise (or franchising) is a method of distributing products or services involving a franchisor, who establishes the brand's trademark or trade name and a business system, and a franchisee, who pays a royalty and often an initial fee for the right to do business under the franchisor's name and system.
- Goodwill（商誉）：The goodwill is the difference between the value of the separable net assets of a business and the total value of the business. There are two categories of goodwill, the purchased goodwill and the internally generated goodwill.
- Intangible assets（无形资产）：The intangible assets refer to the identifiable non-monetary assets without any physical substance. These intangible assets include licenses, computer software, patents, copyrights, trademarks, etc.
- Land-use rights（土地使用权）：The land-use rights mean the approved and or promulgated land use applicable to land in terms of this by-law or relevant legislation which has come into operation for purposes of issuing a zoning certificate.
- Non-patented technology（非专利技术）：Non-patented technology means know-how, trade secrets or other information or materials that are not patentable or, for a possibly patentable discovery or invention, on which the parties choose not to file a patent, made under this Agreement and within the scope of the Research and/or Development Plan.
- Patent（专利权）：A patent is the granting of a property right by a sovereign authority to an inventor. This grant provides the inventor exclusive rights to the patented process, design, or invention for a designated period in exchange for a comprehensive disclosure of the invention. They are a form of incorporeal right.
- Research and development costs（研发成本）：The research and development costs, abbreviated as R&D costs, are the costs to a company of its research and development. The research phase refers to the period of original investigation undertaken to gain new scientific or technical knowledge, which the development phase refers to the period of producing new or substantially improved materials, devices, products, processes, systems, or services prior to the commencement of commercial production.
- Trademark rights（商标权）：A trademark is a mark used to identify a particular good or service. Trademark rights are the rights to use a specific name or design exclusively on a class of designated goods or products.

第九章

其他资产

本章案例

投资性房地产的计量选择

方大集团股份有限公司（以下简称"方大集团"）是集生产与研发一体的综合性高新技术企业。随着房地产市场的发展，方大集团于2012年将业务拓展到了房地产板块，并逐步开发"方大城"等综合性商业体，在房地产市场逐渐占有一席之地，其投资性房地产项目也逐年增多。方大集团2019年的投资性房地产主要为厂房办公楼和商业综合体，分别位于深圳和江西南昌，通过其更早年份的年度报告可得知，该集团从2007年便开始拥有投资性房地产业务，主要是位于深圳总部的方大大厦和位于武汉万达商业广场的办公楼，公允价值均能可靠计量。2012年集团董事会决定将位于江西南昌的厂房对外出租并作为投资性房地产核算，江西南昌经济欠发达且房地产不是很活跃，该投资性房地产无法满足公允价值计量要求，且《企业会计准则第3号——投资性房地产》（以下简称"CAS3"）规定投资性房地产公允价值计量无法转换为成本模式，这就使得该企业在投资性房地产后续计量时陷入了困境。如若全部采用成本模式计量，无法真实反映位于深圳的投资性房地产的价值；如若全部采用公允价值计量，江西的投资性房地产又无法获得公允价值的具体金额，而CAS3规定同一企业只可选择一种计量模式，这就使得企业在选择时面临两难的境地。

方大集团在面对两难境地时，选择了分别计量分别列报的方式对投资性房地产进行后续计量。对于位于深圳南山区的方大城，由于其处于繁华地段，其房地产发展空间很大，能够获取其公允价值，即对其采用公允价值列报；对位于江西南昌的厂房和办公楼，该地房地产在宏观经济和调控政策的影响下，住宅成交整体呈现平稳状态，商业、办公楼价量齐跌，去库存压力大，难以获取其公允价值，因此采用成本模式对投资性房地产进行后续计量。

资料来源：杨青.投资性房地产会计计量问题研究：以方大集团为例[J].财会学习，2021（21）：173–174.

> **学习目标**
>
> 本章主要介绍了投资性房地产、非货币性资产交换、生物资产、油气资产、长期应收款、长期待摊费用以及其他长期资产。通过本章的学习,希望读者:
>
> - 了解投资性房地产的概念及特征;
> - 掌握投资性房地产的初始计量、后续计量、转换、处置的账务处理;
> - 了解非货币性资产交换的概念、特征;
> - 掌握非货币性资产交换的确认和计量,以及账务处理;
> - 了解生物资产的概念、初始计量、后续计量和处置;
> - 了解油气资产的概念及简单的账务处理;
> - 了解长期应收款、长期待摊费用的概念;
> - 掌握长期应收款的账务处理;
> - 理解长期待摊费用包含的内容;
> - 了解其他长期资产的概念和包含的内容。

第一节 投资性房地产

一、投资性房地产概述

房地产是土地和房屋及其权属的总称。在我国土地归国家或集体所有,企业只能取得土地使用权。因此,房地产中的土地是指土地使用权。房屋是指土地上的房屋等建筑物及构筑物。随着我国社会主义市场经济的发展和完善,房地产市场日益活跃,企业持有的房地产除了用于自身管理、生产经营活动场所和对外销售之外,出现了将房地产用于赚取租金或增值收益的活动。就某些企业而言,投资性房地产属于日常经营性活动,形成的租金收入或转让增值收益确认为企业的主营业务收入,但对于大部分企业而言,是与经营性活动相关的其他经营活动,形成的租金收入或转让增值收益构成企业的其他业务收入。

投资性房地产是指为赚取租金或资本增值,或者两者兼有而持有的房地产。

(一) 投资性房地产的特征

1) 投资性房地产的运营是一种经营性活动。投资性房地产的主要运营形式是出租建筑物、出租土地使用权,这实质上属于一种让渡资产使用权行为。房地产租金就是让渡资产使用权取得的使用费收入,是企业为完成其经营目标所从事的经营性活动以及与之相关的其他活动形成的经济利益总流入。投资性房地产的另一种形式是持有并准备增值后转让的土地使用权,尽管其增值收益通常与市场供求、经济发展等因素相关,但目的是增值后转让以赚取增值收益,也是企业为完成其经营目标所从事的经营性活动以及与之相关的其他活动形成的经济利益总流入。根据税法的规定,企业房地产出租、国有土地使用权增值后转让均属于一种经营活动,其取得的房地产租金收入或国有土地使用权转让收益应当缴纳增值税等。按照国家有关规定认定的闲置土地,不属于持有并准备增值后转让的土地使用权。在我国实际情况中,持有并准备增值后转让的土地使用权这种情况较少。

2) 投资性房地产在用途、状态、目的等方面区别于作为生产经营场所的房地产和用于销售的房地产。企业持有的房地产除了用作自身管理、生产经营活动场所和对外销售之外，出现了将房地产用于赚取租金或增值收益的活动，甚至是个别企业的主营业务。这就需要将投资性房地产单独作为一项资产核算和反映，与自用的厂房、办公楼等房地产和作为存货（已建完工商品房）的房地产加以区别，从而更加清晰地反映企业所持有房地产的构成情况和盈利能力。企业在首次执行《企业会计准则第3号——投资性房地产》时，应当根据投资性房地产的定义对资产进行重新分类，凡是符合投资性房地产定义和确认条件的建筑物和土地使用权，应当归为投资性房地产。

3）投资性房地产有两种后续计量模式。企业通常应当采用成本模式对投资性房地产进行后续计量，只有在满足特定条件的情况下，即有确凿证据表明其所有投资性房地产的公允价值能够持续可靠取得的，也可以采用公允价值模式进行后续计量。也就是说，《企业会计准则第3号——投资性房地产》适当引入公允价值模式，在满足特定条件的情况下，可以对投资性房地产采用公允价值模式进行后续计量，但是，同一企业只能采用一种模式对所有投资性房地产进行后续计量，不得同时采用两种计量模式。

（二）投资性房地产的范围

投资性房地产包括：已出租的土地使用权、持有并准备增值后转让的土地使用权以及已出租的建筑物。

1. 已出租的土地使用权

已出租的土地使用权，是指企业通过出让或转让方式取得的、以经营租赁方式出租的土地使用权。企业取得的土地使用权通常包括在一级市场上以缴纳土地出让金的方式取得的土地使用权，也包括在二级市场上接受其他单位转让的土地使用权。例如，天河公司与乙公司签署了土地使用权租赁协议，天河公司以年租金720万元租赁使用乙公司拥有的40万m^2土地使用权。那么，自租赁协议约定的租赁期开始日起，这项土地使用权属于乙公司的投资性房地产。

对于以经营租赁方式租入土地使用权再转租给其他单位的，不能确认为投资性房地产。

2. 持有并准备增值后转让的土地使用权

持有并准备增值后转让的土地使用权，是指企业取得的、准备增值后转让的土地使用权。这类土地使用权很可能给企业带来资本增值收益，符合投资性房地产的定义。例如，企业发生转产或厂址搬迁，部分土地使用权停止自用，管理层决定继续持有这部分土地使用权，待其增值后转让以赚取增值收益。

企业依法取得土地使用权后，应当按照国有土地有偿使用合同或建设用地批准书规定的期限动工开发建设。根据2012年5月22日国土资源部修订的《闲置土地处置办法》的规定：①国有建设用地使用权人超过国有建设用地使用权有偿使用合同或者划拨决定书约定、规定的动工开发日期满1年未动工开发的国有建设用地认定为闲置土地。②已动工开发但开发建设用地面积占应动工开发建设用地总面积不足1/3或者已投资额占总投资额不足25%，中止开发建设满1年的国有建设用地，也可以认定为闲置土地。《闲置土地处置办法》还规定，经法定程序批准，对闲置土地可以选择延长动工开发期限（不超过1年），调整土地用途、规划条件，办理有关手续后继续开发建设等处置方案。

按照国家有关规定认定的闲置土地，不属于持有并准备增值后转让的土地使用权，也就不属于投资性房地产。

3. 已出租的建筑物

已出租的建筑物是指企业拥有产权的、以经营租赁方式出租的建筑物，包括自行建造或开发活动完成后用于出租的建筑物。比如，天河公司将其拥有的某栋厂房整体出租给乙公司，租赁期2年。对于天河公司而言，自租赁期开始日起，这栋厂房属于其投资性房地产。企业在判断和确认已出租的建筑物时，应当把握以下要点。

1）用于出租的建筑物是指企业拥有产权的建筑物。企业以经营租赁方式租入再转租的建筑物不属于投资性房地产。例如，天河公司与乙企业签订了一项经营租赁合同，乙企业将其持有产权的一栋办公楼出租给天河公司，为期5年。天河公司一开始将该办公楼改装后用于自行经营餐馆。2年后，由于连续亏损，天河公司将餐馆转租给丙公司，以赚取租金差价。在这种情况下，对于天河公司而言，该栋楼不属于其投资性房地产。对于乙企业而言，则属于其投资性房地产。

2）已出租的建筑物是企业已经与其他方签订了租赁协议，约定以经营租赁方式出租的建筑物。自租赁协议规定的租赁期开始日起，经营租出的建筑物才属于已出租的建筑物，对企业持有以备经营出租的空置建筑物，只有企业管理当局（董事会或类似机构）做出正式书面决议，明确表明将其用于经营出租且持有意图短期内不再发生变化的，可将其视为投资性房地产。这里的"空置建筑物"指的是企业新购入、自行建造或开发完工但尚未使用的建筑物，以及不再用于日常生产经营活动且经整理后达到可经营出租状态的建筑物。例如，天河公司在当地房地产交易中心通过竞拍取得一块土地的使用权。天河公司按照合同规定对这块土地进行了开发，并在这块土地上建造了一栋商场，拟用于整体出租，但尚未开发完工。本例中，该尚未开发完工的商场不属于"空置建筑物"，不属于投资性房地产。

3）企业将建筑物出租，按租赁协议向承租人提供的相关辅助服务在整个协议中不重大的，应当将该建筑物确认为投资性房地产。例如，企业将其办公楼出租，同时向承租人提供维护、保安等日常辅助服务，企业应当将其确认为投资性房地产。再如，天河公司购买一栋写字楼，共12层。其中1层经营出租给某家大型超市，2～5层经营出租给乙公司，6～12层经营出租给丙公司。天河公司同时为该写字楼提供保安、维修等日常辅助服务。本例中，天河公司将写字楼出租，同时提供的辅助服务不重大。对于天河公司而言，这栋写字楼属于它的投资性房地产。

此外下列项目不属于投资性房地产。

1. 自用房地产

自用房地产是指为生产商品、提供劳务或者经营管理而持有的房地产。如企业生产经营用的厂房和办公楼属于固定资产；企业生产经营用的土地使用权属于无形资产。自用房地产的特征在于服务于企业自身的生产经营活动，其价值将随着房地产的使用而逐渐转移到企业的产品或服务中去，通过销售商品或提供服务为企业带来经济利益，在产生现金流量的过程中与企业持有的其他资产密切相关。例如，企业出租给本企业职工居住的宿舍，虽然也收取租金，但间接为企业自身的生产经营服务，因此具有自用房地产的性质。又如，企业拥有并自行经营的旅馆饭店。旅馆饭店的经营者在向顾客提供住宿服务的同时，还提供餐饮、娱乐等其他服务，其经营目的主要是通过向客户提供服务取得服务收入，因此，企业自行经营的旅馆饭店是企业的经营场所，应当属于自用房地产。

2. 作为存货的房地产

作为存货的房地产通常是指房地产开发企业在正常经营过程中销售的或为销售而正在开

发的商品房和土地。这部分房地产属于房地产开发企业的存货，其生产、销售构成企业的主营业务活动，产生的现金流量也与企业的其他资产密切相关。因此，具有存货性质的房地产不属于投资性房地产。

从事房地产经营开发的企业依法取得的、用于开发后出售的土地使用权，属于房地产开发企业的存货，即使房地产开发企业决定待增值后再转让其开发的土地，也不得将其确认为投资性房地产。在实务中，存在某项房地产部分自用或作为存货出售、部分用于赚取租金或资本增值的情形。如某项投资性房地产不同用途的部分能够单独计量和出售的，应当分别确认为固定资产、无形资产、存货和投资性房地产。例如，某房地产开发商建造了一栋商住两用楼盘，一层出租给一家大型超市，已签订经营租赁合同；其余楼层均为普通住宅正在公开销售中。在这种情况下，如果一层商铺能够单独计量和出售，应当确认为该房地产公司的投资性房地产，其余楼层为该房地产公司的存货，即开发产品。

二、投资性房地产的账务处理

（一）初始计量

投资性房地产只有在符合定义的前提下，同时满足下列条件的，才能予以确认。
1）与该投资性房地产有关的经济利益很可能流入企业。
2）该投资性房地产的成本能够可靠地计量。

对于已出租的土地使用权、已出租的建筑物，其作为投资性房地产的确认时点为租赁期开始日，即土地使用权、建筑物进入出租状态、开始赚取租金的日期。但企业管理当局对企业持有以备经营出租的空置建筑物，做出正式书面决议，明确表明将其用于经营出租且持有意图短期内不再发生变化的，可视为投资性房地产，其作为投资性房地产的时点为企业管理当局就该事项做出正式书面决议的日期。对于持有并准备增值后转让的土地使用权，其作为投资性房地产的确认时点为企业将自用土地使用权停止自用，准备增值后转让的日期。投资性房地产应当按照成本进行初始计量。

1. 外购的投资性房地产

外购的房地产，只有在购入的同时开始出租，才能作为投资性房地产加以确认。例如，某公司拟购入一栋写字楼并将其中一层租赁给其他企业使用。在购买过程中，该公司就与其他公司签订了租赁协议，约定该层写字楼购入时开始起租。在这种情况下，该层写字楼的购入日同时也是租赁期开始日，应当在购入日作为投资性房地产加以确认。如果该企业所签订的租赁协议约定在购入后3个月再出租，则应当先作为固定资产加以确认，直至租赁期开始日才能从固定资产转换为投资性房地产。

在采用成本模式计量下，外购的土地使用权和建筑物，按照取得时的实际成本进行初始计量，借记"投资性房地产"科目，贷记"银行存款"等科目。取得时的实际成本包括购买价款、相关税费和可直接归属于该资产的其他支出。

在采用公允价值模式计量下，企业应当在"投资性房地产"科目下设置"成本"和"公允价值变动"两个明细科目，按照外购的土地使用权和建筑物发生的实际成本，借记"投资性房地产——成本"科目，贷记"银行存款"等科目。

【例9-1】20×4年3月，天河公司计划购入一栋写字楼用于对外出租。3月15日，天河公司与乙企业签订了经营租赁合同，约定自写字楼购买日起将这栋写字楼出租给乙企业，为期5年。4月5日，天河公司实际购入写字楼，支付价款共计1 200万元。假设不考虑其他因素，天河公司采用成本模式进行后续计量。

天河公司的账务处理如下：

借：投资性房地产——写字楼　　　　　　　　　　　12 000 000

贷：银行存款　　　　　　　　　　　　　　　　　　　　　　　12 000 000

【例9-2】接【例9-1】，假设天河公司拥有的投资性房地产符合采用公允价值计量模式的条件，采用公允价值模式进行后续计量。

天河公司的账务处理如下：

借：投资性房地产——成本（写字楼）　　　　　　　　12 000 000

贷：银行存款　　　　　　　　　　　　　　　　　　　　　　　12 000 000

2. 自行建造的投资性房地产

企业自行建造或开发活动完成后用于出租的房地产属于投资性房地产。只有在自行建造或开发活动完成的同时开始出租，才能将自行建造或开发完成的房地产确认为投资性房地产。例如，某房地产开发企业拟将开发的商业一条街出租，在开发活动完成前就已经完成了招租工作，与进驻该商业街的其他企业签订了房产租赁合同，约定交付使用的日期为租赁期开始日。在这种情况下，商业街的开发完成日同时也是租赁期开始日，应在当日确认投资性房地产。如果租赁协议约定竣工后半年才开始起租，或者该公司在竣工后半年才开始招租，则该项房地产应当先作为固定资产、开发产品加以确认，直至租赁期开始日，才能从固定资产、存货转换为投资性房地产。

自行建造的投资性房地产，其成本由建造该项资产达到预定可使用状态前发生的必要支出构成，包括土地开发费、建筑成本、安装成本、应予以资本化的借款费用、支付的其他费用和分摊的间接费用等。建造过程中发生的非正常性损失，直接计入当期损益，不计入建造成本。采用成本模式计量的，应按照确定的成本，借记"投资性房地产"科目，贷记"在建工程"或"开发产品"科目。采用公允价值模式计量的，应按照确定的成本，借记"投资性房地产——成本"科目，贷记"在建工程"或"开发产品"科目。

【例9-3】20×4年1月，天河公司从其他单位购入一块土地的使用权，并在这块土地上开始自行建造三栋厂房。20×4年10月，天河公司预计厂房即将完工，与玉林公司签订了经营租赁合同，将其中的一栋厂房租赁给玉林公司使用。租赁合同约定，该厂房于完工（达到预定可使用状态）时开始起租。20×4年11月1日，三栋厂房同时完工（达到预定可使用状态）。该块土地使用权的成本为600万元；三栋厂房的实际造价均为1 000万元，能够单独出售。假设天河公司采用成本计量模式。

天河公司的账务处理如下。

土地使用权中的对应部分同时转换为投资性房地产，

金额=[600×（1 000÷3 000）]=200（万元）

会计分录如下：

借：投资性房地产——厂房　　　　　　　　　　　　10 000 000

贷：在建工程　　　　　　　　　　　　　　　　　　　　　　　10 000 000

借：投资性房地产——已出租土地使用权	2 000 000	
贷：无形资产——土地使用权		2 000 000

（二）后续计量

1. 采用成本模式进行后续计量的投资性房地产

采用成本模式进行后续计量的投资性房地产，应当按照《企业会计准则第4号——固定资产》(建筑物)或《企业会计准则第6号——无形资产》(土地使用权)的有关规定，按期（月）计提折旧或摊销，借记"其他业务成本"等科目，贷记"投资性房地产累计折旧（摊销）"。取得的租金收入，借记"银行存款"等科目，贷记"其他业务收入"等科目。

投资性房地产存在减值迹象的，还应当按照《企业会计准则第8号——资产减值》的有关规定，经减值测试后确定发生减值的，应当计提减值准备，借记"资产减值损失"科目，贷记"投资性房地产减值准备"科目。已经计提减值准备的投资性房地产，其减值损失在以后的会计期间不得转回。

【例9-4】 天河公司的一栋办公楼出租给玉林公司使用，已确认为投资性房地产，采用成本模式进行后续计量。假设这栋办公楼的成本为1 800万元，按照直线法计提折旧，使用寿命为20年，预计净残值为零。按照经营租赁合同，玉林公司每月支付天河公司租金8万元。当年12月，这栋办公楼发生减值迹象，经减值测试，其可收回金额为1 200万元，此时办公楼的账面价值为1 500万元，以前未计提减值准备。

天河公司的账务处理如下。

（1）计提折旧：

每月计提的折旧：　　　　　　1 800÷20÷12=7.5（万元）

会计分录如下：

借：其他业务成本	75 000	
贷：投资性房地产累计折旧（摊销）		75 000

（2）确认租金：

会计分录如下：

借：银行存款（或其他应收款）	80 000	
贷：其他业务收入		80 000

（3）计提减值准备：

会计分录如下：

借：资产减值损失	3 000 000	
贷：投资性房地产减值准备		3 000 000

2. 采用公允价值模式进行后续计量的投资性房地产

企业有确凿证据表明其投资性房地产的公允价值能够持续可靠取得的，可以对投资性房地产采用公允价值模式进行后续计量。

采用公允价值模式计量的投资性房地产，应当同时满足下列条件：①投资性房地产所在地有活跃的房地产交易市场。所在地通常指的是投资性房地产所在的城市。对于大中型城市，应当为投资性房地产所在的城区。②企业能够从活跃的房地产交易市场上取得同类或类似房地产的市场价格及其他相关信息，从而对投资性房地产的公允价值做出合理的估计。同类或类似的房地产，对建筑物而言，是指所处地理位置和地理环境相同、性质相同、结构类型相同或相近、新旧程度相同或相近、可使用状况相同或相近的建筑物；对土地使用权而言，是指同一位置区域、所处地理环境相同或相近、可使用状况相同或相近的土地。

投资性房地产的公允价值是指在公平交易中，熟悉情况的当事人之间自愿进行房地产交换的价格，它应当反映资产负债表日的市场状况。确定投资性房地产的公允价值时，可以参照活跃市场上同类或类似房地产的现行市场价格（市场公开报价）；无法取得同类或类似房地产现行市场价格的，可以参照活跃市场上同类或类似房地产的最近交易价格，并考虑交易情况、交易日期、所在区域等因素；也可以基于预计未来获得的租金收益和相关现金流量予以计量。企业可以采用具备相应的资产评估专业知识和实践经验的资产评估师评估确定投资性房地产的公允价值。

企业选择公允价值模式就应当对其所有投资性房地产采用公允价值模式进行后续计量。在极少数情况下，已经采用公允价值模式对投资性房地产进行后续计量的企业，有证据表明某项房地产在完成建造或开发活动后或改变用途后首次成为投资性房地产时，该投资性房地产的公允价值不能持续可靠取得的，应当对该投资性房地产采用成本模式计量直至处置，并且假设无残值。

投资性房地产采用公允价值模式进行后续计量的，不计提折旧或摊销，应当以资产负债表日的公允价值计量。资产负债表日，投资性房地产的公允价值高于其账面余额的差额，借记"投资性房地产——公允价值变动"科目，贷记"公允价值变动损益"科目；公允价值低于其账面余额的差额做相反的会计分录。

【例9-5】天河公司为从事房地产经营开发的企业。20×4年8月，天河公司与玉林公司签订租赁协议，约定将天河公司开发的一栋精装修的写字楼于开发完成的同时开始租赁给玉林公司使用，租赁期为10年。当年10月1日，该写字楼开发完成并开始起租，写字楼的造价为9 000万元。20×4年12月31日，该写字楼的公允价值为9 200万元。天河公司采用公允价值模式进行后续计量。

天河公司的账务处理如下。

20×4年10月1日，天河公司开发完成写字楼并出租：

借：投资性房地产——成本　　　　　　　　　　　90 000 000
　　贷：开发成本　　　　　　　　　　　　　　　　　　　　90 000 000

20×4年12月31日，天河公司以公允价值为基础调整其账面价值，公允价值与原账面价值之间的差额计入当期损益：

借：投资性房地产——公允价值变动　　　　　　　2 000 000
　　贷：公允价值变动损益　　　　　　　　　　　　　　　　2 000 000

3. 投资性房地产后续计量模式的变更

为保证会计信息的可比性，企业对投资性房地产的计量模式一经确定，不得随意变更。存在确凿证据表明投资性房地产的公允价值能够持续可靠取得，且能够满足采用公允价值模式条件的情况下，才允许企业对投资性房地产从成本模式计量变更为公允价值模式计量。

成本模式转为公允价值模式的，应当作为会计政策变更处理，将计量模式变更时公允价值与账面价值的差额，调整期初留存收益。已采用公允价值模式计量的投资性房地产，不得从公允价值模式转为成本模式。

【例9-6】20×2年,天河公司将一栋写字楼对外出租,采用成本模式进行后续计量。20×4年2月1日,假设天河公司持有的投资性房地产满足采用公允价值模式条件,天河公司决定采用公允价值模式对该写字楼进行后续计量。20×4年2月1日,该写字楼的原价为9 000万元,已计提折旧270万元,账面价值为8 730万元,公允价值为9 500万元。天河公司按净利润的10%计提盈余公积。

天河公司的账务处理如下:

借:投资性房地产——成本　　　　　　　　　　　　95 000 000
　　累计折旧　　　　　　　　　　　　　　　　　　 2 700 000
　　贷:投资性房地产　　　　　　　　　　　　　　　　　　　　90 000 000
　　　　利润分配——未分配利润　　　　　　　　　　　　　　　 6 930 000
　　　　盈余公积　　　　　　　　　　　　　　　　　　　　　　 770 000

(三) 投资性房地产的转换

1. 投资性房地产转换形式和转换日

(1) 投资性房地产的转换形式

房地产的转换实质上是因房地产用途发生改变而对房地产进行的重新分类。这里所说的房地产转换是针对房地产用途发生改变而言,而不是后续计量模式的转变。企业必须有确凿证据表明房地产用途发生改变,才能将投资性房地产转换为非投资性房地产或者将非投资性房地产转换为投资性房地产,例如自用的办公楼改为出租等。这里的确凿证据包括两个方面,一是企业管理当局应当就改变房地产用途形成正式的书面决议,二是房地产因用途改变而发生实际状态上的改变,如从自用状态改为出租状态。房地产转换形式主要包括以下几种。

1)投资性房地产开始自用,相应地由投资性房地产转换为固定资产或无形资产。投资性房地产开始自用是指企业将原来用于赚取租金或资本增值的房地产改为用于生产商品、提供劳务或者经营管理。例如,企业将出租的厂房收回,并用于生产本企业的产品。又如,从事房地产开发的企业将出租的开发产品收回,作为企业的固定资产使用。

2)作为存货的房地产改为出租,这种形式通常是指房地产开发企业将其持有的开发产品以经营租赁的方式出租,相应地由存货转换为投资性房地产。

3)自用土地使用权停止自用,用于赚取租金或资本增值,相应地由无形资产转换为投资性房地产。

4)自用建筑物停止自用,改为出租,相应地由固定资产转换为投资性房地产。

(2) 投资性房地产转换日的确定

转换日的确定关系到资产的确认时点和入账价值,因此非常重要。转换日是指房地产的用途发生改变、状态相应发生改变的日期。转换日的确定标准主要包括以下几种。

1)投资性房地产开始自用,转换日是指房地产达到自用状态,企业开始将房地产用于生产商品、提供劳务或者经营管理的日期。

2)作为存货的房地产改为出租,或者自用建筑物或土地使用权停止自用改为出租,转换日应当为租赁期开始日。租赁期开始日是指承租人有权行使其使用租赁资产权利的日期。

3)自用土地使用权停止自用,改为用于资本增值,转换日是指企业停止将该项土地使用权用于生产商品、提供劳务或经营管理且管理当局作出房地产转换决议的日期。

2. 投资性房地产转换为自用房地产

（1）采用成本模式进行后续计量的投资性房地产转换为自用房地产。企业将原本用于赚取租金或资本增值的房地产改用于生产商品、提供劳务或者经营管理，投资性房地产相应地转换为固定资产或无形资产。例如，企业将出租的厂房收回，并用于生产本企业的产品。

企业采用成本模式将投资性房地产转换为自用房地产时，应当按该项投资性房地产在转换日的账面余额、累计折旧或摊销、减值准备等，分别转入"固定资产""累计折旧""固定资产减值准备"等科目；按投资性房地产的账面余额，借记"固定资产"或"无形资产"科目，贷记"投资性房地产"科目；按已计提的折旧或摊销，借记"投资性房地产累计折旧（摊销）"科目，贷记"累计折旧"或"累计摊销"科目；原已计提减值准备的，借记"投资性房地产减值准备"科目，贷记"固定资产减值准备"或"无形资产减值准备"科目。

【例9-7】20×4年8月1日，天河公司将出租在外的厂房收回，开始用于本企业生产商品。该项房地产账面价值为3 765万元，其中，原价为5 000万元。累计已提折旧1 235万元。假设天河公司采用成本计量模式。

天河公司的账务处理如下：

借：固定资产　　　　　　　　　　　　　　　　50 000 000
　　投资性房地产累计折旧　　　　　　　　　　12 350 000
　贷：投资性房地产　　　　　　　　　　　　　　　　50 000 000
　　　累计折旧　　　　　　　　　　　　　　　　　　12 350 000

（2）采用公允价值模式进行后续计量的投资性房地产转为自用房地产。企业将采用公允价值模式计量的投资性房地产转换为自用房地产时，应当以其转换当日的公允价值作为自用房地产的账面价值，公允价值与原账面价值的差额计入当期损益。转换日，按该项投资性房地产的公允价值，借记"固定资产"或"无形资产"科目，按该项投资性房地产的成本，贷记"投资性房地产——成本"科目，按该项投资性房地产的累计公允价值变动，贷记或借记"投资性房地产——公允价值变动"科目，按其差额，贷记或借记"公允价值变动损益"科目。

【例9-8】20×4年10月15日，天河公司因租赁期满，将出租的写字楼收回，开始作为办公楼用于本公司的行政管理。20×4年10月15日，该写字楼的公允价值为4 800万元。该项房地产在转换前采用公允价值模式计量，原账面价值为4 750万元，其中，成本为4 500万元，公允价值变动为250万元（增值）。

天河公司的账务处理如下：

借：固定资产　　　　　　　　　　　　　　　　48 000 000
　贷：投资性房地产——成本　　　　　　　　　　　　45 000 000
　　　投资性房地产——公允价值变动　　　　　　　　 2 500 000
　　　公允价值变动损益　　　　　　　　　　　　　　　 500 000

此外，房地产开发企业将用于经营出租的房地产收回且重新用于对外销售的，相应地从投资性房地产转换为存货。在这种情况下，转换日为租赁期届满、企业管理当局做出书面决议明确表明将其重新用于对外销售的日期。其账务处理与上述介绍类似。

3. 非投资性房地产转换为投资性房地产

（1）非投资性房地产转换为投资性房地产的后续计量（成本模式）

1）作为存货的房地产转换为投资性房地产，通常指的是房地产开发企业将其持有的开发产品以经营租赁的方式出租，存货相应地转换为投资性房地产。在这种情况下，转换日为房地产的租赁期开始日。租赁期开始日是指承租人有权行使其使用租赁资产权利的日期。如果企业自行建造或开发完成但尚未使用的建筑物，且企业管理当局正式做出书面决议，明确表明其自行建造或开发产品用于经营出租、持有意图短期内不再发生变化的，可视为存货转为投资性房地产，转换日为企业管理当局做出书面决议的日期。

企业将作为存货的房地产转换为采用成本模式计量的投资性房地产，应当按该项存货在转换日的账面价值，借记"投资性房地产"科目，原已计提跌价准备的，借记"存货跌价准备"科目，按其账面余额，贷记"开发产品"等科目。

【例9-9】天河公司是从事房地产开发业务的企业，20×4年3月10日，天河公司与玉林企业签订了租赁协议，将其开发的一栋原准备出售的写字楼出租给玉林公司使用，租赁期开始日为20×4年4月15日。20×4年4月15日，该写字楼的账面余额为45 000万元，未计提存货跌价准备，转换后采用成本模式计量。

本例中，租赁期开始日为20×4年4月15日，当日相应由存货转换为投资性房地产。天河公司的账务处理如下：

借：投资性房地产——写字楼　　　　　　　　　450 000 000
　　贷：开发产品　　　　　　　　　　　　　　　　　　　450 000 000

2）自用房地产转换为投资性房地产，也就是说，企业将原本用于生产商品、提供劳务或者经营管理的房地产改用于出租，应于租赁期开始日，按照固定资产或无形资产的账面价值，将固定资产或无形资产相应地转换为投资性房地产。对不再用于日常生产经营活动且经整理后达到可经营出租状况的房地产，如果企业管理当局正式做出书面决议，明确表明其自用房地产用于经营出租且持有意图短期内不再发生变化的，可视为存货转换为投资性房地产，转换日为企业管理当局正式做出书面决议的日期。企业将自用土地使用权或建筑物转换为以成本模式计量的投资性房地产时，应当按该项建筑物或土地使用权在转换日的原价、累计折旧、减值准备等，分别转入"投资性房地产""投资性房地产累计折旧（摊销）""投资性房地产减值准备"科目，按其账面余额，借记"投资性房地产"科目，贷记"固定资产"或"无形资产"科目，按已计提的折旧或摊销，借记"累计折旧"或"累计摊销"科目，贷记"投资性房地产累计折旧（摊销）"科目，原已计提减值准备的，借记"固定资产减值准备"或"无形资产减值准备"科目，贷记"投资性房地产减值准备"科目。

【例9-10】天河公司拥有一栋办公楼，用于本企业总部办公。20×4年3月10日，天河公司与乙企业签订了经营租赁协议，将这栋办公楼整体出租给乙企业使用，租赁期开始日为20×4年4月15日，为期5年。20×4年4月15日，这栋办公楼的账面余额为45 000万元，已计提折旧300万元。假设天河公司对投资性房地产采用成本模式计量。

天河公司的账务处理如下：

借：投资性房地产——写字楼　　　　　　　　　450 000 000
　　累计折旧　　　　　　　　　　　　　　　　　3 000 000

贷：固定资产	450 000 000
投资性房地产累计折旧	3 000 000

（2）非投资性房地产转换为投资性房地产的后续计量（公允价值模式）

1）作为存货的房地产转换为投资性房地产。企业将作为存货的房地产转换为采用公允价值模式计量的投资性房地产时，应当按该项房地产在转换日的公允价值入账，借记"投资性房地产——成本"科目，原已计提跌价准备的，借记"存货跌价准备"科目；按其账面余额，贷记"开发产品"等科目。同时，转换日的公允价值小于账面价值的，按其差额，借记"公允价值变动损益"科目；转换日的公允价值大于账面价值的，按其差额，贷记"其他综合收益"科目。

【例9-11】20×4年3月10日，天河房地产开发公司与玉林公司签订了租赁协议，将其开发的一栋原准备出售的写字楼出租给玉林公司。租赁期开始日为20×4年4月15日。20×4年4月15日，该写字楼的账面余额为45 000万元，公允价值为47 000万元。20×4年12月31日，该项投资性房地产的公允价值为48 000万元。

天河公司的账务处理如下：

20×4年4月15日：

借：投资性房地产——成本	470 000 000
贷：开发产品	450 000 000
其他综合收益	20 000 000

20×4年12月31日：

借：投资性房地产——公允价值变动	10 000 000
贷：公允价值变动损益	10 000 000

2）自用房地产转换为投资性房地产。企业将自用房地产转换为采用公允价值模式计量的投资性房地产时，应当按该项土地使用权或建筑物在转换日的公允价值，借记"投资性房地产——成本"科目，按已计提的累计摊销或累计折旧，借记"累计摊销"或"累计折旧"科目；原已计提减值准备的，借记"无形资产减值准备""固定资产减值准备"科目；按其账面余额，贷记"固定资产"或"无形资产"科目。同时，转换日的公允价值小于账面价值的，按其差额，借记"公允价值变动损益"科目；转换日的公允价值大于账面价值的，按其差额，贷记"其他综合收益"科目。

【例9-12】20×3年6月，天河公司打算搬迁至新建办公楼，由于原办公楼处于商业繁华地段，天河公司准备将其出租，以赚取租金收入。20×3年10月，天河公司完成了搬迁工作，原办公楼停止自用。20×3年12月，天河公司与玉林公司签订了租赁协议，将其原办公楼租赁给玉林公司使用，租赁期开始日为20×4年1月1日，租赁期限为3年。20×4年1月1日，该办公楼原价为5亿元，已提折旧14 250万元，公允价值为35 000万元。天河公司采用公允价值模式计量。

天河公司的账务处理如下：

借：投资性房地产——成本	350 000 000
公允价值变动损益	7 500 000

累计折旧	142 500 000
贷：固定资产	500 000 000

（四）投资性房地产的处置

当投资性房地产被处置或者永久退出使用且预计不能从其处置中取得经济利益时，应当终止确认该项投资性房地产。

企业可以通过对外出售或转让的方式处置投资性房地产，对于那些由于使用而不断磨损直到最终报废，或者由于遭受自然灾害等非正常损失发生毁损的投资性房地产应当及时进行清理。此外，企业因其他原因，如非货币性资产交换等而减少投资性房地产也属于投资性房地产的处置。企业出售、转让、报废投资性房地产或者发生投资性房地产毁损，应当将处置收入扣除其账面价值和相关税费后的金额计入当期损益。

1. 采用成本模式计量的投资性房地产的处置

企业出售、转让采用成本模式进行后续计量的投资性房地产时，应当按实际收到的金额，借记"银行存款"等科目，贷记"其他业务收入"科目；按该项投资性房地产的账面价值，借记"其他业务成本"科目，按其账面余额，贷记"投资性房地产"科目；按照已计提的折旧或摊销，借记"投资性房地产累计折旧（摊销）"科目；原已计提减值准备的，借记"投资性房地产减值准备"科目。

【例9-13】天河公司将其出租的一栋写字楼确认为投资性房地产，采用成本模式计量。租赁期届满后，天河公司将该栋写字楼出售给玉林公司，合同价款为30 000万元，玉林公司已用银行存款付清。出售时，该栋写字楼的成本为28 000万元，已计提折旧3 000万元。

天河公司的账务处理如下：

借：银行存款	300 000 000	
贷：其他业务收入		300 000 000
借：其他业务成本	250 000 000	
投资性房地产累计折旧	30 000 000	
贷：投资性房地产——写字楼		280 000 000

【例9-14】天河公司为了满足市场需求、扩大再生产，将生产车间从市中心搬迁到郊区。20×1年3月，管理层决定，将原厂区陈旧厂房拆除平整后，持有以备增值后转让。土地使用权的账面余额为3 000万元，已计提摊销900万元，剩余使用年限40年，按照直线法摊销，不考虑残值。20×4年3月，天河公司将原厂区出售，取得转让收入4 000万元。假设不考虑相关税费。

天河公司的账务处理如下。

（1）转换日：

借：投资性房地产——已出租土地使用权	30 000 000	
累计摊销	9 000 000	
贷：无形资产——土地使用权		30 000 000
投资性房地产累计摊销		9 000 000

（2）计提摊销（假设按年）：

借：其他业务成本	525 000	
贷：投资性房地产累计摊销		525 000

（3）出售时：

借：银行存款	40 000 000	
贷：其他业务收入		40 000 000
借：其他业务成本	19 425 000	
投资性房地产累计摊销	10 575 000	
贷：投资性房地产——已出租土地使用权		30 000 000

2. 采用公允价值模式计量的投资性房地产的处置

企业出售、转让采用公允价值模式计量的投资性房地产，应当按实际收到的金额，借记"银行存款"等科目，贷记"其他业务收入"科目；按该项投资性房地产的账面余额，借记"其他业务成本"科目，按其成本，贷记"投资性房地产——成本"科目，按其累计公允价值变动，贷记或借记"投资性房地产——公允价值变动"科目。同时，将投资性房地产累计公允价值变动转入其他业务成本，借记或贷记"公允价值变动"科目，贷记或借记"其他业务成本"科目。若存在原转换日计入其他综合收益的金额，则也需一并转入其他业务成本，借记"其他综合收益"科目，贷记"其他业务成本"科目。

【例9-15】 天河公司为一家房地产开发企业，20×3年3月10日，天河公司与玉林公司签订了租赁协议，将其开发的一栋原准备出售的写字楼出租给玉林公司使用，租赁期开始日为20×3年4月15日。20×3年4月15日，该写字楼的账面余额为45 000万元，公允价值为47 000万元。20×3年12月31日，该项投资性房地产的公允价值为48 000万元。20×4年6月租赁期届满，企业收回该项投资性房地产，并以55 000万元出售，出售款项已收讫。天河公司采用公允价值模式计量。

天河公司的账务处理如下：

（1）20×3年4月15日，存货转换为投资性房地产：

借：投资性房地产——成本	470 000 000	
贷：开发产品		450 000 000
其他综合收益		20 000 000

（2）20×3年12月31日，公允价值变动：

借：投资性房地产——公允价值变动	10 000 000	
贷：公允价值变动损益		10 000 000

（3）20×4年6月，出售投资性房地产：

借：银行存款	550 000 000	
贷：其他业务收入		550 000 000
借：其他业务成本	480 000 000	
贷：投资性房地产——成本		470 000 000
——公允价值变动		10 000 000

同时，将投资性房地产累计公允价值变动转入其他业务成本：

借：公允价值变动损益	10 000 000	
贷：其他业务成本		10 000 000

同时,将转换时原计入其他综合收益的部分转入其他业务成本:

借:其他综合收益　　　　　　　　　　　　　　　20 000 000
　　贷:其他业务成本　　　　　　　　　　　　　　　　　20 000 000

第二节　非货币性资产交换

一、非货币性资产交换概述

(一)非货币性资产交换的概念

非货币性资产指的是货币性资产以外的资产。首先要知道货币性资产指的是企业持有的货币资金和将以固定或可确定的金额收取的资产,通常包括库存现金、银行存款、应收账款和应收票据、债权投资等,其特点是在将来为企业带来的经济利益是固定或可确定的。而非货币性资产包括的是货币性资产之外的例如存货、固定资产、在建工程、无形资产、投资性房地产、长期股权投资、交易性金融资产、其他权益工具投资等在将来为企业带来经济利益不固定或不可确定的资产。非货币性资产与货币性资产最大的区别在于,非货币性资产将来为企业带来的经济利益(货币金额)是不固定的或不可确定的。

非货币性资产交换,是指交易双方主要以存货、固定资产、无形资产、投资性房地产和长期股权投资等非货币性资产进行的交换,该交换不涉及或只涉及少量的货币性资产(即补价)。

(二)非货币性资产交换的判断

非货币性资产交换一般不涉及货币性资产,或只涉及少量货币性资产,即补价。在判断涉及少量货币性资产的交换是否为非货币性资产交换时,通常以补价占整个资产交换金额的比例是否低于25%作为参考比例。也就是说,支付的货币性资产占换入资产公允价值(或占换出资产公允价值与支付的货币性资产之和)比例,或者收到的货币性资产占换出资产公允价值(或占换入资产公允价值和收到的货币性资产之和)比例低于25%的,视为非货币性资产交换;高于25%(含25%)的,视为货币性资产交换。

(三)适用其他准则的交易和事项

1)换出资产为存货的非货币性资产交换。企业以存货换取客户的非货币性资产的,相关收入的会计处理适用《企业会计准则第14号——收入》。

2)在企业合并中取得的非货币性资产。非货币性资产交换中涉及企业合并的,适用《企业会计准则第20号——企业合并》《企业会计准则第2号——长期股权投资》《企业会计准则第33号——合并财务报表》。

3)交换的资产包括属于非货币性资产的金融资产。非货币性资产交换中涉及由《企业会计准则第22号——金融工具确认和计量》规范的金融资产的,金融资产的确认、终止确认和计量适用该准则及《企业会计准则第23号——金融资产转移》。

4)非货币性资产交换中涉及使用权资产或应收融资租赁款。非货币性资产交换中涉及由《企业会计准则第21号——租赁》规范的使用权资产或应收融资租赁款等的,相关资产的确认、终止确认和计量适用该准则。

5）非货币性资产交换构成权益性交易。非货币性资产交换构成权益性交易的，适用权益性交易的有关会计处理规定。例如，集团重组中发生的非货币性资产划拨、划转行为，在股东或最终控制方的安排下，企业无代价或以明显不公平的代价将非货币性资产转让给其他企业或接受其他企业的非货币性资产，这类交易的实质就是权益性交易。

6）其他交易和事项：①企业从政府无偿取得非货币性资产，适用《企业会计准则第16号——政府补助》；②企业将非流动资产或处置组分配给所有者，适用《企业会计准则第42号——持有待售的非流动资产、处置组和终止经营》；③企业以非货币性资产向职工发放非货币性福利，适用《企业会计准则第9号——职工薪酬》；④企业以发行股票形式取得的非货币性资产，其成本确定适用《企业会计准则第37号——金融工具列报》；⑤企业用于交换的资产目前尚未列报于资产负债表上，或不存在或尚不属于本企业的，适用其他相关会计准则。

二、非货币性资产交换的确认和计量

（一）非货币性资产交换的确认

对于换入资产，应当在其符合资产定义并满足资产确认条件时予以确认；对于换出资产，应当在其满足资产终止确认条件时终止确认。通常情况下，换入资产的确认时点与换出资产的终止确认时点应当相同或相近。

换入资产确认时点与换出资产终止确认时点不一致有两种情况：一是换入资产满足资产确认条件，而换出资产尚未满足终止确认条件的，在确认换入资产的同时将交付换出资产的义务确认为一项负债；二是换入资产尚未满足资产确认条件，换出资产满足终止确认条件的，在终止确认换出资产的同时将取得换入资产的权利确认为一项资产。要注意的是，上述处理的时点是资产负债表日，在交换日不做账务处理。

（二）非货币性资产交换的计量

在非货币性资产交换的情况下，换入资产的成本有两种计量基础。一种是以公允价值为计量基础，另一种是以账面价值为计量基础。

1. 公允价值

非货币性资产交换同时满足下列两个条件的，应当以公允价值和应支付的相关税费作为换入资产的成本，公允价值与换出资产账面价值的差额计入当期损益。

1）该交换具有商业实质。

2）换入资产或换出资产的公允价值能够可靠地计量。满足以下三种情形之一的，公允价值视为能够可靠计量：①换入资产或换出资产存在活跃市场；②换入资产或换出资产不存在活跃市场，但同类或类似资产存在活跃市场；③换入资产或换出资产不存在同类或类似资产可比市场交易，采用估值技术确定的公允价值满足一定的条件。采用估值技术确定的公允价值符合以下条件之一的，视为能够可靠计量：一是采用估值技术确定的公允价值估计数的变动区间很小；二是在公允价值估计数变动区间内，各种用于确定公允价值估计数的概率能够合理确定。

以公允价值为计量基础的处理原则通常是以换出资产的公允价值作为确定换入资产成本

的基础，以及换出资产公允价值与账面价值的差额计入当期损益。需要注意的是，有确凿证据表明换入资产的公允价值更加可靠的，应当以换入资产的公允价值为基础确定换入资产的成本；企业在判断是否有确凿证据表明换入资产的公允价值更加可靠时，应当考虑确定公允价值所使用的输入值层次，企业可以参考以下情况：第一层次输入值为公允价值提供了最可靠的证据，第二层次直接或间接可观察的输入值比第三层次不可观察输入值为公允价值提供了更确切的证据。实务中，在考虑了补价因素的调整后，正常交易中换入资产的公允价值和换出资产的公允价值通常是一致的。

2. 账面价值

不具有商业实质或交换所涉及的资产的公允价值均不能可靠计量的非货币性资产交换，应当按照换出资产的账面价值和应支付的相关税费作为换入资产的成本，无论是否支付补价，均不确认损益（收到或支付的补价作为确定换入资产成本的调整因素），收到补价方应当以换出资产的账面价值减去补价加上应支付的相关税费作为换入资产的成本；支付补价方应当以换出资产的账面价值加上补价和应支付的相关税费作为换入资产的成本。

对于非货币性资产交换具有商业实质的判断，符合下列条件之一的，就视为具有商业实质。

1）换入资产的未来现金流量在风险、时间和金额方面至少有一项与换出资产显著不同。

2）使用换入资产所产生的预计未来现金流量现值与继续使用换出资产所产生的预计未来现金流量现值不同，且其差额与换入资产和换出资产的公允价值相比是重要的。

不同类非货币性资产之间的交换，通常具有商业实质。同类资产产生的未来现金流量既可能相同，也可能显著不同，其之间的交换因而可能具有商业实质，也可能不具有商业实质。因此同类非货币性资产交换是否具有商业实质，需要具体分析。从事相同经营业务的企业之间相互交换具有类似性质和相等价值的商品，以便在不同地区销售，这种同类别的非货币性资产之间的交换不具有商业实质，如石油换石油。

三、非货币性资产交换的账务处理

（一）涉及单项非货币性资产交换的账务处理

基本思路：①判断是否属于非货币性资产交换；②判断采用公允价值计量，还是账面价值计量；③确定换入资产入账价值；④进行会计处理。

1. 以公允价值计量的非货币性资产交换

这类事项通常不涉及补价，且在一般情况下，换入资产成本的确定如下。

换入资产成本 = 换出资产公允价值 + 换出资产的增值税销项税额 −
　　　　　　　换入资产可抵扣的增值税进项税额 + 为换入资产应支付的相关税费

若不涉及补价且换入资产公允价值更可靠时，换入资产成本的确定为

　　换入资产成本 = 换入资产公允价值 + 为换入资产应支付的相关税费

涉及补价且为一般情况下，换入资产成本的确定如下：

换入资产成本 = 换出资产公允价值 + 为换入资产应支付的相关税费 + 支付的补价
　　　　　　（− 收到的补价）【不含税补价】

或：换入资产成本 = 换出资产公允价值 + 换出资产的增值税销项税额 − 换入资产可抵

扣的增值税进项税额＋为换入资产应支付的相关税费＋支付的补价（－收到的补价）【含税补价】

涉及补价并且换入资产公允价值更可靠时，换入资产成本的确定为：

换入资产成本＝换入资产公允价值＋为换入资产应支付的相关税费

企业应当在换出资产时，将换出资产公允价值与账面价值差额计入当期损益。换出资产类别不同，会计处理也有所不同，具体如下：当换出资产为固定资产、在建工程、无形资产时，换出资产公允价值与其账面价值差额计入资产处置损益；当换出资产为投资性房地产时，按换出资产公允价值和换入资产公允价值确认其他业务收入，按账面价值结转其他业务成本，二者之差计入当期损益；对于长期股权投资，公允价值与其账面价值差额计入投资收益。若换出资产的公允价值不能可靠计量，或换入换出资产的公允价值均能可靠计量但有确凿证据表明换入资产的公允价值更加可靠的，应将换入资产的公允价值与换出资产账面价值之差计入当期损益。

2. 以账面价值计量的非货币性资产交换

在不涉及补价的情形下，换入资产成本如下：

换入资产成本＝换出资产账面价值＋换出资产的增值税销项税额－
换入资产可抵扣的增值税进项税额＋应支付的相关税费
（包括换入、换出资产应支付的相关税费）

在涉及补价的情形下，换入资产成本如下：

换入资产成本＝换出资产账面价值＋换出资产的增值税销项税额－
换入资产可抵扣的增值税进项税额＋应支付的相关税费
（包括换入、换出资产应支付的相关税费＋支付的补价－
收到的补价）

（二）涉及多项非货币性资产交换的会计处理

基本思路：①判断以公允价值计量还是以账面价值计量；②确定换入资产总成本；③按合理的比例对换入资产总成本进行分摊，以确定单项资产成本。

确定换入资产总成本的公式与单项资产交换中换入资产成本的公式相同，在此不再赘述，但需要注意的是，若与换入资产相关的税费属于各项换入资产共同承担的费用，则计入换入资产总成本，按比例分摊；若只与某个单项资产有关，则不应计入换入资产总成本，分摊完毕之后将该费用直接加到该单项资产成本。

以公允价值为基础计量的非货币性资产交换，对于同时换入的多项资产，按照换入的金融资产以外的各项换入资产公允价值相对比例，将换出资产公允价值总额（涉及补价的，加上支付补价的公允价值或减去收到补价的公允价值）扣除换入金融资产公允价值后的净额进行分摊，分摊至各项换入资产的金额，加上应支付的相关税费，作为各项换入资产的成本进行初始计量。有确凿证据表明换入资产的公允价值更加可靠的，以各项换入资产的公允价值和应支付的相关税费作为各项换入资产的初始计量金额。对于同时换出的多项资产，将各项换出资产的公允价值与其账面价值之间的差额，在各项换出资产终止确认时计入当期损益。有确凿证据表明换入资产的公允价值更加可靠的，按照各项换出资产的公允价值的相对比例,将换入资产的公允价值总额(涉及补价的,减去支付补价的公允价值或加上收到补价的公允价值)分摊至各项换出资产,分摊至各项换出资产的金额与各项换出资产账面价值之间的差额,在各项换出资产终止确认时计入当期损益。

以账面价值为基础计量的非货币性资产交换,对于同时换入的多项资产,按照各项换入资产的公允价值的相对比例,将换出资产的账面价值总额(涉及补价的,加上支付补价的账面价值或减去收到补价的公允价值)分摊至各项换入资产,加上应支付的相关税费,作为各项换入资产的初始计量金额。换入资产的公允价值不能够可靠计量的,可以按照各项换入资产的原账面价值的相对比例或其他合理的比例对换出资产的账面价值进行分摊。对于同时换出的多项资产,各项换出资产终止确认时均不确认损益。

【例9-16】天河公司和玉林公司均为增值税一般纳税人,适用的增值税税率均为13%。20×4年8月,为适应业务发展的需要,经协商,天河公司决定以生产经营过程中使用的设备和货车换入玉林公司生产经营过程中使用的小汽车和客运汽车。天河公司设备的账面原价为1 800万元,在交换日的累计折旧为300万元,公允价值为1 350万元;货车的账面原价为600万元,在交换日的累计折旧为480万元,公允价值为100万元。玉林公司小汽车的账面原价为1 300万元,在交换日的累计折旧为690万元,公允价值为709.5万元;客运汽车的账面原价为1 300万元,在交换日的累计折旧为680万元,公允价值为700万元。玉林公司另外向天河公司支付银行存款45.765万元,其中包括由于换出和换入资产公允价值不同而支付的补价40.5万元,以及换出资产的增值税销项税额与换入资产的增值税进项税额的差额5.265万元。假定天河公司和玉林公司都没有为换出资产计提减值准备;天河公司换入玉林公司的小汽车、客运汽车作为固定资产使用和管理;玉林公司换入天河公司的设备、货车作为固定资产使用和管理。假定天河公司和玉林公司上述交易涉及的增值税进项税额按照税法规定可抵扣且已得到认证;不考虑其他相关税费。

分析:本例涉及收付货币性资产即补价40.5万元。对于天河公司而言,收到的补价占换出资产公允价值之和的比例为2.79%[=40.5÷(1 350+100)],小于25%,属于非货币性资产交换。对于玉林公司而言,支付的补价占换入资产公允价值之和的比例为2.79%[=40.5÷(1 350+100)],小于25%,属于非货币性资产交换。

(1)天河公司的账务处理(换出的固定资产设备和货车,换入的固定资产为小汽车和客运汽车)

换入资产总成本=换出资产公允价值之和+应支付的相关税费-收到的补价
= 13 500 000+1 000 000+0-405 000=14 095 000(元)

换入小汽车的成本 = 14 095 000×7 095 000÷(7 095 000+7 000 000)=7 095 000(元)
换入客运汽车的成本 = 14 095 000×7 000 000÷(7 095 000+7 000 000)=7 000 000(元)

会计分录如下:

借:固定资产清理	16 200 000	
累计折旧	7 800 000	
贷:固定资产——设备		18 000 000
——货车		6 000 000
借:固定资产——小汽车	7 095 000	
——客运汽车	7 000 000	

应交税费——应交增值税（进项税额）1 832 350（=14 095 000×13%）
银行存款 457 650
资产处置损益 1 700 000
　　贷：固定资产清理 16 200 000
　　　　应交税费——应交增值税（销项税额）
　　　　　　　　　　　　　　1 885 000[=（13 500 000+1 000 000）×13%]

（2）玉林公司的账务处理（换出的固定资产为小汽车和客运汽车，换入的固定资产为设备和货车）

换入资产总成本=换出资产公允价值之和+应支付相关税费+支付的补价
　　　　　　　=（7 095 000+7 000 000）+0+405 000=14 500 000（元）

换入设备的成本=14 500 000×13 500 000÷（13 500 000+1 000 000）=13 500 000（元）

换入货车的成本=14 500 000×1 000 000÷（13 500 000+1 000 000）=1 000 000（元）

会计分录如下：

借：固定资产清理 12 300 000
　　累计折旧 13 700 000
　　贷：固定资产——小汽车 13 000 000
　　　　　　　　——客运汽车 13 000 000
借：固定资产——设备 13 500 000
　　　　　　——货车 1 000 000
　　应交税费——应交增值税（进项税额）1 885 000
　　贷：固定资产清理 12 300 000
　　　　应交税费——应交增值税（销项税额）1 832 350
　　　　银行存款 457 650
　　　　资产处置损益 1 795 000

第三节　生物资产

一、生物资产的概述

生物资产是指符合资产确认条件的，有生命的动物和植物。农产品与生物资产密不可分，当其附着在生物资产上时，构成生物资产的一部分。收获的农产品从生物资产这一母体分离开始，不再具有生命和生物转化能力，或者其生命和生物转化能力受到限制，应当作为存货处理。比如，从用材林中采伐的木材、奶牛产出的牛奶、绵羊产出的羊毛、肉猪宰杀后的猪肉、收获后的蔬菜、从果树上采摘的水果等。

生物资产分为消耗性生物资产、生产性生物资产和公益性生物资产。消耗性生物资产是指为出售而持有的或在将来收获为农产品的生物资产，包括生长中的大田作物、蔬菜、用材林以及存栏待售的牲畜等。生产性生物资产是指为产出农产品、提供劳务或出租等目的而持有的生物资产，包括经济林、薪炭林、产畜和役畜等。公益性生物资产是指以防护、环境保护为主要目的的生物资产，包括防风固沙林、水土保持林和水源涵养林等。

二、生物资产的初始计量

生物资产应当按照成本进行初始计量。

外购生物资产的成本,包括购买价款、相关税费、运输费、保险费以及可直接归属于购买该资产的其他支出。

自行栽培、营造、繁殖或养殖的消耗性生物资产的成本,应当按照下列规定确定:①自行栽培的大田作物和蔬菜的成本,包括在收获前耗用的种子、肥料、农药等材料费、人工费和应分摊的间接费用等必要支出;②自行营造的林木类消耗性生物资产的成本,包括郁闭前发生的造林费、抚育费、营林设施费、良种试验费、设计费和应分摊的间接费用等必要支出;③自行繁殖的育肥畜的成本,包括出售前发生的饲料费、人工费和应分摊的间接费用等必要支出;④水产养殖的动物和植物的成本,包括在出售或入库前耗用的苗种、饲料、肥料等材料费、人工费和应分摊的间接费用等必要支出。

自行营造或繁殖的生产性生物资产的成本,应当按照下列规定确定:①自行营造的林木类生产性生物资产的成本,包括达到预定生产经营目的前发生的造林费、抚育费、营林设施费、良种试验费、调查设计费和应分摊的间接费用等必要支出;②自行繁殖的产畜和役畜的成本,包括达到预定生产经营目的(成龄)前发生的饲料费、人工费和应分摊的间接费用等必要支出。达到预定生产经营目的,是指生产性生物资产进入正常生产期,可以多年连续稳定产出农产品、提供劳务或出租。

自行营造的公益性生物资产的成本,应当按照郁闭前发生的造林费、抚育费、森林保护费、营林设施费、良种试验费、调查设计费和应分摊的间接费用等必要支出确定。应计入生物资产成本的借款费用,按照《企业会计准则第17号——借款费用》的规定处理。消耗性林木类生物资产发生的借款费用,应当在郁闭时停止资本化。投资者投入生物资产的成本,应当按照投资合同或协议约定的价值确定,但合同或协议约定价值不公允的除外。天然起源的生物资产的成本,应当按照名义金额确定。因择伐、间伐或抚育更新性质采伐而补植林木类生物资产发生的后续支出,应当计入林木类生物资产的成本。生物资产在郁闭或达到预定生产经营目的后发生的管护、饲养费用等后续支出,应当计入当期损益。

【例9-17】某农业公司自行繁育奶牛一批,饲养一个月以来发生应付人员工资20 000元,饲料费用10 000元,用银行存款支付其他费用5 000元。

农业公司做会计分录如下:

借:消耗性生物资产——奶牛	35 000
贷:应付职工薪酬	20 000
原材料——饲料	10 000
银行存款	5 000

【例9-18】某农业公司本月对一片工业用材林(杨树林)进行除虫管护,该片用材林有40%已郁闭。发生应付人员工资10 000元,领用农药1 500元。

农业公司做会计分录如下:

借:消耗性生物资产——用材林(杨树)	6 900
管理费用	4 600
贷:应付职工薪酬	10 000
原材料——农药	1 500

三、生物资产的后续计量

企业对达到预定生产经营目的的生产性生物资产,应当按期计提折旧,并根据用途分别计入相关资产的成本或当期损益。企业应当根据生产性生物资产的性质、使用情况和有关经济利益的预期实现方式,合理确定其使用寿命、预计净残值和折旧方法。可选用的折旧方法包括年限平均法、工作量法、产量法等。生产性生物资产的使用寿命、预计净残值和折旧方法一经确定,不得随意变更。

企业确定生产性生物资产的使用寿命,应当考虑下列因素。

1)该资产的预计产出能力或实物产量。
2)该资产的预计有形损耗,如产畜和役畜衰老、经济林老化等。
3)该资产的预计无形损耗,如因新品种的出现而使现有的生产性生物资产的产出能力和产出农产品的质量等方面相对下降、市场需求的变化使生产性生物资产产出的农产品相对过时等。

企业至少应当于每年年度终了对生产性生物资产的使用寿命、预计净残值和折旧方法进行复核。此外,企业至少应当于每年年度终了对消耗性生物资产和生产性生物资产进行检查,有确凿证据表明由于遭受自然灾害、病虫害、动物疫病侵袭或市场需求变化等原因,使消耗性生物资产的可变现净值或生产性生物资产的可收回金额低于其账面价值的,应当按照可变现净值或可收回金额低于账面价值的差额,计提生物资产跌价准备或减值准备,并计入当期损益。消耗性生物资产减值的影响因素已经消失的,减记金额应当予以恢复,并在原已计提的跌价准备金额内转回,转回的金额计入当期损益。生产性生物资产减值准备一经计提,不得转回。公益性生物资产不计提减值准备。

四、生物资产的收获与处置

对于消耗性生物资产,应当在收获或出售时,按照其账面价值结转成本。结转成本的方法包括加权平均法、个别计价法、蓄积量比例法、轮伐期年限法等。生产性生物资产收获的农产品成本,按照产出或采收过程中发生的材料费、人工费和应分摊的间接费用等必要支出计算确定,并采用加权平均法、个别计价法、蓄积量比例法、轮伐期年限法等方法,将其账面价值结转为农产品成本。收获之后的农产品,应当按照《企业会计准则第1号——存货》处理。生物资产改变用途后的成本,应当按照改变用途时的账面价值确定。

生物资产出售、盘亏或死亡、毁损时,应当将处置收入扣除其账面价值和相关税费后的余额计入当期损益。

第四节 油气资产

一、油气资产的概述

油气资产是指油气开采企业所拥有或控制的井及相关设施和矿区权益。油气资产属于递耗资产。递耗资产是通过开掘、采伐、利用而逐渐耗竭,以致无法恢复或难以恢复、更新或按原样重置的自然资源,如矿藏、原始森林等。油气资产是油气开采企业的重要资产,其价值在这类企业的总资产中占有较大比重。

企业为开采油气所必需的辅助设备和设施(如房屋、机器等),作为一般固定资产管理。

二、油气资产的账务处理

"油气资产"科目核算企业(油气开采)持有的矿区权益和油气井及相关设施的原价。企业可以单独设置"油气资产清理"科目,比照"固定资产清理"科目进行处理。企业与油气开采活动相关的辅助设备及设施在"固定资产"科目核算。油气资产科目可按油气资产的类别、不同矿区或油田等进行明细核算。

企业购入油气资产(含申请取得矿区权益)的成本,借记"油气资产"科目,贷记"银行存款""应付票据""其他应付款"等科目。

自行建造的油气资产,在油气勘探、开发工程达到预定可使用状态时,借记"油气资产"科目,贷记"油气勘探支出""油气开发支出"等科目。

以其他方式取得的油气资产,按不同方式下确定的应计入油气资产成本的金额,借记"油气资产"科目,贷记有关科目。

油气资产存在弃置义务的,应在取得油气资产时,按预计弃置费用的现值,借记"油气资产"科目,贷记"预计负债"科目。在油气资产的使用寿命内,计算确定各期应负担的利息费用,借记"财务费用"科目,贷记"预计负债"科目。

处置油气资产,应按该项油气资产的账面价值,借记"油气资产清理"科目,按已计提的累计折耗,借记"累计折耗"科目,按其账面原价,贷记"油气资产"科目。已计提减值准备的,还应同时结转减值准备。

"油气资产"科目期末借方余额,反映企业油气资产的原价。

第五节 长期待摊费用和其他长期资产

一、长期待摊费用

长期待摊费用是指企业已经发生,但摊销期限在1年以上(不含1年)的各项费用,如经营租入固定资产发生的改良支出。

"长期待摊费用"科目属于资产类科目,按费用项目设置明细账,进行明细核算。

企业发生的长期待摊费用,借记"长期待摊费用"科目,贷记"银行存款""原材料"等科目。摊销长期待摊费用,借记"管理费用""销售费用"等科目,贷记"长期待摊费用"科目。"长期待摊费用"科目期末借方余额,反映企业尚未摊销完毕的长期待摊费用的摊余价值。

应当注意,根据《企业会计准则——应用指南》等的规定,开办费和修理费均一次性计入当期损益。其中开办费计入当期管理费用,修理费计入销售费用或管理费用,不再要求通过"长期待摊费用"科目核算。

【例9-19】天河公司在20×1年6月以经营租赁方式租入厂房,租期6年,租用第三年20×4年6月对厂房进行改建装修,发生改建支出1 080 000元,则该改建支出每月摊销30 000元。

天河公司账务处理如下。

(1) 20×4年6月发生改建支出:

借：长期待摊费用　　　　　　　　　　　　　1 080 000
　　贷：银行存款　　　　　　　　　　　　　　　　　　1 080 000
（2）20×4年7月及以后摊销改建支出时：
借：管理费用　　　　　　　　　　　　　　　　30 000
　　贷：长期待摊费用　　　　　　　　　　　　　　　　30 000

二、其他长期资产

其他长期资产是指具有特定用途，不参加正常生产经营过程的，除流动资产、长期投资、固定资产、无形资产及长期待摊费用以外的资产。一般包括经国家特批的特准储备物资、银行冻结存款和冻结物资、涉及诉讼的财产等。

其他长期资产分为两类：一类是具有特定用途，不参加正常生产经营过程的，如银行冻结存款和冻结物资、涉及诉讼的财产等，这些不能折旧或摊销；另一类是与生产经营相关的除了固定资产、无形资产以外的支出较大、受益期较长的资产，如租赁（租入）固定资产的改良性支出，此类应按期折旧或摊销，方法同固定资产或无形资产，一般为直线法。

特准储备物资是指由于特殊原因经国家特批储备的特定用途的物资，未经批准，这类物资不得挪作他用。银行冻结物资是指人民法院对被执行人在银行的存款或企业的物资实施强制执行的一种措施，经冻结后的存款和物资。涉及诉讼的财产是指案件当事人被查封、扣押、冻结的财产等。

▶本章小结

本章主要阐述投资性房地产的计量和处置；非货币性资产交换的确认和计量；生物资产、油气资产的概念和会计处理；长期待摊费用的概念；其他长期资产的概念和包含的内容。在投资性房地产一节要注意：投资性房地产的范围包括已出租的土地使用权、持有并准备增值后转让的土地使用权、已出租的建筑物；投资性房地产后续计量模式变更的会计处理；投资性房地产转换的会计处理。在非货币性资产交换一节要注意：非货币资产交换的认定；商业实质的判断；公允价值计量下取得非货币性资产入账价值的确定及换出资产损益的确认；账面价值计量下取得非货币性资产入账价值的确定。

▶思政园地

增强油气自给能力　保障国家能源安全

2022年12月14日，中共中央、国务院印发了《扩大内需战略规划纲要（2022—2035年）》，其中提出，强化能源资源安全保障，增强国内生产供应能力。

受疫情影响及地缘政治风险上升，2022年以来全球油气价格大起大落，油气供应风险加剧。加强国内油气开发，是保障油气安全的"压舱石"。《中国海洋能源发展报告2022》显示，2022年，在国内整体能源消费因疫情、价格等因素增速放缓，原油、天然气需求出现小幅回落的同时，国内油气生产保持良好势头，原油、天然气对外依存度有望下降。

受俄乌冲突影响，油气供应成为全球能源安全的核心议题。中国是全球最大的油气进口国和重要的油气消费市场，加大国内油气勘探开发力度，是保障油气供应安全的关键。

据了解，近年来，我国原油产量的一个转折点出现在 2016 年。2016 年，国内原油产量 19 969 万 t，比上年下降 6.9%，这是自 2010 年以来年产量首次低于 2 亿 t。自 2016 年开始，受低油价冲击，国内油气勘探开发投资持续下降，原油产量连续 3 年下滑，天然气对外依存度也快速攀升。为此，国家能源局于 2019 年实施油气行业增储上产"七年行动计划"，国内石油企业的资本开支陡增，并向风险勘探投资倾斜，上游勘探成果密集显现，原油产量止跌回升。

2022 年 4 月 10 日，习近平总书记连线"深海一号"作业平台，并强调："用我们自己制造的装备，开发我们的油气，提高我们的能源自给率，保障我们的能源安全。这是一件具有战略意义的事情。"受此激励，2022 年，中国继续加大油气勘探开发力度，超深水、非常规油气勘探开发理论及技术有所突破，老油田产量衰减速度放缓，新油田投产加快，原油产量保持增长。数据显示，2022 年以来，我国油气产量稳中有升。陆上油气持续稳产增产、海洋油气勘探开发向深水迈进、非常规油气成果多点开花，油气增储上产迈上新台阶。国家能源局近日发布的 2022 年能源工作"成绩单"显示，过去的一年，国内原油产量重回 2 亿 t，天然气产量超过 2 170 亿 m^3。

继 2016 年原油产量跌破 2 亿 t 后，中国 2017 年到 2021 年的原油产量分别为 1.9 亿 t、1.9 亿 t、1.9 亿 t、1.95 亿 t、1.989 8 亿 t。因此，2022 年是时隔 6 年之后，中国原油生产重回 2 亿 t 的"里程碑"。我国原油生产有此成绩，和 2022 年年初定下的目标，以及全年加大油气勘探开发力度关系密切。

在天然气方面，2022 年，受高气价和乌克兰危机影响，全球天然气消费量同比下降 0.5%。欧洲成为全球天然气市场的焦点，其天然气市场供应短缺、气价飙升，带动全球天然气价格屡创新高。2022 年，中国天然气产量超过 2 170 亿 m^3，增量主要来自鄂尔多斯盆地、四川盆地、塔里木盆地等主要产气区。

2022 年 3 月，国家能源局印发《2022 年能源工作指导意见》，要求持续提升油气勘探开发力度，坚决完成 2022 年原油产量重回 2 亿 t、天然气产量持续稳步上产（天然气产量 2 140 亿 m^3 左右）的既定目标。

2022 年 7 月，国家能源局又组织召开了 2022 年大力提升油气勘探开发力度工作推进视频会，要求大力推动油气相关规划落地实施，以更大力度增加上游投资，助力保障经济运行和民生需求；大力推动海洋油气勘探开发取得新的突破性进展，提高海洋油气资源探明程度；大力推动页岩油、页岩气成为战略接续领域，坚定非常规油气发展方向，加快非常规资源开发。

在国家能源局的大力推动下，国内油气企业开足马力增储上产，实现了重回 2 亿 t 的目标。数据显示，2022 年，三大石油央企延续了"增储上产"的战略目标，用于勘探开发的资本支出持续攀升，合力推动国内油气产量稳增长。据国家统计局数据显示，2021 年中国原油对外依存度达 72%，天然气对外依存度达到 46%。但 2022 年的数据表明，2022 年油气对外依存度实现了双降。

在推进油气增储上产的同时，2022 年以来，我国进一步加大了石油天然气区块出让力度。伴随着我国油气领域上游开放范围的日益扩大，垄断"围城"被进一步打破。当前中国油气行业，市场化改革程度正在不断深入，市场化配置资源的局面开始显现。

油气矿业权的竞争性出让，不仅有助于带动社会资本投入，推进相关技术的进步，同时还将打破现有的利益格局，推动传统油气企业加快改革创新步伐，以激发上游环节市场活力，提高生产效率，促进储量产量的增加。

资料来源：刘晓慧.强化资源保障 推进高质量发展[N].中国矿业报，2022-12-20（A1）.

国际视野

拓展阅读

章后练习

关键术语音频

▶关键术语听与读

- Biological assets（生物资产）: The biological assets refer to living animals and plants. Biological assets are divided into consumptive biological assets, productive biological assets and public welfare biological assets.
- Book value（账面价值）: The book value, also called the carrying value, is the net amount at which an asset or asset group appears on the books of account, as distinguished from its market value or some intrinsic value.
- Long term deferred expenses（长期待摊费用）: The long term deferred expenses refer to expenses that have been incurred by the enterprise but are payable in the current and subsequent periods with a period of more than one year.
- Non-monetary assets exchange（非货币性资产交换）: The non-monetary assets exchange is the process that company exchange its own assets with other assets excluding cash and cash equivalent. It means both companies agree to exchange their assets with each other. It can be similar assets that have similar value.
- Investment real estate（投资性房地产）: The investment real estate is real estate that generates income or is otherwise intended for investment purposes rather than as a primary residence.
- Oil and gas assets（油气资产）: The oil and gas assets refer to wells and related facilities and mining area rights owned or controlled by oil and gas exploration enterprises. The oil and gas assets are depleted assets.
- Other long term assets（其他长期资产）: Other long-term assets refer to assets other than current assets, long-term investments, fixed assets, intangible assets and deferred expenses that have specific purposes and do not participate in the normal production and operation process.
- Special reserve materials（特准储备物资）: The special reserve materials refer to special materials that have special purposes but do not participate in production and operation and have been approved by the state for reserve.
- Frozen assets（冻结资产）: The frozen assets, also called the blocked assets, refer to the assets that for one reason or another can not be used or realized.

第十章

负　债

> **本章案例**
>
> ### 恒大深陷多元化魔咒
>
> 虽然市场对中国恒大集团（以下简称"恒大"，股票名称：中国恒大）的亏损与负债早有预料，但当一连串数字呈现在投资者眼前，还是令人震惊。根据公告，2021年、2022年，恒大集团分别净亏损6 862.2亿元、1 258.1亿元，两年净亏损总计8 120.3亿元。与此同时，业绩报告显示，恒大已陷入资不抵债的困境，截至2021年年末、2022年年末，该上市公司持有资产总值分别为2.11万亿元、1.84万亿元；负债总额分别为2.58万亿元、2.44万亿元。
>
> 令人无法理解的是，由于债务危机，近两年来恒大发展速度明显放缓，从国外融资也很困难，应当减少债务才对。但公布结果显示，经过两年自救后，恒大债务不仅没有减少，反而越来越多，新增债务由什么导致？为了能够保证楼盘交付，恒大也在积极地与一些供应商谈判，2022年很多供应商也逐渐恢复了与恒大的合作关系，所以供应商的欠款相应增加倒很正常。短期借款不减反增，这说明近年来恒大还是能从市场上借到钱的，至于借款来源就不太清楚，可能是重组引入了部分第三方资金。按当前亏损状况和负债规模，恒大想摆脱困境的可能性极小，后续经营注定就只是为保交房、多还债而已。
>
> 作为一家知名房地产企业，恒大近年来频频跨界投资，多元化步伐令人目不暇接。2014年之后，恒大多元化布局渐渐从内涵式演变成了外延式扩张，先后进军了百货、超市、矿泉水、粮油、畜牧业、乳业、母婴、整形医疗等行业，光是新能源汽车就投入了500多亿元，但交付数量很少，并且不断传出要倒下、退出的消息。2013—2015年，恒大冰泉累计亏损高达40亿元，粮油、乳制品及矿泉水等业务也被陆续出售。恒大耗费300多亿元买下的万科14%的股份，最后也折价卖给了深圳地铁，损失70亿元。2016年，中央经济工作会议提出了"房住不炒"。但是恒大却在这一年开启了疯狂扩张，债务规模从2015年的6 149亿元，飙升至1.16万亿元；负债率剧增至85.9%，

位居房企第一，高于万科的80.7%；有息负债为5 300亿元，远远高于万科的1 250亿元。2021年12月3日，恒大在香港发布公告称，没有能力偿还2.6亿美元债。尽管2.6亿美元债还不到恒大总债务的0.5%，然而，恒大就这样正式违约国际资本市场。广东省政府立即跟进，有关监管机构同时响应：同意派出工作组，督导恒大。

资料来源：田野."负可敌国"：恒大深陷多元化魔咒[J].中国石油企业，2023（9）：76-78+127.

▶ 学习目标 ◀

负债是指企业过去的交易或者事项形成的、预期会导致经济利益流出企业的现时义务。为了便于分析企业的财务状况和偿债能力，会计上一般按负债的流动性，将其分为流动负债和非流动负债。本章主要讲述负债的概念与分类、流动负债的核算、长期负债的核算以及债务重组等问题。通过本章的学习，希望读者：

- 了解负债的含义、特点与分类；
- 掌握短期借款、应付票据、应付及预收账款、应付职工薪酬、应交款项等流动负债的核算方法；
- 理解借款费用资本化金额的确定及开始、暂停、停止资本化的条件；
- 掌握长期借款、应付债券、长期应付款等长期负债的核算方法；
- 掌握不同形式的债务重组核算方法；
- 理解或有负债的特征、确认标准及披露的原则；
- 掌握预计负债的确认标准及其核算方法。

第一节　负债概述

一、负债的特点

负债是指企业过去的交易或事项形成的、预期会导致经济利益流出企业的现时义务。根据定义，负债具有以下几个特点。

1）负债是由企业过去的交易或者事项产生的。换句话说，只有过去已经发生的交易或者事项才形成负债，企业正在筹划的将在未来发生的承诺、签订的合同等交易或者事项，不形成负债。前者如企业向银行借入资金，从借入日起就负有还本付息的责任；后者如企业的业务计划，不会产生负债。

2）负债是企业承担的现时义务，现时义务是指企业在现行条件下已承担的义务。未来发生的交易或者事项形成的义务，不属于现时义务，不应当确认为负债。

3）负债的清偿预期会导致经济利益流出企业。负债通常是在未来某一时日通过交付资产（包括现金和非现金资产）或提供劳务来清偿，由于具有约束力的合同或法定要求，义务在法律上可能是强制执行的，必须用债权人所能接受的方式（如支付货币资金、转让资产、提供劳务）清偿，履行现时义务将会导致经济利益流出企业。有时，企业通过承诺新的负债或将负债转化为资本来了结一项现有的负债，前者是负债的展期；后者则相当于以债务转资本的方式了结债务。

4）负债必须能以货币确切或合理的计量，必须有确切的或合理估计的债权人及到期日。负债一般有确切的偿付金额，有的虽无确切金额，但通过一定方法，可确定一个合理的估计数。大多数负债，都有确切的债务人及到期日；有的负债，债务人及到期日只能进行合理估计。

二、负债的分类与计价

为了便于分析企业的财务状况和偿债能力，会计上一般按负债的流动性，即偿还期限的长短，将负债分为流动负债和非流动负债。负债满足下列条件之一的，应当归类为流动负债：①预计在一个正常营业周期内清偿；②主要以交易目的持有；③自资产负债表日起一年内到期应予以清偿；④企业无权自主地将清偿推迟至资产负债表日后一年以上。流动负债包括短期借款、应付票据、应付账款、预收账款、应付职工薪酬、应付股利、应交税费、其他暂收应付款和一年内到期的长期借款等。不满足流动负债条件的为非流动负债，包括长期借款、应付债券、长期应付款等。区分流动负债与非流动负债的重要性在于正确反映企业的短期偿债能力和长期偿债能力。

另外，根据负债的性质可以将其分为金融负债和非金融负债。金融负债是指由于金融工具的应用而形成的负债，主要包括短期借款、应付票据、长期借款、应付债券等。金融负债可以进一步划分为以公允价值计量且其变动计入当期损益的金融负债和其他金融负债；非金融负债是指金融负债以外的负债，主要包括应付职工薪酬、应付股利、应交税费等。

第二节 流动负债

一、流动负债的分类与计价

（一）流动负债的分类

1. 根据负债金额确定程度分类

1）应付金额确定的流动负债。这类流动负债一般根据合同、契约或法律的规定确认，具有确切金额乃至有确切债权人和付款日，并且到期必须偿还。

2）应付金额视经营情况而定的流动负债。这类流动负债需待企业在一定经营期末才能确定其金额，在该经营期末结束前，负债金额不能确定。如应交所得税、应付投资者利润等，必须等到一定会计期间终了后才能确定应缴纳多少所得税以及应向投资者分配多少利润。

2. 根据流动负债产生的原因分类

1）营业活动产生的流动负债。这类流动负债由企业正常生产经营活动所引起，包括企业外部业务结算过程中形成的和企业内部往来形成的两种。前者主要有应付票据、应付账款、预收账款等，后者主要有应付职工薪酬。

2）收益分配形成的流动负债。这类流动负债是企业根据所实现的利润进行分配所形成的各项负债，如应付股利等。

3）借贷形成的流动负债。这类流动负债是企业从银行或其他金融机构筹集资金而形成的，如短期借款、一年内到期的长期借款等。

3. 根据流动负债计量的要求分类

1）交易性金融负债。这类流动负债是由于金融工具的应用而形成的、以近期内出售或回购为目的、以公允价值计量且其变动计入当期损益的金融负债。

2）其他流动负债。这类流动负债是交易性金融负债以外的，以摊余成本计量的流动负债。

（二）流动负债的计价

为了保证会计信息的质量，需要对负债进行正确计价，以客观公正地反映企业所承担的债务，为报表使用者预测企业未来现金流量和财务风险等提供相关的会计信息。

由于负债是企业已经存在并需在未来偿还的现时义务，为了提高会计信息的可靠性和相关性，根据流动负债的性质和特征，并结合风险管理的要求，可以将流动负债的计价分为两种情况：一种是以公允价值计量，如交易性金融负债；另一种是以摊余成本计量，如应付票据、应付账款等。

二、短期借款

短期借款是企业向银行或其他金融机构借入的偿还期限在一年以下（含一年）的各种款项。短期借款一般是企业为维持正常生产经营或者为抵偿某项债务而借入的。

为了总括反映短期借款的取得及偿还情况，会计上应单设"短期借款"科目，取得短期借款时，按实际借入金额计入贷方，偿还的金额计入借方，余额在贷方，表示尚未归还的短期借款。该科目的明细核算一般按债权人名称及借款种类细分。

短期借款核算包括三项内容。

1）取得借款时。根据借入的本金，借记"银行存款"科目，贷记"短期借款"科目。

2）核算借款利息。短期借款利息的核算应注意三个问题：一是利息的支付时间。企业从银行借入短期借款的利息，一般按季定期支付。若从其他金融机构或有关企业借入，借款利息一般于到期日同本金一起支付。二是利息的入账时间。为了正确反映各月借款利息的实际情况，会计上应根据权责发生制原则，按月计提利息；如果数额不大，也可于实际支付月份一次计入当期损益。三是利息的核算科目。短期借款利息一律计入财务费用，计提利息的，利息在"应付利息"科目核算，不通过"短期借款"科目。

3）归还借款。对偿付的本金借记"短期借款"科目，对同时偿付的利息借记"应付利息"或"财务费用"科目，按偿付本息贷记"银行存款"科目。

三、以公允价值计量且其变动计入当期损益的金融负债

以公允价值计量且其变动计入当期损益的金融负债，包括交易性金融负债和直接指定为以公允价值计量且其变动计入当期损益的金融负债。《企业会计准则》中关于金融工具确认和计量的规定：以公允价值计量且变动计入当期损益的金融负债，应按照公允价值进行初始计量和后续计量。其他金融负债应按照公允价值和相关交易费用作为初始确认金额，应按照实际利率法计算确定的摊余成本进行后续计量。

（一）交易性金融负债

满足以下条件之一的金融负债，应当划分为交易性金融负债。

1）承担该金融负债的目的主要是近期内出售或回购。

2）属于进行集中管理的可辨认金融工具组合的一部分，且有客观证据表明企业近期采用短期获利方式对该组合进行管理。在这种情况下，即使组合中有某个组成项目持有的期限稍长也不受影响。

3）属于衍生工具。但是，被指定为有效套期工具的衍生工具、属于财务担保合同的衍生工具与在活跃市场中没有报价且其公允价值不能可靠计量的权益工具投资挂钩并须通过交付该权益工具结算的衍生工具除外。其中，财务担保合同是指保证人和债权人约定，当债务人不履行债务时，保证人按照约定履行债务或者承担责任的合同。

（二）直接指定为以公允价值计量且其变动计入当期损益的金融负债

通常情况下，对于混合工具以外的金融负债，只有能够产生更相关的会计信息时才能将该项金融负债直接指定为以公允价值计量且其变动计入当期损益的金融负债。

在对以公允价值计量且其变动计入当期损益的金融负债进行确认和计量时应注意以下几点。

企业成为金融工具合同的一方并承担相应义务时确认金融负债。根据此确认条件，对于由衍生工具合同形成的义务，企业应当将其确认为金融负债。企业应当在金融负债的现时义务全部或部分已经解除的，终止确认该金融负债或其一部分。

金融负债现时义务的解除可能还会涉及其他复杂情形，企业应当注重分析交易的法律形式和经济实质。比如：企业（债务人）与债权人之间签订协议，以承担新金融负债方式替换现存金融负债，且新金融负债与现存金融负债的合同条款实质上不同的，应当终止确认现存金融负债，并同时确认新金融负债。

对于以公允价值计量且其变动计入当期损益的金融负债，应按照其公允价值进行初始计量和后续计量，相关交易费用应当在发生时直接计入当期损益。其中，金融负债的公允价值，应当以市场交易价格为基础确定。企业对于以公允价值计量且其变动计入当期损益的金融负债，应当设置"交易性金融负债"科目核算其公允价值。

四、应付票据

应付票据是由出票人签发的，委托付款人在指定日期无条件支付确定金额给收款人或者持票人的商业汇票，包括银行承兑汇票和商业承兑汇票。在采用商业承兑汇票方式下，承兑人应为付款人，承兑人对这项债务在一定时期内支付的承诺，作为企业的一项负债；在采用银行承兑汇票方式下，承兑人应为银行。但是，由银行承兑的银行承兑汇票，只是为收款人按期收回债权提供了可靠的信用保证，对付款人来说，不会由于银行承兑而使这项负债消失。因此，即使是由银行承兑的汇票，付款人的现时义务依然存在，理应将其作为一项负债。付款人应在商业汇票到期前，及时将款项足额交存开户银行，可使银行在到期日凭票将款项划转给收款人、被背书人或贴现银行。企业在收到银行的付款通知时，据以编制付款凭证。

企业应设置"应付票据"科目核算因购买材料、商品和接受劳务供应等而开出、承兑的商业汇票。应付票据不论是否带息，发生时均按面值计入该科目贷方；到期付款或因其他原因注销票据时，按票据票面价值计入借方；余额在贷方，表示尚未到期的应付票据的票面金额。该科目的明细核算可按收款人姓名或单位名称细分。

（一）带息应付票据的核算

带息应付票据的核算包括开出票据、期末计息和到期支付票款三个环节。

1）开出票据。在带息应付票据中，其面值就是票据的现值。企业开出并承兑商业汇票或以承兑商业汇票抵付货款时，借记"材料采购""在途物资""应付账款""应交税费——应交增值税（进项税额）"等科目；按票据的面值贷记"应付票据"科目。支付银行承兑汇票的手续费时，借记"财务费用"科目，贷记"银行存款"科目。

2）期末计息。票据利息的处理主要有以下三种方法。

一是按期计提利息并作为"应付利息"。企业按照票据的票面价值和票据规定的利率计算预提应付利息，计入"财务费用"和"应付利息"科目。票据到期支付利息时，冲减"应付利息"。这样，在资产负债表上，除了按票据面值列示流动负债项目外，还应按已计未付利息作为另一项流动负债（应付利息）列示。我国目前采用这一方法。

二是按期计提利息并增加应付票据的账面价值。对于带息票据企业应按照票据的存续时间和票面利率计算应付利息，并相应增加应付票据的账面价值。在存续期间内何时计算应付利息并入账，由企业自行决定，但在中期期末和年度终了这两个时点上，企业必须计算带息票据的利息，并计入当期损益。

三是发生时列支。如果票据期限较短，利息金额不大，为简化核算手续，可以在票据到期支付票据面值和利息时，一次计入财务费用。

3）到期支付票款。票据到期日，企业收到银行支付到期票据的付款通知时，应按应付票据的账面价值借记"应付票据"科目，按应付的票据利息借记"应付利息"科目，按应支付的票款金额贷记"银行存款"科目，尚未计提的票据利息以"财务费用"列支。

【例 10-1】天河公司 20×4 年 11 月 1 日向红光公司购入一批价值为 30 000 元的商品，增值税专用发票上注明的增值税额为 3 900 元，采用商业汇票方式进行结算。天河公司开出并承兑一张期限为 3 个月、面值为 33 900 元的商业承兑汇票，年利率为 6%，商品收到并验收入库。根据上述资料，天河公司应进行如下账务处理。

20×4 年 11 月 1 日，天河公司购入商品时：

借：在途物资	30 000
应交税费——应交增值税（进项税额）	3 900
贷：应付票据	33 900

20×4 年 12 月 31 日，计算两个月的应付利息 339 元：

借：财务费用	339
贷：应付利息	339

20×5 年 2 月 1 日，票据到期付款时：

借：应付票据	33 900.00
应付利息	339.00
财务费用	169.50
贷：银行存款	34 408.50

（二）不带息应付票据的核算

不带息应付票据，其面值就是票据到期时的应付金额，企业开出并承兑商业汇票或以承兑商业汇票抵付货款时，借记"材料采购""在途物资""应付账款""应交税费——应交增值税（进项税额）"等科目；按票据面值贷记"应付票据"科目；票据到期日，支付到期票款时，应按应付票据的面值借记"应付票据"科目，贷记"银行存款"科目。

（三）逾期应付票据的处理

票据到期日如企业无力支付票款，应按票据的票面价值和应付未付的票据利息分别从"应付票据""应付利息"科目转入"应付账款"科目，并与收款单位重新协议清偿的日期与方式。需要注意的是，如果银行承兑汇票到期，应将企业无力支付的到期票款作为逾期贷款处理，借记"应付票据"科目，贷记"短期借款"科目。

【例10-2】根据【例10-1】的资料，如果天河公司在票据到期日无力支付票款，则天河公司应编制的会计分录如下：

借：应付票据——红光公司	33 900.00
应付利息	339.00
财务费用	169.50
贷：应付账款——红光公司	34 408.50

为了维护商业汇票结算的严肃性，促使付款企业到期无条件的履行付款责任，应付票据到期企业无力付款时，不管属于哪种情况，银行都要对付款企业执行罚款。企业对所付罚款，记入"营业外支出"科目。

五、应付账款及预收账款

（一）应付账款

应付账款是在商品交易中因购买材料、商品或接受劳务供应而发生的债务，主要是由于企业取得资产的时间与结算付款的时间不一致而产生的。

1. 应付账款的入账时间

应付账款的入账时间应以与所购买物资所有权有关的风险和报酬已经转移或劳务已接受为标志。在会计核算中应区别情况进行处理：一是在货物与发票账单同时到达的情况下，应付账款一般待货物验收后，才按发票账单等登记入账。这样，确认了所购货物的质量、品种及数量是否与合同条款相符，可以避免因先入账而后发生问题再调账的情况；二是在货物与发票账单非同时到达，且到达时间间隔较长的情况下，应付账款的入账时间以收到发票账单为准。对于货到未付款的情况，由于该笔负债已经成立，为了完整地反映企业所拥有的资产和承担的债务，月末编制资产负债表时，企业应将所购货物及应付债务估计入账。

2. 应付账款入账价值的确定

应付账款的付款期不长，因此，通常按发票账单等凭证上记载的实际发生额登记入账；当购货附有现金折扣条件时，应付账款的入账金额会因采用总价法或净价法核算而有所差异。总价法下，应付账款发生时，直接按发票上的应付金额总额记账。如果在折扣期内付款，说明企业合理调度资金，所取得的现金折扣收入作为理财收益处理；在净价法下，现金折扣被视为每一购货企业在正常经营状况下均能获得的一种收益，因此，应付账款的发生额按发票上的全部应付金额扣除（最大）现金折扣后的净额记账；如果企业未能在规定的折扣期内付款,丧失的现金折扣作为企业的理财费用处理。可见,总价法核算比较简单且符合稳健原则,我国实务中一般采用这种方法。

3. 应付账款的账务处理

为了反映、监督应付账款的结算情况,会计上应单设"应付账款"科目核算。它是负债类科目,发生应付账款时计入贷方,偿还应付账款时计入借方;其余额一般在贷方,表示尚未偿还的应付账款数额。"应付账款"科目的明细核算按供货单位的名称细分。

企业购入材料、商品等验收入库,但货款尚未支付时,应根据有关发票、账单等借记"材料采购""在途物资"科目,按可抵扣的增值税额,借记"应交税费——应交增值税(进项税额)"科目,按应支付的价税款,贷记"银行存款"科目。

【例10-3】B公司于20×5年8月1日从天河公司购入商品一批,价款600 000元,增值税税率为13%,商品当日入库;付款条件为2/10、1/30、n/60。

本例中分别采用总价法、净价法核算应付账款,有关金额的核算如表10-1所示。

表10-1　总价法、净价法核算表

日期	总价法	净价法
8月1日应付账款金额	678 000元	666 000(=678 000−600 000×2%)元
8月1日至8月10日之间付款	实付款666 000元,取得现金折扣收入12 000(=600 000×2%)元	实付款666 000元
8月11日至8月30日之间付款	实付款672 000元,取得现金折扣收入6 000(=600 000×1%)元	实付款672 000元,取得现金折扣收入6 000(=600 000×1%)元
8月30日以后付款	实付款678 000元	实付款678 000元,丧失现金折扣6 000(=600 000×1%)元

B公司采用总价法核算的会计分录如下。

(1)企业在8月1日购入商品时:

借:在途物资——××商品　　　　　　　　　　　　　　600 000
　　应交税金——应交增值税(进项税额)　　　　　　　78 000
　　贷:应付账款——天河公司　　　　　　　　　　　　　　678 000

(2)企业在8月1日至8月10日之间付款时:

借:应付账款——天河公司　　　　　　　　　　　　　678 000
　　贷:银行存款　　　　　　　　　　　　　　　　　　　　666 000
　　　　财务费用　　　　　　　　　　　　　　　　　　　　12 000

(3)企业在8月11日至8月30日之间付款时:

借:应付账款——天河公司　　　　　　　　　　　　　678 000
　　贷:银行存款　　　　　　　　　　　　　　　　　　　　672 000
　　　　财务费用　　　　　　　　　　　　　　　　　　　　6 000

(4)企业在8月30日以后付款的,则需按发票金额全额支付

借:应付账款——天河公司　　　　　　　　　　　　　678 000
　　贷:银行存款　　　　　　　　　　　　　　　　　　　　678 000

(二)预收账款

预收账款是指企业按照合同规定向购货单位预收的款项。这笔款项在发货前就构成了企

业的一项负债，与应付账款不同的是，该项负债以后要用商品、劳务等偿付。在核算上企业应设置"预收账款"科目，核算预收账款的取得、结算等情况。对预收账款业务不多的企业，也可以不单独设置"预收账款"科目，其所发生的预收账款业务，可通过"应收账款"科目核算。

单独设置"预收账款"科目的企业，向购货单位预收款项时，借记"银行存款"科目，贷记"预收账款"科目；向购货单位发出商品时，按实现的收入和应收取的增值税销项税额，借记"预收账款"科目，贷记"主营业务收入""应交税费——应交增值税（销项税额）"科目。收到购货单位补付的货款时，借记"银行存款"科目，贷记"预收账款"科目；向购货单位退回多收的款项时，借记"预收账款"科目，贷记"银行存款"科目。

【例10-4】天河公司20×5年4月1日接受一批订货合同，货款金额总计500 000元，预计2个月完成。购货方先预付货款的50%，剩余货款待完工发货后支付，该货物的增值税税率为13%。天河公司的账务处理如下。

（1）天河公司收到预付的货款时：

借：银行存款　　　　　　　　　　　　　　　　　　　250 000
　　贷：预收账款　　　　　　　　　　　　　　　　　　　　250 000

（2）2个月后发出产品时：

借：预收账款　　　　　　　　　　　　　　　　　　　565 000
　　贷：主营业务收入　　　　　　　　　　　　　　　　　　500 000
　　　　应交税费——应交增值税（销项税额）　　　　　　　65 000

（3）天河公司收到购货单位补付剩余货款时：

借：银行存款　　　　　　　　　　　　　　　　　　　315 000
　　贷：预收账款　　　　　　　　　　　　　　　　　　　　315 000

六、应付职工薪酬

（一）职工薪酬的内容

职工薪酬是指企业为获得职工提供的服务而给予各种形式的报酬以及其他相关支出。职工薪酬包括短期薪酬、离职后福利、辞退福利和其他长期职工福利。企业提供给职工配偶、子女、受赡养人、已故员工遗属及其他受益人等的福利，也属于职工薪酬。

（1）短期薪酬。它是指企业在职工提供相关服务的年度报告期间结束后12个月内需要全部予以支付的职工薪酬，因解除与职工的劳动关系给予的补偿除外。短期薪酬是职工薪酬的主要形式，具体包括以下内容。

1）职工工资、奖金、津贴和补贴：企业按照构成工资总额的计时工资、计件工资、支付给职工的超额劳动报酬等的劳动报酬，为了补偿职工特殊或额外的劳动消耗和因其他特殊原因支付给职工的津贴，以及为了保证职工工资水平不受物价影响支付给职工的物价补贴等。其中，企业按照短期奖金计划向职工发放的奖金属于短期薪酬，按照长期奖金计划向职工发放的奖金属于其他长期职工福利。

2）职工福利费：企业向职工提供的生活困难补助、丧葬补助费、抚恤费、职工异地安家费、防暑降温费等职工福利支出。

3）医疗保险费、工伤保险费和生育保险费等社会保险费：企业按照国家规定的基准和比例计算，向社会保险经办机构缴存的医疗保险费、工伤保险费和生育保险费。

4）住房公积金：企业按照国家规定的基准和比例计算，向住房公积金管理机构缴存的住房公积金。

5）工会经费和职工教育经费：企业为了改善职工文化生活、为职工学习先进技术和提高文化水平和业务素质，用于开展工会活动和职工教育及职业技能培训等相关支出。

6）短期带薪缺勤：职工虽然缺勤但企业仍向其支付报酬的安排，包括年休假、病假、婚假、产假、丧假、探亲假等。长期带薪缺勤属于其他长期职工福利。

7）短期利润分享计划：因职工提供服务而与职工达成的基于利润或其他经营成果提供薪酬的协议。长期利润分享计划属于其他长期职工福利。

8）其他短期薪酬：除上述薪酬以外的其他为获得职工提供的服务而给予职工的短期薪酬。

（2）离职后福利。它是指企业为获得职工提供的服务而在职工退休或与企业解除劳动关系后，提供的各种形式的报酬和福利，短期薪酬和辞退福利除外。

（3）辞退福利。它是指企业在职工劳动合同到期之前解除与职工的劳动关系，或者为鼓励职工自愿接受裁减而给予职工的补偿。

（4）其他长期职工福利。它是指除短期薪酬、离职后福利、辞退福利之外所有的职工薪酬，包括长期带薪缺勤、长期残疾福利、长期利润分享计划等。

（二）职工薪酬的确认与计量

1. 货币性职工薪酬的计量

1）具有明确计提标准的货币性职工薪酬。企业应当按照规定的计提标准，计量企业承担的职工薪酬义务和计入成本费用的职工薪酬。其内容主要包括"五险一金"（医疗保险费、养老保险费、失业保险费、工伤保险费、生育保险费和住房公积金）以及工会经费和职工教育经费。对于"五险一金"企业应当按标准计量应付职工薪酬义务和应相应计入成本费用的薪酬金额。对于工会经费和职工教育经费，企业应当按照国家相关规定，按照明确标准计算确定应承担的职工薪酬义务后，再根据受益对象计入相关资产的成本或当期费用。

2）没有明确计提标准的货币性职工薪酬。对于国家没有明确规定计提基础和计提比例的职工薪酬，企业应当根据历史经验数据和自身实际情况，计算确定应付职工薪酬金额和应计入成本费用的薪酬金额。

为了总括反映企业与职工薪酬的结算及分配情况，应设置"应付职工薪酬"科目核算企业应付给职工的各种薪酬，该科目是负债类科目，贷方反映应付给职工的各种薪酬，借方反映实际支付给职工的薪酬及代扣款项，期末贷方余额，反映尚未支付的职工薪酬。另外，该科目应分别"工资""职工福利""社会保险费""住房公积金""工会经费""职工教育经费""非货币性福利""辞退福利""股份支付"等进行明细核算。

财会部门应定期根据人事、劳资等部门转来的职工录用、考勤、调动、工资级别调整、津贴变动以及工时、产量记录等情况的通知单计算职工应得的薪酬。在此基础上，扣除应由职工个人负担而需要由企业代扣代缴的款项，如企业为职工代垫的房租、由企业代扣代缴的个人所得税等，余额即为职工的实得薪酬。据此定期编制"薪酬单"及"薪酬汇总表"，并进行工资的账务处理。

【例10-5】天河公司20×4年8月份的"薪酬汇总表"上列示应发工资120 000元。其中，生产工人工资60 000元，车间管理人员工资10 000元，厂部管理人员工资20 000元，基建工程人员工资15 000元，公司专设产品销售机构人员工资15 000元。另外，该企业分别按职工工资总额的10%、12%、2%和10.5%计提医疗保险、养老保险费、失业保险费和住房公积金；分别按职工工资总额的2%和1.5%计提工会经费和职工教育经费；按职工工资总额的3%计提职工福利费。本月从职工薪酬中代扣的款项为8 000元（个人所得税）。

（1）分配职工薪酬。对纳入各月工资总额的应付职工薪酬，需按照职工的工作岗位及工资费用的来源，分别计入有关成本、费用。其中，生产工人工资计入生产成本，车间管理人员工资计入制造费用，企业行政管理人员工资计入管理费用，专设销售机构人员工资计入销售费用，应由工程负担的人员工资，计入在建工程成本。

本例中，分配8月份的职工薪酬时，天河公司应编制的会计分录如下：

借：生产成本　　　　　　　　　　　　　　　　　　84 600
　　制造费用　　　　　　　　　　　　　　　　　　14 100
　　管理费用　　　　　　　　　　　　　　　　　　28 200
　　销售费用　　　　　　　　　　　　　　　　　　21 150
　　在建工程　　　　　　　　　　　　　　　　　　21 150
　　贷：应付职工薪酬——工资　　　　　　　　　　　　　　120 000
　　　　　　　　　　——职工福利　　　　　　　　　　　　　3 600
　　　　　　　　　　——社会保险费　　　　　　　　　　　28 800
　　　　　　　　　　——住房公积金　　　　　　　　　　　12 600
　　　　　　　　　　——工会经费　　　　　　　　　　　　2 400
　　　　　　　　　　——职工教育经费　　　　　　　　　　1 800

（2）向职工支付工资、奖金、津贴和补贴等薪酬时，编制会计分录如下：

借：应付职工薪酬——工资　　　　　　　　　　　　120 000
　　贷：现金（或银行存款）　　　　　　　　　　　　　　112 000
　　　　应交税费——应交个人所得税　　　　　　　　　　　8 000

（3）缴纳社会保险费及住房公积金时，编制会计分录如下：

借：应付职工薪酬——社会保险费　　　　　　　　　28 800
　　　　　　　　——住房公积金　　　　　　　　　　12 600
　　贷：现金（或银行存款）　　　　　　　　　　　　　　41 400

（4）对于应付职工薪酬中的职工福利费、工会经费、职工教育经费等，在实际发生时编制会计分录如下：

借：应付职工薪酬——职工福利　　　　　　　　　　3 600
　　　　　　　　——工会经费　　　　　　　　　　　2 400
　　　　　　　　——职工教育经费　　　　　　　　　1 800
　　贷：现金（或银行存款）　　　　　　　　　　　　　　7 800

2. 非货币性职工薪酬的计量

企业向职工提供的非货币性职工薪酬，应当分别情况处理。

1）企业以其生产的产品或外购商品作为非货币性福利提供给职工的，与正常商品销售相同，应当按照该产品的公允价值和相关税费，计量应计入成本费用的职工薪酬金额，并确认为主营业务收入，并结转相应的销售成本。

【例10-6】20×4年8月6日，天河公司购进饮料300箱作为福利发放给职工，每人3箱。该饮料的购进价格为每箱50元，共计15 000元，增值税税率为13%。款项以银行存款支付。该企业共有职工100人，其中70人为生产工人，其余30人为管理部门管理人员。天河公司应编制的会计分录如下。

公司决定发放非货币性福利时：
借：生产成本　　　　　　　　　　　　　　　　　　　　　11 865
　　管理费用　　　　　　　　　　　　　　　　　　　　　 5 085
　　贷：应付职工薪酬——非货币性福利　　　　　　　　　　　　　　16 950
公司购买饮料时：
借：应付职工薪酬——非货币性福利　　　　　　　　　　　16 950
　　贷：银行存款　　　　　　　　　　　　　　　　　　　　　　　　16 950

2）企业将拥有的房屋等资产无偿提供给职工使用的，应当根据受益对象，将住房每期应计提的折旧计入相关资产成本或费用，同时确认应付职工薪酬。

【例10-7】20×4年6月，天河公司为部门经理级别以上职工每人提供一辆汽车以供公务使用，该公司总部共有部门经理以上职工8名，每辆汽车每月计提折旧0.5万元；同时为5名副总裁以上高级管理人员每人租赁一套公寓作为宿舍，每套月租金为2万元，按月以银行存款支付。相关账务处理如下：

借：管理费用　　　　　　　　　　　　　　　　　　　　　40 000
　　贷：应付职工薪酬——非货币性福利　　　　　　　　　　　　　　40 000
借：应付职工薪酬——非货币性福利　　　　　　　　　　　40 000
　　贷：累计折旧　　　　　　　　　　　　　　　　　　　　　　　　40 000
借：管理费用　　　　　　　　　　　　　　　　　　　　　100 000
　　贷：应付职工薪酬——非货币性福利　　　　　　　　　　　　　　100 000
借：应付职工薪酬——非货币性福利　　　　　　　　　　　100 000
　　贷：银行存款　　　　　　　　　　　　　　　　　　　　　　　　100 000

3. 辞退福利

辞退福利主要是指企业因为与职工解除劳动关系而给予职工的补偿，其中包括企业在职工劳动合同尚未到期之前解除劳动关系所给予职工的补偿，以及为鼓励职工自愿接受裁减而提出补偿建议的计划中给予职工的经济补偿。

辞退福利的确认和计量应当分情况予以处理。①对于职工没有选择权的辞退计划，企业应当根据计划条款规定拟解除劳动关系的职工数量、每一职位的辞退补偿等确认职工薪酬。②对于自愿接受裁减建议的辞退计划，由于接受裁减的职工数量不确定，企业应当根据《企业会计准则第13号——或有事项》规定，预计将会接受裁减建议的职工数量，根据预计的职工数量和每一职位的辞退补偿等确认职工薪酬。③对于辞退福利预期在其确认的年度报告期间期末后十二个月内完全支付的辞退福利，企业应当适用短期薪酬的相关规定。④对于辞退福利预期在年度报告期间期末后十二个月内不能完全支付的辞退福利，企业应当适用上述准则关于其他长期职工福利的相关规定，即实质性辞退工作在一年内实施完毕但补偿款项超过一年支付的辞退计划，企业应当选择恰当的折现率，以折现后的金额计量应计入当期损益的辞退福利金额。

七、应交税费

应交税费是指企业按照税法和国家相关法规对其经营所得应缴纳的各种税费。目前企业依法缴纳的各种税费主要有：增值税、消费税、所得税、资源税、城市维护建设税、土地增值税、房产税、车船税、城镇土地使用税、教育费附加、矿业权出让收益等。经营进出口业务的企业，还需按照规定缴纳进、出口关税。

（一）应交增值税

增值税是对在境内销售货物、无形资产或不动产，进口货物或提供服务的增值部分征收的一种税。它是我国流转税中的主要税种。2016年5月1日，我国开始全面推开营改增试点，将建筑业、房地产业、金融业和生活服务业纳入试点范围，实现增值税对货物服务的全面覆盖，营业税被全面替代。

1. 纳税人及应纳税额的计算

为了便于增值税的核算与管理，实际工作中，增值税的纳税人分为一般纳税人与小规模纳税人两种。小规模纳税人是指年应税销售额小于规定额度，且会计核算不健全的纳税人，除此以外则为一般纳税人。但是，下列四类情形的纳税人不属于一般纳税人，应视同小规模纳税人：年应税销售额未超过小规模纳税人标准的企业；除个体经营者以外的其他个人；非企业性单位；不经常发生增值税应税行为的企业。现行增值税对小规模纳税人和一般纳税人采取不同的征收办法。

1）对小规模纳税人采取简易征收办法，其应纳税额的计算公式如下：

$$小规模纳税人应交增值税 = 不含税销售额 \times 征收率$$

2）对一般纳税人采用扣税法计算，其计算公式如下：

$$一般纳税人应交增值税 = 当期销项税额 - 当期进项税额$$

一般纳税人计算增值税时需注意以下两点。

第一，增值税属于价外税，扣税法下的销项税额应以不含税的销售额及规定税率计算。这里的应税销售额是纳税人向购买方收取的全部价款及价外费用，如手续费、包装费、集资费、违约金等。对应税货物或劳务采用销售额和销项税额合并定价的（如零售企业），应将其换算为不含税的销售额。

第二，进项税额的抵扣，必须以合法的扣税凭证为依据，包括增值税专用发票、进口货物的完税凭证，以及收购免税农产品的凭证等。可以抵扣的金额一般以专用发票或完税凭证上注明的金额及规定的扣除率计算进项税额，准予从销项税额中抵扣。企业如果未按规定取得并保存增值税扣税凭证，或扣除凭证上未注明增值税额及其他有关事项，其进项税额不能从销项税额中抵扣，只能计入购入货物或接受劳务的成本。实际工作中，将这种方法称为"凭发票注明的税款抵扣制"。

2. 一般纳税企业应交增值税的核算

目前，我国增值税实行比例税率，根据应税行为一共分为13%、9%、6%和0%四档税率。增值税税率是增值税税额占货物或应税劳务销售额的比率。

一般纳税人增值税税率的规定如下。

1)销售或者进口货物,提供加工、修理修配等劳务,提供有形动产租赁服务的,适用的税率为13%。

2)销售或者进口粮食、食用植物油、自来水、暖气、冷水、热水、煤气、石油液化气、天然气、沼气、居民用煤炭制品、图书、报纸、杂志、饲料、化肥、农药、农机、农膜、农业产品、金属矿采选产品、非金属矿采选产品、音像制品和电子出版物、二甲醚、盐以及国务院规定的其他货物,适用的税率为9%。

3)提供交通运输、邮政、基础电信、建筑、不动产租赁服务,销售不动产,转让土地使用权,适用的税率为9%。

4)提供现代服务业服务(有形动产租赁服务除外),包括金融服务、研发和技术服务、信息技术服务、文化创意服务、物流辅助服务、鉴证咨询服务、广播影视服务等,适用的税率为6%。

5)出口货物的,税率为0%;但是,国家法律限制或者禁止的报关出口货物除外。

企业为了正确核算增值税的应纳税额,提供准确的税务资料,需在"应交税费"科目下设置"应交增值税"明细科目进行核算。它是负债类科目,核算企业应交、已交和未交的增值税等情况。由于小规模纳税人增值税的核算比较简单,"应交增值税"明细科目下不需再设置明细科目,且可沿用一般的三栏式账页;一般纳税人采用扣税法,增值税的核算内容比较复杂,需同时设置"应交增值税""未交增值税"两个明细科目。其中"应交增值税"明细科目核算进项税额、已交税金、转出未交增值税、销项税额、出口退税、进项税额转出、出口抵减内销产品应纳税额以及转出多交增值税等项内容,相应账户采用多栏式账页,账页格式如表10-2所示,期末借方余额表示尚未抵扣的进项税额。

表10-2 应交增值税明细账账页格式

年		凭证号数	摘要	应交增值税									未交增值税			
月	日			借方					贷方				借方	贷方	借或贷	余额
				合计	进项税额	已交税金	减免税款	出口抵减内销产品应纳税额	转出未交增值税	合计	销项税额	出口退税	进项税额转出	转出多交增值税	余额(借)	转入多交	上交未交	转入未交

"未交增值税"明细科目核算期末从"应交增值税"明细科目结转的本期未交或多交的增值税,相应账户基本结构如表10-3所示。

表10-3 未交增值税明细账账户结构

发生额: (1)上交上月应交未交的增值税额 (2)月终转入的当月多交的增值税	发生额: 月终转入的当月应交未交的增值税额
借方余额:多交的增值税额	贷方余额:未交的增值税额

(1)一般进销业务的账务处理。实行增值税的一般纳税人,从税务角度来看,一是可以用增值税专用发票,企业销售货物或提供应税劳务,可以开出该种专用发票。二是持有使用期限超过12个月的机器、机械、运输工具以及其他与生产经营有关的设备、工具、器具等

固定资产,以及购入应税货物或接受应税劳务取得的专用发票上注明的增值税款可以抵扣。需要注意的是,并非所有固定资产的进项税都可以抵扣,具体能否抵扣还需根据税法规定和实际情况来判断。三是购进免税农产品、收购废旧物资以及外购物资支付的运输费用,可根据有关凭证及规定的扣除率计算进项税额准予扣除。购进免税农产品时,可以按照规定的扣除率计算抵扣进项税额。收购废旧物资的具体抵扣政策可能因地区和时间而有所不同,需要参考当地税法规定。外购物资支付的运输费用(必须与生产经营相关)确实可以根据相关凭证及规定的扣除率计算进项税额进行抵扣。四是企业销售货物或提供应税劳务实行价税合一的,应按公式"销售额=含税销售额÷(1+税率)"将含税销售额还原为不含税销售额,再按不含税销售额计算增值税。

企业购进货物时:
借:材料采购(或在途物资)
　　应交税费——应交增值税(进项税额)
　贷:银行存款

销售货物时:
借:银行存款(或应收账款)
　贷:主营业务收入
　　应交税金——应交增值税(销项税额)

(2)视同销售的账务处理。《中华人民共和国增值税暂行条例实施细则》规定:企业将货物委托他人代销;销售代销货物;设有两个以上机构并实行统一核算的纳税人,将货物从一个机构移送其他机构用于销售,但相关机构设在同一县市的除外;将自产、委托加工的货物用于非增值税应税项目;将自产、委托加工或购买的货物作为投资,提供给其他单位或个体工商户;将自产、委托加工或购买的货物分配给股东或投资者,无偿赠送其他单位或个人;将自产、委托加工或购买的货物用于集体福利或个人消费等情形,视同销售货物,按该种(类)货物的公允价值计算缴纳增值税。

【例10-8】天河公司为增值税一般纳税人,本期以库存商品对乙公司投资,该产品的公允价值为400 000元,账面价值为350 000元,该产品适用的增值税税率为13%。假如该笔交易符合《企业会计准则第7号——非货币性资产交换》规定的按公允价值计量的条件,乙公司收到的产品作为原材料使用。根据上述经济业务,天河公司、乙公司(假如天河公司、乙公司原材料均采用实际成本进行核算)应分别进行如下账务处理。

天河公司:
对外投资转出计算的销项税额=400 000×13%=52 000(元)

借:长期股权投资	452 000
贷:主营业务收入	400 000
应交税费——应交增值税(销项税额)	52 000
借:主营业务成本	350 000
贷:库存商品	350 000

乙公司:
收到投资时,视同购进处理

借:原材料	400 000
应交税费——应交增值税(进项税额)	52 000
贷:实收资本	452 000

（3）进项税额不予抵扣的账务处理。在某些情况下，企业发生的进项税额不得从销项税额中抵扣，包括：用于简易计税方法计税项目、免征增值税项目、集体福利或者个人消费的购进货物、加工修理修配劳务、服务、无形资产和不动产；非正常损失的购进货物，以及相关的加工修理修配劳务和交通运输服务；非正常损失的在产品、产成品所耗用的购进货物（不包括固定资产）、加工修理修配劳务和交通运输服务；非正常损失的不动产，以及该不动产所耗用的购进货物、设计服务和建筑服务；非正常损失的不动产在建工程所耗用的购进货物、设计服务和建筑服务；购进的贷款服务、餐饮服务、居民日常服务和娱乐服务。在上述情形下，已经发生的增值税进项税额应当予以转出，记入"应交税费——应交增值税（进项税额转出）"科目，不得从当期销项税额中抵扣。

【例 10-9】 天河公司将外购准备用于销售的一批玻璃用于本企业基建工程，该批玻璃进价为 10 000 元，适用的增值税税率为 13%。

工厂领用玻璃时：

借：在建工程　　　　　　　　　　　　　　　　　　　　　　　　11 300
　　贷：应交税费——应交增值税（进项税额转出）　　　　　　　　1 300
　　　　库存商品　　　　　　　　　　　　　　　　　　　　　　　10 000

企业购进货物、加工的在产品或产成品等发生非常损失时，所发生的进项税额不予抵扣，与货物的成本一起处理。

（4）增值税的纳税期限分别为 1 日、3 日、5 日、10 日、15 日、1 个月或者 1 个季度。纳税人的具体纳税期限，由主管税务机关根据纳税人应纳税额的大小分别核定；不能按照固定期限纳税的，可以按次纳税。

纳税人以 1 个月或者 1 个季度为 1 个纳税期的，自期满之日起 15 日内申报纳税；以 1 日、3 日、5 日、10 日或者 15 日为 1 个纳税期的，自期满之日起 5 日内预缴税款，于次月 1 日起 15 日内申报纳税并结清上月应纳税款。

本月上交当日应交的增值税时：

借：应交税费——应交增值税（已交税金）
　　贷：银行存款

月末，将企业本月应交未交或多交的增值税，从"应交税费——应交增值税"明细账户有关栏内转至"应交税费——未交增值税"明细账户，从而使应交增值税明细账户的借方余额反映企业尚未抵扣的进项增值税。结转本月应交未交的增值税时，编制会计分录：

借：应交税费——应交增值税（转出未交增值税）
　　贷：应交税费——未交增值税

结转本月多交增值税时：

借：应交税费——未交增值税
　　贷：应交税费——应交增值税（转出多交增值税）

3. 小规模纳税企业应交增值税的账务处理

小规模纳税企业增值税核算应当遵循以下原则：一是小规模纳税企业销售货物或者提供应税劳务，一般情况下只能开具普通发票，不能开具增值税专用发票；二是小规模纳税企业销售货物或提供应税劳务，实行简易办法计算应纳税额，按照销售额的一定比例计算，其征收率一般为 3%；三是小规模纳税企业的销售额不包括其应纳税额。采用销售额和应纳税额合并定价方法的,按照公式"不含税销售额=含税销售额÷(1+征收率)"还原为不含税销售额计算。

小规模纳税企业购入货物无论是否具有增值税专用发票,其支付的增值税额均不计入进项税额,不得从销项税额中抵扣,应计入购入货物的成本。小规模纳税企业的销售收入按不含税价格计算,应交的增值税反映在"应交税费——应交增值税"账户。

【例10-10】甲公司被核定为小规模纳税人,本期购入商品一批,按照增值税专用发票上记载的价款为100 000元,支付的增值税额为13 000元,上述款项已付,商品验收入库;该公司本期销售产品,销售价格总额为123 600元(含税),假定符合收入确认条件,货款尚未收到。根据上述经济业务,甲公司应进行如下账务处理。

购进货物时:
借:库存商品(或在途物资)　　　　　　　　　　　　113 000
　　贷:银行存款　　　　　　　　　　　　　　　　　　　　113 000
销售货物时:

$$不含税价格=123\,600÷(1+3\%)=120\,000(元)$$
$$应交增值税=120\,000×3\%=3\,600(元)$$

借:应收账款　　　　　　　　　　　　　　　　　　　　123 600
　　贷:主营业务收入　　　　　　　　　　　　　　　　　　120 000
　　　　应交税费——应交增值税　　　　　　　　　　　　　3 600

(二)应交消费税

为了正确引导消费方向,国家在普遍征收增值税的基础上,针对部分特定消费品而征收了消费税。消费税是对生产、委托加工及进口应税消费品(主要指烟、酒、饮料、高档次及高能耗的消费品)征收的一种流转税。消费税并非在应税消费品的所有环节征收,消费税只在其生产、委托加工及进口实行单环节征税。除金银首饰外,批发及零售环节不征收消费税。消费税的计算有从价定律、从量定额或者从价定率和从量定额复合计税三种计征办法。其计算公式分别如下:

$$从价定率的应纳消费税=销售额×税率$$
$$从量定额的应纳消费税=销售数量×单位税额$$
$$从价定率和从量定额复合计税的应纳消费税=销售额×税率+销售数量×单位税额$$

如果企业应税消费品的销售额中未扣除增值税税款,或者因不能开具增值税专用发票而发生价款和增值税税款合并收取的,在计算消费税时,按公式"应税消费品的销售额=含增值税的销售额÷(1+增值税税率或征收率)"换算为不含增值税税款的销售额。

企业按规定应缴纳的消费税,在"应交税费"科目下设置"应交消费税"明细科目核算。"应交消费税"明细科目的借方发生额,反映实际缴纳的消费税和待扣的消费税;贷方发生额,反映按规定应缴纳的消费税;期末贷方余额,反映尚未缴纳的消费税。生产应税消费品的企业对销售产品应缴纳的消费税,计入"税金及附加"账户;进口应税消费品缴纳的消费税,计入货物成本;委托加工应税消费品,由受托方代扣代缴消费税,如果应税消费品收回后直接对外销售,委托方缴纳的消费税计入委托加工成本。该产品销售时不再缴纳消费税;如果应税消费品收回后用于连续生产应税消费品的,委托方缴纳的消费税按规定准予抵扣,计入"应交税费——应交消费税"账户借方，待最终产品销售时再全额缴纳消费税。

【例 10-11】 天河公司委托外单位加工材料（非金银首饰），原材料价款为 20 万元，加工费用为 5 万元，由受托方代收代缴的消费税为 0.5 万元（不考虑增值税），材料已经加工完毕验收入库，加工费用尚未支付。假定天河公司材料采用实际成本核算。

根据该项经济业务，委托方天河公司应进行如下账务处理。

（1）如果委托方收回加工后的材料用于继续生产应税消费品，委托方的账务处理如下：

借：委托加工物资　　　　　　　　　　　　　200 000
　　贷：原材料　　　　　　　　　　　　　　　　　200 000
借：委托加工物资　　　　　　　　　　　　　 50 000
　　应交税费——应交消费税　　　　　　　　 5 000
　　贷：应付账款　　　　　　　　　　　　　　　　55 000
借：原材料　　　　　　　　　　　　　　　　250 000
　　贷：委托加工物资　　　　　　　　　　　　　　250 000

（2）如果委托方收回加工后的材料直接用于销售，委托方的账务处理如下：

借：委托加工物资　　　　　　　　　　　　　200 000
　　贷：原材料　　　　　　　　　　　　　　　　　200 000
借：委托加工物资　　　　　　　　　　　　　 55 000
　　贷：应付账款　　　　　　　　　　　　　　　　 55 000
借：原材料　　　　　　　　　　　　　　　　255 000
　　贷：委托加工物资　　　　　　　　　　　　　　255 000

生产应税消费品的企业，于销售产品时按规定计算应缴纳的消费税，编制的会计分录如下：

借：税金及附加
　　贷：应交税费——应交消费税

按规定上缴税费时，编制的会计分录如下：

借：应交税费——应交消费税
　　贷：银行存款

（三）其他应交税费

其他应交税费是指企业除应交增值税、消费税和所得税以外的其他应缴纳的税金，包括应交的资源税、土地增值税、城市维护建设税、房产税、土地使用税、车船税等。企业应交的上述税金，在"应交税费"科目下，按税种设置明细科目进行核算。现在以城市维护建设税为例进行说明：企业按规定计算出的城市维护建设税，借记"税金及附加""其他业务成本"等科目，贷记"应交税费——应交城市维护建设税"科目；实际上交时，借记"应交税费——应交城市维护建设税"科目，贷记"银行存款"科目。

八、其他流动负债

（一）应付利息

应付利息，是指企业按照合同约定应支付的利息，包括吸收存款、分期付息到期还本的长期借款、企业债券等应支付的利息。

企业应设置"利息支出""在建工程""财务费用""研发支出"等科目，按摊余成本和实际利率计算确定的利息费用，计入以上科目的借方，同时按合同利率计算确定的应付未付利息，贷记"应付利息"，按借贷双方之间的差额，借记或贷记"长期借款——利息调整"等科目。本科目期末贷方余额，反映企业应付未付的利息。

（二）应付股利

应付股利，是指企业根据年度利润分配方案，确定分配的股利。企业给投资者分配利润，一般先由董事会或类似权力机构提出分配方案，再提请股东大会批准后实施。会计上，一般以董事会提出的利润分配方案为依据进行利润分配的账务处理。因此，已决定分配但尚未实际支付给投资者的利润，形成企业的一项负债。有限责任公司的应付利润包括应付国家、其他单位及个人的投资利润。股份有限公司的应付利润即为应付股利。应付利润或应付股利均通过"应付股利"科目核算，该科目为负债类科目，其结构与一般负债类科目相同，期末贷方余额反映企业尚未支付的现金股利或利润。

需要指出，股份公司分配的股票股利，在董事会或股东大会确定分配方案至正式办理增资手续时，只需在备查账簿中进行相应登记，不需要做分录。因为企业发放股票股利并不构成企业负债，它只会引起所有者权益内部结构的变化，不会引起企业资产的增减。

（三）其他应付款

其他应付款是指企业除应付票据、应付账款、预收账款、应付职工薪酬、应付利息、应付股利、应交税费、长期应付款等以外的其他各项应付、暂收的款项。其他应付款主要包括应付经营租入固定资产和包装物等的租金、存入保证金（如收入包装物押金等）、应付统筹退休金和职工未按期领取的工资、应付或暂收所属单位或个人的款项、应付赔偿和罚款等。

为反映企业其他应付款项的收付情况，会计上应设"其他应付款"科目进行核算。它是负债类科目，收到上述各种应付、暂收款项时，借记"银行存款"等科目，贷记"其他应付款"科目；实际支付时，再做相反的会计分录。该科目的期末余额在贷方，反映企业尚未支付的其他应付款项。其他应付款的明细核算，按款项种类和单位或个人名称细分。

第三节 非流动负债

一、非流动负债概述

（一）非流动负债的特点

在通常情况下，流动负债主要用来满足企业生产经营中对资金的短期需要，而非流动负债则用于解决企业长期资产购建活动对资金的需求。企业的长期资金有两种来源：一是权益资本融资，二是筹集债务资本。适度以举借长期债务的方式融资，对于优化资本结构，降低资本成本有着重要意义。与权益资本融资相比。举借长期债务有以下特点。

1. 对企业现金流量索取权具有刚性特征

长期债权融资的持有者有权获得契约规定的现金流量（这表现为本金和按固定利率计算的利息），即举借长期债务的企业必须按契约的规定偿还债务本金和利息。在对现金流量索取权方面,债券持有人不仅优于股权持有人,且这种索取权无论在时间上,还是现金流量的规模上都是刚性的。

2. 长期债务融资通常不会引起企业控制权的转移

举借长期负债不会影响企业原有的股权结构,从而保证原有股东控制企业的权利不受损害。因为取得借款后,企业除了按契约规定使用长期债务资本并承担按期还本付息的责任外,企业的经营管理及决策权限不受债权人约束,这就保证了企业所有者控制企业的权利不受损害。

3. 税收上的优惠

税法对利息费用和股利的处理是不同的。长期负债的利息费用可以按税法的规定在税前列支,通过减少应纳税所得额而产生"税盾"效应,起到节税的作用。如向股东筹集资金,将来分配的是税后利润,这种支出不能得到税前扣减的好处。税收的优惠使得长期负债的资本成本低于权益资本成本。

(二)非流动负债的分类

1)按照筹措方式分类可分为长期借款、长期应付债券、长期应付款和预计负债等。

2)按照偿还和付息方式可分为定期偿还的非流动负债和分期偿还的非流动负债。

(三)非流动负债的计价

非流动负债初始确认时,应按公允价值计量,其相关交易费用应当计入初始确认金额。同流动负债的计价相同,期末应当按照摊余成本进行后续计量。

二、借款费用

(一)借款费用的概念及确认原则

借款是指企业为满足自身资金使用的需要而借入的款项,借款按其资金用途可分为专门借款和一般借款。如果借款有明确的用途,即为购建或者生产某项符合资本化条件的资产而专门借入,并具有标明该用途的借款合同,则该项借款为专门借款。而除专门借款之外的借款,其用途通常没有特指用于符合资本化条件的资产的购建或者生产,这种借款称为一般借款,这里所谓"符合资本化条件的资产"是指需要经过相当长时间的购建或者生产活动才能达到预定可使用或者可销售状态的固定资产、投资性房地产和存货等资产。

借款费用是指企业因借款而发生的利息及其他相关成本。它包括四部分内容:因借款而产生的借款利息,具体包括企业向银行或其他金融机构等借入资金而发生的利息,以及为购建或生产符合资本化条件的资产而发生的带息债务应承担的利息等。因借款而发生的折价或者溢价的摊销,主要是指发行公司债券所发生的折价或溢价的摊销。因借款而发生的辅助费用是指企业为了安排借款以供支出而发生的必要费用,包括借款手续费(如发行债券的手续费)、佣金、印刷费、承诺费等费用。因外币借款而发生的汇兑差额等是指由于汇率变动导致市场汇率与账面汇率出现差异,从而对外币借款本金及其利息的结账本位币金额产生的影响。对于企业发生的权益性融资费用,不应包括在借款费用中。

流动负债主要解决企业经营资金不足的困难,所发生的费用一律作为财务费用处理。从理论上讲,非流动负债费用的处理有两种方法可供选择:一是在发生当期直接确认为费用;

二是予以资本化，即可以将与购置某些资产相关的非流动负债借款费用作为资产取得成本的一部分。

在我国的会计实务中，借款费用的确认原则如下。

1）一般情况下，企业需要经过相当长时间的购建或者生产活动才能达到预定可使用状态的固定资产、投资性房地产和存货，以及符合条件的无形资产的开发支出等，因专门借款以及占用一般借款而发生的借款费用，在符合资本化条件的情况下，应当予以资本化，计入相关资产的成本。此处的资本化条件包括以下三个方面（须同时符合）：资产支出已经发生（包括为购建或者生产符合资本化条件的资产而以支付现金、转移非现金资产或者承担带息债务的形式发生的支出）、借款费用已经发生、为使资产达到预定可使用或者可销售状态所必要的购建或者生产活动已经开始。就其借款范围而言，资本化的借款既可以是专门借款，也可以是一般借款，其中，对于一般借款只有在购建或者生产符合资本化条件的资产占用了一般借款时，才应将其对应的相关费用资本化。

2）企业为购建资产达到预定可使用或者可销售状态后发生的借款费用以及不符合借款费用资本化条件的借款费用，直接计入当期损益。

（二）借款费用资本化期间的确定

借款费用资本化期间是指从借款费用开始资本化时点到停止资本化时点的期间，但不包括借款费用暂停资本化的期间。只有发生在该期间内的符合条件的借款费用才允许资本化。

"资产支出已经发生"是指企业已经发生了支付现金、转移非现金资产或者承担带息债务形式的支出。其中包括：用货币资金支付符合资本化条件的资产的购建或者生产支出、将企业自身的非现金资产直接用于符合资本化条件的资产的购建或者生产以及在赊购方式下产生应付款项及所承担的利息。

"借款费用已经发生"是指企业在购建或者生产符合资本化条件的资产而专门借入款项的借款费用或者所占用的一般借款的借款费用。

"为使资产达到预定可使用或者可销售状态所必要的购建生产活动已经开始"是指该资本化的资产的实体建造或者生产工作已经开始，例如主体设备的安装、厂房的实际开工建造等。它不包括仅仅持有资产、但实质上建造或者生产活动没有发生的情况，比如企业虽已购置土地，但尚未开工建设厂房等主体建筑，这种情况不应当将其认为为使资产达到预定可使用状态所必要的购建活动已经开始，其相关的借款费用不能资本化。

如果符合条件的资产在生产或购建过程中发生非正常中断，且中断时间连续超过三个月的，应当暂停借款费用的资本化即在此期间发生的借款费用应当计入当期损益而不再计入相关资产的成本。非正常中断一般是指由于工程纠纷、物料供应不及时、安全事故等原因而产生的事先未预见的中断，工程本身要求的施工中断或计划中可预见的中断不属于非正常中断。

当符合资本化条件的资产在达到预定可使用或可销售状态以后借款费用应当停止资本化，在此之后所发生的借款费用要计入当期损益。达到预定可使用或可销售状态是指该资产已经达到预先设计或合同约定的可使用或销售的状态，比如该资产的实体建造或生产活动已经全部完成、资产与设计要求、合同规定或者生产要求相符或者基本相符、继续发生在所购建或生产的符合资本化条件的资产上的支出金额很少或者几乎不再发生等，实际操作中对停止资本化试点的判定，更多地依赖会计人员的经验。

(三) 借款费用的计量

借款费用资本化金额的确定，首先要区分该借款是专门借款还是符合资本化条件的资产所占用的一般借款，其在账务处理上有所不同。

1. 利息资本化金额的确定

如果所占用的资金是专门借款资金，则应当在资本化期间内，根据每期实际发生的专门借款利息费用，减去将尚未动用的借款资金存入银行取得的利息收入或进行暂时性投资取得的投资收益后的金额确定为借款费用资本化金额。

如果所占用的资金是一般借款资金，应当先计算所占用一般借款的加权平均数，根据累计资产支出超过专门借款部分的资产支出加权平均数乘以所占用一般借款的资本化率，计算确定一般借款应予资本化的利息金额。

相关公式如下：

一般借款利息费用资本化金额 = 累计资产支出超过专门借款部分的资产支出加权平均数 × 所占用的一般借款的资本化率

累计资产支出加权平均数 = ∑（每笔资产支出金额 × 每笔资产在当期所占用的天数 ÷ 当期天数）× 所占用一般借款的资本化率

所占用的一般借款的资本化率 = 所占用一般借款当其发生的实际利息之和 ÷ 一般借款本金加权平均数

如果借款存在折溢价，还需对折价或溢价用实际利率法进行摊销，调整每期利息金额。当期利息资本化金额应以当期相关借款产生的实际利息费用为限。

【例10-12】 天河公司于20×9年1月1日从银行借入三年期借款500万元用于生产线工程建设，年利率为8%，利息按年支付。工程于20×9年1月1日开工，天河公司于20×9年1月1日支付给建筑承包商F公司150万元；20×9年1月1日至3月末，该借款闲置的资金取得的存款利息收入为4万元。20×9年4月1日工程因纠纷停工，直到7月1日继续施工。第二季度取得的该笔借款闲置资金存款利息收入为4万元。20×9年7月1日又支付工程款200万元。第三季度，天河公司用该借款的闲置资金150万元购入交易性证券，获得投资收益9万元，已存入银行。20×9年10月1日，天河公司从工商银行借入流动资金借款500万元，借期为1年，年利率为6%。利息按季度支付，10月1日天河公司支付工程进度款250万元。至20×9年年末该工程尚未完工。

（1）判断专门借款的资本化期间。

20×9年资本化期间为20×9年1月1日—12月31日，但4月1日—6月30日满足暂停资本化条件，应暂停资本化。

（2）按季计算20×9年与工程有关的利息、利息资本化金额。

①第一季度：

专门借款利息 = 500×8%÷4 = 10（万元）

利息资本化金额 = 利息费用 − 闲置资金取得的利息收入 = 11−4 = 6（万元）

会计分录如下：

借：在建工程——生产线　　　　　　　　　　　　　　60 000
　　银行存款　　　　　　　　　　　　　　　　　　40 000
　　贷：应付利息　　　　　　　　　　　　　　　　　　　　　　100 000

②第二季度（暂停资本化）：

$$专门借款利息 = 500 \times 8\% \div 4 = 10（万元）$$
$$计入财务费用的金额 = 10 - 4 = 6（万元）$$

会计分录如下：
借：财务费用　　　　　　　　　　　　　　　　　　60 000
　　银行存款　　　　　　　　　　　　　　　　　　40 000
　　贷：应付利息　　　　　　　　　　　　　　　　　　　　　　100 000

③第三季度：

$$专门借款利息 = 500 \times 8\% \div 4 = 10（万元）$$
$$利息资本化金额 = 10 - 9 = 1（万元）$$

会计分录如下：
借：在建工程——生产线　　　　　　　　　　　　　　10 000
　　银行存款　　　　　　　　　　　　　　　　　　90 000
　　贷：应付利息　　　　　　　　　　　　　　　　　　　　　　100 000

④第四季度：

$$专门借款利息（应全部资本化） = 500 \times 8\% \div 4 = 10（万元）$$

从10月1日开始，该工程累计支出已达600万元，超过了专门借款100万元，应将超过部分占用一般借款的借款费用资本化。

$$累计资产支出加权平均数 = 100 \times 3 \div 3 = 100（万元）$$
$$季度资本化率 = 6\% \div 4 = 1.5\%$$
$$一般借款利息资本化金额 = 100 \times 1.5\% = 1.5（万元）$$
$$利息资本化金额 = 10 + 1.5 = 11.5（万元）$$

会计分录如下：
借：在建工程——生产线　　　　　　　　　　　　　　100 000
　　贷：应付利息　　　　　　　　　　　　　　　　　　　　　　100 000
借：在建工程——生产线　　　　　　　　　　　　　　15 000
　　财务费用　　　　　　　　　　　　　　　　　　60 000
　　贷：银行存款（500×6%÷4）　　　　　　　　　　　　　　　75 000

2. 借款辅助费用资本化金额的确定

辅助费用是企业为了安排借款而发生的必要费用，如借款手续费、佣金等，辅助费用是企业借入款项所付出的一种代价，无论是专门借款，还是一般借款，只要是辅助费用，其处理原则都一样：达到预定可使用或者可销售状态之前，也就是停止资本化之前所发生的费用，全部予以资本化；停止资本化之后所发生的费用，全部予以费用化。

3. 因外币借款而发生的汇兑差额资本化金额的确定

当企业借入的专门借款为外币借款时,由于企业取得外币借款日、使用外币借款日和会计结算日往往并不一致,而外汇汇率又在随时发生变化,因此,外币借款会产生汇兑差额。在资本化期间内,汇兑差额应当予以资本化;开始资本化之前和停止资本化之后费用化。

三、长期借款

长期借款是指企业从银行或其他金融机构借入的期限在一年以上(不含一年)的借款。长期借款核算的主要内容包括:长期借款的借入、借款利息的处理、借款本息的归还、长期借款的期末计量等。因此,企业应设置"长期借款"科目,并按贷款单位和贷款种类,分"本金""利息调整"等进行明细核算。

(一) 借入长期借款

企业借入各种长期借款时,按实际收到的款项,借记"银行存款"科目,贷记"长期借款——本金"科目;按借贷双方之间的差额,借记"长期借款——利息调整"科目。

(二) 长期借款的利息

会计期末,企业应按长期借款的摊余成本和实际利率计算确定长期借款的利息费用,同时,按照借款本金和合同利率计算应付未付利息。其中,摊余成本是指长期借款的初始确认金额,扣除已偿还的本金,加上或减去采用实际利率将该初始确认金额与到期日金额之间的差额进行摊销形成的累计摊销额。实际利率是指将长期借款在预期存续期间内的未来现金流折现为长期借款当前账面价值所采用的利率。

企业采用实际利率计算确定的利息费用,按照长期负债费用的列支原则,不符合资本化条件的长期借款利息,直接计入财务费用;符合资本化条件的长期借款利息,在所购建或生产的符合资本化条件的资产达到预定可使用状态或可销售状态之前所发生的,计入购建固定资产的成本;在所购建或生产的符合资本化条件的资产达到预定可使用状态或者可销售状态之后发生的,计入当期财务费用。

企业应按长期借款的摊余成本和实际利率计算确定的长期借款的利息费用,借记"在建工程""财务费用""制造费用"等科目,按借款本金和合同利率计算确定的应付未付利息,贷记"应付利息"科目,按其差额,贷记"长期借款——利息调整"科目。

(三) 归还长期借款

企业归还长期借款,按归还的长期借款本金,借记"长期借款——本金"科目,按转销的利息调整金额,贷记"长期借款——利息调整"科目,按实际归还的款项,贷记"银行存款"科目,按借贷双方之间的差额,借记"在建工程""财务费用""制造费用"等科目。

【例10-13】天河公司为建造仓库于20×8年1月1日借入期限为两年的长期专门借款10 000 000元,款项已存入银行。年借款利率为9%,每年付息一次,期满后一次还清本金。20×8年年初及20×9年年初天河公司分别以银行存款支付工程价款3 000 000元、6 000 000元。该厂房于20×8年1月开始实体建造,于20×9年6月完工达到预定可使用状态。假定不考虑闲置专门借款资金存款的利息收入或者投资收益。根据上述业务,天河公司的有关账务处理如下:

（1）20×8年1月1日，取得借款时：

借：银行存款　　　　　　　　　　　　　　　10 000 000
　　贷：长期借款　　　　　　　　　　　　　　　　　　10 000 000

（2）20×8年初，支付工程款时：

借：在建工程　　　　　　　　　　　　　　　3 000 000
　　贷：银行存款　　　　　　　　　　　　　　　　　　3 000 000

（3）20×8年12月31日，计算20×8年应计入工程成本的利息时：

借款利息＝10 000 000×9%＝900 000（元）

借：在建工程　　　　　　　　　　　　　　　900 000
　　贷：应付利息　　　　　　　　　　　　　　　　　　900 000

（4）20×8年12月31日支付借款利息时：

借：应付利息　　　　　　　　　　　　　　　900 000
　　贷：银行存款　　　　　　　　　　　　　　　　　　900 000

（5）20×9年初支付工程款时：

借：在建工程　　　　　　　　　　　　　　　6 000 000
　　贷：银行存款　　　　　　　　　　　　　　　　　　6 000 000

（6）20×9年6月底达到预定可使用状态：

该期应计入工程成本的利息＝（10 000 000×9%÷12）×6＝450 000（元）

借：在建工程　　　　　　　　　　　　　　　450 000
　　财务费用　　　　　　　　　　　　　　　450 000
　　贷：应付利息　　　　　　　　　　　　　　　　　　900 000

（7）20×9年12月31日支付利息时：

借：应付利息　　　　　　　　　　　　　　　900 000
　　贷：银行存款　　　　　　　　　　　　　　　　　　900 000

（8）20×9年12月31日到期还本时：

借：长期借款　　　　　　　　　　　　　　　10 000 000
　　贷：银行存款　　　　　　　　　　　　　　　　　　10 000 000

四、应付债券

应付债券是指企业为筹集（长期）资金而发行的债券。企业通过发行债券取得资金是以将来履行归还购买债券者的本金和利息的义务作为保证的。企业应当设置"企业债券备查簿"，详细登记企业债券的票面金额、债券票面利率、还本付息期限与方式、发行总额、发行日期和编号、委托代售单位、转换股份等资料。企业债券到期结清时，应当在备查簿内逐笔注销。

企业债券发行价格的高低一般取决于债券票面金额、债券票面利率、发行当时的市场利率以及债券期限的长短等因素。债券的发行价格与面值可能一致，也可能不一致，这是由于债券的票面利率（即名义利率）与市场利率（即实际利率）不一致造成的。如果债券的票面利率高于市场利率时，可按超过债券面值的价格发行，称为溢价发行。如果债券的票面利率低于市场利率时，可按低于债券面值的价格发行，称为折价发行。如果债券的票面利率与市场利率相同时，可按债券的面值发行，称为平价发行。上述情形中的溢价金额和折价金额，是发行债券的企业在债券存续期内对债券利息费用的一种调整。

（一）一般公司债券

公司债券是公司依照法定程序对外发行、约定在一定期间内还本付息的有价证券，其实质是一种长期应付票据。公司债券通常有以下几种分类方式。

1. 按债券有无抵押或担保分类

1）有担保债券。它是指以特定资产（如固定资产、流动资产等）作为抵押而发行的债券。

2）无担保债券，也称信用债券。它是指企业凭借自身信用而发行的债券。由于没有特定的财产作为抵押，所以购买这种债券有较大风险。

2. 按发行方式分类

1）记名债券。它是指发行债券时，在发行企业或信托人处登记购买者的名册的债券。债券到期时，持票人可凭本人证件和债券到兑换处领取本息，或由发行人将利息邮寄给持票人。持票人在债券到期前若将债权转让他人，需要到原登记处办理过户手续。

2）无记名债券，也称息票债券。发行这种债券时不需要购买者名册，这种债券一般附有息票，持票人可凭息票领取债券到期利息，凭到期债券赎回本金。

3. 按还本的方式分类

1）定期还本公司债券。它是指债券本金全部在同一到期日清偿的债券。我国企业发行的债券大多属于此类。

2）分期还本公司债券。它是指债券本金在不同到期日分期偿还的债券。

4. 按特殊偿还方式分类

1）可赎回债券。它是指发行企业在债券到期前，可以按特定价格提前赎回的债券。

2）可转换债券。它是指在该债券发行后一定期间内债券持有人可按一定价格将其转换为发行企业的普通股股票的债券。发行可转换债券主要是增加企业的筹资引力。

（二）公司债券的发行

1. 公司债券的要素

公司债券作为一种特定的记载债权债务的书面凭证，必须包含以下要素：债券面值、债券利率、付息日、到期日、发行公司的名称与住所、发行日期与编号、发行公司的印记和法定代表人的签章、审批机关批准发行的文号、日期等。

2. 实际发行价格的确定

一般来讲，债券的发行价格为其所支付的本息按市场利率折算的现值。发行价格是债券面值（到期值）按市场利率（实际利率）折算的现值和按债券票面利率计算的各期利息（年金）以市场利率折算的现值二者之和。用公式表示为

$$债券发行价格 = 到期偿还本金的现值 + 各期票面利息的现值$$

这里涉及与货币时间价值相关的一对概念：现值和终值。现值即现在收款或付款的价值；终值是指在将来某一时间点上收付款的价值，也即包括本金和利息在内的未来价值。由于债券的偿还期较长，所以应按现值发行。需要注意的是公式中各期利息现值的计算；如果债券利息分期支付（如每半年付息一次），则应将各期支付的利息按年金计算现值；如果债券利息

于债券到期时同本金一起偿付,则应将到期应付利息总额与面值一起按复利计算现值。

【例10-14】20×4年12月31日,天河公司经批准发行5年期一次还本、每年年末分期付息的公司债券10 000 000元,该债券票面利率为年利率6%。假定债券发行时的市场利率为5%。5年期、折现率为5%的复利现值系数和年金现值系数分别为0.783 5、4.329 5。

天河公司该批债券实际发行价格为

10 000 000×0.783 5+10 000 000×6%×4.329 5=10 432 700（元）

（三）公司债券的账务处理

企业应当按照债券的公允价值（即实际发行的价格总额）进行初始计量。无论是按平价发行,还是溢价发行或折价发行,均按债券面值记入"应付债券"科目的明细科目"面值",实际收到的款项与面值的差额,记入明细科目"利息调整"。

【例10-15】接【例10-14】,天河公司在债券发行时应做如下会计分录：

借：银行存款　　　　　　　　　　　　　　　　　　10 432 700
　　贷：应付债券——面值　　　　　　　　　　　　　　　　10 000 000
　　　　　　——利息调整　　　　　　　　　　　　　　　　　432 700

期末,债券发行时产生的利息调整应在债券存续期间内采用实际利率法进行摊销。摊销方法一般有直线法和实际利率法两种,我国会计准则规定只能采用实际利率法。实际利率法是指按照应付债券的实际利率计算其摊余成本及各期利息费用的方法;实际利率是指将应付债券在债券存续期间的未来现金流量,折现为该债券当前账面价值所使用的利率。由于债券的摊余成本逐期不同,因而计算出来的利息费用也就不同。在溢价发行时,债券的账面价值逐渐减少,利息费用也就随之减少；在折价发行时,债券的账面价值逐期增加,利息费用因而也逐期增加。当期入账的利息费用与按票面利率计算的利息差额,即为该期应摊销的利息调整额。

资产负债表日,对于分期付息、一次还本的债券,企业应按应付债券的摊余成本和实际利率计算确定的债券利息费用,借记"在建工程""制造费用""财务费用"等科目,按票面利率计算确定的应付未付利息,贷记"应付利息"科目,按其差额,借记或贷记"应付债券——利息调整"科目。

【例10-16】接【例10-14】,根据上述资料,采用实际利率法和摊余成本计算确定的利息费用,如表10-4所示。

表10-4　利息费用一览表　　　　　　　　　　　　单位：元

付息日期	支付利息 ①=10 000 000×6%	利息费用 ②=期初④×5%	摊销的利息调整 ③=①-②	应付债券摊余成本 ④=期初④-③
20×4年12月31日	—	—	—	10 432 700.00
20×5年12月31日	600 000.00	521 635.00	78 365.00	10 354 335.00
20×6年12月31日	600 000.00	517 716.75	82 283.25	10 272 051.75
20×7年12月31日	600 000.00	513 602.59	86 397.41	10 185 654.34
20×8年12月31日	600 000.00	509 282.72	90 717.28	10 094 937.06
20×9年12月31日	600 000.00	505 062.94*	94 937.06*	10 000 000.00

注：*表示尾数调整。

（1）20×5年12月31日，计算利息费用时：

借：财务费用　　　　　　　　　　　　　521 635
　　应付债券——利息调整　　　　　　　 78 365
　　　贷：应付利息　　　　　　　　　　　　　　　　　　600 000

20×6年、20×7年、20×8年确认利息费用的账务处理同20×5年。

（2）20×9年12月31日，归还债券本金及最后一期利息费用时：

借：财务费用等　　　　　　　　　　　　505 062.94
　　应付债券——面值　　　　　　　　10 000 000.00
　　　　　——利息调整　　　　　　　　 94 937.06
　　　贷：银行存款　　　　　　　　　　　　　　　10 600 000.00

债券折价发行与债券溢价一样，债券折价是发行企业对债权人未来少收利息的一种补偿。与债券溢价一样，债券折价也是对债券票面利率的一种调整，应在债券偿还期内逐期分摊，并增加各期实际的债券利息支出，因而利息调整的明细科目将出现在贷方。

公司发行的债券应根据债券发行时订立的合同条款偿还本金及利息。到期直接偿还时，无论债券当初发行是按什么价格，等于、低于或高于债券面值，其最终的账面价值均等于债券面值，企业只要按债券面值直接偿还。借记"应付债券——面值""应付债券——应计利息""应付利息"等科目，贷记"银行存款"等科目。采用一次还本、分期付息方式的，在每期支付利息时，借记"应付利息"科目，贷记"银行存款"科目；债券到期偿还本金并支付最后一期利息时，借记"应付债券——面值""在建工程""财务费用""制造费用"等科目，贷记"银行存款"科目，按借贷双方之间的差额，借记或贷记"应付债券——利息调整"科目。

（四）可转换公司债券

企业在发行债券的条款中，若规定债券持有者可以在一定期间之后，按规定的转换比率或转换价格，将持有的债券转换成该企业发行的股票（通常为普通股），这种债券就称为可转换公司债券。

企业发行的可转换公司债券作为长期负债，在"应付债券"科目中设置"可转换公司债券"明细科目进行核算。发行可转换公司债券时，应将负债和权益成分进行分拆，在进行分拆时，应当对负债成分的未来现金流量进行折现确定负债成分的初始确认金额。按发行价格总额扣除负债成分初始确认金额后的金额确定权益成分的初始确认金额。发行可转换公司债券发生的交易费用，应当在负债成分和权益成分之间按照各自的公允价值比例进行分摊。将负债成分确认为应付债券，其面值在"应付债券——可转换公司债券（面值）"科目中核算，将权益成分确认为资本公积，按其公允价值，记入"资本公积——其他资本公积"科目，二者差额，借记或贷记"应付债券——利息调整"科目。

【例10-17】天河公司在20×7年1月1日按每份面值100元发行了5 000份可转换公司债券，取得总收入510 000元。该债券期限为3年，票面年利率为3%，利息于次年1月5日支付；每份债券均可在债券发行1年后转换为该公司普通股，初始转股价为每股10元，股票面值为每股1元。不足1股的部分用现金支付。该公司发行该债券时，二级市场上与之类似但没有转股权的债券的市场利率为5%。

(1) 计算负债部分的初始入账金额：

负债部分的初始入账金额 =500 000×3%×(P/A, 5%, 3)+500 000×(P/F, 5%, 3)=472 748（元）

(2) 计算权益部分的初始入账金额：

权益部分的初始入账金额 =510 000−472 748=37 252（元）

(3) 编制有关发行可转换公司债券的会计分录：

借：银行存款　　　　　　　　　　　　　　　　　　510 000
　　应付债券——可转换公司债券（利息调整）　　　 27 252
　　贷：应付债券——可转换公司债券（面值）　　　　　　　　500 000
　　　　资本公积——其他资本公积　　　　　　　　　　　　　 37 252

(4) 可转换公司债券的期末计提利息与摊销利息的调整方法与一般公司债券相同。所以，20×7 年 12 月 31 日，计息并编制会计分录：

借：制造费用（472 748×5%）　　　　　　　　　　 23 637.40
　　贷：应付利息（500 000×3%）　　　　　　　　　　　　　15 000.00
　　　　应付债券——可转换公司债券（利息调整）　　　　　 8 637.40

(5) 20×8 年 1 月 5 日，天河公司支付利息：

借：应付利息　　　　　　　　　　　　　　　　　　 15 000
　　贷：银行存款　　　　　　　　　　　　　　　　　　　　　15 000

可转换公司债券发行时一般有约定的转换期及转换率。按照规定转换后，发行企业应将债券面值、未摊销的利息调整、应付利息等一起注销，同时反应股东权益的增加，通常核算方法有账面价值法和市价法两种，我国目前采用第一种方法，即以债券的账面价值或债券的账面价值与转换权价值之和作为股票的价值入账，其中"股本"账户登记股票面值，债券的账面价值及债券的转换价值之和与可转换股份面值的差额减去支付的现金后的余额，作为资本公积处理，采用这种方法，会计上不确认转换损益。

【例 10-18】接【例 10-17】，假设 20×8 年 10 月 1 日某债券持有者将面值为 100 000 元的可转换公司债券申请转换股份，并于当日办妥相关手续。假定按照当日可转换债券的面值计算转股数，未支付的应付利息不再支付但可作为计算转股数。相关手续已于当日办妥；未转为天河公司普通股的可转换债券持有至到期，其本金及最后一期利息一次结清。

则天河公司的账务处理如下。

20×8 年 10 月 1 日，计息并编制会计分录：

借：财务费用 [(472 748+8 637.4)×5%×9÷12×1÷5]　　3 610.39
　　贷：应付利息 (500 000×3%×9÷12×1÷5)　　　　　　　　2 250.00
　　　　应付债券——可转换公司债券（利息调整）　　　　　 1 360.39

20×8 年 10 月 1 日，编制转换股份的会计分录：

转换股份数 =(100 000+2 250)÷10=10 225（股）

借：应付债券——可转换公司债券（面值）　　　　　100 000.00
　　应付利息　　　　　　　　　　　　　　　　　　 2 250.00
　　资本公积——其他资本公积（37 252×1÷5）　　　 7 450.40
　　贷：应付债券——可转换公司债券（利息调整）

[(27 252−8 637.4)×1÷5−1 360.39]	2 362.53
股本	10 225.00
资本公积——股本溢价	97 112.87

五、长期应付款

长期应付款是指企业发生的除长期借款和长期债券以外的其他各种长期应付款项，包括以分期付款方式购入的固定资产发生的应付款项、应付融资租入固定资产的租赁费等。

为了核算长期应付款的增减变动情况，企业应设置"长期应付款"科目，并按照长期应付款的种类设置明细科目进行明细分类核算。

长期应付款在初始确认时，应按照公允价值计量。在后续计量时，企业应当采用实际利率法，按摊余成本对长期应付款进行后续计量。

企业以分期付款方式购入固定资产，如果延期支付的购买价款超过正常信用条件，实质上具有融资性质，所购资产的成本应以延期支付的购买价款的现值为基础确定，实际支付的价款与购买价款的限制之间的差额，应在信用期内采用实际利率法进行摊销，计入相关资产成本或当期损益。

应付融资租赁款的核算将在"高级财务会计"等课程中介绍。

第四节　债务重组

一、债务重组的定义

由于各种原因，企业有时可能出现一些暂时性的财务困难，难以按期偿还债务。在此情况下，债权人可通过两种途径对债权进行处理：一种方式是可以通过法律程序，要求债务人破产，以清偿债务；另一种方式是可以互相协商，通过债务重组的方式，债权人做出某些让步，使债务人减轻负担，渡过难关。债务重组是指在不改变交易对手方的情况下，经债权人和债务人协定或法院裁定，就清偿债务的时间、金额或方式等重新达成协议的交易。

（一）关于交易对手方

债务重组是在不改变交易对手方的情况下进行的交易。实务中经常出现第三方参与相关交易的情形，例如，某公司以不同于原合同条款的方式代债务人向债权人偿债；又如，新组建的公司承接原债务人的债务，与债权人进行债务重组；再如，资产管理公司从债权人处购得债权，再与债务人进行债务重组。在以上情形下，企业首先应当考虑相关债权和债务是否满足终止确认的条件。

债务重组不强调在债务人发生财务困难的背景下进行，也不论债权人是否做出让步。这意味着，无论何种原因导致债务人未按原定条件偿还债务，也无论双方是否同意债务人以低于债务的金额偿还债务，只要债权人和债务人就债务条款重新达成协议，就符合债务重组的定义。例如，债权人在减免债务人部分债务本金的同时提高剩余债务的利息，或者债权人同意债务人用等值库存商品抵偿到期债务等，均属于债务重组。

（二）关于债权和债务的范围

债务重组涉及的债权和债务，是符合金融资产和金融负债定义的债权和债务，不包括合同资产、合同负债、预计负债,但包括租赁应收款和租赁应付款。

对于符合《企业会计准则第12号——债务重组》定义的债务重组,应当按照该准则进行会计处理,但下列各项不属于该准则规范范围。

1)债务重组中涉及的债权、重组债权、债务、重组债务和其他金融工具的确认、计量和列报,分别适用《企业会计准则第22号——金融工具确认和计量》和《企业会计准则第37号——金融工具列报》。

2)通过债务重组形成企业合并的,适用《企业会计准则第20号——企业合并》。

3)债权人或债务人中的一方直接或间接对另一方持股且以股东身份进行债务重组的,或者债权人与债务人在债务重组前后均受同一方或相同的多方最终控制,且该债务重组的交易实质是债权人或债务人进行了权益性分配或接受了权益性投入的,适用权益性交易的有关会计处理规定。

二、债务重组的方式

债务重组的方式主要包括:债务人以资产清偿债务、将债务转为权益工具、修改其他条款,以及前述一种以上方式的组合。

(一)债务人以资产清偿债务

债务人以资产清偿债务,是债务人转让其资产给债权人以清偿债务的债务重组方式。债务人用于偿债的资产通常是已经在资产负债表中确认的资产,例如,现金、应收账款、长期股权投资、投资性房地产、固定资产、在建工程、生物资产、无形资产等。

在受让上述资产后,债权人核算相关受让资产的类别可能与债务人不同。例如债务人以固定资产抵偿债务,债权人受让资产后作为投资性房地产核算;债务人以部分长期股权投资清偿债务,债权人可能将受让的投资作为金融资产核算。

除上述已经在资产负债表中确认的资产外,债务人也可能以不符合确认条件而未予确认的资产清偿债务。例如,债务人以未确认的内部产生的品牌清偿债务;债权人在获得的商标权符合无形资产确认条件的前提下作为无形资产核算。在少数情况下,债务人还可能以处置组(即一组资产和与这些资产直接相关的负债)清偿债务。

(二)债务人将债务转为权益工具

债务人将债务转为权益工具,在实务中经常称为"债转股",是指将债务转为债务人自身的普通股等权益工具。权益工具,是指能证明拥有某个企业在扣除所有负债后的资产中的剩余权益合同,会计处理上体现为"股本""实收资本""资本公积"等科目。

在有些情况下,债务重组名义上采用"债转股"的方式,但同时附加相关条款,如约定债务人在未来某个时点有义务以某一金额回购股权,或债权人持有的股份享有强制分红权等。对于债务人,这些"股权"可能并不是根据《企业会计准则第37号——金融工具列报》分类为权益工具的金融工具,从而不属于债务人将债务转为权益工具的债务重组方式。债权人和债务人还可能协议以一项同时包含金融负债成分和权益工具成分的复合金融工具替换原债权债务,这类交易也不属于债务人将债务转为权益工具的债务重组方式。

(三)修改其他条款

修改债权和债务的其他条款,是债务人不以资产清偿债务,也不将债务转为权益工具,而是改变债权和债务的其他条款的债务重组方式,如采用调整债务本金、改变债务利息、变更还款期限等方式修改债权和债务的其他条款,形成重组债权和重组债务。

(四) 组合方式

组合方式,是采用债务人以资产清偿债务、债务人将债务转为权益工具、修改其他条款三种方式中一种以上方式的组合清偿债务的债务重组方式。例如,债权人和债务人约定,由债务人以机器设备清偿部分债务,将另一部分债务转为权益工具,调减剩余债务的本金,但利率和还款期限不变;再如,债务人以现金清偿部分债务,同时将剩余债务展期等。

三、债务重组的会计处理

(一) 债权和债务的终止确认

债务重组中涉及的债权和债务的终止确认,应当遵循《企业会计准则第 22 号——金融工具确认和计量》和《企业会计准则第 23 号——金融资产转移》有关金融资产和金融负债终止确认的规定。债权人在收取债权现金流量的合同权利终止时终止确认债权,债务人在债务的现时义务解除时终止确认债务。

由于债权人与债务人之间进行的债务重组涉及债权和债务的认定,以及清偿方式和期限等的协商,通常需要经历较长时间,例如破产重整中进行的债务重组。因此,债务人只有在符合上述终止确认条件时才能终止确认相关债务,并确认债务重组相关损益。

对于在报告期间已经开始协商,但在报告期资产负债表日后的债务重组,不属于资产负债表日后调整事项。

对于终止确认的债权,债权人应当结转已计提的减值准备中对应该债权终止确认部分的金额。

对于终止确认的分类为以公允价值计量且其变动计入其他综合收益的债权,之前计入其他综合收益的累计利得或损失应当从其他综合收益中转出,记入"投资收益"科目。

1. 以资产清偿债务或将债务转为权益工具

对于债权人,在拥有或控制相关资产时,通常其收取债权现金流量的合同权利也同时终止,债权人一般可以终止确认该债权。对于债务人,通过交付资产或权益工具解除了其清偿债务的现时义务,债务人一般可以终止确认该债务。

2. 修改其他条款

对于债权人,债务重组通过调整债务本金、改变债务利息、变更还款期限等修改合同条款方式进行的,合同修改前后的交易对手方没有发生改变,合同涉及的本金、利息等现金流量很难在本息之间及债务重组前后做出明确分割,即很难单独识别合同的特定可辨认现金流量。因此通常情况下,应当整体考虑是否对全部债权的合同条款做出了实质性修改。如果做出了实质性修改,或者债权人与债务人之间签订协议,以获取实质上不同的新金融资产方式替换债权,应当终止确认原债权,并按照修改后的条款或新协议确认新金融资产。

对于债务人,如果对债务或部分债务的合同条款做出了"实质性修改"形成重组债务,或者债权人与债务人之间签订协议,以承担"实质上不同"的重组债务方式替换债务,债务人应当终止确认原债务,同时按照修改后的条款确认一项新金融负债。其中,如果重组债务未来现金流量(包括支付和收取的某些费用)现值与原债务的剩余期间现金流量现值之间的差异超过 10%，则意味着新的合同条款进行了"实质性修改"或者重组债务是"实质上不同"的，有关现值的计算均采用原债务的实际利率。

3. 组合方式

对于债权人，通常情况下应当整体考虑是否终止确认全部债权。由于组合方式涉及多种债务重组方式，一般可以认为对全部债权的合同条款做出了实质性修改，从而终止确认全部债权，并按照修改后的条款确认新金融资产。

对于债务人，组合中以资产清偿债务或者将债务转为权益工具方式进行的债务重组，如果债务人清偿该部分债务的现时义务已经解除，应当终止确认该部分债务。组合中以修改其他条款方式进行的债务重组，需要根据具体情况，判断对应的部分债务是否满足终止确认条件。

（二）债权人和债务人的具体会计处理原则

1. 以资产清偿债务或将债务转为权益工具

（1）债权人的会计处理原则

债务重组采用以资产清偿债务或者将债务转为权益工具方式进行的，债权人应当在受让的相关资产符合其定义和确认条件时予以确认。

1）债权人受让金融资产。债权人受让包括现金在内的单项或多项金融资产的，应当按照《企业会计准则第 22 号——金融工具确认和计量》的规定进行确认和计量。金融资产初始确认时应当以其公允价值计量，金融资产确认金额与债权终止确认日账面价值之间的差额，记入"投资收益"科目。

2）债权人受让非金融资产。债权人初始确认受让的金融资产以外的资产时，应当按照下列原则以成本计量。

存货的成本，包括放弃债权的公允价值，以及使该资产达到当前位置和状态所发生的可直接归属于该资产的税金、运输费、装卸费、保险费等其他成本。

对联营企业或合营企业投资的成本，包括放弃债权的公允价值，以及可直接归属于该资产的税金等其他成本。

投资性房地产的成本，包括放弃债权的公允价值，以及可直接归属于该资产的税金等其他成本。

固定资产的成本，包括放弃债权的公允价值，以及使该资产达到预定可使用状态前所发生的可直接归属于该资产的税金、运输费、装卸费、安装费、专业人员服务费等其他成本。确定固定资产成本时，应当考虑预计弃置费用因素。

无形资产的成本，包括放弃债权的公允价值，以及可直接归属于使该资产达到预定用途所发生的税金等其他成本。

债权人放弃债权的公允价值与账面价值之间的差额，记入"投资收益"科目。

3）债权人受让多项资产。债权人受让多项非金融资产，或者包括金融资产、非金融资产在内的多项资产的，应当按照《企业会计准则第 22 号——金融工具确认和计量》的规定确认和计量受让的金融资产；按照受让的金融资产以外的各项资产在债务重组合同生效日的公允价值比例，对放弃债权在合同生效日的公允价值扣除受让金融资产当日公允价值后的净额进行分配，并以此为基础分别确定各项资产的成本。放弃债权的公允价值与账面价值之间的差额，记入"投资收益"科目。

4）债权人受让处置组。债务人以处置组清偿债务的，债权人应当分别按照《企业会计准则第22号——金融工具确认和计量》和其他相关准则的规定，对处置组中的金融资产和负债进行初始计量。然后按照金融资产以外的各项资产在债务重组合同生效日的公允价值比例，对放弃债权在合同生效日的公允价值以及承担的处置组中负债的确认金额之和，扣除受让金融资产当日公允价值后的净额进行分配，并以此为基础分别确定各项资产的成本。放弃债权的公允价值与账面价值之间的差额，记入"投资收益"科目。

5）债权人将受让的资产或处置组划分为持有待售类别。债务人以资产或处置组清偿债务，且债权人在取得日未将受让的相关资产或处置组作为非流动资产和非流动负债核算，而是将其划分为持有待售类别的，债权人应当在初始计量时，比较假定其不划分为持有待售类别情况下的初始计量金额和公允价值减去出售费用后的净额，以两者孰低计量，公允价值减去出售费用后的净额低于不划分为持有待售类别情况下的初始计量金额的差额记入"资产减值损失"科目。

（2）债务人的会计处理原则

1）债务人以金融资产清偿债务。债务人以单项或多项金融资产清偿债务的，债务的账面价值与偿债金融资产账面价值的差额，记入"投资收益"科目。偿债金融资产已计提减值准备的，应结转已计提的减值准备。对于以分类为以公允价值计量且其变动计入其他综合收益的债务工具投资清偿债务的，之前计入其他综合收益的累计利得或损失应当从其他综合收益中转出，记入"投资收益"科目。对于以指定为以公允价值计量且其变动计入其他综合收益的非交易性权益工具投资清偿债务的，之前计入其他综合收益的累计利得或损失应当从其他综合收益中转出，记入"盈余公积""利润分配——未分配利润"等科目。

2）债务人以非金融资产清偿债务。债务人以单项或多项非金融资产清偿债务，或者以包括金融资产和非金融资产在内的多项资产清偿债务的，不需要区分资产处置损益和债务重组损益，也不需要区分不同资产的处置损益，而应将所清偿债务账面价值与转让资产账面价值之间的差额，记入"其他收益——债务重组收益"科目。偿债资产已计提减值准备的，应结转已计提的减值准备。

通常情况下，债务重组不属于企业的日常活动，因此债务重组中如债务人以日常活动产出的商品或服务清偿债务的，不应按《企业会计准则第14号——收入》确认为商品或服务的销售处理。债务人以固定资产、日常活动产出的商品或服务清偿债务的（以企业的存货或提供服务清偿债务），应当将所清偿债务账面价值与存货等相关资产账面价值之间的差额，记入"其他收益——债务重组收益"科目。

3）债务人以处置组清偿债务。债务人以包含非金融资产的处置组（处置组中的资产均为长期股权投资的除外）清偿债务的，应当将所清偿债务和处置组中负债的账面价值之和，与处置组中资产的账面价值之间的差额，记入"其他收益——债务重组收益"科目。处置组所属的资产组或资产组组合按照《企业会计准则第8号——资产减值》分摊了企业合并中取得的商誉的，该处置组应当包含分摊至处置组的商誉。处置组中的资产已计提减值准备的，应结转已计提的减值准备。

4）债务人将债务转为权益工具。债务重组采用将债务转为权益工具方式进行的，债务人初始确认权益工具时，应当按照权益工具的公允价值计量；权益工具的公允价值不能可靠计量的，应当按照所清偿债务的公允价值计量。所清偿债务账面价值与权益工具确认金额之间的差额，记入"投资收益"科目。债务人因发行权益工具而支出的相关税费等，应当依次冲减资本公积（资本溢价或股本溢价）、盈余公积、未分配利润等。

2. 修改其他条款

（1）债权人的会计处理原则

债务重组采用以修改其他条款方式进行的，如果修改其他条款导致全部债权终止确认，债权人应当按照修改后的条款以公允价值初始计量新的金融资产，新金融资产的确认金额与债权终止确认日账面价值之间的差额，记入"投资收益"科目。

如果修改其他条款未导致债权终止确认，债权人应当根据其分类，继续以摊余成本、以公允价值计量且其变动计入其他综合收益，或者以公允价值计量且其变动计入当期损益进行后续计量。对于以摊余成本计量的债权，债权人应当根据重新议定合同的现金流量变化情况，重新计算该重组债权的账面余额，并将相关利得或损失记入"投资收益"科目。重新计算的该重组债权的账面余额，应当根据将重新议定或修改的合同现金流量按债权原实际利率折现的现值确定。对于修改或重新议定合同所产生的成本或费用，债权人应当调整修改后的重组债权的账面价值，并在修改后重组债权的剩余期限内摊销。

（2）债务人的会计处理原则

债务重组采用修改其他条款方式进行的，如果修改其他条款导致债务终止确认，债务人应当按照公允价值计量重组债务，终止确认的债务账面价值与重组债务确认金额之间的差额，记入"投资收益"科目。

如果修改其他条款未导致债务终止确认，或者仅导致部分债务终止确认，对于未终止确认的部分债务，债务人应当根据其分类，继续以摊余成本、以公允价值计量且其变动计入当期损益或其他适当方法进行后续计量。对于以摊余成本计量的债务，债务人应当根据重新议定合同的现金流量变化情况，重新计算该重组债务的账面价值，并将相关利得或损失记入"投资收益"科目。重新计算的该重组债务的账面价值，应当根据将重新议定或修改的合同现金流量按债务的原实际利率或按债务重新计算的实际利率折现的现值确定。对于修改或重新议定合同所产生的成本或费用，债务人应当调整修改后的重组债务的账面价值，并在修改后重组债务的剩余期限内摊销。

3. 组合方式

（1）债权人的会计处理原则

债务重组采用组合方式进行的，一般可以认为对全部债权的合同条款做出了实质性修改，债权人应当按照修改后的条款，以公允价值初始计量新的金融资产和受让的新金融资产，按照受让的金融资产以外的各项资产在债务重组合同生效日的公允价值比例对放弃债权在合同生效日的公允价值扣除受让金融资产和重组债权当日公允价值后的净额进行分配，并以此为基础分别确定各项资产的成本。放弃债权的公允价值与账面价值之间的差额，记入"投资收益"科目。

（2）债务人的会计处理原则

债务重组采用以资产清偿债务、将债务转为权益工具、修改其他条款等方式的组合进行的。对于权益工具，债务人应当在初始确认时按照权益工具的公允价值计量，权益工具的公允价值不能可靠计量的，应当按照所清偿债务的公允价值计量。对于修改其他条款形成的重组债务，债务人应当按照相关规定，确认和计量重组债务。所清偿债务的账面价值与转让资产的账面价值以及权益工具和重组债务的确认金额之和的差额，记入"其他收益——债务重组收益"或"投资收益"（仅涉及金融工具时）科目。

值得注意的是，对于企业因破产重整而进行的债务重组交易，由于涉及破产重整的债务重组协议执行过程及结果存在重大不确定性，因此，企业通常应在破产重整协议履行完毕后确认债务重组收益，除非有确凿证据表明上述重大不确定性已经消除。

【例10-19】20×4年6月18日，天河公司向玉林公司销售商品一批，应收玉林公司款项的入账金额为95万元。天河公司将该应收款项分类为以摊余成本计量的金融资产。玉林公司将该应付账款分类为以摊余成本计量的金融负债。20×4年10月18日，双方签订债务重组合同，玉林公司以一项作为无形资产核算的非专利技术偿还该欠款。该无形资产的账面余额为100万元，累计摊销额为10万元，已计提减值准备2万元。10月22日，双方办理完成该无形资产转让手续，天河公司支付评估费用4万元。当日，天河公司应收款项的公允价值为87万元，已计提坏账准备7万元，玉林公司应付款项的账面价值仍为95万元。假设不考虑相关税费。

20×4年10月22日，债权人天河公司取得该无形资产的成本为债权公允价值87万元与评估费用4万元的合计数额，即91万元。天河公司的账务处理如下：

借：无形资产　　　　　　　　　　　910 000
　　坏账准备　　　　　　　　　　　 70 000
　　投资收益　　　　　　　　　　　 10 000
　　贷：应收账款　　　　　　　　　　　　　950 000
　　　　银行存款　　　　　　　　　　　　　 40 000

20×4年10月22日，债务人玉林公司的账务处理如下：

借：应付账款　　　　　　　　　　　950 000
　　累计摊销　　　　　　　　　　　100 000
　　无形资产减值准备　　　　　　　 20 000
　　贷：无形资产　　　　　　　　　　　　1 000 000
　　　　其他收益——债务重组收益　　　　　70 000

【例10-20】20×3年11月5日，天河公司向玉林公司赊购一批材料，含税价为234万元。20×4年9月10日，天河公司因发生财务困难，无法按合同约定偿还债务，双方协商进行债务重组。玉林公司同意天河公司用其生产的商品、作为固定资产管理的机器设备和一项债券投资抵偿欠款。当日，该债权的公允价值为210万元，天河公司用于抵债的商品市价（不含增值税）为90万元，抵债设备的公允价值为75万元，用于抵债的债券投资市价为23.55万元。

抵债资产于20×4年9月20日转让完毕，天河公司发生设备运输费用0.65万元，玉林公司发生设备安装费用1.5万元。

玉林公司以摊余成本计量该项债权。20×4年9月20日，玉林公司对该债权已计提坏账准备19万元，债券投资市价为21万元。玉林公司将受让的商品、设备和债券投资分别作为低值易耗品、固定资产和以公允价值计量且其变动计入当期损益的金融资产核算。

天河公司以摊余成本计量该项债务。20×4年9月20日，天河公司用于抵债的商品成本为70万元；抵债设备的账面原价为150万元，累计折旧为40万元，已计提减值准备18万元；天河公司以摊余成本计量用于抵债的债券投资，债券票面价值总额为15万元，票面利率与实际利率一致,按年付息。当日,该项债务的账面价值仍为234万元。天河、玉林公司均为增值税一般纳税人,适用增值税税率为13%,经税务机关核定,该项交易中商品和设备的计税价格分别为90万元和75万元。不考虑其他相关税费。

债权人玉林公司的账务处理如下。

$$低值易耗品可抵扣增值税 = 90 \times 13\% = 11.7（万元）$$
$$设备可抵扣增值税 = 75 \times 13\% = 9.75（万元）$$

低值易耗品和固定资产的成本应当以其公允价值比例(90：75)对放弃债权公允价值扣除受让金融资产公允价值后的净额进行分配后的金额为基础确定。

$$低值易耗品的成本 = 90 \div (90+75) \times (210-23.55-11.7-9.75) = 90（万元）$$
$$固定资产的成本 = 75 \div (90+75) \times (210-23.55-11.7-9.75) = 75（万元）$$

20×4年9月20日,玉林公司应编制如下会计分录。

① 结转债务重组相关损益：

借：周转材料——低值易耗品	900 000	
在建工程——在安装设备	750 000	
应交税费——应交增值税（进项税额）	214 500	
交易性金融资产	210 000	
坏账准备	190 000	
投资收益	75 500	
贷：应收账款——天河公司		2 340 000

② 支付安装成本：

借：在建工程——在安装设备	15 000	
贷：银行存款		15 000

③ 安装完毕达到可使用状态：

借：固定资产——××设备	765 000	
贷：在建工程——在安装设备		765 000

债务人天河公司的账务处理如下。

20×4年9月20日,天河公司应编制如下会计分录：

借：固定资产清理（1 500 000-400 000-180 000）	920 000	
累计折旧	400 000	
固定资产减值准备	180 000	
贷：固定资产		1 500 000
借：固定资产清理	6 500	
贷：银行存款		6 500
借：应付账款	2 340 000	
贷：固定资产清理		926 500
库存商品		700 000
应交税费——应交增值税（销项税额）		214 500
债权投资——成本		150 000
其他收益——债务重组收益		349 000

四、债务重组的相关披露

债务重组中涉及的债权、重组债权、债务、重组债务和其他金融工具的披露，应当按照《企业会计准则第 37 号——金融工具列报》的规定处理。此外，债权人和债务人还应当在附注中披露与债务重组有关的额外信息。

债权人应当在附注中披露与债务重组有关的下列信息。

1）根据债务重组方式，分组披露债权账面价值和债务重组相关损益。

2）债务重组导致的对联营企业或合营企业的权益性投资增加额，以及该投资占联营企业或合营企业股份总额的比例。

债务人应当在附注中披露与债务重组有关的下列信息。

1）根据债务重组方式，分组披露债务账面价值和债务重组相关损益。

2）债务重组导致的股本等所有者权益的增加额。

第五节 或有事项

一、或有事项概述

企业在经营活动中经常会面临一些具有较大不确定性的经济事项，这些不确定事项对企业的财务状况和经营成果可能会产生影响，必须由会计人员做出分析和判断。常见的或有事项有：未决诉讼或未决仲裁、债务担保、产品质量保证（含产品安全保证）、亏损合同、重组义务、承诺、环境污染整治等。

或有事项具有以下特征。

1. 由过去的交易或者事项形成

或有事项是由过去的交易或者事项形成的。例如，未决诉讼是企业因过去的经济行为导致起诉其他单位或被其他单位起诉，基于这一特征，未来可能发生的自然灾害、交通事故、经营亏损等事项，都不构成或有事项。

2. 结果具有不确定性

或有事项的结果具有不确定性。首先，或有事项的结果是否发生具有不确定性。其次，或有事项的结果预计将会发生，但发生的具体时间或金额具有不确定性。

3. 结果须由未来事项的发生或不发生决定

或有事项的结果须由未来事项的发生或不发生决定。比如未决诉讼，其最终结果只能随着案情的发展，由判决结果来决定。或有事项这一特征说明，或有事项具有时效性，即随着影响或有事项结果的因素发生变化，或有事项最终会转化为确定事项。

二、或有负债

（一）或有负债的含义

或有负债，是指过去的交易或事项形成的潜在义务，其存在必须通过未来不确定事项的发生或不发生予以证实；过去的交易或事项形成的现时义务，履行该义务不是很可能导致经济利益流出企业或该义务的金额不能可靠计量。

或有负债涉及两类义务：潜在义务和现时义务。其中，潜在义务是指结果取决于不确定未来事项的可能义务。现时义务是指企业在现行条件下已承担的义务,该现时义务的履行不是很可能导致经济利益流出企业,或者该现时义务的金额不能可靠地计量。例如,天河公司与乙公司签订担保合同,承诺为乙公司的五年期贷款提供担保,由于担保合同的签订,天河公司承担了一项现时义务,但是,承担现时义务并不意味着经济利益很可能因此而流出天河公司,如果乙公司的财务状况良好,则说明天河公司履行连带责任的可能性不大,不是很可能发生经济利益流出的情况,因此可以作为天河公司的或有负债。

或有事项相关义务导致经济利益流出的可能性,通常按照一定的概率区间加以判断。一般情况下,发生的概率分为以下几个层次:基本确定、很可能、可能、极小可能。其中,"基本确定"是指发生的可能性大于95%但小于100%;"很可能"是指发生的可能性大于50%但小于或等于95%;"可能"是指发生的可能性大于5%但小于或等于50%;"极小可能"是指发生的可能性大于0但小于或等于5%。

需要指出的是,或有负债不同于估计负债,如各项预提费用,后者的应付金额需要采用估计的方法才能确定,而或有负债的金额可能是肯定的(如已贴现的商业承兑汇票)抑或需要估计(如产品质量保证)。或有负债不同于一般负债,负债是指"过去交易或事项形成的、预期会导致经济利益流出企业的现时义务",负债的特点之一是企业的现时义务,同时负债的清偿会预期导致经济利益流出企业。如果或有负债对应的潜在义务转化为现时义务,作为现时义务的或有负债,又很可能导致经济利益流出企业,且该项负债的金额也能可靠计量,则企业将该义务确认为一项负债,会计上称为"预计负债"。

除了或有负债外,或有事项还包括或有资产。或有资产是指过去的交易或事项形成的潜在资产,其存在必须通过未来不确定事项的发生或不发生予以证实。或有资产和或有负债均不符合资产和负债的定义和确认条件,因此,企业不应当确认或有资产和或有负债,而是要对其进行披露。或有负债通常要进行充分披露,详细说明或有负债产生的原因和影响,而或有资产如果不是很可能给企业带来经济利益,通常不进行披露。

(二)或有负债的内容

1. 未决诉讼、仲裁

正在涉讼而尚未判决的事项,可能会使企业败诉时承担赔偿责任。但因案情复杂,相关法律又无明确规定,结果尚难预料;或虽然败诉的可能性较大,但赔偿金额很难确定,因此,未决诉讼、仲裁属于或有负债,未决诉讼引起的损失及负债金额,往往对企业威胁很大,以致关系企业存亡,所以要特别引起注意。

2. 提供债务担保

企业应其他企业的请求,签订担保协议为其举债提供担保,如果债务到期日被担保人不能按期付款,担保企业应承担连带付款责任,但企业最终是否应履行连带责任,在债务到期前的各项资产负债表日尚不能确定,由此构成担保企业的或有负债。

3. 产品质量保证

它是指企业对已售出商品或已提供劳务的质量提供的保证。为了提高商品或劳务的售后服务质量,免除客户的后顾之忧,商家企业往往承诺在规定期限内,对已售出商品或劳务实行包修、包换、包退。但商品或劳务售出时,在规定期限内它们是否需要返修或退换、返修或退换率有多大、需要开支的费用是多少等,很难确定,故应作为或有负债。

4. 亏损合同、重组义务

亏损合同是指履行合同义务不可避免会发生的成本超过预期经济利益的合同；重组是指企业制定和控制的，将显著改变企业组织形式、经营范围或经营方式的计划实施行为。企业因重组而承担的义务符合或有负债的定义特征，属于或有负债。

（三）或有负债的披露

或有负债无论作为潜在义务还是现实义务，均不符合负债的确认条件，会计上不予确认。然而，除非或有负债极小可能导致经济利益流出企业，否则均应予以披露。或有负债披露的内容包括：①或有负债的种类及其形成原因，包括已贴现商业承兑汇票、未决诉讼、未决仲裁、对外提供担保等形成的或有负债；②经济利益流出不确定性的说明；③或有负债预计产生的财务影响，以及获得补偿的可能性，无法预计的，应当说明原因。但是，在涉及未决诉讼、未决仲裁的情况下，如果披露全部或部分信息预期会对企业造成重大不利影响的，企业无须披露这些信息，但应披露未决诉讼、未决仲裁的性质，以及没有披露这些是信息的事实和原因。

三、预计负债

（一）预计负债的确认

预计负债是因或有事项可能产生的负债。与或有事项相关的义务同时符合以下三个条件的，企业应将其确认为负债。

1）该义务是企业承担的现时义务，即与或有事项相关的义务是在企业当前条件下已承担的义务，企业没有其他现实的选择，只能履行该现时义务。这里所指的义务包括法定义务和推定义务。法定义务，是指因合同、法规或其他司法解释等产生的义务。推定义务，是指因企业的特定行为而产生的义务。

2）履行该义务很可能导致经济利益流出企业。即履行与或有事项相关的现时义务时，导致经济利益流出企业的可能性超过50%，但尚未达到基本确定的程度。

3）该义务的金额能够可靠地计量。即与或有事项相关的现时义务的金额能够合理地估计。企业应充分考虑有关的风险和不确定性。

（二）预计负债的计量

预计负债的计量主要涉及两个问题，一是最佳估计数的确定；二是预期可获得补偿的处理。

1. 最佳估计数的确定

企业因或有事项而确认的预计负债的金额应当按照履行相关现时义务所需支出的最佳估计数进行初始计量。如果所需支出存在一个连续范围，且该范围内各种结果发生的可能性相同，则最佳估计数应当按照该范围内的中间值，即上下限金额的平均数确定。在其他情况下，最佳估计数应区分下列情况进行确定：或有事项涉及单个项目的，最佳估计数按最可能发生的金额确定；或有事项涉及多个项目的，最佳估计数按照各种可能结果及相关概率计算确定。

企业在确定最佳估计数时，应分别考虑与或有事项有关的风险、不确定性和货币时间价值等因素。货币时间价值影响重大的，应当通过对相关未来现金流出进行折现后确定最佳估计数。企业应当在资产负债表日对预计负债的账面价值进行复核。有确凿证据表明该账面价值不能真实反映当前最佳估计数的,应当按照当前最佳估计数对该账面价值进行调整。

【例 10-21】 20×4 年 12 月 2 日,天河公司因合同违约而涉及一桩诉讼案。根据企业的法律顾问判断,最终的判决很可能对天河公司不利。20×4 年 12 月 31 日,天河公司尚未接到法院的判决,因诉讼需要承担的赔偿金额也无法准确地确定。不过,据专业人士估计,赔偿金额可能是 40 万元至 60 万元之间的某一金额,而且这个区间内每个金额的可能性都大致相同。

此例中,天河公司应在 20×4 年 12 月 31 日的资产负债表中确认一项负债金额为

$$(40+60)\div 2=50（万元）$$

2. 预期可获得补偿的处理

如果企业清偿预计负债所需支出全部或部分预期由第三方补偿,由于该补偿是一种潜在资产,最终能否收到具有较大不确定性,因此该补偿金额只有在基本确定能收到时,才能作为资产单独确认,并且确认的补偿金额不能超过所确认负债的账面价值。预期可能获得补偿的情况通常有:发生交通事故等情况时,企业通常可从保险公司获得合理的赔偿;在某些索赔诉讼中,企业可对索赔人或第三方另行提出赔偿要求;在债务担保业务中,企业在履行担保义务的同时,通常可向被担保企业提出追偿要求。

企业应设置"预计负债"科目核算预计负债。它是负债类科目,按规定确认的预计负债记入贷方;实际偿付的负债记入借方;期末余额在贷方,反映已预计尚未支付的债务。

根据【例 10-21】,天河公司 20×4 年 12 月 31 日应编制的会计分录如下:

借:营业外支出　　　　　　　　　　　　　　　　　500 000
　　贷:预计负债　　　　　　　　　　　　　　　　　　　500 000

以上根据法院裁决支付上述款项时,再减少预计负债的记录。

虽然预计负债属于企业的负债,但与一般负债不同的是,预计负债导致经济利益流出企业的可能性尚未达到基本确定的程度,金额往往需要估计,所以在资产负债表上应单独列示。

▶本章小结

为了便于分析企业的财务状况和偿债能力,会计上一般按负债的流动性,即偿还期限的长短,分为流动负债和非流动负债。流动负债内容较多,会计核算应结合分类进行。非流动负债则用于解决企业长期资产购建活动对资金的需求。在我国会计实务中,根据长期负债的用途及其费用发生的时间,采取费用化和资本化两种处理方法,对于借款费用要掌握其资本化金额如何确定,及开始、停止、暂停资本化的条件。关于债券,债券的发行价格往往与其面值并不相等,其根本原因在于债券的票面利率与市场利率不相等,对于债券的折溢价需采用实际利率法进行摊销。关于或有事项,在或有负债与预计负债的核算中,应注意把握二者的异同,把握或有负债的内容、披露原则、预计负债的确认条件和账务处理方法。债务重组是指在债务人发生财务困难的情况下,债权人按照达成的协议或法院裁定做出让步的情况。

思政园地

防范化解地方债风险不可松懈

在财政收支紧平衡形势下，一些地方政府面临较大债务压力，债务风险问题引发社会关注。近日，《国务院关于2022年中央决算的报告》在部署下一步重点工作时强调，要有效防范化解地方政府债务风险。

打好防范化解重大风险攻坚战，地方政府债务风险是一个重点领域。近些年来，我国持续加强地方政府债务管理，坚持"开正门、堵旁门"，保持高压监管态势。一方面，发挥一般债务、专项债务的积极作用，促进稳增长、稳投资；另一方面，严肃查处违法违规举债融资行为，坚决遏制隐性债务增量、逐步化解隐性债务存量，取得明显成效，债务风险总体可控。

当前，我国经济运行持续回升，但也面临不少困难与挑战，有的地方财政收入增长乏力，收支矛盾较为突出。同时，一些债务违规问题不容小觑。比如通过承诺兜底回购、国有企业垫资建设等方式，违规新增隐性债务；专项债券管理方面，有的违规将资金投向禁止类领域等。此外，地方政府融资平台公司的市场化转型、规范管理也面临不少问题，部分平台公司偿债压力较大。政府债务管理一旦放松，则容易演变成为"灰犀牛"，潜在风险巨大。防范化解地方政府债务风险，不能有丝毫懈怠，一系列问题应当引起高度重视、进行妥善处置。

首先，抓实化解地方隐性债务风险。尽管地方隐性债务已减少三分之一以上，但化债任务依然很重。要建立健全防范化解隐性债务风险长效机制，想方设法统筹各类资金资产资源，稳妥化解隐性债务存量，坚决遏制隐性债务增量。同时，强化监管措施，对变相举债、虚假化债行为及时查处、追责问责。加强地方政府融资平台公司治理，规范融资信息披露，严禁与地方政府信用挂钩，分类推进市场化转型。

其次，规范专项债券发行使用管理。专项债券属于法定债务，有一系列制度规范约束，发行使用公开透明，风险较为可控。近年来，专项债券在拉动有效投资方面发挥了重要作用，但其发行使用中暴露的一系列问题仍要引起重视。要通过穿透式监测、全生命周期管理，确保资金使用规范安全；要严格落实负面清单管理，防止将专项债券用于各类楼堂馆所、形象工程和政绩工程。需要注意的是，近年来，专项债券发行规模加大，一些地方债务集中到期，还本付息压力较大，要统筹安排、防范风险。

最后，强化地方财政运行监测。我国地方政府债务问题的一个特点就是地域分布不均匀，各地情况差异较大，要动态跟踪研判地方特别是县区财政运行情况，对可能发生的债务风险早发现、早报告、早处置，防患于未然。

制度只有长出"利齿"，才能实现硬约束。要压实地方属地责任、部门监管责任和企业主体责任，严格落实政府举债终身问责制和债务问题倒查机制，一旦触及"高压线"就严惩不贷。

总而言之，必须统筹发展和安全，牢牢守住不发生系统性风险的底线。只有更好防范化解地方政府债务风险，才能实现财政可持续、经济平稳健康运行。

资料来源：金观平.防范化解地方债风险不可松懈[N].央广网经济日报，2023-07-13（1）.

国际视野

拓展阅读

章后练习

关键术语音频

关键术语听与读

- Accounts payable（应付账款）: The accounts payable refer to the debts incurred in commodity transactions due to the purchase of materials, commodities or the acceptance of labor supply.
- Advances received（预收账款）: The advances received, also called the unearned revenue, refer to the amount received in advance by the enterprise from the purchaser in accordance with the provisions of the contract.
- Bond payable（应付债券）: The bond payable refers to the bond issued by enterprises to raise (long-term) funds.
- Borrowing costs（借款费用）: The borrowing costs refer to the interest and other related costs incurred by the enterprise due to borrowing.
- Consumption tax（消费税）: The consumption tax refers to a tax levied on taxable consumer goods produced, commissioned and imported.
- Contingencies（或有事项）: The contingencies often occurs when enterprises face some economic events with great uncertainty in their business activities. These uncertain events may have an impact on the financial situation and operating results of the enterprise, which must be analyzed and judged by accountants.
- Contingent liabilities（或有负债）: The contingent liabilities stand for potential obligations arising from past transactions or events.
- Convertible bonds（可转换公司债券）: The convertible bonds are the issuing of bonds, if the enterprise stipulates that the bondholder can convert the bonds held into shares issued by the enterprise at the specified conversion rate or conversion price after a certain period of time.
- Current Liabilities（流动负债）: The current liabilities refer to the debts that will be repaid within one year (including one year) or more than one business cycle.
- Debt restructuring（债务重组）: The debt restructuring occurs when the debtor is in financial difficulties, the creditor makes concessions in accordance with the agreement reached or the court ruling.
- Dividends payable（应付股利）: The dividends payable incurs when the enterprise determines the dividends to be distributed according to the annual profit distribution plan.
- Employee compensation（职工薪酬）: The employee compensation refers to the various forms of remuneration and other related expenses that the enterprise provides for the services provided by employees.
- Estimated liabilities（预计负债）: The estimated liabilities incurs when contingent liabilities are most likely to happen, which means between 50% to 95% percent of probability.
- Liabilities（负债）: The liabilities are the existing obligations formed by past transactions or events of the enterprise and expected to cause economic benefits to flow out of the enterprise.
- Long term loans（长期借款）: The long term loans mean the borrowings made by enterprises from banks or other financial institutions with a term of more than one year (excluding one year).
- Non-current liabilities（非流动负债）: The non-current liabilities are the debts with a repayment period of more than one year.
- Notes payable（应付票据）: The notes payable

- refer to the commercial bills issued by the drawer and entrusted to the payer to unconditionally pay a certain amount to the payee or holder on a specified date, including bank acceptance bills and commercial acceptance bills.
- Short term loans（短期借款）: The short term loans refer to all kinds of funds borrowed by enterprises from banks or other financial institutions with a repayment period of less than one year（including one year）.
- Taxes payable（应交税费）: The taxes payable refer to the various taxes payable by enterprises on their operating income in accordance with the tax law and relevant national laws and regulations.
- Trading financial liabilities（交易性金融负债）: The purpose of trading financial liabilities assuming the financial liabilities is mainly to sell or repurchase in the near future. It is part of the identifiable portfolio of financial instruments under centralized management, and there is objective evidence that the enterprise has recently managed the portfolio by means of short-term profits; It is a derivative instrument.
- Value added tax（增值税）: The value added tax refers to the tax levied on the value-added part of goods, intangible assets or immovable property sold domestically, imported goods or services provided.

第十一章

所有者权益

本章案例

蚂蚁集团增资背后：网络小贷挥别高杠杆

国家企业信用信息公示系统网站信息显示，蚂蚁科技集团股份有限公司（以下简称"蚂蚁集团"）的注册资本完成新一轮变更：由237.79亿元增加至350亿元，增资幅度约为47%，核准日期为2021年9月30日。此外，蚂蚁集团9月30日还发生了一系列高级管理人员备案变更和投资人（股权）备案变更。

针对注册资本变更一事，蚂蚁集团回应，此举主要是根据相关监管规定及公司经营发展需要，蚂蚁集团增加了注册资本金，为公司后续发展预留了更大空间。

蚂蚁集团上一轮增资发生在2020年6月底：在增资约2.5亿元后，当时蚂蚁集团的注册资金变更为237.79亿元，而此次再度大举增资，引发业内人士的关注。需要注意的是，此次增资中，蚂蚁集团特别提到，"此次注册资本的变动来自资本公积转增股本，公司并未进行市场化融资，无新增投资者。"

蚂蚁集团此次增资，通过资本公积转增股本是何考虑？

有人认为，蚂蚁集团此举也是在为重启IPO铺路。虽然2021年以来根据监管要求，蚂蚁集团的放贷规模随着杠杆率的下降有所降低，但仍可以预计到未来蚂蚁集团为了充分满足监管规定并重启IPO进程，可能进行进一步增资。此次增资并未吸收市场投资者，也在一定程度上体现了蚂蚁集团保护股东、债权人权益的态度和未来重返IPO的决心。

资料来源：刘四红. 蚂蚁集团增资背后：网络小贷挥别高杠杆[N]. 北京商报，2021-10-12（7）.

学习目标

所有者权益是指企业所有者在企业资产中享有的经济利益。从数量来看，它是企业资产总额减去负债总额后的余额；从产权来看，它是企业所有者对企业净资产的所有权。通过本章的学习，希望读者：
- 了解所有者权益的性质和特征；
- 掌握不同企业组织形式下所有者权益的基本特征；
- 重点掌握公司制企业所有者权益的核算。

第一节 所有者权益概述

一、所有者权益的定义和特征

所有者权益是指企业投资人对企业净资产的所有权，是企业全部资产扣除全部负债后的剩余权益。它包括企业所有者投入资本、资本公积以及留存收益等。

所有者权益具有以下特征。

1）所有者权益随投资人的投资行为而产生，它表明企业的产权关系，即谁投资谁享有企业净资产的所有权。

2）所有者权益位于债权人权益之后。负债对企业资产的求偿权优先于所有者权益，当企业进行清算时，变现后的资产首先用于偿还负债，剩余资产才在投资人之间按出资比例进行分配。

3）所有者权益不需偿还。一般只有在按法律程序减资或企业清算时，才可能归还给投资人。投资人可以转让出资，但不得直接抽回投资。

4）所有者权益比债权人权益具有更大风险。债权人对企业的投资通常以获取利息为目的，有规定的偿还期限和事先约定好的固定数额的利息，一般不受企业盈亏的影响，风险较小。而所有者对企业的投资最终能获得多少报酬取决于企业的盈利水平和利润分配政策，因而风险较大。

二、企业组织形式和所有者权益的构成

企业组织形式是指企业财产的组织方式。一类是非公司制企业；另一类是公司制企业。非公司制企业组织形式包括独资企业和合伙企业；公司制企业包括股份有限公司和有限责任公司。

独资企业是指由个人出资创办、完全由个人经营的一种企业组织形式。企业的资产全部归个人所有，企业债务就是个人债务，投资者个人对企业债务负有无限责任。独资企业的特征决定了独资企业的所有者权益仅属业主一人所有，其所有者权益的构成仅为业主资本。

合伙企业是指由两个或两个以上的投资者订立合伙协议，共同出资、共同经营、共享收益、共担风险的企业组织形式。合伙企业所有者权益属于合伙人共有，所有者权益的构成是各合伙人的业主资本，即合伙人投入企业的资本。

公司制企业是指对其债务承担有限责任的营利性企业组织形式。各投资人对企业承担的责任仅以其出资额为限，所以必须将企业实际收到的各投资人的投资额单独核算，以便明确各投资人的经济责任，对于超过注册资本的出资额作为资本公积。另外，对于留存在企业中的利润必须按照公司法的规定在提取公积金以后进行分配，分配后的剩余收益作为未分配利润留待以后年度分配。公司制企业根据是否上市，又可以分为上市公司和非上市公司。因

此，上市公司制企业所有者权益的构成分为股本、其他权益工具、资本公积、其他综合收益、盈余公积和未分配利润等内容；非上市公司制企业所有者权益的构成分为实收资本、其他权益工具、资本公积、其他综合收益、盈余公积和未分配利润等内容。这些所有者权益的要素在会计上要分别设置科目，分别核算，在报表上要分别列示。

第二节 公司制企业所有者权益

一、公司制企业的基本特征

公司制企业是依法设立、依法独立享有权利并承担责任的经济组织，包括有限责任公司和股份有限公司两种。与独资、合伙企业相比，公司制企业具有以下基本特征。

1）独立的法律主体。公司是经政府部门批准而得以成立的独立法律主体。在公司章程和营业执照允许的范围内，公司有权以自己的名义独立从事各种经营活动，如签订协议、照章纳税等。发生经济纠纷时，可以以独立的诉讼主体在法院起诉和应诉。

2）所有权和经营权分离。在公司制企业中，股东提供资本并分享收益，依据出资额和法律程序行使重大决策权、资产收益权和选择管理者权利，但并不直接参与公司的日常经营管理。而是通过选举董事会，然后由董事会聘任总经理和其他管理人员来负责公司的经营管理。所以，在公司制企业中，所有权属于出资人，经营权属于公司管理当局。

3）承担有限责任。有限责任公司的所有者以其出资额为限，对公司的债务承担有限责任；股份有限公司的股东以其认购的股份为限，对公司的债务承担有限责任。所以，两者均仅限于出资额而不涉及个人财产。

二、公司制企业所有者权益的来源及确认

（一）所有者权益的来源构成

所有者权益的来源包括所有者投入的资本、直接计入所有者权益的利得和损失、留存收益等，通常由实收资本（或股本）、资本公积（含股本溢价或资本溢价、其他资本公积）、其他综合收益、盈余公积和未分配利润等构成。商业银行等金融企业在税后利润中提取的一般风险准备，也构成所有者权益。

所有者投入的资本是指所有者投入企业的资本部分，它既包括构成企业注册资本或者股本部分的金额，也包括投入资本超过注册资本或者股本部分的金额，即资本溢价或股本溢价，这部分投入资本在我国企业会计准则体系中被计入了资本公积，并在资产负债表中的资本公积项目下反映。

直接计入所有者权益的利得和损失，是指不应计入当期损益、会导致所有者权益发生增减变动的、与所有者投入资本或者向所有者分配利润无关的利得或损失。其中，利得是指由企业非日常活动所形成的、会导致所有者权益增加的、与所有者投入资本无关的经济利益的流入。损失是指由企业非日常活动所发生的、会导致所有者权益减少的、与向所有者分配利润无关的经济利益的流出。直接计入所有者权益的利得和损失主要包括可供出售金融资产的公允价值变动额、现金流量套期中套期工具公允价值变动额（有效套期部分）等。

留存收益是企业历年实现的净利润留存于企业的部分，主要包括累计计提的盈余公积和未分配利润。

（二）所有者权益的确认条件

所有者权益体现的是所有者在企业中的剩余权益，因此，所有者权益的确认主要依赖于其他会计要素，尤其是资产和负债的确认；所有者权益金额的确定也主要取决于资产和负债的计量。例如，企业接受投资者投入的资产，在该资产符合企业资产确认条件时，就相应地符合了所有者权益的确认条件；当该资产的价值能够可靠计量时，所有者权益的金额也就可以确定。

三、公司制企业所有者权益核算

（一）实收资本（或股本）

1. 实收资本（或股本）确认和计量的基本要求

按照《中华人民共和国公司法》的规定，有限责任公司的股东可以用货币出资，也可以用现金以外的其他有形资产投资，符合国家规定比例的，还可以用无形资产投资，如用知识产权、土地使用权等可以用货币估价并可以依法转让的非货币财产作价出资；但是，法律、行政法规规定不得作为出资的财产除外。对作为出资的非货币财产应当评估作价，核实财产，不得高估或者低估作价。法律、行政法规对评估作价有规定的，从其规定。

企业应当设置"实收资本"科目，核算企业接受投资者投入的实收资本，股份有限公司应将该科目改为"股本"。企业收到投资时，一般应进行如下账务处理：收到投资人投入的现金，应在实际收到或者存入企业开户银行时，按实际收到的金额，借记"银行存款"科目，以实物资产投资的，应在办理实物产权转移手续时，借记有关资产科目，以无形资产投资的，应按照合同、协议或公司章程规定移交有关凭证时，借记"无形资产"科目，按投入资本在注册资本或股本中所占份额，贷记"实收资本"或"股本"科目，按其差额，贷记"资本公积——资本溢价"或"资本公积——股本溢价"等科目。

初建有限责任公司时，各投资者按照合同、协议或公司章程投入企业的资本，应全部记入"实收资本"科目，注册资本为在公司登记机关登记的全体股东认缴的出资额。在企业增资时，如有新投资者介入，新介入的投资者缴纳的出资额大于其按约定比例计算的其在注册资本中所占的份额部分，不记入"实收资本"科目，而作为资本公积，记入"资本公积"科目。

股份有限公司是指全部资本由等额股份构成并通过发行股票筹集资本、股东以其认购的股份为限对公司承担责任、公司以其全部财产对公司债务承担责任的企业法人。股份有限公司设立有两种方式，即发起式和募集式。发起式设立的特点是公司的股份全部由发起人认购，不向发起人之外的任何人募集股份；募集式设立的特点是公司股份除发起人认购外，还可以采用向其他法人或自然人发行股票的方式进行募集。公司设立方式不同，筹集资本的风险也不同。发起式设立公司，其所需资本由发起人一次认足，一般不会发生设立公司失败的情况，因此，其筹资风险小。募集式设立公司，其筹资对象广泛，在资本市场不景气或股票的发行价格不恰当的情况下，有发行失败（即股票未被全部认购）的可能，因此，其筹资风险大。按照有关规定，发行失败损失由发起人负担，包括承担筹建费用、公司筹建过程中的债务和对认股人已缴纳的股款支付银行同期存款利息等责任。

股份有限公司与其他企业相比较，最显著的特点就是将企业的全部资本划分为等额股份，并通过发行股票的方式来筹集资本。股东以其所认购股份对公司承担有限责任。股份是很重要的指标。股票的面值与股份总数的乘积为股本,股本应等于企业的注册资本,所以,股本也是很重要的指标。为了直观地反映这一指标,在账务处理上,股份有限公司应设置"股本"科目。

【例11-1】甲、乙、丙共同出资设立有限责任公司天河公司,公司注册资本为10 000 000元,甲、乙、丙持股比例分别为50%、30%和20%。20×4年10月5日,天河公司如期收到各投资者一次性缴足的款项。根据上述资料,天河公司应进行以下账务处理:

借:银行存款　　　　　　　　　　　　　　　　　　　　10 000 000
　　贷:实收资本——甲　　　　　　　　　　　　　　　　　5 000 000
　　　　　　——乙　　　　　　　　　　　　　　　　　　3 000 000
　　　　　　——丙　　　　　　　　　　　　　　　　　　2 000 000

【例11-2】天河股份有限公司发行普通股20 000 000股,每股面值为1元,发行价格为6元。股款120 000 000元已经全部收到。根据上述资料,天河股份有限公司应进行以下账务处理:

借:银行存款　　　　　　　　　　　　　　　　　　　　120 000 000
　　贷:股本　　　　　　　　　　　　　　　　　　　　　20 000 000
　　　　资本公积——股本溢价　　　　　　　　　　　　　100 000 000

2. 实收资本(或股本)增减变动的核算

(1)实收资本(或股本)增加的账务处理。

1)企业增加资本的途径一般有三条。一是将资本公积转为实收资本或股本。会计上应借记"资本公积——资本溢价"或"资本公积——股本溢价"科目,贷记"实收资本"或"股本"科目。二是将盈余公积转为实收资本。会计上应借记"盈余公积"科目,贷记"实收资本"或"股本"科目。这里要注意的是,资本公积和盈余公积均属所有者权益,转为实收资本或者股本时,企业如为独资企业的,核算比较简单,直接结转即可;如为股份有限公司或有限责任公司的,应按原投资者所持股份同比例增加各股东的股权。三是所有者(包括原企业所有者和新投资者)投入。企业接受投资者投入的资本,借记"银行存款""固定资产""无形资产""长期股权投资"等科目,贷记"实收资本"或"股本"科目。

2)股份有限公司发放股票股利。股份有限公司采用发放股票股利实现增资的,在发放股票股利时,按照股东原来持有的股数分配,如股东所持股份按比例分配的股利不足1股时,应采用恰当的方法进行处理。例如,股东会决议按股票面额的10%发放股票股利时(假定新股发行价格及面额与原股相同),对于所持股票不足10股的股东,将会发生不能领取一股的情况。在这种情况下,有两种方法可供选择:一是将不足1股的股票股利改为现金股利,用现金支付;二是由股东相互转让,凑为整股。股东大会批准的利润分配方案中分配的股票股利,应在办理增资手续后,借记"利润分配"科目,贷记"股本"科目。

3)可转换公司债券持有人行使转换权利。可转换公司债券持有人行使转换权利,将其持有的债券转换为股票,按可转换公司债券的余额,借记"应付债券——可转换公司债券(面值、利息调整)"科目,按其权益成分的金额,借记"资本公积——其他资本公积"科目,按股票面值和转换的股数计算的股票面值总额,贷记"股本"科目,按其差额,贷记"资本公积"科目。

4）企业将重组债务转为资本。企业将重组债务转为资本的，应按重组债务的账面余额，借记"应付账款"等科目，按债权人因放弃债权而享有本企业股份的面值总额，贷记"实收资本"或"股本"科目，按股份的公允价值总额与相应的实收资本或股本之间的差额，贷记或借记"资本公积——资本溢价"或"资本公积——股本溢价"科目，按其差额，贷记"营业外收入——债务重组利得"科目。

5）以权益结算的股份支付的行权。以权益结算的股份支付换取职工或其他方提供服务的，应在行权日，按实际行权情况确定的金额，借记"资本公积——其他资本公积"科目，按应计入实收资本或股本的金额，贷记"实收资本"或"股本"科目。

（2）实收资本减少的账务处理。企业实收资本减少的原因大体有两种：一是资本过剩；二是企业发生重大亏损而需要减少实收资本。企业因资本过剩而减资，一般要发还股款。有限责任公司和一般企业发还投资的账务处理比较简单，按法定程序报经批准减少注册资本的，借记"实收资本"科目，贷记"库存现金""银行存款"等科目。

股份有限公司由于采用的是发行股票的方式筹集股本，发还股款时，则要回购发行的股票，发行股票的价格与股票面值可能不同，回购股票的价格也可能与发行价格不同，账务处理较为复杂。股份有限公司因减少注册资本而回购本公司股份的，应按实际支付的金额，借记"库存股"科目，贷记"银行存款"等科目。注销库存股时，应按股票面值和注销股数计算的股票面值总额，借记"股本"科目，按注销库存股的账面余额，贷记"库存股"科目，按其差额，冲减股票发行时原记入资本公积的溢价部分，借记"资本公积——股本溢价"科目，回购价格超过上述冲减"股本"及"资本公积——股本溢价"科目的部分，应依次借记"盈余公积""利润分配——未分配利润"等科目；如回购价格低于回购股份所对应的股本，所注销库存股的账面余额与所冲减股本的差额作为增加股本溢价处理，按回购股份所对应的股本面值，借记"股本"科目，按注销库存股的账面余额，贷记"库存股"科目，按其差额，贷记"资本公积——股本溢价"科目。

【例11-3】天河股份有限公司截至20×4年12月31日共发行股票40 000 000股，股票面值为1元，资本公积（股本溢价）10 000 000元，盈余公积10 000 000元。经股东大会批准，天河公司以现金回购本公司股票4 000 000股并注销。假定天河公司按照每股5元回购股票，不考虑其他因素，天河公司的账务处理如下：

$$库存股的成本 = 4\ 000\ 00 \times 5 = 20\ 000\ 000（元）$$

会计分录如下：

借：库存股	20 000 000	
贷：银行存款		20 000 000
借：股本	4 000 000	
资本公积——股本溢价	10 000 000	
盈余公积	6 000 000	
贷：库存股		20 000 000

（二）资本公积

1. 资本公积概述

资本公积是企业收到投资者的超出其在企业注册资本（或股本）中所占份额的部分，以及直接计入所有者权益的利得和损失等。资本公积包括资本溢价（或股本溢价）和其他资本公积。

资本溢价（或股本溢价）是企业收到投资者的超出其在企业注册资本（或股本）中所占份额的投资。形成资本溢价（或股本溢价）的原因有溢价发行股票、投资者超额缴入资本等。直接计入所有者权益的利得和损失是指不应计入当期损益、会导致所有者权益发生增减变动的、与所有者投入资本或者向所有者分配利润无关的利得或者损失。

资本公积一般应当设置"资本溢价（或股本溢价）""其他资本公积"明细科目进行核算。

2. 资本公积的来源及核算

（1）资本溢价。投资者经营的企业（不含股份有限公司），投资者依其出资份额对企业经营决策享有表决权，依其所认缴的出资额对企业承担有限责任。明确记录投资者认缴的出资额，真实地反映各投资者对企业享有的权利与承担的义务，是账务处理应注意的问题。为此，会计上应设置"实收资本"科目，核算企业投资者按照公司章程所规定的出资比例实际缴付的出资额。在企业创立时，出资者认缴的出资额全部记入"实收资本"科目。在企业重组并有新的投资者加入时，为了维护原有投资者的权益，新加入的投资者的出资额，并不一定全部作为实收资本处理。这是因为，在企业正常经营过程中投入的资金虽然与企业创立时投入的资金在数量上一致，但其获利能力却不一致。企业创立时，要经过筹建、试生产经营、为产品寻找市场、开拓市场等过程，从投入资金到取得投资回报，中间需要许多时间，并且这种投资具有风险性，在这个过程中资本利润率很低。而企业进行正常生产经营后，在正常情况下，资本利润率要高于企业初创阶段。而这高于初创阶段的资本利润率是初创时必要的垫支资本带来的，企业创办者为此付出了代价。因此，相同数量的投资，由于出资时间不同，其对企业的影响程度不同，由此而带给投资者的权力也不同，往往早期出资带给投资者的权利要大于后期出资带给投资者的权利。所以，新加入的投资者要付出大于原有投资者的出资额，才能取得与投资者相同的投资比例。另外，原投资者原有投资不仅从质量上发生了变化，从数量上也可能发生变化，这是因为企业经营过程中实现利润的一部分留在企业，形成留存收益，而留存收益也属于投资者权益，但其未转入实收资本。新加入的投资者如与原投资者共享这部分留存收益，也应该要求其付出大于原有投资者的出资额，才能取得与原有投资者相同的投资比例。投资者投入的资本中按其投资比例计算的出资额部分，应计入"实收资本"，前者大于后者的差额部分应计入"资本公积"。

例如，天河公司由甲、乙、丙三位股东各自出资100万元设立，设立时的实收资本为300万元。经过三年的经营，该企业留存收益为150万元。这时又有丁投资者有意参加该企业，并表示愿意出资180万元，而仅占该企业股份的25%。天河公司在账务处理时，应将丁股东投入资金中的100万元计入"实收资本"，其余80万元计入"资本公积"。

（2）股本溢价。股本溢价是指股份有限公司溢价发行股票时实际收到的款项超过股票面值总额的数额。股份有限公司是以发行股票的方式筹集股本的，股票是企业签发的证明股东按其所持股份享有权利和承担义务的书面证明。由于股东按其所持企业股份享有权利和承担义务，为了反映和便于计算各股东所持股份占企业全部股本的比例，企业的股本总额应按股票的面值与股份总数的乘积计算。根据有关规定，实收股本总额应与注册资本相等。因此，为提供企业股本总额及其构成及注册资本等信息，在采用与股票面值相同的价格发行股票的情况下，企业发行股票取得的收入，应全部记入"股本"科目；在采用溢价发行股票的情况下，企业发行股票取得的收入，相当于股票面值的部分记入"股本"科目，超出股票面值的溢价收入记入"资本公积"科目。委托证券商代理发行股票而支付的手续费、佣金等，应从溢价发行收入中扣除，企业应按扣除手续费、佣金后的数额记入"资本公积"科目。

【例 11-4】 天河公司委托一家证券公司代理发行普通股 1 000 000 股，每股面值 1 元，按每股 1.3 元的价格发行。天河公司与受托发行单位约定，按发行收入的 4% 收取手续费，从发行收入中扣除。假如收到的股款已存入银行。

根据上述资料，天河公司应进行如下账务处理。

天河公司收到受托发行单位交来的现金 =1 000 000×1.3×（1-4%）=1 248 000（元）

应计入"资本公积"的金额 = 溢价收入 − 发行手续费

$$=100\ 000\times(1.3-1)-100\ 000\times1.3\times4\%$$
$$=300\ 000-52\ 000=248\ 000（元）$$

会计分录如下：

借：银行存款　　　　　　　　　　　　　　　　　　1 248 000
　　贷：股本　　　　　　　　　　　　　　　　　　　　　　1 000 000
　　　　资本公积——股本溢价　　　　　　　　　　　　　　　248 000

（3）其他资本公积。其他资本公积，是指除资本溢价（或股本溢价）项目以外所形成的资本公积，其中主要包括直接计入所有者权益的利得和损失。直接计入所有者权益的利得和损失主要由以下交易或事项引起。

1）采用权益法核算的长期股权投资。长期股权投资采用权益法核算的，在持股比例不变的情况下，被投资单位除净损益以外所有者权益的其他变动，企业按持股比例计算应享有的份额，如果是利得，应当增加长期股权投资的账面价值，同时增加资本公积（其他资本公积）；如果是损失应当编制相反的会计分录。当处置采用权益法核算的长期股权投资时，应当将原记入资本公积的相关金额转入投资收益。

2）以权益结算的股份支付。以权益结算的股份支付换取职工或其他方提供服务的，应按照确定的金额，计入"管理费用"等科目，同时增加资本公积（其他资本公积）。在行权日，应按实际行权的权益工具数量计算确定的金额，借记"资本公积——其他资本公积"科目，按计入实收资本或股本的金额，贷记"实收资本"或"股本"科目，并将其差额计入"资本公积——资本溢价"或"资本公积——股本溢价"。

3）存货或自用房地产转换为投资性房地产。企业将作为存货的房地产转换为采用公允价值模式计量的投资性房地产时，应当按该项房地产在转换日的公允价值，借记"投资性房地产——成本"科目，原已计提跌价准备的，借记"存货跌价准备"科目，按其账面余额，贷记"开发产品"等科目；同时，转换日的公允价值小于账面价值的，按其差额，借记"公允价值变动损益"科目，转换日的公允价值大于账面价值的，按其差额，贷记"资本公积——其他资本公积"科目。企业将自用的建筑物等转换为采用公允价值模式计量的投资性房地产时，应当按该项房地产在转换日的公允价值，借记"投资性房地产——成本"科目，原已计提减值准备的，借记"固定资产减值准备"科目，按已计提的累计折旧等，借记"累计折旧"等科目，按其账面余额，贷记"固定资产"等科目；同时，转换日的公允价值大于账面价值的，按其差额，贷记"资本公积——其他资本公积"科目。待该项投资性房地产处置时，因转换计入资本公积的部分应转入当期的其他业务收入，借记"资本公积——其他资本公积"科目，贷记"其他业务收入"科目。

4）其他债权投资公允价值的变动。其他债权投资公允价值变动形成的利得，除减值损失和外币货币性金融资产形成的汇兑差额外，借记"其他债权投资——公允价值变动"科目，贷记"其他综合收益——其他债权投资公允价值变动"科目，公允价值变动形成的损失，做相反的会计分录。

5）金融资产的重分类。这是指企业因持有意图或能力发生改变，使某项投资不再适合原有的划分类别，此时就应当对该项投资进行重分类。具体账务处理详见第五章第六节内容。

（三）其他综合收益

其他综合收益是指企业根据相关会计准则的规定未在当期损益中确认的由企业经营活动形成的各项利得和损失，主要来自以公允价值计量且其变动计入其他综合收益的金融资产的公允价值变动、按照权益法核算被投资单位所有者权益（其他资本公积）的增减变动、不确认为当期损益而直接计入所有者权益的所得税影响等。

其他综合收益可以分为两类：①在以后会计期间不能重分类到损益的其他综合收益，如其他权益工具投资的公允价值变动；②在以后会计期间可以重分类到损益的其他综合收益，如其他债权投资的公允价值变动。

【例 11-5】 天河公司于 20×3 年 12 月 31 日购入 A 公司的 1 000 万股普通股，每股市价为 10 元，20×4 年 6 月 30 日每股市价为 12 元，持有至 20×4 年 12 月 31 日时该股票每股市价为 8.8 元。天河公司将该投资指定为以公允价值计量且其变动计入其他综合收益的非交易性权益工具投资。天河公司账务处理如下。

（1）20×4 年 6 月 30 日，天河公司确认股票价格变动时：

公允价值变动 =12×10 000 000−10×10 000 000=20 000 000（元）

借：其他权益工具投资——公允价值变动　　　　　　　　20 000 000
　　贷：其他综合收益——其他权益工具投资公允价值变动　　　　　20 000 000

（2）20×4 年 12 月 31 日，天河公司确认股票价格变动时：

公允价值变动 =8.8×10 000 000−（100 000 000+20 000 000）=−32 000 000（元）

借：其他综合收益——其他权益工具投资公允价值变动　　32 000 000
　　贷：其他权益工具投资——公允价值变动　　　　　　　　　　32 000 000

【例 11-6】 天河公司将从 B 公司于 20×4 年 1 月 1 日购入的 100 万张到期一次还本付息债券确认为以公允价值计量且其变动计入其他综合收益的金融资产，购买日该金融资产账面价值为 15 元每张。20×4 年 12 月 31 日，该债券市价为 20 元每张。天河公司账务处理如下。

20×4 年 12 月 31 日，天河公司确认该金融资产公允价值变动：

公允价值变动 =1 000 000×（20−15）=5 000 000（元）

借：其他债权投资——B 公司债券（公允价值变动）　　5 000 000
　　贷：其他综合收益——其他债权投资公允价值变动　　　　　5 000 000

（四）留存收益

留存收益是指留在企业中的净利润。留存在企业中的净利润按其是否指定用途可以分为两大类：一是指定用途的留存收益，即盈余公积；二是未指定用途的留存收益，即未分配利润。因此，对留存收益的核算就是对盈余公积和未分配利润的核算。

1. 盈余公积概述

盈余公积是指企业按照规定从净利润中提取的各种积累基金。它来源于企业生产经营活动的积累，属于具有特定用途的留存收益。企业实现的净利润首先必须按照有关规定提取盈余公积，然后才能在出资者之间进行分配，这是公司制企业区别于非公司制企业的一个显著特征。

公司制企业的盈余公积分为法定盈余公积和任意盈余公积。法定盈余公积，是指企业按《中华人民共和国公司法》规定从税后净利润中提取、并留在企业的积累资金。任意盈余公积，是指企业根据股东大会的决议，从税后净利润中提取的积累资金。任意盈余公积是公司自愿提取的留存收益的一部分，是留存收益中已确定用途的积累资金，其数额应视企业的实际情况而定，其提取比例由股东大会决定而非法律强制。

盈余公积的一般用途有三项。

1）弥补亏损。企业发生亏损时，应由企业自行弥补。弥补亏损的渠道主要有三条：一是用以后年度税前利润弥补；二是用以后年度税后利润弥补；三是以盈余公积弥补亏损。

2）转增资本。企业将盈余公积转增资本时，必须经股东大会决议批准。在实际将盈余公积转增资本时，要按股东原有持股比例结转。企业提取的盈余公积，无论是用于弥补亏损，还是用于转增资本，只不过是在企业所有者权益内部进行结构上的调整，比如企业以盈余公积弥补亏损时，实际是减少盈余公积留存的数额，以此抵补未弥补亏损的数额，并不引起企业所有者权益总额的变动；企业以盈余公积转增资本时，也只是减少盈余公积结存的数额，但同时增加企业实收资本或股本的数额，也并不引起所有者权益总额的变动。

3）扩大企业生产经营。盈余公积的用途，并不是指其实际占用形态，提取盈余公积也并不是单独将这部分资金从企业资金周转过程中抽出。企业盈余公积的结存数，实际只表现为企业所有者权益的组成部分，表明企业生产经营资金的一个来源而已。其形成的资金可能表现为一定的货币资金，也可能表现为一定的实物资产，如存货和固定资产等，随同企业的其他来源所形成的资金进行循环周转，用于企业的生产经营。

2. 盈余公积的核算

（1）科目设置。为了反映盈余公积的形成及使用情况，企业应设置"盈余公积"科目。它属于所有者权益类的科目，该科目贷方反映盈余公积提取的情况，借方反映提取盈余公积的使用情况。期末贷方余额，反映企业提取尚未使用的盈余公积结存数。企业应当分别设置"法定盈余公积""任意盈余公积"进行明细核算。外商投资企业还应分别"储备基金""企业发展基金"进行明细核算。

（2）提取盈余公积的账务处理。由于提取盈余公积的过程属于净利润的分配过程，所以应通过"利润分配"科目进行核算。企业提取盈余公积时，借记"利润分配——提取法定盈余公积""利润分配——提取任意盈余公积"科目，贷记"盈余公积——法定盈余公积""盈余公积——任意盈余公积"科目。

外商投资企业按规定提取的储备基金、企业发展基金、职工奖励及福利基金，借记"利润分配——提取储备基金""利润分配——提取企业发展基金""利润分配——提取职工奖励及福利基金"科目，贷记"盈余公积——储备基金""盈余公积——企业发展基金""应付职工薪酬"科目。

【例11-7】天河公司20×4年年末税后净利润为10 000 000元，假定分别按10%和5%的比例提取法定盈余公积和任意盈余公积。天河公司编制会计分录如下：

借：利润分配——提取法定盈余公积	1 000 000	
利润分配——提取任意盈余公积		500 000
贷：盈余公积——法定盈余公积	1 000 000	
盈余公积——任意盈余公积		500 000

（3）使用盈余公积的账务处理。按照上述盈余公积的不同用途，分情况介绍盈余公积使用的账务处理方法。

1）弥补亏损。企业用盈余公积弥补亏损时，应先将用于弥补亏损的盈余公积转入"利润分配"科目，再通过"利润分配"科目弥补亏损。即用法定和任意盈余公积弥补亏损时，应借记"盈余公积——法定盈余公积""盈余公积——任意盈余公积"科目，贷记"利润分配——盈余公积补亏"科目。

【例11-8】天河公司经股东大会决议，用任意盈余公积1 000 000元弥补以前年度亏损。天河公司编制会计分录如下：

借：盈余公积——任意盈余公积	1 000 000	
贷：利润分配——盈余公积补亏		1 000 000

2）转增股本。企业用盈余公积转增资本时，应按实际转增的数额，借记"盈余公积——法定盈余公积""盈余公积——任意盈余公积"科目，贷记"实收资本"或"股本"科目。

【例11-9】天河股份有限公司按10送1的方案，用法定盈余公积派送新股100万股，每股面值1元。天河公司编制会计分录如下：

借：盈余公积——法定盈余公积	1 000 000	
贷：股本——普通股		1 000 000

3. 未分配利润的核算

未分配利润是企业留待以后年度进行分配的结存利润，也是企业所有者权益的组成部分。相对于所有者权益的其他部分来讲，企业对未分配利润的使用分配有较大的自主权。从数量上来讲，未分配利润是期初未分配利润，加上本期实现的净利润，减去提取的各种盈余公积和分出利润后的余额。

在账务处理上，未分配利润是通过"利润分配"科目进行核算的，"利润分配"科目应当分别设置"提取法定盈余公积""提取任意盈余公积""应付现金股利或利润""转作股本的股利""盈余公积补亏"和"未分配利润"等进行明细核算。

（1）分配股利或利润的账务处理。经股东大会或类似机构决议，分配给股东或投资者的现金股利或利润，借记"利润分配——应付现金股利或利润"科目，贷记"应付股利"科目。经股东大会或类似机构决议，分配给股东的股票股利，应在办理增资手续后，借记"利润分配——转作股本的股利"科目，贷记"股本"科目。

（2）期末结转的账务处理。企业期末结转利润时，应将各损益类科目的余额转入"本年利润"科目，结平各损益类科目。结转后"本年利润"的贷方余额为当年实现的净利润，借方余额为当期发生的净亏损。年度终了，应将本年收入和支出相抵后结出的本年实现的净利润或净亏损，转入"利润分配——未分配利润"科目。同时，将"利润分配"科目所属的其他明细科目的余额,转入"未分配利润"明细科目。结转后,"未分配利润"明细科目的贷方余额,就是未分配利润的金额;如出现借方余额,则表示未弥补亏损的金额。"利润分配"科目所属的其他明细科目期末应无余额。

(3)弥补亏损的账务处理。企业在生产经营过程中既有可能发生盈利,也有可能出现亏损。企业在当年发生亏损的情况下,与实现利润的情况相同,应当将本年发生的亏损自"本年利润"科目,转入"利润分配——未分配利润"科目,借记"利润分配——未分配利润"科目,贷记"本年利润"科目,结转后"利润分配"科目的借方余额,即为未弥补亏损的数额。然后通过"利润分配"科目核算有关亏损的弥补情况。

由于未弥补亏损形成的时间长短不同等原因,以前年度未弥补亏损有的可以以当年实现的税前利润弥补,有的则必须用税后利润弥补。以当年实现的利润弥补以前年度结转的未弥补亏损,不需要进行专门的账务处理。企业应将当年实现的利润自"本年利润"科目,转入"利润分配——未分配利润"科目的贷方,其贷方发生额与"利润分配——未分配利润"的借方余额自然抵补。无论是以税前利润还是以税后利润弥补亏损,其账务处理方法均相同。但是,两者在计算缴纳所得税时的处理是不同的。在以税前利润弥补亏损的情况下,其弥补的数额可以抵减当期企业应纳税所得额,而以税后利润弥补的数额,则不能作为纳税所得扣除处理。

【例11-10】天河股份有限公司的股本为100 000 000元,每股面值1元。20×4年年初未分配利润为贷方8 000 000元,2004年实现净利润5 000 000元。假定公司按照20×4年实现净利润的10%提取法定盈余公积,5%提取任意盈余公积。天河公司的账务处理如下。

(1)20×4年年末,公司结转本年实现的净利润:

借:本年利润　　　　　　　　　　　　　　　　5 000 000
　　贷:利润分配——未分配利润　　　　　　　　　　　　5 000 000

(2)提取法定盈余公积和任意盈余公积:

借:利润分配——提取法定盈余公积　　　　　　500 000
　　　　　　——提取任意盈余公积　　　　　　250 000
　　贷:盈余公积——法定盈余公积　　　　　　　　　　　500 000
　　　　　　　　——任意盈余公积　　　　　　　　　　　250 000

(3)结转"利润分配"的明细科目:

借:利润分配——未分配利润　　　　　　　　　750 000
　　贷:利润分配——提取法定盈余公积　　　　　　　　　500 000
　　　　　　　　——提取任意盈余公积　　　　　　　　　250 000

天河公司在20×4年年底"利润分配——未分配利润"科目的余额为12 250 000(=8 000 000+5 000 000-750 000)元,该余额在贷方,反映企业的累计未分配利润为12 250 000元。

第三节　独资企业和合伙企业所有者权益

一、独资企业所有者权益

(一)独资企业的基本特征

独资企业是指在我国依法设立的,由一个自然人投资、财产为投资人所有、投资人以其个人财产对企业债务承担无限责任的经营实体。它具有如下基本特征。

1）个人独资企业是由一个自然人投资的企业。非自然人的投资和两个人以上的投资，都不符合个人独资企业的基本属性。

2）个人独资企业的财产为投资人个人所有。这一特征反映了个人独资企业的基本财产关系，同时也决定了企业的经营成果也归属于投资人个人所有。

3）投资人个人以其财产对企业的债务承担无限责任。个人独资企业的财产属于投资人个人，企业经营收益归其个人，风险也由个人承担，并且要求以投资人个人全部财产对其投资的独资企业承担无限责任。

（二）独资企业所有者权益核算

独资企业的基本特征决定了投资人对企业拥有所有的经营管理权和净资产处置权，因此不需要单独设置"资本公积""盈余公积"等科目。无论投资人从企业中提取款项，还是在经营中获取利润，均可归入业主资本。独资企业所有者权益的核算，应通过"业主资本"和"业主提款"科目来进行反映。

"业主资本"科目用于反映业主投资额的增减变动，属于所有者权益类科目。贷方登记业主投入资本或企业盈利时业主资本的增加；借方登记业主从企业提款或亏损时业主资本的减少。期末贷方余额为业主权益总额。

"业主提款"科目反映业主在企业中提款及暂存款业务，属于所有者权益类科目。借方登记业主从企业提款，以及企业为业主个人代付私人债务；贷方登记业主暂存款，以及企业代业主个人收取款项。年终该科目全部转入"业主资本"科目。

【例11-11】天天汽配修理厂是赵某个人出资兴办的独资企业，20×4年所发生的有关所有者权益变动的经济事项及其账务处理如下。

（1）20×4年4月1日，赵某从修理厂提款10 000元，用于家庭开支：

借：业主提款　　　　　　　　　　　　　　　　　　10 000
　　贷：库存现金　　　　　　　　　　　　　　　　　　　　10 000

（2）20×4年5月5日，赵某为修理厂购置一台设备，价款为60 000元：

借：固定资产　　　　　　　　　　　　　　　　　　60 000
　　贷：业主资本　　　　　　　　　　　　　　　　　　　　60 000

（3）20×4年修理厂的净收益为100 000元：

借：本年利润　　　　　　　　　　　　　　　　　　100 000
　　贷：业主资本　　　　　　　　　　　　　　　　　　　　100 000

（4）将本年度的业主提款全部转入"业主资本"科目：

借：业主资本　　　　　　　　　　　　　　　　　　10 000
　　贷：业主提款　　　　　　　　　　　　　　　　　　　　10 000

二、合伙企业所有者权益

（一）合伙企业的基本特征

合伙企业是指两个和两个以上的合伙人根据契约的约定出资组成的合伙经营、共享收益、共担风险的营利性组织，是小型企业或者提供专门职业性服务的企业经常采用的一种组织形式。与公司制企业相比其主要特征如下。

1. 合伙企业是不具有法人资格的营利性经济组织

合伙企业根据合伙契约成立。从法律角度讲，该类企业不属于法人，在所有者权益核算方面与独资企业十分相似，无论是合伙人的投资还是企业所赚取的利润，以及合伙人从企业中提取的款项都要归集于资本账户，企业的未分配利润也不需要设账户单独反映。

2. 合伙人共同出资、合伙经营、共享收益、共担风险

合伙企业中的企业事务由合伙人共同管理；每个合伙人无论投资多少都对企业的债务承担连带无限责任；企业资产是全体合伙人的共同财产，个人不能对其投入的资产提出要求权，即使将来所投入的资产变卖，其变卖损益也属于合伙企业的损益。因此，与独资企业不同的是，企业的业主并非一个，因此在核算上应为每一个合伙人分设资本明细账户，以分别反映各投资人在企业享有的权益。

（二）合伙企业所有者权益的核算

1. 合伙企业的组建

合伙人签订了合伙契约后，便可投资组建一家合伙企业。合伙人对企业投资便享有了相应的权益。"业主资本"科目应按各合伙人分设明细科目，以反映各合伙人的投资以及由本期收入、费用账户结转来的净收益和净损失。合伙人如果是以现金投资，应按实际收到的款项入账；如果是以非现金资产作为投资，应按实际收到的资产，以公允市价计价并经全体合伙人认可后方能入账。其基本的账务处理是借记某资产科目，贷记"业主资本——XX 合伙人"科目。此外，有的合伙人可能未以现金或其他资产出资而以劳务代之，对于这种情况应视其劳务的性质，作为企业的开办费、专利权或者预付费用处理。

【例 11-12】甲、乙、丙、丁四人合伙组建合伙企业 A，四人所投入的货币和非货币资产的价值确认如表 11-1 所示。

表 11-1　各合伙人投资价值确认表　　　　　　　　　　单位：元

项目	银行存款	原材料	设备	专利权
合伙人甲	10 000	10 000	—	—
合伙人乙	—	20 000	—	10 000
合伙人丙	—	—	30 000	—
合伙人丁	10 000	—	—	40 000

根据上述资料，A 合伙企业编制会计分录如下：

借：银行存款　　　　　　　　　　　　　　　20 000
　　原材料　　　　　　　　　　　　　　　　30 000
　　固定资产　　　　　　　　　　　　　　　30 000
　　无形资产　　　　　　　　　　　　　　　50 000
　　贷：业主资本——合伙人甲　　　　　　　　20 000
　　　　　　　　——合伙人乙　　　　　　　　30 000
　　　　　　　　——合伙人丙　　　　　　　　30 000
　　　　　　　　——合伙人丁　　　　　　　　50 000

2. 合伙企业所有权的变化

合伙企业归全体合伙人共有，合伙人的所有权表现为各自的资本份额，合伙人所有权的变化将直接影响合伙企业的生存。

（1）入伙的账务处理。新合伙人入伙时，应当经全体合伙人一致同意并依法订立书面合伙协议。新合伙人可以以两种方式入伙：第一，从原合伙人中取得部分或全部合伙权益，在征得原合伙人全体一致同意后，将现有合伙权的一部分或全部转让给新合伙人，但合伙企业的资本总额并未发生增减变化。所以在账务处理上只需要将受让资本部分做过户记录，将原合伙人换为新合伙人即可。第二，新合伙人向合伙企业投资入伙，取得合伙权益。这将使合伙企业的资产和资本总额均增加，扩大了合伙企业的规模。由于原合伙企业的经营状况不同，所以新合伙人投入同样的资产入伙其获得的权益大小可能会有所不同。如果合伙企业的获利能力一般，其资产并无高估或低估的情况，新合伙人获得的股权可按照投入资产的价值确认；如果新合伙人加入某家较成功的企业，除投入与其利益相称的资本外，还需要另外投入一定数额的资本，作为对原合伙人努力经营使企业获利能力高于一般企业的补偿。这时，新合伙人获得的股权将低于其投入资产的价值，其差额通常视为原合伙人获得的利润，应按原合伙契约中规定的损益分配比例分配给原合伙人；当合伙企业经营不善，获利能力较低或者新合伙人入伙可为企业提供急需的资本、良好的声誉、特殊的技能时，新合伙人就可能以较少的投资而获得高于其投资额的股权。此时，如果新合伙人的投资额超过其在合伙企业中应享有的资本份额，那么超出部分可以被视为给予新合伙人的权益增加，同时，这一增加额将按照原合伙契约中规定的损益分配比例，相应减少原合伙人的资本份额。

【例11-13】合伙人A和B联合创办的合伙企业运作较为成功，年收益率均高于同行业企业，其资本科目余额各为1 000 000元。同时，A和B拥有的合伙企业损益分配权分别为70%和30%。为继续扩大企业，同意接纳C作为新的合伙人，条件为合伙人C投入现金4 000 000元取得该企业的1/3的产权和1/3的损益分配权。

在本例中，合伙人C入伙后的合伙企业权益总额为6 000 000元，合伙人C所拥有的权益额为2 000 000元（6 000 000×1/3）。在C所投入的4 000 000元中，2 000 000元作为对原投资者的回报，分别按70%和30%的比例转入原合伙人A和B的权益。合伙企业编制会计分录如下：

借：银行存款　　　　　　　　　　　　　　　　　　　　　　4 000 000
　　贷：业主资本——合伙人C　　　　　　　　　　　　　　　　2 000 000
　　　　　　——合伙人A　　　　　　　　　　　　　　　　1 400 000
　　　　　　——合伙人B　　　　　　　　　　　　　　　　　600 000

C入伙后，A、B、C三位合伙人资本科目数额分别为2 400 000元、1 600 000元和2 000 000元。

（2）退伙的账务处理。退伙是指合伙人退出合伙企业，从而丧失合伙人资格。合伙人退伙除了需要征得其他合伙人同意之外，还需要在退伙时对合伙企业债务承担连带责任。《中华人民共和国合伙企业法》对退伙结算进行了规定：退伙人在合伙企业中财产份额的退还办法，由合伙协议约定或者由全体合伙人决定，可以退还货币，也可以退还实物。因此，退伙结算时，其会计记录将视退伙人所收到的金额是否与其资本账户的最后余额相等而定。若付给退伙人的金额与其资本账户的最后余额相等,则唯一的分录是借记其资本账户,并贷记相应的资产账户。当清偿金额与资本账户最后余额不相等时,若清偿金额大于资本账户最后余额,应将超额支付部分视为给退伙人的红利,同时按损益分配比例减少其余合伙人资本账户。若清偿金额小于资本账户最后余额,应将付款额与资本余额的差额视为给其余合伙人的红利,按损益分配比例增加其余合伙人资本。

【例 11-14】接【例 11-13】,在由 A、B、C 三人组成的合伙企业中,每一位合伙人的资本额和损益分配比例如表 11-2 所示。假设合伙人 C 退伙时合伙企业实际支付的价款为 40 000 元,其他资料不变。

合伙人 C 退伙时,在合伙企业实际支付的 40 000 元中,有 10 000 元(=40 000-30 000)是给予合伙人 C 的额外补偿,应由合伙人 A 和 B 来负担。

合伙人 A 的负担比例为 20%[=10%÷(10%+40%)],故 A 应负担 2 000(=10 00×120%)元。

合伙人 B 的负担比例为 80%[=40%÷(10%+40%)],故 B 应负担 8 000(=10 00×180%)元。

表 11-2 各合伙人资本额和损益分配比例

项目	资本科目余额/元	损益分配比例(%)
合伙人 A	10 000	10
合伙人 B	20 000	40
合伙人 C	30 000	50
合计	60 000	100

合伙企业编制会计分录如下:

借:业主资本——合伙人 C   30 000
　　　　——合伙人 A   2 000
　　　　——合伙人 B   8 000
　贷:银行存款   40 000

3. 合伙企业损益的分配

合伙企业损益的分配办法一般在合伙契约中予以规定。若合伙契约未进行明文规定,则按《中华人民共和国合伙企业法》规定,由各合伙人平均分配和分担。其损益分配方法即可按既定比例分配也可按资本额的比例分配。基本的账务处理是借记或贷记资本账户,贷记或借记本年利润账户。与独资企业相同,合伙企业所有者权益的最终变动,均在资本账户上得到了反映,所以会计期末应编制合伙人资本表,该表应按每个合伙人分开反映,其基本平衡公式是期初资本余额加本年增加资本和年度净利分配减年度合伙人提款等于期末资本余额。

【例 11-15】合伙人 A、B、C 各出资 100 000 元共同组建合伙企业。根据合伙协议规定,合伙人 C 按其实缴出资比例分配利润和分担亏损;合伙人 A、B 采用先分配工资报酬,后按固定比例分配剩余收益的方法。假定合伙人 A 和 B 的年工资报酬分配为 20 000 元和 10 000 元,剩余收益的分配比例为 30% 和 70%。20×4 年该合伙企业实现净利润为 90 000 元,其分配方法如表 11-3 所示。

表 11-3　各合伙人收益分配表　　　　　　　　　　　　　单位：元

项目	合伙人 A	合伙人 B	合伙人 C	净收益
可供分配的净收益				90 000
合伙人 C（1/3）			30 000	（30 000）
合伙人 A 和 B 分配工资报酬	20 000	10 000		（30 000）
剩余收益				30 000
合伙人 A（30%）	9 000			（9 000）
合伙人 B（70%）		21 000		（21 000）
每位合伙人的总收益	29 000	31 000	30 000	0

根据上述资料，该合伙企业编制会计分录如下：

借：本年利润　　　　　　　　　　　　　　　　　　　　　90 000
　　贷：业主资本——合伙人 A　　　　　　　　　　　　　　　　29 000
　　　　　　——合伙人 B　　　　　　　　　　　　　　　　31 000
　　　　　　——合伙人 C　　　　　　　　　　　　　　　　30 000

经合伙人协商，工资报酬以现款方式支付给 A、B 合伙人，编制相应会计分录如下：

借：业主资本——合伙人 A　　　　　　　　　　　　　　　20 000
　　　　——合伙人 B　　　　　　　　　　　　　　　10 000
　　贷：银行存款　　　　　　　　　　　　　　　　　　　　30 000

4. 合伙企业的清算

合伙企业清算指合伙企业停止经营后变卖财产、清偿债务、分配剩余利益的过程。其清算的账务处理程序应按以下步骤进行：①对合伙企业的财产、债权、债务进行全面清查，编制资产负债表、财产目录和债权债务清单；②将各项非货币性资产转换成现金；③将变现过程中发生的损益，按契约中规定的办法分配记入各合伙人的资本账户；④清偿企业债务。如果资不抵债，合伙人要以个人财产进行清偿。如某个合伙人无力清偿其应负担的份额，其他合伙人要负连带清偿责任，账务处理上应相应调整各合伙人资本账户；⑤将资产变现、负债清偿后的留剩现金按各合伙人资本账户的余额进行分配，结束清算程序。

▶本章小结

本章通过介绍所有者权益的性质和特征、企业组织形式和所有者权益的构成，主要讲解公司制企业、独资企业和合伙企业所有者权益的核算。公司制企业所有者权益的来源包括所有者投入的资本、直接计入所有者权益的利得和损失、留存收益等，通常由股本（或实收资本）、资本公积（含股本溢价或资本溢价、其他资本公积）、其他综合收益、盈余公积和未分配利润等构成。独资企业所有者权益的核算，应通过"业主资本"和"业主提款"科目来进行反映。合伙企业所有者权益的核算包括合伙企业组建的核算、入伙和退伙的核算、损益分配的核算和企业清算的核算等。

▶思政园地

加强人大国有资产监督职能 拓展全过程人民民主实践

习近平总书记指出："国有资产资源来之不易，是全国人民的共同财富。"建立国务院向全国人大常委会报告国有资产管理情况制度，是以习近平同志为核心的党中央加强人大国有资产监督职能的重要决策部署，是党和国家加强国有资产管理和治理的重要基础工作。全国人大常委会紧紧围绕加强人大国有资产监督职能，守正创新，建章立制，实现了对党中央确定的企业国有资产、金融企业国有资产、行政事业性国有资产、国有自然资源资产四大类别国有资产专项报告和审议监督的全覆盖，使人大国有资产监督成为坚持和加强党对国有资产管理工作领导的重要阵地、凝聚共识和建言献策的重要平台、推动改革和化解矛盾的重要渠道，成为新时代践行全过程人民民主的生动实践。

我国是社会主义国家，规模庞大、功能多样的国有资产是全体人民共同创造和拥有的宝贵财富，关系我国国家性质和基本经济制度，在经济社会发展中具有不可替代的重要作用。截至2020年年底，全国非金融和金融国有资本权益近100万亿元，国有企业资产总额近600万亿元。国有企业为发挥国有经济主导作用、巩固公有制主体地位，维护我国经济独立和国家安全、促进各族人民共享发展成果提供了重要保证。全国行政事业性国有资产总额43.5万亿元，为国家机关履行职能和各项社会事业发展、满足人民公共服务需要提供了重要物质保障。土地、矿产、水、森林等各类国有自然资源资产，为我国经济社会与生态文明建设、中华民族永续发展提供了重要基础支撑和安全保障。国有资产是我们坚持走中国特色社会主义道路的重要物质基础，是应对国内外风险挑战、统筹发展和安全的重要底气所在。在党中央集中统一领导下，加强人大国有资产监督职能，支持和促进政府进一步管好用好国有资产，意义深远、使命光荣、责任重大。

国有资产属于国家所有即全民所有，这从根本上决定并保证了社会主义民主是真正为最广大人民所享有的民主。人民是国有资产的所有者，依法保障其知情权、参与管理和监督等权利是保障所有者权益的题中应有之义，也是防范所有者缺位、保障人民利益的重要举措。对政府管理国有资产的情况实施监督，也是人大履行宪法赋予的监督职权的内在要求，是实现人民知情权、参与权、表达权、监督权和倾听民意、集中民智、维护民利的有效途径，有利于将人民当家做主具体地、现实地体现到国有资产管理和监督等具体工作之中。

党的十八大以来，以习近平同志为核心的党中央统筹中华民族伟大复兴战略全局和世界百年未有之大变局，站在完善和发展中国特色社会主义制度、推进国家治理体系和治理能力现代化的战略高度，把加强国有资产管理和治理摆在更加突出的位置，更加重视发挥人民代表大会根本政治制度作用，提出加强人大国有资产监督职能，做出建立国务院向全国人大常委会报告国有资产管理情况制度等一系列重大决策部署，实现了人大对国有资产管理的监督从工作监督向法定化、制度化、常态化的职能监督转变。这有利于落实以人民为中心的发展思想，推进国有资产治理现代化，将中国特色社会主义制度优势转化为治理效能。

资料来源：史耀斌.加强人大国有资产监督职能拓展全过程人民民主实践[N].人民日报，2022-04-13.

国际视野

拓展阅读

章后练习

关键术语音频

▶ 关键术语听与读

◇ Capital premium（资本溢价）：The capital premium, also called share premium, refers to the amount that the investor contributes exceeding the par value of the shares in the registered capital（or share capital）of the enterprise.

- Capital reserves (资本公积): The capital reserves, also called capital surplus, consist of two major parts, the one is the amount that the investor contributes exceeding its share in the registered capital (or share capital) of the enterprise, and the other is the amount expressed as gains and losses directly entered into stockholders' equity.
- Capital stock (股本): The capital stock refers to the equity shares in the corporation representing the ownership of the company. The two basic types of capital stock are common stock and preferred stock.
- Corporate enterprise (公司制企业): The corporate enterprise refers to the economic organizations established in accordance with law, independently enjoying rights and assuming responsibilities. The two basic types of corporations are the limited liability company and the joint stock limited company.
- Liquidation (合伙企业清算): The liquidation refers to the process of selling property, paying off debts, and distributing residual interests after the enterprise ceases to operate.
- Other comprehensive income (其他综合收益): Other comprehensive income refers to the gains and losses formed by the business activities of the enterprise that are not recognized in the current profits and losses according to the relevant accounting standards.
- Owner's equity (所有者权益): The owner's equity, also called stockholder's equity in corporate enterprises, refers to the ownership of enterprise investors to the net assets of an enterprise, is the residual equity after deducting total liabilities from total assets.
- Paid-in capital (实收资本): The paid-in capital, also called contributed capital, refers to the part of capital actually received by the enterprise from equity investors.
- Partnership enterprise (合伙企业): The partnership enterprise refers to a profit-making organization formed by two or more people who make capital contributions according to the agreement of the contract and share profits and risks.
- Retained earnings (留存收益): The retained earnings, also called retained profits, ploughed back profits or retentions, refer to the net income available for distribution, less any distributions made, i.e. the amount kept within the company.
- Sole proprietorship (独资企业): The sole proprietorship refers to a business entity established in accordance with law, which is invested by a natural person, whose property is owned by the investor, and whose personal property bears unlimited liability for the debts of the enterprise.
- Surplus reserve (盈余公积): The surplus reserve refers to various accumulation funds withdrawn from net income by enterprises in accordance with regulations.
- Undistributed profits (未分类利润): The undistributed profits refer to those profits left in the enterprise after distributions without specific purposes.

第十二章

收入、费用和利润

本章案例

上市后净利首亏 维康药业收函

于 2020 年登陆创业板的浙江维康药业股份有限公司（以下简称"维康药业"），在上市次年后业绩开始不断下滑，于 2023 年出现亏损，系该公司上市后首亏。2024 年 5 月 23 日晚间，维康药业收到了深圳证券交易所下发的年报问询函，就公司业绩情况展开追问。

财务数据显示，2023 年，维康药业实现的营业收入约为 5.2 亿元，同比下降 2.41%；对应实现的归属净利润为 −803.86 万元，同比下降 116.47%。维康药业医药制造业、医药批发零售业的营业收入分别为 3.1 亿元、2.04 亿元，占营业收入总额的比重分别为 59.75%、39.28%；毛利率分别为 61.19%、33.06%，毛利率分别同比下降 8.23 个百分点、10.65 个百分点。

拉长时间来看，维康药业自 2021 年起净利就开始逐年下滑。2020—2022 年，维康药业实现的营业收入分别约为 6.23 亿元、6.33 亿元、5.32 亿元；对应实现的归属净利润分别约为 1.36 亿元、0.97 亿元、0.49 亿元。

报告期内，维康药业销售费用高企，远超同期研发费用。财务数据显示，2020—2023 年，维康药业销售费用分别约为 2.68 亿元、2.69 亿元、1.93 亿元、2.08 亿元，研发费用分别为 2 041 万元、3 702 万元、3 932 万元、4 280 万元。销售费用中，市场开拓费占销售费用的比重较高，分别为 69.56%、66.05%、54.96%、55.00%。

此外，公司还存在通过工程供应商以支付工程设备款方式支付销售相关费用的情形。维康药业自查发现，2021—2023 年，公司通过工程供应商以支付工程设备款方式支付销售相关费用总计 744.27 万元，其中 2021 年销售费用为 229.54 万元，2022 年销售费用为 139.14 万元，2023 年销售费用为 375.59 万元。

对此，深圳证券交易所要求维康药业结合相关销售费用的具体发生情况，分析公司通过工程供应商以支付工程设备款方式支付销售费用的动机及合理性，并自查公司以往年度是否存在其他类似情形等。

资料来源：丁宁.上市后净利首亏 维康药业收函[N].北京商报，2024-05-24.

▶ 学习目标 ◀

本章主要介绍收入的定义、分类及其确认与计量、费用的定义、分类及其确认与计量、利润构成与利润分配的基本原则、方法以及会计核算、所得税会计的基本理论与核算方法等。通过本章的学习，希望读者：

- 了解收入的定义、特征以及分类；
- 掌握收入的确认、计量原则和核算方法；
- 熟悉特定交易收入的会计处理；
- 掌握费用的确认、计量原则和核算方法；
- 掌握利润的构成、分配顺序及其会计核算方法；
- 熟悉资产负债表债务法的所得税会计处理；
- 理解暂时性差异与永久性差异。

第一节 收入

一、收入的概况

（一）收入的定义及特征

根据我国《企业会计准则——基本准则》对收入的定义，收入是指企业在日常活动中形成的、会导致所有者权益增加的、与所有者投入资本无关的经济利益的总流入。

根据收入的定义，收入具有以下特征。

1. 收入是企业在日常活动中形成的

日常活动是指企业为完成其经营目标所从事的经常性活动以及与之相关的其他活动，企业的日常活动具有经常性、重复性和可预见性，如工业企业制造并销售产品、商业企业销售商品、保险公司签发保单、商业银行对外贷款、租赁公司出租资产等，均属于企业的日常活动。明确界定日常活动是为了将收入与利得相区分，因为企业非日常活动产生的经济利益流入不能确认为收入，而应计入利得。例如，取得的固定资产盘盈收入、罚款净收入等，均不作为企业收入核算。

2. 收入会导致所有者权益的增加

与收入相关的经济利益的流入应当会导致所有者权益的增加，不会导致所有者权益增加的经济利益流入不符合收入的定义，不应确认为收入。例如，企业向银行借入款项，尽管也导致了企业经济利益的流入，但该流入并不导致所有者权益的增加，反而使企业承担了一项现时义务。企业因借款所导致的经济利益的增加，不应将其确认为收入，应当确认为一项负债。

3. 收入是与所有者投入资本无关的经济利益总流入

收入应当会导致经济利益的流入，从而导致资产的增加。例如企业销售商品，应当收到现金或在未来收到现金，才表明该交易符合收入的定义。但是，经济利益的流入有时是所有者投入资本的增加所导致的，所有者投入资本的增加不应当确认为收入，应当将其直接确认为所有者权益。

(二) 收入的分类

按照企业从事日常活动的性质，收入可分为销售商品收入、提供劳务收入、让渡资产使用权收入。

1. 销售商品收入

销售商品收入是指企业通过销售商品实现的收入。这里的商品包括企业为销售而生产的产品和为转售而购进的商品。企业销售的其他存货如原材料、包装物等也视同商品。如工业企业制造并销售产品、商业企业销售商品等实现的收入。工业企业销售不需要的原材料、包装物等实现的收入，也视同转让商品收入。

2. 提供劳务收入

提供劳务收入是指企业通过提供劳务实现的收入。如旅游企业提供旅游服务实现的收入、交通运输企业提供运输服务实现的收入、咨询公司提供咨询服务实现的收入、产品安装公司提供安装服务实现的收入、代理公司提供代理服务实现的收入、建筑企业提供建造服务实现的收入、服务性企业提供客房餐饮等各类服务实现的收入等。

3. 让渡资产使用权收入

让渡资产使用权收入是指企业通过让渡资产使用权实现的收入。让渡资产使用权收入包括利息收入和使用费收入。利息收入主要是指金融企业对外贷款形成的利息收入，以及同业之间发生往来形成的利息收入等。使用费收入主要是指企业转让无形资产（如商标权、专利权、专营权、版权）等资产的使用权形成的使用费收入。让渡资产使用权取得的收入还包括企业对外出租固定资产收取的租金、因债权投资取得的利息收入及进行股权投资取得的股利收入等。

按照企业从事日常活动对企业的重要性，收入分为主营业务收入和其他业务收入。

1. 主营业务收入

主营业务收入是指企业为完成其经营目标从事的经常性活动实现的收入，即因销售商品、提供劳务或让渡资产使用权而取得的收入。这些收入的特点是经常、重复发生，且占营业收入的比重较大。比如，工业企业的主营业务收入就是因销售产成品、自制半成品、代修代制品和提供工业性作业等而取得的收入；商业企业的主营业务收入主要是指销售各类商品所取得的收入；金融企业的主营业务收入通常包括贷款利息收入、办理结算的手续费等；施工企业的主营业务收入主要包括承揽建造合同所取得的工程价款收入；饮食服务企业的主营业务收入一般由餐饮收入和服务收入等组成。值得注意的是，多元化企业的主营业务收入可能不止一种，并且如果企业改变经营方向与经营范围，主营业务收入也会发生变化。

2. 其他业务收入

其他业务收入是指企业为完成其经营目标所从事的与经常性活动相关的活动实现的收入，这些收入也是营业收入的一部分，比如工业企业出租无形资产取得的收入、对外销售不需用的原材料、出租包装物所取得的经济利益流入。这些收入通常占营业收入的比重较小。

(三) 收入核算的科目设置

主营业务收入的核算，主要包括主营业务收入的确认、计量和记录，销售退回核算，因销售商品、提供劳务或让渡资产使用权而应缴纳的各种税金及附加的核算以及主营业务成本核算等。为此，企业应专门设置以下科目。

"主营业务收入"科目。为了反映企业在销售商品、提供劳务和让渡资产使用权等日常活动中产生的收入，企业应设置"主营业务收入"科目。该科目属于损益类科目，贷方登记按照规定确认并实现的各项主营业务收入金额；借方登记销售退回和期末转入"本年利润"科目的各项主营业务收入金额。期末该科目应无余额。企业应按照主营业务的种类设置明细科目，进行明细核算。收入确认时，应借记"银行存款""应收账款""应收票据"等科目，贷记"主营业务收入""应交税费——应交增值税（销项税额）"等科目。

"主营业务成本"科目。为了反映企业在销售商品、提供劳务和让渡资产使用权等日常活动中产生的实际成本，企业应设置"主营业务成本"科目。该科目属于损益类账户，借方登记按照规定确认的各项主营业务成本金额；贷方登记因销售退回和期末转入"本年利润"科目的各项主营业务成本金额。期末该科目应无余额。企业应按照主营业务的种类设置明细科目，进行明细核算。月度终了，应根据本月销售各种商品、提供的各种劳务等的实际成本，计算应结转的主营业务成本，借记"主营业务成本"科目，贷记"库存商品""原材料"等科目。

"税金及附加"科目。税金及附加是指企业经营活动应负担的相关税费，包括消费税、城市维护建设税、教育费附加、资源税、房产税、城镇土地使用税、车船税、印花税等。企业应设置"税金及附加"科目。该科目属于损益类科目，借方登记主营业务应负担的税金及附加金额；贷方登记企业收到的先征后返的税金及附加金额，以及期末转入"本年利润"科目的各项税金及附加金额企业按规定计算确定的与经营活动相关的消费税、城市维护建设税、教育费附加、资源税、房产税、城镇土地使用税、车船税，借记该科目，贷记"应交税费"等科目。企业收到的返还的消费税、营业税等原记入该科目的各种税金，应按实际收到的金额，借记"银行存款"科目，贷记本科目。期末，应将本科目余额转入"本年利润"科目，结转后该科目应无余额。

企业缴纳的印花税，不会发生应付未付税款的情况，不需要预计应纳税金额，同时也不存在与税务机关结算或者清算的问题。因此，企业交纳的印花税不通过"应交税费"科目核算，在购买印花税时，直接借记"税金及附加"科目，贷记"银行存款"科目。

二、收入的确认与计量

企业确认收入的方式应当反映其向客户转让商品或提供服务（以下简称"转让商品"）的模式，收入的金额应当反映企业因转让这些商品或提供这些服务而预期有权收取的对价金额，以如实反映企业的生产经营成果，核算企业实现的损益。根据《企业会计准则第14号——收入》(2017)，收入确认和计量一般分为五步：第一步，识别与客户订立的合同；第二步，识别合同中的单项履约义务；第三步，确定交易价格；第四步，将交易价格分摊至各单项履约义务；第五步，履行各单项履约义务时确认收入。其中，第一步、第二步和第五步主要与收入的确认有关，第三步和第四步主要与收入的计量有关。

（一）识别与客户订立的合同

客户，是指与企业订立合同以向该企业购买其日常活动产出的商品或服务（以下统称"商品"）并支付对价的一方。合同，是指双方或多方之间订立有法律约束力的权利义务的协议。合同有书面形式、口头形式以及其他形式。

1. 收入的确认原则

企业应当在履行了合同中的履约义务，即在客户取得相关商品控制权时确认收入。其中，取得相关商品控制权，是指能够主导该商品的使用并从中获得几乎全部的经济利益，也包括有能力阻止其他方主导该商品的使用并从中获得经济利益。企业在判断商品的控制权是否发生转移时，应从客户的角度出发进行分析，综合考虑能力、主导该商品的使用及能够获得几乎全部的经济利益三项要素。

1）能力，是指客户拥有现时权利，能够主导该商品的使用并从中获得几乎全部经济利益。如果客户只能在未来的某一期间主导该商品的使用并从中获益，则表明其尚未取得该商品的控制权。例如，企业与客户签订合同为其生产产品，虽然合同约定该客户最终将能够主导该产品的使用，并获得几乎全部的经济利益，但是，只有在客户真正获得这些权利时（根据合同约定，可能是在生产过程中或更晚的时点），企业才能确认收入，在此之前，企业不应当确认收入。

2）主导该商品的使用，是指客户在其活动中有权使用该商品，或者能够允许或阻止其他方使用该商品。

3）能够获得几乎全部的经济利益，是指客户必须拥有获得商品几乎全部经济利益的能力，才能被视为获得了对该商品的控制。商品的经济利益，是指该商品的潜在现金流量，既包括现金流入的增加，也包括现金流出的减少。客户可以通过使用、消耗、出售、处置、交换、抵押或持有等多种方式直接或间接地获得商品的经济利益。

2. 收入确认的前提条件

当企业与客户之间的合同同时满足下列条件时，企业应当在客户取得相关商品控制权时确认收入。

1）合同各方已批准该合同并承诺将履行各自义务。
2）该合同明确了合同各方与所转让商品或提供劳务（以下统称"转让商品"）相关的权利和义务。
3）该合同有明确的与所转让商品相关的支付条款。
4）该合同具有商业实质，即履行该合同将改变企业未来现金流量的风险、时间分布或金额。
5）企业因向客户转让商品而有权取得的对价很可能收回。

在合同开始日即满足前款条件的合同，企业在后续期间无须对其进行重新评估，除非有迹象表明相关事实和情况发生重大变化。合同开始日通常是指合同生效日。在合同开始日不符合上述收入确认条件的合同，企业应当对其进行持续评估，并在其满足上述收入确认条件时按规定进行会计处理。即企业只有在不再负有向客户转让商品的剩余义务，且已向客户收取的对价无须退回时，才能将已收取的对价确认为收入；否则，应当将已收取的对价作为负债进行会计处理。没有商业实质的非货币性资产交换，不确认收入。

3. 合同合并

有的资产建造虽然形式上签订了多项合同，但各项资产在设计、技术、功能、最终用途上是密不可分的，实质上是一项合同，在会计上应当作为一个核算对象。企业与同一客户（或该客户的关联方）同时订立或在相近时间内先后订立的两份或多份合同，在满足下列条件之一时，应当合并为一份合同进行会计处理。

1）该两份或多份合同基于同一商业目的而订立并构成一揽子交易。
2）该两份或多份合同中的一份合同的对价金额取决于其他合同的定价或履行情况。
3）该两份或多份合同中所承诺的商品（或每份合同中所承诺的部分商品）构成单项履约义务。

【例12-1】20×4年12月25日，天河公司与玉林公司签订合同，天河公司以2 000万元的价格向玉林公司销售市场价格为2 200万元、成本为1 600万元的通信设备一套。作为与该设备销售合同相关的一揽子合同的一部分，天河公司同时还与玉林公司签订通信设备维护合同，约定天河公司将在未来10年内为玉林公司的该套通信设备提供维护服务，每年收取固定维护费用210万元。类似维护服务的市场价格为每年180万元。销售的通信设备已发出，价款至年末尚未收到。

分析：通信设备属于低频消费产品，而设备维护是高频消费产品，甲公司放弃了部分低频消费的高价产品通信设备的利润，通过高频消费的低价产品配套维护来赚钱，基于同一商业目的，因此，低价卖设备和高价卖维护本质上是一揽子交易，满足合同合并的条件，天河公司应将这两份合同合并为一个合同进行会计处理。

4. 合同变更

合同变更，是指经合同各方批准对原合同范围或价格做出的变更。企业应当区分下列三种情形对合同变更分别进行会计处理。

1）合同变更部分作为单独合同进行会计处理。合同变更增加了可明确区分的商品及合同价款，且新增合同价款反映了新增商品单独售价的，应当将该合同变更部分作为一份单独的合同进行会计处理。

【例12-2】A公司20×3年底与某客户签订一份保洁服务合同，约定自20×4年1月1日起，每周为客户的办公场所提供保洁服务，合同期限为三年，服务费为每年12万元。服务两年后，客户对于保洁公司服务非常满意，以协商一致的30万元的价格将合同期限再延长三年。

分析：合同变更增加了可明确区分的商品及合同价款，因此合同续签反映了保洁服务在合同变更时的单独售价。合同变更部分作为一份单独合同进行会计处理，不追溯调整原合同的会计处理。

2）合同变更作为原合同终止及新合同订立进行会计处理。合同变更不属于上述1）规定的情形，且在合同变更日已转让的商品或已提供的服务（以下统称"已转让的商品"）与未转让的商品或未提供的服务（以下统称"未转让的商品"）之间可明确区分的，应当视为原合同终止，同时，将原合同未履约部分与合同变更部分合并为新合同进行会计处理。新合同的交易价格应当为下列两项金额之和：一是原合同交易价格中尚未确认为收入的部分（包括已从客户收取的金额）；二是合同变更中客户已承诺的对价金额。

【例12-3】假定A广告公司与客户签订合同，为其提供广告投放服务，广告投放时间为 20×4 年 1 月 1 日至 6 月 30 日，投放渠道为一个灯箱，合同金额为 60 万元。双方约定，20×4 年 1 月至 6 月，客户每月月底支付 10 万元。广告投放内容由客户决定。广告投放以后，由于出现外部突发原因，周边人流量骤减，客户单位对广告投放效果不满意。20×4 年 3 月 31 日，广告公司与客户单位达成了广告公司对后续广告服务打五折处理的广告投放服务补充协议，即 20×4 年 4 月至 6 月客户于每月月底仅需支付 5 万元。

分析：已提供的 1～3 月的广告服务与还没提供的 4～6 月的广告服务，是可以明确区分的。A 公司应当将合同变更作为原合同终止及新合同订立进行会计处理。新合同的服务时间为 20×4 年 4 月 1 日至 20×4 年 6 月 30 日，交易价格为 15 万元，每月确认收入 5 万元。

3）合同变更部分作为原合同的组成部分进行会计处理。合同变更不属于上述 1）规定的情形，且在合同变更日已转让的商品与未转让的商品之间不可明确区分的，应当将该合同变更部分作为原合同的组成部分进行会计处理，由此产生的对已确认收入的影响，应当在合同变更日调整当期收入。

【例 12-4】天河公司与建筑公司签订了一项总金额为 100 万元的固定造价合同，在自有土地上建造办公楼。预计合同总成本为 70 万元。假定该建造服务属于在某一时段内履行的履约义务，并根据累计发生的合同成本占合同预计总成本的比例确定履约进度。截至 20×3 年年末，建筑公司累计已发生成本 35 万元，履约进度为 50%，确认合同收入 50（=100×50%）万元。20×4 年年初，由于设计的更改，合同价格上涨了 50 万元，预计总成本增加 20 万元。

分析：由于在合同变更日已提供的建造服务与未提供的建造服务之间不可明确区分，因此，建造承包商应当将该合同变更部分作为原合同的组成部分进行会计处理，在合同变更日，按照变更后的合同总造价和重新估计的履约进度对已确认收入的影响，调整当期收入。合同变更日，假定该建造承包商按已发生合同成本占合同变更后预计总成本（合同原预计总成本+合同变更新增成本）的比例重新估计的履约进度为 38.9%，则应追加确认收入 8.35（=150×38.9%−50）万元。

（二）识别合同中的单项履约义务

履约义务，是指合同中企业向客户转让可明确区分商品的承诺。履约义务既包括合同中明确的承诺，也包括由于企业已公开宣布的政策、特定声明或以往的习惯做法等导致合同订立时客户合理预期企业将履行的承诺。企业为履行合同而开展的初始活动，通常不构成履约义务，除非该活动向客户转让了承诺的商品。

合同开始日，企业应当对合同进行评估，识别该合同所包含的各单项履约义务，并确定各单项履约义务是在某一时段内履行，还是在某一时点履行，然后，在履行了各单项履约义务时分别确认收入。单项履约义务还应当包括以下企业向客户转让商品的承诺。

1. 企业向客户转让可明确区分商品的承诺

可明确区分商品，是指企业向客户承诺的商品同时满足下列条件。

1）客户能够从该商品本身或从该商品与其他易于获得资源一起使用中受益，即该商品本身能够明确区分。当客户能够使用、消耗或以高于残值的价格出售商品，或者以能够产生经济利益的其他方式持有商品时，表明客户能够从该商品本身获益。其他易于获得的资源，是指企业单独销售的商品，或者客户已经从企业获得的资源或从其他交易或事项中获得的资源。

2）企业向客户转让该商品的承诺与合同中其他承诺可单独区分，即转让该商品的承诺在合同中是可以明确区分的。企业确定了商品本身能够明确区分后，还应当在合同层面继续评估转让该商品的承诺是否与合同中其他承诺彼此之间可明确区分。下列情形通常表明企业向客户转让商品的承诺与合同中的其他承诺不可单独区分。

一是，企业需提供重大的服务以将该商品与合同中承诺的其他商品整合成合同约定的组合产出转让给客户。

二是，该商品将对合同中承诺的其他商品予以重大修改或定制。

【例 12-5】A 公司承诺向 B 公司提供其开发的一款现有软件，并提供安装服务，但是 A 公司在安装过程中需要在该软件现有基础上对其进行定制化的重大修改，为该软件增加重要的新功能，以使其能够与 B 公司现有的信息系统相兼容。

分析：A 公司在提供安装服务过程中，需要对销售的软件在现有的基础上进行定制化的重大修改，在这种情况下，转让软件的承诺与提供定制化重大修改的承诺在合同层面是不可明确区分的。

三是，该商品与合同中承诺的其他商品具有高度关联性。即合同中承诺的每一单项商品均受到合同中其他商品的重大影响。合同中包含多项商品时，如果企业无法通过单独交付其中的某一单项商品而履行其合同承诺，可能表明合同中的这些商品会受到彼此的重大影响。

2. 企业向客户转让一系列实质相同且转让模式相同的、可明确区分商品的承诺

转让模式相同，是指每一项可明确区分商品均满足在某一时段内履行履约义务的条件，且采用相同方法确定其履约进度。企业应当将向客户转让的一系列实质相同且转让模式相同的、可明确区分商品的承诺，作为单向履约义务。企业在判断所转让的一系列商品是否实质相同时，应当考虑合同中承诺的性质。当企业承诺的是提供确定数量的商品时，应当考虑这些商品本身是否实质相同。如果企业承诺的是在某一时期内随时向客户提供某项服务，则需要考虑企业在该期间内的承诺是否相同，而并非具体的服务行为项目是否相同。例如，提供保洁服务、酒店管理服务等。

（三）确定交易价格

交易价格，是指企业因向客户转让商品而预期有权收取的对价金额。企业代第三方收取的款项以及企业预期将退还给客户的款项，应当作为负债进行会计处理，不计入交易价格。企业应当根据合同条款，并结合其以往的习惯做法确定交易价格。在确定交易价格时，企业应当考虑可变对价、合同中存在的重大融资成分、非现金对价、应付客户对价等因素的影响，并应当假定将按照现有合同的约定向客户转移商品，且该合同不会被取消、续约或变更。

1. 可变对价

企业与客户的合同中约定的对价金额可能是固定的，也可能会因折扣、价格折让、返利、退款、奖励积分、激励措施、业绩奖金、索赔等因素而发生变化。此外，企业有权收取的对价金额，根据一项或多项或有事项的发生有所不同的情况，也属于可变对价的情形。

企业在判断合同中是否存在可变对价时，不仅应当考虑合同条款的约定，还应考虑下列情况对合同对价金额的影响：一是根据企业已公开宣布的政策、特定声明或者以往的习惯做法等，客户能够合理预期企业将会接受低于合同约定的对价金额，即企业会以折扣、返利等形式提供价格折让。二是其他相关事实和情况表明，企业在与客户签订合同时即打算向客户提供价格折让。例如，企业与一新客户签订合同，虽然企业没有对该客户销售给予折扣的历史经验，但是，根据企业拓展客户关系的战略安排，企业愿意接受低于合同约定的价格。

合同中存在可变对价的，企业应当按照期望值或最可能发生金额确定可变对价的最佳估计数，但包含可变对价的交易价格，应当不超过在相关不确定性消除时累计已确认收入极可能不会发生重大转回的金额。企业在评估累计已确认收入是否极可能不会发生重大转回时，应当同时考虑收入转回的可能性及其比重。期望值是按照各种可能发生的对价金额及相关概率计算确定的金额。如果企业拥有大量具有类似特征的合同，并估计可能产生多个结果时，通常按照期望值估计可变对价金额。最可能发生金额是一系列可能发生的对价金额中最可能发生的单一金额，即合同最可能产生的单一结果。当合同仅有两个可能结果时，通常按照最可能发生金额估计可变对价金额。每一资产负债表日，企业应当重新估计应计入交易价格的可变对价金额。

【例12-6】假设A公司为其客户建造一栋厂房，合同约定的价款为100万元，但是，如果A公司不能在合同签订之日起的120天内竣工，则须支付10万元罚款，该罚款从合同价款中扣除。上述金额均不含增值税。

分析：该合同的对价金额由两部分组成，即90万元的固定价格以及10万元的可变对价。

2. 合同中存在的重大融资成分

当合同各方以在合同中（或者以隐含的方式）约定的付款时间为客户或企业就该交易提供了重大融资利益时，合同中即包含了重大融资成分。例如企业以赊销的方式销售商品，或者要求客户支付预付款等。

合同中存在重大融资成分的，企业应当按照假定客户在取得商品控制权时即以现金支付的应付金额（现销价格）确定交易价格。该交易价格与合同对价之间的差额，应当在合同期间内采用实际利率法摊销。实际利率是指具有类似信用等级的企业发行类似工具的现时利率，或者将合同或协议价款折现为商品现销价格时的折现率等。

企业在评估合同中是否存在融资成分以及该融资成分对于该合同而言是否重大时，应当考虑的因素包括：①合同对价与现销价格之间的差额；②客户从取得商品控制权至支付价款的间隔时间和市场的现行利率两个因素的共同影响。具体来说，如果合同对价与现销价格之间存在差额，而该差额又是由于客户从取得商品控制权至支付价款的间隔时间和市场现行利率两个因素共同影响的结果，则表明合同中存在融资成分。至于该融资成分是否属于重大，企业应当在单个合同层面而不是在合同组合层面予以评估。

合同开始日，企业预计客户取得商品控制权与客户支付价款间隔不超过一年的，可以不考虑合同中存在的重大融资成分。

【例12-7】20×4年1月1日，天河公司采用分期收款的方式向玉林公司赊销一套大型设备，合同约定的销售价格为2 000万元（不含增值税），分5次于每年12月31日等额收取。该大型设备成本为 1 560 万元。在现销方式下，该大型设备的销售价格为 1 600 万元（不含增值税）。假定天河公司发出商品时开出增值税专用发票，注明的增值税额为 260 万元，并于当天收到增值税额 260 万元。

根据本例的资料，天河公司应当确认的销售商品收入金额为 1 600 万元。

天河公司应进行如下账务处理。

$$未来五年收款额的现值 = 现销方式下应收款项金额$$

可以得出：$400 \times (P/A, r, 5) + 260 = 1\,600 + 260 = 1\,860$（万元）

可在多次测试的基础上，用插值法计算折现率。

当 $r=7\%$ 时，$400 \times 4.100\,2 + 260 = 1\,900.08$（万元）＞ 1 860（万元）

当 $r=8\%$ 时，$400 \times 3.992\,7 + 260 = 1\,857.08$（万元）＜ 1 860（万元）

因此，$7\% < r < 8\%$。用插值法计算如下（现值与利率对应表如表 12-1 所示）。

$$\frac{1900.08 - 1860}{1900.08 - 1857.08} = \frac{7\% - r}{7\% - 8\%}$$

表 12-1　现值与利率对应表

现值（万元）	利率
1 900.08	7%
1 860	r
1 857.08	8%

由公式解得，$r=7.93\%$

融资收益分配表如表 12-2 所示。

表 12-2　融资收益分配表（实际利率法）　　　　　　单位：万元

时间 ①	分期应收款 ②	应分配融资收益 ③ = 期初⑤ ×7.93%	应收本金减少额 ④ = ② - ③	已收本金余额 期末⑤ = 期初⑤ - ④
20×4 年 1 月 1 日				1 600
20×4 年 12 月 31 日	400	126.88	273.12	1 326.88
20×5 年 12 月 31 日	400	105.22	294.78	1 032.10
20×6 年 12 月 31 日	400	81.85	318.15	713.95
20×7 年 12 月 31 日	400	56.62	343.38	370.57
20×8 年 12 月 31 日	400	29.43*	370.57	0
总额	2 000	400	1 600	

注：*尾数调整。

根据表 12-2 的计算，天河公司各期的会计分录如下。

（1）20×4 年 1 月 1 日，天河公司销售实现时：

借：长期应收款　　　　　　　　　　　　　　　　　　20 000 000
　　银行存款　　　　　　　　　　　　　　　　　　　　2 600 000
　　　贷：主营业务收入　　　　　　　　　　　　　　　　　　　16 000 000
　　　　　应交税费——应交增值税（销项税额）　　　　　　　　2 600 000
　　　　　未实现融资收益　　　　　　　　　　　　　　　　　　4 000 000
借：主营业务成本　　　　　　　　　　　　　　　　　15 600 000
　　　贷：库存商品　　　　　　　　　　　　　　　　　　　　　15 600 000

（2）20×4 年 12 月 31 日，天河公司收取货款时：

借：银行存款　　　　　　　　　　　　　　　　　　　4 000 000
　　　贷：长期应收款　　　　　　　　　　　　　　　　　　　　4 000 000

借：未实现融资收益 1 268 800
　　贷：财务费用 1 268 800

（3）20×5年12月31日，天河公司收取货款时：
借：银行存款 4 000 000
　　贷：长期应收款 4 000 000
借：未实现融资收益 1 052 200
　　贷：财务费用 1 052 200

（4）20×6年12月31日，天河公司收取货款时：
借：银行存款 4 000 000
　　贷：长期应收款 4 000 000
借：未实现融资收益 818 500
　　贷：财务费用 818 500

（5）20×7年12月31日，天河公司收取货款时：
借：银行存款 4 000 000
　　贷：长期应收款 4 000 000
借：未实现融资收益 566 200
　　贷：财务费用 566 200

（6）20×8年12月31日，天河公司收取货款时：
借：银行存款 4 000 000
　　贷：长期应收款 4 000 000
借：未实现融资收益 294 300
　　贷：财务费用 294 300

3. 非现金对价

非现金对价包括实物资产、无形资产、股权、客户提供的广告服务等。客户支付非现金对价的，企业应当按照非现金对价的公允价值确定交易价格。非现金对价的公允价值不能合理估计的，企业应当参照其承诺向客户转让商品的单独售价间接确定交易价格。

非现金对价的公允价值计量日为合同开始日。非现金对价的公允价值可能会因对价的形式而发生变动（例如，企业有权向客户收取的对价是股票，股票本身的价格会发生变动），也可能会因为其形式以外的原因而发生变动（例如，企业有权收取非现金对价的公允价值因企业的履约情况而发生变动）。合同开始日后，非现金对价的公允价值因对价形式以外的原因而发生变动的，应当作为可变对价，按照与计入交易价格的可变对价金额的限制条件相关的规定进行处理；合同开始日后，非现金对价的公允价值因对价形式而发生变动的，该变动金额不应计入交易价格。

【例12-8】天河公司为客户生产一台专用设备。双方约定，如果天河公司能够在30天内交货，则可以额外获得100股客户的股票作为奖励。合同开始日，该股票的价格为每股6元；由于缺乏执行类似合同的经验，当日，天河公司估计，该100股股票的公允价值计入交易价格将不满足累计已确认的收入极可能不会发生重大转回的限制条件。合同开始日之后的第23天，公司将该设备交付给客户，从而获得了100股股票，该股票在此时的价格为每股

8元。假定公司将该股票作为以公允价值计量且其变动计入当期损益的金融资产。

分析：合同开始日，该股票的价格为每股6元，由于缺乏执行类似合同的经验，当日，天河公司估计，该100股股票的公允价值计入交易价格将不满足累计已确认的收入极可能不会发生重大转回的限制条件，因此，天河公司不应将该100股股票的公允价值600元计入交易价格。合同开始日之后的第23天，天河企业获得了100股股票，该股票在此时的价格为每股8元。天河公司应当将股票（非现金对价）的公允价值因对价形式以外的原因而发生的变动，即600(=6×100)元确认为收入，因对价形式原因而发生的变动，即200(=800-600)元计入公允价值变动损益。

4. 应付客户对价

企业应付客户（或向客户购买本企业商品的第三方，本条下同）对价的，应当将该应付对价冲减交易价格，并在确认相关收入与支付（或承诺支付）客户对价二者孰晚的时点冲减当期收入，但应付客户对价是为了向客户取得其他可明确区分商品的除外。

企业应付客户对价是为了向客户取得其他可明确区分商品的，应当采用与本企业其他采购相一致的方式确认所购买的商品。企业应付客户对价超过向客户取得可明确区分商品公允价值的，超过金额应当冲减交易价格。向客户取得的可明确区分商品公允价值不能合理估计的，企业应当将应付客户对价全额冲减交易价格。

【例12-9】A公司于20×4年7月与经销商B公司约定，截止双十一完成该公司品牌电视机10 000台（不含税总价为2 000万元）的销售，将给予销售额3%的现金返利。截止双十一，B公司完成了任务。

分析：A公司给予销售额现金返利的目的并不是取得可明确区分的商品，应将该笔向客户支付的对价作为对合同交易价格的抵减，在确认转让产品的收入时，按应付客户对价冲减收入，则应确认的收入为1 940万元。

（四）将交易价格分摊至各单项履约义务

合同中包含两项或多项履约义务的，企业应当在合同开始日，按照各单项履约义务所承诺商品的单独售价的相对比例，将交易价格分摊至各单项履约义务。企业不得因合同开始日之后单独售价的变动而重新分摊交易价格。

1. 确定单独售价

企业在类似环境下向类似客户单独销售商品的价格，应作为确定该商品单独售价的最佳证据。单独售价无法直接观察的，企业应当综合考虑其能够合理取得的全部相关信息，采用市场调整法、成本加成法、余值法等方法合理估计单独售价。在估计单独售价时，企业应当最大限度地采用可观察的输入值，并对类似的情况采用一致的估计方法。

1）市场调整法，是指企业根据某商品或类似商品的市场售价考虑本企业的成本和毛利等进行适当调整后，确定其单独售价的方法。

2）成本加成法，是指企业根据某商品的预计成本加上其合理毛利后的价格，确定其单独售价的方法。

3）余值法，是指企业根据合同交易价格减去合同中其他商品可观察的单独售价后的余值，确定某商品单独售价的方法。企业在商品近期售价波动幅度巨大，或者因未定价且未曾单独销售而使售价无法可靠确定时,可采用余值法估计其单独售价。

2. 分摊合同折扣

合同折扣,是指合同中各单项履约义务所承诺商品的单独售价之和高于合同交易价格的金额。

对于合同折扣,企业应当在各单项履约义务之间按比例分摊。有确凿证据表明合同折扣仅与合同中一项或多项(而非全部)履约义务相关的,企业应当将该合同折扣分摊至相关一项或多项履约义务。合同折扣仅与合同中一项或多项(而非全部)履约义务相关,且企业采用余值法估计单独售价的,应当首先按照前款规定在该一项或多项(而非全部)履约义务之间分摊合同折扣,然后采用余值法估计单独售价。

【例12-10】天河公司与玉林公司签订合同,向其销售A商品10件、B商品20件和C商品30件,合同总价款为90万元,这三种商品分别构成三个单项履约义务。天河公司经常单独出售A、B和C商品,其可直接观察的单独售价分别为3万元/件、2万元/件和1万元/件。合同约定天河公司必须在全部交付三类商品后才能提出货款结算要求。假设天河公司最终依次完成A、B和C三类商品的交付,不考虑税收因素。

分析:合同折扣=10×3+20×2+30×1-90=10(万元)。

该项折扣应该在三类商品所对应的三项履约义务之间按照单独售价比例进行分摊。

A、B和C三类商品合同折扣的分摊如表12-3所示。

表12-3 合同折扣分摊表

合同产品	分摊比例	分摊合同折扣(万元)
A商品	30÷100×100%=30%	3
B商品	40÷100×100%=40%	4
C商品	30÷100×100%=30%	3
合计	—	10

3. 分摊可变对价

对于可变对价及可变对价的后续变动额,企业应当按照分摊合同折扣的方法,将其分摊至与之相关的一项或多项履约义务,或者分摊至构成单项履约义务的一系列可明确区分商品中的一项或多项商品。

对于已履行的履约义务,其分摊的可变对价后续变动额应当调整变动当期的收入。

【例12-11】天河公司与玉林公司签订合同,将其拥有的专利技术X授权给玉林公司使用。假定该项授权构成单项履约义务,且属于在某一时点履行的履约义务。合同约定,授权使用专利技术X的价格为玉林公司使用该专利技术所生产的产品销售额的3%。专利技术X的单独售价为100万元。天河公司估计其就授权使用专利技术X而有权收取的特许权使用费为100万元。假定上述价格均不包含增值税。

分析:该合同中授权使用专利技术X的价格为玉林公司使用该专利技术所生产的产品销售额的3%,属于可变对价,该可变对价全部与授权使用专利技术X能够取得的对价有关,且天河公司估计基于实际销售情况收取的特许权使用费的金额接近专利技术X的单独售价。因此,天河公司将可变对价部分的特许权使用费金额全部由专利技术X承担符合交易价格的分摊目标。

4. 分摊合同变更之后发生的可变对价后续变动

合同变更之后发生可变对价后续变动的，企业应当区分下列三种情形分别进行会计处理。

1）合同变更属于将合同变更部分作为一份单独的合同进行会计处理的，企业应当判断可变对价后续变动与哪一项合同相关，并按照分摊可变对价的要求进行会计处理。

2）合同变更属于将原合同视为终止并将原合同未履约部分与合同变更部分合并为新合同进行会计处理的，且可变对价后续变动与合同变更前已承诺可变对价相关的，企业应当首先将该可变对价后续变动额以原合同开始日确定的基础进行分摊，然后再将分摊至合同变更日尚未履行履约义务的该可变对价后续变动额以新合同开始日确定的基础进行二次分摊。

3）合同变更之后发生除上述1）和2）规定情形以外的可变对价后续变动的，企业应当将该可变对价后续变动额分摊至合同变更日尚未履行的履约义务。

【例12-12】20×4年9月1日，天河公司与玉林公司签订合同，向其销售A产品和B产品。A产品和B产品均为明确可区分商品，其单独售价相同，且均属于在某一时点履行的履约义务。合同约定，A产品和B产品分别于20×4年12月1日和20×5年5月31日交付给乙公司。合同约定的对价包括5 000元的固定对价和估计金额为1 000元的可变对价。假定天河公司将1 000元的可变对价计入交易价格，满足将可变对价金额计入交易价格的限制条件。因此，该合同的交易价格为6 000元。假定上述价格均不包含增值税。

20×4年12月25日，双方对合同范围进行了变更，玉林公司向天河公司额外采购C产品，合同价格增加1 500元，C产品与A、B两种产品可明确区分，但该增加的价格不反映C产品的单独售价。C产品的单独售价与A产品和B产品相同，C产品将于20×5年8月30日交付给玉林公司。20×4年12月31日，天河公司预计有权收取的可变价格的估计金额由1 000元变更为1 200元，该金额符合计入交易价格的条件。因此，合同的交易价格增加了200元，且天河公司认为该增加额与合同变更前已承诺的可变对价相关。

分析：在合同开始日，该合同包含两个单项履约义务，天河公司应该将估计的交易价格分摊至这两项履约义务。由于两种产品的单独售价相同，且可变对价不符合分摊至其中一项履约义务的条件，因此，天河公司将交易价格6 000元平均分摊至A产品和B产品，即20×4年9月1日，交易价格分摊如表12-4所示。

20×4年12月1日，当A产品交付给客户时，甲公司相应确认收入3 000元。

20×4年12月25日，双方进行了合同变更。该合同变更属于合同变更的第2）种情形，因此该合同变更应当作为原合同终止，并将原合同的未履约部分与合同变更部分合并为新合同进行会计处理。在该新合同下，合同的交易价格为4 500元（3 000+1 500），由于B产品和C产品的单独售价相同，因此将交易价格平均分摊至B产品和C产品，则20×4年12月31日，交易价格分摊如表12-5所示。

20×4年12月31日，天河公司重新估计可变对价，增加了交易价格200元。由于该增加额

表12-4 交易价格分摊表（一）

合同产品	分摊比例	分摊交易价格（元）
A产品	50%	3 000
B产品	50%	3 000
合计	—	6 000

表12-5 交易价格分摊表（二）

合同产品	分摊比例	分摊交易价格（元）
B产品	50%	2 250
C产品	50%	2 250
合计	—	4 500

与合同变更前已承诺的可变对价相关,因此应首先将该增加额分摊给 A 产品和 B 产品,之后再将分摊给 B 产品的部分在 B 产品和 C 产品形成的新合同中进行二次分摊。可变对价后续变动额在 A 产品和 B 产品之间的分摊如表 12-6 所示。

表 12-6 可变对价后续变动额分摊表（一）

合同产品	分摊比例	可变对价后续变动额（元）
A 产品	50%	100
B 产品	50%	100
合计	—	200

由于天河公司已经转让了 A 产品,在交易价格发生变动的当期即应将分摊至 A 产品的 100 元确认为收入。之后,天河公司将分摊至 B 产品的 100 元进行二次分摊,平均分摊至 B 产品和 C 产品。可变对价后续变动额在 B 产品和 C 产品之间的分摊如表 12-7 所示。

表 12-7 可变对价后续变动额分摊表（二）

合同产品	分摊比例	可变对价后续变动额（元）
B 产品	50%	50
C 产品	50%	50
合计	—	100

经过上述分摊后,B 产品和 C 产品的交易价格金额均为 2 300（=2 250+50）元。

20×5 年 5 月 31 日,天河公司在 B 产品控制权转移时确认收入 2 300 元。

20×5 年 8 月 30 日,天河公司在 C 产品控制权转移时确认收入 2 300 元。

（五）履行各单项履约义务时确认收入

企业应当在履行了合同中的履约义务,即客户取得相关商品控制权时确认收入。企业应当根据实际情况,首先判断履约义务是否满足在某一时段内履行的条件,如不满足,则该履约义务属于在某一时点履行的履约义务。对于在某一时段内履行的履约义务,企业应当选取恰当的方法来确定履约进度;对于在某一时点履行的履约义务,企业应当综合分析控制权转移的迹象,判断其转移时点。

1. 在某一时段内履行的履约义务的确认条件

满足下列条件之一的,属于在某一时段内履行的履约义务,相关收入应当在该履约义务履行的期间内确认。

1）客户在企业履约的同时即取得并消耗企业履约所带来的经济利益。企业在履约过程中是持续地向客户转移企业履约所带来的经济利益的,该履约义务属于在某一时段内履行的履约义务。企业在进行判断时,可以假定在企业履约的过程中更换为其他企业继续履行剩余履约义务,如果该继续履行合同的企业实质上无须重新执行企业累计至今已经完成的工作,则表明客户在企业履约的同时即取得并消耗了企业履约所带来的经济利益。

2）客户能够控制企业履约过程中在建的商品。企业在履约过程中创建的商品包括在产品、在建工程、尚未完成的研发项目、正在进行的服务等,如果客户在企业创建该商品的过程中就能够控制这些商品,应当认为企业提供该商品的履约义务属于在某一时段内履行的履约义务,应当在该履约义务履行的期间内确认收入。

3）企业履约过程中所产出的商品具有不可替代用途,且该企业在整个合同期间内有权就累计至今已完成的履约部分收取款项。

一是商品具有不可替代用途。具有不可替代用途,是指因合同限制或实际可行性限制,企业不能轻易地将商品用于其他用途。企业在判断商品是否具有不可替代用途时,应注意以下几点。

①判断时点是合同开始日。企业应当在合同开始日判断所承诺的商品是否具有不可替代用途，此后，除非发生合同变更，且该变更显著改变了原合同约定的履约义务，否则，企业无须重新进行判断。

②考虑合同限制。当合同中存在实质性的限制条款，导致企业不能将合同约定的商品用于其他用途时，该商品满足具有不可替代用途的条件。

③考虑实际可行性限制。虽然合同中没有限制条款，但是，当企业将合同中约定的商品用作其他用途，将导致企业遭受重大的经济损失时，企业将该商品用作其他用途的能力实际上受到了限制。

④基于最终转移给客户的商品的特征判断。当商品在生产的前若干个生产步骤是标准化的，只是从某一时点（或者某一流程）才进入定制化的生产时，企业应当根据最终转移给客户时该商品的特征来判断其是否满足"具有不可替代用途"的条件。

二是企业在整个合同期间内有权就累计至今已完成的履约部分收取款项。有权就累计至今已完成的履约部分收取款项，是指在由于客户或其他方原因终止合同的情况下，企业有权就累计至今已完成的履约部分收取能够补偿其已发生成本和合理利润的款项，并且该权利具有法律约束力。企业在进行判断时，也应考虑以下几点。

①企业有权收取的该款项应当大致相当于累计至今已经转移给客户的商品的售价，即该金额应当能够补偿企业已经发生的成本和合理利润。

②企业在整个合同期间内有权就累计至今已完成的履约部分收取款项，并不意味着企业拥有现时可行使的无条件收款权。

③当客户只有在某些特定时点才有权终止合同，或者根本无权终止合同时，客户终止了合同（包括客户没有按照合同约定履行其义务），但是，合同条款或法律法规要求，企业应继续向客户转移合同中承诺的商品并有权要求客户支付对价，此种情况也符合"企业有权就累计至今已完成的履约部分收取款项"的要求。

④企业在进行判断时，既要考虑合同条款的约定，还应当充分考虑适用的法律法规、补充或者凌驾于合同条款之上的以往司法实践以及类似案例的结果等。

⑤企业和客户之间在合同中约定的付款时间进度表，不一定就表明企业有权就累计至今已完成的履约部分收取款项，这是因为合同约定的付款进度和企业的履约进度可能并不匹配。此种情况下，企业仍需要证据对其是否有该项收款权进行判断。

【例12-13】假设A公司是一家造船企业，与B公司签订了一份船舶建造合同，按照B公司的具体要求设计和建造船舶。A公司在自己的厂区内完成该船舶的建造，B公司无法控制在建过程中的船舶。A公司如果想把该船舶出售给其他客户，需要发生重大的改造成本。双方约定，如果B公司单方面解约，B公司需向A公司支付相当于合同总价15%的违约金，且建造中的船舶归A公司所有。假定该合同仅包含一项履约义务，即设计和建造船舶。

分析：船舶是按照B公司的具体要求进行设计和建造的，A公司需要发生重大的改造成本将该船舶改造之后才能将其出售给其他客户，因此，该船舶具有不可替代用途。然而，如果B公司单方面解约，仅需要向A公司支付相当于合同总价15%的违约金，表明A公司无法在整个合同期间内都有权就累计至今已完成的履约部分收取能够补偿其已发生成本和合理利润的款项。因此，A公司为B公司设计和建造船舶不属于在某一时段内履行的履约义务。

2. 在某一时段内履行的履约义务的收入确认方法

对于在某一时段内履行的履约义务，企业应当在该段时间内按照履约进度确认收入，但是，履约进度不能合理确定的除外。企业应当考虑商品的性质，采用产出法或投入法确定恰当的履约进度。

（1）产出法。产出法是根据已转移给客户的商品对于客户的价值确定履约进度的方法，主要包括按照实际测量的完工进度、评估已实现的结果、已达到的里程碑、时间进度、已完工或交付的产品等确定履约进度的方法。企业在评估是否采用产出法确定履约进度时，应当考虑所选择的产出指标是否能够如实地反映向客户转移商品的进度。实务中，为便于操作，当企业向客户开具发票的对价金额与向客户转让增量商品价值相一致时，企业直接按照发票对价金额确认收入也是一种恰当的产出法。

【例12-14】20×4年1月1日，A公司与客户签订合约，为该客户拥有的一条铁路更换100根铁轨，合约价格为100万元（不含税价）。截至20×4年12月31日，A公司共更换铁轨60根，剩余部分估计在20×5年3月31日之前完成。该合约仅包含一项履约义务，且该履约义务满足在某一时段内履行的条件。假定不考虑其他情况。

分析：A公司提供的更换铁轨的服务属于在某一时段内履行的履约义务，A公司按照已完成的工作量确定履约进度。因此，截至20×4年12月31日，该合约的履约进度为60%（=60÷100×100%），A公司应确认的收入为60（=100×60%）万元。

（2）投入法。投入法是根据企业为履行履约义务的投入确定履约进度的方法，通常可采用投入的材料数量、花费的人工工时或机器工时、发生的成本和时间进度等投入指标确定履约进度。当企业从事的工作或发生的投入是在整个履约期间内平均发生时，企业也可以按照直线法确认收入。由于企业的投入与向客户转移商品的控制权之间未必存在直接的对应关系，因此，企业在采用投入法时，应当扣除那些虽然已经发生、但是未导致向客户转移商品的投入。实务中，企业通常按照累计实际发生的成本占预计总成本的比例，即成本法确定履约进度。企业在采用成本法确定履约进度时，需要对以下已发生的成本情形进行适当调整：①已发生的成本并未反映企业履行其履约义务的进度，如因企业生产效率低下等原因而导致的非正常消耗，包括非正常消耗的直接材料、直接人工、制造费用等，但是，企业和客户在订立合同时已经预见会发生这些成本并将其包括在合同价款中的除外；②已发生的成本与企业履行其履约义务的进度不成比例。

对于每一项履约义务，企业只能采用一种方法来确定其履约进度，并加以一贯运用。对于类似情况下的类似履约义务，企业应当采用相同的方法确定履约进度。当履约进度不能合理确定时，企业已经发生的成本预计能够得到补偿的，应当按照已经发生的成本金额确认收入，直到履约进度能够合理确定为止。每个资产负债表日，企业应当对履约进度进行重新估计。当客观环境发生变化时，企业也需要重新评估履约进度是否发生变化，以确保履约进度能够反映履约情况的变化，该变化应当作为会计估计变更进行会计处理。

【例12-15】A公司于20×4年12月1日接受一项设备安装任务，安装期为3个月，合约总收入为 60 万元,至年底已预收安装费 44 万元,实际发生安装费用为 28 万元(假定均为安装人员薪酬),估计还将发生安装费用 12 万元。假定 A 公司按实际发生的成本占估计总成本的比例确定安装的履约进度,不考虑增值税等其他因素。

A 公司的会计处理如下。

(1)实际发生劳务成本时:

借:合同履约成本　　　　　　　　　　　　　　280 000
　　贷:应付职工薪酬　　　　　　　　　　　　　　　　280 000

(2)预收劳务款时:

借:银行存款　　　　　　　　　　　　　　　　440 000
　　贷:合同负债　　　　　　　　　　　　　　　　　　440 000

(3)20×4 年 12 月 31 日,确认劳务收入并结转劳务成本:

$$履约进度 = 28 \div (28+12) \times 100\% = 70\%$$

$$确认的劳务收入 = 60 \times 70\% = 42(万元)$$

借:合同负债　　　　　　　　　　　　　　　　420 000
　　贷:主营业务收入　　　　　　　　　　　　　　　　420 000
借:主营业务成本　　　　　　　　　　　　　　280 000
　　贷:合同履约成本　　　　　　　　　　　　　　　　280 000

3. 在某一时点履行的履约义务

当一项履约义务不属于在某一时段内履行的履约义务时,应当属于在某一时点履行的履约义务。对于在某一时点履行的履约义务,企业应当在客户取得相关商品控制权时确认收入。在判断客户是否已取得商品控制权时企业应当考虑下列迹象。

1)企业就该商品享有现时收款权利,即客户就该商品负有现时付款义务。

2)企业已将该商品的法定所有权转移给客户,即客户已拥有该商品的法定所有权。

3)企业已将该商品实物转移给客户,即客户已实际占有该商品。

4)企业已将该商品所有权上的主要风险和报酬转移给客户,即客户已取得该商品所有权上的主要风险和报酬。

5)客户已接受该商品。如果客户已经接受了企业提供的商品,可能表明客户已经取得了该商品的控制权。

6)其他表明客户已取得商品控制权的迹象。

三、合同成本

(一)合同履约成本

企业为履行合同会发生各种成本,如果这些成本不属于存货、固定资产、无形资产等资产的取得成本且同时满足下列条件的,应当作为合同履约成本确认为一项资产。

第一,该成本与一份当前或预期取得的合同直接相关,包括直接人工、直接材料、制造费用(或类似费用)、明确由客户承担的成本以及仅因该合同而发生的其他成本。

第二,该成本增加了企业未来用于履行履约义务的资源。

第三,该成本预期能够收回。

企业应当在下列支出发生时，将其计入当期损益。

第一，管理费用，除非这些费用明确由客户承担。

第二，非正常消耗的直接材料、直接人工和制造费用（或类似费用），这些支出为履行合同发生，但未反映在合同价格中。

第三，与履约义务中已履行（包括已全部履行或部分履行）部分相关的支出，即该支出与企业过去的履约活动相关。

第四，无法在尚未履行的与已履行（或已部分履行）的履约义务之间区分的相关支出。

（二）合同取得成本

企业为取得合同发生的增量成本预期能够收回的，应当作为合同取得成本确认为一项资产；但是，该资产摊销期限不超过一年的，可以在发生时计入当期损益。

增量成本，是指企业不取得合同就不会发生的成本（如销售佣金等）。

企业为取得合同发生的、除预期能够收回的增量成本之外的其他支出（如无论是否取得合同均会发生的差旅费等），应当在发生时计入当期损益，但是，明确由客户承担的除外。

（三）与合同成本有关的资产的摊销与减值

与合同成本有关的资产，是指按合同履约成本确认的资产和按合同取得成本确认的资产。

1. 摊销

与合同成本有关的资产，应当采用与该资产相关的商品收入确认相同的基础进行摊销，计入当期损益。

在确认与合同履约成本或合同取得成本有关的资产的摊销期限和方式时，如果该资产与预期将要取得的合同相关，则需要考虑该预期对将要取得合同的影响。但是，对于合同取得成本而言，如果合同续约时，企业仍需要支付与取得原合同时相当的佣金，则表明取得原合同支付的佣金与预期将要取得的合同无关，该佣金只能在原合同的期限内进行摊销。企业为合同续约仍需支付的佣金是否与原合同相当，需要根据具体情况进行判断。企业应当根据预期向客户转让与上述资产相关的商品的时间，对资产的摊销情况进行复核并更新，以反映该预期时间的重大变化。此类变化应当作为会计估计变更进行会计处理。

【例12-16】A公司是一家教育培训机构，主要提供MBA课程。甲是一名知名教育博主，经甲介绍，有100名学员参加了20×3届的MBA课程，课程为期2年，自20×3年1月—20×4年12月，课时平均分摊在每个月。A公司向每位学员收取学费2.4万元，按每位学员1 200元向甲支付佣金。

分析：合同取得成本为12万元。20×3年1月～20×4年12月，A公司需要每月确认收入10万元，每月摊销合同取得成本0.5万元至销售费用。相关会计分录如下。

（1）20×3年1月，A公司取得学费时：

借：银行存款　　　　　　　　　　　　　　　　　2 400 000
　　贷：合同负债　　　　　　　　　　　　　　　　　　　2 400 000
借：合同取得成本　　　　　　　　　　　　　　　　120 000
　　贷：银行存款　　　　　　　　　　　　　　　　　　　120 000

（2）20×3年1月～20×4年12月：
借：合同负债　　　　　　　　　　　　　　　　　　100 000
　　贷：主营业务收入　　　　　　　　　　　　　　　　　100 000
借：销售费用　　　　　　　　　　　　　　　　　　　5 000
　　贷：合同取得成本　　　　　　　　　　　　　　　　　5 000

2. 减值

与合同成本有关的资产，其账面价值高于下列两项的差额的，超出部分应当计提减值准备，并确认为资产减值损失。

1）企业因转让与该资产相关的商品预期能够取得的剩余对价。

2）为转让该相关商品估计将要发生的成本。

以前期间减值的因素之后发生变化，使得上述两项的差额高于该资产账面价值的，应当转回原已计提的合同成本减值准备，并计入当期损益，但转回后的资产账面价值不应超过假定不计提减值准备情况下该资产在转回日的账面价值。

在确定与合同成本有关的资产减值损失时，首先对相关的其他资产确定减值损失后，再确定合同履约成本和合同取得成本的减值损失。

四、销售商品收入的账务处理

（一）一般销售业务

在进行销售商品的账务处理时，首先要考虑销售商品收入是否符合确认条件。凡符合收入确认条件的，企业应及时确认收入，并按照配比原则结转销售成本。对于不符合收入确认条件，但商品已经发出的情况，应通过"发出商品"等科目进行核算。"发出商品"科目属于资产类科目，借方登记发出的库存商品的实际成本；贷方登记因销售结转的发出商品的实际成本；借方余额反映已经发出但尚未结转的发出商品的实际成本。

【例12-17】天河公司于20×4年3月销售一批产品给玉林公司，销售价格为150 000元，成本为100 000元。合同约定，天河公司发出商品后，玉林公司立即支付120 000元货款，其余货款用承兑期为3个月的商业承兑汇票补足。公司适用的增值税率为13%。有关账务处理如下：

（1）天河公司发出商品，收到货款时：
借：银行存款　　　　　　　　　　　　　　　　　　120 000
　　应收票据　　　　　　　　　　　　　　　　　　　49 500
　　贷：主营业务收入　　　　　　　　　　　　　　　　150 000
　　　　应交税费——应交增值税（销项税额）　　　　　　19 500
同时结转成本：
借：主营业务成本　　　　　　　　　　　　　　　　100 000
　　贷：库存商品　　　　　　　　　　　　　　　　　　100 000

（2）天河公司发出商品后，若玉林公司资金周转发生困难，未能及时付款，应将发出商品的成本转入"发出商品"科目：

```
借：发出商品                                          100 000
    贷：库存商品                                              100 000
```

若玉林公司一个月后履行合同，天河公司收到货款，有关会计处理基本同（1），但结转成本时应编制如下会计分录：

```
借：主营业务成本                                      100 000
    贷：发出商品                                              100 000
```

（3）若本期发生上年销售商品退货共计 10 000 元，经检查实属质量问题，货款已用银行存款支付（暂不考虑成本结转）：

```
借：主营业务收入                                       10 000
    应交税费——应交增值税（销项税额）                     1 300
    贷：银行存款                                               11 300
```

（4）本期仅发生上述业务，期末应将"主营业务收入"科目的余额 140 000（=150 000-10 000）元转入"本年利润"科目：

```
借：主营业务收入                                      140 000
    贷：本年利润                                              140 000
```

（二）销售折扣

销售折扣，是指企业在销售商品时为鼓励客户多购商品或尽早付款而给予的价款折扣，包括商业折扣和现金折扣。

商业折扣，是指企业为促进商品销售而在商品标价上给予客户的价格扣除。商业折扣的目的是鼓励客户多购商品，通常根据客户不同的购货数量而给予不同的折扣比率。商品标价扣除商业折扣后的金额，为双方的实际交易价格，即发票价格。由于会计记录是以实际交易价格为基础的，而商业折扣是在交易成立之前予以扣除的折扣，它只是购销双方确定交易价格的一种方式，因此，并不影响销售的会计处理。

现金折扣，是指企业为鼓励客户在规定的折扣期限内付款而给予客户的价格扣除。现金折扣的目的是鼓励客户尽早付款，如果客户能够取得现金折扣，则发票金额扣除现金折扣后的余额，为客户的实际付款金额。现金折扣条件通常用一个简单的分式表示。例如，"2/10，1/20，n/30"可以表示一笔赊销期限为 30 天的商品交易，企业规定的现金折扣条件为 10 天内付款可得到 2% 的现金折扣，超过 10 天但在 20 天内付款可得到 1% 的现金折扣，超过 20 天付款须按发票金额全额付款。在销售附有现金折扣条件的情况下，应收账款的未来收现金额是不确定的，可能是全部的发票金额，也可能是发票金额扣除现金折扣后的净额，要视客户能否在折扣期限内付款而定。因此，对于附有现金折扣条件的销售，交易价格实际上属于可变对价，企业的会计处理面临两种选择：①总价法，即按发票金额对应收账款及销售收入计价入账；②净价法，即按发票金额扣除现金折扣后的净额对应收账款及销售收入计价入账。企业应当按照最可能发生金额估计可变对价金额，从而选择采用总价法还是净价法并进行相应会计处理。

【例 12-18】天河公司向玉林公司赊销一批商品，合同约定的销售价格为 50 000 元（不含增值税）。天河公司开出发票账单并发出产品。根据合同约定产品赊销期限为 30 天，现金折扣条件为"2/10，1/20，n/30"，计算现金折扣时不包括增值税。假定玉林公司在 10 天内付款。

天河公司的会计处理如下。

1. 采用总价法

（1）赊销产品：

借：应收账款	56 500	
贷：主营业务收入		50 000
应交税费——应交增值税（销项税额）		6 500

（2）收回货款：

$$现金折扣 = 50\,000 \times 2\% = 1\,000（元）$$

借：银行存款	55 500	
主营业务收入	1 000	
贷：应收账款		56 500

假如玉林公司超过20天付款，则不能得到现金折扣。

借：银行存款	56 500	
贷：应收账款		56 500

2. 采用净价法

（1）赊销产品：

$$现金折扣 = 50\,000 \times 2\% = 1\,000（元）$$
$$销货净额 = 50\,000 - 1\,000 = 49\,000（元）$$
$$应收账款 = 56\,500 - 1\,000 = 55\,500（元）$$

借：应收账款	55 500	
贷：主营业务收入		49 000
应交税费——应交增值税（销项税额）		6 500

（2）收回货款：

借：银行存款	55 500	
贷：应收账款		55 500

假如玉林公司超过20天付款，则不能得到现金折扣。

借：银行存款	56 500	
贷：应收账款		55 500
主营业务收入		1 000

（三）销售折让

销售折让，是指企业因售出商品质量不符合要求等原因而在售价上给予的减让。企业将商品销售给买方后，如买方发现商品在质量、规格等方面不符合要求，可能要求卖方在价格上给予一定的减让。销售折让如发生在确认销售收入之前，则应在确认销售收入时直接按扣除销售折让后的金额确认；已确认销售收入的售出商品发生销售折让，且不属于资产负债表日后事项的，应在发生时冲减当期销售商品收入，如按规定允许扣减增值税税额的，还应冲减已确认的应交增值税销项税额。销售折让属于资产负债表日后事项的，应当按照资产负债表日后事项的相关规定进行会计处理。

【例 12-19】20×3 年 12 月 15 日,天河公司向玉林公司销售一批商品,合同约定的销售价格为 80 000 元,增值税税额为 10 400 元,产品成本为 60 000 元。

(1) 假定合同约定验货付款,天河公司于玉林公司验货并付款后才开具增值税专用发票,所以,发货时天河公司不能确认收入。20×3 年 12 月 25 日,玉林公司在验收过程中发现商品质量不合格,要求天河公司在价格上给予 5% 的折让。天河公司同意折让,玉林公司按折让后的金额支付货款。发生的销售折让允许扣减当期增值税税额,不考虑其他因素。天河公司应编制如下会计分录。

① 20×3 年 12 月 15 日,天河公司发出商品时:

借:发出商品　　　　　　　　　　　　　　　　60 000
　　贷:库存商品　　　　　　　　　　　　　　　　　　60 000

② 20×3 年 12 月 25 日,玉林公司按折让后的金额支付货款时:

借:银行存款　　　　　　　　　　　　　　　　85 880
　　贷:主营业务收入　　　　　　　　　　　　　　　　76 000
　　　　应交税费——应交增值税(销项税额)　　　　　9 880

(2) 假定合同约定交款提货,天河公司在收到玉林公司货款后开具增值税专用发票与提货单,此时天河公司可以确认收入。20×3 年 12 月 25 日,玉林公司在验收过程中发现商品质量不合格,要求天河公司在价格上给予 5% 的折让。天河公司同意折让并退回相应货款。发生的销售折让允许扣减当期增值税额,不考虑其他因素。天河公司应编制如下会计分录。

① 20×3 年 12 月 15 日,天河公司收到货款并开具发票时:

借:银行存款　　　　　　　　　　　　　　　　90 400
　　贷:主营业务收入　　　　　　　　　　　　　　　　80 000
　　　　应交税费——应交增值税(销项税额)　　　　　10 400
借:主营业务成本　　　　　　　　　　　　　　60 000
　　贷:库存商品　　　　　　　　　　　　　　　　　　60 000

② 20×3 年 12 月 25 日,天河公司退回多余货款时:

借:主营业务收入　　　　　　　　　　　　　　4 000
　　应交税费——应交增值税(销项税额)　　　　520
　　贷:银行存款　　　　　　　　　　　　　　　　　　4 520

(3) 假定合同约定交款提货。20×4 年 1 月 5 日,玉林公司在验收过程中发现商品质量不合格,要求天河公司在价格上给予 5% 的折让。天河公司同意折让并退回相应货款,发生的销售折让允许扣减当期增值税额,不考虑其他因素。天河公司按净利润的 10% 计提法定盈余公积,所得税税率为 25%,20×3 年的所得税尚未汇算清缴。

因为玉林公司提出折让的时间为 20×4 年 1 月 5 日,所以属于资产负债表日后事项。天河公司应编制如下会计分录。

① 20×3 年 12 月 15 日,天河公司收到货款并开具发票时:

借:银行存款　　　　　　　　　　　　　　　　90 400
　　贷:主营业务收入　　　　　　　　　　　　　　　　80 000
　　　　应交税费——应交增值税(销项税额)　　　　　10 400
借:主营业务成本　　　　　　　　　　　　　　60 000
　　贷:库存商品　　　　　　　　　　　　　　　　　　60 000

② 20×4年1月5日，天河公司退回多余货款时：

销售价格折让 =80 000×5%=4 000（元）
增值税销项税额折让 =10 400×5%=520（元）
销售折让影响所得税金额 =4 000×25%=1 000（元）
销售折让影响净利润金额 =4 000−1 000=3 000（元）
销售折让影响计提法定盈余公积金额 =3 000×10%=300（元）

借：以前年度损益调整	4 000
应交税费——应交增值税（销项税额）	520
贷：银行存款	4 520
借：应交税费——应交所得税	1 000
贷：以前年度损益调整	1 000
借：利润分配——未分配利润	3 000
贷：以前年度损益调整	3 000
借：盈余公积——法定盈余公积	300
贷：利润分配——未分配利润	300

（四）销售退回

商品销售退回，是指企业售出的商品，由于质量、品种不符合要求等原因而发生的退货。销售退回，既包括本年度销售后的商品在年度结束前退回，也包括以前年度销售后的商品在本年度退回。销售退回应当分不同情况进行处理。

1. 未确认收入的已发出商品的退回

处理此种销售退回时，应将已记入"发出商品"科目的商品成本转回"库存商品"科目。如果销售方采用计划成本或售价核算，则应按计划成本或售价记入"库存商品"科目，并计算成本差异或商品进销差价。

2. 已确认收入的销售退回

处理此种销售退回时，不论是当年销售的，还是以前年度销售的，除特殊情况外，一般应冲减退回当月的销售收入，同时冲减退回当月的销售成本。退回时，如按规定允许扣减当期销项税额的，应同时冲减"应交税费——应交增值税（销项税额）"科目。

在资产负债表日及之前售出的商品在资产负债表日至财务会计报告批准报出日之间发生退回的，应作为资产负债表日后事项的调整事项处理，调整报告年度的收入、成本等项目。如果该项销售在资产负债表日及之前已经发生现金折扣的，还应同时冲减报告年度的现金折扣。

【例12-20】20×4年5月10日，天河公司向玉林公司销售一批产品，产品生产成本为300 000元，销售价格为400 000元，增值税销项税额为52 000元。

（1）假定根据合同约定玉林公司验货付款，天河公司于玉林公司验货并付款后开出增值税专用发票。20×4年5月20日，玉林公司在验货时发现产品质量存在问题，要求退货，天河公司同意退货，并于当日为玉林公司办理了退货。

在验货付款销售方式下，天河公司发出商品时不能确认销售收入，其有关会计处理如下。

① 20×4年5月10日，天河公司发出产品时：
借：发出商品　　　　　　　　　　　　　　　　　300 000
　　贷：库存商品　　　　　　　　　　　　　　　　　　　300 000
② 20×4年5月20日，天河公司为玉林公司办理退货时：
借：库存商品　　　　　　　　　　　　　　　　　300 000
　　贷：发出商品　　　　　　　　　　　　　　　　　　　300 000

（2）假定合同约定货款采用托收承付方式进行结算。20×4年5月10日，天河公司发出产品并向其开户银行办妥托收手续；玉林公司在验货时，发现产品的品种、规格与合同要求不符，向其开户银行提出拒付，并要求天河公司予以退货，天河公司于20×4年5月25日为玉林公司办理了退货。

托收承付，是指收款人根据购销合同发货后委托其开户银行向异地付款人收取款项，付款人验单或验货后向其开户银行承诺付款的一种结算方式。采用托收承付方式销售商品，企业在发出商品并办妥托收手续后，通常可以认为商品的控制权已经转移给了客户，并且销售商品的价款很可能收回，因此，应当于发出商品并办妥托收手续时确认收入。此时天河公司的有关会计处理如下。

① 20×4年5月10日，天河公司发出产品并办妥托收手续时：
借：应收账款　　　　　　　　　　　　　　　　　452 000
　　贷：主营业务收入　　　　　　　　　　　　　　　　400 000
　　　　应交税费——应交增值税（销项税额）　　　　　 52 000
借：主营业务成本　　　　　　　　　　　　　　　300 000
　　贷：库存商品　　　　　　　　　　　　　　　　　　　300 000
② 20×4年12月25日，天河公司为玉林公司办理退货时：
借：主营业务收入　　　　　　　　　　　　　　　400 000
　　应交税费——应交增值税（销项税额）　　　　　 52 000
　　贷：应收账款　　　　　　　　　　　　　　　　　　　452 000
借：库存商品　　　　　　　　　　　　　　　　　300 000
　　贷：主营业务成本　　　　　　　　　　　　　　　　　300 000

（五）委托代销

委托代销，是指委托方根据合同，委托受托方代销商品的一种销售方式。

企业通过委托其他单位或个人代销商品，可以采取以下两种方式：一是视同买断方式；二是支付手续费方式。

1. 视同买断方式

视同买断方式代销商品，是指委托方和受托方签订合同或协议，委托方按合同或协议收取代销的货款，实际售价由受托方自定，实际售价与合同或协议价之间的差额归受托方所有。如果委托方和受托方之间的协议明确标明，受托方在取得代销商品后，无论是否能够卖出、是否获利，均与委托方无关，那么，委托方和受托方之间的代销商品交易，与委托方直接销售商品给受托方没有实质区别，在符合销售商品收入确认条件时，委托方应确认相关销售商品收入。如果委托方和受托方之间的协议明确标明，将来受托方没有将商品售出时可以将商品退回给委托方,或受托方因代销商品出现亏损时可以要求委托方补偿,那么,委托方在交付商品时不确认收入,受托方也不进行购进商品处理,受托方将商品销售后,按实际售价确认销售收入,并向委托方开具代销清单,委托方收到代销清单时,再确认本企业的销售收入。

2. 支付手续费方式

支付手续费方式,是指委托方与受托方签订合同,委托方根据代销商品的数量向受托方支付手续费的一种代销方式。在此种方式下,受托方一般按照委托方规定的价格销售商品,不得自行改变售价,在受托方将商品售出之前,委托方拥有对商品的控制权。

支付手续费方式代销商品,委托方在发出商品时通常不应确认销售商品收入,而应在收到受托方开出的代销清单时确认销售商品收入;受托方应在商品销售后,按合同或协议约定的方法计算确定的手续费确认收入。

【例 12-21】天河公司委托玉林公司代销一批商品。合同约定的销售价格为 32 000 元,增值税税额为 4 160 元,该批商品的成本为 24 000 元。

(1) 假定天河公司采用视同买断方式委托玉林公司代销商品,玉林公司在取得代销商品后,无论是否能够卖出、是否获利,均与天河公司无关,代销商品的实际售价由玉林公司自行决定。玉林公司将该批商品按 38 000 元的价格售出,计算增值税 4 940 元,并给天河公司开来代销清单、结清合同价款。

1) 天河公司的会计处理如下。

① 天河公司发出委托代销商品时:

借:应收账款——玉林公司	36 160
贷:主营业务收入	32 000
应交税费——应交增值税(销项税额)	4 160
借:主营业务成本	24 000
贷:库存商品	24 000

② 天河公司收到玉林公司开来的代销清单及货款时:

借:银行存款	36 160
贷:应收账款——玉林公司	36 160

2) 玉林公司的会计处理如下。

① 玉林公司收到受托代销的商品时:

借:库存商品	32 000
应交税费——应交增值税(进项税额)	4 160
贷:应付账款——天河公司	36 160

② 玉林公司售出代销商品时:

借:银行存款	42 940
贷:主营业务收入	38 000
应交税费——应交增值税(销项税额)	4 940
借:主营业务成本	32 000
贷:库存商品	32 000

③ 玉林公司按合同价款将货款转给天河公司时:

借：应付账款——玉林公司	36 160	
贷：银行存款		36 160

（2）假定天河公司采用视同买断方式委托玉林公司代销商品，在将来玉林公司没有将委托代销的商品售出时，可以将商品退回给天河公司，其他条件不变。

1）天河公司的会计处理如下。

①天河公司发出委托代销商品时：

借：发出商品	24 000	
贷：库存商品		24 000

②天河公司收到玉林公司开来的代销清单及货款时：

借：银行存款	36 160	
贷：主营业务收入		32 000
应交税费——应交增值税（销项税额）		4 160
借：主营业务成本	24 000	
贷：发出商品		24 000

2）玉林公司的会计处理如下。

①玉林公司收到受托代销的商品时：

借：受托代销商品——天河公司	32 000	
贷：受托代销商品款——天河公司		32 000

②玉林公司售出代销商品时：

借：银行存款	42 940	
贷：主营业务收入		38 000
应交税费——应交增值税（销项税额）		4 940
借：主营业务成本	32 000	
贷：受托代销商品——天河公司		32 000
借：受托代销商品款——天河公司	32 000	
贷：应付账款——天河公司		32 000

③玉林公司收到增值税专用发票时：

借：应交税费——应交增值税（进项税额）	4 160	
贷：应付账款——天河公司		4 160

④玉林公司按合同价款支付货款给天河公司时：

借：应付账款——天河公司	36 160	
贷：银行存款		36 160

（3）假定天河公司采用支付手续费的方式委托玉林公司代销商品，玉林公司按商品售价（不含增值税）的5%收取手续费，手续费适用的增值税税率为6%。玉林公司将商品售出后，给天河公司开来了代销清单，天河公司根据代销清单所列的已销商品金额给玉林公司开具了增值税专用发票。

1）天河公司的会计处理如下。

①天河公司发出委托代销商品时：

借：发出商品	24 000	
贷：库存商品		24 000

②天河公司收到玉林公司开来的代销清单时：

借：应收账款——玉林公司　　　　　　　　　　　　36 160
　　贷：主营业务收入　　　　　　　　　　　　　　　　　　32 000
　　　　应交税费——应交增值税（销项税额）　　　　　　　 4 160
借：主营业务成本　　　　　　　　　　　　　　　　24 000
　　贷：发出商品　　　　　　　　　　　　　　　　　　　　24 000

③天河公司确认应付的代销手续费时：

$$代销手续费 = 32\,000 \times 5\% = 1\,600（元）$$
$$增值税税额 = 1\,600 \times 6\% = 96（元）$$

借：销售费用　　　　　　　　　　　　　　　　　　 1 600
　　应交税费——应交增值税（进项税额）　　　　　　 96
　　贷：应收账款——玉林公司　　　　　　　　　　　　　　 1 696

④天河公司收到玉林公司转来的货款时：

借：银行存款　　　　　　　　　　　　　　　　　　34 464
　　贷：应收账款——玉林公司　　　　　　　　　　　　　　34 464

2）玉林公司的会计处理如下。

①玉林公司收到受托代销的商品时：

借：受托代销商品——天河公司　　　　　　　　　　32 000
　　贷：受托代销商品款——天河公司　　　　　　　　　　　32 000

②玉林公司售出代销商品时：

借：银行存款　　　　　　　　　　　　　　　　　　36 160
　　贷：受托代销商品——天河公司　　　　　　　　　　　　32 000
　　　　应交税费——应交增值税（销项税额）　　　　　　　 4 160

③玉林公司收到增值税专用发票时：

借：受托代销商品款——天河公司　　　　　　　　　32 000
　　应交税费——应交增值税（进项税额）　　　　　 4 160
　　贷：应付账款——天河公司　　　　　　　　　　　　　　36 160

④玉林公司计算代销手续费并结清代销商品款时：

借：应付账款——天河公司　　　　　　　　　　　　36 160
　　贷：银行存款　　　　　　　　　　　　　　　　　　　　34 464
　　　　其他业务收入　　　　　　　　　　　　　　　　　　 1 600
　　　　应交税费——应交增值税（销项税额）　　　　　　　 96

五、特定交易的账务处理

（一）附有销售退回条款的销售

对于附有销售退回条款的销售，企业应当在客户取得相关商品控制权时，按照因向客户转让商品而预期有权收取的对价金额（即不包含预期因销售退回将退还的金额）确认收入，按照预期因销售退回将退还的金额确认负债；同时，按照预期将退回商品转让时的账面价值，扣除收回该商品预计发生的成本（包括退回商品的价值减损）后的余额，确认为一项资产，按照所转让商品转让时的账面价值，扣除上述资产成本的净额结转成本。

每一个资产负债表日，企业应当重新估计未来销售退回情况，如有变化，应当作为会计估计变更进行会计处理。

【例12-22】天河公司为增值税一般纳税人，于20×3年11月1日向玉林公司销售5 000件器材，单位销售价格为500元，单位成本为400元，开出的增值税专用发票上注明的销售价款为2 500 000元，增值税税额为325 000元，天河公司收到款项并存入银行。协议约定，玉林公司在20×4年3月31日之前有权退还器材。天河公司根据过去的经验，估计该批器材退货率约为20%。在20×3年12月31日，天河公司对退货率进行了重新评估，认为只有15%的器材会被退回。20×4年3月31日发生销售退回，实际退货量为400件，同时天河公司支付款项。器材发出时纳税义务已经发生，实际发生销售退回时取得税务机关开具的红字增值税专用发票。假定器材发出时控制权转移给玉林公司。天河公司有关会计处理如下：

（1）20×3年11月1日，天河公司发出器材时：

预计应付退货款（不含增值税）=2 500 000×20%=500 000（元）

应确认销售收入=2 500 000×80%=2 000 000（元）

预计应收退货成本=5 000×400×20%=400 000（元）

应确认销售成本=5 000×400×80%=1 600 000（元）

借：银行存款 2 825 000
  贷：主营业务收入 2 000 000
    预计负债——应付退货款 500 000
    应交税费——应交增值税（销项税额） 325 000
借：主营业务成本 1 600 000
  应收退货成本 400 000
  贷：库存商品 2 000 000

（2）20×3年12月31日，天河公司调整退货率时：

调增销售收入=2 500 000×（20%-15%）=125 000（元）

调增销售成本=5 000×400×（20%-15%）=100 000（元）

借：预计负债——应付退货款 125 000
  贷：主营业务收入 125 000
借：主营业务成本 100 000
  贷：应收退货成本 100 000

（3）20×4年3月31日，发生退货时：

实际退货率=400÷5 000×100%=8%

调增销售收入=2 500 000×（15%-8%）=175 000（元）

调增销售成本=5 000×400×（15%-8%）=140 000（元）

退回商品应退价款=500×400=200 000（元）

退回商品应退销项税额=200 000×13%=26 000（元）

退回商品的成本=400×400=160 000（元）

借：预计负债——应付退货款	375 000	
应交税费——应交增值税（销项税额）	26 000	
贷：银行存款		226 000
主营业务收入		175 000
借：主营业务成本	140 000	
库存商品	160 000	
贷：应收退货成本		300 000

（二）附有质量保证条款的销售

企业在向客户销售商品时，根据合同约定、法律规定或本企业以往的习惯做法等，可能会为所销售的商品提供质量保证，这些质量保证的性质可能因行业或者客户而不同。其中，有一些质量保证是为了向客户保证所销售的商品符合既定标准，即保证类质量保证；而另一些质量保证则是在向客户保证所销售的商品符合既定标准之外提供了一项单独的服务，即服务类质量保证。

对于附有质量保证条款的销售，企业应当评估该质量保证是否在向客户保证所销售商品符合既定标准之外提供了一项单独的服务。企业提供额外服务的，应当作为单项履约义务，按照《企业会计准则第14号——收入》进行会计处理；否则，质量保证责任应当按照或有事项的规定进行会计处理。在评估质量保证是否在向客户保证所销售商品符合既定标准之外提供了一项单独的服务时，企业应当考虑该质量保证是否为法定要求、质量保证期限以及企业承诺履行任务的性质等因素。客户能够选择单独购买质量保证的，该质量保证构成单项履约义务。

【例12-23】 天河公司与玉林公司签订了销售一批设备的合同，合同约定：设备销售价款为115万元（不含增值税），同时提供"延长保修"服务，即从法定质保90天到期之后的3年内天河公司将对设备任何损坏的部件进行保修或更换。该批设备和"延长保修"服务各自的单独售价分别为102万元和18万元。该批设备的成本为98万元。基于自身经验，天河公司估计维修在法定质保的90天保修期内出现损坏的部件将花费1万元。

分析：天河公司提供的90天法定质保服务是为了向客户保证所销售商品符合既定标准，不构成单项履约义务。提供的设备延长保修服务，属于向客户保证所销售商品符合既定标准之外的额外服务，该服务与所售设备可明确区分，应作为单项履约义务。因此，该销售合同存在两项履约义务。税法规定，该项交易按照销售产品计算缴纳增值税，保修服务不单独纳税。天河公司的账务处理如下：

（1）销售设备时：

$$设备的交易价格 = 102 \div (102+18) \times 115 = 97.75（元）$$

$$延长保修服务的交易价格 = 18 \div (102+18) \times 115 = 17.25（元）$$

借：银行存款	1 299 500	
贷：主营业务收入		977 500
合同负债		172 500
应交税费——应交增值税（销项税额）		149 500

(2) 提供延长保修服务时：
借：合同负债　　　　　　　　　　　　　　172 500
　　贷：主营业务收入　　　　　　　　　　　　　　172 500
(3) 预计维修花费时：
借：销售费用　　　　　　　　　　　　　　 10 000
　　贷：预计负债　　　　　　　　　　　　　　　　 10 000

(三) 主要责任人和代理人

企业应当根据其在向客户转让商品前是否拥有对该商品的控制权，来判断其从事交易时的身份是主要责任人还是代理人。企业在向客户转让商品前能够控制该商品的，该企业为主要责任人，应当按照已收或应收对价总额确认收入；否则，该企业为代理人，应当按照预期有权收取的佣金或手续费的金额确认收入，该金额应当按照已收或应收对价总额扣除应支付给其他相关方的价款后的净额，或者按照既定的佣金金额或比例等确定。

企业向客户转让商品前能够控制该商品（主要责任人）的情形包括以下几种。
1）企业自第三方取得商品或其他资产控制权后，再转让给客户。
2）企业能够主导第三方代表本企业向客户提供服务。
3）企业自第三方取得商品控制权后，通过提供重大的服务将该商品与其他商品整合成某组合产出转让给客户。

在具体判断向客户转让商品前是否拥有对该商品的控制权时，企业不应仅局限于合同的法律形式，而应当综合考虑所有相关事实和情况，这些事实和情况包括。
1）企业承担向客户转让商品的主要责任。
2）企业在转让商品之前或之后承担了该商品的存货风险。
3）企业有权自主决定所交易商品的价格。
4）其他相关事实和情况。

需要强调的是，企业在判断其是主要责任人还是代理人时，应当以该企业在特定商品转让给客户之前是否能够控制这些商品为原则。上述有关事实和情况不能凌驾于控制权的判断之上，也不构成一项单独或额外的评估，而只是帮助企业在难以评估特定商品转让给客户之前是否能够控制这些商品的情况下进行相关判断。此外，这些事实和情况并无权重之分，也不能被孤立地用于支持某一结论。企业应当根据相关商品的性质、合同条款的约定以及其他具体情况，综合进行判断。

【例 12-24】20×4 年 1 月，A 旅行社从 B 航空公司购买了一定数量的折扣机票，并对外销售。A 旅行社向旅客销售机票时，可自行决定机票的价格等，未售出的机票不能退还给 B 航空公司。

分析：A 旅行社向客户提供的特定商品为机票，并在确定特定客户之前已经预先从航空公司购买了机票，因此，该权利在转让给客户之前已经存在。A 旅行社从 B 航空公司购入机票后，可以自行决定该机票的价格、向哪些客户销售等，A 旅行社有能力主导该机票的使用并且能够获得其几乎全部的经济利益。因此，A 旅行社在将机票销售给客户之前，能够控制该机票，A 旅行社的身份是主要责任人。

(四) 附有客户额外购买选择权的销售

某些情况下，企业在销售商品的同时，会向客户授予选择权，允许客户可以据此免费或者以折扣价格购买额外的商品。企业授予客户的额外购买选择权有多种形式，如销售激励措施、客户奖励积分、续约选择权、针对未来购买商品的折扣券等。

对于附有客户额外购买选择权的销售，企业应当评估该选择权是否向客户提供了一项重大权利。企业提供重大权利的，应当作为单项履约义务，按照单项履约义务所承诺商品的单独售价的相对比例，将交易价格分摊至该履约义务，在客户未来行使购买选择权取得相关商品控制权时，或者该选择权失效时，确认相应的收入。客户额外购买选择权的单独售价无法直接观察的，企业应当综合考虑客户行使和不行使该选择权所能获得的折扣的差异、客户行使该选择权的可能性等全部相关信息后，予以合理估计。

客户虽然有额外购买商品选择权，但客户行使该选择权购买商品时的价格反映了这些商品单独售价的，不应被视为企业向该客户提供了一项重大权利。

【例 12-25】 20×4 年 9 月 1 日，A 公司开始推行一项奖励积分计划。根据该计划，客户在 A 公司每消费 100 元可获得 10 个积分，每个积分从次月开始在购物时可以抵减 1 元，积分于当年有效，不予结转，次年作废。截至 20×4 年 9 月 30 日，客户共消费 500 000 元（不含增值税），可获得 50 000 个积分，根据历史经验，A 公司估计该积分的兑换率为 90%。假定上述金额均不包含增值税等的影响。截至 20×4 年 10 月 31 日，客户共兑换了 4 500 个积分，A 公司对该积分的兑换率进行了重新估计，仍然预计客户总共将会兑换 45 000 个积分。20×4 年 12 月 31 日，客户累计兑换积分 48 000 个。假定授予客户的积分在客户使用积分兑换商品时发生增值税纳税义务。A 公司以客户兑换的积分数占预期将兑换的积分总数的比例为基础确认收入。A 公司的相关会计处理如下。

（1）20×4 年 9 月，销售商品并授予积分：

分摊至商品的交易价格 = 500 000 ÷ (500 000 + 50 000) × 500 000 ≈ 454 545.45（元）

商品应分摊的增值税 = 454 545.45 × 13% ≈ 59 090.91（元）

分摊至积分的交易价格 = 50 000 ÷ (500 000 + 50 000) × 500 000 ≈ 45 454.55（元）

积分应分摊的增值税 = 45 454.55 × 13% ≈ 5 909.09（元）

借：银行存款 565 000.00
　　贷：主营业务收入 454 545.45
　　　　应交税费——应交增值税（销项税额） 59 090.91
　　　　合同负债 45 454.55
　　　　应交税费——待转销项税额 5 909.09

（2）20×4 年 10 月，客户兑换积分：

积分应确认收入 = (4 500 ÷ 50 000) × 45 454.55 ≈ 4 090.91（元）

借：合同负债 4 090.91
　　应交税费——待转销项税额 531.82
　　贷：主营业务收入 4 090.91
　　　　应交税费——应交增值税（销项税额） 531.82

(3) 20×4年12月，客户兑换积分：

积分在20×4年12月31日前尚未用完，过期作废，因此，应将分摊至积分的交易价格中尚未确认收入的部分全部确认收入。

借：合同负债　　　　　　　　　　　　　　　　　41 363.64
　　应交税费——待转销项税额　　　　　　　　　　5 377.27
　　贷：主营业务收入　　　　　　　　　　　　　　　　　　41 363.64
　　　　应交税费——应交增值税（销项税额）　　　　　　　5 377.27

（五）企业向客户授予知识产权许可

企业向客户授予的知识产权，常见的包括软件和技术、影视和音乐等的版权、特许经营权以及专利权、商标权和其他版权等。企业向客户授予知识产权许可的，应当评估该知识产权许可是否构成单项履约义务，构成单项履约义务的，应当进一步确定其是在某一时段内履行还是在某一时点履行。

企业向客户授予知识产权许可，同时满足下列条件时，应当作为在某一时段内履行的履约义务确认相关收入；否则，应当作为在某一时点履行的履约义务确认相关收入。

1）合同要求或客户能够合理预期企业将从事对该项知识产权有重大影响的活动。
2）该活动对客户将产生有利或不利影响。
3）该活动不会导致向客户转让某项商品。

企业向客户授予知识产权许可，并约定按客户实际销售或使用情况收取特许权使用费的，应当在下列两项孰晚的时点确认收入。

1）客户后续销售或使用行为实际发生。
2）企业履行相关履约义务。

【例12-26】 20×4年6月1日，天河公司与客户签订一项针对知识产权许可证A和B的合同。合同针对许可证A所规定的价格为固定金额600万元，而针对许可证B所规定的对价则是顾客使用了许可证B的产品未来销售额的5%，其可变对价为1 500万元。许可证A和B的单独售价分别为800万元和1 200万元，许可证B在合同开始时转让给客户，而许可证A在三个月后转让。第一个月，客户首月销售所产生的特许权使用费为200万元。

分析：客户可从使用许可证A和B中分别收益，且A和B在合同层面可区分，应当作为两项履约义务，固定对价600万元应在两项履约义务间分摊。合同开始日企业转让许可证B，即企业履行相关履约义务，且客户首月特许权使用费的销售额为200万元，也即客户后续销售或使用行为实际发生，故合同开始日应确认许可证B的收入，且第一个月销售所产生的特许权使用费同样在A和B两项履约义务之间分摊。A公司的相关会计处理如下。

（1）20×4年6月，确认许可证的固定对价收入。

　　许可证A应分摊的固定对价=800÷（800+1 200）×600=240（万元）
　　许可证B应分摊的固定对价=1 200÷（800+1 200）×600=360（万元）

借：银行存款　　　　　　　　　　　　　　　　　6 000 000
　　贷：主营业务收入　　　　　　　　　　　　　　　　　3 600 000
　　　　合同负债　　　　　　　　　　　　　　　　　　　2 400 000

（2）20×4年6月，确认许可证的特许权使用费收入：

许可证A应分摊的特许权使用费 =800÷（800+1 200）×200=80（万元）
许可证B应分摊的特许权使用费 =1 200÷（800+1 200）×200=120（万元）

借：银行存款　　　　　　　　　　　　　　　　2 000 000
　　贷：主营业务收入　　　　　　　　　　　　　　　1 200 000
　　　　合同负债　　　　　　　　　　　　　　　　　　800 000

（3）三个月后，转让许可证A时：
借：合同负债　　　　　　　　　　　　　　　　3 200 000
　　贷：主营业务收入　　　　　　　　　　　　　　　3 200 000

（六）售后回购

售后回购，是指企业销售商品的同时承诺或有权选择日后再将该商品（包括相同或几乎相同的商品，或以该商品作为组成部分的商品）购回的销售方式。对于售后回购交易，企业应当区分下列两种情形进行相应的会计处理。

1）企业因存在与客户的远期安排而负有回购义务或企业享有回购权利的，表明客户在销售时点并未取得相关商品控制权，企业应当作为租赁交易或融资交易进行相应的会计处理。其中，回购价格低于原售价的，应当视为租赁交易，按照《企业会计准则第21号——租赁》的相关规定进行会计处理；回购价格不低于原售价的，应当视为融资交易，在收到客户款项时确认金融负债，并将该款项和回购价格的差额在回购期间内确认为利息费用等。企业到期未行使回购权利的，应当在该回购权利到期时终止确认金融负债，同时确认收入。

【例12-27】天河公司向玉林公司销售一台设备，销售价格为800万元，同时双方约定三年之后，甲公司将以540万元的价格回购该设备。假定不考虑货币时间价值等其他因素影响。

分析：根据合同有关天河公司在三年后回购该设备的规定，玉林公司并未取得该设备的控制权。不考虑货币时间价值等影响，该交易的实质是乙公司支付了260（=800-540）万元的对价取得了该设备3年的使用权。因此，甲公司应当将该交易作为租赁交易进行会计处理。

2）企业负有应客户要求回购商品义务的，应当在合同开始日评估客户是否具有行使该要求权的重大经济动因。客户具有行使该要求权重大经济动因的，企业应当将售后回购作为租赁交易或融资交易，按照1）中的规定进行会计处理；否则，企业应当将其作为附有销售退回条款的销售交易进行会计处理。

【例12-28】天河公司向玉林公司销售一台设备，销售价格为2 500万元。双方约定，玉林公司在5年后有权要求天河公司将该设备购回，天河公司预计该设备回购时的市场价值为2 000万元。假定不考虑货币时间价值的影响，如果双方约定的回购价格为2 100万元，天河公司判断玉林公司有重大的经济动因行使其权利要求天河公司回购该设备，天河公司应当作为租赁交易进行会计处理；如果双方约定的回购价格为2 600万元，天河公司判断玉林公司有重大的经济动因行使其权利要求天河公司回购该设备，天河公司应当作为融资交易进行会计处理;如果双方约定的回购价格为1 800万元,天河公司判断玉林公司没有重大的经济动因行使其权利要求天河公司回购该设备,天河公司应当作为附有销售退回条款的销售交易进行会计处理。

售后回购交易如果属于融资交易,企业在销售商品后,按实际收到的价款,借记"银行存款"科目,按增值税专用发票上注明的增值税税额,贷记"应交税费——应交增值税(销项税额)"科目,按其差额,贷记"其他应付款"科目;计提利息费用时(通常采用直线法),借记"财务费用"科目,贷记"其他应付款"科目;依据合同约定日后重新购回该商品时,按约定的商品回购价格,借记"其他应付款"科目,按增值税专用发票上注明的增值税税额,借记"应交税费——应交增值税(进项税额)"科目,按实际支付的金额,贷记"银行存款"等科目。如果所销售的商品已实际发出,则在发出商品时,还应按发出商品的成本,借记"发出商品"科目,贷记"库存商品"科目;待日后回购该项商品时,再将其从发出商品转为库存商品。

【例12-29】20×4年5月1日,天河公司向玉林公司销售一批商品,开出的增值税专用发票上注明的销售价款为100万元,增值税额为13万元。该批商品成本为80万元,商品已经发出,款项已经收到。协议约定,天河公司应于9月30日将所售商品购回,回购价为110万元(不含增值税)。天河公司的账务处理如下。

(1)20×4年5月1日,天河公司发出商品时:

借:银行存款　　　　　　　　　　　　　　　　　1 130 000
　　贷:其他应付款　　　　　　　　　　　　　　　　1 000 000
　　　　应交税费——应交增值税(销项税额)　　　　　130 000
借:发出商品　　　　　　　　　　　　　　　　　　800 000
　　贷:库存商品　　　　　　　　　　　　　　　　　　800 000

回购价大于原售价的差额,应在回购期间内按月计提利息费用,计入当期财务费用,会计分录如下:

借:财务费用　　　　　　　　　　　　　　　　　　20 000
　　贷:其他应付款　　　　　　　　　　　　　　　　　20 000

(2)20×4年9月30日,销售方购回商品时:

借:其他应付款　　　　　　　　　　　　　　　　1 100 000
　　应交税费——应交增值税(进项税额)　　　　　143 000
　　贷:银行存款　　　　　　　　　　　　　　　　　1 243 000
借:库存商品　　　　　　　　　　　　　　　　　　800 000
　　贷:发出商品　　　　　　　　　　　　　　　　　　800 000

(七)预收销售商品款项

企业向客户预收销售商品款项的,应当首先将该款项确认为负债,待履行了相关履约义务时再转为收入。当企业预收款项无须退回,且客户可能会放弃其全部或部分合同权利时,企业预期将有权获得与客户所放弃的合同权利相关的金额的,应当按照客户行使合同权利的模式按比例将上述金额确认为收入;否则,企业只有在客户要求其履行剩余履约义务的可能性极低时,才能将上述负债的相关余额转为收入。

【例 12-30】天河公司系增值税一般纳税人,适用的增值税税率为 13%。20×4 年 5 月 5 日,天河公司与玉林公司签订合同,采用预收款方式向玉林公司销售一批商品。该批商品实际成本为 400 000 元。合同约定,该批商品销售价格为 520 000 元,增值税税额为 67 600 元;玉林公司应在协议签订后 10 日内预付全部货款(不含增值税税款),增值税税款在天河公司发货并提供增值税专用发票后支付;天河公司在收到全部款项后 1 个月内发货。20×4 年 5 月 15 日,天河公司收到玉林公司预付的货款 520 000 元;20×4 年 6 月 10 日,天河公司发货并向玉林公司开具了增值税专用发票,玉林公司当日向天河公司支付了增值税税款 67 600 元。天河公司进行会计处理时,应编制的会计分录如下。

(1) 20×4 年 5 月 15 日,天河公司收到玉林公司预付的货款时:

借:银行存款　　　　　　　　　　　　　　　520 000
　　贷:合同负债　　　　　　　　　　　　　　　　　520 000

(2) 20×4 年 6 月 10 日,天河公司发货并收到增值税税款时:

借:合同负债　　　　　　　　　　　　　　　520 000
　　银行存款　　　　　　　　　　　　　　　　67 600
　　贷:主营业务收入　　　　　　　　　　　　　　520 000
　　　　应交税费——应交增值税(销项税额)　　　　67 600
借:主营业务成本　　　　　　　　　　　　　400 000
　　贷:库存商品　　　　　　　　　　　　　　　　400 000

(八) 无须退回的初始费

企业在合同开始(或接近合同开始)日向客户收取的无须退回的初始费(如俱乐部的入会费等)应当计入交易价格。企业应当评估该初始费是否与向客户转让已承诺的商品相关。该初始费与向客户转让已承诺的商品相关,并且该商品构成单项履约义务的,企业应当在转让该商品时,按照分摊至该商品的交易价格确认收入;该初始费与向客户转让已承诺的商品相关,但该商品不构成单项履约义务的,企业应当在包含该商品的单项履约义务履行时,按照分摊至该单项履约义务的交易价格确认收入;该初始费与向客户转让已承诺的商品不相关的,该初始费应当作为未来将转让商品的预收款,在未来转让该商品时确认为收入。

企业收取了无须退回的初始费且为履行合同应开展初始活动,但这些活动本身并没有向客户转让已承诺的商品的,该初始费与未来将转让的已承诺商品相关,应当在未来转让该商品时确认为收入,企业在确定履约进度时不应考虑这些初始活动;企业为该初始活动发生的支出应当作为合同成本确认为一项资产或计入当期损益。

【例 12-31】假定 A 公司经营一家会员制健身俱乐部。A 公司与客户签订了为期 2 年的合同,客户入会之后可以随时在该俱乐部健身。除俱乐部的年费 2 000 元之外,A 公司还向客户收取了 50 元的入会费,用于补偿俱乐部为客户进行注册登记、准备会籍资料以及制作会员卡等初始活动所花费的成本。A 公司收取的入会费和年费均无须返还。

分析:A 公司承诺的服务是向客户提供健身服务(即可随时使用的健身场地),而 A 公司为会员入会所进行的初始活动并未向客户提供其所承诺的服务,而只是一些内部行政管理性质的工作。因此，A 公司虽然为补偿这些初始活动向客户收取了入会费，但是，该入会费实质上是客户为健身服务所支付的对价的一部分，故应当作为健身服务的预收款，与收取的年费一起在 2 年内分摊确认为收入。

六、收入的列报

（一）列示

1. 合同资产与合同负债

企业应当根据本企业履行履约义务与客户付款之间的关系在资产负债表中列示合同资产或合同负债。企业拥有的、无条件（即，仅取决于时间流逝）向客户收取对价的权利应当作为应收款项单独列示。

合同资产，是指企业已向客户转让商品而有权收取对价的权利，且该权利取决于时间流逝之外的其他因素。如企业向客户销售两项可明确区分的商品，企业因已交付其中一项商品而有权收取款项，但收取该款项还取决于企业交付另一项商品的，企业应当将该收款权利作为合同资产。

合同负债，是指企业已收或应收客户对价而应向客户转让商品的义务。如企业在转让承诺的商品之前已收取的款项。

2. 合同履约成本和合同取得成本

1）确认为资产的合同履约成本，初始确认时摊销期限不超过一年或一个正常营业周期的，在资产负债表中列入"存货"项目；初始确认时摊销期限在一年或一个正常营业周期以上的，在资产负债表中列入"其他非流动资产"项目。

2）确认为资产的合同取得成本，初始确认时摊销期限不超过一年或一个正常营业周期的，在资产负债表中列入"其他流动资产"项目；初始确认时摊销期限在一年或一个正常营业周期以上的，在资产负债表中列入"其他非流动资产"项目。

（二）披露

企业应当在附注中披露与收入有关的下列信息。

1）收入确认和计量所采用的会计政策、对于确定收入确认的时点和金额具有重大影响的判断以及这些判断的变更，包括确定履约进度的方法及采用该方法的原因、评估客户取得所转让商品控制权时点的相关判断，在确定交易价格、估计计入交易价格的可变对价、分摊交易价格以及计量预期将退还给客户的款项等类似义务时所采用的方法、输入值和假设等。

2）与合同相关的信息，具体包括以下四点。

①与本期确认收入相关的信息，包括与客户之间的合同产生的收入、该收入按主要类别（如商品类型、经营地区、市场或客户类型、合同类型、商品转让的时间、合同期限、销售渠道等）分解的信息以及该分解信息与每一报告分部的收入之间的关系等。

②与应收款项、合同资产和合同负债的账面价值相关的信息，包括与客户之间的合同产生的应收款项、合同资产和合同负债的期初和期末账面价值、对上述应收款项和合同资产确认的减值损失、在本期确认的包括在合同负债期初账面价值中的收入、前期已经履行（或部分履行）的履约义务在本期调整的收入、履行履约义务的时间与通常的付款时间之间的关系以及此类因素对合同资产和合同负债账面价值的影响的定量或定性信息、合同资产和合同负

债的账面价值在本期内发生的重大变动情况等。

③与履约义务相关的信息,包括履约义务通常的履行时间、重要的支付条款、企业承诺转让的商品的性质(包括说明企业是否作为代理人)、企业承担的预期将退还给客户的款项等类似义务、质量保证的类型及相关义务等。

④与分摊至剩余履约义务的交易价格相关的信息,包括分摊至本期末尚未履行(或部分未履行)履约义务的交易价格总额、上述金额确认为收入的预计时间的定量或定性信息、未包括在交易价格的对价金额(如可变对价)等。

3)与合同成本有关的资产相关的信息,包括确定该资产金额所做的判断、该资产的摊销方法、按该资产主要类别(如为取得合同发生的成本、为履行合同开展的初始活动发生的成本等)披露的期末账面价值以及本期确认的摊销及减值损失金额等。

4)企业因预计客户取得商品控制权与客户支付价款间隔未超过一年而未考虑合同中存在的重大融资成分,或者因合同取得成本的摊销期限未超过一年而将其在发生时计入当期损益的,应当披露该事实。

第二节　费用

一、费用的概况

(一)费用的定义及特征

根据我国《企业会计准则——基本准则》对费用的定义,费用是指企业在日常活动中发生的、会导致所有者权益减少的、与向所有者分配利润无关的经济利益的总流出。根据费用的定义,费用具有以下特征。

第一,费用是企业在日常活动中形成的。费用必须是企业在日常活动中形成的,这些日常活动的界定与收入定义中涉及的日常活动的界定相一致。因日常活动产生的费用通常包括营业成本、管理费用等。将费用界定为日常活动所形成的,目的是将其与损失相区分,因为企业非日常活动产生的经济利益流出不能确认为费用,而应计入损失。

第二,费用会导致企业所有者权益的减少。与费用相关的经济利益的流出会导致所有者权益的减少,不会导致所有者权益减少的经济利益流出不符合费用的定义,不应确认为费用。

第三,费用是与向所有者分配利润无关的经济利益的总流出。费用发生应当会导致经济利益的流出,从而导致资产的减少或负债的增加(最终还是导致资产的减少)。其表现形式包括现金或现金等价物的流出,存货、固定资产和无形资产等的流出或消耗等。鉴于企业向所有者分配利润也会导致经济利益的流出,而该经济利益的流出属于所有者权益的抵减项目,不应确认为费用,应当将其排除在费用定义之外。

(二)费用的分类

从不同角度,费用具有不同的分类,最常用的标准是按照费用的经济用途进行分类。按照经济用途对费用进行分类,首先要把企业发生的费用划分为计入产品成本、劳务成本的费用和不应计入产品成本、劳务成本的费用两大类。成本和费用是两个相互紧密联系而又有所区别的概念。成本是指企业为生产产品或劳务而发生的各种耗费,是将具体产品或劳务作为对象来归集。而费用是按照期间归集的。某一期间的费用不仅包括应计入产品成本、劳务成本的部分，也包括不计入成本而应直接从收入中扣除的部分，某一产品成本、劳务成本则可能包括几个会计期间的费用，因为产品从投产到完工可能要跨越几个会计期间。

对于应计入产品成本、劳务成本的费用，应根据其与产品成本或劳务成本提供的相关程度，再继续划分为直接费用和间接费用。其中直接费用包括直接材料、直接人工和其他直接费用；间接费用包括制造费用。对于不应计入产品成本、劳务成本的费用，应计入当期损益，再继续划分为管理费用、财务费用和销售费用。

1. 计入产品和劳务成本的费用

（1）直接材料。直接材料是指企业在生产产品和提供劳务过程中所消耗的，直接用于产品生产，构成产品实体的原料及主要材料、外购半成品、修理用备件、包装物、有助于产品形成的辅助材料以及其他直接材料。

（2）直接人工。直接人工是指企业在生产产品和提供劳务过程中，直接从事产品生产的工人工资以及按生产工人工资总额和规定的比例计算提取的职工福利费。

（3）其他直接费用。其他直接费用是指企业发生的除直接材料费用和直接人工费用以外的、与生产商品或提供劳务有直接关系的费用。直接费用应当根据实际发生数进行核算，并按照成本计算对象进行归集，直接计入产品的生产成本。

（4）制造费用。制造费用是指企业为生产产品和提供劳务而发生的各项间接费用，包括车间工作人员工资和福利费、折旧费、修理费、办公费、水电费、物料消耗、劳动保护费、季节性和修理期间的停工损失等。但不包括企业行政管理部门为组织和管理生产经营活动而发生的管理费用。

费用的上述分类，构成产品的制造成本项目，简称成本项目。上述费用发生时，分别登记"生产成本"和"制造费用"账户，然后运用一定的成本计算方法，直接或间接地计入各种产品，形成产品的生产成本（制造成本），产品完工后再转入"库存商品"或"发出商品"账户。待商品销售后，售出商品的生产成本表现为主营业务成本，从而使一定期间的主营业务成本与一定期间的主营业务收入相配比。此外，应计入产品和劳务成本的费用还包括企业对外提供劳务所发生的劳务成本以及主营业务以外的其他业务所发生的其他业务支出。其他业务支出包括销售材料、提供劳务等而发生的相关成本、费用，以及相关税金及附加等。

2. 计入当期损益的费用

计入当期损益的费用也称期间费用，是指不能直接归属于某个特定的产品成本或劳务成本，而应在发生的当期从损益中扣除的费用。主要包括：行政管理部门为组织和管理生产经营活动而发生的管理费用；为筹集资金而发生的财务费用；为销售商品而发生的销售费用。

计入产品和劳务成本的费用要等到产品销售或劳务提供时才能得到补偿，而计入当期损益的费用必须从当期营业收入中得到补偿。

（三）费用的确认

由于发生费用的目的是取得收入，费用的确认就应当与收入的确认相联系。确认费用应当遵循的基本原则有划分收益性支出与资本性支出原则、权责发生制原则和配比原则。

1. 划分资本性支出与收益性支出原则

根据划分收益性支出与资本性支出原则，如果某项支出的受益期涉及若干个会计年度（或若干个营业周期），则该项支出应予以资本化，不能作为当期的费用；如果某项支出的受益期仅属于本会计年度（或本营业周期），就应当作为收益性支出，在该会计期间内确认为费用。这一原则为费用的确认,给定了一个时间界限。正确地区分收益性支出与资本性支出,保证了正确计量资产的价值和正确地计算各期的产品成本、期间费用及损益。

2. 权责发生制原则

根据权责发生制原则,凡是当期已经发生或应当负担的费用,不论款项是否支付,都应当作为当期的费用;凡是不属于当期的费用,即使款项已在当期支付,也不能作为当期的费用。划分收益性与资本性支出原则为费用的确认做出了时间上的总体界限,而权责发生制则具体规定了在什么时点上确认费用。根据这一原则,费用的确认可能在款项支付时确认,也可能先于或后于款项的支付。

3. 配比原则

按照配比原则,为产生当期收入所发生的费用,应当确认为该期的费用;如果收入在未来期间实现,相应的费用就应当递延分配于未来的实际受益期间。因此,费用的确认,要根据费用与收入的相关程度,确定哪些资产耗费或负债的增加应从本期收入中扣减。

至于费用的具体确认方法,包括按与收入的直接(因果)关系确认,或采用系统、合理的方法摊销,或直接作为当期费用确认。

二、期间费用

企业的期间费用包括销售费用、管理费用和财务费用三个具体项目。

(一)销售费用

销售费用是指企业在产品销售过程中所发生的费用,以及为销售本企业产品而专设的销售机构的经营费用,包括运输费、装卸费、包装费、保险费、展览费、广告费、租赁费(不包括融资租赁费),以及为销售本企业商品而专设的销售机构(含销售网点、售后服务网点等)的职工工资及福利费、类似工资性质的费用、业务费等经营费用。

企业发生的销售费用,在"销售费用"科目核算,并在"销售费用"总账下按照费用项目设置明细账,进行明细核算。期末,"销售费用"科目的余额转入"本年利润"科目计入当期损益,结转后"销售费用"科目期末无余额。

【例12-32】20×4年5月,天河公司发生的销售费用包括:以银行存款支付广告费7 000元;以现金支付应由公司负担的销售甲产品的运输费880元;本月分配给专设销售机构的职工工资4 500元。月末将全部销售费用予以结转。

天河公司进行会计处理,应编制的会计分录如下。

(1)支付广告费:

借:销售费用——广告费	7 000
贷:银行存款	7 000

(2)支付运输费:

借:销售费用——运输费	880
贷:库存现金	880

(3)分配职工工资:

借:销售费用——工资	4 500
贷:应付职工薪酬——工资	4 500

（4）月末结转销售费用

借：本年利润　　　　　　　　　　　　　　　　　　　　　　　12 380
　　贷：销售费用　　　　　　　　　　　　　　　　　　　　　　　　　12 380

（二）管理费用

管理费用是指企业为组织和管理生产经营活动所发生的费用。包括企业在筹建期间发生的开办费；董事会和行政管理部门在企业的经营管理中发生的以及应由企业统一负担的公司经费，包括行政管理部门职工薪酬、办公费和差旅费、业务招待费、工会经费、董事会费（包括董事会成员津贴、会议费和差旅费等）；研究费用；聘请中介机构费、咨询费（含顾问费）、诉讼费；技术转让费、排污费等；企业生产车间（部门）和行政管理部门等发生的固定资产修理费用等后续支出等。

企业发生的管理费用，在"管理费用"科目核算，并在"管理费用"总账下按照费用项目设置明细账，进行明细核算。期末，"管理费用"科目的余额转入"本年利润"科目计入当期损益，结转后"管理费用"科目期末无余额。

【例12-33】20×4年8月，天河公司行政部门共发生费用407 000元，其中，行政人员薪酬300 000元，行政部专用办公设备折旧费60 000元，用库存现金报销行政人员差旅费35 000元（假定报销人未预借差旅费），其他办公费、水电费12 000元（均以银行存款支付）。月末结转管理费用。

天河公司进行会计处理时，应编制的会计分录如下。

（1）发生管理费用时：

借：管理费用　　　　　　　　　　　　　　　　　　　　　　　407 000
　　贷：应付职工薪酬　　　　　　　　　　　　　　　　　　　　　　300 000
　　　　累计折旧　　　　　　　　　　　　　　　　　　　　　　　　 60 000
　　　　库存现金　　　　　　　　　　　　　　　　　　　　　　　　 35 000
　　　　银行存款　　　　　　　　　　　　　　　　　　　　　　　　 12 000

（2）月末结转：

借：本年利润　　　　　　　　　　　　　　　　　　　　　　　407 000
　　贷：管理费用　　　　　　　　　　　　　　　　　　　　　　　　407 000

（三）财务费用

财务费用是指企业为筹集生产经营所需资金等而发生的费用，包括利息净支出（利息支出减利息收入后的差额）、汇兑净损失（汇兑损失减汇兑收益的差额）、金融机构手续费以及筹集生产经营资金发生的其他费用等。

企业发生的财务费用，在"财务费用"科目核算，并在"财务费用"总账下按照费用项目设置明细账，进行明细核算。期末，"财务费用"科目的余额转入"本年利润"科目计入当期损益，结转后"财务费用"科目期末无余额。

【例12-34】20×4年5月，天河公司因短期借款支付银行利息5 000元，收到银行转来的存款利息10 000元。月末结转财务费用。

天河公司进行会计处理时，应编制的会计分录如下：
借：财务费用——利息支出　　　　　　　　　　　　5 000
　　贷：银行存款　　　　　　　　　　　　　　　　　　　5 000
借：银行存款　　　　　　　　　　　　　　　　　　10 000
　　贷：财务费用——利息收入　　　　　　　　　　　　　10 000
借：财务费用　　　　　　　　　　　　　　　　　　 5 000
　　贷：本年利润　　　　　　　　　　　　　　　　　　　5 000

第三节　利润

企业作为独立的经济实体，应当以自己的经营收入抵补其成本费用，并实现盈利。企业盈利的多少在很大程度上反映企业生产经营的经济效益，表明企业在每一会计期间的最终经营成果。不断提高经济效益，力争提高盈利，是现代企业经营活动的一个重要目标。同样，财务会计在经过一个完整的会计循环后，最终确定该会计期间的经济绩效——利润，也是财务会计的一个重要内容，它是用于判断经营活动是否有效率的一个重要指标和企业最终进行利润分配的重要依据。

一、利润的不同口径

利润是指企业在一定会计期间的经营成果。利润包括收入减去费用后的净额、直接计入当期利润的利得和损失等。直接计入当期的利得和损失，是指应当计入当期损益、会导致所有者权益发生增减变动的、与所有者投入资本或者向所有者分配利润无关的利得或损失。

不同口径下的利润有营业利润、利润总额和净利润等。

（一）营业利润

营业利润是指企业通过一定期间的日常经营活动取得的利润。
营业利润相关计算公式如下。

营业利润＝营业收入－营业成本－税金及附加－销售费用－管理费用－研发费用－
　　　　　财务费用－资产减值损失－信用减值损失＋
　　　　　公允价值变动收益（－公允价值变动损失）＋投资收益（－投资损失）＋
　　　　　资产处置收益（－资产处置损失）＋其他收益

其中，营业收入是指企业经营业务所确定的收入总额，包括主营业务收入和其他业务收入。营业成本是指企业经营业务所发生的实际成本总额，包括主营业务成本和其他业务成本。税金及附加是指企业经营业务应负担的税金及附加费用，如消费税、城市维护建设税、资源税、教育费附加、房产税、城镇土地使用税、车船税、印花税等。研发费用是指企业在研究与开发过程中发生的费用化支出，是管理费用的一部分，在利润表中应将其从管理费用当中分离出来，单独列报。资产减值损失是指企业计提各项资产减值准备所形成的损失。信用减值损失是指企业计提各项金融资产信用减值准备所确认的信用损失。公允价值变动收益（或损失）是指企业交易性金融资产等公允价值变动形成的应计入当期损益的利得（或损失）。投资收益（或损失）是指企业以各种方式对外投资所取得的收益（或发生的损失）。资产处置收益（或损失）反映企业出售划分为持有待售的非流动资产（金融工具、长期股权投资和投资性房地产除外）或处置组（子公司和业务除外）时确认的处置利得或损失，以及处置未划分为持有待售的固定资产、在建工程、生产性生物资产及无形资产而产生的处置利得或损失。其他收益是指与企业日常活动相关但不属于营业收入的经济利益流入，主要包括与企业日常活动相关但不宜冲减成本费用而应计入其他收益的政府补助、代扣代缴税款手续费、增值税减免、债务人获得的部分债务重组收益等。

（二）利润总额

利润总额是指企业一定期间的营业利润，加上营业外收入减去营业外支出后的所得税前利润总额，即

$$利润总额 = 营业利润 + 营业外收入 - 营业外支出$$

其中，营业外收入（或支出）是指企业发生的与日常活动无直接关系的各项利得（或损失）。

（三）净利润

净利润是指企业一定期间的利润总额减去所得税费用后的净额，即

$$净利润 = 利润总额 - 所得税费用$$

其中，所得税费用是指企业按照会计准则的规定确认的应从当期利润总额中扣除的当期所得税费用和递延所得税费用。

二、营业外收支的账务处理

营业外收支是指企业发生的与日常活动无直接关系的各项收支。营业外收支虽然与企业生产经营活动没有多大的关系，但从企业主体来考虑，同样带来收入或形成企业的支出，也是增加或减少利润的因素，对企业的利润总额及净利润产生较大的影响。

（一）营业外收入

营业外收入是指企业发生的与日常活动无直接关系的各项利得。营业外收入并不是由企业经营资金耗费所产生的，不需要企业付出代价，实际上是一种纯收入，不可能也不需要与有关费用进行配比。因此，在会计核算上，应当严格区分营业外收入与营业收入的界限。营业外收入主要包括：非流动资产毁损报废利得、与企业日常活动无关的政府补助、盘盈利得、捐赠利得等。

1）非流动资产毁损报废利得，是指因自然灾害等发生毁损、已丧失使用功能而报废的固定资产等非流动资产所产生的清理净收益。

2）与企业日常活动无关的政府补助，是指企业从政府无偿取得货币性资产或非货币性资产，且与企业日常活动无关的利得。根据《企业会计准则第16号——政府补助》，政府补助同时满足下列条件的，才能予以确认：①企业能够满足政府补助所附条件；②企业能够收到政府补助。《企业会计准则第16号——政府补助》规定，与企业日常活动相关的政府补助，应当按照经济业务实质，计入其他收益或冲减相关成本费用。与企业日常活动无关的政府补助，应当计入营业外收支。

3）盘盈利得，是指企业对于现金等清查盘点中盘盈的现金等，报经批准后计入营业外

收入的金额。

4）捐赠利得，是指企业接受外部现金或非现金捐赠产生的利得。

企业应当通过"营业外收入"科目，核算营业外收入的取得和结转情况。该科目可按营业外收入项目进行明细核算。期末，应将该科目余额转入"本年利润"科目，结转后该科目无余额。

（二）营业外支出

营业外支出是指企业发生的与日常活动无直接关系的各项损失。营业外支出主要包括：非流动资产毁损报废损失、捐赠支出、非常损失、盘亏损失等。

1）非流动资产毁损报废损失，是指因自然灾害等发生毁损、已丧失使用功能而报废的固定资产等非流动资产所产生的清理净损失。

2）捐赠支出，是指企业对外进行公益性或非公益性捐赠发生的支出。

3）非常损失，是指企业对于因客观因素（如自然灾害等）造成的损失，在扣除保险公司赔偿后计入营业外支出的净损失。

4）盘亏损失，是指企业在财产清查中发现的固定资产实存数量少于账面数量而发生的资产短缺损失。

企业应通过"营业外支出"科目，核算营业外支出的发生及结转情况。该科目可按营业外支出项目进行明细核算。期末，应将该科目余额转入"本年利润"科目，结转后该科目无余额。需要注意的是，营业外收入和营业外支出应当分别核算。在具体核算时，不得以营业外支出直接冲减营业外收入，也不得以营业外收入冲减营业外支出，即企业在会计核算时，应当区别营业外收入和营业外支出进行核算。

三、本年利润的账务处理

企业应设置"本年利润"科目，核算企业当期实现的净利润（或发生的净亏损）。企业期（月）末结转利润时，应将各损益类科目的金额转入"本年利润"科目，结平各损益类科目。结转后本科目的贷方余额为当期实现的净利润；借方余额为当期发生的净亏损。

年度终了，应将本年收入和支出相抵后结出的本年实现的净利润，转入"利润分配"科目，借记本科目，贷记"利润分配——未分配利润"科目；如为净亏损作相反的会计分录。结转后本科目应无余额。

本年利润的账务处理有表结法和账结法两种方法。

（一）表结法

表结法下，各损益类账户每月月末只需要结计出本月发生额和月末累计余额，不结转到"本年利润"科目，只有在年末时才将全年累计余额转入"本年利润"科目。但每月月末要将损益类科目的本月发生额合计数填入利润表的本月数栏，同时将本月末累计余额填入利润表的本年累计数栏，通过利润表计算反映各期的利润（或亏损）。表结法下，年中损益类科目无须结转入"本年利润"科目，从而减少了转账环节和工作量，同时并不影响利润表的编制及有关损益指标的利用。

（二）账结法

账结法下，每月月末均需编制转账凭证，将在账上结计出的各损益类科目的余额转入

"本年利润"科目。结转后"本年利润"科目的本月合计数反映当月实现的利润或发生的亏损,"本年利润"科目的本年累计数反映本年累计实现的利润或发生的亏损。账结法在各月均可通过"本年利润"科目提供当月及本年累计的利润(或亏损)额,但增加了转账环节和工作量。

"本年利润"科目用来核算企业在本年度实现的利润或亏损。其贷方登记转入的各项收入和利得,借方登记转入的各项费用与损失,借贷相抵后的余额如果在贷方表示赢利,如果在借方则表示亏损。在年度中间尚未分配利润时,应将其填列在"资产负债表"的"所有者权益"项目下,从这个意义上讲,它是所有者权益性质的科目。年度终了,还应将"本年利润"科目余额全部转入"利润分配——未分配利润"科目,转账后"本年利润"科目无余额。

四、利润分配

利润分配,是指企业在一定时期(通常为年度)内对所实现的利润总额,以及从联营单位分得的利润,按规定在国家与企业、企业与企业之间的分配。

(一)利润分配的一般程序

企业当期实现的净利润,加上年初未分配利润(或减去年初未弥补亏损)和其他转入后的余额,为可供分配的利润。可供分配的利润,一般按下列顺序分配。

1)提取法定盈余公积。法定盈余公积提取比例一般为当年实现净利润的10%,但以前年度累积的法定盈余公积达到注册资本的50%时,可以不再提取。可供分配的利润减去提取的法定盈余公积后,为可供投资者分配的利润。

2)提取任意盈余公积,是指企业按股东大会决议提取的盈余公积。

3)应付现金股利或利润,是指企业按照利润分配方案分配给股东的现金股利,也包括非股份有限公司分配给投资者的利润。

4)转作股本的股利,是指企业按照利润分配方案以分派股票股利的形式转作股本的股利,也包括非股份有限公司以利润转增的资本。企业分配给投资者的利润,也在本项目核算。

经过上述分配后,可供投资者分配的利润若有余额,形成未分配利润(或未弥补的亏损)。未分配利润可留待以后年度进行分配。企业如发生亏损,可以按规定由以后年度利润进行弥补。企业未分配的利润(或未弥补的亏损)应在资产负债表的所有者权益项目中单独反映。

(二)利润分配的会计处理

企业的利润分配是通过"利润分配"科目进行的,它是"本年利润"的调整科目。其借方反映分配到各个方面的利润,如提取法定盈余公积、应付股利等,贷方反映本年利润的结转及用盈余公积弥补的亏损等。如果企业"本年利润"为负数,发生亏损,应将这部分亏损结转到"利润分配"科目的借方,借记"利润分配——未分配利润"科目,贷记"本年利润"科目。如果"利润分配——未分配利润"科目的期末余额在借方,表示年末累计的未弥补亏损,如果在贷方,则表示年末累计的未分配利润。

为了详细反映企业利润的分配情况,"利润分配"科目应按利润的分配去向设置以下明细科目:提取法定盈余公积、提取任意盈余公积、盈余公积补亏、应付现金股利、转作资本(或股本)股利、未分配利润等。企业如有其他分配用途,也可以设置相应的明细科目。年度终了，企业应将"利润分配"科目所属其他明细科目余额转入"未分配利润"明细科目。结转后，除"未分配利润"明细科目外，其他明细科目应无余额。

【例 12-35】天河公司在 20×4 年实现净利润 924 500 元。有关会计分录如下。
（1）按规定从净利润中提取 10% 的法定盈余公积：
 借：利润分配——提取法定盈余公积   92 450
  贷：盈余公积——法定盈余公积   92 450
（2）根据股东大会决议，提取任意盈余公积 35 825 元，分配现金股利 400 000 元，分配股票股利 200 000 元：
 借：利润分配——提取任意盈余公积   35 825
     ——应付现金股利   400 000
     ——转作股本的股利   200 000
  贷：盈余公积——任意盈余公积   35 825
    应付股利   400 000
    股本   200 000
（3）将"利润分配"所有各明细科目的余额全部转入"未分配利润"明细科目：
 借：利润分配——未分配利润   728 275
  贷：利润分配——提取法定盈余公积   92 450
      ——提取任意盈余公积   35 825
      ——应付现金股利   400 000
      ——转作股本的股利   200 000

经过上述处理后，"本年利润"和"利润分配"所有各明细科目（除未分配利润）均无余额。假设"利润分配——未分配利润"科目无期初余额，则期末余额为 196 225 元。

【例 12-36】天河公司在 20×4 年年末各项损益结转后，"本年利润"科目的期末余额为借方余额 265 000 元，即当年亏损 265 000 元。有关会计分录如下。
（1）将"本年利润"科目的余额转入"利润分配——未分配利润"科目：
 借：利润分配——未分配利润   265 000
  贷：本年利润   265 000
（2）公司本年已是第六年连续亏损，经董事会决议，决定动用法定盈余公积补亏 265 000 元：
 借：盈余公积——法定盈余公积   265 000
  贷：利润分配——盈余公积补亏   265 000
（3）年末结转盈余公积补亏：
 借：利润分配——盈余公积补亏   265 000
  贷：利润分配——未分配利润   265 000

第四节 所得税

企业的会计核算和税收处理分别遵循不同的原则，服务于不同的目的。在我国，会计的确认、计量、报告应当遵从《企业会计准则》的规定，目的在于真实、完整地反映企业的财务状况、经营成果和现金流量等，为投资者、债权人以及其他会计信息使用者提供对其决策有用的信息。税法则是以课税为目的，根据国家有关税收法律、法规的规定，确定一定时期内纳税人应缴纳的税额，从所得税的角度，主要是确定企业的应纳税所得额，以对企业的经营所得征税。

所得税会计的形成和发展是所得税法规和会计准则规定相互分离的必然结果，两者分离的程度和差异的种类、数量直接影响和决定了所得税会计处理方法的改进。《企业会计准则第 18 号——所得税》从资产负债表出发，通过比较资产负债表上列示的资产、负债按照会计准则规定确定的账面价值与按照税法规定确定的计税基础，根据两者之间的差异确认相关的递延所得税负债与递延所得税资产，并在此基础上确定每一会计期间利润表中的所得税费用。

一、资产负债表债务法

（一）资产负债表债务法的含义

所得税会计是会计准则与税收规定之间的差异在所得税会计核算中的具体体现。《企业会计准则第 18 号——所得税》采用资产负债表债务法核算所得税。资产负债表债务法是从暂时性差异产生的本质出发，分析暂时性差异产生的原因及其对期末资产负债表的影响。

资产负债表债务法较为完全地体现了资产负债观，在所得税的会计核算方面贯彻了资产、负债的界定。资产的账面价值代表的是企业在持续持有及最终处置某项资产的一定期间内，该项资产为企业带来的未来经济利益，而其计税基础代表的是在这一期间内，就该项资产按照税法规定可以税前扣除的金额。一项资产的账面价值小于其计税基础的，表明该项资产于未来期间产生的经济利益流入低于按照税法规定允许税前扣除的金额，产生可抵减未来期间应纳税所得额的因素，减少未来期间以应交所得税的方式流出企业的经济利益，从其产生时点来看，应确认为递延所得税资产。反之，一项资产的账面价值大于其计税基础的，两者之间的差额将会于未来期间产生应税金额，增加未来期间的应纳税所得额及应缴所得税，对企业形成经济利益流出的义务，应确认为递延所得税负债。

（二）资产负债表债务法核算所得税的一般程序

采用资产负债表债务法核算所得税的情况下，企业一般应于每一资产负债表日进行所得税的核算。如果发生企业合并等特殊交易或事项，则应在确认因交易或事项取得的资产、负债的同时，确认相关的所得税影响。企业进行所得税核算一般应遵循以下程序。

1）按照相关会计准则规定确定资产负债表中除递延所得税资产与递延所得税负债以外的其他资产和负债项目的账面价值。其中资产、负债的账面价值，是指企业按照相关会计准则的规定进行核算后在资产负债表中列示的金额。例如，企业持有的应收账款账面余额为 2 000 万元，企业对该应收账款计提了 100 万元的坏账准备，其账面价值为 1 900 万元，为该应收账款在资产负债表中的列示金额。

2）按照相关会计准则中对于资产和负债计税基础的确定方法，以适用的税收法规为基础，确定资产负债表中有关资产、负债项目的计税基础。

3）比较资产、负债的账面价值与其计税基础，对于两者之间存在差异的，分析其性质，除相关会计准则中规定的特殊情况外，分别将应纳税暂时性差异与可抵扣暂时性差异乘以所得税税率,确定资产负债表日递延所得税负债和递延所得税资产的应有金额,并与期初递延所得税负债和递延所得税资产的余额相比,确定当期应予进一步确认的递延所得税资产和递延所得税负债金额或应予转销的金额,作为构成利润表中所得税费用的其中一个组成部分——递延所得税。

4)按照适用的税法规定计算确定当期应纳税所得额,将应纳税所得额与适用的所得税税率计算的结果确认为当期应缴所得税,作为利润表中应予确认的所得税费用的另外一个组成部分——当期所得税。

5)确定利润表中的所得税费用。利润表中的所得税费用包括当期所得税和递延所得税两个组成部分,企业在计算确定了当期所得税和递延所得税后,两者之和(或之差),是利润表中的所得税费用。

二、资产、负债的计税基础

所得税会计的关键在于确定资产、负债的计税基础。在确定资产、负债的计税基础时,应严格遵循税收法规中对于资产的税务处理以及可税前扣除的费用等的规定进行。

(一)资产的计税基础

资产的计税基础,是指企业收回资产账面价值的过程中,计算应纳税所得额时按照税法规定可以自应税经济利益中抵扣的金额,即某一项资产在未来期间计税时按照税法规定可以税前扣除的金额。资产在初始确认时,其计税基础一般为取得成本,即企业为取得某项资产支付的成本在未来期间准予税前扣除。在资产持续持有的过程中,其计税基础是指资产的取得成本减去以前期间按照税法规定已经税前扣除的金额后的余额,该余额代表的是按照税法规定,就涉及的资产在未来期间计税时仍然可以税前扣除的金额。如固定资产、无形资产等长期资产在某一资产负债表日的计税基础是指其成本扣除按照税法规定已在以前期间税前扣除的累计折旧额或累计摊销额后的金额。

1.固定资产

企业以各种方式取得的固定资产,初始确认时按照《企业会计准则》规定确定的入账价值基本上是被税法认可的,即取得时其账面价值一般等于计税基础。

固定资产在持有期间进行后续计量时,由于会计准则与税法规定就折旧方法、折旧年限以及固定资产减值准备的提取等处理不同,可能造成固定资产的账面价值与计税基础的差异。

(1)折旧方法、折旧年限不同造成的差异。《企业会计准则》规定,企业应当根据与固定资产有关的经济利益的预期实现方式选择合理的折旧方法,固定资产的折旧方法包括年限平均法、双倍余额递减法、年数总和法和工作量法。税法中除某些可以按照规定加速折旧的情况外,其他固定资产一般按照年限平均法计提折旧。另外,税法还就每一类固定资产的最低折旧年限进行了规定,而《企业会计准则》规定由企业根据固定资产的性质和使用情况合理确定折旧年限。如果企业进行会计处理时确定的折旧年限与税法规定不同,就会产生固定资产持有期间账面价值与计税基础的差异。

【例12-37】天河公司于20×3年12月31日购入一项固定资产,其初始入账价值为300万元,会计上采用双倍余额递减法计提折旧,预计使用年限为10年,预计净残值为0;

税法规定对该类固定资产采用年限平均法计提折旧，预计使用年限及净残值与会计相同。20×4年12月31日，天河公司确定的该项固定资产的账面价值和计税基础如下。

$$账面价值 =300-300×20\%=240（万元）$$
$$计税基础 =300-300÷10=270（万元）$$

该项固定资产因会计处理和计税时采用的折旧方法不同，导致其账面价值和计税基础产生30万元的差额，该差额将于未来期间减少企业的应纳税所得额。

（2）计提固定资产减值准备造成的差异。《企业会计准则》规定，企业在持有固定资产期间，如果固定资产发生了减值，应当对固定资产计提减值准备；而根据税法的规定，企业计提的减值准备在发生实质性的损失之前不允许税前扣除，由此导致固定资产的账面价值与其计税基础之间产生差异。

【例12-38】天河公司于20×3年12月31日购入一项固定资产，其初始入账价值为300万元，预计使用年限为10年，预计净残值为0，采用年限平均法计提折旧；税法规定对该类固定资产的折旧年限、折旧方法和净残值与会计核算相同。20×4年12月31日，天河公司对该项固定资产进行减值测试，计提固定资产减值准备60万元。假定计提减值准备后该项固定资产会计上的折旧年限、折旧方法及净残值均未发生变化。则20×4年12月31日，天河公司确定的该项固定资产的账面价值和计税基础如下。

$$账面价值 =300-300÷10-60=210（万元）$$
$$计税基础 =300-300÷10=270（万元）$$

该项固定资产因在会计上计提减值准备，导致其账面价值和计税基础产生60万元的差额，该差额将于未来期间减少企业的应纳税所得额。

2. 无形资产

除内部研究开发形成的无形资产以外，其他方式取得的无形资产，初始确认时按照《企业会计准则》规定确定的入账价值与按照税法规定确定的计税成本之间一般不存在差异。无形资产的差异主要产生于内部研究开发形成的无形资产以及使用寿命不确定的无形资产。

（1）企业内部研究开发形成的无形资产造成的差异。《企业会计准则》规定有关研究开发支出分为两个阶段，研究阶段的支出应当费用化计入当期损益，而开发阶段符合资本化条件的支出应当计入所形成无形资产的成本。税法规定，企业自行开发的无形资产，以开发过程中该资产符合资本化条件后至达到预定用途前发生的支出为计税基础。另外，对于研究开发费用，税法规定可以加计扣除，即企业为开发新技术、新产品、新工艺发生的研究开发费用，未形成无形资产计入当期损益的，在按照规定据实扣除的基础上，按照实际发生额的100%在税前加计扣除；形成无形资产的，按照无形资产成本的200%在税前摊销。

【例12-39】天河公司为开发新产品当期发生研究开发支出计2 000万元，其中研究阶段支出400万元，开发阶段符合资本化条件前发生的支出为400万元，符合资本化条件后至达到预定用途前发生的支出为1 200万元。假定该新产品在当期期末已达到预定用途，并作为一项无形资产确认入账。天河公司将开发阶段符合资本化条件后至达到预定用途前发生的支出1 200万元作为该项无形资产的成本，于下一期起分期摊销。该项无形资产在初始确认时的账面价值和计税基础如下。

$$账面价值 = 入账成本 = 1\,200（万元）$$
$$计税基础 = 1\,200 \times 200\% = 2\,400（万元）$$

该项自行研发的无形资产因符合税法加计扣除的规定，导致其账面价值和计税基础产生 1 200 万元的差额，但是不确认递延所得税资产，不影响未来期间的应纳税所得额。

（2）使用寿命不确定的无形资产导致的差异。《企业会计准则》规定，无形资产应根据其使用寿命是否确定，分为使用寿命有限的无形资产和使用寿命不确定的无形资产。对于使用寿命不确定的无形资产，不要求摊销，但持有期间期末都应当进行减值测试，如果发生减值，则计提无形资产减值准备，确认资产减值损失。税法则没有按使用寿命对无形资产分类，要求所有无形资产的成本均应按一定期限进行摊销。对于使用寿命不确定的无形资产，在持有期间因摊销规定的不同，导致该类无形资产在后续计量时账面价值与计税基础之间产生差异。

【例 12-40】20×4 年 1 月 1 日，天河公司以 600 万元取得一项无形资产并于当日投入使用，企业根据各方面情况判断，无法合理预计其使用寿命，将其视为使用寿命不确定的无形资产。20×4 年 12 月 31 日，天河公司对该项无形资产进行减值测试表明未发生减值。天河公司在计税时，对该项无形资产按照 10 年的期间摊销，有关金额允许税前扣除。则 20×4 年 12 月 31 日，天河公司确定的该项无形资产的账面价值和计税基础如下。

$$账面价值 = 入账成本 = 600（万元）$$
$$计税基础 = 600 - 600 \div 10 = 540（万元）$$

该项使用寿命不确定的无形资产因会计和税法后续计量的规定不同，导致其账面价值和计税基础产生 60 万元的差额，该差额将于未来期间增加企业的应纳税所得额。

（3）计提无形资产减值准备造成的差异。《企业会计准则》规定，企业的无形资产在持有期间如果发生了减值，应当对无形资产计提减值准备；而税法规定，企业计提的减值准备在发生实质性的损失之前不允许税前扣除，由此导致无形资产的账面价值与其计税基础之间产生差异。

【例 12-41】20×3 年 1 月 1 日，天河公司以 800 万元购入一项专利权，预计使用寿命为 10 年，采用直线法分期摊销。假定税法关于该项无形资产的使用年限、摊销方法的规定与会计相同。20×4 年 12 月 31 日，天河公司估计该项专利权的可收回金额为 560 万元。则 20×4 年 12 月 31 日，天河公司确定的该项无形资产的账面价值和计税基础如下。

$$计提减值准备前的账面价值 = 800 - 800 \div 10 \times 2 = 640（万元）$$
$$应计提的减值准备 = 640 - 560 = 80（万元）$$
$$计提减值准备后的账面价值 = 640 - 80 = 560（万元）$$
$$计税基础 = 800 - 800 \div 10 \times 2 = 640（万元）$$

该项无形资产因在会计上计提减值准备，导致其账面价值和计税基础产生 80 万元的差额，该差额将于未来期间减少企业的应纳税所得额。

3. 以公允价值计量且其变动计入当期损益的金融资产

按照《企业会计准则第 22 号——金融工具确认和计量》的规定，对于以公允价值计量且其变动计入当期损益的金融资产，某一会计期末的账面价值为公允价值。税法规定以公允价值计量且其变动计入当期损益的金融资产在某一会计期末的计税基础为其取得成本，即按照企业会计准则确认的公允价值变动损益在计税时暂不予考虑，从而造成该类金融资产账面价值与其计税基础之间的差异。

【例 12-42】20×4 年 9 月 30 日，天河公司自公开市场取得一项权益性投资，支付价款 1 800 万元，作为交易性金融资产核算。20×4 年 12 月 31 日，该投资的市价为 2 000 万元。则 20×4 年 12 月 31 日，天河公司确定的该项金融资产的账面价值和计税基础如下。

$$账面价值 = 期末公允价值 = 2\ 000（万元）$$
$$计税基础 = 初始入账成本 = 1\ 800（万元）$$

该项金融资产因在会计上按公允价值进行后续计量，导致其账面价值和计税基础产生 200 万元的差额，该差额将于未来期间增加企业的应纳税所得额。

4. 其他计提了减值准备的资产

企业的固定资产、无形资产因计提减值准备导致其账面价值与计税基础产生差异。同样，企业的存货、长期股权投资、投资性房地产等也会因计提减值准备而使账面价值与计税基础产生差异。有关资产计提了减值准备以后，其账面价值会随之下降，而税法规定，资产的减值在转化为实质性损失之前，不允许税前扣除，从而造成资产的账面价值与其计税基础之间的差异。

（二）负债的计税基础

负债的计税基础，是指负债的账面价值减去未来期间计算应纳税所得额时按照税法规定可予抵扣的金额。用公式表示即

$$负债的计税基础 = 账面价值 - 未来期间按照税法规定可予税前扣除的金额$$

负债的确认与偿还一般不会影响企业的损益，也不会影响其应纳税所得额，未来期间计算应纳税所得额时按照税法规定可予抵扣的金额为零，计税基础即为账面价值。例如企业的短期借款、应付账款等。但是，某些情况下，负债的确认可能会影响企业的损益，进而影响不同期间的应纳税所得额，使得其计税基础与账面价值之间产生差额，如按照会计规定确认的某些预计负债。

1. 企业因销售商品提供售后服务等原因确认的预计负债

《企业会计准则第 13 号——或有事项》规定，企业应将预计提供售后服务发生的支出在销售当期确认为费用，同时在满足预计负债确认条件时确认预计负债。税法规定，有关的支出应于未来期间实际发生时税前扣除，由于该类事项产生的预计负债在期末的计税基础为其账面价值与未来期间可税前扣除的金额之间的差额，有关的支出实际发生时可全部税前扣除，所以其计税基础为零。

因其他事项确认的预计负债，应按照税法规定的计税原则确定其计税基础。某些情况下，因有些事项确认的预计负债，如果税法规定在未来期间实际发生相关支出时只准予部分税前扣除，则其计税基础为预计负债的账面价值减去未来期间计税时按照税法规定可予税前

扣除的部分，即其计税基础为未来期间计税时按照税法规定不允许税前扣除的部分；如果税法规定其支出无论是否实际发生均不允许税前扣除，即未来期间按照税法规定可予抵扣的金额为零，其账面价值与计税基础相同。

【例 12-43】 20×4 年 1 月 1 日，天河公司因销售产品承诺提供 3 年的保修服务，在当年利润表中确认了 400 万元的销售费用，同时确认为预计负债，当年未发生任何保修支出。则该项预计负债在天河公司 20×4 年 12 月 31 日资产负债表中的账面价值为 400 万元。假定按照税法规定，与产品售后服务相关的费用在实际发生时允许税前扣除。则 20×4 年 12 月 31 日，天河公司确定的该项预计负债的账面价值和计税基础如下：

$$账面价值 = 400（万元）$$
$$计税基础 = 400 - 400 = 0（万元）$$

该项预计负债的账面价值与计税基础之间产生了 400 万元的差额，该差额将于未来期间减少企业的应纳税所得额。

2. 应付职工薪酬

《企业会计准则》规定，企业为获得职工提供的服务给予的各种形式的报酬以及其他相关支出均应作为职工薪酬，根据职工提供服务的受益对象，计入有关成本费用，同时确认为负债（应付职工薪酬）。税法规定，企业发生的合理的职工薪酬，准予税前扣除，如支付给职工的工资薪金、按国家规定的范围和标准为职工缴纳的基本社会保险费、住房公积金、补充养老保险费、补充医疗保险费等；但税法中如果规定了税前扣除的标准，企业应当将超出规定部分进行纳税调整。如企业发生的职工福利费支出，不超过工资薪金总额 14% 的部分准予税前扣除；还有一些职工薪酬，税法中规定不得税前扣除，如企业为职工支付的商业保险费（企业为特殊工种职工支付的人身安全保险费等按规定可以税前扣除的商业保险费除外）。

对于发生当期准予税前扣除的职工薪酬，以后期间不存在税前扣除问题，因此，所确认的负债的账面价值等于计税基础；对于超过税前扣除标准支付的职工薪酬以及不得税前扣除的职工薪酬，在以后期间一般也不允许税前扣除，因此，所确认的负债的账面价值也等于计税基础。

【例 12-44】 天河公司在 20×4 年 12 月计入成本费用的职工工资总额为 3 200 万元，至 20×4 年 12 月 31 日尚未支付，体现为资产负债表中的应付职工薪酬负债。假定按照适用税法规定，当期计入成本费用的 3 200 万元工资支出中，按照计税工资标准的规定，可予税前扣除的金额为 2 400 万元。《企业会计准则》规定，企业为获得职工提供的服务给予的各种形式的报酬以及其他相关支出均应作为成本费用，在未支付之前确认为负债。该项应付职工薪酬负债的账面价值为 3 200 万元。税法规定，企业实际发生的工资支出 3 200 万元与按照税法规定允许税前扣除的金额 2 400 万元之间所产生的 800 万元差额在发生当期即应进行纳税调整，并且在以后期间不能再税前扣除，即应付职工薪酬未来期间允许扣除的金额为零。因此，该项应付职工薪酬负债的计税基础为 3 200（3 200-0）万元。该项负债的账面价值 3 200 万元与其计税基础 3 200 万元相同，不存在差异。

3. 其他负债

其他负债如企业应交的罚款和滞纳金等，在尚未支付之前按照《企业会计准则》的规定确认为费用,同时确认为负债。税法规定,罚款和滞纳金不能税前扣除,即未来期间允许扣除的金额为零,其计税基础为账面价值减去未来期间计税时可予税前扣除的金额之间的差额,从而计税基础等于账面价值,不产生差异。

【例12-45】20×4年12月,天河公司因违反当地有关环保法规的规定,收到环保部门的处罚通知,要求其支付罚款240万元。税法规定,企业因违反国家有关法律法规支付的罚款和滞纳金,计算应纳税所得额时不允许税前扣除,即未来期间允许扣除的金额为0。至20×4年12月31日,该项罚款尚未支付。则20×4年12月31日,天河公司确定的该项应付款的账面价值和计税基础如下:

$$账面价值=240(万元)$$
$$计税基础=240-0=240(万元)$$

该项应付款的账面价值与计税基础之间没有产生差异,不会影响企业未来期间的应纳税所得额。

三、永久性差异与暂时性差异

由于财务会计与所得税会计服务于不同的目的,因此,两者在确认所得税时遵循不同的原则,按照《企业会计准则》计算的税前利润和按税法计算的应纳税所得额会不相等。会计税前利润和应纳税所得额之间的差异,分为永久性差异和暂时性差异两种。

(一)永久性差异

永久性差异是指某一会计期间,由于《企业会计准则》和税法在计算收益、费用或损失时的口径不同,所产生的税前会计利润与应纳税所得额之间的差异。这种差异在本期发生,将不会在以后各期转回。永久性差异产生的原因有以下几个方面。

1. 会计上确认的收入在税法上不确认为收入

会计上确认的收入在税法上不确认为收入,从而产生永久性差异。例如在会计核算中,企业购买债券等取得的利息收入,属于企业的一项收益,构成税前会计利润的组成部分。而税法规定企业的某些债券取得的利息收入(如购买国库券和特种国债取得的利息收入)可以从纳税所得额中扣除。在这种情况下,税前会计利润就会大于应纳税所得额。

2. 会计上确认的费用在税法上不确认为费用

会计上确认的费用在税法上不确认为费用,从而产生永久性差异。例如在会计核算中,应付给职工的实际工资全部计入成本、费用。而按照税法的规定,企业支付给职工的工资,应按计税工资(即计算应纳税所得额时允许扣除的工资标准,包括企业以各种形式支付给职工的基本工资、浮动工资、各类补贴、津贴、奖金)扣除。这样,计税工资与实际应付工资之间也会存在差额。再如,对于企业因违法经营的罚款和被没收财产等罚没支出,在计算税前会计利润时已被扣除,因为这些支出属于企业实际发生的费用支出,应当在经营损益中体现。但是,按照《中华人民共和国企业所得税法》(2018)及《中华人民共和国企业所得税法实施条例》(2019)的规定,这些支出在计算应纳税所得额时,一律不得从中扣除。

3. 税法上确认的收入在会计上不确认为收入

税法上确认的收入在会计上不确认为收入,从而产生永久性差异。例如企业以自己生产的产品用于工程项目,税法规定该类业务视同销售,商品的售价与成本的差额应当缴纳所得税,而会计上只按照商品的成本入账,不计入当期损益。

4. 税法上确认的费用在会计上不确认为费用

税法上确认的费用在会计上不确认为费用,从而产生永久性差异。例如,对于投资于符合国家产业政策的技术改造项目的企业,其项目所需的国产设备投资的一定比例可以从企业技术改造项目当年比前一年新增的企业所得税中抵免。

在仅存在永久性差异的情况下,按照税前会计利润加(或减)永久性差异,就可以调整为应纳税所得额,按照应纳税所得额和现行所得税税率计算出应交所得税作为当期的所得税费用。

【例12-46】天河公司于20×4年共取得国库券利息收入30 000元,经核定的本年全年计税工资为720 000元,全年实际发放工资为840 000元,因违法经营被罚款20 000元。当年按会计核算原则计算的税前会计利润为230 000元,该企业适用的所得税税率为25%。若该企业本年再无其他纳税调整因素,则该企业本年的应纳税所得额计算如下。

该企业的国库券利息收入,按会计核算的规定,已作为投资收益计入了税前会计利润。但按税法规定,可以免交所得税。所以,需要从税前会计利润中扣除该利息收入。

该企业实际发放的工资840 000元,按会计核算规定,已全部作为费用计入了税前会计利润。但按税法规定,超过核定计税工资的部分在计算应纳税所得额时不得从中扣除。所以,需要在税前会计利润的基础上加入超额的部分。

该企业违法经营被罚款20 000元,按会计核算的规定,在计算会计利润时已扣除。但按税法的有关规定,在计算纳税所得时,不得从中扣除。所以,需要在税前会计利润的基础上加入该罚款支出。

通过上述分析,天河公司20×4年的应纳税所得额和应交所得税计算如下:

应纳税所得额=230 000−30 000+(840 000−720 000)+20 000=340 000(元)

应交所得税=340 000×25%=85 000(元)

(二)暂时性差异

暂时性差异是指资产、负债的账面价值与其计税基础不同产生的差额。由于资产、负债的账面价值与其计税基础不同,产生了在未来收回资产或清偿负债的期间内,应纳税所得额增加或减少并导致未来期间应交所得税增加或减少的情况,形成企业的递延所得税资产和递延所得税负债。应予说明的是,资产负债表债务法下,仅确认暂时性差异的所得税影响,原按照利润表下纳税影响会计核算的永久性差异,对企业在未来期间计税没有影响,不产生递延所得税。根据暂时性差异对未来期间应纳税所得额的影响,分为应纳税暂时性差异和可抵扣暂时性差异。除因资产、负债的账面价值与其计税基础不同产生的暂时性差异以外,按照税法规定可以结转以后年度的未弥补亏损和税款抵减,也视同可抵扣暂时性差异处理。

1. 应纳税暂时性差异

应纳税暂时性差异,是指在确定未来收回资产或清偿负债期间的应纳税所得额时,将导致产生应税金额的暂时性差异,该差异在未来期间转回时,会增加转回期间的应纳税所得额,即在未来期间不考虑该事项影响应纳税所得额的基础上,由于该暂时性差异的转回,会进一步增加转回期间的应纳税所得额和应交所得税金额。在应纳税暂时性差异产生当期,应当确认相关的递延所得税负债。

应纳税暂时性差异通常产生于以下情况。

1）资产的账面价值大于其计税基础。一项资产的账面价值代表的是企业在持续使用或最终出售该项资产时将取得的经济利益的总额，而计税基础代表的是一项资产在未来期间可予税前扣除的金额。如果资产的账面价值大于其计税基础，则表明该项资产未来期间产生的经济利益不能全部税前抵扣，两者之间的差额需要交税，产生应纳税暂时性差异。例如，一项无形资产账面价值为 200 万元，计税基础如果为 150 万元，两者之间的差额会造成未来期间应纳税所得额和应交所得税的增加。在其产生当期，符合确认条件的情况下，应确认相关的递延所得税负债。

2）负债的账面价值小于其计税基础。一项负债的账面价值为企业预计在未来期间清偿该项负债时的经济利益流出，而其计税基础代表的是账面价值在扣除税法规定未来期间允许税前扣除的金额之后的差额。因负债的账面价值与其计税基础不同产生的暂时性差异，本质上是税法规定就该项负债在未来期间可以税前扣除的金额（即与该项负债相关的费用支出在未来期间可予税前扣除的金额）。如果负债的账面价值小于其计税基础，则表明该项负债在未来期间可以税前抵扣的金额为负数，即应在未来期间应纳税所得额的基础上调增，增加应纳税所得额和应交所得税金额，产生应纳税暂时性差异，应确认相关的递延所得税负债。

2. 可抵扣暂时性差异

可抵扣暂时性差异，是指在确定未来收回资产或清偿负债期间的应纳税所得额时，将导致产生可抵扣金额的暂时性差异。该差异在未来期间转回时会减少转回期间的应纳税所得额，减少未来期间的应交所得税。在可抵扣暂时性差异产生当期，应当确认相关的递延所得税资产。可抵扣暂时性差异一般产生于以下情况。

1）资产的账面价值小于其计税基础。从经济含义来看，资产在未来期间产生的经济利益少，按照税法规定允许税前扣除的金额多，则账面价值与计税基础之间的差额，可以减少企业在未来期间应纳税所得额并减少应交所得税，符合有关条件时，应当确认相关的递延所得税资产。例如，一项资产的账面价值为 200 万元，计税基础为 260 万元，则企业在未来期间就该项资产可以在其自身取得经济利益的基础上多扣除 60 万元。从整体上来看，未来期间应纳税所得额会减少，应交所得税也会减少，形成可抵扣暂时性差异，符合确认条件时，应确认相关的递延所得税资产。

2）负债的账面价值大于其计税基础。当负债的账面价值大于其计税基础时，负债产生的暂时性差异实质上是税法规定就该项负债可以在未来期间税前扣除的金额。即

$$\begin{aligned}\text{负债产生的暂时性差异} &= \text{账面价值} - \text{计税基础} \\ &= \text{账面价值} - (\text{账面价值} - \text{未来期间计税时按照} \\ &\quad \text{税法规定可予税前扣除的金额}) \\ &= \text{未来期间计税时按照税法规定可予税前扣除的金额}\end{aligned}$$

一项负债的账面价值大于其计税基础，意味着未来期间按照税法规定与该项负债相关的全部或部分支出可以自未来应税经济利益中扣除，减少未来期间的应纳税所得额和应纳所得税。例如，企业因合同违约而被客户提起诉讼，要求支付违约金，至年末时法院尚未做出判决，企业为此计提了 150 万元的预计负债，故该项预计负债的账面价值为 150 万元。税法规定，允许合同违约金在支付时从税前扣除，计税基础为零；期末账面价值大于计税基础的差

额为 150 万元，这将导致实际支付合同违约金期间的应纳税所得额相对于会计收益减少 150 万元，因而属于可抵扣暂时性差异，符合确认条件时，应确认相关的递延所得税资产。

3. 特殊项目产生的暂时性差异

1）未作为资产、负债确认的项目产生的暂时性差异。某些交易或事项发生以后，因为不符合资产、负债的确认条件而未体现为资产负债表中的资产或负债，但按照税法规定能够确定其计税基础的，其账面价值与计税基础之间的差异也构成暂时性差异。例如，企业发生的符合条件的广告费和业务宣传费支出，税法规定，不超过当年销售收入 15% 的部分准予扣除；超过部分准予在以后纳税年度结转扣除。该类支出在发生时按照《企业会计准则》规定即计入当期损益，不形成资产负债表中的资产，但按照税法规定可以确定其计税基础的，两者之间的差额形成可抵扣暂时性差异。

2）可抵扣亏损及税款抵减产生的暂时性差异。对于按照税法规定可以结转以后年度的未弥补亏损及税款抵减，虽不是因资产、负债的账面价值与计税基础不同产生的，但本质上可抵扣亏损和税款抵减与可抵扣暂时性差异具有同样的作用，均能减少未来期间的应纳税所得额和应交所得税，视同可抵扣暂时性差异，在符合确认条件的情况下，应确认与其相关的递延所得税资产。例如，20×4 年，天河公司发生经营亏损 200 万元，按照税法规定，该亏损可用于抵减以后连续五年的应纳税所得额。该公司预计在未来五年内能够产生足够的应纳税所得额。该公司的可抵扣亏损 200 万元属于可抵扣暂时性差异。

四、递延所得税负债与递延所得税资产

企业在计算确定了应纳税暂时性差异与可抵扣暂时性差异后，应当按照所得税准则规定的原则确认与应纳税暂时性差异相关的递延所得税负债以及与可抵扣暂时性差异相关的递延所得税资产。

（一）递延所得税负债的确认和计量

递延所得税负债产生于应纳税暂时性差异。因应纳税暂时性差异在转回期间将增加企业的应纳税所得额和应交所得税，导致企业经济利益的流出，在其发生当期，构成企业应支付税金的义务，应作为负债确认。

1. 递延所得税负债的确认

企业在确认因应纳税暂时性差异产生的递延所得税负债时，应遵循的原则：除《企业会计准则》中明确规定可不确认递延所得税负债的情况以外，企业对于所有的应纳税暂时性差异均应确认相关的递延所得税负债。除直接计入所有者权益的交易或事项以及企业合并外，在确认递延所得税负债的同时，应增加利润表中的所得税费用。与应纳税暂时性差异相关的递延所得税负债的确认，体现了会计上的谨慎性原则，即企业进行会计核算时不应高估资产、不应低估负债。

确认应纳税暂时性差异产生的递延所得税负债时，有关交易或事项的发生会影响到会计利润或应纳税所得额的，相关的所得税影响应作为利润表中所得税费用的组成部分，即递延所得税负债的确认应导致利润表中所得税费用的增加；与直接计入所有者权益的交易或事项相关的，其所得税影响应增加或减少所有者权益；企业合并产生的相关的递延所得税影响应调整购买日确认的商誉或是计入当期损益的金额。

【例12-47】天河公司于20×4年1月1日购入某项环保设备，取得成本为200万元，会计上采用直线法计提折旧，使用年限为10年，净残值为零，计税时按双倍余额递减法计提折旧，使用年限及净残值与会计相同。天河公司适用的所得税税率为25%。假定该公司不存在其他会计与税收处理的差异，该项固定资产在期末未发生减值。20×4年资产负债表日，该项固定资产按照会计规定计提的折旧额为20万元，计税时允许扣除的折旧额为40万元，则该固定资产的账面价值180万元与其计税基础160万元的差额20万元构成应纳税暂时性差异，企业应确认相关的递延所得税负债。

应确认的递延所得税负债 =200 000×25%=50 000（万元）

会计分录如下：
借：所得税费用　　　　　　　　　　　　　　　　　　　　50 000
　　贷：递延所得税负债　　　　　　　　　　　　　　　　　　　50 000

2. 不确认递延所得税负债的特殊情况

有些情况下，虽然资产、负债的账面价值与其计税基础不同，产生了应纳税暂时性差异，但出于各方面考虑，所得税准则中规定不确认相应的递延所得税负债，主要包括：

1）商誉的初始确认。在非同一控制下的企业合并中，企业合并成本大于合并中取得的被购买方可辨认净资产公允价值份额的差额，按照《企业会计准则》规定应确认为商誉。因会计与税收的划分标准不同，按照税收法规规定作为免税合并的情况下，计税时不认可商誉的价值，即从税法角度，商誉的计税基础为零，两者之间的差额形成应纳税暂时性差异。对于商誉的账面价值与其计税基础不同产生的应纳税暂时性差异，《企业会计准则》规定不确认与其相关的递延所得税负债。

2）除企业合并以外的其他交易或事项中，如果该项交易或事项发生时既不影响会计利润，也不影响应纳税所得额，则所产生的资产、负债的初始确认金额与其计税基础不同，形成应纳税暂时性差异的，交易或事项发生时不确认相应的递延所得税负债。

3）与子公司、联营企业、合营企业投资等相关的应纳税暂时性差异，一般应确认相关的递延所得税负债，但同时满足以下两个条件的除外：一是投资企业能够控制暂时性差异转回的时间；二是该暂时性差异在可预见的未来很可能不会转回。满足上述条件时，投资企业可以运用自身的影响力决定暂时性差异的转回，如果不希望其转回，则在可预见的未来该项暂时性差异不会转回，从而对未来期间不会产生所得税影响，无须确认相应的递延所得税负债。

3. 递延所得税负债的计量

递延所得税负债应以相关应纳税暂时性差异转回期间适用的所得税税率计量。在我国，除享受优惠政策的情况以外，企业适用的所得税税率在不同年度之间一般不会发生变化，企业在确认递延所得税负债时，可以以现行适用税率为基础计算确定，递延所得税负债的确认不要求折现。

（二）递延所得税资产的确认和计量

1. 递延所得税资产的确认

递延所得税资产产生于可抵扣暂时性差异。资产、负债的账面价值与其计税基础不同产生可抵扣暂时性差异的，在估计未来期间能够取得足够的应纳税所得额用以利用该可抵扣暂时性差异时,应当以很可能取得用来抵扣可抵扣暂时性差异的应纳税所得额为限,确认相关的递延所得税资产。同递延所得税负债的确认相同,有关交易或事项发生时,对税前会计利润或应纳税所得额产生影响的,所确认的递延所得税资产应作为利润表中所得税费用的调整;有关的可抵扣暂时性差异产生于直接计入所有者权益的交易或事项的,确认的递延所得税资产也应计入所有者权益;企业合并中取得的有关资产、负债产生的可抵扣暂时性差异,其所得税影响应相应调整合并中确认的商誉或者应计入合并当期损益的金额。

【例12-48】天河公司在开始正常经营活动之前发生了500万元的筹建费用,该费用在发生时已计入当期损益,按照税法规定,公司在筹建期间发生的费用,允许在正常开始经营活动之后5年内分期计入应纳税所得额。而该项费用支出按照《企业会计准则》规定在发生时已经计入当期损益,不体现为资产负债表中的资产,即如果将其视为资产,其账面价值是零。假定该公司在开始生产经营当期,除筹建费用的会计处理与税务处理存在差异外,不存在其他会计和税收之间的差异,适用的所得税税率为25%。则第一年年末,该筹建费用的计税基础为400(=500-500÷5)万元,账面价值零与其计税基础400万元之间产生400万元可抵扣暂时性差异,假定该企业估计于未来期间能够产生足够的应纳税所得额以利用该可抵扣暂时性差异,企业应确认相关的递延所得税资产。

应确认相关的递延所得税资产 =400×25%=100(万元)

会计分录如下:

借:递延所得税资产　　　　　　　　　　　　　1 000 000
　　贷:所得税费用　　　　　　　　　　　　　　　　　　1 000 000

【例12-49】20×3年12月20日,天河公司购入一套管理设备,实际成本为600 000元,预计使用年限为5年,预计净残值为0,采用年限平均法计提折旧,假定税法规定该类设备折旧方法和净残值的规定与会计核算相同,但规定的最短折旧年限为6年,公司在计税时按税法规定的最短折旧年限计提折旧费用。假定除该项固定资产因折旧年限不同导致的会计核算与税收之间的差异外,不存在其他会计核算与税收的差异。天河公司预计在未来期间能够产生足够的应纳税所得额用以抵扣可抵扣暂时性差异,适用的所得税税率为25%。

根据以上资料,天河公司各年年末递延所得税的确认情况如表12-8所示。

表12-8　天河公司递延所得税确认表　　　　　　　　　单位:元

项目	20×4年	20×5年	20×6年	20×7年	20×8年	20×9年
实际成本	600 000	600 000	600 000	600 000	600 000	600 000
累计会计折旧	120 000	240 000	360 000	480 000	600 000	0
期末账面价值	480 000	360 000	240 000	120 000	0	0
累计计税折旧	100 000	200 000	300 000	400 000	500 000	600 000
期末计税基础	500 000	400 000	300 000	200 000	100 000	0
可抵扣暂时性差异	20 000	40 000	60 000	80 000	100 000	0
递延所得税资产期末余额	5 000	10 000	15 000	20 000	25 000	0

根据表12-8,天河公司各年资产负债表日确认递延所得税资产的会计处理如下。

(1)20×4年12月31日:

借:递延所得税资产　　　　　　　　　　　　　5 000
　　贷:所得税费用　　　　　　　　　　　　　　　　　　5 000

（2）20×5年12月31日：

20×5年12月31日，递延所得税资产期末余额为10 000元，递延所得税资产期初余额为5 000元，本期应确认递延所得税资产5 000元（=10 000-5 000）。

会计分录如下：

借：递延所得税资产　　　　　　　　　　　　　　　　　　5 000
　　贷：所得税费用　　　　　　　　　　　　　　　　　　　　　　5 000

（3）同理，20×6年、20×7年、20×8年会计处理同（2）。

（4）20×9年12月31日：

20×9年12月31日，递延所得税资产期末余额为零，递延所得税资产期初余额为25 000元，本期应将递延所得税资产账面余额全部转回。

会计分录如下：

借：所得税费用　　　　　　　　　　　　　　　　　　　　25 000
　　贷：递延所得税资产　　　　　　　　　　　　　　　　　　　　25 000

2. 不确认递延所得税资产的特殊情况

某些情况下，如果企业发生的某项交易或事项不属于企业合并，并且交易发生时既不影响会计利润也不影响应纳税所得额，且该项交易中产生的资产、负债的初始确认金额与其计税基础不同，产生可抵扣暂时性差异的，《企业会计准则第18号——所得税》中规定在交易或事项发生时不确认相关的递延所得税资产。原因是如果确认递延所得税资产，则需要调整资产、负债的入账价值，对实际成本进行调整将有违会计核算中的历史成本原则，影响会计信息的可靠性。

3. 递延所得税资产的计量

递延所得税资产的计量主要包括适用税率的确定和递延所得税资产账面价值的复核。

（1）适用税率的确定。与确认所得税负债时的原则一样，在确认递延所得税资产时，应当以预期收回该资产期间的适用所得税税率为基础计算确定。另外，无论相关的可抵扣暂时性差异转回期间如何，递延所得税资产均不要求折现。

（2）递延所得税资产账面价值的复核。资产负债表日，企业应当对递延所得税资产的账面价值进行复核。如果未来期间很可能无法取得足够的应纳税所得额用以利用递延所得税资产的利益，应当减记递延所得税资产的账面价值。递延所得税资产的账面价值减记以后，以后期间根据新的环境和情况判断能够产生足够的应纳税所得额利用可抵扣暂时性差异，使得递延所得税资产包含的经济利益能够实现的，应相应恢复递延所得税资产的账面价值。

（三）特殊交易或事项中涉及的递延所得税的确认

1. 与直接计入所有者权益的交易或事项相关的所得税

与当期及以前期间直接计入所有者权益的交易或事项相关的当期所得税及递延所得税应当计入所有者权益。直接计入所有者权益的交易或事项主要有：会计政策变更采用追溯调整法或对前期差错更正采用追溯重述法调整期初留存收益、同时包含负债及权益成分的金融工具在初始确认时计入所有者权益等。

2. 与企业合并相关的递延所得税

在企业合并中，购买方取得的可抵扣暂时性差异，按照税法规定可以用于抵减以后年度应纳税所得额,但在购买日不符合递延所得税资产确认条件而不予以确认。购买日后 12 个月内,如取得新的或进一步信息表明购买日的相关情况已经存在,预期被购买方在购买日可抵扣暂时性差异带来的经济利益能够实现的,应当确认相关的递延所得税资产,同时冲减商誉,商誉不足冲减的,差额部分确认为当前损益;除上述情况以外,确认与企业合并相关的递延所得税资产,应当计入当期损益。

(四)适用税率变动时对已确认递延所得税项目的调整

递延所得税负债和递延所得税资产所代表的是未来期间有关暂时性差异转回时,导致转回期间应缴纳的所得税增加或减少的金额。因此,在适用的所得税税率发生变动的情况下,按照原税率确认的递延所得税负债或递延所得税资产就不能反映有关暂时性差异转回时对应缴纳的所得税金额的影响。在这种情况下,企业应对原已确认的递延所得税负债和递延所得税资产按照新的税率进行重新计量,调整递延所得税负债及递延所得税资产金额,使之能够反映未来期间应当承担的纳税义务或可以获得的抵税利益。

在进行上述调整时,除对直接计入所有者权益的交易或事项产生的递延所得税负债及递延所得税资产的调整金额应计入所有者权益以外,其他情况下对递延所得税负债及递延所得税资产的调整金额,应确认为税率变动当期的所得税费用(或收益)。

五、所得税账务处理

对于永久性差异,应于发生当期进行调整;而对于暂时性差异,应当采用资产负债表债务法进行处理。在资产负债表债务法下,利润表中的所得税费用由当期所得税和递延所得税两部分组成。

(一)所得税费用的确认与计量

1. 当期所得税

当期所得税,是指企业按照税法规定计算确定的针对当期发生的交易和事项,应缴纳给税务部门的所得税金额,即应交所得税,应以适用的税收法规为基础计算确定。

企业在确定当期所得税时,应在利润总额的基础上,按照税收法规的规定,调整会计处理与税务处理不同的交易和事项,计算出当期的应纳税所得额,再根据企业适用的所得税税率计算当期应交所得税。计算公式如下:

应纳税所得额 = 利润总额 + 按照会计准则规定计入利润表但不允许税前扣除的费用 − 税法规定的不征税收入 ± 计入利润表的费用与按照税法规定可予税前扣除的金额之间的差额 ± 计入利润表的收入与按照税法规定应计入应纳税所得额的收入之间的差额 ± 其他需要调整的因素

当期应缴纳的所得税 = 应纳税所得额 × 适用的所得税税率

2. 递延所得税

递延所得税,是指按照《企业会计准则》规定当期应予确认的递延所得税负债和当期应予确认的递延所得税资产的差额,即为应当计入当期利润表的所得税费用,但不包括直接计入所有者权益的交易或事项及企业合并的所得税影响。用公式表示即为

递延所得税＝(期末递延所得税负债－期初递延所得税负债)－(期末递延所得税资产－
　　　　　期初递延所得税资产)
　　　　＝当期应予确认的递延所得税负债－当期应予确认的递延所得税资产

其中：期末递延所得税负债＝期末应纳税暂时性差异×适用的所得税税率

期末递延所得税资产＝期末可抵扣暂时性差异×适用的所得税税率

若当期应予确认的递延所得税负债大于当期应予确认的递延所得税资产的差额，为当期应予确认的递延所得税费用，递延所得税费用应当计入当期所得税费用；若当期应予确认的递延所得税负债小于当期应予确认的递延所得税资产的差额，为当期应予确认的递延所得税收益，递延所得税收益应当抵减当期所得税费用。

值得注意的是，如果某项交易或事项按照《企业会计准则》规定应计入所有者权益，由该交易或事项产生的递延所得税资产或递延所得税负债及其变化亦应计入所有者权益，不构成利润表中的递延所得税费用（或收益）。计入当期损益的所得税费用或收益不包括企业合并和直接在所有者权益中确认的交易或事项产生的所得税影响。与直接计入所有者权益的交易或者事项相关的当期所得税和递延所得税，应当计入所有者权益。

3. 所得税费用

所得税费用应为当期所得税与递延所得税之和，即

所得税费用＝当期所得税＋递延所得税

所得税费用应当在利润表中单独列示。

（二）所得税会计处理

企业需要设置"递延所得税资产""递延所得税负债""所得税费用"等科目进行所得税会计核算。

1."递延所得税资产"科目

"递延所得税资产"科目核算企业根据《企业会计准则第18号——所得税》确认的可抵扣暂时性差异产生的所得税资产，根据税法规定可用以后年度税前利润弥补的亏损及税款抵减产生的所得税资产，也在本科目核算。资产负债表日，企业根据所得税准则应予确认的递延所得税资产，借记本科目，贷记"所得税费用——递延所得税费用"科目，本期确认的递延所得税资产大于其账面余额的，应按其差额确认，借记"所得税费用——递延所得税费用"科目，贷记本科目；本期确认的递延所得税资产小于其账面余额的，做相反会计分录。

资产负债表日，预计未来期间很可能无法获得足够的应纳税所得额用以抵扣可抵扣暂时性差异的，应按原已确认的递延所得税资产中应减记的金额，借记"所得税费用——递延所得税费用"等科目，贷记本科目。

本科目期末借方余额，反映已确认的递延所得税资产的余额。

2."递延所得税负债"科目

"递延所得税负债"科目核算企业根据《企业会计准则第18号——所得税》确认的应纳税暂时性差异产生的所得税负债。资产负债表日，企业根据《企业会计准则第18号——所得税》应予以确认的递延所得税负债，借记"所得税费用——递延所得税费用"科目，贷记本科目，本期确认的递延所得税负债大于其账面余额的，应按其差额确认，借记"所得税费用——递延所得税费用"科目，贷记本科目；本期确认的递延所得税负债小于其账面余额的，

做相反会计分录。本科目期末贷方余额,反映已确认的递延所得税负债的余额。

3. "所得税费用"科目

"所得税费用"科目核算企业根据《企业会计准则第 18 号——所得税》确认的应从当期利润总额中扣除的所得税费用。本科目应当按照"当期所得税费用""递延所得税费用"进行明细核算。资产负债表日,企业按照税法计算确定的当期应交所得税金额,借记本科目(当期所得税费用),贷记"应交税费——应交所得税"科目。

【例 12-50】 天河公司在 20×4 年实现营业收入 1 000 万元,当年发生广告费用为 200 万元,税法规定每年广告费用的应税支出不得超过当年营业收入的 15%,税前利润为 400 万元,所得税税率为 25%,当年罚没支出为 1 万元,当年购入的交易性金融资产截至年末增值了 10 万元,假定无其他纳税调整事项。则相关会计处理如下。

$$可抵扣暂时性差异 = 200 - 1\,000 \times 15\% = 50(万元)$$
$$递延所得税资产 = 50 \times 25\% = 12.5(万元)$$
$$应纳税暂时性差异 = 10(万元)$$
$$递延所得税负债 = 10 \times 25\% = 2.5(万元)$$
$$永久性差异 = 1(万元)$$
$$应税所得 = 400 + 50 + 1 - 10 = 441(万元)$$
$$应交税费 = 441 \times 25\% = 110.25(万元)$$
$$所得税费用 = 110.25 - 12.5 + 2.5 = 100.25(万元)$$

会计分录如下:

借:所得税费用 1 002 500
　　递延所得税资产 125 000
　　贷:递延所得税负债 2 5000
　　　　应交税费——应交所得税 1 102 500

【例 12-51】 天河公司在 20×4 年 12 月 31 日购入 100 万元的设备,预期使用期 5 年,期末无残值。会计上采用直线法计提折旧,税法允许采用双倍余额法计提折旧。未扣折旧前利润总额每年为 800 万元,公司适用的所得税税率为 25%。除该设备折旧外,不存在其他纳税调整项目。

第一步,确定产生暂时性差异的项目:本例为设备折旧。

第二步,确定各年的暂时性差异及该差异对纳税的影响(见表 12-9)。

表 12-9　各年暂时性差异及对纳税的影响金额　　　　　　单位:万元

项目	20×4 年	20×5 年	20×6 年	20×7 年	20×8 年	20×9 年
会计折旧	0	20	20	20	20	20
账面价值	100	80	60	40	20	0
计税折旧	0	40	24	14.4	10.8	10.8
计税基础	100	60	36	21.6	10.8	0
应纳税暂时性差异	0	20	24	18.4	9.2	0
税率	25%	25%	25%	25%	25%	25%
递延所得税负债期末余额	0	5	6	4.6	2.3	0
递延所得税负债增加额	0	5	1	−1.4	−2.3	−2.3

第三步,确定应交税费及所得税费用,并进行账务处理。
(1) 20×4 年 12 月 31 日:

$$所得税费用 =800×25\%=200(万元)$$

会计分录如下:
借:所得税费用 2 000 000
　　贷:应交税费——应交所得税 2 000 000

(2) 20×5 年 12 月 31 日:

$$应交税费 =(800-40)×25\%=190(万元)$$
$$应确认递延所得税负债 =5(万元)$$
$$所得税费用 =190+5=195(万元)$$

会计分录如下:
借:所得税费用 1 950 000
　　贷:应交税费——应交所得税 1 900 000
　　　　递延所得税负债 50 000

(3) 20×6 年 12 月 31 日:

$$应交税费 =(800-24)×25\%=194(万元)$$
$$应确认递延所得税负债 =1(万元)$$
$$所得税费用 =194+1=195(万元)$$

会计分录如下:
借:所得税费用 1 950 000
　　贷:应交税费——应交所得税 1 940 000
　　　　递延所得税负债 10 000

(4) 20×7 年 12 月 31 日:

$$应交税费 =(800-14.4)×25\%=196.4(万元)$$
$$应确认递延所得税负债 =-1.4(万元)$$
$$所得税费用 =196.4-1.4=195(万元)$$

会计分录如下:
借:所得税费用 1 950 000
　　递延所得税负债 14 000
　　贷:应交税费——应交所得税 1 964 000

(5) 20×8 年 12 月 31 日:

$$应交税费 =(800-10.8)×25\%=197.3(万元)$$
$$应确认递延所得税负债 =-2.3(万元)$$
$$所得税费用 =197.3-2.3=195(万元)$$

会计分录如下:
借:所得税费用 1 950 000
　　递延所得税负债 23 000
　　贷:应交税费——应交所得税 1 973 000

（6）20×9年12月31日：

$$应交税费=（800-10.8）×25\%=197.3（万元）$$
$$应确认递延所得税负债=-2.3（万元）$$
$$所得税费用=197.3-2.3=195（万元）$$

会计分录如下：
借：所得税费用　　　　　　　　　　　　　　　　　1 950 000
　　递延所得税负债　　　　　　　　　　　　　　　　　 23 000
　　贷：应交税费——应交所得税　　　　　　　　　　　　　　　 1 973 000

企业所得税税率发生变化时，在变更当年，由于资产的账面价值和计税基础不同，会计上还要确认由于税率变化所带来的二者差额的递延所得税资产或负债的影响。

六、所得税的列示与披露

（一）列示

1）递延所得税资产和递延所得税负债一般应当分别作为非流动资产和非流动负债在资产负债表中列示。

2）所得税费用应当在利润表中单独列示。

（二）披露

企业应当在附注中披露与所得税费用有关的信息，具体如下。

1）所得税费用（收益）的主要组成部分。

2）所得税费用（收益）与会计利润关系的说明。

3）未确认递延所得税资产的可抵扣暂时性差异、可抵扣亏损的金额（若存在到期日，还应对到期日进行披露）。

4）对每一类暂时性差异和可抵扣亏损，在列报期间确认的递延所得税资产或递延所得税负债的金额，确认递延所得税资产的依据。

5）未确认递延所得税负债的，与对子公司、联营企业及合营企业投资相关的暂时性差异金额。

▶本章小结

本章主要介绍了收入、费用、利润和所得税四个方面的内容。收入主要包括收入的特征、分类、确认与计量，而收入的确认与计量应采用五步法模型，在客户取得商品控制权时确认收入。其中，重点介绍了销售折扣、销售折让、销售退回、委托代销和特殊交易的会计处理。费用主要包括费用的特征、分类以及三大期间费用的确认与计量。利润主要包括利润的构成以及营业外收支、本年利润及利润分配的会计处理。期末，利润分配账户除未分配利润明细科目外，其余明细科目应无余额。所得税主要包括资产和负债的计税基础、永久性差异与暂时差异及暂时性差异的分类、递延所得税资产与递延所得税负债的确认和计量、所得税费用的确认与计量及其会计处理和所得税的列报。所得税会计核算应采用资产负债表债务法。资产负债表债务法是从暂时性差异产生的本质出发，分析暂时性差异产生的原因及其对期末资产负债表的影响的一种方法。

▶思政园地

推动非税收入收缴管理工作高质量发展

党的二十大报告从战略和全局的高度，明确了进一步深化财税体制改革的重点举措，为做好新时代新征程财政工作指明了方向、提供了遵循。非税收入收缴管理是现代财政管理的重要组成部分，是预算执行管理的关键环节，是顺利完成财政收入目标任务的重要保障，也是规范行政执法的有力手段，对于构建现代国库制度和现代财政制度具有重要意义。

随着非税收入收缴管理改革的实施和不断深化，新型国库集中收缴机制已基本建立。坚实的制度基础、科学的管理基础、先进的技术基础为深化"放管服"改革、加强数字政府建设、服务人民群众、优化营商环境提供了有力保障。通过多年持续完善，非税收入收缴管理取得重大进展和显著成效，包括：①构建非税收入收缴管理新格局、扎实推进收缴电子化管理、稳步推广电子非税收入一般缴款书；②破解异地缴款难题、助力"跨省通办"政策落地、积极开展非税收入在线收缴平台建设；③紧跟时代步伐，构建数字化标准化管理体系。

经过多年的努力，非税收入收缴管理实现"从无到有"的突破，有些矛盾已经得到化解和消除，但与推动实现财政治理现代化的要求相比，仍有部分矛盾和问题还有待进一步解决，一些新矛盾、新问题也逐渐凸显。新时代新征程，需要各级财政部门和各企业单位深入贯彻落实党的二十大精神，统一思想认识，突出目标导向、问题导向，围绕重点工作，主动担当作为，确保非税收入收缴工作高质量发展。

资料来源：王小龙. 深入贯彻落实党的二十大精神全面加强非税收入收缴管理 [J]. 中国财政, 2023（3）：18-30.

国际视野

拓展阅读

章后练习

关键术语音频

▶关键术语听与读

- ◇ Administrative expenses（管理费用）: The administrative expenses refer to the expenses incurred by an enterprise in organizing and managing production and business activities.

- ◇ Contract cost（合同成本）: The contract cost refers to the relevant expenses incurred for the construction of a certain contract, which includes direct and indirect expenses related to the execution of the contract from the signing of the contract to the completion of the contract.

- ◇ Deferred income tax（递延所得税）: The deferred income tax refers to the difference between the amount of deferred income tax assets and deferred income tax liabilities that should be recognized in accordance with the accounting standards for business enterprises at the end of the period and the originally recognized amount.

- ◇ Direct labor（直接人工）: The direct labor refers to the wages of workers directly engaged in the production of products and the provision of labor services, as well as the employee benefits calculated and drawn according to the total wages of production workers and the specified proportion.

- ◇ Direct materials（直接材料）: The direct materials refer to the raw materials and main materials consumed by enterprises in the process of producing products and providing labor services, which are directly used in the production of products and constitute the product entity, purchased semi-finished products, spare parts for repair, packaging, auxiliary materials conducive to the formation of products, and other direct materials.

◆ Expenses（费用）: The expenses refer to the total outflow of economic benefits that occur in the daily activities of the enterprise, will lead to the reduction of owner's equity, and have nothing to do with the distribution of profits to owners.

◆ Financial expenses（财务费用）: The financial expenses refer to the expenses incurred by the enterprise to raise funds required for production and operation, including interest expenses that should be regarded as period expenses, exchange losses, cash discounts incurred or received by the enterprise, etc.

◆ Income before tax（税前利润）: The income before tax, also called profit before tax, refers to the taxable profit of a company before paying income tax.

◆ Income for the year（本年利润）: The income for the year, also called the profit for the year, refers to the net profit (or net loss) of an enterprise for a certain accounting period, which belongs to the category of owner's equity.

◆ Income tax expenses（所得税费用）: The income tax expenses refer to the income tax payable on the operating profits of a company, which accounts for the income tax borne by enterprises.

◆ Major business income（主营业务收入）: The major business income refers to the income achieved by the regular activities that the enterprise is engaged in to achieve its business objectives, that is, the income obtained from the sale of goods, the provision of labor services or the transfer of the right to use assets.

◆ Manufacturing expenses（制造费用）: The manufacturing expenses, also called overhead or manufacturing costs, refer to all indirect expenses incurred by an enterprise for the production of products and the provision of labor services.

◆ Non-operating expenses（营业外支出）: The non-operating expenses refer to all losses incurred by an enterprise that are not directly related to daily activities.

◆ Non-operating income（营业外收入）: The non-operating income refers to all profits that are not directly related to daily activities.

◆ Other business income（其他业务收入）: Other business income refers to the income from activities related to recurring activities undertaken by an enterprise to achieve its business objectives.

◆ Permanent difference（永久性差异）: The permanent difference refers to the difference between pretax accounting profit and taxable income in a certain accounting period due to different accounting standards and tax laws in the recognition of income, expenses or losses.

◆ Profit（利润）: The profit, also called net income, refers to the operating results of an enterprise in a certain accounting period. Profits include net income minus expenses, gains and losses directly included in current profits, etc.

◆ Profit distribution（利润分配）: The profit distribution refers to the process in which an enterprise distributes the realized profits (including the net profits of this year and the undistributed profits of previous years)

- Revenues（收入）: The revenues refer to the total inflow of economic benefits formed in the daily activities of the enterprise, which will lead to the increase of owner's equity and have nothing to do with the capital invested by the owner.
- Selling expenses（销售费用）: The selling expenses refer to all expenses incurred by an enterprise in the process of selling goods, providing labor services and transferring the right to use assets, as well as all expenses of a specially established sales agency.
- Temporary difference（暂时性差异）: The temporary difference refers to the difference between the book value of assets and liabilities and their tax basis.

(continued) to all stakeholders in accordance with the relevant provisions of the state and the decision of the enterprise on investment.

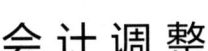

会计调整

> **本章案例**
>
> **北斗星通的会计估计变更**
>
> 北京北斗星通导航技术股份有限公司（以下简称"北斗星通"）成立于2000年，于2007年8月13日经中国证监会批准在深圳证券交易所挂牌上市，是我国卫星导航产业首家上市公司。
>
> 公司经营目的是加速我国卫星导航产业的发展，使我国导航事业变得更大更强，不断提升公司的知名度，并且为全球的用户提供优质服务。公司主要业务包括四大类：基础产品业务、汽车智能网联与工程服务、国防装备业务、基于位置的行业应用与运营服务业务。
>
> 以下简析该公司的相关会计估计变更。
>
> **（一）第一次会计估计变更内容**
>
> 该公司在2010年进行了一次会计估计变更，变更原因如下：为了更准确反映该行业的市场发展以及顾客反馈情况，使报表信息使用者和相关人员更加清楚地了解公司的经营情况和发展状况，公司比较了该行业中应收账款以及其他应收款坏账准备计提比例的相关情况，对公司的应收账款和其他应收款坏账准备的账龄划分和计提比例进行了此次变更。公司期末对应收款项（包括应收账款和其他应收款）按照账龄分析法计提坏账准备。
>
> **（二）第二次会计估计变更内容**
>
> 该公司于2017年进行了第二次会计估计变更，变更原因如下：为适应技术发展的新情况，提供更可靠的会计信息，体现经营情况，使财务报表更加公允地反映公司财务状况和经营成果，公司在复核后，根据评估的情况，重新划分技术类无形资产的预计使用寿命，确定摊销年限，以及对公司的固定资产折旧年限会计估计予以变更。
>
> **1. 无形资产**
>
> 变更前后无形资产的预计使用寿命发生了一定的变化，主要变化在土地使用权、

软件著作权、专利及非专利技术、办公软件。

2. 固定资产

该公司固定资产的折旧方法变更前后并没有发生改变，均采用年限平均法，但折旧年限以及残值率在变更后发生了一定的改变。

资料来源：刘晓彤. 北斗星通导航技术股份有限公司会计估计变更剖析[J]. 营销界，2021（13）：49-50.

▶ 学习目标 ◀

会计调整是指企业按照国家法律、行政法规和会计准则的要求，或者因特定情况下按照会计准则的规定对企业原采用的会计政策、会计估计以及发现的会计差错或资产负债表日后事项等所做的调整。会计调整包括会计政策变更、会计估计变更、会计差错更正和资产负债表日后事项。通过本章的学习，希望读者：

- 了解会计政策变更的基本类型、掌握追溯调整法的步骤以及每一个步骤的技能，熟练运用未来适用法；
- 熟悉会计估计应考虑的因素，恰当运用会计估计及其变更的处理方法；
- 掌握会计差错的两种类型及其更正方法；
- 掌握资产负债表日后事项的两种类型以及调整事项的账务处理过程。

点阅读 6　企业会计准则第 28 号——会计政策、会计估计变更和差错更正
　　　　　企业会计准则第 29 号——资产负债表日后事项

第一节　会计政策及其变更

一、会计政策概述

企业应当对相同或者相似的交易或者事项采用相同的会计政策进行处理。但是，相关会计准则另有规定的除外。会计政策是指企业在会计确认、计量和报告过程中所采用的原则、基础和账务处理方法。

企业会计政策的确定过程实际上是依据会计法规以及企业的具体情况对具体会计原则、基础和账务处理方法的选择过程。具体原则指企业按照统一会计制度和准则选用的、适合本企业的会计原则；基础指将会计原则运用于交易与事项而采用的基础，例如，会计核算应当以权责发生制为基础，有些交易或事项的计量可以以历史成本为计量基础，也可以以公允价值为计量基础；具体账务处理方法指企业按照统一会计准则选用的适合本企业生产经营及管理特点的账务处理方法，例如，企业根据投资企业对被投资企业的影响程度选择长期股权投资核算方法、企业根据自身特点选择投资性房地产的计量模式。企业会计政策的选择不得超出会计法规和准则允许的范围。例如，企业投资性的房地产可以选择成本或公允价值进行后

续计量，但不得随意在成本计量模式和公允价值计量模式间转换；发出存货成本的计量可以采用先进先出法、加权平均法、个别计价法，但不得采用后进先出法。

二、会计政策的内容和特点

（一）会计政策的内容

企业会计政策的涉及面很广，重要的会计政策通常包括以下几种。

1. 发出存货的计价方法

发出存货的计价方法指企业采用的确定发出存货成本的方法。可供选择的发出存货的计价方法有先进先出法、加权平均法、个别计价法等，企业应根据本单位存货流转情况选择合理的计价方法。

2. 长期股权投资的核算方法

企业对被投资单位的股权投资应根据是否对被投资企业形成控制、共同控制、重大影响以及无重大影响情况下股权是否有公允价值市价而选择成本法或权益法核算。

3. 投资性房地产的计量模式

对投资性房地产的后续计量是采用成本模式还是采用公允价值模式。

4. 固定资产初始计量

企业如何确定固定资产的入账价值，也就是说，企业是采用购买价作为固定资产的初始成本，还是以购买价的现值为基础进行初始计量。

5. 收入的确认

收入的确认是指企业收入确认所采用的会计原则。例如，建造合同是按完工百分比法确认收入还是按其他方法确认收入。

6. 借款费用的处理

企业发生的借款费用是采用资本化的方法，还是采用费用化的方法。

7. 非货币性资产交换的计量

企业非货币性资产交易中对换入资产是以换出资产的公允价值计量，还是以换出资产的账面价值计量。

8. 无形资产的确认

企业对无形资产项目的支出是否确认为无形资产，例如，企业内部研究开发项目开发阶段的支出是确认为无形资产，还是在发生时计入当期费用。

9. 合并政策

合并政策是指编制合并财务报表所采纳的原则。例如，母公司与子公司的会计年度不一致的处理原则；合并范围的确定原则；母公司和子公司所采用会计政策是否一致等。

（二）会计政策的特点

在我国，会计准则属于法规，会计政策所包括的具体会计原则、基础和具体账务处理方法由会计准则规定。企业基本上是在法规所允许的范围内选择适合本企业实际情况的会计政策。所以，会计政策具有强制性和层次性的特点。

1）会计政策的强制性。由于企业经济业务的复杂性和多样化，某些经济业务在符合会计原则和基础的要求下，可以有多种账务处理方法。例如，存货的计价，可以有先进先出法、加权平均法、个别计价法等。但是，企业在发生某项经济业务时，必须从法律法规允许的会计原则、基础和账务处理方法中选择出科学合理的会计政策。

2）会计政策的层次性。会计政策包括会计原则、基础和账务处理方法三个层次。其中，会计原则是指导企业会计核算的具体原则；会计基础是为将会计原则体现在会计核算中而采用的基础；处理方法是按照会计原则和基础的要求，由企业在会计核算中采用或者选择的、适合于本企业的具体账务处理方法。会计原则、基础和账务处理方法三者之间是一个具有逻辑性、密不可分的整体，通过这个整体，会计政策才能得以应用和落实。

三、会计政策变更

会计政策变更，是指企业对相同的交易或事项由原来采用的会计政策改用另一会计政策的行为。也就是说，在交易或事项的性质未发生变化的情况下，纯粹改变会计政策属会计政策变更，如果交易或事项与以前相比有本质的区别而采用新的会计政策不属于会计政策变更。为保证会计信息的可比性，使财务报告使用者在比较企业一个以上期间的财务报表时，能够正确判断企业的财务状况、经营成果和现金流量的变化趋势。通常情况下，企业应在每期采用相同的会计政策，不得随意变更会计政策。如果允许企业随意变更会计政策，一是容易造成企业利用会计政策随意操纵利润，使会计信息缺乏可靠性；二是势必削弱会计信息的可比性，使财务报告使用者在比较企业的经营业绩时发生困难。但是，这并不意味着会计政策在任何时候都不能变更，在符合下列条件之一时，应改变原采用的会计政策。

1. 法律或会计准则等行政法规、规章要求变更会计政策

按照国家统一的会计准则及其他法规、规章的规定，要求企业采用新的会计政策时，企业应按照法规、规章的规定改变原会计政策，按新的会计政策执行。例如，2001年《企业会计制度》规定，非货币资产对外投资采用账面价值核算，而2006年颁布的准则要求采用公允价值核算，企业对非货币资产对外投资业务必须改为公允价值核算。

2. 变更会计政策能够提供更可靠、更相关的会计信息

从真实公允披露的角度来看，如果会计政策变更能够提供有关财务状况、经营成果和现金流量等更可靠、更相关的会计信息，企业可以按规定自行变更会计政策。由于经济环境、客观情况的改变，企业采用原来的会计政策所提供的会计信息，很可能无法恰当地反映企业的财务状况、经营成果和现金流量等情况。在这种情况下，企业应改变原有的会计政策，采用新的会计政策进行核算，以对外提供更可靠、更相关的会计信息。例如，企业以前存货流转具有明显的先进先出的规律，会计上对发出存货的计价采用先进先出法核算，而目前存货流转已不具有这一规律性，企业将发出存货计价改为加权平均法更能准确计量发出存货价值，则应该对发出存货计价改为加权平均法。

但是，有一些变更事项不属于会计政策变更行为，包括以下几点。

1. 本期发生的交易或事项与以前相比具有本质差别而采用新的会计政策

在会计核算对象的性质没有发生变化的情况下，改变会计核算具体原则或方法属于会计政策变更，如果作为某一会计核算对象的交易或事项的性质发生变化而相应改变会计核算原则或方法则不属于会计政策变更。例如，20×4年，天河公司对乙企业的股权投资占乙企业有表决权股份的19%，对乙企业无重大影响，且股权在公开市场上没有报价，采用成本法

核算。20×4年年初天河公司对乙企业追加投资后持股比例上升至21%，对乙企业有重大影响，相应地应采用权益法核算对乙企业的投资。天河公司因持股比例上升到按会计准则规定须采用权益法的比例而相应改变核算方法的做法不属于会计政策的变更。再比如，M公司对20×3年作为持有至到期投资购入N公司的分期付息一次还本的债券采用摊余成本计量，20×4年年初由于企业战略和管理意图的改变，M公司将持有的N公司债券作为交易性金融资产管理，相应对其采用公允价值计量，这种因企业战略和管理意图的改变而相应改变会计政策的做法不属于会计政策变更。

2. 对初次发生的或不重要的交易或事项采用新的会计政策

对初次发生的交易或事项采用新的会计政策不属于会计政策变更。例如，某企业本期新增了期货交易业务，应按相应办法进行处理，不属于会计政策变更。

基于重要性原则和成本效益法则的约束，对不重要的交易或事项采用新的会计政策不作为会计政策变更。比如，某企业原在生产经营过程中使用少量的低值易耗品，并且价值较低，故企业于领用低值易耗品时一次计入费用，但该企业于近期转产，生产新的产品，所需低值易耗品比较多，且价值较大，企业对领用的低值易耗品处理方法，改为分期摊销的方法，分摊计入费用。该企业改变低值易耗品处理方法后，对损益的影响并不大，并且低值易耗品通常在企业生产经营费用中所占的比例并不大，属于不重要的事项，由此改变会计政策不属于会计政策的变更。

四、会计政策变更的账务处理

（一）会计政策变更的账务处理方法

会计政策变更后，新的会计政策是从变更日起开始实施，还是需要对以前相关的交易或事项进行追溯调整？因此，对于会计政策变更，账务处理上首先要解决的问题是实施新会计政策的起始时间。会计政策变更的处理方法有两种。

1. 追溯调整法

追溯调整法指的是对某项交易或事项变更会计政策时，视同该交易或事项初次发生时就开始采用新的会计政策，并以此对以前的相关项目进行调整。法律或会计准则等行政法规、规章要求变更会计政策的，若国家相关会计规定要求采用追溯调整法的，必须采用追溯调整法处理；企业因为会计政策变更能够提供更可靠、更相关的会计信息而改变会计政策的，应当采用追溯调整法进行处理。在采用追溯调整法下，对以前的交易或事项采用追溯调整应分以下几个步骤进行：①计算确定会计政策变更的累积影响数；②进行账务处理；③调整报表有关项目。

会计政策变更的累积影响数指的是按变更后的会计政策对以前各期追溯计算的列报前期最早期初留存收益应有金额与现有金额之间的差额。它是假设与会计政策变更相关的交易或事项在初次发生时即采用新的会计政策，而得出的列报前期最早期初留存收益应有金额与现有金额之间的差额。累积影响数通常通过以下各步计算获得：①根据新的会计政策重新计算受影响的前期交易或事项；②计算两种会计政策下的差异；③计算差异的所得税影响金额；④确定前期中的每一期的税后差异；⑤计算会计政策变更的累积影响数。

【例13-1】天河公司于20×1年1月4日对B公司进行投资，其投资占B公司表决权资本的25%，对B企业无重大影响且该股权在公开证券市场中没有报价，故采用成本法核算。

由于B公司股权结构的变化，从20×4年起天河公司对B公司具有重大影响，天河公司从当年开始将对B公司的投资由成本法改为权益法。按成本法核算该项长期股权投资，初始投资成本为5 000万元。假设B公司在20×1年、20×2年和20×3年实现净利润分别为2 000万元、2 400万元和2 800万元，天河公司在20×2年和20×3年分回现金股利分别为300万元和360万元。天河公司所得税税率为25%，B公司由于享受税收优惠，适用税率为15%。天河公司按净利润的10%提取法定盈余公积。天河公司应计算的会计政策累积影响数如表13-1所示（为简化，单位为万元，并保留两位小数）。

（1）计算确定会计政策变更的累积影响数

20×1年，天河公司因会计政策变更对所得税影响额为：500÷（1-15%）=588.24（万元）；588.24×（25%-15%）=58.82（万元）。其他年份计算与此一致。

20×1年，天河公司因会计政策变更形成的税后差异=500-58.82=441.18（万元）。其他年份计算与此一致。

表13-1 天河公司应计算的会计政策的影响数　　　　　　　　　单位：万元

年度	权益法下投资收益	成本法下投资收益	税前差异	所得税影响	税后差异
20×1年	500	0	500	58.82	441.18
20×2年	600	300	300	35.29	264.71
20×3年	700	360	340	40.00	300.00
合计	1 800	660	1 140	134.11	1 005.89

（2）进行账务处理

调整会计政策变更累积影响数：

借：长期股权投资——股票投资（损益调整）　　11 400 000
　　贷：应交税费——应交所得税　　　　　　　　　　　1 341 100
　　　　利润分配——未分配利润　　　　　　　　　　　10 058 900

调整利润分配：

借：利润分配——未分配利润　　　　　　　　　10 058 900
　　贷：盈余公积——法定盈余公积　　　　　　　　　　10 058 900

（3）调整报表有关项目

企业在会计政策变更当年，应当调整资产负债表年初留存收益数以及利润及利润分配表上年数有关的其他项目。天河公司在20×4年所调整的资产负债表有关项目如表13-2所示。

表13-2 天河公司20×4年调整资产负债表有关项目　　　　　　　单位：万元

资产	年初数			负债和所有者权益	年初数		
	调整前	调整数	调整后		调整前	调整数	调整后
……	……	……	……		……	-	……
				应交税费	-	134.11	-
……	……	……	……		……	-	……
长期股权投资	5 000	1 140	6 140	盈余公积	-	100.59	
……	……	……	……	未分配利润	-	905.30	-

2. 未来适用法

未来适用法指对某项交易或事项变更会计政策时，新的会计政策适用于变更当期及未来期间发生的交易或事项。即不必用新的会计政策追溯以前的交易或事项，不计算会计政策变更的累积影响数,也不必调整变更当年期初的留存收益,只在变更当年采用新的会计政策。法律或会计准则等行政法规、规章要求变更会计政策的,若国家相关会计规定不需要采用追溯调整法,企业也可以采用未来适用法处理;企业因为会计政策变更能够提供更可靠、更相关的会计信息而改变会计政策的,应当采用追溯调整法,但在确定该项会计政策变更累积影响数不切实可行的情况下,可以采用未来适用法处理。

(二)选用会计政策变更处理方法应遵循的基本要求

企业会计政策变更时,应根据具体情况,分别按以下要求处理。

1)法律法规要求的会计政策变更,按照法律法规的要求处理。对于法律法规要求会计政策变更的,通常会对新旧会计政策的衔接做出规定,这种有关新旧制度衔接的规定是企业选择会计政策变更处理方法的依据。

2)企业自行变更会计政策应采用追溯调整法进行账务处理。由于经济环境、客观情况的改变而变更会计政策,以便提供有关企业财务状况、经营成果和现金流量等更可靠、更相关的会计信息,则应采用追溯调整法进行账务处理。

3)确定会计政策变更对以前各期累计影响数不切实可行的,应当从可追溯调整的最早期间期初开始应用变更后的会计政策。

4)如果在当期期初确定会计政策变更对以前各期累积影响数不切实可行的,无论属于法规、规章要求变更会计政策,还是经济环境、客观情况的改变而变更会计政策,均采用未来适用法进行账务处理。

五、会计政策变更的披露

对于会计政策变更,企业应当在财务报表附注中披露变更的理由和内容以及会计政策变更的累计影响数;如果企业无法合理确定会计政策变更的累积影响数,需要在报表附注中披露累积影响数不能合理确定的理由。

【例13-2】接【例13-1】,天河公司应当在附注中披露以下内容。

天河公司20×1年1月4日对B公司的投资额占B公司表决权资本的25%,对B企业无重大影响,采用成本法核算。由于B公司股权结构的变化,从20×4年起天河公司对B公司具有重大影响,天河公司从20×1年开始将对B公司的投资由成本法改为权益法,并对此会计政策变更采用追溯调整法处理。该项会计政策变更的累计影响数为1 005.89万元,分别调增20×4年年初资产负债表中的盈余公积100.59万元和未分配利润905.30万元。

第二节 会计估计及其变更

一、会计估计概述

(一)会计估计的含义及要求

由于经营中存在着众多的不确定因素,财务报表中的许多项目不能进行精确的计量,而只能加以估计。会计估计是指企业对其结果不确定的交易或事项以最近可利用的信息为基础所做的判断。企业为了定期、及时提供有用的会计信息,将企业延续不断的营业活动人为地划分为各个阶段,如年度、季度、月度,并在权责发生制的基础上对企业的财务状况和经营成果进行定期确认和计量。在确认、计量过程中,当记录的交易或事项涉及未来不确定性时,必须予以估计入账。常见的会计估计包括:估计坏账、估计固定资产的使用年限与净残值等。运用职业判断进行合理的会计估计是会计核算中不可缺少的工作内容,是保证会计信息可靠性的重要手段。

(二) 在进行会计估计时应当考虑的因素

会计估计是会计核算中不可避免的,合理的会计估计是保证会计信息可靠和相关的前提。企业在进行会计估计时应当考虑如下因素:

1. 资产质量

资产是企业用以进行生产经营的必备条件,也是企业赖以生存的基础,原因在于资产是预期能够给企业带来经济利益的资源。企业对资源的作用,不仅要在资产的使用中收回原投入的成本,还必须获得相应的收益。因此,资产能否给企业带来未来经济利益的衡量标准主要是资产的质量,即在不考虑管理等其他因素的情况下,企业所拥有或者控制的各项资产的获利能力和带来现金流入的能力。在对各项资产的价值进行估计时,应当关注以下几个方面。

1) 企业所拥有或者控制的某项资产是否具有先进性,该类资产技术更新、技术发展速度如何,近期内是否面临着被更新或技术替代的可能性。

2) 各项资产的价值磨损程度,包括企业生产方式、使用方式对某项资产价值损耗的影响。例如,企业对某项固定资产进行使用时,是作为周转用的固定资产使用,还是作为日常生产使用的固定资产,作为周转用固定资产和作为日常生产使用的固定资产,在预计使用年限方面可能存在着一定的差异。

3) 各项资产预期带来的经济利益的期限。某些资产有一定的受益期,超过该受益期的资产通常不能再继续使用,因此,在预计某项资产的受益期时,应当根据该项资产的技术性能、技术测定预定可达到的使用期限、技术进步等因素予以综合考虑。

2. 经济、政治和法律环境

不同企业所处的经济、政治和法律环境不同,所做出的会计估计也可能不同。例如,天河公司所投资的某企业是一家经营纺织品出口业务的企业,由于受国际市场变化及汇率变化等因素的影响,出现亏损,则天河公司必须根据国际经济政策的变化对该被投资企业未来经营前景和投资效益进行估计。

3. 历史资料和经验

企业在进行估计时,通常情况下需要根据历史资料,并根据经验加以估计。例如,对某种产品计提保修费时需要参考以往该产品的销售量或销售额与实际支付保修费用的资料、以往产品质量状况以及最近该产品质量变化情况等资料。再比如,对于应收账款的可回收性,往往要考虑历史上应收账款回收的情况、某一债务单位历史上是否存在无法支付债务的情况或近期内是否有不良记录、目前某一债务单位发生的财务困难与过去已发生坏账的债务单位财务状况是否存在类似的情形等因素。

二、会计政策变更与会计估计变更的划分

为提供客观准确的会计信息,会计核算中必须准确界定会计政策变更和会计估计变更。

区分会计政策变更和会计估计变更的基础是：会计确认基础、会计计量属性和列报项目是否发生变化。

1. 会计确认基础和列报项目是否发生变化

会计确认的变化通常都会引起列报项目的变化。如果一项会计变更引起会计确认和列报发生变化，则属于会计政策变更。例如，企业内部的项目开发支出由原来的费用化改为资本化，由原来确认为费用改为确认为无形资产，并在资产负债表中以无形资产列报，这一会计变更属于会计政策变更。

2. 会计计量属性是否发生变化

《企业会计准则——基本准则》规定了历史成本、重置成本、可变现净值、现值和公允价值五种计量属性。如果一项会计变更引起计量属性的变化，则该会计变更属于会计政策变更。例如，《企业会计准则第3号——投资性房地产》允许企业对投资性房地产按公允价值计量，如果将投资性房地产由原来的成本计量模式改为公允价值计量模式属于会计政策变更。再如，企业将原来按双倍余额递减法计提折旧改为使用直线法计提折旧，该事项前后采用的两种计提折旧的方法都是以历史成本为基础，对该事项的会计确认和列报项目也未发生变化，只是固定资产折旧、固定资产净值等相关金额发生了变化，这种会计变更属于会计估计变更。

三、估计变更的账务处理

会计估计毕竟是就现有资料对未来所进行的判断，随着时间的推移，如果赖以进行估计的基础发生变化，或者由于取得了新的信息、积累了更多的经验以及事项后来的发展变化，可能需要对会计估计进行修订，这就出现了会计估计变更问题。例如，某项专利权原预计的受益期限是8年，后因新技术的出现，该专利的受益期缩短，需要重新评估其摊销年限。对会计估计进行修订并不表明原来的估计方法有问题或不是最适当的，只表明会计估计已经不能适应目前的实际情况，在目前已经失去了继续沿用的依据。会计估计变更应采用未来适用法，其处理方法如下。

1）如果会计估计的变更仅影响变更当期，有关估计变更的影响应于当期确认。例如，企业原按应收账款余额的8%提取坏账准备，由于企业估计不能收回的应收账款的比例已达12%，则企业改按应收账款余额的12%提取坏账准备，这类会计估计的变更，只影响变更当期，因此，应于变更当期确认。

2）如果会计估计的变更既影响变更当期，又影响未来期间，有关会计估计变更的影响在当期及以后各期确认。例如，上述专利权，由于受益年限的缩短而相应降低摊销年限，会计估计年限的变更不仅影响变更当期的摊销费用，而且影响该专利以后使用年限内各个期间的摊销费用。因此，这类会计估计的变更，应于变更当期及以后各期确认。

会计估计变更的影响数应计入变更当期与前期相同的项目中。为了保证不同期间的财务报表具有可比性，如果会计估计变更的影响以前包括在企业日常经营活动的损益中，则以后也应包括在相应的损益类项目中，如果会计估计变更的影响数以前包括在特殊项目中，则以后也相应作为特殊项目反映。在会计政策变更和会计估计变更很难区分的情况下，应当按照会计估计变更的处理方法进行处理。

【例 13-3】 天河公司于 20×0 年 12 月 31 日购入一台生产设备,采用直线法折旧,有关数据如下:该设备原值为 110 万元,预计使用年限为 10 年,预计净残值为 10 万元。20×3 年 12 月 31 日对该设备进行减值测试和剩余使用年限评估。经评估确定的剩余使用年限为 6 年,净残值为 8 万元。公司的所得税税率为 25%。

天河公司对于该项会计估计变更,不调整以前各年折旧额,只是变更后按新的预计使用年限和净残值计算年折旧额。该设备在 20×3 年 12 月 31 日计提减值准备后的账面价值为 80[=110-(110-10)÷10×3] 万元。

20×4 年 1 月 1 日起每年计提的折旧额 =(80-8)÷6=12(万元)

从 20×4 年起该设备按年计提折旧的会计分录如下:

借:制造费用　　　　　　　　　　　　　　　　　　120 000
　　贷:累计折旧　　　　　　　　　　　　　　　　　　　　120 000

四、会计估计变更的披露

企业应当在附注中披露与会计估计变更有关的下列信息。

1)会计估计变更的内容和原因。包括变更的内容、变更日期以及为什么要对会计估计进行变更。

2)会计估计变更对当期和未来期间的影响数。包括会计估计变更对当期和未来期间损益的影响金额,以及对其他各项目的影响金额。

3)会计估计变更的影响数不能确定的,披露这一事实和原因。

【例 13-4】 接**【例 13-3】**,天河公司应在财务报表附注中进行如下说明。

本公司一台生产用设备,原始价值为 110 万元,原设计使用寿命为 10 年,预计净残值为 10 万元,按直线法计提折旧。由于新技术的发展,该设备已不能按原预计使用寿命计提折旧。本公司于 20×4 年年初变更该设备的使用寿命为 6 年,预计净残值为 8 万元,以反映该设备的真实使用寿命和净残值。

此估计变更影响本年度净利润减少数 =(120 000-100 000)×(1-25%)=15 000(元)

第三节　前期差错及其更正

一、前期差错概述

前期差错,是指由于没有运用或错误运用以下两种信息,而对前期财务报表造成遗漏或误报:一是编报前期财务报表时能够合理预计取得并应当加以考虑的可靠信息;二是前期财务报表批准报出时能够取得的可靠信息。前期差错通常包括计算错误、应用会计政策错误、疏忽或曲解事实,以及舞弊产生的影响和存货、固定资产盘盈等。主要包括:

1)计算以及账户分类错误。例如,企业购入的 5 年期国债,意图长期持有,但在记账时记入了交易性金融资产,导致账户分类错误,并导致在资产负债表上流动资产和非流动资产的分类也有错误。

2)采用法律法规不允许的会计政策。例如,债务重组中债务人获得的减债收益应计入资本公积,如果债务人将减债收益计入了营业外收入,则属于采用了会计制度所不允许的会计政策。再比如，为购建固定资产而发生的借款费用，在固定资产达到预定可使用状态前发生的，应予资本化，计入所购建固定资产的成本；在固定资产达到预定可使用状态后发生的，计入当期损益。如果企业固定资产已交付使用后发生的借款费用，也计入该项固定资产的价值，予以资本化，则属于采用了法律法规所不允许的会计政策。

3）对事实的忽视或曲解，以及舞弊。例如，企业对某项建造合同应按建造合同规定的方法确认营业收入，但该企业按确认商品销售收入的原则确认收入。

4）对期末应计项目与递延项目未予调整。例如，企业应在本期摊销的费用在期末时未予摊销；已计入长期待摊费用的开办费未在企业从事生产经营的第一个月全部计入当期费用。

5）漏记已完成的交易。例如，企业销售一批商品，商品已经发出，开出增值税专用发票，商品销售收入确认条件均已满足，但企业在期末未将已实现的销售收入入账。

6）提前确认尚未实现的收入或不确认已实现的收入。例如，在采用委托代理销售方式下，应在收到代销单位的代销清单时，确认营业收入的实现，如企业在发出委托代销商品时即确认为收入，则为提前确认尚未实现的收入。

7）资本性支出与收益性支出划分差错等。例如，企业发生的管理人员的工资一般作为收益性支出，而发生的在建工程人员的工资一般作为资本性支出。如果企业将在建工程人员的工资计入收益性支出，则属于资本性支出与收益性支出划分差错。

需要注意的是，就会计估计的性质来说，它是个近似值，随着更多信息的获取，估计可能需要进行修正，但是会计估计变更不属于前期差错更正。

二、前期差错更正的账务处理

本期发现的属于以前年度的会计差错，应区分非重大差错和重大差错，采用不同的处理方法。非重大差错是指不足以影响财务报表使用者对企业财务状况、经营成果和现金流量做出正确判断的会计差错。重大会计差错是指企业发现的使公布的财务报表不再具有可靠性的会计差错。重大会计差错的金额一般比较大（通常某项交易或事项的金额占该类交易或事项金额的10%及以上），如某企业提前确认未实现的营业收入占全部营业收入的10%及以上，则认为是重大会计差错。企业发现的重大会计差错，如不加以调整，会使公布的财务报表所反映的信息不可靠，并有可能误导投资者、债权人及其他财务报告使用者的决策或判断。非重大差错和重大差错的处理方法如下。

（一）非重大会计差错

对于本期发现的，属于与前期相关的非重大会计差错，不调整财务报表相关项目的期初数，只调整发现当期与前期相同的相关项目。其中属于影响损益的，应直接计入本期与上期相同的净损益项目；属于不影响损益的，应调整本期与前期相同的资产负债表等相关项目。例如，某企业在20×4年发现20×3年管理用设备的折旧费用少提1 000元，对于这一非重大会计差错，企业应将少提的1 000元折旧费用计入20×4年的管理费用，同时，调整累计折旧的账面余额。

【例13-5】天河公司在20×4年12月31日发现，20×3年6月份投入使用的一台管理用设备价值为5 500元，当时误作为低值易耗品入账，并采用分期摊销法，到发现时已摊销 4 000 元。该公司固定资产折旧采用直线法，该设备估计使用年限为 4 年，预计净残值为 500 元。20×4 年 12 月 31 日更正此差错的会计分录如下：

借：固定资产　　　　　　　　　　　　　　　　　　　　5 000
　　贷：累计折旧　　　　　　　　　　　　　　　　　　　　1 875
　　　　长期待摊费用　　　　　　　　　　　　　　　　　　1 000
　　　　管理费用　　　　　　　　　　　　　　　　　　　　2 125

（二）重大会计差错

企业应当采用追溯重述法更正重大的前期差错。追溯重述法，是指在发现前期差错时，视同该项前期差错从未发生过，从而对财务报表相关项目进行更正的方法。对于发现的重大会计差错，如果不影响损益，应调整财务报表相关项目的期初数；如果影响损益，应按其对损益的影响数调整发现当期的期初留存收益，财务报表其他相关项目的期初数也应一并调整。对于影响损益的差错更正，会计上应通过"以前年度损益调整"科目核算。

对于前期重大差错应采用追溯重述法更正，但确定前期差错累积影响数不切实可行的除外。确定前期差错影响数不切实可行的，可以从可追溯重述的最早期间开始调整留存收益的期初余额，财务报表其他相关项目的期初余额也应当一并调整；在确定前期差错影响数不切实可行的情况下，企业也可以采用未来适用法。

【例 13-6】天河公司于 20×4 年发现，20×0 年将应计入工程成本的利息费用 400 000 元（该工程尚未达到预定可使用状态）计入了 20×3 年的损益。天河公司所得税税率为 25%，天河公司按净利润的 10% 提取法定盈余公积。

（1）分析应调整的项目：

增加工程成本 400 000 元；增加 20×3 年利润总额 400 000 元；增加"应交税费"100 000 元；增加 20×3 年净利润 300 000 元；补提法定盈余公积 30 000 元；增加 20×3 年未分配利润 270 000 元。

（2）账务处理：

借：在建工程　　　　　　　　　　　　　　　　　　　　400 000
　　贷：以前年度损益调整　　　　　　　　　　　　　　　　400 000
借：以前年度损益调整　　　　　　　　　　　　　　　　　100 000
　　贷：应交税费——应交所得税　　　　　　　　　　　　　100 000
借：以前年度损益调整　　　　　　　　　　　　　　　　　 30 000
　　贷：盈余公积——法定盈余公积　　　　　　　　　　　　 30 000
借：以前年度损益调整　　　　　　　　　　　　　　　　　270 000
　　贷：利润分配——未分配利润　　　　　　　　　　　　　270 000

（3）调整报表项目：

根据以上的账务处理，天河公司 20×4 年资产负债表的年初数和利润及利润分配表的上年数栏的有关项目应做相应调整。天河公司资产负债表的年初数和利润及利润分配表项目的上年数调整分别如表 13-3 和表 13-4 所示。对于上述重大会计差错，天河公司还应在财务报表附注中披露差错的内容以及更正的金额。

表13-3 调整资产负债表

编制单位：天河公司　　　　　　　　20×4年12月31日　　　　　　　　单位：元

资产	年初数 调整前	年初数 调整后	负债和所有者权益	年初数 调整前	年初数 调整后
流动资产：			流动负债：		
货币资金	105 940.00	105 940.00	短期借款	200 000.00	200 000.00
交易性金融资产	10 300.00	10 300.00	应付账款	509 500.00	509 500.00
应收账款	327 600.00	327 600.00	应付票据	200 000.00	200 000.00
应收票据	200 000.00	200 000.00	应付职工薪酬	181 000.00	181 000.00
存货	564 300.00	564 300.00	应交税费	143 642.73	243 642.73
一年内到期的非流动资产	110 000.00	110 000.00	应付利息	1 500.00	1 500.00
非流动资产：			应付股利	100 000.00	100 000.00
长期股权投资	603 000.00	603 000.00	其他应付款	200 000.00	200 000.00
固定资产净值	3 480 500.00	3 480 500.00	非流动负债：		
在建工程	900 000.00	1 300 000.00	长期借款	3 440 000.00	3 440 000.00
工程物资	944 000.00	944 000.00	所有者权益：		
无形资产	400 000.00	400 000.00	实收资本	2 300 000.00	2 300 000.00
			资本公积	200 000.00	200 000.00
			盈余公积	67 499.32	97 499.32
			未分配利润	102 497.95	372 497.95
资产总计	7 645 640.00	8 045 640.00	负债和所有者权益总计	7 645 640.00	8 045 640.00

表13-4 调整利润表

单位：元

项目	上年数 调整前	上年数 调整后
一、营业收入	3 707 000.00	3 707 000.00
减：营业成本	2 607 000.00	2 607 000.00
税金及附加	6 880.00	6 880.00
销售费用	42 800.00	42 800.00
管理费用	320 180.00	320 180.00
财务费用	95 000.00	-305 000.00
加：其他收益（损失以"-"填列）	12 000.00	12 000.00
投资收益（损失以"-"填列）	26 800.00	26 800.00
其中：对联营和合营企业的投资收益		
以摊余成本计量的金融资产终止确认收益（损失以"-"号填列）		
净敞口套期收益（损失以"-"号填列）		
公允价值变动收益（损失以"-"号填列）		
信用减值损失（损失以"-"号填列）		
资产减值损失（损失以"-"号填列）		
资产处置收益（损失以"-"号填列）		
二、营业利润（损失以"-"填列）	673 940.00	1 073 940.00
加：营业外收入	36 000.00	36 000.00
减：营业外支出	3 100.00	3 100.00

(续)

项目	上年数	
	调整前	调整后
三、利润总额（损失以"-"填列）	706 840.00	1 106 840.00
减：所得税费用	176 710.00	276 710.00
四、净利润（损失以"-"填列）	530 130.00	830 130.00
五、其他综合收益的税后净额		
（一）不能重分类进损益的其他综合收益		
（二）将重分类进损益的其他综合收益		
六、综合收益总额		
七、每股收益		
（一）基本每股收益		
（二）稀释每股收益		

三、前期差错的披露

企业应当在附注中披露与前期差错更正有关的下列信息。

1）前期差错的性质。

2）各个列报前期财务报表中受影响的项目名称和更正金额。

3）无法进行追溯重述的，说明该事实和原因以及对前期差错开始进行更正的时点、具体更正情况。

在以后期间的财务报表中，不需要重复披露在以前期间的附注中已披露的前期差错更正信息。

第四节　资产负债表日后事项

一、资产负债表日后事项的定义

资产负债表日后事项是指资产负债表日至财务报告批准报出日之间发生的有利或不利事项。

（一）资产负债表日

资产负债表日是指会计年度末和会计中期期末。其中，年度资产负债表日是指公历12月31日；会计中期通常包括半年度、季度和月度等，会计中期期末是指公历半年末、季末和月末等。如果母公司或者子公司在国外，无论该母公司或子公司如何确定会计年度和会计中期，其向国内提供的财务报告都应根据《中华人民共和国会计法》和《企业会计准则》等法律法规的要求确定资产负债表日。

（二）财务报告批准报出日

财务报告批准报出日是指董事会或类似机构批准财务报告报出的日期，通常是指对财务报告的内容负有法律责任的单位或个人批准财务报告对外公布的批准日期。财务报告的批准者包括所有者、所有者中的多数、董事会或类似的管理单位、部门和个人。公司制企业的董事会有权批准对外公布财务报告，因此，公司制企业财务报告批准报出日是指董事会批准财务报报出的日期。对于非公司制企业，财务报告批准报出日是指经理（厂长）会议或类似机构批准财务报告报出的日期。

（三）有利或不利事项

资产负债表日后事项肯定对企业财务状况和经营成果具有一定影响（既包括有利影响也包括不利影响）。如果某些事项的发生对企业并无任何影响，那么，那些事项既不是有利事项也不是不利事项，也就不属于准则所称的资产负债表日后事项。

二、资产负债表日后事项涵盖的期间

资产负债表日后事项涵盖的期间是自资产负债表日次日起至财务报告批准报出日止的一段时间，具体是指：报告年度次年的 1 月 1 日或报告期下一期间的第一天至董事会或类似机构批准财务报告对外公布的日期。财务报告批准报出以后、实际报出之前又发生与资产负债表日后事项有关的事项，并由此影响财务报告对外公布日期的，应以董事会或类似机构再次批准财务报告对外公布的日期为截止日期。

【例 13-7】天河上市公司 20×3 年的年度财务报告于 20×4 年 3 月 15 日编制完成，注册会计师完成年度审计工作并签署审计报告的日期为 20×4 年 4 月 12 日，20×4 年 4 月 20 日董事会批准财务报告对外公布，财务报告实际对外公布的日期为 20×4 年 4 月 25 日，股东大会召开日期为 20×4 年 5 月 6 日。

本例中，天河上市公司 20×3 年年报的资产负债表日后事项涵盖的期间为 20×4 年 1 月 1 日至 20×4 年 4 月 20 日。如果在 4 月 20 日至 25 日之间发生了重大事项，需要调整财务报表相关项目的数字或需要在财务报表附注中披露；经调整或说明后的财务报告再经董事会批准报出的日期为 20×4 年 4 月 28 日，实际报出的日期为 20×4 年 4 月 30 日，则资产负债表日后事项涵盖的期间为 20×4 年 1 月 1 日至 20×4 年 4 月 28 日。

三、资产负债表日后事项的内容

资产负债表日后事项包括资产负债表日后调整事项（以下简称"调整事项"）和资产负债表日后非调整事项（以下简称"非调整事项"）两类。

（一）调整事项

资产负债表日后调整事项，是指对资产负债表日已经存在的情况提供了新的或进一步证据的事项。

如果资产负债表日及所属会计期间已经存在某种情况，但当时并不知道其存在或者不能知道确切结果，资产负债表日后发生的事项能够证实该情况的存在或者确切结果，则该事项属于资产负债表日后事项中的调整事项。调整事项能对资产负债表日的存在情况提供追加的证据，并会影响编制财务报表过程中的内在估计。

企业在生产经营中可能会存在一些不确定的因素，会计人员只能根据专业知识做出估计和判断，如果资产负债表日后事项对资产负债表日的情况提供了进一步的证据，证据表明的情况与原来的估计和判断不完全一致，则需要对原来的账务处理进行调整。

调整事项包括以下几种。

1）资产负债表日后诉讼案件结案，法院判决证实了企业在资产负债表日已经存在现时义务，需要调整原先确认的与该诉讼案件相关的预计负债，或确认一项新负债。

2）资产负债表日后取得确凿证据，表明某项资产在资产负债表日发生了减值或者需要调整该项资产原先确认的减值金额。

3）资产负债表日后进一步确定了资产负债表日前购入资产的成本或售出资产的收入。

4）资产负债表日后发现了财务报表舞弊或差错。

（二）非调整事项

资产负债表日后非调整事项，是指表明资产负债表日后发生的情况的事项。非调整事项的发生不影响资产负债表日企业的财务报表数字，只说明资产负债表日后发生了某些情况。对于财务报告使用者来说，非调整事项说明的情况有的重要，有的不重要；其中重要的非调整事项虽然与资产负债表日的财务报表数字无关，但可能影响资产负债表日以后的财务状况和经营成果，故《企业会计准则》要求适当披露。

非调整事项通常包括以下几种。

1）资产负债表日后发生重大诉讼、仲裁、承诺。
2）资产负债表日后资产价格、税收政策、外汇汇率发生重大变化。
3）资产负债表日后因自然灾害导致资产发生重大损失。
4）资产负债表日后发行股票和债券以及其他巨额举债。
5）资产负债表日后资本公积转增资本。
6）资产负债表日后发生巨额亏损。
7）资产负债表日后发生企业合并或处置子公司。

资产负债表日后，企业利润分配方案中拟分配的以及经审议批准宣告发放的股利或利润，不确认为资产负债表日的负债，但应当在附注中单独披露。

（三）调整事项与非调整事项的区别

确定资产负债表日后发生的某一事项是调整事项还是非调整事项，是运用《企业会计准则第29号——资产负债表日后事项》的关键。某一事项究竟是调整事项还是非调整事项，取决于该事项表明的情况在资产负债表日或资产负债表日以前是否已经存在。若该情况在资产负债表日或之前已经存在，则属于调整事项；反之，则属于非调整事项。

【例13-8】债务人乙公司财务情况恶化导致债权人天河公司发生坏账损失，包括两种情况。

（1）20×3年12月31日，乙公司财务状况良好，天河公司预计应收账款可按时收回；乙公司一周后发生重大火灾，导致天河公司50%的应收账款无法收回。

（2）20×4年12月31日，天河公司根据掌握的资料判断，乙公司有可能破产清算，天河公司估计对乙公司的应收账款将有10%无法收回，故按10%的比例计提坏账准备。一周后天河公司接到通知，乙公司已被宣告破产清算，天河公司估计有70%的债权无法收回。

本例中，（1）导致天河公司20×3年应收账款损失的因素是火灾，应收账款发生损失这一事实在资产负债表日以后才发生，因此乙公司发生火灾导致天河公司应收款项发生坏账的事项属于非调整事项。

（2）导致天河公司20×4年应收账款无法收回的事实是乙公司财务状况恶化，该事实在资产负债表日已经存在，乙公司被宣告破产只是证实了资产负债表日财务状况恶化的情况，因此该事项属于调整事项。

（四）表明持续经营假设不再适用的事项

资产负债表日后事项表明持续经营假设不再适用的，企业不应当在持续经营基础上编制财务报表。即企业不得在原有基础上调整财务报表金额，也不得仅仅在财务报表附注中做出说明。对调整事项、非调整事项处理方法的规定主要适用于符合持续经营假设的企业。

四、资产负债表日后事项的账务处理

（一）调整事项的账务处理

企业发生资产负债表日后调整事项，应当调整资产负债表日已编制的财务报表。对于年度财务报告而言，由于资产负债表日后事项发生在报告年度的次年，报告年度的有关账目已经结转，特别是损益类科目在结账后已无余额。因此，年度资产负债表日后发生的调整事项，应分别按以下情况进行处理。

1）涉及损益的事项，通过"以前年度损益调整"科目核算。调整增加以前年度利润或调整减少以前年度亏损的事项，记入"以前年度损益调整"科目的贷方；反之，记入"以前年度损益调整"科目的借方。

需要注意的是，涉及损益的调整事项如果发生在资产负债表日所属年度（即报告年度）所得税汇算清缴前的，应按准则要求调整报告年度应纳税所得额和应纳所得税额；如果发生在报告年度所得税汇算清缴后的，应按准则要求调整本年度（即报告年度的次年）应纳所得税额。

2）涉及利润分配调整的事项，直接在"利润分配——未分配利润"科目中核算。

3）不涉及损益以及利润分配的事项，调整相关科目。

4）通过上述账务处理后，还应同时调整财务报表相关项目的数字，包括①资产负债表日编制的财务报表相关项目的期末数或本年发生数；②当期编制的财务报表相关项目的期初数或上年数；③经过上述调整后，如果涉及报表附注内容的，还应当调整报表附注相关项目的数字。

（二）非调整事项的账务处理

资产负债表日后发生的非调整事项，是表明资产负债表日后发生的情况的事项，与资产负债表日存在状况无关，不应当调整资产负债表日的财务报表。但有的非调整事项对财务报告使用者具有重大影响，如不加以说明，将不利于财务报告使用者做出正确的估计和决策，因此，应当在附注中披露重要的资产负债表日后非调整事项的性质、内容，及其对财务状况和经营成果的影响。

▶本章小结

会计调整是指企业按照国家法律、行政法规和会计制度的要求，或者因特定情况下按照会计准则规定对企业原采用的会计政策、会计估计以及发现的会计差错或资产负债表日后事项等所进行的调整。会计政策是指企业在会计核算时所遵循的基础、原则以及企业所采纳的具体账务处理方法。会计政策变更既可能是企业依据法律或会计制度等行政法规、规章的要求进行变更,也可能是企业为了提供更相关、更可靠的会计信息而依据规定自行变更。法律法规要求的会计政策变更,按照法律法规的要求处理;企业自行变更会计政策应采用追溯调整法进行账务处理;如果会计政策变更的累积影响数不能合理确定,无论属于法规、规章要求变更会计政策,还是属于经济环境、客观情况的改变而变更会计政策,均采用未来适用法进行账务处理,但需在报表附注中详细披露累积影响数不能合理确定的原因。会计估计是指企业对其结果不确定的交易或事项以最近可利用的信息为基础所作出的判断。前期差错是指由于没有运用或错误运用两种信息,而对前期财务报表造成遗漏或误报。前期差错通常包括计算错误、应用会计政策错误、疏忽或曲解事实,以及舞弊产生的影响和存货、固定资产盘盈等。前期差错应区分非重大差错和重大差错,采用不同的处理方法。资产负债表日后事项是指资产负债表日至财务报告批准报出日之间发生的有利或不利事项。资产负债表日后事项涵盖的期间是自资产负债表日次日起至财务报告批准报出日止的一段时间。资产负债表日后事项包括资产负债表日后调整事项和非调整事项两类。资产负债表日后调整事项是指对资产负债表日已经存在的情况提供了新的或进一步证据的事项。资产负债表日后非调整事项是指表明资产负债表日后发生的情况的事项。企业发生资产负债表日后调整事项,应当调整资产负债表日已编制的财务报表。资产负债表日后发生的非调整事项,不应当调整资产负债表日的财务报表,但应当附注中披露重要的资产负债表日后非调整事项的性质、内容,及其对财务状况和经营成果的影响。

▶思政园地

会计政策变更和会计估计变更对上市公司的影响

一、会计政策变更对上市公司的影响

上市公司利用会计政策变更操纵盈余,一方面,可能是为了向公众彰显其业绩改善的形象;另一方面,可能是为了企业融资或者规避税费的需要。具体的操作手段可以从影响会计政策变更的三个因素即计量基础、会计确认和核算、报表列报入手,从这三个方面进行分析,上市公司利用会计政策操纵盈余的手法如下:

1)从会计计量基础的角度分析,如历史成本到公允价值计价基础的变化。投资性房地产有成本计量和公允价值计量两种计量模式,投资性房地产如果采用公允价值计量模式将对上市公司的利润产生很大的影响。例如,某上市公司曾发布《关于变更会计政策的公告》,拟对当时购买的投资性房地产适用的会计政策进行调整,由成本法计量改为公允价值计量。调整涉及的投资性房地产位于上海浦东新区,公告称"投资性房地产公允价值对 2016 年年度利润的影响尚无法确定",但显而易见的是,此次变更会给企业的利润造成很大的影响,并大幅度提高该公司的当年利润。值得警惕的是,如果是经营情况存在问题的上市公司,利用譬如投资性房地产计量方式转变的会计政策变更手段摆脱危机,会出现很大的不稳定因素,使企业承担更大的潜在风险。

2)从会计确认和核算的角度分析,如长期股权投资核算方法的变更等。长期股权投资的核算方法有成本法和权益法两种。成本法下长期股权投资的成本不会改变,权益法下长期股权投资的成本会随着被投资单位所有者权益的变化而变化。上市公司可能根据被投资单位的利润变化,通过调整持股比例,使长期股权投资的会计核算在成本法和权益法两者之间进行转化,从而达到操纵当期利润的目的。

3)从报表列报的角度分析,如无形资产研发费用的变化、债务重组利得的变化、借款费用资本化或费用化的处理等。随意的会计政策变更会使会计信息失真,给投资者传达不真实的信息,误导会计信息使用者,导致信息传递不对称。一

且被发现,投资者会对被投资公司失去信任甚至丧失信心,对公司股价造成不利的影响。但在实际中,因为会计政策变更监管相对比较严格,可操作性相对较小,更多的上市公司会选择用会计估计变更来操控企业利润。

二、会计估计变更对上市公司的影响

会计估计变更方法包括存货可变现净值的确定、固定资产预计使用寿命和折旧方法的确定、无形资产预计使用寿命和摊销方法的确定、各项准备的计提、应纳税暂时性收益和可转换暂时性收益的确定等。其中,最常见的会计估计变更手段是应收账款的坏账计提和固定资产的折旧。据统计,沪、深两市在2015年的会计估计变更中,应收账款坏账准备计提比例的变更占比60.34%,固定资产折旧率的变更占比32.76%。

上市公司要操纵利润,可以通过任意变更上述会计估计使利润发生变化。比如,上市公司连续两年发生亏损时,可能随意计提和冲销资产减值准备(如坏账准备、存货减值准备、固定资产减值准备等)操纵利润,避免企业被暂停上市或终止上市。反之,经营情况较好的公司,出于自身避税等需要,会通过改变固定资产的折旧方法或年限、无形资产的摊销方法等方法,使利润减少,从而少缴纳企业所得税。

造成滥用会计估计变更的主要原因包括以下几类。一是会计法律法规存在漏洞。相对于西方国家,我国关于会计估计变更的规定存在许多不足。法规中大多是原则性的规定,缺少细则,使部分上市公司有机可乘,掩藏信息,获得调节利润的空间;二是由于变更审批只需要内部审批,缺乏外部监管。根据《企业会计准则》的规定,上市公司会计估计变更只需要由股东大会或董事会批准即可,这种内部变更缺乏有效的外部监管,可能造成出于相关利益者的需要随意变更会计估计,上市公司的中期财务报告不一定需要经过会计师事务所的审计,可能造成随意性的会计估计变更不能被及时发现,外部监管缺乏及时性;三是会计估计变更的会计处理漏洞给企业以可乘之机。会计准则规定,会计估计变更采用未来适用法,一旦会计估计变更发生不必追溯调整,使企业不用补交由于会计估计变更漏缴的税款,让企业有利益动机钻制度漏洞;四是随意性会计估计变更的风险成本较低,成本远远低于违法违规给企业带来的收益。相关政策对于滥用会计估计变更的处罚相对较轻,导致企业敢于铤而走险。

三、防止利用会计政策变更和会计估计变更操纵利润的对策

1)完善相关的会计法律法规和制度,确定具体的会计政策和会计估计变更的细则。尽量明确会计政策变更和会计估计变更的具体实施事项;加强对上市公司的监管,明确滥用变更的法律责任,使收益和风险对等;提高信息披露的及时性,降低信息披露的不对称性。

2)改进上市公司的治理结构和激励机制。充分发挥内部审计部门的独立性,增强董事会的独立性,完善对经营者的约束机制;实行有效的激励机制,改变管理者的短视行为,建立长期的激励方法,防止管理者为了当前业绩粉饰报表,建立科学的业绩评价制度。

3)发挥中介机构的独立性,提高会计人员的素质。建立和完善中介机构,如会计师事务所的评级机制,使中介机构从内部严格自己的审计行为;中介机构应对会计政策和会计估计变更进行专项审计,有利于发现漏洞;注重继续教育,创造条件提高企业会计人员和内审人员的素质,提升其职业道德和职业判断力。综上所述,为避免上市公司出于自身目的利用会计政策变更或会计估计变更对盈余进行操控的现象,应加强对上市公司的监管,建立严格的会计披露政策;加大对上市公司的审计力度和处罚力度,达到减少上市公司利用会计变更进行利润操纵的目的。

资料来源:段革花.会计政策变更和会计估计变更对上市公司的影响[J].会计师,2019(17):7-8.

国际视野

拓展阅读

章后练习

关键术语音频

关键术语听与读

- Accounting errors（会计差错）: The accounting errors happen because the following two kinds of information were not used or misused, the previous financial statements were omitted or misrepresented.

- Accounting estimates（会计估计）: The accounting estimates refer to the judgments made by an enterprise on transactions or events with uncertain results based on the latest available information, for example, the useful life of a long lived asset.

- Accounting policy（会计政策）: The accounting policy refers to the principles, basis and accounting treatment methods adopted by enterprises in the process of accounting recognition, measurement and reporting.

- Accounting policy modification（会计政策变更）: The accounting policy modification refers to the behavior that an enterprise changes its original accounting policy to another accounting policy for the same transaction or event.

- Adjustments after the balance sheet date（资产负债表日后调整事项）: The adjustments after the balance sheet date refer to the events, either favorable or unfavorable, that provide new or further evidence for the existing situations on the balance sheet date during the period from the balance sheet date to the date of approval and issuance of the financial report.

- Balance sheet date（资产负债表日）: The balance sheet date refers to the day that marks the End of accounting period such as a fiscal year or other interim periods.

- Prospective application（未来适用法）: When the accounting policy is changed for a transaction or event, the new accounting policy is applicable to the transaction or event that occurs in the current and future periods.

- Retrospective application（追溯调整法）: When the accounting policy is changed for a transaction or event, the new accounting policy is adopted as if the transaction or event first occurred, and the previous related items are adjusted accordingly.

- Retrospective restatement（追溯重述法）: The retrospective restatement method refers to the method of correcting the relevant items of the financial statements when the previous period error is found as if the previous period error has never occurred.

第十四章

财务报告

> **本章案例**
>
> ### 退市新亿信息披露违法违规案
>
> 2018至2019年，新疆亿路万源实业投资控股股份有限公司（后更名为新疆亿路万源实业控股股份有限公司，以下简称"退市新亿"）通过虚增保理业务营业外收入等方式虚增利润，连续两年财务报告严重失实，财务指标触及退市标准，2022年3月公司股票终止上市。本案表明，监管部门严格执行退市制度，坚决打击以财务造假为手段规避退市的行为，促进形成优胜劣汰的良好市场生态。
>
> 经查明，2020年5月24日，退市新亿的子公司喀什韩真源投资有限责任公司（以下简称"韩真源"）与喀什市自然资源局签署《喀什市开源市场用地规划调整开发协议》（以下简称《调整开发协议》），约定对喀什开源市场进行规划调整并重新开发。协议涉及的喀什开源市场资产总额为80 358.00万元，占上市公司最近一期经审计总资产的72.36%。根据《调整开发协议》，如果韩真源2020年8月24日前未拆除完毕，视为韩真源放弃开发，喀什市自然资源局收回土地使用权，如韩真源的原产权证书办理了抵押手续，应该在2020年7月20日内办理解抵押手续。*ST新亿未及时披露该事项。
>
> 2020年8月28日，*ST新亿在2019年年度报告资产负债表日后事项中对《调整开发协议》和开源市场拆迁事项进行了部分披露，披露内容为韩真源位于解放北路358号、吐曼河南侧（喀什开源市场）净用地面积186 941.42平方米（约280.41亩）规划调整，重新开发，以及韩真源于2020年6月开始拆迁，终止房屋出租、场地使用权出租业务，拆迁重建阶段开源市场，预期开发期间经营活动产生的现金流为负数。拟取得投资方相关安排尚未形成明确协议，导致其结果具有不确定性"。*ST新亿未将协议中关于"8月24日前未拆除完毕，视为韩真源放弃开发，喀什市自然资源局收回土地使用权"等风险事项予以披露，存在重大遗漏。
>
> 2020年11月10日，*ST新亿发布《关于重要子公司用地规划调整开发的进展公告》，披露了《调整开发协议》全部内容，同时披露自该协议签订之日起，韩真源按照

协议约定内容进行业务开展，但受新疆新冠疫情影响，该项目开展受到了较大影响，推进工作有所延迟，截至 2022 年 11 月 10 日该项目的第一阶段拆迁工作已完成 70%；韩真源正积极与喀什市自然资源局协商用地规划调整开发的持续推进工作计划。此外，该公司还披露了这次用地规划调整开发存在不确定性，对公司主营业务造成一定影响等。

资料来源：中国证券监督管理委员会，《行政处罚决定书》〔2022〕4 号。

▶ 学习目标 ◀

财务会计报告是企业对外提供的反映企业某一特定日期财务状况和某一会计期间经营成果、现金流量等会计信息的文件。报告使用者通过阅读和分析财务会计报告，对于了解企业经营情况、财务状况、盈利潜力具有重大意义。通过本章的学习，希望读者：

- 了解企业财务会计报告的构成以及编制基础；
- 掌握资产负债表的结构、设计原理、指标间的相互联系及编制方法；
- 掌握利润表的结构、设计原理、项目构成及编制方法；
- 熟悉现金流量表的内容构成、现金流量表与资产负债表和利润表的关系以及现金流量表的编制方法；
- 熟悉所有者权益变动表的作用及编制方法。

第一节　财务报告概述

一、财务报告的定义和构成

财务报告是企业对外提供的反映企业某一特定日期财务状况和某一会计期间经营成果、现金流量等会计信息的文件。企业的财务报告包括财务报表（即资产负债表、利润表、现金流量表、所有者权益变动表和附注）和其他应当在财务报告中披露的相关信息和资料。

财务报表是对企业财务状况、经营成果和现金流量的结构性表述，是财务报告的核心内容。按照编制时间的不同，财务报表可分为中期财务报表和年度财务报表。中期财务报表又分为月报、季报和半年报等。按照财务报表编制主体的不同，财务报表可分为个别财务报表和合并财务报表。

二、财务报表列报的基本要求

1）依据各项会计准则确认和计量的结果编制财务报表。企业应当以持续经营为基础，根据实际发生的交易和事项，按照《企业会计准则——基本准则》和其他各项会计准则的规定进行确认和计量，在此基础上编制财务报表。以持续经营为基础编制财务报表不再合理的，企业应当采用其他基础编制财务报表，并在附注中披露这一事实。企业不应以附注披露代替确认和计量。

2）确定合理的列报基础。在编制财务报表的过程中，企业管理层应当对企业持续经营能力进行评价，评价后有严重怀疑的，应当在附注中披露导致对持续经营能力产生重大怀疑的重点不确定因素以及企业拟采取的改善措施。在非持续经营情况下，企业应当在附注中声明财务报表未以持续经营为基础列报，披露未以持续经营为基础的原因以及财务报表编制的基础。

3）以权责发生制为基础。除现金流量表按照收付实现制编制外，企业应当按照权责发生制编制其他财务报表。在采用权责发生制会计的情况下，当项目符合基本准则中财务报表要素的定义和确认标准时，企业就应当确认相应的资产、负债、所有者权益、收入和费用，并在财务报表中加以反映。

4）列报的一致性。可比性是会计信息质量的一项重要质量要求，目的是使同一企业不同期间和同一期间不同企业的财务报表相互可比。为此，财务报表项目的列报应当在各个会计期间保持一致，不得随意变更，这一要求不仅针对财务报表中的项目名称，还包括财务报表项目的分类、排列顺序等方面。

5）依据重要性原则单独或汇总列报项目。关于项目在财务报表中是单独列报还是合并列报，应当依据重要性原则来判断。企业在进行重要性判断时，应当根据所处环境，从项目的性质和金额大小两方面予以判断。

6）财务报表项目金额间的相互抵销。财务报表项目应当以总额列报，资产和负债、收入和费用不能相互抵销，即不得以净额列报，但《企业会计准则》另有规定的除外（如资产项目可以按扣除减值准备后的净额列示）。

7）按要求列报比较信息。企业在列报当期财务报表时，至少应当提供所有列报项目上一个可比会计期间的比较数据，以及与理解当期财务报表相关的说明。

8）符合财务报表表首的列报要求。财务报表通常与其他信息（如企业年度报告等）一起公布，企业应当将按照《企业会计准则》编制的财务报告与一起公布的同一文件中的其他信息相区分。

9）按要求确定报告期间。企业至少应当编制年度财务报表。

第二节 资产负债表

一、资产负债表的内容及结构

资产负债表由资产、负债、所有者权益三个会计要素构成，并根据这三大要素间的内在关系来进行报表项目的设计。资产负债表有账户式和报告式两种基本格式。为便于报表项目期初数与期末数的比较，并为编制现金流量表提供方便，资产负债表采用前后两期对比的方式进行编制（即比较资产负债表）。

资产负债表中的项目从总体上分为资产、负债、所有者权益三类，每一类中包括若干个项目。

（一）资产类

在资产类项目中，按资产的构成及其流动性大小分为流动资产和非流动资产两大项列示，每一大项又可按其内容或流动性大小分为若干具体项目排列。例如，流动资产依据流动性（即变现能力）大小将其具体项目按货币资金、交易性金融资产、衍生金融资产、应收票据、应收账款的顺序排列；非流动资产大项依次分为债权投资、其他债权投资、长期应收款、长期股权投资等项目。

（二）负债类

在负债类项目中，先按其流动性大小分为流动负债和非流动负债两大项列示，每一大项中又按其内容构成及流动性分具体项目排列。

（三）所有者权益类

所有者权益类项目按其构成分为实收资本（或股本）、其他权益工具、资本公积、其他综合收益、专项储备、盈余公积、未分配利润等项目。

二、资产负债表填列方法以及编制示例

资产负债表反映期末全部资产、负债和所有者权益情况，表中金额包括期末余额、年初余额两栏。"年初余额"栏中各项目根据上年年末资产负债表"期末余额"栏中相应项目的数字填列。如果本年度资产负债表中的项目设计与上年不一致，应对上年年末资产负债表中有关项目及数字按本年度口径进行调整后填入本表的年初余额栏。资产负债表期末余额栏各项目按其对账簿数据的处理方式不同，有以下两种填列方法。

（一）直接填列

直接填列是指将总分类账或明细分类账的期末余额直接填入报表中的相应项目。资产负债表的相当部分项目都是采用这种方法填列的。例如，表中的应收票据、无形资产、短期借款、应付票据、资本公积等项目都是直接根据相应账户的期末余额填列的。

（二）分析计算填列

分析计算填列是指对有关账户记录经过分析、调整和重新计算后填入表中有关项目。例如，表中的货币资金、存货、一年内到期的非流动资产、长期借款、一年内到期的非流动负债等项目均需要对有关账簿记录进行分析、调整和重新计算后填列。

【例 14-1】假设天河公司在 20×4 年 12 月 31 日结账后有关账户余额及相关资料如表 14-1 所示。天河公司为增值税一般纳税人，20×4 年度资产和负债项目的账面价值均等于其计税基础，适用的增值税税率为 13%，所得税税率为 25%。据此编制资产负债表。

表 14-1　有关账户余额及相关资料　　　　　　　　　　　单位：元

账户	借方余额	贷方余额
库存现金	2 000	
银行存款	821 056	
其他货币资金	7 300	
交易性金融资产		
应收票据	66 000	
应收账款	600 000	
坏账准备		1 800
预付款项	100 000	
应收利息		

(续)

账户	借方余额	贷方余额
应收股利		
其他应收款	5 000	
材料采购	275 000	
原材料	45 000	
周转材料	38 050	
库存商品	2 122 400	
材料成本差异	4 250	
其他流动资产	100 000	
长期股权投资	250 000	
固定资产	2 401 000	
累计折旧		170 000
固定资产减值准备		30 000
在建工程	428 000	
生产性生物资产	300 000	
无形资产	600 000	
累计摊销		60 000
递延所得税资产		
其他非流动资产	200 000	
短期借款		50 000
应付票据		100 000
应付账款		953 800
其他应付款		82 215.85
应付职工薪酬		180 000
应交税费		226 731
应付利息		
应付股利		
一年内到期的非流动负债		
长期借款		1 160 000
股本		5 000 000
盈余公积		123 272.50
利润分配——未分配利润		227 236.65

根据上述资料编制天河公司20×4年12月31日资产负债表，如表14-2所示。

表14-2 资产负债表

编制单位：天河公司　　　　20×4年12月31日　　　　单位：元

资产	期末余额	上年年末余额	负债和所有者权益（或股东权益）	期末余额	上年年末余额
流动资产：			流动负债：		
货币资金	830 356	1 406 300	短期借款	50 000	300 000
交易性金融资产		15 000	交易性金融负债		
衍生金融资产			衍生金融负债		
应收票据	66 000	246 000	应付票据	100 000	200 000
应收账款	598 200	299 100	应付账款	953 800	953 800
应收款项融资			预收款项		
预付款项	100 000	100 000	合同负债		

(续)

资产	期末余额	上年年末余额	负债和所有者权益（或股东权益）	期末余额	上年年末余额
其他应收款	5 000	5 000	应付职工薪酬	180 000	110 000
存货	2 484 700	2 580 000	应交税费	226 731	36 600
合同资产			其他应付款	82 215.85	51 000
持有待售资产			持有待售负债		
一年内到期的非流动资产			一年内到期的非流动负债		1 000 000
其他流动资产	100 000	100 000	其他流动负债		
流动资产合计	4 184 256	4 751 400	流动负债合计	1 592 746.85	2 651 400
非流动资产：			非流动负债：		
债权投资			长期借款	1 160 000	600 000
其他债权投资			应付债券		
长期应收款			其中：优先股		
长期股权投资	250 000	250 000	永续债		
其他权益工具投资			租赁负债		
其他非流动金融资产			长期应付款		
投资性房地产			预计负债		
固定资产	2 201 000	1 100 000	递延收益		
在建工程	428 000	1 500 000	递延所得税负债		
生产性生物资产	300 000		其他非流动负债		
油气资产			非流动负债合计	1 160 000	600 000
使用权资产			负债合计	2 752 746.85	3 251 400
无形资产	540 000	600 000	所有者权益（或股东权益）：		
开发支出			实收资本（或股本）	5 000 000	5 000 000
商誉			其他权益工具		
长期待摊费用			其中：优先股		
递延所得税资产			永续债		
其他非流动资产	200 000	200 000	资本公积		
非流动资产合计	3 919 000	3 650 000	减：库存股		
			其他综合收益		
			专项储备		
			盈余公积	123 272.50	100 000
			未分配利润	227 236.65	50 000
			所有者权益（或股东权益）合计	5 350 509.15	5 150 000
资产总计	8 103 256	8 401 400.00	负债和所有者权益（或股东权益）总计	8 103 256.00	8 401 400.00

表 14-2 中，年初余额栏各项目根据上年末资产负债表的期末余额栏直接填列。表中期末余额栏中各项目的内容和填列方法如下。

1）"货币资金"项目，反映企业库存现金、银行结算户存款、外埠存款、银行汇票存款、银行本票存款、信用卡存款、信用证保证金存款等的合计数。本项目根据"库存现金""银行存款"和"其他货币资金"三个科目的期末余额合计填列。在本例中，天河公司该项目期末余额为 830 356 元（包括库存现金 2 000 元、银行存款 821 056 元、其他货币资金 7 300 元）。

2)"交易性金融资产"项目,反映资产负债表日企业分类为以公允价值计量且其变动计入当期损益的金融资产,以及企业持有的指定为以公允价值计量且其变动计入当期损益的金融资产的期末账面价值。本项目应根据"交易性金融资产"科目的相关明细科目的期末余额填列。在本例中,天河公司该项目期末无余额。

3)"衍生金融资产"项目,反映金融衍生工具的资产价值。本项目应根据"衍生金融资产"科目的期末余额填列。在本例中,天河公司该项目期末无余额。

4)"应收票据"项目,反映资产负债表日以摊余成本计量的、企业因销售商品、提供服务等收到的商业汇票,包括银行承兑汇票和商业承兑汇票。本项目应根据"应收票据"科目的期末余额,减去"坏账准备"科目中相关坏账准备期末余额后的金额填列。在本例中,天河公司该项目期末金额为 66 000 元。

5)"应收账款"项目,反映资产负债表日以摊余成本计量的、企业因销售商品、提供服务等经营活动而应向购买单位收取的各种款项。本项目应根据"应收账款"科目的期末余额,减去"坏账准备"科目中相关坏账准备期末余额后的金额填列。在本例中,天河公司"应收账款"科目借方金额为 600 000 元,减去"坏账准备"贷方余额 1 800 元,故"应收账款"项目所填金额为 598 200 元。

6)"应收款项融资"项目,反映资产负债表日以公允价值计量且其变动计入其他综合收益的应收票据和应收账款等。本项目应根据"应收款项融资"科目的余额分析填列。在本例中,天河公司该项目期末无余额。

7)"预付款项"项目,反映企业按合同规定预付的款项。本项目应根据"预付账款"和"应付账款"科目所属各明细科目的期末借方余额合计数,减去"坏账准备"科目中有关预付款项计提的坏账准备期末余额后的净额填列。如果"预付账款"账户所属有关明细科目期末有贷方余额的,应在本表"应付账款"项目内填列。在本例中,"预付款项"的期末余额为 100 000 元。

8)"其他应收款"项目,反映企业除应收票据、应收账款、预付账款等以外的其他各种应收及暂付的款项。本项目应根据"应收利息""应收股利""其他应收款"科目的期末余额合计数,减去"坏账准备"账户中有关其他应收款计提的坏账准备期末余额后的金额填列。本例中其他应收款未计提坏账准备,故直接根据"其他应收款"科目期末借方余额 5 000 元填列。

9)"存货"项目,反映企业在日常活动中持有以备出售的产成品或商品、处在生产过程中的在产品、在生产过程或提供劳务过程中耗用的材料和物料等的可变现净值,包括各类材料、在产品、半成品、产成品、商品以及包装物(周转材料)、低值易耗品、委托代销商品等。本项目应根据"材料采购""原材料""低值易耗品""库存商品""发出商品""委托加工物资""委托代销商品""受托代销商品"科目的期末余额合计,减去"代销商品款""存货跌价准备"账户的期末余额后的金额填列。材料采用计划成本核算,以及库存商品采用计划成本核算或售价金额核算的企业,还应加或减材料成本差异、商品进销差价后的金额填列。天河公司采用实际成本核算,在本例中,天河公司"材料采购""原材料""周转材料""库存商品"科目期末余额分别为 275 000 元、45 000 元、38 050 元、2 122 400 元,"材料成本差异"科目借方余额为 4 250 元。其合计数为 2 484 700 元,故"存货"项目所填金额为 2 484 700 元。

10)"合同资产"项目,反映企业已向客户转让商品而有权收取对价的权利,且该权利取决于时间流逝之外的其他因素。本项目应根据"合同资产"科目相关明细科目的期末余额填列。同一合同下的合同资产应当以净额列示,其中净额为借方余额的,应当根据其流动性在"合同资产"或"其他非流动资产"项目中填列,已计提减值准备的,还应减去"合同资产减值准备"科目中相关的期末余额后的金额填列。在本例中,天河公司该项目期末无余额。

11)"持有待售资产"项目,反映资产负债表日划分为持有待售类别的非流动资产及持有待售的处置组中的流动资产和非流动资产的期末账面价值。本项目应根据"持有待售资产"科目的期末余额,减去"持有待售资产减值准备"科目余额后的金额填列。在本例中,天河公司该项目期末无余额。

12)"一年内到期的非流动资产"项目,反映企业预计自资产负债表日起一年内变现的非流动资产项目金额。本项目应根据有关科目的期末余额填列。在本例中,天河公司该项目期末无余额。

13)"其他流动资产"项目,反映企业除以上流动资产项目以外的其他流动资产。本项目应根据与其有关的科目的期末余额填列。如果其他流动资产价值较大的,应在财务报表附注中披露其内容和金额。在本例中,天河公司该项目期末余额为100 000元。

14)"债权投资"项目,反映资产负债表日企业持有的分类为以摊余成本计量的金融资产的账面价值。本项目应根据"债权投资"科目的相关明细科目的期末余额,减去"债权投资减值准备"科目的期末余额后的金额填列。自资产负债表日起,企业购入的以摊余成本计量的一年内到期的债权投资的期末账面价值,在"其他流动资产"项目反映。在本例中,天河公司该项目期末无余额。

15)"其他债权投资"项目,反映资产负债表日企业持有的分类为以公允价值计量且其变动计入其他综合收益的金融资产的账面价值。本项目应根据"其他债权投资"科目的相关明细科目的期末余额分析填列。自资产负债表日起企业购入的以公允价值计量且其变动计入其他综合收益的一年内到期的债权投资的期末账面价值,在"其他流动资产"项目反映。在本例中,天河公司该项目期末无余额。

16)"长期应收款"项目,反映企业长期应收款项,包括融资租赁产生的应收款项、采用递延方式具有融资租赁性质的销售商品和提供劳务等产生的应收款项,以及实质上构成对被投资单位净投资的长期权益。本项目应根据"长期应收款"科目期末余额,减去相应的"未实现融资收益"和"坏账准备"科目所属相关明细科目期末余额后的金额填列。在本例中,天河公司该项目期末无余额。

17)"长期股权投资"项目,反映企业持有的采用成本法和权益法核算的长期股权投资。本项目应根据"长期股权投资"科目的期末余额,减去"长期股权投资减值准备"科目期末余额后的金额填列。在本例中,天河公司"长期股权投资"科目期末余额为250 000元,故该项目填列的金额为250 000元。

18)"其他权益工具投资"项目,反映资产负债表日企业指定为以公允价值计量且其变动计入其他综合收益的非交易性权益工具投资的账面价值。本项目应根据"其他权益工具投资"科目的期末余额填列。在本例中,天河公司该项目期末无余额。

19)"其他非流动金融资产"项目,反映自资产负债表日起企业持有的超过一年到期且预期持有超过一年的以公允价值计量且其变动计入当期损益的非流动金融资产的账面价值。本项目应根据"交易性金融资产"的发生额分析填列。在本例中,天河公司该项目期末无余额。

20)"投资性房地产"项目,反映企业持有的投资性房地产的价值。企业以公允价值模式计量的,本项目应根据"投资性房地产"科目的期末余额填列;企业以成本模式计量的，本项目应根据"投资性房地产"科目的期末余额，减去"投资性房地产累计折旧（或摊销）""投资性房地产减值准备"科目期末余额后的金额填列。在本例中，天河公司该项目期末无余额。

21）"固定资产"项目，反映企业各项固定资产的净额。本项目应根据"固定资产"科目期末余额，减去"累计折旧"及"固定资产减值准备"科目期末余额后的金额，以及"固定资产清理"科目的期末余额填列。在本例中，天河公司"固定资产"科目期末余额为 2 401 000 元，减去"累计折旧"科目的期末贷方余额 170 000 元，减去"固定资产减值准备"科目的期末贷方余额 30 000 元，"固定资产清理"科目无余额，故得出"固定资产"项目填列的金额为 2 201 000 元。

22）"在建工程"项目，反映资产负债表日企业尚未达到预定可使用状态的在建工程的期末账面价值和企业为在建工程准备的各种物资的期末账面价值。该项目应根据"在建工程"科目的期末余额，减去"在建工程减值准备"科目的期末余额后的金额，以及"工程物资"科目的期末余额，减去"工程物资减值准备"科目的期末余额后的金额填列。在本例中，天河公司"在建工程"科目期末借方余额为 428 000 元，"在建工程减值准备""工程物资""工程物资减值准备"科目期末余额为 0，故本项目应填列的金额为 428 000 元。

23）"生产性生物资产"项目，反映企业持有的生产性生物资产的价值。本项目应根据"生产性生物资产"科目的期末余额，减去"生产性生物资产累计折旧（或摊销）""生产性生物资产减值准备"科目期末余额后的金额填列。在本例中，天河公司"生产性生物资产"科目期末借方余额为 300 000 元，未提取生产性生物资产减值准备，故本项目应填列的金额为 300 000 元。

24）"油气资产"项目，反映企业持有的油气井及相关设施和矿区权益的净额。本项目应根据"油气资产"科目的期末余额，减去"油气资产累计折旧（或摊销）""油气资产减值准备"科目期末余额后的金额填列。在本例中，天河公司该项目期末无余额。

25）"使用权资产"项目，反映企业持有的使用权资产的期末账面价值。本项目应根据"使用权资产"科目的期末余额，减去"使用权资产累计折旧""使用权资产减值准备"科目期末余额后的金额填列。在本例中，天河公司该项目期末无余额。

26）"无形资产"项目，反映企业各项无形资产的期末可收回金额。本项目应根据"无形资产"科目的期末余额，减去"无形资产减值准备"及"累计摊销"科目的期末余额后填列。在本例中，天河公司"无形资产"科目期末借方金额为 600 000 元，"无形资产减值准备"科目贷方无余额，"累计摊销"科目的期末余额为 60 000 元，故本项目应填列的金额为 540 000 元。

27）"开发支出"项目，反映企业在无形资产开发过程中形成无形资产成本的资本化支出部分。本项目应根据"研发支出——资本化支出"明细科目的期末余额填列。在本例中，天河公司该项目期末无余额。

28）"商誉"项目，反映企业合并中产生的商誉的价值。本项目应根据"商誉"科目的期末余额，减去相应减值准备后的金额填列。在本例中，天河公司该项目期末无余额。

29）"长期待摊费用"项目，反映企业尚未摊销的摊销期限在一年以上（不含一年）的各种费用，如租入固定资产改良支出、大修理支出以及摊销期限在一年以上（不含一年）的其他待摊费用。本项目应根据"长期待摊费用"科目的期末余额，减去将于一年内（含一年）摊销的数额后的金额分析填列。如果长期待摊费用中包含一年内摊销的部分，该部分金额应填入"一年内到期的非流动资产"项目中。在本例中，天河公司该项目期末无余额。

30）"递延所得税资产"项目，反映企业确认的可抵扣暂时性差异产生的递延所得税资产的价值。本项目应根据"递延所得税资产"科目的期末余额填列。在本例中，天河公司该项目期末无余额。

31）"其他非流动资产"项目，反映企业除以上非流动资产项目以外的其他非流动资产。本项目应根据与其有关的科目的期末余额填列。如果其他非流动资产价值较大的，应在财务报表附注中披露其内容和金额。在本例中，天河公司该项目期末余额为 200 000 元。

32）"短期借款"项目，反映企业向银行或其他金融机构等借入尚未归还的期限在一年以下（含一年）的各种借款。本项目应根据"短期借款"科目的期末余额填列。在本例中，天河公司该项目期末余额为 50 000 元。

33）"交易性金融负债"项目，反映资产负债表日企业承担的交易性金融负债及企业持有的指定为以公允价值计量且其变动计入当期损益的金融负债的期末账面价值。本项目应根据"交易性金融负债"科目的相关明细科目的期末余额填列。在本例中，天河公司本项目期末无余额。

34）"衍生金融负债"项目，反映金融衍生工具的负债价值。本项目应根据"衍生金融负债"科目的期末余额填列。在本例中，天河公司该项目期末无余额。

35）"应付票据"项目，反映资产负债表日以摊余成本计量的、企业因购买材料、商品和接受服务等而开出、承兑的商业汇票，包括银行承兑汇票和商业承兑汇票。本项目应根据"应付票据"科目的期末余额填列。在本例中，天河公司该项目期末余额为 100 000 元。

36）"应付账款"项目，反映资产负债表日以摊余成本计量的、企业因购买材料、商品和接受服务等经营活动应支付的款项。本项目应根据"应付账款"和"预付账款"科目所属的相关明细科目的期末贷方余额合计数填列。在本例中，天河公司"应付账款"科目所属各有关明细科目的期末贷方余额为 953 800 元，"应付账款"科目所属各明细科目的借方金额在"预付账款"项目内填列，本例"应付账款"科目所属明细科目借方无余额。故本项目应填列的金额为 953 800 元。

37）"预收款项"项目，反映企业预收购买单位的账款。本项目应根据"预收款项"账户所属各有关明细账户的期末贷方余额合计填列，故天河公司"预收款项"科目无余额。如果"预收款项"科目所属明细账户有借方余额的，应在本表"应收账款"项目内填列，本例无余额。

38）"合同负债"项目，反映企业已收客户对价而应向客户转让商品的义务的价值。本项目应根据"合同负债"科目及其相关明细科目的期末余额填列。同一合同下的合同负债应当以净额列示，其中净额为贷方余额的，应当根据其流动性在"合同负债"或"其他非流动负债"项目中填列。在本例中，天河公司该项目期末无余额。

39）"应付职工薪酬"项目，反映企业根据有关规定应付而未付给职工的各种薪酬。本项目应根据"应付职工薪酬"科目所属明细科目（包括"工资""职工福利""社会保险费""住房公积金""工会经费""职工教育经费""非货币性福利""辞退福利"等）的贷方余额合计填列。在本例中，天河公司该项目期末余额为 180 000 元。

40）"应交税费"项目，反映企业按照税法等规定计算应交而未缴纳的各种税费。本项目应根据"应交税费"科目所属明细科目（包括"应交增值税""应交消费税""应交所得税""应交资源税""应交土地增值税""应交城市维护建设税""应交房产税""应交城镇土地使用税""应交车船税""应交教育费附加"等）贷方余额合计填列。在本例中，天河公司该项目期末余额为 226 731 元。

41）"其他应付款"项目，反映企业除应付票据、应付账款、预收账款、应付职工薪酬、应付利息、长期应付款等以外的其他各项应付、暂收的款项。本项目应根据"其他应付款""应付利息""应付股利"科目的期末余额合计数填列。在本案例中，"其他应付款"科目的期末余额为 82 215.85 元，"应付利息""应付股利"科目期末无余额，故该项目期末余额为 82 215.85 元。

42）"持有待售负债"项目，反映资产负债表日企业持有待售的处置组中与划分为持有待售类别的资产直接相关的负债的期末账面价值。本项目应根据"持有待售负债"科目的期末余额填列。在本例中，天河公司该项目期末无余额。

43）"一年内到期的非流动负债"项目，反映企业应付而未付的一年内（含一年）需要归还的长期负债部分。本项目应根据有关科目的余额分析填列。在本例中，天河公司"一年内到期的非流动负债"项目期末无余额。

44）"其他流动负债"项目，反映企业除以上流动负债项目以外的其他流动负债。本项目应根据与其有关的科目的期末余额填列。在本例中，天河公司该项目期末无余额。

45）"长期借款"项目，反映企业向银行或其他金融机构借入尚未归还的一年期以上（不含一年）的借款本息。本项目应根据"长期借款"科目的期末余额，减去一年内需要归还的那部分借款额后的差额填列。在本例中，天河公司"长期借款"账户期末贷方余额为 1 160 000 元，没有一年内需归还的借款，故"长期借款"项目应填列的金额为 1 160 000 元。

46）"应付债券"项目，反映企业为筹集长期资金而发行的债券及应付的利息。本项目应根据"应付债券"科目的期末余额填列。在本例中，天河公司该项目期末无余额。

47）"租赁负债"项目，反映企业尚未支付的租赁付款额的期末账面价值。本项目应根据"租赁负债"科目的期末余额填列。自资产负债表日起一年内到期应予清偿的租赁负债的期末账面价值，在"一年内到期的非流动负债"项目反映。在本例中，天河公司该项目期末无余额。

48）"长期应付款"项目，反映企业除长期借款和应付债券以外的其他各种长期应付款项的期末账面价值。本项目应根据"长期应付款"科目的期末余额，减去相关的"未实现融资费用"科目的期末余额后的金额，以及"专项应付款"科目的期末余额填列。在本例中，天河公司"长期应付款"项目期末无余额。

49）"预计负债"项目，反映企业确认的对外提供担保、未决诉讼、产品质量保证、重组义务以及固定资产和矿区权益弃置义务等产生的预计负债。本项目应根据"预计负债"科目的期末余额填列。在本例中，天河公司该项目期末无余额。

50）"递延收益"项目，反映企业尚待确认的收益，主要用于企业在以后期间计入当期损益的政府补助。本项目应根据"递延收益"科目的期末余额填列。本项目中摊销期限只剩一年或不足一年的，或预计在一年内（含一年）进行摊销的部分，不得归类为流动负债，应该在该项目中填列，不转入"一年内到期的非流动负债"项目。在本例中，天河公司该项目期末无余额。

51）"递延所得税负债"项目，反映企业确认的应纳税暂时性差异产生的递延所得税负债。本项目应根据"递延所得税负债"科目的期末余额填列。在本例中，天河公司该项目期末无余额。

52）"其他非流动负债"项目，反映企业除以上非流动负债项目以外的其他非流动负债。

本项目应根据与其有关的科目的期末余额,减去将于一年内(含一年)到期偿还后的余额填列。非流动负债各项目将于一年内(含一年)到期的非流动负债,应在"一年内到期的非流动负债"项目中反映。在本例中,天河公司该项目期末无余额。

53)"实收资本(或股本)"项目,反映企业各投资者实际投入的资本(或股本)总额。本项目应根据"实收资本(或股本)"科目的期末余额填列。在本例中,天河公司该项目期末余额为 5 000 000 元。

54)"其他权益工具"项目,反映企业发行的除普通股以外的归类为权益工具的各种金融工具的期末账面价值。对于企业发行的分类为金融负债的金融工具,应在"应付债券"项目填列,其中优先股和永续债应分别在"应付债券——优先股"项目和"应付债券——永续债"项目填列。对于企业发行的分类为权益工具的金融工具,应在"其他权益工具"项目填列,其中优先股和永续债应分别在"其他权益工具——优先股"项目和"其他权益工具——永续债"项目填列。在本例中,天河公司该项目期末无余额。

55)"资本公积"项目,反映企业资本公积的期末余额。本项目应根据"资本公积"科目的期末余额填列。在本例中,天河公司"资本公积"科目期末无余额。

56)"库存股"项目,反映企业持有可再行出售或注销的股份金额。本项目应根据"库存股"科目的期末余额填列。在本例中,天河公司该项目期末无余额。

57)"其他综合收益"项目,反映企业根据《企业会计准则》规定未在损益中确认的各项利得和损失扣除所得税影响后的净额。本项目应根据"其他综合收益"科目的期末余额填列。在本例中,天河公司该项目期末无余额。

58)"专项储备"项目,反映高危行业企业按照国家规定提取的安全生产费等的期末账面价值。本项目应根据"专项储备"科目的期末余额填列。在本例中,天河公司该项目期末无余额。

59)"盈余公积"项目,反映企业盈余公积的期末余额。本项目应根据"盈余公积"科目的期末余额填列。在本例中,天河公司该项目期末余额为 123 272.50 元。

60)"未分配利润"项目,反映企业尚未分配的利润。本项目应根据"本年利润"和"利润分配"科目的期末余额计算填列。未弥补的亏损,在本项目内以负数填列。天河公司最终决算时,将"本年利润"和"利润分配"科目其他明细科目余额转入"利润分配——未分配利润"科目计算出未分配利润为 227 236.65 元,填入"未分配利润"项目。

第三节 利润表

利润表是反映企业在一定会计期间的经营成果的会计报表。通过阅读利润表,报表使用者能够全面了解企业收入的取得和费用的开支情况以及利润的构成情况。

一、有关利润表编制的两种观点

利润表是基于收入、费用、利润三个会计要素设置的,并通过一定时期的收入与相关费用的配比来确定一定会计期间的利润。但在利润表的编制过程中,不可避免地会涉及一些特殊问题,如非经常性损益、前期损益调整等。对上述特殊事项的处理方法体现了利润表编制中的两种不同观点。

(一) 本期损益观

所谓本期损益观,是主张在利润表中仅反映与当期经营有关的正常性经营损益,非经常性损益(如灾害损失、财产盘盈盘亏等)和前期损益调整直接列入利润分配表。这种观点的支持者认为:①财务报表的使用者通常关心的是企业当期的经营成果,并以此考核企业的管理成效;②按照本期损益观编制利润表,便于了解企业的经营能力,也便于将企业各期经营成果进行比较。反之,如果在利润表中同时列入了非经常性损益和前期损益调整项目,则不利于对企业经营成果的直观表达,有时报表中所提供的损益信息甚至与实际的经营业绩相差甚远。

(二) 损益满计观

所谓损益满计观,是指一切收入、费用,以及非经常性损益、前期损益调整等项目都在利润表中填列。这种观点的支持者认为:①正常项目与特殊项目的区分是人为的,如果不采用损益满计观,企业管理者可能会任意确定标准,从而使报表的客观性受到极大的伤害;②非常项目与前期损益项目也是企业获取收益的历史的一部分,如果利润表中不反映这些项目,则考察各期经营成果时,这些内容就可能被忽视。

在会计实务中,通常并不是绝对按某一种观点设计利润表。例如,我国现行的利润表为了总括反映一定时期的财务成果,将非经常性损益包括在利润表内(同时又以补充资料的形式详细列示非经常性损益的数额),但为了避免通过前期损益调整操纵利润,以前年度损益净额直接并入未分配利润,而不包括在利润表中。

二、利润表的结构

利润表常见的结构有单步式和多步式两种。单步式利润表是用各项收入总额减去成本、费用和支出总额,从而计算出本期损益。单步式利润表计算简单,但不能直观反映经营性收益和非经营性收益对利润总额的影响,也不能直观反映主要经营业务收益和非主要经营业务收益对利润总额的影响。

多步式利润表依据利润构成因素,将收入与相关的成本、费用、支出在表中分别对应列示,相互配比,计算出相关的利润指标,从而最后计算出当期净利润。为便于分层次提供财务成果形成的数据,便于报表使用者了解各利润构成因素对财务成果的影响,我国现行准则要求的利润表采用多步式(具体格式如表14-4所示)。为了能够向报表使用者提供具有结构性的信息,更清晰地列示企业经营业绩的主要来源和构成,多步式利润表采用功能法列报费用,即按照费用在企业所发挥的不同功能分为营业成本、管理费用、销售费用、研发费用和财务费用。多步式利润表通过以下四个步骤计算本期利润指标。

第一步,从营业收入出发,减去营业成本、税金及附加、销售费用、管理费用、研发费用、财务费用,加上其他收益、投资收益(减去投资损失)、净敞口套期收益(净敞口套期损失)、公允价值变动收益(减去公允价值变动损失)、信用减值损失、资产减值损失、资产处置收益(减去资产处置损失),得出营业利润。

第二步,从营业利润出发,加上营业外收入,减去营业外支出,得出利润总额;

第三步,从利润总额出发,减去所得税费用,得出本期净利润(或净亏损)。

第四步,从净利润出发,加上其他综合收益的税后净额,得出综合收益总额。

另外,普通股或潜在普通股已公开交易的企业,以及正处于公开发行普通股或潜在普通股过程中的企业,还应当在利润表中列示每股收益信息。用本期净利润除以本期发行在外的普通股或潜在普通股的加权平均数,得到每股收益。

三、利润表的编制方法

月报利润表金额分为"本月数"和"本年累计数"两栏。"本月数"栏反映各项目本月实际发生额,"本年累计数"反映各项目本年累计发生额。年报利润表分为"本期金额"和"上期金额"两栏,分别反映各项目的本年发生额和上年发生额。如果上年度利润表项目名称及内容与本年度不一致,应对上年度利润表项目的名称和数字按本年利润表的规定进行调整,填入利润表的"上期金额"栏。

【例 14-2】20×4 年度,天河公司与利润相关的收入、费用账户余额如表 14-3 所示(该公司没有发生其他综合收益)。

表 14-3　天河公司利润表的有关账户余额　　　　　　　　　　单位:元

账户名称	借方	贷方	账户名称	借方	贷方
主营业务收入		1 250 000	管理费用	157 100	
投资收益		31 500	财务费用	41 500	
公允价值变动损益		—	资产减值损失	30 900	
营业外收入		50 000	营业外支出	19 700	
主营业务成本	750 000		所得税费用	77 575	
销售费用	20 000		税金及附加	2 000	

根据上述资料编制天河公司 20×4 年的利润表,如表 14-4 所示。

表 14-4　利润表

编制单位:天河公司　　　　　　　20×4 年度　　　　　　　　　　单位:元

项目	本期金额	上期金额(略)
一、营业收入	1 250 000	
减:营业成本	750 000	
税金及附加	2 000	
销售费用	20 000	
管理费用	157 100	
研发费用	0	
财务费用	41 500	
其中:利息费用	42 500	
利息收入	1 000	
加:其他收益	0	
投资收益(损失以"-"号填列)	31 500	
其中:对联营和合营企业的投资收益		
以摊余成本计量的金融资产终止确认收益(损失以"-"填列)		
净敞口套期收益(损失以"-"号填列)	0	
公允价值变动收益(损失以"-"号填列)	0	
信用减值损失(损失以"-"号填列)	0	

(续)

项目	本期金额	上期金额（略）
资产减值损失（损失以"-"号填列）	30 900	
资产处置收益（损失以"-"号填列）	0	
二、营业利润（亏损以"-"号填列）	280 000	
加：营业外收入	50 000	
减：营业外支出	19 700	
三、利润总额（亏损总额以"-"号填列）	310 300	
减：所得税费用	77 575	
四、净利润（净亏损以"-"号填列）	232 725	
（一）持续经营净利润（净亏损以"-"号填列）		
（二）终止经营净利润（净亏损以"-"号填列）		
五、其他综合收益的税后净额	0	
（一）不能重分类进损益的其他综合收益		
1. 重新计量设定受益计划变动额		
2. 权益法下不能转损益的其他综合收益		
3. 其他权益工具投资公允价值变动		
4. 企业自身信用风险公允价值变动		
……		
（二）将重分类进损益的其他综合收益		
1. 权益法下可转损益的其他综合收益		
2. 其他债权投资公允价值变动		
3. 金融资产重分类计入其他综合收益的金额		
4. 其他债权投资信用减值准备		
5. 现金流量套期储备		
6. 外币财务报表折算差额		
……		
六、综合收益总额	232 725	
七、每股收益	（略）	
（一）基本每股收益		
（二）稀释每股收益		

表14-4利润表中各项目内容及"本期金额"栏的填列方法如下：

1）"营业收入"项目，反映企业经营主要业务和其他业务所确认的收入总额。该项目根据"主营业务收入"和"其他业务收入"两科目的发生额分析填列。在本例中，"主营业务收入"和"其他业务收入"两科目的净发生额分列为1 250 000元和0元，因此本例中该项目的填列金额为1 250 000元。

2）"营业成本"项目，反映企业经营主要业务和其他业务发生的实际成本总额。该项目根据"主营业务成本"和"其他业务成本"两科目的发生额分析填列。在本例中，"主营业务成本"和"其他业务成本"两科目的净发生额分列为750 000元和0元，因此本例中该项目的填列金额为750 000元。

3）"税金及附加"项目，反映企业经营业务应负担的消费税、城市维护建设税、资源税、土地增值税和教育费附加等。该项目根据"税金及附加"科目的发生额分析填列。本例中，"税金及附加"科目的净发生额为2 000元，因此本例中该项目的填列金额为2 000元。

4)"销售费用"项目,反映企业在销售商品过程中发生的包装费、广告费等费用和为销售本企业商品而专设的销售机构的职工薪酬、业务费等经营费用。该项目根据"销售费用"科目的发生额分析填列。本例中,"销售费用"科目的净发生额为20 000元,因此本例中该项目的填列金额为20 000元。

5)"管理费用"项目,反映企业为组织和管理生产经营而发生的管理费用。该项目根据"管理费用"科目发生额分析填列。本例中,该项目的填列金额为157 100元。

6)"研发费用"项目,反映企业进行研究与开发过程中发生的费用化支出,以及计入管理费用的自行开发无形资产的摊销。该项目根据"管理费用——研发费用"和"管理费用——无形资产摊销"两个明细科目的发生额分析填列。本例中,"研发费用"科目无发生额。

7)"财务费用"项目,反映企业发生的财务费用,根据"财务费用"科目发生额分析填列。其中,利息费用反映企业为筹集生产经营所需资金等而发生的应予以费用化的利息支出;利息收入反映企业确认的符合冲减财务费用的利息收入。"利息费用"和"利息收入"项目根据"财务费用"科目的相关明细科目的发生额分析填列。本例中,"利息费用"项目的填列金额为42 500元,"利息收入"项目的填列金额为1 000元,因此"财务费用"项目的填列金额为41 500元。

8)"其他收益"项目,反映计入其他收益的政府补助,以及其他与日常活动相关且计入其他收益的项目。该项目根据"其他收益"科目的发生额分析填列。本例中,"其他收益"科目无发生额。

9)"投资收益"项目,反映企业以各种方式对外投资所取得的收益,该项目根据"投资收益"科目的发生额分析填列;若为投资损失,应在本项目金额前加"-"号。本例中,"投资收益"科目为贷方发生额31 500元,因此该项目填列金额为31 500元。

10)"净敞口套期收益"项目,反映净敞口套期下被套期项目累计公允价值变动转入当期损益的金额或现金流量套期储备转入当期损益的金额。该项目根据"净敞口套期收益"科目的发生额分析填列;若为套期损失,应在本项目金额前加"-"号。本例中,"净敞口套期收益"科目无发生额。

11)"公允价值变动收益"项目,反映企业按照相关准则规定应当计入当期损益的资产或负债的公允价值变动收益,如交易性金融资产当期公允价值的变动额。如为净损失,以"-"号填列。该项目根据"公允价值变动损益"科目的发生额分析填列。本例中,"公允价值变动损益"科目无发生额。

12)"信用减值损失"项目,反映企业计提的各项金融工具信用减值准备所确认的信用损失。该项目根据"信用减值损失"科目的发生额分析填列。本例中,"信用减值损失"科目无发生额。

13)"资产减值损失"项目,反映企业各项资产发生的减值损失。该项目根据"资产减值损失"科目的发生额分析填列。本例中,"资产减值损失"科目的发生额为30 900元,因此本例中该项目的填列金额为30 900元。

14)"资产处置收益"项目,反映企业出售划分为持有待售的非流动资产或处置组时确认的处置利得或损失,以及处置未划分为持有待售的固定资产、在建工程、生产性生物资产及无形资产而产生的处置利得或损失。该项目根据"资产处置收益"科目发生额分析填列;若为处置损失,应在本项目金额前加"-"号。本例中,"资产处置收益"科目无发生额。

15)"营业利润"项目,反映企业实现的营业利润,根据本表中上述项目金额计算填列,天河公司的营业利润为 280 000 元。

16)"营业外收入""营业外支出"项目,分别反映企业发生的与其经营活动无直接关系的各项收入和支出。两项目分别根据"营业外收入""营业外支出"科目的发生额填列,其中,处置非流动资产净损失,应当单独列示。本例中,"营业外收入""营业外支出"项目金额分别为 50 000 元和 19 700 元。

17)"利润总额"项目,反映企业实现的利润总额。根据营业利润加营业外收入减营业外支出后的金额填列;若为亏损总额,以"-"号填列。本例中,天河公司的利润总额为 310 300 元。

18)"所得税费用"项目,反映企业根据所得税准则确认的应从当期利润总额中扣除的所得税费用。该项目根据"所得税费用"科目的发生额分析填列。本例中,该项目为 77 575 元。

19)"净利润"项目,反映本期所取得的税后净利润数额,用表中的利润总额减去所得税即为净利润;若为亏损总额,以"-"号填列。本例中,天河公司本年净利润为 232 725 元。

20)"其他综合收益的税后净额"项目,根据《企业会计准则》规定未在损益中确认的各项利得和损失扣除所得税影响后的净额填列。本例中,该项目为 0 元。

21)"综合收益总额"项目,为企业净利润与其他综合收益的合计金额。本例中,该项目为 232 725 元。

22)"每股收益"项目,包括"基本每股收益"和"稀释每股收益"两项指标。该项目按照归属于普通股股东的当期净利润除以当期实际发行在外普通股的加权平均数计算确定。

第四节 现金流量表

一、现金与现金流量

现金流量表是指反映企业在一定会计期间现金和现金等价物流入和流出的报表。

(一)现金

现金指企业库存现金以及可以随时用于支付的存款,如银行活期存款及具有银行活期存款性质,可以随时存取而不受任何限制的其他项目。具体包括"现金"账户核算的库存现金,"银行存款"账户核算的存入金融企业、随时可以用于支付的存款,以及"其他货币资金"账户核算的外埠存款、银行汇票存款、银行本票存款和在途货币资金等其他货币资金。

(二)现金等价物

现金等价物指企业持有的期限短、流动性强、易于转换为已知金额现金、价值变动风险很小的投资。现金等价物虽然不是现金,但其支付能力与现金的差别不大,可视为现金。一项投资被确认为现金等价物必须同时具备四个条件:期限短(一般指从购买日起 3 个月内到期)、流动性强、易于转换为已知金额现金、价值变动风险很小。

(三)现金流量

现金流量是企业一定时期的现金及现金等价物(以下简称现金)流入和流出的金额。具体表现为现金流入量和流出量两个方面,现金流入量与流出量的差额为现金净流量。如果在一定时期内现金流入量大于流出量,差额为现金净流入量;如果在一定时期内现金流入量小于流出量,则为现金净流出量。需要指出的是,企业现金形式的转换不会产生现金的流入和流出,如企业从银行提取现金;同样,现金与现金等价物之间的转换也不属于现金流量,如企业用现金购买将于3个月内到期的国库券。

二、现金流量表的作用

现金流量表从经营活动、投资活动和筹资活动三方面反映企业在一定会计期间内现金的流入、流出情况以及现金总额的增减变动情况。通过对现金流量表的分析,报表使用者能够:①了解企业的现金流量,评价企业产生未来现金净流量的能力;②评价企业偿还债务、支付投资利润的能力,谨慎判断企业财务状况;③分析净收益与现金流量间的差异,并解释差异产生的原因;④通过对现金投资与融资、非现金投资与融资的分析,全面了解企业财务情况。

三、现金流量表的结构

编制现金流量表,首先要对现金流量进行分类。通常,现金流量分为经营活动产生的现金流量、投资活动产生的现金流量和筹资活动产生的现金流量三大类。

1. 经营活动产生的现金流量

销售商品、提供劳务收到的现金;收到的税费返还;收到其他与经营活动有关的现金;购买商品、接受劳务支付的现金;支付给职工以及为职工支付的现金;支付的各项税费;支付其他与经营活动有关的现金。这个部分主要记录企业日常运营中的现金流入和流出。

2. 投资活动产生的现金流量

收回投资收到的现金;取得投资收益收到的现金;处置固定资产、无形资产和其他长期资产收回的现金净额;处置子公司及其他营业单位收到的现金净额;收到其他与投资活动有关的现金;购建固定资产、无形资产和其他长期资产支付的现金;投资支付的现金;取得子公司及其他营业单位支付的现金净额;支付其他与投资活动有关的现金。这个部分主要记录企业对外投资、扩大再生产和处置长期资产等活动产生的现金流入和流出。

3. 筹资活动产生的现金流量

吸收投资收到的现金;取得借款收到的现金;收到其他与筹资活动有关的现金;偿还债务支付的现金;分配股利、利润或偿付利息支付的现金;支付其他与筹资活动有关的现金。这个部分主要记录企业筹集资金(如发行股票、债券或取得借款)和偿还债务等活动产生的现金流入和流出。

除了上述三个部分外,现金流量表还包括一些辅助性的内容,如"汇率变动对现金及现金等价物的影响"和"现金及现金等价物净增加额"等,用于进一步揭示企业现金流量的变动情况。现金流量表的基本结构如表14-5所示。

四、现金流量表的编制方法及程序

(一) 直接法和间接法

编制现金流量表时,列报经营活动现金流量的方法有两种:一种是直接法,另一种是间接法。这两种方法通常也称为现金流量表的编制方法。

所谓直接法,是指按现金收入和现金支出的主要类别直接反映企业经营活动产生的现金流量，如销售商品、提供劳务收到的现金；购买商品、接受劳务支付的现金等就是按现金收入和支出的类别直接反映的。在直接法下，一般是以利润表中的营业收入为起算点，调节与经营活动有关的项目的增减变动，然后计算出经营活动产生的现金流量。

所谓间接法，是指以利润表中的净利润为起算点，调整不涉及现金的收入、费用、营业外收支等有关项目，剔除投资活动、筹资活动对现金流量的影响，据此计算出经营活动产生的现金流量。由于净利润是按照权责发生制原则确定的，且包括了与投资活动和筹资活动相关的收益和费用，将净利润调整为经营活动现金流量，实际上就是将按权责发生制原则确定的净利润调整为现金净流入，并剔除投资活动和筹资活动对现金流量的影响。

采用直接法编制的现金流量表，便于分析企业经营活动产生的现金流量的来源和用途，预测企业现金流量的未来前景；采用间接法编制的现金流量表，便于将净利润与经营活动产生的现金流量净额进行比较，了解净利润与经营活动产生的现金流量差异的原因，从现金流量的角度分析净利润的质量。所以，现金流量表准则规定企业应当采用直接法编制现金流量表，同时要求在附注中提供以净利润为基础调节的经营活动现金流量的信息。

（二）工作底稿法或 T 形账户法

在具体编制现金流量表时，可以采用工作底稿法或 T 形账户法，也可以根据有关科目记录分析填列。

1. 工作底稿法

采用工作底稿法编制现金流量表，是以工作底稿为手段，以资产负债表和利润表数据为基础，对每一个项目进行分析并编制调整分录，从而编制现金流量表。工作底稿法的程序如下。

第一步，将资产负债表的期初数和期末数过入工作底稿的期初数栏和期末数栏。

第二步，对当期业务进行分析并编制调整分录。编制调整分录时，要以利润表项目为基础，从"营业收入"开始，结合资产负债表项目逐一进行分析。在调整分录中，有关现金和现金等价物的事项，并不直接借记或贷记现金，而是分别记入"经营活动产生的现金流量""投资活动产生的现金流量""筹资活动产生的现金流量"有关项目。借记表示现金流入，贷记表示现金流出。

第三步，将调整分录过入工作底稿中的相应部分。

第四步，核对调整分录，借方、贷方合计数均已经相等，资产负债表项目期初数加减调整分录中的借贷金额以后，也等于期末数。

第五步，根据工作底稿中的现金流量表项目部分编制正式的现金流量表。

2. T 形账户法

采用 T 形账户法编制现金流量表，是以 T 形账户（又称丁字账户、T 型账户）为手段，以资产负债表和利润表数据为基础，对每一个项目进行分析并编制调整分录，从而编制现金流量表。T 形账户法的程序如下。

第一步，为所有的非现金项目（包括资产负债表项目和利润表项目）分别开设 T 形账户，并将各自的期末期初变动数过入各相关账户。如果项目的期末数大于期初数，则将差额过入和项目余额相同的方向；反之，过入相反的方向。

第二步，开设一个大的"现金及现金等价物" T 形账户，每边分为经营活动、投资活动和筹资活动三个部分，左边记现金流入，右边记现金流出。与其他账户一样，过入期末、期初变动数。

第三步，以利润表项目为基础，结合资产负债表分析每一个非现金项目的增减变动，并据此编制调整分录。

第四步，将调整分录过入各T形账户，并进行核对，该账户借贷相抵后的余额与原先过入的期末、期初变动数应当一致。

第五步，根据大的"现金及现金等价物"T形账户编制正式的现金流量表。

（三）分析填列法

从上述现金流量表的结构中可以看出，现金流量表就是将企业的全部业务活动划分为经营活动、投资活动和筹资活动三大类。在表上分段揭示三大类活动所提供的现金净额，三项现金净额的合计数与汇率折算差额之和就是企业年度内的现金增减净额。若合计数为正数，说明企业期末的现金比期初增加，为本期现金净流入量；若合计数为负数，说明企业期末的现金比期初减少，为本期现金净流出量。这一增加或减少的金额，应与资产负债表上现金及现金等价物的期初数与期末数的差额相等。各具体项目的填列，有以下两种方法。

1）在分析现金日记账、银行存款日记账和其他货币资金明细账记录的基础上填列。采用这种方法，就是直接根据现金日记账、银行存款日记账和其他货币资金明细账的记录，逐笔确定现金收入和支出的性质，分别记入现金流量表的有关项目。这种方法适用于经济业务较少的小型企业，对于经济业务较多但已实行会计电算化的企业也可以采用这种方法。

2）在分析非现金账户记录的基础上填列。这种方法是以复式记账的基本原理为依据，根据本期的利润表以及期末资产负债表中的非现金项目的变动编制现金流量表。按照复式记账的原理，任何影响现金的交易，也一定同时影响某些非现金资产、负债、所有者权益（包括收入、费用）的变动。非现金账户的变动可以明确地反映现金交易的性质，通过非现金账户变动的分析，可以计算出各类性质的现金流入和流出量。大部分企业通常采用此法编制现金流量表。

例如，"销售商品、提供劳务收到的现金"项目在企业本期销售收入全部属于现销和没有预收账款，且年初无应收账款和应收票据的情况下，本年的销售收入净额就是销售商品或提供劳务所取得的全部现金收入。但是，在企业有赊销业务和预收账款的情况下，两者则可能出现差异。这两者的差异会通过"应收账款""应收票据"和"预收账款"账户余额的变动反映出来。

第一，"应收账款"账户的年末余额大于年初余额时，即本年度应收账款增加，说明当年的赊销金额大于收回的应收账款金额，所以应从销售收入中减去应收账款的增加数，以确定销售商品所取得的现金收入；相反，"应收账款"账户的年末余额小于年初余额时，即本年度应收账款减少，说明当年的赊销金额小于收回的应收账款金额，所以应在销售收入中加上应收账款的减少数，以确定销售商品所取得的现金收入。当然，如果是非销售及收款因素引起应收账款增减变动的（如坏账准备的增减）应在分析调整时剔除。

第二，"应收票据"账户与"应收账款"账户与上相同。

第三，"预收账款"账户的年末余额大于年初余额时，即本年度预收账款增加，说明当年的预收金额大于应收回的金额，所以应在销售收入中加上预收账款的增加数，以确定销售商品所取得的现金收入；相反，"预收账款"账户的年末余额小于年初余额时，即本年度预收账款减少，说明当年的预收金额小于应收取的金额，所以应从销售收入中减去预收账款的减少数，以确定销售商品所取得的现金收入。

因此，销售商品、提供劳务收到的现金，可以通过分析"主营业务收入""应收账款""应收票据"和"预收账款"账户的记录来填列。用公式表示为

销售商品、提供劳务收到的现金＝含税[应交税费——应交增值税（销项税额）]商品销售收入、劳务收入＋应收账款减少数－应收账款增加数＋应收票据减少数－应收票据增加数＋预收账款增加数－预收账款减少数

（四）现金流量表补充资料的填列

在补充资料的三大部分中，不涉及现金收支的投资和筹资活动部分的各项目发生的频率并不高，可直接根据有关账户分析填列。

"将净利润调节为经营活动现金流量"部分以净利润为基础，通过以下三个步骤的调整计算出经营活动产生的现金流量净额：①加上不减少经营活动现金流量的费用和损失，如计提的坏账准备或转销的坏账、固定资产折旧、无形资产摊销等；②调整与净利润有关但与经营活动现金流量无关的项目的金额，如因投资和筹资活动引起的财务费用、投资损益等；③调整与净利润无关但与经营活动现金流量有关的项目的金额，如存货、经营性应收及应付项目的增减变动。

现金及现金等价物净增加情况部分根据现金流量表主表中的"经营活动产生的现金流量净额""投资活动产生的现金流量净额"和"筹资活动产生的现金流量净额"以及"汇率变动对现金及现金等价物的影响"项目，通过加总或相减（如果为负数）得出。

五、现金流量表编制举例

【例14-3】沿用【例14-1】和【例14-2】，天河公司其他相关资料如下。

（1）20×4年，天河公司利润表有关项目的明细资料如下。

1）管理费用的组成：职工薪酬17 100元，无形资产摊销60 000元，固定资产折旧费20 000元，支付其他费用60 000元。

2）财务费用的组成：计提借款利息11 500元，支付应收票据（银行承兑汇票）贴现利息30 000元。

3）资产减值损失的组成：计提坏账准备900元，计提固定资产减值准备30 000元。上年年末坏账准备余额为900元。

4）投资收益的组成：收到股息收入30 000元，与本金一起收回的交易性股票投资收益500元，自公允价值变动损益结转投资收益1 000元。

5）营业外收入的组成：处置固定资产净收益50 000元（其所处置固定资产原价为400 000元，累计折旧150 000元，收到处置收入300 000元）。假定不考虑与固定资产处置有关的税费。

6）营业外支出的组成：报废固定资产净损失19 700元（其所报废固定资产原价为200 000元，累计折旧为180 000元，支付清理费用500元，收到残值收入800元）。

7）当期所得税费用77 575元。

除上述项目外，利润表中的销售费用20 000元至期末已经支付。

（2）资产负债表有关项目的明细资料如下。

1）本期收回交易性股票投资本金15 000元、公允价值变动1 000元，同时实现投资收益500元。

2）存货中生产成本、制造费用的组成：职工薪酬 324 900 元，固定资产折旧费 80 000 元。

3）"应交税费"的组成：本期增值税进项税额 42 466 元，本期增值税销项税额 212 500 元，已交增值税 100 000 元；"应交所得税"科目期末余额为 20 097 元，期初余额为 0；"应交税费"期末数中应由在建工程负担的部分为 100 000 元。

4）应付职工薪酬的期初数无应付在建工程人员的部分，本期支付在建工程人员职工薪酬 200 000 元。应付职工薪酬的期末数中应付在建工程人员的部分为 28 000 元。

5）应付利息均为短期借款利息，其中本期计提利息 11 500 元，支付利息 12 500 元。

6）本期用现金购买固定资产 101 000 元，购买工程物资 300 000 元。

7）本期用现金偿还短期借款 250 000 元，偿还一年内到期的长期借款 1 000 000 元；借入长期借款 560 000 元。

根据以上资料，采用分析填列的方法，编制天河公司 20×4 年的现金流量表。

（3）天河公司 20×4 年的现金流量表各项目金额，分析确定如下。

1）销售商品、提供劳务收到的现金＝主营业务收入＋应交税费（应交增值税销项税额）＋（应收账款年初余额－应收账款期末余额）＋（应收票据年初余额－应收票据期末余额）－当期计提的坏账准备－票据贴现的利息＝1 250 000＋212 500＋（299 100－598 200）＋（246 000－66 000）－900－30 000＝1 312 500（元）

2）购买商品、接受劳务支付的现金＝主营业务成本＋应交税费（应交增值税进项税额）－（存货年初余额－存货期末余额）＋（应付账款年初余额－应付账款期末余额）＋（应付票据年初余额－应付票据期末余额）＋（预付账款期末余额－预付账款年初余额）－当期列入生产成本、制造费用的职工薪酬－当期列入生产成本、制造费用的折旧费和固定资产修理费＝750 000＋42 466－（2 580 000－2 484 700）＋（953 800－953 800）＋（200 000－100 000）＋（100 000－100 000）－324 900－80 000＝392 266（元）

3）支付给职工以及为职工支付的现金＝生产成本、制造费用、管理费用中的职工薪酬＋（应付职工薪酬年初余额－应付职工薪酬期末余额）－［应付职工薪酬（在建工程中的职工薪酬年初余额）－应付职工薪酬（在建工程中的职工薪酬期末余额）］＝324 900＋17 100＋（110 000－180 000）－（0－28 000）＝300 000（元）

4）支付的各项税费＝当期所得税费用＋税金及附加＋应交税费（应交增值税——已交税金）－（应交所得税期末余额－应交所得税期初余额）＝77 575＋2 000＋100 000－（20 097－0）＝159 478（元）

5）支付其他与经营活动有关的现金＝其他管理费用＋销售费用＝60 000＋20 000＝80 000（元）

6）收回投资收到的现金＝交易性金融资产贷方发生额＋与交易性金融资产一起收回的投资收益＝160 000＋500＝16 500（元）

7）取得投资收益收到的现金＝收到的股息收入＝30 000（元）

8）处置固定资产、无形资产和其他长期资产收回的现金净额＝300 000＋（800－500）＝300 300（元）

9）购建固定资产、无形资产和其他长期资产支付的现金＝用现金购买的固定资产、工程物资＋支付给在建工程人员的薪酬＝101 000＋300 000＋200 000＝601 000（元）

10）取得借款收到的现金＝560 000（元）

11）偿还债务支付的现金＝250 000＋1 000 000＝1 250 000（元）

12）分配股利、利润或偿付利息支付的现金＝12 500（元）

(4)将净利润调节为经营活动现金流量各项目计算分析如下。

1)资产减值准备 =900+30 000=30 900(元)

2)固定资产折旧、油气资产折耗、生产性生物资产折旧 =20 000+80 000=100 000(元)

3)无形资产摊销 =60 000(元)

4)处置固定资产、无形资产和其他长期资产的损失(减:收益)=-50 000(元)

5)固定资产报废损失 =19 700(元)

6)财务费用 =11 500(元)

7)投资损失(减:收益)=-31 500(元)

8)存货的减少 = 2 580 000-2 480 450=99 550(元)

9)经营性应收项目的减少(减:增加)=(246 000-66 000)+(299 100+900-598 200-1 800)=-120 000(元)

10)经营性应付项目的增加 =(100 000-200 000)+(100 000-100 000)+[(180 000-28 000)-110 000]+[(226 731-100 000)-36 600]=32 131(元)

(5)根据上述数据,编制现金流量表(见表14-5)及其补充资料(见表14-6)。

表 14-5 现金流量表

编制单位:天河公司　　　　　　　　20×4年度　　　　　　　　单位:元

项目	本期金额	上期金额(略)
一、经营活动产生的现金流量:		
销售商品、提供劳务收到的现金	1 312 500	
收到的税费返还		
收到其他与经营活动有关的现金		
经营活动现金流入小计	1 312 500	
购买商品、接受劳务支付的现金	392 266	
支付给职工以及为职工支付的现金	300 000	
支付的各项税费	159 478	
支付其他与经营活动有关的现金	80 000	
经营活动现金流出小计	931 744	
经营活动产生的现金流量净额	380 756	
二、投资活动产生的现金流量:		
收回投资收到的现金	16 500	
取得投资收益收到的现金	30 000	
处置固定资产、无形资产和其他长期资产收回的现金净额	300 300	
处置子公司及其他营业单位收到的现金净额		
收到其他与投资活动有关的现金		
投资活动现金流入小计	346 800	
购建固定资产、无形资产和其他长期资产支付的现金	601 000	
投资支付的现金		
取得子公司及其他营业单位支付的现金净额		
支付的其他与投资活动有关的现金		
投资活动现金流出小计	601 000	
投资活动产生的现金流量净额	-254 200	
三、筹资活动产生的现金流量:		
吸收投资收到的现金		

(续)

项目	本期金额	上期金额（略）
取得借款收到的现金	560 000	
收到其他与筹资活动有关的现金		
筹资活动现金流入小计	560 000	
偿还债务支付的现金	1 250 000	
分配股利、利润或偿付利息支付的现金	12 500	
支付其他与筹资活动有关的现金		
筹资活动现金流出小计	1 262 500	
筹资活动产生的现金流量净额	-702 500	
四、汇率变动对现金及现金等价物的影响		
五、现金及现金等价物净增加额	-575 944	
加：期初现金及现金等价物余额	1 406 300	
六、期末现金及现金等价物余额	830 356	

表 14-6　现金流量表补充资料

编制单位：天河公司　　　　　　　　20×4 年度　　　　　　　　单位：元

补充资料	本期金额	上期金额
1.将净利润调节为经营活动现金流量：		
净利润	232 725	
加：资产减值准备	30 900	
固定资产折旧、油气资产折耗、生产性生物资产折旧	100 000	
无形资产摊销	60 000	
长期待摊费用摊销		
处置固定资产、无形资产和其他长期资产的损失（收益以"-"号填列）	-50 000	
固定资产报废损失（收益以"-"号填列）	19 700	
公允价值变动损失（收益以"-"号填列）		
财务费用（收益以"-"号填列）	11 500	
投资损失（收益以"-"号填列）	-31 500	
递延所得税资产减少（增加以"-"号填列）		
递延所得税负债增加（减少以"-"号填列）		
存货的减少（增加以"-"号填列）	95 300	
经营性应收项目的减少（增加以"-"号填列）	-120 000	
经营性应付项目的增加（减少以"-"号填列）	32 131	
其他		
经营活动产生的现金流量净额	380 756	
2.不涉及现金收支的重大投资和筹资活动：		
债务转为资本		
一年内到期的可转换公司债券		
融资租入固定资产		
3.现金及现金等价物净变动情况：		
现金的期末余额	830 356	
减：现金的期初余额	1 406 300	
加：现金等价物的期末余额		
减：现金等价物的期初余额		
现金及现金等价物净增加额	-575 944	

第五节　所有者权益变动表

所有者权益变动表是反映构成所有者权益的各组成部分当期的增减变动情况的报表，有利于财务报告使用者进一步了解企业一定时期净资产的变动状况。所有者权益变动表既可以为报表使用者提供所有者权益总量增减变动的信息，也能为其提供所有者权益增减变动的结构性信息，特别是能够让报表使用者理解所有者权益增减变动的根源。

一、所有者权益变动表的性质与作用

所有者权益变动表是联结资产负债表与损益表的关键纽带，通过所有者权益变动表搭建二者之间的钩稽关系，使财务报告体系中各要素之间能够继续保持着紧密的联系。所有者权益变动表的另一使命是报告全面收益。由于一些传统会计原则的限制，越来越多的已确认未实现的利得和损失无法在损益表中列示，而是绕过利润表直接在所有者权益中确认，利润表信息的欠缺损害了会计信息的相关性，所有者权益变动表在某种程度上弥补了这个缺陷。

所有者权益变动表并不仅仅是当期所有者权益下实收资本（或股本）、其他权益工具、资本公积、库存股、其他综合收益、专项储备、盈余公积和未分配利润的详细列示，它包含了大量其他方面的信息，该表不仅从静态方面，还从动态的角度揭示了净利润、利润分配、所有者投入与所有者内部结转方面的信息。通过该表，可以全面反映企业在特定经营期内权益的综合变动情况，了解企业所有者权益变动的原因、所有者权益变动的结构，分析企业的发展战略。

二、所有者权益变动表在我国的产生与发展

1992年我国为了与国际惯例接轨，制定了《企业会计准则》及行业会计制度，在财务报表方面引入了财务状况变动表。1998年终止了财务状况变动表的使用，改编现金流量表。所有者权益变动表在我国出现的比较晚，2001年，我国在《企业会计制度》规范的财务会计报告体系中增加了对外提供的财务报表的数量，要求企业在原来提供资产负债表、利润表、现金流量表和利润分配表的基础上，增加所有者权益变动表、分部报表等报表披露，其中，所有者权益变动表是作为资产负债表的附表而编报的。2006年2月我国发布的《企业会计准则第30号——财务报表列报》规定，财务报表是对企业财务状况、经营成果和现金流量的结构性表述，至少应当包括：资产负债表、利润表、现金流量表、所有者权益（或股东权益）变动表、附注。由此，随着财务报表及附注地位的提高，原先由企业在定期报告全文中以资产负债表附表形式出现的所有者权益变动表，成了必须与资产负债表、利润表和现金流量表并列披露的第四张财务报表主表。在2014年发布的《企业会计准则第30号——财务报表列报》修订版中，延续了对所有者权益变动表的相关规定，所有者权益变动表作为财务报表的重要组成部分提供给财务报告使用者。

三、我国将所有者权益变动表上升为主表的原因

对于市场经济全面发展深入推进并日益成为世界经济重要组成部分的我国，引进全面收益理论，编制所有者权益变动表并将其提升到主表的地位，进一步改进企业的业绩报告，在

现阶段十分必要。原因如下。

（一）有助于改进我国企业特别是上市公司的业绩信息披露

我国目前已有不少利得项目绕过利润表直接进入资产负债表中所有者权益部分，比如其他债权投资的公允价值变动、股价支付等，而且这些内容还会不断增加，这就需要增加一个能系统地把这些项目集中列示出来的报表——所有者权益变动表，为财务报表使用者提供更全面、更及时和更有用的全部业绩信息。

（二）有助于解决我国的衍生金融工具会计难题

随着资本市场全球化速度的加快和我国金融业务的发展，衍生金融工具也将在我国得到广泛的应用。衍生金融工具采用了公允价值的计量属性，也就必须解决公允价值变动的确认和报告问题。在现行的财务报表体系中增加所有者权益变动表，来容纳部分衍生工具公允价值的变动，便于使用者充分了解有关衍生工具的风险和报酬。

（三）有助于促使资本市场的健康发展

如果对于已经发生的价值增值不予报告，就为操纵收益敞开方便之门。有的上市公司往往通过选择实现的时机和金额来操纵报告收益，"创造性"地实现意欲达到的目标。通过所有者权益变动表补充披露现行利润表不能反映的已确认未实现的收益，可以使得未实现利得不再成为所谓的"收益储存器"，在一定程度上增加信息披露的透明度，限制上市公司的管理当局随意操纵报告收益的行为，从而增强使用者对会计信息的信心，促进资本市场的流动，保证证券市场的稳定发展。

（四）符合会计国际趋同的需要

作为收益报告的新模式，全面收益报告已是国际发展趋势。世界上部分国家以及国际会计准则理事会已在相应准则中将权益变动表作为财务报表的内容之一，要求企业编报。随着我国经济开放度和国际依存度的提高，经济的一体化程度也在提高，为了减少交易成本，客观上也要求缩小与国际惯例之间的现实差异，提高会计信息的可比性，从而降低公司的筹资成本。将所有者权益变动表上升为主表进行披露，可以更好地向资本市场上的投资者传递对其决策有用的信息。因此，既能更好地保护投资者的利益，满足其资本保全和增值的需要，又可实现我国会计标准的国际趋同。

四、所有者权益变动表的格式和内容

（一）所有者权益变动表的格式

为了清楚地表明构成所有者权益的各组成部分当期的增减变动情况，所有者权益变动表以矩阵的形式列示：一方面，列示导致所有者权益变动的交易或事项，按所有者权益变动的来源对一定时期所有者权益变动情况进行全面反映；另一方面，按照所有者权益各组成部分（包括实收资本、资本公积、盈余公积、其他综合收益、未分配利润和库存股等）及其总额列示交易或事项对所有者权益的影响。此外，企业还需要提供比较所有者权益变动表，所有者权益变动表还就各项目再分为"本年金额"和"上年金额"两栏分别填列。所有者权益变动表的具体格式如表 14-7 所示。

表14-7 所有者权益变动表

编制单位：天河公司　　　　　　　　20×4年度　　　　　　　　单位：元

项目	本年金额										上年金额									
	实收资本（或股本）	其他权益工具			资本公积	减：库存股	其他综合收益	专项储备	盈余公积	未分配利润	所有者权益合计	实收资本（或股本）	其他权益工具			资本公积	减：库存股	其他综合收益	专项储备	盈余公积	未分配利润	所有者权益合计
		优先股	永续债	其他									优先股	永续债	其他							
一、上年年末余额																						
加：会计政策变更																						
前期差错更正																						
其他																						
二、本年年初余额																						
三、本年增减变动金额（减少以"-"号填列）																						
（一）综合收益总额																						
（二）所有者投入和减少资本																						
1.所有者投入的普通股																						
2.其他权益工具持有者投入资本																						
3.股份支付计入所有者权益的金额																						
4.其他																						
（三）利润分配																						
1.提取盈余公积																						
2.对所有者（或股东）的分配																						
3.其他																						
（四）所有者权益内部结转																						
1.资本公积转增资本（或股本）																						
2.盈余公积转增资本（或股本）																						
3.盈余公积弥补亏损																						
4.设定受益计划变动额结转留存收益																						
5.其他综合收益结转留存收益																						
6.其他																						
四、本年年末余额																						

(二) 所有者权益变动表的内容

所有者权益变动表是指反映构成所有者权益各组成部分当期增减变动情况的报表。所有者权益变动表应当全面反映一定时期所有者权益变动的情况，不仅包括所有者权益总量的增减变动，还包括所有者权益增减变动的重要结构性信息，让报表使用者准确理解所有者权益增减变动的根源。

所有者权益变动表至少应当单独列示反映下列信息的项目。①综合收益总额，在合并所有者权益变动表中还应单独列示归属于母公司所有者的综合收益总额和归属于少数股东的综合收益总额。②会计政策变更和前期差错更正的累积影响金额。③所有者投入资本和向所有者分配利润等。④按照规定提取的盈余公积。⑤所有者权益各组成部分的期初和期末余额及其调整情况。

第六节 财务报表附注

一、财务报表附注概述

(一) 财务报表附注的概念

财务报表附注是为了便于财务报表使用者理解财务报表的内容而对财务报表的编制基础、编制依据、编制原则和方法及主要项目等所做的解释。它是对在资产负债表、利润表、现金流量表和所有者权益变动表等报表中列示项目的文字描述或明细资料，以及对未能在这些报表中列示项目的补充说明，是财务报告的重要组成部分。

(二) 财务报表附注的作用

1. 解释财务报表的编制基础、编制依据、编制原则和方法

财务报表中的数字受报表编制基础、编制依据、编制原则和方法的影响。例如，建立在持续经营假设基础之上的报表与建立在清算基础上的报表必然采用不同的计价基础。再比如，对于一种经济业务（如固定资产折旧、发出存货的计价、借款费用的处理等）可能存在不同的会计原则和账务处理方法，也就是说有不同的会计政策可供选择。如果不交代财务报表中的这些项目是采用什么原则和方法确定的，就会给财务报表使用者理解财务报表带来一定的困难，这就需要在财务报表附注中加以说明。另外，企业有可能改变财务报表中某些项目的会计政策，由于不同期间的财务报表中对同一个项目采用了不同的会计政策，影响了不同期间财务报表的可比性，为了帮助财务报表使用者掌握会计政策的变化，也需要在财务报表附注中加以说明。所以说，通过对财务报表编制基础、编制依据、编制原则和方法的说明，有助于财务报表使用者对表内数据进行透彻的理解。

2. 对表内的有关主要项目做细致的解释

每一报表项目提供了某一方面的指标，具有综合性。为了使财务报表使用者了解某一指标的具体情况，企业必须通过附注的方式对其进行深入的说明。例如，资产负债表中虽然提供了企业的存货指标，但为了披露更详细的存货信息，需要在报表附注中详细列明存货中原材料、库存商品、包装物、低值易耗品等项目的金额，为财务报表使用者提供了解存货构成所需的会计信息。对报表项目的解释，还能够为财务报表使用者提供关于资产质量、盈利能力等方面的信息。例如，资产负债表中的应收账款只是一个年末余额，至于各项应收账款的账龄、债务人的信用情况就无从得知。通过报表附注提供关于应收账款账龄、主要债务人等信息，有利于财务报表使用者通过账龄的长短和主要债务人的资信状况判断应收账款的可回收程度，了解应收账款的质量。

（三）财务报表附注披露的基本要求

1）附注披露的信息应是定量、定性信息的结合，从而能从量和质两个角度对企业经济事项完整地进行反映，以满足信息使用者的决策需求。

2）附注应当按照一定的结构进行系统合理的排列和分类，有顺序地披露信息。由于附注的内容繁多，因此更应按逻辑顺序排列，分类披露，条理清晰，具有一定的组织结构，以便于财务报表使用者理解和掌握，也更好地实现财务报表的可比性。

3）附注相关信息应当与资产负债表、利润表、现金流量表和所有者权益变动表等报表中列示的项目相互参照，以有助于财务报表使用者联系相关联的信息，并由此从整体上更好地理解财务报表。

二、财务报表附注的内容

财务报表附注的编制尽管不是千篇一律的，但至少应当按照下列顺序披露：①企业的基本情况；②财务报表的编制基础；③遵循《企业会计准则》的声明；④重要会计政策和会计估计；⑤会计政策和会计估计变更以及差错更正的说明；⑥报表重要项目的说明；⑦或有和承诺事项、资产负债表日后非调整事项、关联方关系及其交易等需要说明的事项；⑧有助于财务报表使用者评价企业管理资本的目标、政策及程序的信息。

第七节 其他财务报告

一、中期财务报告

（一）中期财务报告的定义

中期财务报告，是指以中期为基础编制的财务报告。中期是指短于一个完整的会计年度（自公历 1 月 1 日起至 12 月 31 日止）的报告期间，它可以是一个月、一个季度或者半年，也可以是其他短于一个会计年度的期间。因此，中期财务报告有月度财务报告、季度财务报告、半年度财务报告等类型。

（二）中期财务报告的内容构成

中期财务报告至少应当包括资产负债表、利润表、现金流量表和附注。中期资产负债表、利润表和现金流量表应当是完整报表，其格式和内容应当与上年度财务报表相一致；也可以是简化的财务报表。中期财务报表附注相对于年度财务报表附注，其披露的信息可以是适当简化的。

（三）中期财务报告的确认和计量

1. 中期财务报告的确认与计量的基本原则

1）中期财务报告中各会计要素的确认和计量原则应当与年度财务报表所采用的原则相

一致。

2）在编制中期财务报告时，中期会计计量应当以年初至本中期末为基础，财务报告的频率不应当影响年度结果的计量。

3）企业在中期不得随意变更会计政策，应当在中期财务报表中采用与年度财务报表相一致的会计政策。上年度资产负债表日之后发生了会计政策变更，且变更后的会计政策将在年度财务报表中采用的，中期财务报表应当采用变更后的会计政策。同时，在中期财务报告的附注中应当说明会计政策变更的性质、内容、原因及其影响数。会计政策变更的累积影响数能够合理确定、且涉及本会计年度以前中期财务报表相关项目数字的，应当予以追溯调整，视同该会计政策在整个会计年度一贯采用；同时，上年度可比财务报表也应当进行相应调整。无法进行追溯调整的，应当说明原因。

4）在同一会计年度内，以前中期财务报告中的中期财务报表项目在以后中期发生了会计估计变更的，以后中期财务报表应当反映该会计估计变更后的金额，但对以前中期财务报表项目金额不进行调整。以前中期财务报告中报告的某项估计金额在最后一个中期发生了重大变更、企业又不单独编制该中期财务报告的，应当在年度财务报告的附注中披露该项估计变更的内容、原因及其影响金额。

2. 季节性、周期性或者偶然性取得的收入的确认和计量

对于季节性、周期性或者偶然性取得的收入，除了在会计年度末允许预计或者递延的之外，企业都应当在发生时予以确认和计量，不应当在中期财务报表中预计或者递延。

3. 会计年度中不均匀发生的费用的确认与计量

对于会计年度中不均匀发生的费用，除了在会计年度末允许预提或者待摊的之外，企业均应当在发生时予以确认和计量，不应当在中期财务报表中预提或者待摊。

（四）中期财务报告的编制要求

1. 中期财务报告编制应遵循的原则

（1）应遵循与年度财务报告相一致的会计政策原则

企业在编制中期财务报告时，所采用的会计政策应当与年度财务报告所采用的会计政策相一致，在中期不得随意变更会计政策。

（2）应遵循重要性原则

在遵循重要性原则时应注意以下几点：①重要性程度的判断应当以中期财务数据为基础，而不得以预计的年度财务数据为基础；②重要性原则的运用应当保证中期财务报告包括与理解企业中期末财务状况和中期经营成果及其现金流量相关的信息；③重要性程度的判断需要根据具体情况做具体分析和职业判断。

（3）应遵循及时性原则

编制中期财务报告的主要目的是能够向信息使用者提供更为及时的会计信息，帮助他们较为精确地评价企业的经营业绩和对未来发展前景进行预测，从而做出正确的经济决策。

2. 中期合并财务报表和母公司财务报表的编报要求

根据《企业会计准则第32号——中期财务报告》的规定，企业上年度编制合并财务报表的，中期期末应当编制合并财务报表。上年度财务报告除了包括合并财务报表，还包括母公司财务报表的，中期财务报告也应当包括母公司财务报表。上年度财务报告包括了合并财务报表，但报告中期内处置了所有应当纳入合并范围的子公司的，中期财务报告只需提供母

公司财务报表，但上年度比较财务报表仍应当包括合并财务报表，上年度可比中期没有子公司的除外。具体编制要求包括以下几点。

1）上年度编报合并财务报表的企业，其中期财务报告也应当编制合并财务报表，而且合并财务报表的合并范围、合并原则、编制方法和合并财务报表的格式与内容等也应当与上年度合并财务报表相一致，但当年新企业会计准则有新规定的除外。

2）上年度财务报告中包括了合并财务报表，但在报告中期内处置了所有应纳入合并范围的子公司的，中期财务报告应当包括当年子公司处置前的相关财务信息，但中期财务报告可以不必编制合并财务报表。值得注意的是，企业提供的上年度比较财务报表应当同时提供合并财务报表和母公司财务报表。

3）企业在报告中期内新增子公司的，应当在中期末将该子公司财务报表纳入合并财务报表的合并范围。

4）应当编制合并财务报表的企业，如果在上年度财务报告中除了提供合并财务报表之外，还提供了母公司财务报表，那么在其中期财务报告中除了应当提供合并财务报表之外，也应当提供母公司财务报表。

3. 比较财务报表的编制要求

在中期财务报告中，企业应当提供以下比较财务报表。

1）本中期末的资产负债表和上年度末的资产负债表；

2）本中期的利润表、年初至本中期末的利润表以及上年度可比期间的利润表（其中上年度可比期间的利润表是指上年度可比中期的利润表和上年度年初至上年可比中期末的利润表）；

3）年初至本中期末的现金流量表和上年度年初至上年可比本期末的现金流量表。

4. 中期财务报告附注

中期财务报告中的附注应当以年初至本中期末为基础编制，披露自上年度资产负债表日之后发生的，有助于理解企业财务状况、经营成果和现金流量变化情况的重要交易或者事项。对于理解本中期财务状况、经营成果和现金流量有关的重要交易或者事项，也应当在附注中做相应披露。

中期财务报告中的附注至少应当包括下列信息。

1）中期财务报表所采用的会计政策与上年度财务报表相一致的声明。在中期会计政策发生变更的，应当说明会计政策变更的性质、内容、原因及其影响数；无法进行追溯调整的，应当说明原因。

2）会计估计变更的内容、原因及其影响数；影响数不能确定的，应当说明原因。

3）前期差错的性质及其更正金额；无法进行追溯重述的，应当说明原因。

4）企业经营的季节性或者周期性特征。

5）存在控制关系的关联方发生变化的情况；关联方之间发生交易的，应当披露关联方关系的性质、交易类型和交易要素。

6）合并财务报表的合并范围发生变化的情况。

7）对性质特别或者金额异常的财务报表项目的说明。

8）证券发行、回购和偿还情况。

9）向所有者分配利润的情况，包括在中期内实施的利润分配和已提出或者已批准但尚未实施的利润分配情况。

10)根据《企业会计准则第35号——分部报告》规定应当披露分部报告信息的,应当披露主要报告形式的分部收入与分部利润(亏损)。

11)中期资产负债表日至中期财务报告批准报出日之间发生的非调整事项。

12)上年度资产负债表日以后所发生的或有负债和或有资产的变化情况。

13)企业结构变化情况,包括企业合并,对被投资单位具有重大影响、共同控制或者控制关系的长期股权投资的购买或者处置,终止经营等。

14)其他重大交易或者事项,包括重大的长期资产转让及其出售情况、重大的固定资产和无形资产取得情况、重大的研究和开发支出、重大的资产减值损失情况等。

企业在提供上述5)和10)有关关联方交易、分部收入与分部利润(亏损)信息时,应当同时提供本中期(或者本中期期末)和本年度年初至本中期期末的数据,以及上年度可比本中期(或可比期期末)和可比年初至本中期期末的比较数据。

二、分部报告

(一)分部报告概述

企业存在多种经营或跨地区经营的,应当按照《企业会计准则第35号——分部报告》的规定披露分部信息。企业披露分部信息,应当区分业务分部和地区分部。分部报告指以企业的经营分部和地区分部为主体编制的提供分部信息的财务报告。企业应当以对外提供的财务报表为基础披露分部信息。对外提供合并财务报表的企业,应当以合并财务报表为基础披露分部信息。但是,法律、行政法规另有规定的除外。

(二)业务分部的确定

业务分部,是指企业内可区分的、能够提供单项或一组相关产品或劳务的组成部分,该组成部分承担了不同于其他组成部分的风险和报酬。业务分部须同时满足以下条件。

1)该组成部分能够在日常活动中产生收入、发生费用。

2)企业管理层能够定期评价该组成部分的经营成果,以决定向其配置资源、评价其业绩。

3)企业能够取得该组成部分的财务状况、经营成果和现金流量等有关会计信息。

企业在确定业务分部时,应当结合企业内部管理要求,并考虑下列因素。

1)各单项产品或劳务的性质,包括产品或劳务的规格、型号、最终用途等。

2)生产过程的性质,包括采用劳动密集或资本密集方式组织生产、使用相同或者相似设备和原材料、采用委托生产或加工方式等。

3)产品或劳务的客户类型,包括大宗客户、零散客户等。

4)销售产品或提供劳务的方式,包括批发、零售、自产自销、委托销售、承包等。

5)生产产品或提供劳务受法律、行政法规的影响,包括经营范围或交易定价限制等。

(三)地区分部的确定

地区分部,是指企业内可区分的、能够在一个特定的经济环境内提供产品或劳务的组成部分。该组成部分承担了不同于在其他经济环境内提供产品或劳务的组成部分的风险和报酬。企业在确定地区分部时,应当结合企业内部管理要求,并考虑下列因素。

1)所处经济、政治环境的相似性,包括分部所在地区经济和政治的稳定程度等。

2）在不同地区经营之间的关系，包括在某地区进行产品生产，而在其他地区进行销售等。

3）经营的接近程度大小，包括在某地区生产的产品是否需在其他地区进一步加工生产等。

4）与某一特定地区经营相关的特别风险，包括气候异常变化等。

5）外汇管理规定，即分部所在地区是否实行外汇管制。

6）外汇风险。

值得注意的是，当两个或两个以上的业务分部或地区分部同时满足下列条件的，可以予以合并：一是具有相近的长期财务业绩，包括具有相近的长期平均毛利率、资金回报率、未来现金流量等；二是确定业务分部或地区分部所考虑的因素类似。

（四）报告分部的确定

企业应当以业务分部或地区分部为基础确定报告分部。业务分部或地区分部的大部分收入是对外交易收入，且满足下列条件之一的，应当将其确定为报告分部。

1）该分部的分部收入占所有分部收入合计的 10% 或者以上。

2）该分部的分部利润（亏损）的绝对额，占所有盈利分部利润合计额或者所有亏损分部亏损合计额的绝对额两者中较大者的 10% 或者以上。

3）该分部的分部资产占所有分部资产合计额的 10% 或者以上。

报告分部的对外交易收入合计额占合并总收入或企业总收入的比重未达到 75% 的，应当将其他的分部确定为报告分部，直到该比重达到 75%。当业务分部或地区分部不满足以上三条确定条件时，按照下列规定处理。

1）不考虑该分部的规模，直接将其指定为报告分部。

2）不将该分部直接指定为报告分部的，可将该分部与一个或一个以上类似的、未满足以上三条确定条件的其他分部合并为一个报告分部。

3）不将该分部指定为报告分部且不与其他分部合并的，应当在披露分部信息时，将其作为其他项目单独披露。

（五）分部信息的披露

企业应当区分主要报告形式和次要报告形式披露分部信息。

1）风险和报酬主要受企业的产品和劳务差异影响的，披露分部信息的主要形式应当是业务分部，次要形式是地区分部。

2）风险和报酬主要受企业在不同的国家或地区经营活动影响的，披露分部信息的主要形式应当是地区分部，次要形式是业务分部。

3）风险和报酬同时较大地受企业产品和劳务的差异以及经营活动所在国家或地区差异影响的，披露分部信息的主要形式应当是业务分部，次要形式是地区分部。

对于主要报告形式，企业应当在附注中披露分部收入、分部费用、分部利润（亏损）、分部资产总额和分部负债总额等。企业披露的分部信息，应当与合并财务报表或企业财务报表中的总额信息相衔接。

分部信息的主要报告形式是业务分部的，应当就次要报告形式披露下列信息：

1）对外交易收入占企业对外交易收入总额 10% 或者以上的地区分部，以外部客户所在地为基础披露对外交易收入。

2）分部资产占所有地区分部资产总额 10% 或者以上的地区分部，以资产所在地为基础披露分部资产总额。

分部信息的主要报告形式是地区分部的，应当就次要报告形式披露下列信息：

1）对外交易收入占企业对外交易收入总额 10% 或者以上的业务分部，应当披露对外交易收入。

2）分部资产占所有业务分部资产总额 10% 或者以上的业务分部，应当披露分部资产总额。

此外，企业应当披露分部会计政策，但分部会计政策与合并财务报表或企业财务报表一致的除外。企业在披露分部信息时，应当提供前期比较数据。但是，提供前期比较数据不切实可行的除外。

▶本章小结

财务会计报告是企业对外提供的反映企业某一特定日期财务状况和某一会计期间经营成果、现金流量的文件，由财务报表、财务报表附注、财务情况说明书三部分构成。财务报表是企业在会计期末以日常会计核算资料为依据编制的系统反映本企业财务状况和经营成果的表式报告。财务报表的主表由利润表、资产负债表、现金流量表、所有者权益变动表构成。资产负债表是指反映企业在某一特定日期（月末、季末、年末）的财务状况的报表，是在分析资产、负债及所有者权益类科目期末余额的基础上编制的。资产负债表向财务报表使用者提供有关资产、负债和所有者权益情况的指标。利润表是指反映企业在一定会计期间的经营成果的会计报表，是在分析损益类账户发生额的基础上编制的。通过阅读利润表，财务报表使用者能够了解企业收入的取得和费用的开支情况以及利润的构成情况。现金流量表是指反映企业在一定会计期间现金和现金等价物流入和流出的会计报表，是在资产负债表和利润表的基础上综合分析各类经济活动对现金流量的影响而编制的。现金流量表有助于财务报表使用者评价企业未来产生现金净流量的能力以及偿债能力和支付投资利润的能力，通过对现金投资与融资、非现金投资与融资的分析，有利于财务报表使用者全面了解企业的财务状况。所有者权益变动表是反映构成所有者权益的各组成部分当期增减变化情况的报表，不仅包括所有者权益总量的增减变动，还包括所有者权益增减变动的结构信息，让财务报表使用者准确理解所有者权益增减变动的根源。财务报表附注是为了便于财务报表使用者理解财务报表的内容而对财务报表的编制基础、编制依据、编制原则和方法及主要项目等所做的解释。中期财务报告和分部报告有助于财务报表使用者及时、全面地了解和评价企业的经营业绩，提高会计信息的决策有用性。

▶思政园地

构建新时代中国特色"综合会计报告"体系

《会计改革与发展"十四五"规划纲要》强调，"十四五"时期是会计工作实现高质量发展的关键时期，会计作为宏观经济管理和市场资源配置的基础性工作，在我国全面深化改革和深度融入经济全球化的进程中，面临难得的发展机遇，同时也面临着诸多挑战。会计的核算与监督活动，犹如国家财税体制和宏观经济运行的基因编码工程，为国家经济改革与发展输出源源不断的管理决策信息。通过汇集和合并各个会计主体的会计报告，实现国家经济活动的整体联结，会计活动及其成果——会计信息担纲起了社会经济运行的神经中枢功能。

新时代，我国基本实现了会计准则的国际趋同与等效，企业会计准则体系日趋完善，政府会计准则体系加快推进，财务会计、预算会计、管理会计、会计监督、内部控制等制度建设与实践指引相继出台，在世界会计改革和发展中探索出了中国会计制度建设和服务经济健康运行的有益经验，为我国加快推进中国特色会计报告体系建设奠定了制度根基。但同时也应该清醒地看到，我国当前的会计概念框架仍不够完善，会计制度服务中国经济现代化的能力仍需进一步提升。可以说，虽然整合和重构中国特色会计报告体系的制度基础已经成熟，但机遇与挑战仍然存在。

会计报告是会计信息的主要载体，会计报告体系是否科学完备，在一定程度上影响着一个国家经济制度和治理体系现代化的进程，其建构和完善应以统一规范的会计概念框架为前提。当前，在我国全面深化会计改革和会计准则国际趋同时代背景下，会计活动已经不仅仅局限于财务会计，还包括预算会计、管理会计，以及与之密不可分的内部控制、会计监督等活动。与之相对应的是，社会对会计报告的需求，亦已大大超越了传统意义上财务会计报告的范畴，未来更要着眼于一种更加整合的趋势，目标是向内、外部利益相关者提供更加综合、全面、真实的会计信息，新时代构建具有中国特色"综合会计报告"体系越来越显得重要和迫切。

中国在改革开放和经济建设过程中，一方面应坚持中国会计准则与国际会计准则的趋同和等效，另一方面应在世界会计改革与发展特别是会计基础理论探索和创新中发出中国声音，做出中国贡献。在全面深化改革的背景下，廓清财务与会计的语境纷争，建立统一、理性的具有中国特色的"综合会计报告"体系，不仅有利于明确会计活动的基本范畴，以及会计活动与财务活动之间的关系，持续推进我国会计领域的改革与发展；更有利于进一步完善中国特色社会主义基本经济制度，从实际出发推进我国国家治理体系和治理能力现代化，助力全面深化改革总体目标的顺利实现。

资料来源：赵红卫.新时代中国特色"综合会计报告"整合研究：兼谈财务与会计的语境纷争[J].会计之友，2022（13）：10-17.

国际视野

拓展阅读

章后练习

关键术语音频

▶关键术语听与读

- **Account form（账户式）**：The account form refers to the format of the balance sheet, just like an accounting entry of debit and credit, in which the assets are listed on the left hand side, while the liabilities and stockholders' equity are listed on the right hand side.

- **Analytical filling method（分析填列法）**：The analytical filling method refers to the method that is one of the preparation methods of the cash flow statement. Assuming that all the income in the current period is received in cash, the project amount is mainly reflected in the "main operating revenue" project: cash received from selling goods and providing labor services = main operating revenue + output tax.

- **Balance sheet（资产负债表）**：The balance sheet is the main accounting statement that represents the financial status of an enterprise on a certain date, which is composed of three accounting elements: assets, liabilities and owner's equity, which reflect the composition and status of enterprise assets, the total amount

- of liabilities and its structure on a certain date, reveal the source and composition of enterprise assets, and explain, evaluate and predict the short-term solvency of enterprises.
- Business segment（业务分部）: The business segment refers to the components that can be distinguished within the enterprise and can provide a single or a group of related products or services, which bears the risks and rewards different from other components.
- Direct method（直接法）: The direct method is one method to prepare the statement of cash flows, by which the main categories of cash income and cash expenditure directly reflect the cash flow generated by the business activities of the enterprise.
- Financial report（财务报告）: The financial report refers to the documents provided by the enterprise to reflect the financial status of the enterprise on a specific date and the operating results, cash flows and other accounting information of an accounting period.
- Financial statements（财务报表）: The financial statements are the core contents of the financial report is to express the financial situation, operating results, cash flow and structure of the enterprise.
- Income statement（利润表）: The income statement refers to the statement that reflects the revenue and expenditure and financial results of the enterprise in a specific period.
- Indirect method（间接法）: The indirect method is one method to prepare the statement of cash flows, by which the net profit is taken as the starting point, the income, expenses, non-operating income and expenditure and other related items that do not involve cash, are adjusted, excluding the impact of investment activities and financing activities on cash flow, so as to calculate the cash flow generated by operating activities.
- Interim financial report（中期财务报告）: The interim financial report refers to the financial report prepared on an interim basis such as monthly, quarterly or biannually.
- Multi-step income statement（多步式利润表）: In a multi-step income statement, the income and related costs, expenses and expenses are listed in the table respectively, according to the profit components, matched with each other, and the relevant profit indicators are calculated, so as to finally calculate the current net profit.
- Notes to financial statements（财务报表附注）: The notes to financial statement are to facilitate the users of financial statements to understand the contents of financial statements, the interpretation of the preparation basis, basis, principles and methods of preparation and main items of financial statements.
- Regional segment（地区分部）: The regional segment refers to the distinguishable components of an enterprise that can provide products or services in a specific economic environment.
- Report form（报告式）: The report form refers to the format of the balance sheet, just like the format of a report, in which the assets are listed on the top, while the liabilities and stockholders'equity are listed next.
- Single step income statement（单步式利润表）: In a single step income statement, the current profit and loss is calculated by subtracting the total amount of costs, expenses and expenses from the total amount of various revenues.
- Segment report（分部报告）: The segment report refers to a financial report that provides

- segment information based on the operating segments and regional segments of the enterprise.
- Statement of cash flows（现金流量表）: The statement of cash flows refers to the statement that comprehensively reflects the source, application, increase and decrease of cash in a certain accounting period.
- Statement of changes in owner's equity（所有者权益变动表）: The statement of changes in owner's equity refers to the statement that reflects the increase and decrease of each component of the owner's equity in the current period is conducive to the users of financial reports to further understand the changes in the net assets of the enterprise in a certain period.
- T-account method（T形账户法）: The T-account method, which is applied to prepare the statement of cash flows, is to analyze each item, which is based on the data of the balance sheet and income statement, and prepare adjusting entries by means of the T-account.
- Working paper method（工作底稿法）: The working paper method, which is applied to prepare the cash flows statement, is to analyze each item, which is based on the data of the balance sheet and income statement, and prepare adjusting entries with the tool of the working paper.

▶ 综合案例二

"蛇吞象"：吉利并购沃尔沃

一、并购背景

浙江吉利控股集团有限公司（简称"吉利"）成立于1986年，是我国最早也是最大的民营汽车制造商，其前身是位于浙江省台州市路桥区的黄岩县制冷元件厂。1997年吉利开始进入汽车产业，1998年8月8日，吉利自主研发的第一台轿车——吉利·豪情二厢轿车在临海正式下线。吉利旗下拥有吉利汽车、领克汽车、几何汽车、极氪汽车、沃尔沃汽车、Polestar、宝腾汽车、路特斯汽车、伦敦电动汽车、远程新能源商用车等众多国际知名品牌。2002年经营规模列"全国500强"第421位、"浙江省100强"第28位。2003年被评为"中国汽车工业50年发展速度最快、成长性最好"的企业之一。2012年7月，吉利进入全球500强，营业总收入为1 798 500万欧元（约合人民币1 500亿元）。在之前公布的2022年《财富》世界500强排行榜中，吉利以558.6亿美元营收位列第229位，较上一年提升10位，这是该集团连续第十一年位列《财富》世界500强。

1999年，福特汽车在其全盛时期，花费了64亿美元并购了沃尔沃，让这个总部位于瑞典的豪华乘用车品牌成为福特旗下一个全资子公司。沃尔沃汽车销售额在过去数年来一直下滑。随着2008年全球金融危机的蔓延，沃尔沃轿车业务出现巨额亏损。全球金融危机爆发使得福特汽车出现巨额亏损，不得不卖掉那些不挣钱的品牌。在把捷豹和路虎两个品牌卖给印度塔塔汽车集团后，福特汽车又决定出售沃尔沃相关业务以缩减生产成本，全力保证福特品牌的开发及运营工作。2008年年底，福特公司汽车业务债务为258亿美元，减债后仍然有100多亿美元的缺口，卖掉沃尔沃能迅速回笼资金，避免福特进一步陷入困局。

二、并购动因

从2001年吉利汽车拿到轿车生产资格开始，李书福为吉利定下的口号为"造老百姓买得起的车"，吉利汽车以低价策略与国内市场上的主要竞争对手——合资车企们实现差异化竞争。那时，吉利在消费者中的形象和口碑几乎是低端制造的代名词。沃尔沃具有丰富的产品线和高端的品牌形象，在安全性和可靠性方面一直受外界好评。对于那时的吉利而言，并购沃尔沃是其摆脱低端品牌形象、实施战略转型中的一颗重要棋子——利用沃尔沃多年沉淀的技术体系与"最安全车"的品牌形象,来打吉利汽车的"安全牌",从而实现吉利旗下品牌的重新定位。

2010年3月28日21时,吉利与美国福特汽车公司正式签署了对沃尔沃汽车公司的股权并购协议,进驻汽车行业不过十年的中国民营企业吉利以18亿美元成功并购了拥有将近90年历史的豪华汽车品牌沃尔沃轿车公司100%的股权以及相关资产(包括知识产权),这是中国跨国并购历史上重要的里程碑。

三、并购过程

沃尔沃是瑞典最大的轿车公司,即使在金融危机严重的2008年,它仍然保持了147亿美元(约合1 000亿元人民币)的销售收入。而吉利进入汽车行业不过十余年,总资产只有230亿元人民币,利润不过十几亿元,吉利是如何凭借一己之力完成这样庞大的海外并购的呢?

吉利并购沃尔沃是杠杆收购的范例,吉利以18亿美元并购沃尔沃100%股权,后续运营资金大约9亿美元,收购和发展沃尔沃总共27亿美元。其中,资金的50%来自国内,50%来自国外。国内的资金来源50%是吉利的自有资金,另外50%来自银行贷款、地方政府资金。并且,吉利与中国进出口银行、中国银行等都签订了贷款协议。被业界惊呼"蛇吞象"的吉利,此次成功并购的主要方式就是杠杆收购,而外界融资也在其中发挥了重要的作用。

然而,当时的沃尔沃处于连年亏损和大量负债之中,吉利本身也背负了很多负债,一旦资金链断裂,后果不堪设想,为什么吉利仍不惜借大量外债以18亿美元的高价来购买沃尔沃?除了前面提到的摆脱低端品牌形象、实施战略转型,商誉的存在是主要原因。当时沃尔沃的净资产是15亿美元,吉利以18亿美元并购沃尔沃,就产生了3亿美元的商誉。李书福正是看到了商誉带来的巨大潜在利益才会在沃尔沃糟糕的财务状况下不惜借大量外债来购买沃尔沃。

四、并购风险

金融危机使得许多海外资产被低估。通过海外并购,吉利用较低的成本,获取到梦寐以求的汽车国际品牌、核心技术和国际营销渠道,这是中国汽车产业实现技术跨越的一个捷径,可以迅速提高中国汽车产业的软实力。但成功并购只是第一步,在众多的杠杆收购案例中,大多数收购者最终都因杠杆收购背后所隐藏的巨大风险而失败。作为一种以小搏大的收购方式,在成功并购目标企业后,收购方仍然面临着巨大的运营风险与财务风险。

由于吉利无论从规模还是技术等综合实力上来看对比沃尔沃依旧属于后发企业,因此在收购高端品牌时会出现很多重大的不确定性,比如东道国和被收购企业可能会设置一系列苛刻的限制条款防止技术流失和生产重心的转移。吉利收购沃尔沃100%的股权,整个知识产权谈判是核心。沃尔沃在过去多年的发展中,许多技术都来自老东家福特汽车,而福特汽车的其他车型实际上也共享着沃尔沃的大部分知识产权。因此如何在这种平行的知识产权关系中尽量争取自身的效益最大化,一直是吉利面对的挑战。

在后续发展方面,尽管吉利宣称为沃尔沃的后续发展准备了9亿美元的运营资金,但是据估计并购后仍将要弥补几十亿美元的持续经营资金缺口,才得以完成沃尔沃国产化的进程,这使人不得不担忧吉利激活并购后资金链的可持续性。

并购沃尔沃以来,吉利的偿债压力十分明显。据统计,沃尔沃本身负担着35亿美元的债务,吉利并购的同时也接管了这一债务,这使得吉利的负债总额由2009年的160.5亿元攀升至2010年的710.7亿元。2010年吉利的资本负债率达到了73.47%,而同行业最高的负债率也不过60%,可见吉利将面对长期的偿债压力。从短期来看,吉利的短期资金压力也越来越严重。根据吉利集团公布的财务数据可知,流动负债在其710.7亿元负债中占了接近70%。吉利集团在完成并购后的流动比率和速动比率也迅速下降。流动比率从2009年的1.15降至2010年的0.83。速动比率从1.07降至0.59。再加上一年内到期的非流动负债在2010年末也上涨至108.85亿元,更为偿债增添了压力。另外,在吉利杠杆收购沃尔沃的资金中，约有13亿元的境外资金，高额的利息以及汇率风险也为吉利带来了极大的财务压力。

对于运营资金困境带来的风险，2011年7月吉利宣布启动一项10亿元的企业债券融资计划，其中将有3亿元用于补充集团营运所需资金。可见资金链紧张带来的风险对杠杆收购后的吉利是不容忽视的。

五、结语

在李书福"放虎归山"战略的清晰指引下，沃尔沃2013年就实现了扭亏为盈，并且呈现出了快速复苏的态势。如今的吉利和沃尔沃可以说是蒸蒸日上，也足以说明这场标志性的收购案实现了吉利和沃尔沃的双赢。吉利在并购过程中展示出来的专业能力和对不同文化的尊重，为吉利控股的后续海外投资与并购提供了信用和实力的背书，真正做到了和而不同、合作共赢。正是从收购沃尔沃开始，利用资本换取技术，通过并购，吉利走出了一条属于自己的经营之路。

资料来源：胡挺，王继康.我国企业海外并购提升了公司价值吗：以吉利并购沃尔沃为例[J].华东经济管理，2014，28（2）：155-159.

拓展性思考

1. 并购前的信息不对称对并购方和被并购方的战略选择有不良影响，进而影响并购后的经营管理、资源的整合方式以及发展路线的制定。因此，并购前并购方需要做好尽职调查。那么吉利在并购前是如何进行尽职调查的？做好尽职调查需要注意哪些问题？

2. 本案例中，吉利在并购前有着清晰的战略规划，即利用沃尔沃的技术提升自身的核心竞争力，实现战略转型升级；并购后亦是选择让沃尔沃与吉利各自独立运营，以保证沃尔沃品牌形象不受影响。可见做好战略规划对企业发展具有重要影响。那么并购企业在确定战略规划时需要考虑哪些因素？

3. 海外并购是企业开展国际化经营的重要途径之一。在"百年未有之大变局"的今天，中国企业开展海外并购面临挑战。然机遇与挑战并存，成功的海外并购有利于企业获取技术、人才、管理、品牌等优质要素，提升国际竞争力，从而实现转型升级。但同时，海外并购的高风险依然存在，如文化整合风险和技术整合风险，若并购后没有处理好企业间的文化差异和技术差别，必然影响企业发展。所以，海外并购后企业该如何做好文化、技术等的整合，实现1+1＞2的协同发展？

4. 吉利在并购时采用了混合的融资方式，即较大比重的股权融资和低利率的债务融资，有效缓解了吉利后期偿债压力，减少了因资金短缺影响企业正常运营的风险。但是较大占比的股权融资会增加融资成本与手续费，进而影响资金流动性。那么吉利是如何处理这一问题的？股权融资和债务融资的区别是什么？如何进行会计处理？

5. 汇率是贯穿企业跨国并购过程中不容小觑的一个重要因素，当本国货币利率下降目标企业市场价值上升时，并购企业可能会产生因支付过多资金而造成汇率波动带来的损失。在本案例中，吉利集团在并购过程中50%的资金是向海外筹集，涉及多国货币，且并购时期全球经济低迷，受到汇率波动的影响更大，汇率风险直线增加。那么，吉利是怎样应对这一风险的？外币在财务报表中如何体现？其会计处理又怎么做？

6. 并购是企业发展战略中的一种重要手段，通过并购可以快速扩大公司规模，实现资源整合和配置优化，提高市场竞争力。通过并购，企业在获得珍贵技术资源的同时，也可以获得各种隐性资源，如吉利以18亿美元并购沃尔沃，其中就产生了3亿美元的商誉。而商誉作为企业持续经营过程中拥有的一种无形资源，能使企业获得未来超额收益。那么，并购中商誉（负商誉）价值是怎样计量的？

7. 企业合并分为同一控制下的企业合并和非同一控制下的企业合并，且需要在合并日编制合并报表。那么同一控制下的企业合并和非同一控制下的企业合并编制合并报表有什么区别？吉利并购沃尔沃属于哪一种合并？合并报表又应如何编制？

主要参考文献

[1] 中华人民共和国财政部.企业会计准则——基本准则（2014）[EB/OL]. https://www.casc.org.cn/2018/0815/202818.shtml.

[2] 中华人民共和国财政部.企业会计准则[EB/OL]. http://kjs.mof.gov.cn/zt/kjzzss/kuaijizhunzeshishi/index.htm.

[3] 中华人民共和国财政部,中国证券监督管理委员会,中华人民共和国审计署,等.关于印发企业内部控制配套指引的通知[EB/OL].. http://kjs.mof.gov.cn/zhengcefabu/201005/t20100505_290459.htm.

[4] 财政部会计资格评价中心.经济法基础[M].北京：经济科学出版社,2021.

[5] 常勋,常亮.国际会计[M].9版.厦门：厦门大学出版社,2012.

[6] 戴德明,林钢,赵西卜.财务会计学[M].13版.北京：中国人民大学出版社,2021.

[7] 葛家澍,刘峰.会计理论：关于财务会计概念结构的研究[M].北京：中国财政经济出版社,2003.

[8] 葛家澍.财务会计理论研究[M].厦门：厦门大学出版社,2006.

[9] 葛家澍.会计的基本概念[M].北京：经济科学出版社,1986.

[10] 季华,施先旺.中级财务会计[M].大连：东北财经大学出版社,2020.

[11] 蒋乐平,刘卫红.会计学原理[M].南京：南京大学出版社,2019.

[12] 李连华.内部控制学[M].3版.厦门：厦门大学出版社,2020.

[13] 刘永泽,陈立军.中级财务会计[M].7版.大连：东北财经大学出版社,2021.

[14] 马建威.会计学原理[M].2版.大连：东北财经大学出版社,2021.

[15] 马建威.会计专业英语教程[M].4版.大连：东北财经大学出版社,2021.

[16] 马建威.实用英汉双解金融财会词典[M].北京：机械工业出版社,2015.

[17] 马建威.中级财务会计[M].北京：机械工业出版社,2012.

[18] 企业会计准则编审委员会.企业会计准则详解与实务：条文解读＋实务应用＋案例讲解 2020年版[M].北京：人民邮电出版社,2020.

[19] 王昌锐,晏超,严静,等.中级财务会计[M].北京：中国财政经济出版社,2018.

[20] 叶陈刚,吴卫星,张健军.商业伦理与会计职业道德[M].4版.大连：东北财经大学出版社,2019.

[21] 中国注册会计师协会.会计[M].北京：中国财政经济出版社,2023.

[22] 陈国辉,崔刚.改革开放以来会计责任观念的传承与演进[J].上海立信会计学院学报,2009,23

（3）：31-38.

[23] 陈文新. 新债务重组准则中争议问题的阐释与应用：基于债务范围界定与债务合同条款实质性修改 [J]. 证券市场导报，2022，359（6）：14-21.

[24] 程帆. 季节性存货质押融资合作模式分析 [J]. 中国管理科学，2016，24（增刊1）：439-447.

[25] 池国华. 基于管理视角的企业内部控制评价系统模式 [J]. 会计研究，2010（10）：55-61；96.

[26] 葛家澍. 关于我国会计制度和会计准则的制定问题 [J]. 会计研究，2001（1）：4-8；64.

[27] 葛家澍. 资产概念的本质、定义与特征 [J]. 经济学动态，2005，531（5）：8-12.

[28] 耿建新，刘宏欣. 收入准则的历史沿革与国际比较 [J]. 财会月刊，2020，890（22）：66-72.

[29] 何佳. 资产负债表收缩与债务化解 [J]. 经济与管理评论，2022，38（6）：5-14.

[30] 黄梅. 会计谨慎性原则的起源与经济影响 [J]. 中南财经政法大学学报，2005（2）：34-39；66.

[31] 刘峰，詹昀菲，林熹. 论负债的意义 [J]. 财务研究，2022，47（5）：3-11.

[32] 刘燕婷. 固定资产减值准备计提存在的问题及建议 [J]. 中国注册会计师，2018（8）：94-96.

[33] 马永义.《政府会计准则第7号——会计调整》解析 [J]. 财会月刊，2018，843（23）：101-104.

[34] 马永义. 纵论非货币性资产交换准则的重大变化 [J]. 会计之友，2020（11）：85-90.

[35] 马元驹. 收入要素的不同界定对管理会计工具应用的影响：以保本点和安全边际的计算为例 [J]. 财务与会计，2016（12）：38-40.

[36] 莫彩华. 长期股权投资权益法下递延所得税确认探讨 [J]. 财务与会计，2016，516（12）：41-42.

[37] 孙一顺，舒伟. 无形资产估值中折现率的分析和选用：从国际转让定价角度的探讨 [J]. 国际税收，2019，73（7）：58-64.

[38] 唐俐，马子茜. 金融资产回购交易的会计确认：国际演进与比较视角 [J]. 华东经济管理，2014，28（10）：147-152.

[39] 王全兴，唐伟森. 论中小企业应收账款确认制度的市场化改进 [J]. 东南学术，2018，263（1）：160-166.

[40] 魏长升，周倩倩. 无形资产税收政策现存问题及其优化 [J]. 地方财政研究，2022，208（2）：68-74.

[41] 谢志华，谢昊宇. 对现金流量表若干理论问题的反思 [J]. 财会月刊，2022，931（15）：14-21.

[42] 谢志华，杨龙飞. 对资产负债表的再认识：基于资产负债表误读的视角 [J]. 财会月刊，2021，895（3）：3-8.

[43] 谢志华. 财务会计目标：演变与动因 [J]. 北京工商大学学报（社会科学版），2014，29（1）：7-12.

[44] 谢志华. 会计目标的实现与会计报表的变革 [J]. 财务与会计，2015，500（20）：28-29.

[45] 徐鑫. 新《收入准则》对企业所得税处理的影响与思考 [J]. 税务研究，2018，405（10）：115-118.

[46] 薛伟，霍志远，唐建国. 企业所得税现代化建设的实践探析 [J]. 税务研究，2023，459（4）：42-48.

[47] 杨有红，张丽丽. 关于完善《或有事项》和《资产负债表日后事项》准则的几点建议：一桩未决诉讼案件引起的思考 [J]. 北京工商大学学报（社会科学版），2012，27（1）：82-86.

[48] 杨真真，唐大鹏. "十四五"时期政府部门内部控制建设研究 [J]. 财政科学，2021，70（10）：49-56；106.

[49] 尹朝晖. 从计量的起源与发展看会计计量的真实性与客观性 [J]. 山西财经大学学报，2017，39（增刊2）：55-56.

[50] 张陆燕. 企业存货的内部控制 [J]. 财经问题研究，2016，391（增刊1）：74-77.

[51] 郑安平. 关于会计目标定位的思考 [J]. 会计研究，2020（3）：3-18.

[52] 耿建新，郭雨晴. 我国公允价值计量准则解析与国际比较 [J]. 财会月刊，2020，881（13）：44-52.

推荐阅读

中文书名	原作者	中文书号	定价
会计学：企业决策的基础（财务会计分册·原书第19版）	简·R. 威廉姆斯（田纳西大学）等	978-7-111-71564-1	89.00
会计学：企业决策的基础（管理会计分册·原书第19版）	简·R. 威廉姆斯（田纳西大学）等	978-7-111-71902-1	79.00
会计学：企业决策的基础（财务会计分册·英文原书第19版）	简·R. 威廉姆斯（田纳西大学）等	978-7-111-74699-7	109.00
会计学：企业决策的基础（管理会计分册·英文原书第19版）	简·R. 威廉姆斯（田纳西大学）等	978-7-111-74901-1	89.00
管理会计（原书第17版）	雷·H. 加里森（杨百翰大学）等	978-7-111-75017-8	109.00
财务会计教程（原书第10版）	查尔斯·T. 亨格瑞（斯坦福大学）等	978-7-111-39244-6	79.00
管理会计教程（原书第15版）	查尔斯·T. 亨格瑞（斯坦福大学）等	978-7-111-39512-6	88.00
财务会计：概念、方法与应用（原书第14版）	罗曼·L. 韦尔 等	978-7-111-51356-8	89.00
会计学：教程与案例（管理会计分册原书第13版）	罗伯特·N. 安东尼（哈佛大学）等	978-7-111-44335-3	45.00
会计学：教程与案例（财务会计分册原书第13版）	罗伯特·N. 安东尼（哈佛大学）等	978-7-111-44187-8	49.00
亨格瑞会计学：管理会计分册（原书第4版）	特蕾西·诺布尔斯 等	978-7-111-55407-3	69.00
亨格瑞会计学：财务会计分册（原书第4版）	特蕾西·诺布尔斯 等	978-7-111-59907-4	89.00
会计学（原书第5版）	卡尔·S. 沃伦（佐治亚大学）等	978-7-111-53005-3	69.00
会计学基础（原书第11版）	莱斯利·K. 布莱特纳 等	978-7-111-44815-0	39.00
公司理财（原书第13版）	斯蒂芬·A. 罗斯（MIT斯隆管理学院）等	978-7-111-74009-4	129.00
财务管理（原书第16版）	尤金·F. 布里格姆（佛罗里达大学）等	978-7-111-74191-6	139.00
高级经理财务管理：创造价值的过程（原书第4版）	哈瓦维尼（欧洲工商管理学院）等	978-7-111-56221-4	89.00

推荐阅读

中文书名	作者	书号	定价
公司财务管理（第2版）	马忠 （北京交通大学）	978-7-111-48670-1	69.00
公司财务管理案例分析	马忠 （北京交通大学）	978-7-111-49470-6	55.00
企业财务分析（第4版）	袁天荣 （中南财经政法大学）	978-7-111-71604-4	59.00
企业并购	张金鑫 （北京交通大学）	978-7-111-54399-2	39.00
财务管理原理（第3版）	王明虎 （安徽工业大学）	978-7-111-59375-1	45.00
财务管理专业英语（第4版）	刘媛媛 （东北财经大学）	978-7-111-66478-9	40.00
管理会计：理论·模型·案例（第3版）	温素彬 （南京理工大学）	978-7-111-61273-5	49.00
财务管理	刘淑莲 （东北财经大学）	978-7-111-50691-1	40.00
财务管理习题与解析	刘淑莲 （东北财经大学）	978-7-111-56362-4	35.00
审计学（第3版）	叶陈刚 （对外经济贸易大学）	978-7-111-62919-1	49.00
国际财务管理（原书第8版）	切奥尔·尤恩	978-7-111-60813-4	79.00
管理会计（原书第16版）	雷·H. 加里森 （杨百翰大学）	978-7-111-61325-1	89.00
财务管理：以EXCEL为分析工具（原书第4版）	格莱葛·W. 霍顿	978-7-111-47319-0	49.00

推荐阅读

中文书名	作者	书号	定价
管理学原理（英文版·原书第10版）	（美）理查德·L.达夫特	978-7-111-61000-7	79.00
组织行为学（英文版·原书第7版）	（加）史蒂文·L.麦克沙恩	978-7-111-59763-6	79.00
人力资源管理（英文版·原书第11版）	（美）约翰·M.伊万切维奇	978-7-111-32926-8	69.00
人力资源管理（英文版·原书第2版）	（美）加里·德斯勒	978-7-111-38854-8	69.00
战略管理：概念与案例（英文版·原书第21版）	（美）小阿瑟·A.汤普森	978-7-111-65382-0	99.00
战略管理：竞争与全球化（概念）（英文版·原书第12版）	（美）迈克尔·A.希特	978-7-111-61962-8	79.00
商务与管理沟通（英文版·原书第12版）	（美）基蒂·O.洛克	978-7-111-70730-1	79.00
国际企业管理（英文版·原书第8版）	（美）弗雷德·卢森斯	978-7-111-49571-0	85.00
管理信息系统（英文版·原书第15版）	（美）肯尼斯·C.劳顿 等	978-7-111-66853-4	109.00
运营管理（英文版·原书第13版）	（美）威廉·J.史蒂文森	978-7-111-63594-9	109.00
服务管理：运作、战略与信息技术（英文版·原书第8版）	（美）詹姆斯·A.菲茨西蒙斯	978-7-111-49377-8	79.00
项目管理（英文版·原书第4版）	（美）杰弗里·K.宾图	978-7-111-61543-9	119.00
供应链物流管理（英文版·原书第5版）	（美）唐纳德·J.鲍尔索克斯	978-7-111-69934-7	79.00
物流管理（英文版·原书第4版）	（英）艾伦·哈里森	978-7-111-43863-2	50.00
数据、模型与决策：基于电子表格的建模和案例研究方法（英文版·原书第4版）	（美）弗雷德里克·S.希利尔	978-7-111-48099-0	85.00
市场营销原理（亚洲版）（英文版·原书第4版）	（美）菲利普·科特勒	978-7-111-67126-8	99.00
营销管理（英文版·原书第2版）	（美）格雷格·W.马绍尔	978-7-111-57756-0	99.00
消费者行为学（英文版·原书第12版）	（美）德尔·L.霍金斯	978-7-111-48769-2	89.00
服务营销（英文版·原书第7版）	（美）瓦拉瑞尔·A.泽丝曼尔	978-7-111-61428-9	119.00
公司理财(英文版·原书第13版)	（美）斯蒂芬·A.罗斯	978-7-111-75460-2	159.00
公司理财（精要版）（英文版·原书第12版）	（美）斯蒂芬·A.罗斯	978-7-111-65678-4	119.00
公司金融（基础篇)（英文版·原书第12版)	（英）理查德·A.布雷利	978-7-111-58124-6	79.00
公司金融（进阶篇)（英文版·原书第12版)	（英）理查德·A.布雷利	978-7-111-58053-9	79.00
财务报表分析与证券估值（英文版·原书第5版）	（美）斯蒂芬·佩因曼	978-7-111-52486-1	99.00
国际财务管理（英文版·原书第8版）	（美）切奥尔·S.尤恩	978-7-111-62825-5	89.00
会计学：企业决策的基础（管理会计分册）（英文版·原书第19版）	（美）简·R.威廉姆斯	978-7-111-74901-1	89.00
会计学：企业决策的基础（财务会计分册）（英文版·原书第19版）	（美）简·R.威廉姆斯	978-7-111-74699-7	109.00
国际商法（英文版·原书第6版）	（美）罗伊·A.奥古斯特	978-7-111-61240-7	89.00
当代全球商务（英文版·原书第9版）	（美）查尔斯W.L.希尔	978-7-111-57235-0	89.00
国际商务谈判(英文版·原书第6版)	（美）罗伊·J.列维奇	978-7-111-55634-3	49.00